经时济世
继往开来
贺教育部
重大攻关项目
成果出版

季羡林
时年九十有八

教育部哲学社會科学研究重大課題攻関項目

综合交通运输体系研究

——认知与建构

INTEGRATED TRANSPORT SYSTEM IN CHINA: THEORY AND APPLICATION

荣朝和 等著

经济科学出版社
Economic Science Press

图书在版编目（CIP）数据

综合交通运输体系研究/荣朝和等著．—北京：经济科学出版社，2013.6
ISBN 978-7-5141-3474-2

Ⅰ.①综…　Ⅱ.①荣…　Ⅲ.①综合运输-交通运输系统-研究-中国　Ⅳ.①F512.4

中国版本图书馆CIP数据核字（2013）第113387号

责任编辑：纪晓津
责任校对：苏小昭
责任印制：邱　天

综合交通运输体系研究
——认知与建构
荣朝和　等著
经济科学出版社出版、发行　新华书店经销
社址：北京市海淀区阜成路甲28号　邮编：100142
总编部电话：88191217　发行部电话：88191537
网址：www.esp.com.cn
电子邮件：esp@esp.com.cn
北京季蜂印刷有限公司印装
787×1092　16开　32.25印张　1000000字
2013年5月第1版　2013年5月第1次印刷
ISBN 978-7-5141-3474-2　定价：80.00元

首席专家和课题组成员名单

首席专家：荣朝和

课题组主要成员（以姓名汉语拼音为序）：

陈佩虹　李红昌　李津京　林晓言　欧国立

任　英　佟　琼　王雅璨　余　青　赵　坚

编审委员会成员

内容介绍

本书是北京交通大学课题组承担教育部哲学社会科学研究重大课题攻关项目《中国综合交通运输体系研究》的最终成果。作者分析了运输业发展的历史进程、世界交通运输领域发生的主要变化以及我国运输业发展与改革目前面临的主要问题；通过建立包括经济时空分析、公共管理和系统论等学科的分析框架，深入探讨了综合交通运输及其体系的本质与演变趋势；提出综合交通运输是由于工业化、城市化和运输化三个进程共同作用，同时受到全球化推动与信息化支持，并在社会目标及资源环境约束条件下，运输业通过市场、政府、社会三者协调关系所形成的一种良性发展形态；并在深化认知和广泛国际对比的基础上提出了包括基础设施、运营及服务、企业及组织和政策及体制四个层面的综合交通运输体系建构思路。本书适合相关业界与政府机关工作人员、研究机构科研人员、高等院校师生以及对该方面感兴趣人士阅读和参考。

总 序

哲学社会科学是人们认识世界、改造世界的重要工具，是推动历史发展和社会进步的重要力量。哲学社会科学的研究能力和成果，是综合国力的重要组成部分，哲学社会科学的发展水平，体现着一个国家和民族的思维能力、精神状态和文明素质。一个民族要屹立于世界民族之林，不能没有哲学社会科学的熏陶和滋养；一个国家要在国际综合国力竞争中赢得优势，不能没有包括哲学社会科学在内的“软实力”的强大支撑。

近年来，党和国家高度重视哲学社会科学的繁荣发展。江泽民同志多次强调哲学社会科学在建设中国特色社会主义事业中的重要作用，提出哲学社会科学与自然科学“四个同样重要”、“五个高度重视”、“两个不可替代”等重要思想论断。党的十六大以来，以胡锦涛同志为总书记的党中央始终坚持把哲学社会科学放在十分重要的战略位置，就繁荣发展哲学社会科学做出了一系列重大部署，采取了一系列重大举措。2004 年，中共中央下发了《关于进一步繁荣发展哲学社会科学的意见》，明确了新世纪繁荣发展哲学社会科学的指导方针、总体目标和主要任务。党的十七大报告明确指出：“繁荣发展哲学社会科学，推进学科体系、学术观点、科研方法创新，鼓励哲学社会科学界为党和人民事业发挥思想库作用，推动我国哲学社会科学优秀成果和优秀人才走向世界。”这是党中央在新的历史时期、新的历史阶段为全面建设小康社会，加快推进社会主义现代化建设，实现中华民族伟大复兴提出的重大战略目标和任务，为进一步繁荣发展哲学社会科学指明了方向，提供了根本保证和强大动力。

高校是我国哲学社会科学事业的主力军。改革开放以来，在党中央的坚强领导下，高校哲学社会科学抓住前所未有的发展机遇，紧紧围绕党和国家工作大局，坚持正确的政治方向，贯彻“双百”方针，以发展为主题，以改革为动力，以理论创新为主导，以方法创新为突破口，发扬理论联系实际学风，弘扬求真务实精神，立足创新、提高质量，高校哲学社会科学事业实现了跨越式发展，呈现空前繁荣的发展局面。广大高校哲学社会科学工作者以饱满的热情积极参与马克思主义理论研究和建设工程，大力推进具有中国特色、中国风格、中国气派的哲学社会科学学科体系和教材体系建设，为推进马克思主义中国化，推动理论创新，服务党和国家的政策决策，为弘扬优秀传统文化，培育民族精神，为培养社会主义合格建设者和可靠接班人，做出了不可磨灭的重要贡献。

自2003年始，教育部正式启动了哲学社会科学研究重大课题攻关项目计划。这是教育部促进高校哲学社会科学繁荣发展的一项重大举措，也是教育部实施“高校哲学社会科学繁荣计划”的一项重要内容。重大攻关项目采取招投标的组织方式，按照“公平竞争，择优立项，严格管理，铸造精品”的要求进行，每年评审立项约40个项目，每个项目资助30万～80万元。项目研究实行首席专家负责制，鼓励跨学科、跨学校、跨地区的联合研究，鼓励吸收国内外专家共同参加课题组研究工作。几年来，重大攻关项目以解决国家经济建设和社会发展过程中具有前瞻性、战略性、全局性的重大理论和实际问题为主攻方向，以提升为党和政府咨询决策服务能力和推动哲学社会科学发展为战略目标，集合高校优秀研究团队和顶尖人才，团结协作，联合攻关，产出了一批标志性研究成果，壮大了科研人才队伍，有效地提升了高校哲学社会科学整体实力。国务委员刘延东同志为此做出重要批示，指出重大攻关项目有效调动各方面的积极性，产生了一批重要成果，影响广泛，成效显著；要总结经验，再接再厉，紧密服务国家需求，更好地优化资源，突出重点，多出精品，多出人才，为经济社会发展做出新的贡献。这个重要批示，既充分肯定了重大攻关项目取得的优异成绩，又对重大攻关项目提出了明确的指导意见和殷切希望。

作为教育部社科研究项目的重中之重，我们始终秉持以管理创新服务学术创新的理念，坚持科学管理、民主管理、依法管理，切实增强服务意识，不断创新管理模式，健全管理制度，加强对重大攻关项目的选题遴选、评审立项、组织开题、中期检查到最终成果鉴定的全过程管理，逐渐探索并形成一套成熟的、符合学术研究规律的管理办法，努力将重大攻关项目打造成学术精品工程。我们将项目最终成果汇编成“教育部哲学社会科学研究重大课题攻关项目成果文库”统一组织出版。经济科学出版社倾全社之力，精心组织编辑力量，努力铸造出版精品。国学大师季羡林先生欣然题词：“经时济世　继往开来——贺教育部重大攻关项目成果出版”；欧阳中石先生题写了“教育部哲学社会科学研究重大课题攻关项目”的书名，充分体现了他们对繁荣发展高校哲学社会科学的深切勉励和由衷期望。

创新是哲学社会科学研究的灵魂，是推动高校哲学社会科学研究不断深化的不竭动力。我们正处在一个伟大的时代，建设有中国特色的哲学社会科学是历史的呼唤，时代的强音，是推进中国特色社会主义事业的迫切要求。我们要不断地增强使命感和责任感，立足新实践，适应新要求，始终坚持以马克思主义为指导，深入贯彻落实科学发展观，以构建具有中国特色社会主义哲学社会科学为己任，振奋精神，开拓进取，以改革创新精神，大力推进高校哲学社会科学繁荣发展，为全面建设小康社会，构建社会主义和谐社会，促进社会主义文化大发展大繁荣贡献更大的力量。

教育部社会科学司

摘　要

本书是北京交通大学课题组承担中国教育部哲学社会科学研究重大课题攻关项目《中国综合交通运输体系研究》（项目号07JZD0012）的最终成果。本书作者从分析运输业发展的历史进程、世界交通运输领域发生的主要变化以及中国运输业发展与改革目前面临的主要问题入手，通过建立包括经济时空分析、公共管理和系统论等学科的分析框架，深入探讨了综合交通运输及其体系的本质与演变趋势；提出综合交通运输是由于工业化、城市化和运输化三个进程共同作用，同时受到全球化推动与信息化支持，并在社会目标及资源环境约束的条件下，运输业通过市场、政府、社会三者协调关系所形成的一种良性发展形态，以满足社会经济中生产方式、生活方式时空关系及时空结构转变与改善的要求；并在深化认知和广泛国际对比的基础上提出了在中国建构综合交通运输体系的思路。

在研究方法方面，本书注重研究范式的提升、研究视角的创新及经济时空解读的基础性和深入性。我们强调综合交通运输的研究范式已经从最早的工程学与技术科学主导，经过一般经济学与管理学主导，正在向以经济时空分析、公共管理和系统论等学科主导转变。作者认为，原来的研究范式或者过于偏重预测模型、工程手段和政府干预视角，或者虽然重视增加以市场手段进行需求管理并解决外部性等问题，但仍缺少经济时空视角的思考，且无法应对政府与市场双重失效问题。而本书提出的新范式则从交通与社会经济协调关系出发，同时注重制度建设，强调衔接性、一体化、准时性和枢纽作用等是综合交通运输的核心问题，在政策方面主张市场—政府—社会三者共同的合作模式。本书作者还强调从本质属性和属性范畴的偶对角度、从综合交通运输形成的原因、从阶段转换以及从政策含义的多重角度去深入解释综合交通运输及其体系的概念。

工业化、城市化与运输化三者共同进程的表现，就是经济社会的生产方式、生活方式及运输网络形态的转变过程，而其结合全球化、信息化、资源环境及以人为本所共同在运输体系和时空形态方面提出的要求，就是综合交通运输。从运输业网络形态的时空出发，本书还讨论了包括由运输业衍生出或整合进的物流业和旅游业的整个体系，以及通过网络的运行速率与节奏体现出来的运动形态。

本书作者强调要在深入进行运输业网络形态变化分析的基础上，再对综合交通运输体系的建构加以讨论。认为运输业网络形态是指运输业网络在一定技术和社会经济条件下的表现形式，除了实体物理形态的网络和传输对象及其载体在网络中运行的规则外，运输业网络中还包括相关经营主体的组织结构，以及发挥着重要影响的政府政策与管理体制，即运输业网络形态包括由基础设施层、运营及服务层、企业及组织层和政策及体制层四个层面所分别对应的实体形态、功能形态、组织形态和体制形态。

综合交通运输是社会经济在工业化和城市化较高级阶段对运输业提出、而运输业通过相关网络形态改善所能够提供的准时生产方式（JIT）服务状态。为了能够提供高水平的JIT服务，运输业网络形态的相关层次内部和各个层次之间都必须作出调整。共同作者分别针对运输通道、综合枢纽、多式联运、运输组织、标准化、现代物流及旅游业与综合交通的关系、交通运输公平性、交通与土地联合开发，以及综合运输管理体制和政策、综合交通规划、安全与市场监管、信息共享、公益性服务等重要机制提出了构建主张。

理论和实践都已经告诉我们，综合交通运输是贯彻科学发展观和转变经济增长方式在交通运输领域最重要的体现。但综合交通运输首先提出的最大挑战，是各级政府特别是中央政府面对现代交通运输的政策与行政能力的挑战，它们有责任及时表现出应对重大阶段性转换所要求的体制与机制调整能力。我们希望本书成果可作为学术界、运输业界、决策机构及公众对综合交通运输体系形成理性共识的部分重要基础，有效地促进社会各界共同加快推进建设我国综合交通运输体系。

Abstract

This book is the final achievement of "Integrated Transport System in China", the Key Projects of Philosophy and Social Sciences Research, Ministry of Education (Project No. 07JZD0012), undertaken by the Beijing Jiaotong University research group. Co-authors start with the analysis of the historical process of transport development, major changes occurred in the transport field of the world and main problems of development and reform for China's transport system. Through the establishment of analysis framework including Economic Time-spatial Analysis, Public Management and System Science, co-authors explore the nature and evolution trend of the integrated transport system; propose that integrated transport is a phased development patterns under social objectives and resources and environmental constraints, which is due to industrialization, urbanization and transportization, and is promoted by globalization and information technology support. On the base of deepening awareness and broad international comparisons, the idea of construction for the integrated transport system in China is put forward.

About research methods, the book focuses on the enhancement of the research paradigm, the innovation of research perspective and the interpretation of economic time-spatial analysis. Co-authors emphasize that the leading of transport research paradigm has changed from the early Engineering and Technological Sciences, general Economics and Management, to Economic Time-spatial Analysis, Public Management and System Science. The authors believe that the original research paradigms were overly dependent on the prediction model, engineering means and government intervention, or possibly paid more attention to increase market means and demand management to solve exterior problems, but still lacked the time-spatial analysis and can not deal with the failures both in the government and market.

The new paradigm in the book is based on the coordinative relations between transport and socio-economy. It also underlines institution building. More importantly, the new paradigm stresses that the core issues for integrated transport system are bridging, integration, punctuality and the role of pivotal. In aspect of the policy, it advocates market-government-society modes of cooperation. The authors also emphasize the multiple angles to explain the concept of integrated transport system deeply, such as the essential attributes and dual pair angle of attribute areas, the reasons for the formation of integrated transport, the stage conversion and policy implication, etc.

The combined process of industrialization, urbanization and transportization, is the process of transformation of the social production mode, lifestyle and transport networks. Integrated transport is the combination of requirements for globalization, informatization, resources-environment restriction and people-oriented in terms of transport system and time-spatial form. Started with the time and space of transport network form, the book also discusses the entire system of the logistics and tourism industries, derived from or integrated by the transport industries, as well as the movement patterns reflected by the rate and rhythm of the network running.

Co-authors stress that the basis of the construction for integrated transport system should be realization of the main changes for transport network form, which refers to the of transport network in certain technology and socio-economic conditions. In addition to the operating rules of the entity physical form network and transport objects and their carrier in the network, transport network form also includes organizational structure for related business entities, as well as government policy and management system. So, transport network form contains four levels, including the infrastructure layer, the moving vehicle and service layer, the enterprise organization layer, and the government institution and policy layer, corresponding respectively to the physical form, functional form, organizational form and institutional form.

Integrated transport is a just-in-time (JIT) service status that is proposed to transport system by a more advanced stage of industrialization and urbanization of socio-economy, while the transport system also should provide the service through improving its own network form. In order to be able to provide a high level of JIT services, all transport network form levels must make adjustments not only in the internal but also between different levels. In the following chapters, the authors respectively discuss the different components of integrated transport network form, such as corridor and hub, inter-modal transport organization, standardization, the relationship between modern logistics, tourism and transport, transport fairness, transport and land use, as well as governmental policy, planning system, safety and market supervisions, information sharing, welfare services, etc.

Both theory and practice tell us that integrated transport is the most important manifestation of the Concept of Scientific Development and the Mode Transformation of Economic Growth in the field of transport. However, the biggest challenge of the integrated transport is the transport policies and administrative abilities of all levels of government, especially the central government, which have the responsibility to timely demonstrate the ability to adjust requirements to cope with the significant initial conversion system and mechanism. We hope that this book can be a part of the significant foundation for the academic circles, transport industry, decision-making body and the public to form rational consensus of the integrated transport, in order to effectively promote the community together to accelerate the construction of integrated transport system in China.

目 录

Contents

Contents

Part 2

综述与问题篇

第一章

运输业的发展及主要变化

第一节 交通运输工具的发展

一、水上运输工具

人类使用河流进行运输的历史，几乎和人类文明史一样悠久。远古人类利用树枝、葫芦等物料作为浮具，浮具也就成了人类最早使用的水上工具。从石器时代起，人类逐渐以舟筏作为运输、狩猎和捕鱼的工具。但从某种意义上说，舟筏还算不上真正的船。进入青铜器时代以后，由于战争和贸易的需要，各类木船和帆船不断出现，特别是帆船时代几乎延续了近5000年。据记载，远在公元前4000年古埃及就有了帆船，公元前2000年腓尼基人和希腊人等先后在地中海上行驶帆船，明代郑和七下西洋昭示了中国古代辉煌的航海事业。地理大发现则大大刺激了欧洲航海和造船事业的发展，16世纪以后，欧洲帆船的帆具日益复杂，三桅船渐趋普遍，船速得到很大提高。

在工业革命以前，船舶航行主要依靠风力和人力，但只有利用机械动力，人类才能在河中、海上操驾船舶获得主动权。1807年，美国人富尔顿首次在“克莱蒙特”号船上用蒸汽机驱动装在两边的明轮，在哈德逊河上航行成功。从此，机械力开始代替自然力，船舶的发展进入了新的阶段，船壳也逐步由木制变为铁制和钢制。

随着技术和需求的不断发展，从20世纪初起人类进入现代船舶时代。船舶载重迅速增加，油船吨位由20世纪50年代的3万~4万吨发展到目前的50万吨级，集装箱船载箱量由第一代集装箱船的700TEU发展到目前第七代10 000TEU以上，我国中远“中海水星号”总载箱量更达14 100TEU。专业船舶快速发展，目前世界已发展出远洋客船、内河客船等专业客船，干散货船、集装箱船、冷藏船、滚装船、驳船、拖船、油船、液化石油气船等专业货船。2008年我国自行设计的14.7万立方米薄膜型液化天然气（LNG）船交付使用，其可运送65 000吨-163℃极低温液化天然气，而目前韩国在LNG船的制造技术更加领先。船速快速提高，随着新型柴油机、燃气轮机和核动力装置等应用于船舶，普通杂货船航速提高到18节，集装箱船航速在22节以上，结合更多设计的气垫船最高可达到100节。不过随着节能和环保越来越受重视，船舶在正常运行时会根据运输任务的轻重缓急而选择合理的航行速度。船舶自动化向全船综合自动化方向发展，目前先进国家已研制推出第4代综合船桥系统（IBS系统），其应用计算机、现代控制、信息处理等技术，将船上的各种导航、操作控制等设备有机组合起来，对导航、驾驶、航行管理、自动检测、自动报警等功能实施控制，实现船舶自动化运行。此外，为适应可持续发展的要求，一批新型船舶不断试验下水，如太阳能动力船、风能动力船以及复合动力船等，2010年，德国建造下水太阳能动力船“星球太阳能号”，航速15节，载客50人，航行时显得十分“宁静和干净”。

二、陆路运输工具

蒸汽机的发明使机械力代替了人力，陆路交通工具出现了翻天覆地的变化，因此可以将陆路交通工具演变主要分为蒸汽机发明前后两个阶段。

人类在最初阶段，行动和搬运货物都只能依靠人体自身的力量。后来，人类驯服了动物，懂得了利用畜力为陆上交通运输服务。但是以马代步，以马驮物有其局限性，老弱妇孺骑马有困难，陡峭崎岖山径牲畜也难行等。需要是创造之母，大约在出现木板船的时代，一些比较发达的国家和地区，已经出现了最初的陆上交通工具——车。随着时间的推进，逐渐又出现了单轮车、以驴牵引的两轮车、四轮车。到公元前2000年前后，苏美尔人开始使用马作为挽畜，此后马车在相当长的时期内成为路上交通运输的主要方式。到了17世纪，四轮的公共驿车承担了欧洲几乎所有的长途客运任务，为路上旅行带来繁荣。但是马车的速度并不能令人满意，人们希望发明一种比马车更有耐力和更强壮的动力机器，以使车轮转得更快。

1769 年，法国人古诺制造出了世界上第一辆蒸汽驱动的三轮汽车。1804 年，托威迪克设计并制造出一辆蒸汽汽车。为改进蒸汽发动机，雷诺在 1800 年制造了一种与燃料在外部燃烧的蒸汽机所不同的发动机，让燃料在发动机内部燃烧。1885 年，戴勒姆制造出了世界上第一辆以汽油发动机为动力的四轮汽车。进入 20 世纪，特别是当福特于 1908 年开始以流水装配线制造和销售 T 型车以后，汽车便不再是一种奢侈品。自此，德、美、日等国开始竞相建立汽车制造业，汽车进入了商业性经营阶段。

发展到今天，汽车的性能、型制和规模都有了根本的改变：汽车时速不断增加，法拉利 F40 最高车速可达 327km/h，从 0 到 100 公里加速时间只要 4.2 秒；黄金分割点、流线型以及仿生造型等设计理念融入汽车制造之中，福特汽车公司的野马汽车甚至使用了变色油漆来增加汽车造型的艺术气息；使燃料充分燃烧和减少排放污染的电控燃油喷射发动机及三元催化装置日益普及；拥有“绿色发动机”的电动汽车、醇类燃料汽车、燃料电池汽车以及太阳能汽车技术不断成熟，加拿大“光辉”号太阳能汽车曾创造了 24 天行驶 7 045 公里的世界纪录，其最高车速可达 125km/h；汽车制动防抱死系统（ABS 系统）及安全气囊等装置的广泛应用极大地提高了汽车的安全性能；夜视系统、音控系统、交通诱导系统、卫星定位与自动导航系统以及车距控制系统等汽车智能化技术使汽车驾驶更加方便。

火车也是为了满足社会需要而问世的。18 世纪初，社会生产力大发展，人们急需一种比马车装得多、跑得快的新型车辆。有些人开始尝试将蒸汽机装在车上，代替人力或者畜力来使车辆前进，并给蒸汽机车铺上轨道。真正开辟火车运输时代的是英国的工程师史蒂芬，他在 1825 年亲自驾驶一台蒸汽机车拉着数节车厢开始在轨道上起跑。随后其他工业国纷纷修建铁路、造火车，很快蒸汽机车便在全世界发展起来。从 20 世纪初起，燃料消耗率高且污染严重的蒸汽机车逐渐被柴油机车和电力机车取代。1932 年在德国柏林至汉堡和英国的东北铁路上分别出现时速为 125 和 101.5 公里的柴油机车；继柴油机车之后，具有启动快、功率大、效率高等优点的电力机车又逐步发展起来，目前已成为各国火车的主要牵引动力。

铁路作为陆路交通的主要工具之一，其现代化的发展也是日新月异，当前世界铁路已经发展出客运和货运兼顾的常规铁路、高速客运铁路、重载货运铁路等。1964 年日本东海道新干线的正式通车，标志着世界高速铁路新纪元的到来。20 世纪 90 年代中期，欧洲国家大规模修建本国或跨国高速铁路，逐步形成了欧洲高速铁路网络，随后亚洲、南美洲等地区也掀起了建设高速铁路的高潮。高速铁路的运营速度也不断地被突破，日本新干线建成时营运时速约为200公里，目前各国高速铁路的运营时速大多超过300公里，而中国也已经建设了一批时速300公里左右的高铁线路。在欧美各国修建高速铁路的同时，世界上一些有大宗煤炭或者其他矿产货物输送任务的国家开始行驶重载列车。加拿大、巴西、澳大利亚等国相继修建适于行驶重载列车的重载铁路，如澳大利亚BHP铁矿公司现已开行了长7 300米，编组682辆，总重达99 734吨的重载列车，美国也扩大了重载列车的运营。2007年，我国首批牵引电机功率达10 000千瓦的机车在大秦铁路实现2万吨列车的牵引；2010年，大秦线年运输量已突破4亿吨。

铁路信号技术逐步实现微机化、集成化和智能化，主要体现在微机联锁技术、列车实时跟踪系统、综合调度系统、无线通信系统等研究和应用，如基于通信的移动闭塞技术逐渐替代自动闭塞技术，保证行车安全的同时大大提高了行车密度，数字列车运行自动控制系统（ATC）、CARAT新型列车控制系统等使得列车信号系统的抗干扰性、安全性和可靠性得到大幅度提高；利用信息技术对铁路的生产经营、运输组织和管理决策全过程进行优化，提高运输效率，如美国切西铁路公司运用综合运营管理信息系统（TOPS），3万多公里铁路只有一个调度中心和一个信息中心，实现了道岔、信号的远程控制和所有列车运行的统一指挥；法国国铁引入中央客票发售系统（PDSD）；加拿大铁路公司CN还大力发展电子商务，目前已有65%的货运订单来自电子商务渠道。

三、民航运输工具

早在中国西汉时期，就曾有人将鸟的羽毛绑在身上从高台上跳下并滑翔，虽然这种行为被人嘲笑，但是其迈出了人类飞行的第一步。1782年法国的蒙高菲亚兄弟的热气球成功升空，第一次实现了飞天的梦想。1903年，莱特兄弟实现了人类历史上第一次真正的驾机飞行，宣告了航空时代的到来。两次世界大战前后，参战各国加速了作战飞机的研制和生产，如为了减小飞行时空气的阻力，飞机的外形由双翼式改进为单翼张臂式，为了缩短起飞滑跑距离，飞机上安装了襟翼和其他增加升力的装置等，这些也都促进了民用航空技术的发展。

第二次世界大战后，航空发展更加迅速，民用航空也开始广泛采用续航里程较远的四引擎飞机，从而使越洋飞行更加活跃。“二战”以后，喷气发动机技术越来越成熟，喷气式飞机迅速取代活塞式飞机。超音速民航机的诞生和使用，似乎使民用航空迈入了一个新时期，1976年，英法合作研制四发动机涡轮喷气式超音速民航客机“协和”号正式投入使用，并未得到市场承认。时至今日，喷气式客机的时速大体仍保持在900公里上下，而机动性能不断增加且已经适应绝大多数气象条件下的安全起降。多年来，美国波音公司制造的系列民航客机，特别是波音 747 垄断着大型运输机的市场，但越来越多受到欧洲空中客车公司的竞争威胁，近年来全球载客量最大的空客 A380 客机的出现更成为一个标志。

现代客机采用更多复合材料，使用新一代的发动机，减轻了飞机的重量，使座公里油耗和二氧化碳排放更低，更注重经济性能，飞机类型和航线也实现更好结合。最新的波音 787 系列使中型飞机尺寸和大型飞机航程实现结合，适于乘客偏爱直飞及更高航班频率的航线，成为民航客机中的一个亮点。民航飞机正在实现更加宜人的客舱环境、更平稳的飞行。全球定位系统、卫星导航系统等新技术不断应用于空中交通管制、夜航以及空中通讯等。随着民用飞机种类的不断增加，用途也日益广泛，除主要承担客货运输的航线飞机外，还出现了应用于播种、巡逻、科研等的通用飞机。

四、集装化运输

集装箱作为标准化的货物装载工具，可以实现不同运输工具之间货物快速、低成本的换装，它的出现和应用被看成是 20 世纪“运输界的一场革命”。早在 19 世纪初，英国的安德森就提出了集装化运输的设想。19 世纪下半叶，在兰开夏地区开始使用一种运输棉纱和面包的带有活动框架的托盘，这被看成是最早使用的集装箱雏形。20 世纪初，英国铁路正式使用简陋的集装箱运输。早期的集装箱运输仅限于陆运，由于换装能力差，运量受限制等原因，其发展并不为人看好。

1955 年，美国人麦克莱恩提出“集装箱运输应该由陆地运输走向海陆联运”，随后现代集装箱运输开始出现。1957 年美国泛大西洋轮船公司改装制造了世界第一艘全集装箱船，当日本和欧洲各国船公司也先后在世界各地展开集装箱运输时，集装箱国际标准随即建立，国际航线上迅速出现了一批以 20 英尺和 40 英尺集装箱为主流的标准集装箱，各国也纷纷开始建设集装箱专用泊位，配以装卸桥及堆场轮胎式龙门起重机等。1980 年日内瓦通过了《联合国国际货物多式联运公约》，集装箱运输进入成熟时期。当前，集装箱运输系统广泛采用电子数据交换（EDI）技术、全球定位系统（GPS）技术，实现了集装箱动态跟踪管理、实时信息管理；集装箱国际标准不断完善，发达国家之间集装箱运输已基本实现多式联运；集装箱运输日益大型化，集装箱船或货车的载箱量也在迅速增加；集装箱运输自动化也有较大发展。荷兰鹿特丹港 ECT 码头采用自动导向车（AGVS）和轨道式自动堆码起重机，建成了自动化控制的集装箱码头装卸搬运系统；新加坡新建港口前沿配备了自动化控制的大型集装箱装卸桥，堆场配置了全自动化控制的高架式起重机进行堆场集装箱作业。还有一些集装箱系统采用了激光、雷达、差分全球定位系统和光学字符识别系统等，应用于集装箱装卸搬运设备的自动识别和驱动等。

第二节　交通运输基础设施的发展

一、交通运输线网的发展

（一）水运网络

古时的水运航线仅限于自然河流流经地区，从春秋时期开始，我国水上运输开始较快发展，水运线路密度和运量不断增加，而且开凿了许多人工运河，到隋朝更是人工开凿出长达 1 700 余公里的南北大运河。从宋代指南针用于航海，我国海运特别是与东南亚的海上贸易便不断发展，海运线路增多，线路也变得繁忙。新中国成立以后，不论是内河航线还是远洋运输线路都有了巨大的发展。以外贸海运为主，形成了遍布全球的水运运输网络，其中以中美、中欧和中澳贸易频繁，线路较为密集；开辟了中非、中国—南美等远洋航线。内河航道建设上，实施了京杭运河苏北段续建工程、西江航运建设工程等，建成了葛洲坝等一大批大型通航船闸，内河航道趋向完善。

欧洲的内河和海上运输线路也发展得较为完善。火车出现之前，水运是在欧洲起主导作用的交通方式，几乎所有的河流都经过技术改造，各国水运线路密集且相互连接成网。法国境内塞纳河、卢瓦尔河等通过人工运河彼此相通，内河航运网早已形成，至今仍在发挥作用。德国境内莱茵河、易北河、威悉河等可供通航的运河总长 7 000 多公里。20 世纪 80 年代施工的莱茵—多瑙运河完工后更是使北海、波罗的海与地中海实现了内陆通航。美国历史上也曾有过运河开挖高潮时期。从 15 世纪的航海大发现开始，葡萄牙、西班牙、荷兰、英国等相继崛起的殖民帝国对外侵略扩张及现在的世界范围贸易，促使欧洲形成了十分发达的海运线路网，其中以欧美航线最为密集。

（二）公路网

远古时期陆上交通线路受自然条件影响较大，如地形优越、经济发展水平较高的地区，自然是路况较好，路网密度较大。随着生产力的提高，人类逐渐拥有改造道路的能力。秦朝时期中国建成了以咸阳为中心，通向全国的驰道网，汉代在此基础上又发展了更为完善的驿站制度。罗马帝国利用迦太基人先前修筑的有路面的道路建成了罗马大道网，将首都罗马和欧洲其他地区以及西亚、北非等地连成整体。

随着汽车的出现和筑路技术的发展，现代道路逐渐形成。1819 年英国工程师马克当利用碎石材料修筑路面并取得成功。1858 年，轧石机出现并极大地促进了碎石路面的发展，全球开始推广碎石路。由于汽车的迅速崛起、运输需求的不断增加，西欧各国的道路发展开始提速，全国性的道路网不断形成并完善，特别是为适应现代社会对运输速度和便捷等方面要求的高速公路的出现成为公路现代化的标志。2010 年年底，我国建成通车高速公路里程达 7.4 万公里，初步建成连接全国所有省会城市，城镇人口超过 50 万人的大城市以及超过 20 万人的中等城市。就运输网长度而言，目前各国所有五种交通方式的综合运输网总长为 3 000 多万公里，其中公路网长度就占了一多半。

（三）铁路网

近 200 年来，铁路技术不断发展，不同国家的铁路网形成也经历了很长时间。一般认为 1825 ~ 1850 年为铁路发展的开创时期，此时正值产业革命后期，运输需求急剧增加，促使铁路迅速兴起，1825 年英国建成第一条铁路后，美国、德国等相继开始修建铁路；1850 ~ 1900 年为铁路的发展时期，这个时期内有 60 多个国家和地区建成铁路并开始营业，且工业先进国家的铁路线网已初具规模；1900 ~ 1950 年为铁路发展的成熟时期，此时又有非洲和中东地区的多个国家建成铁路并开始营业，发达国家的铁路由于有公路、航空的竞争，发展逐渐趋缓；1950 年至今为铁路的新发展时期，铁路技术的重大进展以及能源形势的变化等使得铁路的经济效益有了新的提高，高速铁路、重载铁路里程数不断增加，城市轨道交通也在快速发展，各国铁路又有走向兴旺的趋势。近年来，我国铁路也处于加快发展时期，2010 年年底铁路运营总里程已达 9.1 万公里。

（四）民航航线网

第二次世界大战之前，欧美发达国家开始出现国内定期航班，但是线路相对较少。“二战”后，民航飞机开始广泛采用续航里程较远的四引擎飞机，使得远洋飞行变得活跃起来，开辟了欧美、欧亚等航线。伴随着航空技术的进步，特别是大型民用运输机的出现，世界民航业一直处于快速发展状态。目前全球已经形成了以北美、欧洲和亚太地区为主的三大航空市场。各国内部也形成了较为完善的航空线路网，实现了干支线联合运营的局面。干线航空公司以“轴辐中转”方式经营，将国内和国际大城市连接起来，地方性航空公司则是将小城市同大城市连接起来。各地区内部和各地区之间的航线系统也在逐步完善并成网。2001年，欧盟委员会的《交通政策白皮书》提出至2010年欧洲航空运输发展行动计划，其中一条重要战略就是构建“欧洲单一天空”，将欧洲内部航空系统统一完善及线路连接起来。

（五）管道网

早在公元前3世纪，中国就学会了利用竹子连接成管道输送卤水，可以说是世界管道运输方式的开端。现代管道运输始于19世纪，1885年美国宾夕法尼亚州建成第一条原油输送管道。随着第二次世界大战后石油工业的发展，管道的建设进入了一个新的阶段，各产油国竞相开始兴建大量石油及油气管道。当前管道运输的发展趋势是：广泛采用大口径、高工作压力管道，输气管道口径由20世纪60年代的910毫米发展到现在的1 420毫米，输油管道口径最大也达到1 220毫米，采用x65级钢材料的横贯阿拉斯加输气管道的工作压力达到11.8Mps的世界最大值；采用密闭输送和热处理后常温输送等先进的输油工艺；采用全线集中控制设计的方法，实现管道运输的自动化水平，即根据运行情况的变化和报警信号由电子计算机提出合理的处理方案，调度人员分析判断后下达指令调整运行参数或由电子计算机实行闭环控制；运输物资由石油、天然气、化工产品等流体逐渐扩展到煤炭、矿石等非流体。中国目前也在大力建设连通全国以至周边国家的油气管线。

二、交通场站及枢纽的发展

伴随着各种交通运输方式的发展，交通场站、枢纽的规模、结构设计、功能等也不断地发展变化，并体现出一定规律性特征。

（一）交通站场、枢纽的体量规模随社会经济发展与运输需求的增长而扩展

港口的发展始于自然区位优势明显的河湾、海湾，如腓尼基人在公元前2700年于地中海东岸利用天然海湾来兴建的西顿港和提尔港。古代港口（码头）可能仅有几百平方米的空间，而伴随交通运输技术的进步、近现代工商业的发展，具有码头、防波堤和装卸设备的人工港口快速发展。目前世界各大港口的面

积达到数十甚至上百平方公里，年货物吞吐量都高达数亿吨。我国古代的驿馆或驿站具有路上交通站场或枢纽的功能，最初房舍简易，仅供传递官府文书和军事情报的人途中食宿、换马，后发展成兼有接待过往官吏和专使职能的馆驿。火车、汽车等近代陆路交通工具出现后，火车站、汽车站成为陆上交通站场、枢纽。以铁路客站的发展为例，早期的铁路客站大多只是在铁路边上搭一个站棚，以使旅客免受风雨侵袭和烈日暴晒之苦，如1830年英国利物浦的格劳恩站。此后铁路客运量迅速增大，客站规模增大，站房与站场、站台与路轨之间分区明确，成为代表一个城市的标志性宏大建筑。如德国的法兰克福站、意大利的米兰中央车站等。而网络完善、信息技术发展、发车频率增加等逐步缩短了乘客的候车时间，所以西方发达国家也逐步将候车厅弱化甚至取消，取而代之的是多功能厅。20世纪70年代以后，受能源与环境限制，各国开始重视铁路与城市的互动发展。利用铁路客站深入城市内部这一优越的交通区位条件，使其成为集多种交通方式换乘、商业及大型人流集散型建筑的综合体。经济的发展与航空运输技术的进步也带来航空运输需求的增长，机场的数量增加、规模扩大，典型的如我国首都机场，机场建成时仅有一座小型候机楼，1980年一号航站楼投入使用，面积为6万平方米；1999年二号航站楼启用，面积33.6万平方米；2008年三号航站楼启用，面积为90多万平方米。

（二）交通站场与枢纽的结构设计趋向复杂化、立体化，且更加人性化

在运输发展水平较低、线路较少、不同运输方式联运较少的背景下，站场或枢纽连接的线路很少，站场的结构简单。铁路最初发展时，伦敦、巴黎等城市在市区周围兴建了一系列简易的尽头式车站，每个车站可能仅有一条铁路线引入，如1835年建成的伦敦桥车站（London Bridge Station），它是伦敦地区第一条铁路线的起点站。那时车站之间相互独立，也没有用联络线将它们连接起来，私人马车或马拉公共班车等是换乘、接驳的交通工具；车站规模很小，以站台为主体，仅提供一个售票和上车的缓冲空间，类似于入口的功能。此后由于工业化与城市化的快速推进，城市内外交通联系变得越来越方便与频繁，铁路车站连接的线路日益增多，不同方向、方式的人流、车流在铁路客站集散，客站的结构设计更加复杂化、科学化。1861年建成的巴黎第二北方总站，将候车厅分三等，并设有海关大厅，行包托取厅。纽约大中央火车站于1913年正式启用，它将市区之外的四条郊区月票通勤铁路线与市内地铁系统和街道连在一起，并成为曼哈顿地下交通网络运行的中心枢纽，还通过电梯与地面的街道和高层建筑相连。20世纪20年代以后，铁路、公路与航空运输间的竞争加剧，铁路客站逐渐摆脱了繁琐

的空间分割和刻意的豪华装饰，以进站和候车两大功能空间为核心，辅以服务空间，诸如售票、行李、邮电、问讯、商业等。并开始注重交通建筑的效率，流线安排被放在设计的首位，使平面更加紧凑，通过提高交通方式之间的衔接性和方便性来提高城市交通效率。而现代综合交通枢纽的结构则更加人性化，突出表现在：集多种线路、多种交通方式于一体，集中配置，形成立体结构布局；功能多元化，实施综合开发，成为集交通、商业、办公、居住、娱乐等多功能于一体的地区中心；以人为本，通过对换乘站的形态与空间组织的合理设计、换乘辅助设施如自动扶梯、垂直与水平自动步行道等的应用，提供“零距离”的换乘服务。如柏林亚历山大广场站，铁路线、城铁线平行布设，均位于高架一层；有轨电车、公共汽车、出租车位于地面；地铁线位于地下；地下一层为商场及与地铁的换乘通道。这不仅可以缩短乘客走行距离与时间，而且可以减少枢纽内集散客流所需的空间用量。我国上海虹桥等大型综合交通枢纽的结构设计也体现出立体化、综合化及以人为本的理念。

（三）交通枢纽的功能逐步综合化，整合各类资源，成为城市生产、生活的中心

在运输业的线性发展状态，每一种运输方式发展与运输业总体发展的关系，以及社会经济从运输业发展中获得的利益，都为“1 + 1 = 2”的关系。而到了非线性发展状态，由于各种运输方式的规模和水平已较高，不仅每种方式的发展要符合自身网络合理性的要求，而且不同运输方式之间必须符合综合交通网和综合运输体系的整体要求。从社会发展史看，在以水运为主导运输方式的时期，港口是城市发展的重要推动力与核心，拥有优良港口的城市发展迅速。铁路出现后优势明显，铁路枢纽地区成为各类资源的汇集地，铁路枢纽带动所在地区的发展。高速公路与航空业的发展也带来周边经济区的繁荣。在各种运输方式发展水平均已较高的现代，为适应现代经济的时空要求，运输方式间的协作已成为趋势。综合交通运输枢纽成为运输业与经济发展的关键节点，它将多条线路与交通方式引入，整合多种交通资源，提高自身的可达性与区位优势。如大型港口在公路运输之外引入铁路。美国洛杉矶港于 2002 年改造完成的立体化疏港铁路，可使其集装箱多式联运效率大大提高，并明显改善环境质量。我国各大城市也已经或规划将轨道交通系统引入大型铁路客站、大型机场，如北京南站引入地铁 4 号线，南京南站引入地铁 2 号线等，首都机场引入快轨交通等，提高乘客集散的速度、便捷性与准时性。枢纽的综合性不仅表现为对系统内部资源的整合、协调利用，还表现为对系统外部资源的整合。我国的广州、深圳、上海、宁波—舟山、天津等港口服务日渐多样化，整合海关、税务、金融等各部门与行业，发展港口保税

区、保税物流园区，最终成为保税港区，极大地促进了港口与区域经济的发展。日本在20世纪末就已开始有“Station City”的概念，即每个大型换乘中心不仅集合了地铁、私铁、国铁、巴士等交通运输网络，还汇集有娱乐休闲、商贸会展、餐饮购物等多种商业设施，是一个城市生活综合体，可满足交通运输需求与其他多种社会需求。

（四）交通枢纽逐步等级化，形成交通枢纽体系

人类社会发展特别是工业化与城市化过程产生了数量众多的各类小城市、中等城市、大城市或大都市区及城市群，且城市在自身发展过程中逐步由单中心向多中心发展。不同规模的城市内部结构不同，经济总量不同，运输需求不同（包括需求的数量、结构、布局等），对运输网络形态及功能的要求也就不同。自古以来交通便捷的地区通常既是经济中心又是交通中心。各国家与地区在经济及交通运输发展过程中逐步形成大小与功能均不同的交通枢纽城市。美国纽约、日本东京与中国香港特区等都是国际经济中心，也是发达交通网络密集区和国际特大交通枢纽城市。我国的珠三角、长三角与京津冀等经济发达地区，也是交通运输网络密集，广州、上海与北京、天津都是国内乃至国际重要通道的交汇点，综合运输网络上的重要节点。我国《综合交通网中长期发展规划》中提出综合交通枢纽可分为全国性综合交通枢纽、区域性综合交通枢纽和地区性综合交通枢纽三个层次，并规划了42个全国性综合交通枢纽城市。从城市内部看，不同功能区域往往配合有相应功能的交通枢纽。日本东京的轨道交通网和综合换乘枢纽体系与其山手线带状走廊一起形成了高效率的城市客运体系。我国上海也在尝试将城市的交通枢纽依据功能进行等级划分，以便更好地适应、促进城市发展。

（五）交通枢纽与所在城市的空间关系不断演化，影响并引导城市发展

不同交通方式交通枢纽空间布局演化呈现的特征不同。王缉宪将港口空间演化概括为四种类型：一是渐变式，港口在与城市发展过程中逐步远离城市，港口达到一定规模后可能因需求减少或效率提高而减少用地面积，如中国广州港；二是“大港适距起步模式”，主要为海港，如新加坡、阿联酋迪拜、中国湛江，在设计时已考虑大型船舶需要及港城分工，港口不会与城市中心越来越近；三是空间跳跃模式，原有港址不理想或空间不够、水深不够等，使得港口需要跳到另外一个远离城市的地区发展，老城区的港口逐步萎缩，如法国马赛和中国天津、宁波等；四是双港并存模式，也是空间跳跃发展，但老港区并未衰退，而是多港并

存发展，如中国的香港—深圳“双城港”。港口空间布局的变化影响到城市的用地与产业布局变化。同样，火车站亦与城市发展关系密切。铁路发展之处，火车站多为处于市郊的尽头站。而这一时期为西方国家城市化初期，车站的交通区位优势，有效地引导城市人口与产业向其集聚，促使城市规模扩展，同时也使火车站逐步被城市包围，入城线路也对城市产生了分割。应对这种情况的措施有两种：一是将火车站迁离市中心；二是将市内车站与线路立体化设计、处理。西方国家多采取立体化的办法，如德国柏林和法兰克福中央站、法国巴黎北站、美国纽约大中央车站等。实践表明，保留在城市内部的立体化大型铁路客站，对于提高城市内外交通效率十分有益，而远离城市的车站在缺乏有效接驳交通的情况下，会造成到离车站的不便。火车站作为衔接多条铁路线路与市内交通线路的集合体，其选址对于城市的形态有路径依赖式的影响。机场虽远离城市，但现代临空经济发展迅速，已成为城市经济与城市空间的重要组成部分。在资源与环境约束不断增加的前提下，鉴于交通运输与城市发展的密切关系，TOD 发展模式已成为趋势。

第三节　运输组织及体制政策的发展

一、运输组织的发展

早期的交通运输企业由于规模小，服务对象少，运输需求仅仅限于位移的实现，运输企业表现出明显的散、小、弱等特点，一个企业拥有几辆车或几条线路，各个运输企业之间彼此独立。随着运输需求的增加，规模经济效益的显现，交通运输企业开始相互兼并重组，相对集中的大型运输企业出现。马士基航运公司，从 1904 年经营一条 2 200 吨的二手蒸汽货轮起步，到目前已经占据世界集装箱航运市场的 17%，拥有 500 多艘集装箱船及 150 万个集装箱。地中海航运公司 MSC 于 1970 年建立，逐渐拓展业务到整个欧洲并开办大西洋航线，MSC 目前在全世界有 350 个机构，255 艘集装箱船，880 000TEU 的运力，在全球五大洲 215 个码头停靠，提供 175 条直航和组合航线服务。总部设在法国马赛的达飞海运集团始建于 1978 年，经营初期主要承接区域航线业务，到 20 世纪 90 年代后期已开通了地中海至北欧、红海、东南亚及东亚的直达航线。目前达飞集团在全球运营集装箱船舶 244 艘，装载力为 500 000TEUS，在全球 126 个国家和地区设立了 420 家分公司和办事机构，在全球范围内拥有雇员 10 200 人。作为全球最大的集装箱货运代理企业马士基航运、MSC 和达飞轮船已占全球船队运力的 40%。

为了实现货物从初始地到终到地完整运输产品的要求，减少货主与运输企业的交易成本，运输业务逐渐由单方式运输企业分别提供向多式联运方向发展，运输企业间签订长期的联运协议，组成多式联运公司。与此同时，货运代理企业在运输组织中的作用也逐渐增大，一些运输企业及一些原来在运输市场为其他运输企业寻找货源，代结运费的货代企业逐渐深化对运输企业的代理作用并控制运输链条，发展出一系列大型货运代理企业。如瑞典的 ASG 公司，目前已成为一个大型货运代理公司，不仅在国内设有 15 个分公司，拥有 61 个货运中转站、3 770 个货运代理点，还在多个国家和地区设有分支机构，它利用货运中转站吸引腹地发运的零散货物，以中、小吨位载货汽车按地区分批收集货物，在中转站分类配车，再按不同的组织流向合理组织大型载货汽车或火车进行长途运输，而在靠近收货人的中转站卸车，再按不同地区以中、小吨位载货汽车进行配送。中国对外贸易运输总公司 1950 年成立时是国家对外贸易进出口货物运输的总代理，目前已经发展成中国最大的国际货运代理公司、航空货运和国际快件代理公司，2010 年实现营业收入达 425.5 亿元。

随着人们对高质量和准时运输服务需求的增加，可提供邮件追踪功能、送递时限承诺等服务的快递企业发展迅速。目前速递企业以不同的规模运作，小至服务特定市镇，大至区域、跨国甚至是全球服务。1969 年，DHL 的创始人自己乘坐飞机来往于各大城市之间运送货物单证，并通过在快件实际抵达之前先帮助客户进行货物清关来减少时间。此后，DHL 网络以惊人的速度持续成长，今天 DHL 的全球网络已经连接了世界上 220 多个国家和地区，提供不论是文件还是包裹的当日快递、限时快递以及限日快递。同样作为大型快递承运商与包裹递送公司，同时也是专业运输、物流、电子商务服务的领导性提供者的 UPS，今天正演绎着一个全新商业模式，即商务同步协调，其核心是创造精确统一的供应链，以使货物流、信息流以及资金流可以更快更高效的运转，实现无缝衔接，保持整个商业活动的顺畅进行。运输企业已不再仅仅是单纯的“货运”公司，而是将自身从传统的、单一的货物运输转向为用户提供多功能的综合物流服务企业，电子数据交换（EDI）、物联网、准时生产方式（JIT）、配送计划等物流技术的不断涌现及应用，为运输企业的物流化管理发展提供了强有力的技术支持和保障。

运输组织发展轨迹可见图 1－1。图中作为专业汽车运输公司，美国的罗兹威尔和灰狗公司已经达到美国一级汽车运输公司收入的 75%；IATA 作为各国航空公司组成的大型国际组织，虽不是真正意义上的运输企业，但是其在制定航空运输标准以及多边联运协议方面显示出了非常重要的作用；在全球提供综合物流服务的德国邮政、UPS 等不仅占领了国内市场，并且在世界市场占据重要份额。

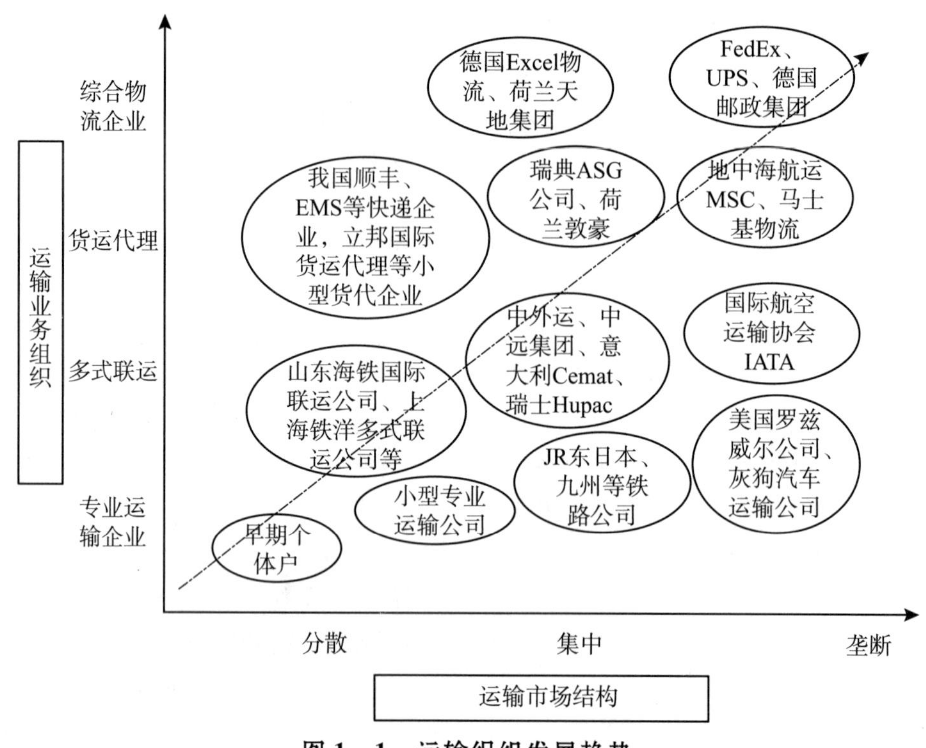

图1-1　运输组织发展趋势

二、交通运输管理体制和政策的发展

西方国家运输业的发展历史表明，交通管理体制必须伴随着运输化的不同阶段而改变，只有管理体制适合本国具体国情才能促进交通运输业的发展。工业革命之前的农业经济时代，世界各国处于前运输化阶段，基本没有独立的交通主管部门，一些涉及水运、邮传问题的行政部门也是隶属于更为重要的部门。在初步运输化阶段，为了规范和促进各交通方式的发展，各国基本都设立了相应的主管部门，鉴于各交通方式独立发展，这些交通主管部门也相互独立。此时交通运输主管部门的职责主要是更合理、更规范地促进各交通方式运输网络的形成。自20世纪中叶以来，随着经济社会和科学技术的进步，西方国家先后从初步运输化阶段进入完善运输化阶段，交通运输业从各种运输方式独立发展走向综合化，交通管理体制也开始进入整合时期。20世纪60年代美国率先成立了联邦运输部，自此西方国家先后将分方式交通主管部门合并为统一的运输部或交通部，其中以美国运输部的成立最为典型。90年代以后，各国又相继进入后运输化阶段，一体化和可持续交通问题要求将运输主管部门与其他相关主管机构合并成为更加综合性的主管部门，如日本成立了国土交通省，统筹交通、国土、建设和环境等多项职能。其他各国运输主管部门也经历了多年的变化和整合，目前英国为环境、运输和地区发展部，法国为公共工程、住宅、国土规划与运输部，德国为建设、交通与住房部，韩国为建设交通部等。

在国民经济和运输化的不同发展阶段，社会经济对运输业相关问题的重视及重视程度都有所不同，运输政策也是不相同的。在初级运输化阶段，各种运输方式大体处于单独发展状态，相对简单的运输系统也只需要相对简单的运输政策来予以引导和支持。当运输发展到运输化的完善阶段和后运输化阶段时，运输系统所具有的综合性和复杂性使得必须在更高层次上制定综合运输政策。运输政策也更加重视综合运输体系的整合和优化、坚持以人为本和可持续发展、注重运输政策的实施机制以及运输政策和其他社会经济政策的协调等。因此，各国政府甚至包括一向青睐市场作用而不愿制定产业政策的英美政府，也包括欧盟等超国家机构，都特别重视综合运输政策的制定与实施。

英国于 1997 年颁布了《公路交通削减法》，开始以法律手段限制公路运输；1998 年又颁布了题为《运输新政》的综合运输白皮书，并相继制定了一系列综合考虑土地利用、资源与环境负担和一体化问题的运输政策与法律文件。美国自 20 世纪 70 年代以来除制定一系列控制交通污染的空气清洁法和调整运输业管制政策的法律外，又于 1991 年和 1998 年分别颁布了《多式联运及地面运输效率法》和《21 世纪运输平衡法》，重点解决综合运输系统的连接性、一体化以及运输通道内多方式共线共站以节约土地、提高效率问题。而且美国的综合运输政策还一向伴随着联邦政府的具体中期拨款计划，由法律明定用途和责任机构的巨额导向资金，从而可以在很大程度上确保政策的顺利实施。此外，为解决综合运输系统特别是综合枢纽的规划与实施主体问题，美国还确定了 16 个大都市和 23 个跨州交通规划机构，其联邦政府的交通建设拨款也多通过这种途径划拨。2009 年，美国国家运输政策小组研究编制了《国家运输政策方案》，指出美国的运输政策需要更加注重效果，要有一系列明确的目标以及政策实施效果的可评估性。这些运输政策方面的调整正得到越来越多国家的学习和效仿。

第四节　运输业近期的主要变化

一、从粗放式发展向集约式发展转变

过去运输业粗放式的发展方式给环境、土地和能源造成了巨大的压力与浪

费，这促使交通运输向绿色环保、基于信息技术的智能化及高效利用土地等集约式发展方向转变。氢燃料汽车、混合动力汽车以及纯电动汽车的开发与应用显示了绿色环保的理念。在交通运输智能化方面，各国在交通的建设与运营中广泛应用了包括计算机信息管理系统（MIS）、全球定位技术（GPS）、移动通信技术（MCS）、电子数据交换技术（EDI）和路径优化技术等高新科技，使人们出行的信息更加丰富，提高了出行的效率。在交通用地的集约化方面，国内深圳表现得较为突出，如地铁一号线罗湖站的站域范围内有火车站、长途客运站、公交枢纽、商业楼以及口岸联检大楼。它实现了各种功能、不同业主的建筑和设备在地上地下同一空间中有序地安排，实现了有限空间中的土地集约化使用。

二、从主要关注线路建设到更加突出枢纽的地位

从20世纪90年代以来，各发达国家越来越重视交通枢纽的作用，也纷纷开始建立可以有效衔接各种交通方式的综合交通枢纽。2006年5月，当今欧洲乃至世界上最具典型意义的大型综合性换乘枢纽德国柏林中央火车站正式建成并投入运营。柏林中央火车站是一个综合性的大型立体化换乘中心，除往来于国内外的干线铁路高速列车和其他长途列车，柏林市的城铁（S-Bahn）、地铁（U-Bahn）、电车、巴士、出租车、自行车甚至旅游三轮车也都在此停靠、集中与疏散。另外，换乘大厅内还分布着各类商铺和餐饮服务设施。建筑面积9万平方米的柏林中央车站让一切可能的交通工具以十字交叉方式连接到同一个车站，并在同一大厅内实现大规模垂直换乘。于2007年建成的美国旧金山的港湾枢纽（Transbay）也是21世纪现代化的集轨道交通（高速铁路、普通铁路、通勤铁路）、长途汽车客运、城市道路交通于一体的综合交通枢纽，该枢纽内还包含各类住宅、宾馆、办公、零售用房约3 000间。

三、从每种运输方式单独发展到方式之间有效连接，并形成以集装箱为载体的多式联运链条

在运输化的初级阶段，由于各种运输方式都不发达，它们很难进行相互的有效连接。而随着各种运输方式的不断发展和科技的不断进步，它们之间具备了相互衔接的条件。在荷兰，其政府十分重视发展跨部门、跨行业经营多式联运。其运作方式是海、铁、公、内河等专业运输公司，在各自经营主业的同时，可以租赁经营另一种运输业务。如海运经营铁路、铁路经营公路等。国内运输企业除经营本国的运输业务外，也可进行跨国租赁经营运输业务。

多式联运的链条离不开作为其载体的集装箱，国内外很多港口城市都建立了集装箱基地。欧洲最大的集装箱港口荷兰鹿特丹港，2006 年江海联运量达到 225 万 TEU，占集装箱吞吐量的 23.2%；海铁联运量达到 81 万 TEU，占集装箱吞吐量的 8.4%。在美国最大的内陆枢纽城市芝加哥，当前有 27 个重要的公铁多式联运车站和 21 个集装箱空箱基地，美国经营货物运输的铁路公司几乎都有线路通往芝加哥，而且都在该地区设有多个集装箱多式联运车站。

四、从简单位移产品到关注综合物流及旅游服务

在货运领域，传统的运输和托运公司只是为物品提供简单的位移产品，而新兴的物流公司则能够为客户提供更加综合的服务，这些综合物流公司可分为三类：第一类是以资产为基础的物流服务商，其主要提供库房存储、仓储管理、运输等服务，主要代表有佳赢物流、马士基物流等；第二类是以网络为基础的物流服务商，其主要提供货运快递、货运追踪、运输的电子校验、即时送货（JIT）等服务，这类服务商包括敦豪快递、联邦快递、UPS 等；第三类是以技能为基础的服务运营商，其主要提供管理顾问、信息服务、金融服务、生产链管理、解决方案等服务，其代表运营商包括智敖物流、埃森哲物流及 IBM 全球物流等。

在客运领域，传统的客运公司很难帮助客户解决票务、在目的地的食宿以及在整个行程中的时空安排问题。而旅游公司及旅游网站为我们带来了更加综合的服务，如携程旅游网通过与酒店、旅行社、航空公司合作，为商务出行者和旅游者提供在线旅游服务，包括在线的酒店预订、机票预定和旅游路线预订等服务。在全国范围内可提供 30 多个城市的送票服务，1 500 多家酒店的预订服务以及 2 000 多个目的地查询服务。

五、从单纯增加运输供给到注重需求管理

当交通基础设施处于严重短缺状态时，增加运输供给是交通运输发展的主题，而随着交通基础设施存量的不断增加，交通需求管理也越来越受到人们的重视。从 20 世纪 80 年代开始，日本就开始注重交通需求的管理：引导人和车辆减少低效率的出行，通过卫星导航系统的引导，有效地避免了不必要的行驶；大力发展高效公交和轻轨，大大地提高了地铁入口和公交站点的密度以及到站和发车时间的准确性；紧密衔接轨道交通、公交与地铁；同时日本还逐渐推广错时上下班、实行弹性工作制、在家办公、以步行或自行车方式出行等措施，这都为引导日本民众使用公共交通打下了坚实基础。由上述可见，可以通过减少交通总量、

减少私家车出行和均衡各种交通方式等多种手段来实现对交通需求的管理。而我国从无差别化的道路使用到道路使用权的合理分配也体现了注重交通需求管理的理念，如北京的车辆限行，公交车专用道的划分，货车按载重和时段来分配道路使用的权限，实行阶梯停车费等一系列措施。

六、从单纯运输观点到交通运输与环境保护、土地开发、城市空间结构综合考虑

运输业发展到现在，越来越多的国家已不再是单纯地考虑交通运输的发展，而是综合考虑交通运输与环境保护、土地开发、城市空间结构。美国早在 1962 年就在其《联邦援助高速公路法（Federal Aid Highway Act）》中规定，交通规划应遵循 3C 的原则，即持续性、协作性和综合性。其中的综合性是指交通规划中应该包括各种运输方式，并且与地区的土地利用和经济发展相一致。1998 年英国《交通白皮书：有利于每个人的交通新政》（*A new deal for transport: better for everyone-white paper*），则提出了交通与环境政策一体化，以利于交通决策支持一个更好的环境；在各个层面与土地利用规划的一体化，以利于交通和土地规划一起支持更合理的交通选择和减少旅行需求。丹麦哥本哈根的城市规划被认为是世界上最成功的城市规划之一，哥本哈根 1947 年制定了城市沿 5 条放射型轨道交通通道发展的“指型规划”已经持续了半个多世纪未做改变。其根本原因就在于丹麦人较早认识到城市交通与土地之间的相互作用关系，把轨道交通作为形成理想城市形态的工具，以及最有效地利用市场机制实现城市空间规划目标的手段。

第二章

已有综合交通运输研究综述

第一节　关于综合交通运输的概念与内涵

一、国外关于综合交通运输的概念

综合交通运输（或综合交通、综合运输）一词大体是从20世纪50年代开始在中文中使用的。日文大约是在70年代以后开始使用综合交通概念。综合交通运输的“综合”在英文中多是用comprehensive或integrated两个词表示，其中前者主要是“全部的、所有的”意思，后者则主要是“各部分密切协调的、完整统一的”即一体化的意思。苏联对“综合运输”的主导观点认为其是各种运输方式的总和，并没有突出各种运输方式通过有机协调形成一个整体的含义。我国在从苏联引进此概念后，英文翻译用词多选用comprehensive transport。Comprehensive transport也出现在70年代以来英国和香港地区的政策文献以及近年来印度和日本的个别学术文献中，但总体来说，在国外的文献中较少见到，其作为对“综合运输”的英语译文，主要出现在我国学术文献中。有意思的是，香港一些机构在将英文词comprehensive transport翻译成中文时却使用了“整体运输”一词。

欧美国家从20世纪60~70年代起，在政府文件和学术文献中越来越多地使用“一体化运输”（integrated transport）的概念，其不仅指各种运输方式的一体化，还包括了运输与土地利用、环境保护、健康及教育等方面的一体化。但对于一体化运输来讲，一般认为首先是要解决多式联运（intermodal or multimodal transport）的问题，主要是指运输业发展到一定阶段所要求的全程、无缝、连续运输过程，以及实现这种过程的经济、技术和组织系统。后来一体化运输才更逐渐扩大到在技术上更多通过信息化手段、更加环境友好、更有利于土地开发和城市合理布局、促进社会和谐公平以及更多公众参与等内容。

关于多式联运的概念，不同时期的学者有着不尽相同的观点，具体观点如表2-1所述。然而他们又大都有着共同的认识，即多式联运必须由两种及以上的运输方式联合构成。

表2-1　　多式联运的不同观点

研究者及时间	主要表述
Min（1991）	用不同的运输方式把产品从始发地运送到终到地，这样的运输方式包括海运、空运、铁路和公路等
Harper and Evers（1993）	一个或多个汽车完成短途的收集和分发货物的服务，一个或多个火车完成长途货物运输。
Spasovic and Morlok（1993）	通过公路运输把集装箱或拖车运到铁路上，通过铁路完成长途货运，然后再用公路运输把货物运送到收货人手中。
Evers（1994）	在同一个运输过程中的铁路和公路联合对集装箱或拖车完成的运输活动。
D'Este（1995）	一个包括技术、法律、商务和管理的框架，此框架用于实现基于一种以上运输方式的门到门运输。
Slack（1996）	把单位化负载（集装箱，拖车）从一种运输方式转移到另一种运输方式。
Nierat（1997）	联合铁路和公路运输服务来完成门到门的运输服务。
Nozick and Morlok（1997）	先用铁路完成对装载了集装箱的卡车的运输，而后再用卡车把货物运送到各个终点。
TRB（1998）	用铁路和公路实现集装箱的陆地运输，用航运和驳船实现集装箱的海上运输。另外，大宗商品的空陆运输也被认为是多式联运。
Van Duin and Van Ham（1998）	用同一个运输车辆或单元，多种运输方式完成货物运输，在中转的过程中不需要处理货物。

续表

研究者及时间	主要表述
Ludvigsen（1999）	把运输的货物装载在同一个运输单元中，用若干种运输方式完成运输，在转运的过程中不需要处理货物。
Van Schijndel and Dinwoodie（2000）	在同一结算费率下，实现货物从托运人到收货人的运输。
Jones et al.（2000）	在同一个行程中，用两种以上的运输方式来实现无缝的客货运输。
Southworth and Peterson（2000）	用两种以上的运输方式实现客货从出发地到目的地的运输，在所用到的方式中，任意两个方式互相衔接。
Tsamboulas and Kapros（2000）	用同一个运输车辆或单元，多种运输方式完成货物运输，在中转的过程中不需要处理货物。
Newman and Yano（2000a，b）	轮船、卡车和铁路的联合货运。
Taylor and Jackson（2000）	统筹卡车、铁路、远洋等运输方式完成集装箱或拖车的货运。

资料来源：Y. M. Bontekoning，C. Macharis，J. J. Trip. Is a new applied transportation research field emerging? A review of intermodal rail-truck freight transport literature. Transportation Research Part A. 2004. 38：pp. 1 –34.

综合交通运输一体化则主要是指不同交通方式的一体化，以及交通与土地利用、环境保护、健康及教育等方面的一体化。T. C. 哈恰图洛夫院士（20 世纪 70 年代）认为，运输综合体为五种运输方式的总合，运输枢纽内各种运输方式的协调与配置，尤其是技术作业过程的协作。梅（May，1993）和海恩（Hine，2002）认为一体化包括：不同政府部门的一体化，不同运输方式的一体化，基础设施提供、运营管理和定价等措施的一体化，运输政策与土地利用规划、环境、教育、健康和财富创造方面的政策的一体化。而安吉拉·赫尔（Angela Hull，2005）则更加全面地解释了一体化的内涵，其认为根据难度不断递增的原则，交通运输的一体化包括以下几个层次：公共交通设施和业务的一体化（包括票价、时间表、换乘、信息）；多种运输方式的一体化（各种交通方式要在管制、定价、评判标准和预算上具有一致性）；市场需求管理的一体化（关注市场效率、效益以及拥堵的成本）；环境问题与制定交通政策的一体化；地方机构和管理的一体化（各州政府之间如何实现政策制定的一体化）；不同政策制定部门之间的一体化（如环境部门、城市管理部门、交通部门）；政策措施的一体化

（在考虑交通、土地利用、经济、环境、可持续发展和各种社会目标的基础上，实现财政、管制等政策措施的一体化）。安托尼·梅（Anthony D. May，2006）又进一步认为一体化交通运输分为运营、战略和制度（或机构）三个层面的整合，除了市场自发形成的多式联运外，还要求从全局战略出发为实现更大的绩效而对各种政策工具进行整合，包括基础设施提供、经营管理、信息和定价等政策工具的整合、运输规划与土地利用规划方法的综合以及健康、教育等其他领域政策的整合，还包括从地方到全国范围内管理机构的整合；他提出推进交通一体化的两个原则：实现交通系统内各运输方式，以及系统外与本系统的协同配合；克服法律和组织机构、财务、政治和文化以及工程技术等方面的障碍；他同时也解释了协同作用的概念，提出要重视用一体化来实现的目标，而不要为了一体化而一体化。

二、国内关于综合交通运输的概念

20 世纪 90 年代初，杨洪年提出，“综合运输体系是指在社会化的运输范围内和统一的运输过程中，按照各种运输方式的技术经济特点，形成分工协作、有机结合、布局合理、联结贯通的交通运输综合体”。90 年代后期，他又将其修改为“它是相对各种单一运输方式的运输体系而言，包括各种现代运输方式，按照其各自的技术、经济特征，在统筹规划下，形成布局合理、分工协作、协调发展、连接贯通、运输高效的现代化的交通运输综合体”。但王光华等人（1989）曾提出“综合交通”的提法因有碍铁路作为全国交通网骨干而不合理。

王庆云（2002）提出，综合运输体系是市场经济发展到一定阶段，在科技创新和制度创新的作用下产生的一种现代交通运输的组织形式，是为满足国民经济和社会发展的需要以及客货用户的要求，将铁路、公路、水运、民航和管道五种运输方式作为一个有机整体进行系统研究、系统规划和系统建设，形成整体的系统能力，并以市场经济为导向，以高新技术为基础，在充分发挥各种运输方式比较优势的前提下，为经济发展与社会进步及客货运输用户提供安全、快捷、方便、舒适、经济优质服务的综合系统。罗仁坚（2003）认为，现代综合运输体系是指符合于一个国家或地区的经济地理特征，适应国民经济发展和人民生活水平提高的要求，各种运输方式分工协作、优势互补，采用现代先进技术在物理上和逻辑上实现一体化的交通运输系统的总称，包含交通基础网络系统和运输服务系统。

董延丹、肖秋兰（2006）认为，综合运输体系是指在社会化的运输范围内和统一的运输过程中，按照各种运输方式的技术经济特点，形成分工协作、有机结合、布局合理、联结贯通的交通运输综合体。综合运输体系涵盖了五种运输方式（公路运输、水路运输、航空运输、铁路运输和管道运输）。但综合运输体系不仅仅是五种运输方式的简单总和，而是五种运输方式的协作配合、有机结合、联结贯通。体现了各种运输方式运输过程的协作，运输发展的协调和运输管理的协同。王先进（2002）、秦秋莉（2002）、朱伽林（2004）、彭辉（2006）、吴庆宇（2006）、贺竹磬（2006）、宋瑞（2007）也分别提出过具有一定相似性的观点。罗仁坚（2010）则又提出现代综合运输体系可以概括为：根据各种运输方式的现代技术经济特征和社会对资源消耗、建造成本、运行成本的可承担能力，在框架结构优化、运输系统一体化、全面信息化的战略目标和政策指引下，由多种运输方式按照功能组合、优势互补、技术先进、合理竞争、资源节约的原则进行网络化布局发展，共同构建形成的有效满足社会经济发展需要、一体化紧密衔接、运行高效的交通运输有机整体。

李宏（2005）认为，综合交通体系在西方国家指的是在各种运输方式之间实现“无缝”和“连续”的一种运输，而在我国却是指对各种运输方式的合理使用范围、分工和投资比重等进行划分，前者是在市场经济条件下解决运输市场出现的问题，而后者更多的是在计划经济条件下研究如何解决运输部门之间出现的问题。孙启鹏（2010）从系统学的角度分析了综合交通运输，其认为综合交通是一个复杂的巨系统，它具有四方面的特征：第一，各子系统之间的联系广泛而紧密，每个子系统的变化都会受到其他子系统变化的影响；第二，具有多层次、多功能的结构，每一层次均成为构筑其上一层次的单元，同时也有助于系统的某一功能的实现；第三，系统是开放的，它与环境有密切的联系，能与环境相互作用；第四，系统是动态的，它不断处于发展变化之中。其认为综合交通包括公路、铁路、航空、水运、管道及城市交通。

第二节　综合交通运输的起因与发展方向

一、综合交通运输的起因

国外专家学者普遍认为环境问题的日益严重及能源与资源的日益紧缺促使了综合运输的产生。伊拉·拉库尼卡（Illia Racunica，2005）认为，最小化货运中的社会和环境成本需要多式联运的发展，而多式联运的发展又需要最大化铁路的功能，故他提出了一个优化模型用于提高铁路在多式联运中的比例。廖俊雄（2009）通过建立模型，比较了公路运输与多式联运的二氧化碳排放量，认为多式联运更加环保。凯西·麦克利斯（Cathy Macharis，2009）揭示了燃料价格的上涨能够与政策工具在相同程度上实现对多式联运市场规模的扩大。建立了基于GIS的相关模型，并对不同的燃料价格的影响进行分析。米兰·亚尼奇（Milan Janic，2010）用量化的方法对把机场转变为一个多式联运节点而带来的社会和环境影响进行评估。认为这种转变可以减少社会和环境成本。也有个别专家认为成本因素是综合运输产生的关键因素，埃克·克鲁兹伯格（Ekki D. Kreutzberger，2008）提出时间和空间是决定多式联运竞争性的重要因素，它们产生了车辆的直接成本和间接成本。通过使用合适的运输路径网络，可以实现规模经济从而降低单位运量的成本。

在国内，荣朝和于2005年提出运输业发展可分为简单的线性发展状态和复杂性越来越突出的非线性发展状态。到了运输业非线性发展状态，不同运输方式之间的关系越来越突出地要符合综合交通网和综合交通体系的整体要求，特别是运输一体化的无缝连接要求。毛保华（2009）则认为，随着我国经济总量的持续增长和城市化进程的快速推进，交通需求尤其是城市地区的交通需求增长的速度远远大于交通供给的增长，拥挤的改善已经面临结构上的障碍，这就需要促进综合交通系统的发展。其认为从系统角度研究不同运输方式的技术经济特性，提出各种运输方式单位运输能力形成对能源、土地等资源的消耗率以及污染物排放率的计算方法，建立具有广泛共识的不同运输方式资源消耗的比选平台，是促进综合交通系统发展的技术基础。

二、综合运输的发展方向

针对于综合运输的发展方向，斯莱克（Slack，1995）对比了欧洲和美国的多式联运枢纽在空间规划中所起的作用。其建议美国应该把多式联运枢纽的规划与区域经济发展结合起来。扎瓦特罗（Zavattero，1998）和伊塔夫（Eatough，2000）也提出了类似的观点，并建立了相应的模型。莫拉克（Morlok，1997）研究了如何让公众参与到多式联运政策制定当中。Chris Booth（2001）通过分析英国的交通规划过程，提出在制定综合交通的规划时，公众的参与非常必要，因为综合交通需要满足公众的需求。莫舍·吉瓦尼（Moshe Givoni，2006）提出航空和高速铁路不应该只是竞争，也应该进行合作。阿瑟纳·罗姆伯特索斯（Athena Roumboutsos，2008）则提出了基于博弈论的交通决策模型，此模型用于比较分析独立运输方式的营运者（这个营运者可以是政府也可以是私人）所采用的策略和综合运输营运策略。在这个模型中，作者用纳什均衡来分析各个策略在不同的市场情况下的产出。为交通政策的决策者们提供了如何在综合交通方面最有成本效益地干预，最及时地实行综合交通政策提供了分析工具。也有很多专家认为，在开展多式联运的基础上，还需要把交通、土地利用、环境保护和经济一体化考虑在内。戴维·贝利斯（David Bayliss，1998）描述了英国所面临的交通问题，如拥堵、噪声、安全等，其认为这与小汽车的大量使用有关，还与过去“预测供给”的政策有关，故建议在制定政策时需要把交通、土地利用、环境保护和经济一体化考虑。卡罗琳·罗迪尔（Caroline Rodier，2010）论述了一个空间经济模型（PECAS）如何用于评估土地利用和用于减少温室气体排放的运输政策的效益。

高家驹、杨洪年（1993）认为，发展综合运输网要处理好交通运输与国民经济的关系，各种运输方式之间的关系，新线建设与旧线改造的关系，点、线能力协调的关系以及平战结合的关系。综合交通运输网布局规划应该遵循交通运输发展与经济和社会发展相适应的原则；统筹兼顾、协调发展的原则；因地制宜、有效利用自然资源的原则；择优发展、经济合理的原则。高家驹、郭云（1993）也提出过相似的观点，他们从各种运输方式协调的角度提出了各种运输方式合理分工和协调主要有货物流向流量和运输线路的协调；地区间各种运输方式的协调；各种运输方式设备能力的协调；各种运输方式运输组织工作的协调以及运价和运输费用的协调。他们认为使各种运输方式合理分工，需要考虑的条件包括自然地理条件、社会经济条件、空间布局条件、运输结构条件、运输技术条件、经济效益条件以及国家运输政策等方面。

郭小碚（2003）在回顾我国综合运输的发展历程之后，阐述了新阶段我国综合运输发展中要注意处理好综合运输体系建设中市场化取向与政府政策引导的关系、各种运输方式发展的合理性和市场竞争的关系、运输设施建设与运输经营组织的关系、运输网络建设中线路与枢纽的关系等重要问题。傅志寰（2004）分别从基础设施和运输市场两方面分析了我国目前综合交通运输体系的现状和存在的主要问题，阐述了发展中所面临的主要形势和挑战，主要包括：提高运输能力与运输效率、交通资源布局与经济社会协调发展、提高运输质量、交通运输可持续发展、不同交通运输方式之间协调发展、降低全社会运输成本。探讨了进一步发展我国综合交通体系的目标和基本思路，并提出了发展的战略要点，包括：运输大通道建设、交通枢纽建设、城市综合交通体系建设、农村交通建设、综合交通信息网络建设、交通运输技术创新。同时也提出了制度创新和外部支撑。

张国伍（2005）认为，各种交通运输方式的发展应该合理分工和协调，包括：（1）根据国家政策与市场经济发展的需要；（2）根据运输大系统的要求对各种运输方式的协调；（3）对各种运输方式运输组织工作的协调；（4）各种运输方式技术上的协调，即把铁路、公路、水路、航空等运输设备及其标准在运送上、转运集散、特别是相互衔接等方面协调起来；（5）进行各种运输方式规章和制度上的协调；（6）运价和运输费用的协调。石钦文、徐利民、胡思继（2006）则提出综合交通运输系统与社会经济系统的协调发展包括五个方面：（1）综合交通运输系统与经济发展的协调；（2）综合交通运输系统与社会发展的协调；（3）综合交通运输系统与人口分布的协调；（4）综合交通运输系统与环境保护的协调；（5）综合交通运输系统与资源节约的协调。指出当前我国综合交通运输系统规划理论的主要研究任务是：（1）从宏观层面研究社会经济系统及其各子系统与综合交通运输系统的关系，以及国家运输资源配置问题，即国民经济和社会发展与交通运输相互影响问题的研究；（2）从中宏观层面研究五种交通运输方式的合理运输结构和运输能力配置结构问题，即综合运输结构发展理论的研究；（3）从微观层面研究综合交通体系网络的点、线配置，即综合交通体系运输通道网络规划理论研究以及综合交通体系枢纽规划理论研究；（4）在操作层面以便捷、安全、高效和经济为目标，研究组织实现客货运输过程的运输组织管理问题，即综合运输工程管理技术研究。

马强（2006）认为，发展综合交通应充分考虑运营的效率，各运输方式间以及综合交通与环境间的协调，还要充分考虑社会公平。提出应当推进综合交通的全面、协调和可持续发展。全面发展综合交通包括：不仅要增加总量和规模，更要注重提高质量和效益；既要实现不同运输方式各自的发展，更要突出其相互之间合理搭配；不仅要考虑静态的“发展”，更要注重动态的“改革”。协调发展综合交通包括：各种运输方式内部的协调发展，强调各种运输方式内部的规模和结构要搭配得当；不同运输方式之间的协调发展，强调各种运输方式之间的优势互补、相互配合；区域交通的协调发展，强调缩小区域交通发展之间的差距；城乡交通的协调发展，强调缩小城乡交通发展之间的差距。综合交通的可持续发展包括：在需求支撑层面上，要提供足够的服务能力，以适应经济社会发展多方面的需求。在生态环境层面上，要鼓励和优先发展节约能源资源、保护生态环境的运输方式。在社会公平层面上，要充分考虑社会各个阶层和每个公民的需求。

毛保华（2008）认为，我国作为一个人均资源不足的大国，在不断提高各种不同类型交通基础设施发展水平的同时，应发挥不同客货运方式的技术经济特点和政策杠杆的引导作用，积极致力于优化客货运交通结构；重视城市化、机动化背景下的一体化城乡综合交通体系建设，特别是城市与枢纽地区的信息服务与接续运输组织，真正建立高效、可持续的国家城市间综合交通体系。王庆云（2008）则从系统工程方法论角度来分析和把握综合交通网的发展规划。他认为综合交通发展的核心问题，是如何处理好交通大系统内部各子系统的关系问题，也就是如何处理好各种运输方式在可替代的市场份额中进行优化比选和运输系统的一体化问题。

第三节　综合运输体系的组成内容

关于综合运输体系的组成内容，国外专家分别就综合运输体系的信息化、运营成本、评价体系等方面提出了自己的观点。在信息化方面，尤金·杜尔（Eugene Durr，2003）研究了一种多式联运中的信息交换系统。格罗坦休斯（Jan-Willem Grotenhuis，2006）研究了旅客对于基于多式联运的旅行信息的需求，并指出旅客最为关注的是通过掌握相关旅行信息来最大限度地节省时间和精力。克鲁斯（Caspar G. Chorus，2007）则验证了一个多式联运旅游仿真模型，此模型可用于信息收集。关于运营过程中的成本分析国外学者也做了研究，舒恩德尔（W. J. Van Schijndel，2000）评估了由于拥堵而产生的成本对于货物由公路运输转向多式联运的影响。米兰·亚尼奇（Milan Janic，2007）建立模型并计算了多式联运与公路货运网络的内外部成本。米兰·亚尼奇（2008）又建立模型对欧洲长货物多式联运列车、传统货物多式联运列车和公路运输的绩效进行评估，评估的内容为门到门运输的全部成本，包括内部成本和外部成本，内部成本包括运输过程和枢纽的运营成本；外部成本包括其带来的外部性，如噪声、污染、交通事故和拥堵。并评估了欧洲的交通模式转换对交通的外部性的内部化的效果。金南秀（Nam Seok Kim，2010）提出单一模式的运输成本与多式联运的运输成本相等时的运距为平衡运距，其旨在通过计算出平衡运距来指导托运者在托运时的运输方式选择。

在综合运输体系的评价方面，康斯坦丁诺夫·阿巴柯姆金（Constantinos Abacoumkin，2004）提出建立一个专家系统，对多式联运领域中的传统技术和新技术从兼容性、绩效和成本三个层面进行评估。吉多·金泰尔（Guido Gentile，2005）针对于多式联运网络提出了一个多类均衡模型。这个模型能够对城市交通网络中不同使用者在不同的收费结构下产生的车流进行同时仿真。基于仿真可以制定相关政策来减少拥堵和负外部性。迪米特罗斯·萨姆伯拉斯（Dimitrios Tsamboulas，2006）则针对欧洲关于运输方式转向多式联运的运输政策的可行性，提出了一种评估的方法。这种方法由宏观扫描、敏感性分析和政策行动计划三部分组成。无伦金和思塞尔（2007）为运输政策制定者制定均衡的多式联运系统提出了一个决策支持系统，此系统使用了人工神经网络。拉菲·伊斯法克（Rafay Ishfaq，2010）建立数学模型，以解决多式联运物流网络的设计。此模型包括了单个运输方式的运输成本、模式间的连接成本以及根据服务时间的要求产生的成本。在此模型中应用了元启发式算法。而让－克洛德·希尔（Jean-Claude Thill，2010）则论述了多式联运集装箱运输在对外贸易和地区可达性当中的优势。在GIS的帮助下，分析了美国运输方式的转变，并建立数学模型，对多式联运货物网络的绩效进行了评估。

在国内，20世纪90年代后期，杨洪年认为综合交通运输体系主要由三大系统组成：一是综合运输网及其结合部（枢纽）系统。这是构成综合运输体系的物质基础，要求系统内布局合理、诸运输环节互相衔接贯通，技术装备先进并配套，运输网络四通八达。二是综合运输生产系统。这个系统要调度指挥灵敏，便于组织全程联运，实现运输高效率、经济高效益和优质服务，充分体现各种运输方式在综合利用中的优越性。三是综合运输管理、协调系统。这个系统要有利于宏观间接调控，实行统筹规划和组织协调各种关系，又要发挥市场对资源配置的基础性作用。杨远舟、毛保华等（2010）认为我国现代综合运输体系包括：综合交通运输发展战略子体系、综合交通运输体制机制子体系、综合交通运输基础设施网络子体系、综合交通运输服务水平子体系、综合交通运输法规标准子体系、综合交通运输智能信息化子体系、综合交通运输应急保障子体系和运输效率效益评价体系。

关于综合运输体系的需求预测，张康敏、刘晓青（2006）通过分析弹性系数法、回归分析模型和时间序列模型等构成的传统预测方法以及四阶段法则的特点，得出结论：传统预测方法主要用于综合运输需求的总体水平预测，四阶段法则是综合运输网络规划中运输需求预测的主要方法。吴才锐、过秀成等（2008）分析了新时代交通需求预测理论相对于传统理论的3个转变，即从基于出行到基于社会活动的转变，从可确定性集计外推方法到随机微观模拟的转变，从交叉选择分析到动态纵向分析的转变。从客运与货运两个方面介绍了国外综合交通需求预测的模型与方法，并结合国外综合交通需求预测相关研究与实践提出了我国研究综合交通需求理论可以借鉴的经验。

国内学者对于综合运输体系的评价也做了大量的研究。伍旭、胡思继等（2005），刘旷（2006）以及熊崇俊、宁宣熙（2007）提出采用数据包络分析（DEA）方法，运用协调发展理论，建立定量分析模型，对我国综合交通运输与社会经济系统间的协调发展程度进行评价。江波、陈森发（2007）根据综合交通运输的自身建设水平、运输能力及对环境经济社会的影响此三方面建立了评价综合交通运输整体协调度的指标体系；提出了指标无量纲化的计算方法及指标权重的确定方法，进一步进行综合交通运输整体协调度的判定。游鹏飞、牟瑞芳（2009）构建了综合交通运输体系安全评价模型，通过该评价模型，可对不同城市或地区综合交通运输的安全状况做出评价。杨远舟、毛保华等（2010）提出针对综合交通运输效率效益的评价主要集中在运输组织效率效益水平和交通基础设施网络效率效益水平两个方面。盖宇仙、颉栋栋等（2010）在分析影响城市综合交通枢纽换乘若干因素的基础上，根据各种交通运输方式间的换乘规律及特征，建立相应的评价指标体系，将评价的属性因素归纳为协调性、顺畅性、直捷性、便捷性和舒适性，运用逼近理想解排序法（TOPSIS 法）对相应的指标进行综合评价。戚静（2010）则将组合评价法应用于枢纽客运站布局的评价，首先采用层次分析法（AHP）与熵值法相结合的赋权方法确定指标的权重，再通过基于关联度分析的灰色综合评价方法，计算出备选方案与最优方案之间的关联度，从而得到备选方案的优劣次序。

第四节　综合交通运输的实现方式

一、综合交通运输政策

在综合交通运输的政策方面，第二次世界大战之前，英国和美国最早在运输政策中提出“使一切可能利用的交通工具协调发展”和“对各种运输方式实行公平待遇，承认和保护各种运输方式的内在优势……并使之协调成为一个全国性的运输体系”，当时较多使用的是“运输协作”（coordination of transport）的提法。美国在《1940 年运输法》提出了“运输系统”这一名词，基本观点是国家对多种运输方式实行公平待遇，承认和保护各种运输方式的内在优势，防止运输方式间的过度竞争。到 20 世纪 70 年代，美国逐步放松对各种运输方式的管制，比较重视通过市场机制来促进各种交通方式在物理设施和营销业务上的协调发展和综合利用。从 20 世纪 60 ~ 70 年代起，欧美国家的政府文件和学术文献中越来越多地使用“一体化运输”（integrated transport）的概念，反映了交通运输领域发生的新趋势以及政府相关政策的动向。从政策角度看，这些概念表示综合利用多种政策工具实现各种运输资源恰当配置，以便综合谋划、统一布局各种运输方式的资源。随着交通运输业的发展，欧美国家越来越重视一体化交通运输中的“多式联运”（intermodal transport）问题。美国 1991 年甚至通过了《多式地面运输效率法》，并在其后的十几年时间内不断地对该法进行修改、补充和完善，以从国家政策的层面推进多式联运和一体化交通运输事业。自20世纪90年代以来，英国和其他欧洲国家以至于超国家的欧盟机构也都连续发布了一系列关于一体化交通运输的政策文件，并以实际措施大力推进。例如，欧盟于1997年制定了欧洲统一运输基础设施发展战略，加快推进全欧综合运输系统的规划与建设。

前苏联也十分重视综合运输问题，该国1955年就成立“综合运输问题研究所”，开始从事联合运输、枢纽内各种运输方式的衔接协调等问题的理论研究和实践。日本从20世纪60年代起开始重视综合交通研究和有关政策的制定，70年代成立了“运输政策审议会”并在经济企划厅内设立了“综合运输问题研究会”。有关的政策导向，由60年代的“联合运输”、70年代的“综合交通体系”，到80年代以后的“综合性交通政策”，为该国相应时期经济高速增长、国土开发、应对全球化和老龄化等的调整发挥了重要作用。

在我国，早在1956年国务院颁布的《国家科学发展十二年规划》中，交通运输方面第一项就提出开展综合运输研究，主要任务是进行综合运输网发展规划研究。到20世纪80年代，《“六五”期间综合运输网规划意见》、《上海经济区综合运输网规划》、《阳泉—青岛—上海煤炭水陆联运方案》等规划研究文件对综合运输进行了相应的阐述。80年代，交通部正式提出“七五”（1986～1990年）期间要在发展以综合运输体系为主轴的交通业的总方针指导下，按照统筹规划、条块结合、分层负责、联合建设的原则安排公路建设目标。1987年党的十三大报告在论述充分重视基础工业和基础设施时，提到“加快发展以综合运输体系为主轴的交通业”。

到20世纪90年代，“加快综合运输体系的建设”的提法第一次正式出现在1996年制定的“九五”（1996～2000年）计划。李鹏总理1997年发表《建设统一的交通运输体系》一文，提出“我国交通运输业应以铁路为骨干，公路为基础，充分发挥水运，包括内河、沿海和远洋航运的作用，积极发展航空运输，适当发展管道运输，建设全国统一的综合运输体系”。在2001年制定的国家“十五”（2001～2005年）规划中，“健全综合交通体系”已经出现在小节标题中，而且专门制定了《综合交通体系发展重点专项规划》。该规划中综合交通体系发展的方针是“深化改革，扩大网络，优化结构，完善系统，提高质量，开发西部”，交通运输发展的长期战略目标则是“以市场经济为导向，以可持续发展为前提，建立客运快速化、货运物流化的智能型综合交通运输体系”。在2006年制定的国家“十一五”规划纲要（2006～2010年）“优先发展交通运输业”一节中，除了提出如何发展综合运输体系外，还第一次提到要“按照形成综合运输体系的要求，推进交通运输业管理体制改革”。而在2011年的“十二五”规划纲要中则用了一章（第十二章　构建综合交通运输体系）的篇幅，分别就完善区际交通网络、建设城际快速网络、优先发展公共交通以及提高运输服务水平四方面进行了详细论述。

二、综合交通运输体系的规划与建设

在综合交通运输体系的规划与建设中，综合交通枢纽是非常重要的一项内容，皮尔·阿莫德（Pierre Arnold，2004）建立了解决货物多式联运枢纽地址的选择和优化问题的模型。阿克奇（Siriklj panichkul Ackchai，2007）开发了用于评估公铁多式联运枢纽位置的模型。在这个模型中包括四个参与者：枢纽的拥有者或运营者、运输基础网络的提供者、枢纽的使用者及公众。卡伊其（2010）则建立了基于模糊层次分析法与人工神经网络的模型，此模型为货物多式联运枢纽位置的选择提供了决策支持。

随着综合交通运输的发展，越来越多的学者也开始注重交通规划当中土地利用、环境保护等方面的因素，托马斯·扎伯罗斯基（Tomasz Zaborowski，2006）厘清了交通与土地利用政策之间的关系，即都属于空间规划的范畴。并建立了关于两者相互关系的模型，用于提供交通与土地利用政策一体化的理论框架。此框架兼顾了城市发展、城市环境与交通系统效率与方式选择。罗伯特·诺兰德（Robert B. Noland，2007）回顾了英国运输政策的变化，并论述了运输政策中环境评估程序具有的内在政治特性以及理论在这个评估程序中揭示问题的作用，并提出了应该在运输政策的目标与其可能达到的结果之间提供更多的透明度。从而使运输政策的制定能够有效地保护环境。

在国内，关于综合交通运输体系的规划，交通部科学技术情报研究所的尚留占、刘会学、吕红艳、陶小慈（1991）提出综合运输规划就是确定综合运输发展目标（与社会经济发展相配合的目标），设计达到该目标的过程。前者主要包括运输需求预测；后者主要涉及运输供给（运输物质设施）方案的设计、评价和选择等。而北京交通大学“综合交通规划的理论与方法”课题组（2005）则提出综合交通系统是一个复杂的系统，对复杂系统的分析一般从时间、空间、物性三维上展开。在时间维的层次上，综合交通规划按照时间背景范围可以分为战略层次的长期规划、战术层次的中期规划和执行层次的近期规划。在空间维的层次上，综合交通规划按照空间背景范围可以分为国家层次、区域层次和城市综合交通规划。在物性维的层次上，综合交通系统的物性维主要体现在综合交通网络和综合交通枢纽两个方面，其中交通网络可以分为运输通道、交通干线和交通支线层次，交通枢纽又可以分为国际性枢纽、全国性枢纽和地区性枢纽三个层次。

陆化普（2005）提出要以较小的资源投入和环境代价，最大可能地满足日益增长的交通需求，而TOD的规划理念正是满足这样需求的重要方法。同时其认为协调和整合是解决城市交通问题的关键。而在诸多的协调中，交通与土地利用的协调又是问题的根本所在。

关于综合交通运输体系的建设，王德荣等（20世纪80～90年代）在系统地总结新中国成立以来运输布局实践经验和理论成果的基础上，研究了中国客货运的流量流向问题，特别是大宗物资和交通干线的货流分布，铁路、公路、水路、民航、管道以及城市交通运输的运输网布局等问题。孙光远（1998）则认为，综合运输结构的优化调整是涉及经济发展的大问题，需要做好交通运输适应国民经济和社会发展的需求、实行交通运输业体制的转变和运输能力增长方式的转变、搞好综合运输体系的规划和建设、优化综合运输体系的有机构成、促进综合运输体系向外向型发展、加快综合运输体系的市场化进程、抓好综合运输体系的组织和运行、要把城市交通放在突出位置来抓和加强综合运输体系的信息系统建设等多方面的工作。接下来，吴群琪（2006）强调现阶段综合运输体系的建设应以需求为主导，从最大限度地满足需求者要求的视角，结合特定的使用环境和条件来分析各种运输方式的技术经济特性。张国强等（2007）系统地归纳了中国综合交通布局理论，强调生产力布局和自然资源布局决定客货运输需求的空间布局，从而决定运输资源的布局。曾明华、李夏苗（2010）提出基于多层次多模式研究如何设计可持续的综合交通网络，认为在考虑层次性的情况下所设计的综合交通网络能更好地适应需求的增长。

三、综合交通运输的管理

综合交通运输的管理主要包括了运输过程的管理和综合交通枢纽的管理。在运输过程的管理中，路径优化技术的发展和最新信息技术的应用大大地提高了运输过程的运营效率。关于综合运输中的路径选择，兹利亚柯普罗斯（Athanasios Ziliaskopoulos，2000）提出了一个基于时间的多式联运路径优化算法。弗兰克·索斯沃斯（Frank Southworth，2000）建立一种可用于仿真货物的国际多式联运路径选择的数字运输网络。马里吉奥·比利（Maurizio Bielli，2006）描述了基于多式联运的旅游系统，并相应地研究了网络对象建模和最短路径计算的算法。沃玛和韦特（Manish Verma，Vedat Verter，2010）针对危险品的公铁联运规划，建立了一个双目标优化模型。这个模型中的运输路径选择基于客户规定的交货时间。而在应用信息技术方面，德鲁吉林（Hengst-Bruggeling，1999）发展了基于链条管理与决策支持系统的信息通信技术。其主要为战略层面的协调服务。多托里（Mariagrazia Dotoli，2010）提出了一种通用的、模块化的、从上向下的方法，从操作层面上对多式联运系统的管理进行建模，主要研究了信息通信系统在多式联运系统管理中的作用。伊斯库德罗（Alejandro Escudero，2010，2011）针对城市货物多式联运提出了一个动态优化模型，该模型利用运输过程中车队的实时位置，使得调度者可以在情况发生变化时重新安排任务，模型的应用旨在降低拖车运输的成本。他接下来又研究了如何通过卫星系统对多式联运中的拖车进行实时定位，集中动态管理，从而提高多式联运链条的效率。

关于综合交通枢纽的管理，迈耶（Meyer，1998）提出了优化场站布局的设计流程，以及转运场站的运营策略。沃克斯纽斯（Johan Woxenius）研究了欧洲综合交通链条上不同运输方式的转运技术。安德拉·里佐利（Andrea E. Rizzoli，2002）建立了一个用于评估公铁联运枢纽运营效率的仿真模型，在仿真中人们可以修改作为枢纽输入输出的公铁时刻表和队列以及转运过程的结构，从而减轻综合交通枢纽的拥堵问题。保尔·柯里（Paul Corry，2005）开发了一种分析工具用于帮助计划列车负载，进而提高多式联运枢纽的运营水平。拉菲·伊斯法克（Rafay Ishfaq，2009）对多式联运物流网络中的综合运输枢纽分别财务、运营、服务以及这三方面的相互作用的角度进行了研究，并建立了相应的数学模型。

在国内，胡思继（2005）和陈汝龙（1989）从系统论和系统工程的观点研究了交通运输系统结构和运输资源的物理配置问题，并基于运输系统工程理论提出了运输管理中的协调问题。张国伍（2000）运用系统工程和管理理论来研究我国综合交通枢纽的作业过程、信息共享和多组织的代理管理模式等，提出综合枢纽的虚拟组织发展模式，为综合交通枢纽管理向有序化发展提供一种尝试。张秀缓（2001）则结合计算机协同与集成技术发展，研究计算机协同中的MAS多个智能体技术在交通运输组织管理中的应用，探索性地给出一种解决综合交通枢纽内多个运输企业利益关系的MAS协调对策方法。姜帆（2002）讨论了多种运输方式交叉部位即综合交通枢纽的组织管理问题，借助系统方法论，建立了协同和虚拟企业化的多种运输方式组织形式，在联合运输、开放的市场与条块分割的运输组织管理之间建立起一个桥梁。而荣朝和（2006）在介绍企业的中间层组织理论的基础上，以此框架为基础分析了运输市场的微观结构以及中间层组织在运输市场中的角色，为综合交通的组织、运营、管理提出了一种全新的方式。

第三章

我国运输业发展的现状与问题

第一节 交通运输网的建设成就

在相当长的一段时间里，我国运输发展曾滞后并逐渐成为经济发展的“瓶颈”。20 世纪 90 年代中后期以来，交通运输业进入了一个新的发展时期，交通基础设施规模总量不断增长，交通运输网络覆盖面持续扩大，形成了规模相当的交通运输网络，综合运输能力显著增强，技术装备水平明显提高，运输服务质量也有了很大改变。

一、交通基础设施建设取得巨大成就

1978 年全国运输线路总里程只有 123.5 万公里，其中公路 89 万公里，铁路 5.17 万公里，内河航道 13.6 万公里，民用航线 14.9 万公里，管道运输 0.8 万公里。全国公路中高级公路所占比重仅为 14.7%，没有高速公路；铁路复线里程仅 7 630 公里，机车拥有量一万多台，其中蒸汽机车占到 80%；内河航道大都处于自然状态，沿海港口建设也十分缓慢，全国港口深水泊位仅 133 个，且设施落

后；民用机场30多个，全行业飞机仅382架，机场和飞机的规模及现代化程度非常低。从公路网的路网密度看，1978年年底，我国公路密度为每百平方公里9.27公里，通公路的乡占全国比重为90.5%，通公路的建制村比重仅为65.8%。

近些年来，交通基础设施建设一直保持较快的发展速度。截至2010年年底，全国公路总里程、公路密度已分别达到400.82万公里和41.75公里/百平方公里，比1978年增加了3倍多，通公路的乡和建制村的比重也大大增加，分别达到99.97%和99.21%。高速公路也从无到有，并发展出7.41万公里的高速公路网，公路总里程和高速公路里程都位居世界第二；农村道路有了巨大改善，全国县乡村公路合计里程达到350.66万公里，大多数省市区具备条件的建制村通了水泥路。铁路营业里程9.12万公里，相比1978年增长了76.4%，达世界第三、亚洲第一，其中复线里程2.97万公里，复线率提高到44.8%，自动闭塞里程3.75万公里，占营业里程的41.1%，形成了横贯东西，沟通南北，布局合理，技术先进的铁路网。全国港口货物吞吐量快速增加，其中有16个港口货物吞吐量超过亿吨，深水泊位增加到1 416个，比1978年增长9.65倍，形成了大量的专业化泊位，如煤炭泊位162个，集装箱泊位251个等，实现了港口的大型化、深水化及专业化。民航定期航班航线总数1 592条，通航里程276.51万公里，运输机场165个，所有省会城市、沿海开放城市及主要旅游城市都拥有了较为现代化的民营机场；全行业机队规模达2 181架，机型结构发生了巨大变化，拥有世界上各类先进的运输飞机。建成油气管道总长度7.85万公里，为1978年的9.8倍，其中成品油管道1.3万公里，原油管道1.9万公里，天然气管道3.2万公里，初步形成覆盖全国的油气管网。交通运输初步满足了经济和社会稳定发展的要求。

东部地区铁路、公路、民航线路及港口最为密集，已初步建成了由公路、铁路、水运、民航和管道五种交通方式组成的交通运输网络，为支持东部及全国经济发展起到了基础性作用。中部地区基本形成了点、线、面相衔接，干支层次清晰，分工日趋明确，集疏运衔接配套的客货运输系统，同时重点建设和强化了一批具有“东联西引、通南达北”作用的干线主通道，形成了以中部地区各省省会为主体的综合交通枢纽，各种交通方式的优势得到进一步的发挥，运输机动性、承载能力和可靠性明显提高。西部地区交通建设以扩大覆盖面、提高通达度和建立连通东中西部及周边国家运输通道为重点，使西部12个省区市交通基础设施规模迅速扩大，尤其是青藏、宁西、渝怀铁路，西气东输工程和一批旅游支线机场等骨干项目的开工或建成，标志着区域交通协调发展取得明显成效。

二、交通技术装备水平极大提升

公路方面，我国桥梁隧道建设达到国际先进水平，杭州湾跨海大桥、终南山隧道等一批技术含量高的桥梁隧道相继投入运营；全国民用汽车由 1978 年的 130 万辆增加到 2010 年的 7801 万辆，增加了 59 倍，且车辆装备水平不断提高并形成了大、中、小型相配套，高、中、抵挡相结合的运力结构。轿车产品技术迅速提升，安全性大大提高，盘式制动器、ABS 等成为乘用车的标准配置，发动机效率明显提高，动力性更强。铁路方面，全国铁路进行了六次大面积提速，我国已全面掌握了时速 200 公里及以上既有线提速的设计、施工、养护维修等成套技术，区域城际铁路和高速铁路建设也得到发展；铁路重载技术取得重大突破，2008 年大秦铁路实现运量 3.5 亿吨，创造了世界铁路重载运输的新纪录。水运方面，我国运输船舶一直向大型化、标准化、专业化方向转变，运输能力和运输效率极大增强；港口的软硬件设施建设达到世界先进水平，集装箱、大宗散货以及汽车滚装箱等专业化和机械化的港口作业效率显著改善；另外，我国深水筑港和航道整治技术也已取得重大突破，长江口深水航道工程抗软化成果世界领先。民航方面，我国已建成了现代化的空中交通管理系统，航空交通安全保障能力接近民航发达国家水平；机场技术也在不断更新升级，特别是导航、通信以及气象保障系统的技术升级；民航的北京、上海及广州三大枢纽机场初步达到国际先进水平。管道方面，我国已经使用卫星定位和航空遥感等技术进行管道勘察、选线，采用计算机技术进行管道设计，管道建设也实现了开沟、布管、焊接、下沟回填等自动化一条龙作业；我国已具备了在国际市场上进行长距离输送管道及其配套工程的设计、施工能力，技术达世界先进之列。

三、交通运输能力显著提高

随着交通基础设施的大规模建设和运输装备的不断改善，交通运输生产能力提高，同时服务质量也得到较大的改善。由表 3 - 1 可以看出全国客货运量和周转量快速增加趋势明显。

表 3-1　　全国客货运量和周转量变化

年份	客运量（亿人）	客运周转量（亿人公里）	货运量（亿吨）	货物周转量（亿吨公里）
1949	1.4	155	1.6	255
1978	25.4	1 743	24.9	9 829
2000	147.9	12 261	135.9	44 321
2005	184.7	17 467	186.2	80 258
2006	202.4	19 197	203.7	88 840
2007	222.8	21 593	227.6	101 419
2008	286.8	23 197	258.7	110 301
2009	297.7	24 835	282.5	122 133
2010	327.0	27 894	324.2	141 837

其中，各运输方式运输量及运输周转量也都有很大提高（见表 3-2）。相比 1978 年，2010 年全国公路客运量、客运周转量、货运量和货运周转量分别增加了 19 倍、27 倍、15 倍和 122 倍，公路货运量及周转量已经位居世界第一；全国铁路客运量、客运周转量、货运量和货运周转量分别增加了 1 倍、7 倍、2 倍和 5 倍，我国铁路客运量、货运量、换算周转量、运输密度均居世界第一，我国铁路以占世界铁路 6% 的营业里程，完成了世界铁路约四分之一的换算周转量；全国水运货运量和货运周转量分别增加了 7 倍和 17 倍，其中全国港口完成货物吞吐量 70.22 亿吨，外贸货物吞吐量 19.86 亿吨，较 1978 年增长了 25.1 倍和 33.7 倍，我国港口货物和集装箱吞吐量已经连续 7 年位居世界第一，世界港口集装箱吞吐量前十位中大陆港口数量由 2000 年的一家变为 2010 年的五家（不包括香港，见表 3-3）；民航全行业运输总周转量、旅客运输量和货邮运输量分别是 1978 年的 126 倍、116 倍和 64 倍，航空运输总周转量在国际民航组织的排名已升至第四，而且增长速度近年一直比世界平均水平高出一倍；2008 年国内原油、天然气产量分别达到 2.03 亿吨和 944.8 亿立方米，较 1978 年分别增长 0.94 倍和 5.89 倍，分居世界第五位和第七位。

表 3-2　　分运输方式客货运量和周转量变化

运输量	年份	运输方式			
		公路	铁路	水运	民航
客运量（亿人）	1978	14.92	8.15	2.30	0.023
	2010	305.27	16.76	2.24	2.677

续表

运输量	年份	运输方式			
		公路	铁路	水运	民航
客运周转量（亿人公里）	1978	521.3	1 093.2	100.6	27.92
	2010	15 020.8	8 762.2	72.3	4 039.00
货运量（亿吨）	1978	15.16	11.01	4.74	0.00064
	2010	244.8	36.43	37.90	0.0563
货运周转量（亿吨公里）	1978	350.3	5 300.0	3 801.8	0.97
	2010	43 389.7	27 644.1	68 427.5	178.90

表 3－3　　世界集装箱吞吐量排名前 10 位港口

年份	1	2	3	4	5	6	7	8	9	10
2000	中国香港	新加坡	釜山	高雄	鹿特丹	上海	洛杉矶	长滩	汉堡	安特卫普
2002	中国香港	新加坡	釜山	上海	高雄	深圳	洛杉矶	鹿特丹	汉堡	安特卫普
2004	中国香港	新加坡	上海	深圳	釜山	高雄	鹿特丹	洛杉矶	汉堡	迪拜
2006	新加坡	中国香港	上海	深圳	釜山	高雄	鹿特丹	迪拜	汉堡	洛杉矶
2008	新加坡	上海	中国香港	深圳	釜山	迪拜	广州	宁波	鹿特丹	青岛
2010	上海	新加坡	中国香港	深圳	釜山	宁波	广州	青岛	迪拜	鹿特丹

在运输能力不断提高的同时，服务质量也在不断改善。铁路提速、公路快速客运班车、支线航空飞机及私人小汽车等不断出现并完善，旅客运输服务呈现多层次、快速化、多样化和个性化的发展趋势，改善了运输产品结构，提高了运输服务质量，基本实现更加安全、快捷、舒适的满足非节假日条件下各类旅客出行的需求。货运代理、物流服务、多式联运、快递业务和信息服务等多种运输服务方式发展迅速，货物运输及时性、高效性和延展性极大地提高，“门到门”、“仓库到仓库”，甚至是货物的包装、存储、加工等都已经可以通过运输企业的服务来实现。运输服务质量正在成为各运输方式及运输企业竞争的主要内容。

四、运输市场化成果显著

1984 年，交通部提出“两个转变”的改革思想，即由主管直属企业转向全行业管理，由直接管理企业的生产经营转向行政管理。为加快确立现代市场体系，交通行业加快了政府职能转变。公路运输行业市场化较为彻底，1998 年交通部与其直属企业全面脱钩，公路行业向市场全部开放，实施公开的招投标制度，充分发挥市场的作用。港口管理下放和政企分开工作基本完成，2001 年，所有港口计划管理实现中央管理向地方管理转变，港口财务管理实行改革，同时全面开放国内水运价格和港口内贸货物装卸作业价格。民航管理实现政企分开，成立了三大骨干航空集团，实现了除首都机场和西藏机场外所有机场的属地化管理，航空公司成为独立经营的主体，竞争格局基本形成。铁路完成主辅业分离的进程，同时组建成立专业运输公司和线路公司，大秦铁路等进行了股份制试点。2005 年又成功完成以减少管理层次为目标的铁路分局撤销的改革，提高了管理效率。我国管道运输属于石油化工企业经营管理，随着国家石油公司产权制度改革，管道运输管理也不断走向市场化，管道运输实现了从“建管合一”到“建管分离”的转变。

管理体制的改革进一步推动了运输领域的市场化进程，交通运输领域的投资主体、投资渠道和经营主体的多元化格局正逐步形成。交通运输价格改革稳妥推进，价格听证制度得到推广，目前除铁路运输价格仍实行国家定价外，其他方式已初步形成了政府指导与市场相结合的价格形成机制，多个主体平等参与市场竞争的格局初步形成。

此外，公路行业还形成了“国家投资、地方筹资、社会融资、引进外资”的多元化交通投融资格局；水运行业打破了地区和部门封锁，在国际船舶代理和理货等服务领域也引入了竞争机制，同时鼓励外资投资建设和经营港口；民航市场的传统结构发生了根本变化，航空市场的垄断经营模式被打破，平等竞争、效率优先、优胜劣汰的市场机制基本确立；铁路按照“政府主导、多元化投资、市场化运作”的思路，积极吸引地方政府和社会资本，扩大合资建路规模；管道的“建管分离”模式极大地调动了各生产力要素的积极性，促进了管道建设由经验型管理向程序化管理转变，实现了资源优化配置，推动了管道工程建设平稳进行。

第二节　运输业发展的经济社会背景

一、经济持续高速增长、城市化进程加快

改革开放 30 多年来，中国经济保持了强劲的增长势头，1978 ~ 2009 年 GDP 的

增长率平均为9.67%，经济总量先后超过了俄罗斯、加拿大、意大利、法国、英国和德国，2010年又超越日本，成为世界第二大经济体。当然，虽然我国的经济总量规模很大，但由于人口众多，我国的人均GDP与世界平均水平还有很大差距，当前的中国经济仍存在很多问题，发展依然是今后一段时期的主要任务。运输需求作为经济社会发展的内生需求，将必然随着经济总量的增加而增加。

改革开放以来中国经济增长主要由投资、劳动力的增长以及外贸拉动，内需相对不足，虽然经济结构不断调整，但体现在投资比例、产业结构、贸易结构等方面的调整并没有到位。未来经济增长不仅要依赖全要素生产率的提高，还依赖于投资与消费结构、产业结构、对外贸易等方面有结构性转变。权威政府文件指出的我国未来经济结构调整目标为：促进经济增长由主要依靠投资、出口拉动向依靠消费、投资、出口协调拉动转变；由主要依靠工业特别是重工业带动向依靠第一、第二、第三产业协同带动转变，坚持走中国特色新型工业化道路，提升高技术产业，发展现代服务业；由主要依靠增加物质资源消耗向主要依靠科技进步、劳动者素质提高和管理创新转变。扩大内需必然带来相应的交通运输需求，既包括满足娱乐、购物等的城市交通出行需求，也包括满足旅游、公务、探亲等的中长途交通出行需求；由于三次产业的单位增加值对交通运输中间投入的需求有所不同，产业结构调整对交通运输也将产生很大影响，如大力发展现代服务业等必将导致高附加值和对安全高速有更高要求等货物的运输需求大幅增加；依靠科技进步等替代物质资源消耗来推动经济增长，将很大程度上改变我国当前的产业布局和生产要素流动状况，深刻影响我国交通运输能力布局。

城镇化作为经济社会发展的主要驱动因子，我国正经历着世界上速度最快、规模最大的城镇化过程。自2000年以来，我国城镇人口比重从36.2%迅速提高到2010年的49.95%，2011年已经超过50%。但我国的城镇化水平仍远落后于工业化和经济发展水平。我国的城镇化发展表现出明显的地域不平衡性，东中西部差距较大，特别是已经形成了现代化要素聚集的长江三角洲、珠江三角洲及环渤海城市群和经济圈。城镇化所驱动的城镇建设和经济、人口聚集是影响交通建设的重要因素，城镇体系的空间格局决定了交通网络的骨架。随着我国城镇化逐渐向更高层次发展，城市群、城市圈等地域类型的城镇密集区将不断涌现，这些城镇密集区的发展将深刻的改变交通流的方向、强度和集中度。交通基础设施建设应重视区域之间形成具有大容量和高运能的大型运输通道，城市之间则形成快速运输通道以提高城市群和重点城市间的交通便利性。交通基础设施建设还必须致力于改善城市交通，在人口密集的大都市区，大力发展公共交通，同时还要注重城市综合交通体系的建设和完善，加强枢纽的建设与管理，坚持以人为本、可持续发展的原则建设与城市发展相协调的城市综合交通运输体系。

二、社会生活逐渐改善、民生问题受到关注

改革开放30年间，我国人民收入水平日益提高，按照名义价格，2010年城镇居民人均可支配收入较1978年增加了50倍之多，农村居民纯收入增加了40倍之多。城乡居民的生活质量和消费结构也出现明显改观，从各项支出看，食品支出比重在持续下降，文化娱乐以及交通和通信支出所占比重不断增加，农村家庭用于服务消费支出的比重在上升，今后将超过商品消费，城镇家庭的服务消费支出比重已经超过商品消费的比重。随着社会阶层的分化和生活水平的提高，人们的消费观念不断变化，出行目的由生存性转向生活性，这无疑对交通出行方式和交通服务的出行标准产生了重大影响。交通需求日趋多样化，对交通服务质量的要求也日益提高。人们的出行频率增加，出行距离增加及以旅游休闲为主的交通出行增多不断促使交通供给结构发生相应改变，特别是中产阶级群体的不断壮大，以私人交通工具为标志的交通流大幅增加导致的交通拥堵已经成为城市交通发展的“瓶颈”。

长期以来，我国实行差别化的二元财政政策，使得我国城市和农村以及城市之间的发展差距不断扩大。1978～2010年城镇居民人均可支配收入始终高于农村居民人均纯收入，且二者之间的差距呈扩大趋势。在城乡非均衡发展战略的影响下，城乡公共设施和基础设施投入差异也较大，特别是在道路、交通、电网等方面显现出农村基础设施投入的严重不足。我国政府不断尝试由经济推动型政府向公共服务型政府转变，从追求经济增长转向解决民生问题。从政府财政支出的结构看，用于解决民生的财政投入比例不断上升，特别是加大了对农村的财政投入。在交通运输领域，政府将继续增加财政支出，以提高通达性为主要目标，解决农村和边远地区的出行条件，并大力发展农村地区的公共交通，改善农民的生活质量以促进社会进步。

经济发展战略和产业布局引起了目前我国出现的人口迁移现象，人口迁移空间格局呈现出极强的由西向东趋势，东部沿海地区成为我国流动人口的主要迁入区，迁出人口则主要来自中西部欠发达省份。人口在城乡和区域间大规模流动，农村人口向城镇的劳务性迁移已经成为中国城镇新增人口的主要来源。据2006年资料，我国24个城镇密集区以不到20%的国土面积容纳了全国50%的流动人口，创造了70%的经济财富。人口聚集与流动是影响交通设施建设的重要因素，随着中国户籍制度的改革，未来流动人口的规模将进一步扩大，尤其是农村向城市、从北部向南部、由西部向东部的巨大人口流动。此外，季节性人口流动也十分明显，民工流和学生流规模不断扩大。未来各种交通运输方式的建设和发展必

须考虑我国人口流动的地域特点，以及不同人口组成和消费能力等，从而使交通运输业的发展能够适应新的人口流动趋势。同时还要注意到我国人口老龄化的趋势也十分突出，交通的发展要充分考虑这一部分需求，即主要为老龄人提供的特殊的交通运输设施和服务等。

三、资源环境压力不断加大

当前我国的交通运输发展已经处于两难境地：一方面是经济社会持续发展所带来的巨大运输需求和大规模交通基础设施建设；另一方面是资源、环境现状不容乐观。我国人均耕地资源只有世界的1/4，且水土资源流失和土地荒漠化形势严峻；从1993年开始我国成为石油净进口国，进口量逐年增长；能源利用效率十分低下，中国每百万美元GDP所消耗的能源数量是美国的3倍、日本的6倍，单位产出的能源和资源消耗水平明显偏高；我国的污染排放一直呈高速增长态势，造成了高昂的经济成本和环境成本。国内外研究机构的成果显示，大气污染造成的经济损失占中国GDP的3%～7%，酸雨和其他污染物侵害了中国近1/4的耕地，中国的水污染也已经逼近危险临界点（熊焰，2010）。

土地利用和管理已经成为我国经济社会发展的重要约束。我国人口众多且总量仍在增加，为保障粮食安全而必须保有一定数量的耕地，但是城镇化和工业化的推进又不可避免地占用部分耕地，农用地特别是耕地保护的形势日趋严峻；城镇化和工业化快速发展，用地需求在相当长时期内保持较高水平，新农村建设也需一部分新增建设用地周转支撑，面对有限的可用于新增建设用地的土地资源，各项建设用地的供需矛盾非常突出；经济发展方式转变要求转变土地利用方式和优化各行业土地利用结构，国家区域发展战略的实施、城乡统筹和区域协调发展的实现对调整区域土地利用提出了更高要求，但由于地区间经济社会发展的不平衡以及各行业、各区域土地利用目标的多元化，统筹协调土地利用的任务仍相当艰巨。根据国土资源部发布的《全国土地利用总体规划纲要（2006～2020年）》和国家发改委2007年《综合交通网中长期发展规划》中给出的规划数据，未来10年里我国交通用地占建设用地比例将呈上升趋势，由2005年的0.24%增长到2020年的0.37%。集约利用土地将是未来交通发展战略必须强调的原则。

20世纪90年代，我国开始将人口、资源、环境与发展关系视为中国社会主义现代化建设的重大关系，首次提出可持续发展战略。2000年以后，中国开始进入生态建设和自然恢复期，党的十七大报告指出建设生态文明已经成为全面建设小康社会的主要任务之一。中国的生态环境在“十一五”期间有所改善，我国工业固体废物综合利用率已经达到60%的控制目标，单位国内生产总值

（GDP）能耗显著下降，大江、大河水土流失有所减轻，主要污染物排放大幅减少。但我国生态环境总体恶化的趋势仍没有得到逆转，特别是碳排放量占世界总量比重已经超过40%，超过美国成为世界第一大排放国。随着生态环境日益受到重视，未来交通网络的规模扩张和空间拓展必须结合各种交通方式的技术经济特性考虑生态环境保护，减少生态破坏。同时通过合理选择交通方式，实施更加严格的排放标准，加强技术创新特别是新能源的使用等手段来降低环境污染。

目前，中国消耗了世界16.8%的能源（第二位），其中煤炭消耗占世界总量41.1%（第一位）、电力为13.8%（第二位），排放了世界20%的二氧化碳（第一位）、15.1%的甲烷（第一位）、15%的氯化氮（第一位），已经成为世界资源消耗和污染物排放大国，高速增长的能源消耗和环境破坏的代价已经成为我国发展的最大约束条件。低碳已经成为当前经济社会发展的重要特征，调整能源结构，提高能源利用效率是我国未来能源发展的重要战略。交通部门一直是我国的能源消费大户，大约95%的汽油、60%的柴油和80%的煤油被各类交通工具消耗。单从能源效率角度来看，水运、铁路和管道无疑对缓解交通用能的快速增长贡献较大，但是考虑到未来交通需求更加注重高效和便捷，航空和公路运输在这些方面仍有一定优势。因此，在制定综合交通政策时，要全面考虑对交通运输业的各方面要求，实现各种交通方式合理分工，各交通运输方式还需通过自身的技术创新和管理创新来充分挖掘节能减排的潜力，共同促进我国未来节能减排目标的实现。

第三节　运输业发展中面临的主要问题

随着我国逐步由初级的运输化阶段向完善的运输化阶段转变，交通运输不仅需要关注量的增加，更要关注质的提高。近年来，交通基础设施得到了快速发展，极大地提高了运输供给能力，但交通运输领域内仍存在着诸多问题，例如，各种交通方式发展不均衡，各地区交通发展不均衡，交通与经济发展不均衡以及交通与环境发展不均衡等。

一、运输业结构性矛盾突出

从各种交通运输方式发展速度来看，多年来公路建设力度较大，公路交通得到明显改善；民航发展迅速，客货周转量逐年增加；水运建设实现历史性突破，我国已成为世界航运大国和港口大国；铁路尤其是高速铁路建设速度较快，但客货运输能力紧张问题仍未很好地得到解决。从各种运输方式所承担的周转量所占总周转量比例来看，各种运输方式发展很不协调，铁路客货承担量逐年降低，公路和民航客货周转量逐渐占据主要地位，特别是公路已取代铁路成为客货运占比最大的运输方式。从一体化交通来看，长期以来我国各运输方式内部、运输方式之间以及运输枢纽分散发展，通道资源配置不合理，已出现在一个通道上同时存在多条高速铁路、高速公路的现象，造成资源浪费，缺乏统筹协调，既有交通基础设施及服务连接不畅，降低了整体运输效率。

从区域交通发展看，目前及今后的一段时间，各种运输方式发展在很大程度上仍要取决于政府的财力，不可避免地造成东部地区交通较为发达，中西部地区交通相对落后，二元财政体系也必然导致乡村交通运输较城市发展严重落后。从城市交通角度来看，城市内部交通拥堵日益严峻，公共交通供给严重不足，城际交通需求旺盛，但有效供给不足。从运输通道的角度来看，某些运输通道运能紧张，特别表现为运煤通道的运输能力不足。以上各种交通运输发展过程中出现的不均衡已经很大程度上制约了我国经济的良性发展和社会公平。

二、交通引导城市发展的理念缺乏

在我国许多城市尤其是中心城市，汽车保有量的快速增加导致交通拥堵现象日益严重。2010 年全国 667 个城市中，约有 2/3 的城市交通在高峰时段发生拥堵，一些特大城市交通高峰期的拥堵路段已高达 90%，机动车时速下降到每小时 12 公里，市中心的机动车时速更是下降到每小时 8 ~ 10 公里。城市交通拥堵不仅给居民出行增添了巨大成本，扰乱了社会生活秩序，还将严重影响城市形象，损害投资和商务环境，给城市经济发展带来无法估量的损失。此外，交通拥堵还会引发事故率上升，加剧环境污染等。

一方面，随着国民经济进入工业化，汽车销量的增长和汽车普及，特别是在人口密度较高的地区，会对该地区的交通设施造成巨大压力。另一方面，国民经济在城市化的进程中，大城市的要素聚集越来越明显，城市交通活动日益频繁。因工业化和城市化带来的城市交通量迅速增加，道路等公共设施以及交警等公共服务已经难以维持正常的城市交通秩序，如不采取有效措施，在技术和政策上取得重大突破，城市交通拥堵问题将更加突出。

我国的交通运输规划一直遵循着交通被动服务于经济社会的思路，并将交通运输规划视为行业规划，对交通运输与经济社会发展的联动机制认识不足，交通运输发展的主动性被忽视。当前城市交通发展日益成为交通发展的主要问题，城市交通塑造城市形态、引导城市发展的思想更应受到重视，特别是公交导向型开发（TOD）模式在国外城市的成功实践值得我们学习。此外，也要充分认识到交通自身的约束性。与国土、环境一样，交通运输能力作为一种资源也有其承载力的问题，特别体现在城市和生态环境脆弱地区，必须将交通与城市开发、国土开发等上升到同一层次上。如交通与城市开发不匹配，交通建设被动地去适应城市开发，交通运输的承载力问题就将变得十分突出。

三、交通运输人本理念重视不足

长期以来，交通运输一直是制约我国经济社会发展的“瓶颈”，交通发展理念也更为重视基础设施建设，对于以人为本的运输服务质量提升缺乏明显重视。随着社会经济的发展和人们生活水平的提高，消费行为和消费方式出现了重大变化，乘客对运输质量有了更高的要求，不但要获得从起点到目的地之间的完整运输服务，更要求运输的快捷性、安全性以及运输过程中的无缝隙衔接和零距离换乘。然而当前我国交通运输业还不能完全满足这些要求，交通供给能力仍然不足，交通方式衔接并不通畅，运输从业人员素质仍需提高，法律和监管也远没有到位。

城市内部公共交通系统不够发达，路网密度不高，布局也不尽合理，加之城市发展速度过快而导致的城市交通量迅速增加，城市交通拥堵问题已十分突出，给城镇居民的工作和生活带来了诸多不便。农村道路建设虽取得突破性进展，但仍有部分农村未通行公路，已通公路农村的很多道路建设标准低，维护不善，极大地影响了农村的交通条件，严重制约了农村居民的出行行为。

四、面临资源、环境压力，可持续发展能力不强

交通运输是目前能源消耗量最大也是能源消耗增长最快的部门之一，以国际通用口径估计，目前我国交通行业能源消费量约占全国总用能量的10%，其中用能以油气为主。交通运输对环境的影响也日益严重，交通运输造成的环境污染以汽车尾气、颗粒物、噪声等污染为主。在过去的十多年中，我国交通运输的快速增长是以较为严重的资源占用和破坏以及环境污染为代价的，交通运输业能源消耗增长率总体上一直高于全社会能源消耗增长率。若按照目前的交通运输现状延续下去的话，势必会对资源和环境造成更加严重的影响，特别是目前城市交通带来的污染已经严重破坏了居民的生存环境。我国交通发展正面临着严峻的资源瓶颈与环境承载能力有限的压力。

交通运输还是占地最多的行业之一，且其占地规模仍在继续扩大，“违规占地”情况也普遍存在。根据国土资源部调查汇总，2011 年，各省（区、市）计划投资建设所需新增建设用地总量达到 1 684 万亩，其中公路、铁路为主的基础设施项目的用地需求占用地总需求的 40% 以上，与国家批准的土地利用指标相比缺口很大。首次覆盖全国的 2009 年度土地卫星照片执法检查结果显示，重点工程项目，尤其是公路、铁路项目违法违规问题大量存在。根据检查结果，全国公路建设项目违法用地面积 25.47 万亩，占全国违法用地面积的 34.72%；全国铁路建设项目违法用地面积 6.2 万亩，占全国违法用地面积的 8.45%。公路、铁路加在一起占全国违法用地面积的 43.17%。

五、综合运输体系的构建与体制改革进展缓慢

综合交通运输问题从 80 年代末期开始在我国得到了一定的认识，但体制改革和综合交通运输体系的建立进展缓慢，各种交通方式缺乏合理分工和有效衔接，综合交通枢纽建设严重滞后。我国综合交通管理体制改革滞后，目前还存在着政企不分、行业垄断以及不同交通运输方式各自为政等体制性障碍。特别是 2008 年“大部制”改革，铁道部依然没有被整合进去，交通运输部内的综合交通管理职能也没有很好实现。而且，综合交通管理体制的改革并也非简单将不同运输方式主管部门整合为一个部门就算完事。

综合交通管理体制的缺陷导致交通基础设施重复建设同时缺乏有效衔接，跨区交通基础设施也不能实现有效地衔接，经常出现“最后一公里断头路”等问题，降低了交通运输网络的整体效率。总之，目前各自为政的管理体制造成交通运输发展结构性失调、运输方式之间衔接不畅和难以协调，影响我国综合交通运输体系的建设和运输一体化的形成。

第四节　运输业发展宏观战略的调整

一、科学发展观与发展方式转变

21 世纪初以来，我国开始重视科学发展观与发展模式的转变。2002 年党的十六大提出，在本世纪头 20 年集中力量全面建设惠及十几亿人口的更高水平的小康

社会，使经济更加发展、民主更加健全、科技更加进步、文化更加繁荣、社会更加和谐、人民生活更加殷实。全面建设小康社会对经济社会的基本内涵是：在优化结构和提高效率的基础上，国内生产总值到2020年力争比2000年翻两番，综合国力和国际竞争力明显增强；基本实现工业化，建成完善的社会主义市场经济体制和更具有活力、更加开放的经济体系；城镇人口比重大幅提高，工农差别、城乡差别和地区差别扩大的趋势逐步扭转；可持续发展能力不断增强，生态环境得到改善，资源利用效率显著提高，促进人与自然和谐发展。2003年十六届三中全会进一步明确提出了科学发展观，即坚持以人为本，树立全面、协调、可持续的发展观，促进经济社会和人的全面发展；坚持统筹城乡发展、统筹区域发展、统筹经济社会发展、统筹人与自然和谐发展、统筹国内发展和对外开放的要求。

2007年党的十七大又提出了实现全面建设小康社会奋斗目标的新要求：增强发展协调性，努力实现经济又好又快发展；扩大社会主义民主，更好保障人民权益和社会公平正义；加强文化建设，明显提高全民族文明素质；加快发展社会事业，全面改善人民生活；建设生态文明，基本形成节约能源资源和保护生态环境的产业结构、增长方式、消费模式。2010年十七届五中全会《关于制定国民经济和社会发展第十二个五年规划的建议》又提出了未来5年经济社会发展的主要目标：经济平稳较快发展，经济结构战略性调整取得重大进展，城乡居民收入普遍较快增加，社会建设明显加强，改革开放不断深化，使我国转变经济发展方式取得实质性进展，综合国力、国际竞争力、抵御风险能力显著提高，人民物质文化生活明显改善，全面建成小康社会的基础更加牢靠。科学发展和加快转变发展方式已分别成为党和国家工作的主题和主线。

二、交通运输发展战略的调整

（一）“十五”计划中的表述

在《中共中央关于制定国民经济和社会发展第十个五年计划的建议》中，有关交通运输方面的表述是：交通建设要统筹规划，合理安排，加强公路、铁路、港口、机场、管道系统建设，健全畅通、安全、便捷的现代化综合运输体系。加强公路国道主干线建设，完善公路网络，逐步提高路网通达深度。加强城市道路建设。加强铁路主通道建设，扩展铁路网络，改造既有线路，提高列车运行速度，适当发展高速铁路和大城市轨道交通。加强沿海枢纽港口建设和内河航道治理，发展水路运输，建设国际航运中心。发展支线机场，完善枢纽机场，优化航空网络。加强输油气管道建设，形成管道运输网。

在《中华人民共和国国民经济和社会发展第十个五年计划纲要》中，有关交通运输方面的表述是：交通建设要统筹规划，合理安排，扩大网络，优化结构，完善系统，推进改革，建立健全畅通、安全、便捷的现代综合运输，加快以"五纵七横"为重点的公路国道主干网建设，全面贯通"三纵两横"。起步建设西部公路的八条新通道，完善路网结构，提高路网通达深度。2005年公路通车里程达到160万公里左右，其中高速公路2.5万公里。建设改造"八纵八横"铁路主通道，扩大西部铁路网，加快铁路既有线技术改造，提高列车运行速度。建设青藏铁路、京沪高速铁路和西北、西南进出境铁路。2005年铁路营业里程达到7.5万公里。发展大城市轨道交通。加强沿海主枢纽港口大型集装箱运输系统、专业化散货运输系统及主要港口出海航道建设，建设上海国际航运中心。2005年沿海港口深水泊位达到800个。加强长江、珠江及京杭运河等水运主通道建设，积极发展内河航运，突出支线机场建设并向西部地区倾斜，完善枢纽机场和干线机场，提高空管技术装备水平。加强油气管道建设，初步形成管道运输网。充分发挥各种运输方式的优势，发展和完善城市间旅客快速运输、大城市旅客运输，集装箱运输、大宗物资运输和特种货物运输五大系统。以信息化、网络化为基础，加快智能型交通的发展。继续加强邮政基础设施建设。加快以政企分开为核心的交通运输管理体制和经营体制改革，铁路实行"网运分离"，民航机场和港口下放地方管理，航空运输企业实行重组，形成大集团。

（二）"十一五"规划中的表述

中共中央关于制定十一五规划的建议中有关交通运输方面的表述是：交通运输建设要合理布局，做好各种运输方式相互衔接，发挥组合效率和整体优势，形成便捷、通畅、高效、安全的综合交通运输体系。加快发展铁路、城市轨道交通，进一步完善公路网络，发展航空、水运和管道运输。

《中华人民共和国国民经济和社会发展第十一个五年规划纲要》提出统筹规划、合理布局交通基础设施，做好各种运输方式相互衔接，发挥组合效率和整体优势，建设便捷、通畅、高效、安全的综合运输体系。包括：（1）加快发展铁路运输。重点建设客运专线、城际轨道交通、煤运通道，初步形成快速客运和煤炭运输网络。扩展西部地区路网，强化中部地区路网，完善东部地区路网。加强集装箱运输系统和主要客货枢纽建设。（2）进一步完善公路网络。重点建设国家高速公路网，基本形成国家高速公路网骨架。继续完善国道、省道干线公路网络，打通省际间通道，发挥路网整体效率。（3）积极发展水路运输。完善沿海沿江港口布局，重点建设集装箱、煤炭、进口油气和铁矿石中转运输系统，扩大港口吞吐能力。改善出海口航道，提高内河通航条件，建设长江黄金水道和长江三角洲、珠江三角洲高等级航道网。推进江海联运。（4）优化民用机场布局。扩充大型机场，完善中型机场，增加小型机场，提高中西部地区和东北地区机场密度。完善航线网络。建设现代化空中交通管理系统。（5）优化运输资源配置。强化枢纽衔接和集疏运配套，促进运输一体化。开发应用高速重载、大型专业化运载、新一代航行系统等高新技术，推广集装箱多式联运和快递服务。应用信息技术提升运输管理水平，推广智能交通运输体系。发展货运代理、客货营销等运输中介服务。建设上海、天津、大连等国际航运中心。

（三）“十二五”规划中的表述

中共中央关于制定十二五规划的建议中有关交通运输方面的表述是：加强综合运输体系建设，按照适度超前原则，统筹各种运输方式发展，构建便捷、安全、高效的综合运输体系。推进国家运输通道建设，基本建成国家快速铁路网和高速公路网，发展高速铁路，加强省际通道和国省干线公路建设，积极发展水运，完善港口和机场布局，改革空域管理体制。

《中华人民共和国国民经济和社会发展第十二个五年规划纲要》则规定，按照适度超前原则，统筹各种运输方式发展，基本建成国家快速铁路网和高速公路网，初步形成网络设施配套衔接、技术装备先进适用、运输服务安全高效的综合交通运输体系。包括：（1）完善区际交通网络。加快铁路客运专线、区际干线、煤运通道建设，发展高速铁路，形成快速客运网，强化重载货运网。完善国家公路网规划，加快国家高速公路网剩余路段、瓶颈路段建设，加强国省干线公路改扩建。大力推进长江等内河高等级航道建设，推动内河运输船舶标准化和港口规模化发展。完善煤炭、石油、铁矿石、集装箱等运输系统，提升沿海地区港口群现代化水平。完善以国际枢纽机场和干线机场为骨干、支线机场为补充的航空网络，积极推动通用航空发展，改革空域管理体制，提高空域资源配置使用效率。（2）建设城际快速网络。适应城市群发展需要，以轨道交通和高速公路为骨干，以国省干线公路为补充，推进城市群内多层次城际快速交通网络建设。建成京津冀、长江三角洲、珠江三角洲三大城市群城际交通网络，推进重点城市开发区域城市群的城际干线建设。（3）优先发展公共交通。实施公共交通优先发展战略，大力发展城市公共交通系统，提高公共交通出行分担比率。科学制定城市轨道交通技术路线，规范建设标准，有序推进轻轨、地铁、有轨电车等城市轨道交通网络设施建设。积极发展地面快速公交系统，提高线网密度和站点覆盖率。规范发展城市出租车业，合理引导私人机动车出行，倡导非机动方式出行。优化换乘中心功能和布局，提高出行效率。统筹城乡公共交通一体化发展。（4）提高运输服务水平。按照客运零距离换乘、货运无缝化衔接的要求，加强铁路、公路、港口、机场、城市公共交通的有机衔接，加快综合交通枢纽建设。推广先进装备技术应用，提高交通运输信息化水平。优化运输组织，创新运输方式，推进客票一体联程、货运多式联运，大力发展节能环保的运输工具和运输方式，积极发展公路甩挂运输。加强安全管理，保障运输安全。

总体来说，国家交通运输发展的战略思想和战略内容都已经有了很大进步，综合交通运输体系和发展阶段性转变的认识都在加深。例如，运输服务质量、客运零距离换乘、货运无缝化衔接、加强铁路、公路、港口、机场、城市公共交通的有机衔接，加快综合交通枢纽建设，优化运输组织，创新服务方式，推进客票一体化联程、货运多式联运、统筹发展、体制改革等要求得到越来越多的重视，交通运输规划在国民经济和社会发展规划中的地位也越来越突出。党和国家要求以科学发展为主题，以加快转变经济发展方式为主线，必须贯穿“十二五”时期经济社会发展全过程各环节。而如何要把转变经济发展方式的基本要求切实落实到交通运输发展的全过程，提高发展的全面性、协调性和可持续性，还必须在实践中不断开拓科学发展之路。

认识框架篇

第四章

综合交通运输及其体系的概念与认识

第一节　综合交通运输及其体系的概念

一、综合交通运输的概念

人类靠概念进行思维，展开逻辑，因此在思考分析问题之前应先明确其概念，才能消除歧义、理顺逻辑。根据管楚度的看法，明确概念主要有定义和界定两种办法，其中概念的“定义”是解释事物本质的内涵，而概念的“界定”则是说明事物某些特有属性的外延。要想真正明确事物的概念，应该是将其定义和界定都弄清楚，但在很多情况下，人们往往容易把定义和界定混淆，特别是在事物的本质内涵尚未解释清楚的状态下就用其属性外延的界定去代替定义了。另外，任何事物的本质内涵一般都可以从不同角度去解释，人们解释事物本质内涵和把握其属性外延的能力也是在不断提高和深化的，因此事物的概念定义往往有多个，而且人们对概念的认识也在逐渐进步。当然，任何研究者都应该尽可能明确研究对象符合自己研究视角的概念，因为这是能够开展逻辑研究的基础。

我们准备同时从定义和界定的要求，明确作为本书讨论基础的综合交通运输[①]以及综合交通运输体系的概念。需要说明的是，尽管清楚明确的单一概念可能是读者的要求，也曾是我们努力的目标，但由于讨论问题的视角有时会有差别，又由于对事物本质内涵和属性外延的区别和认识能力仍在推进过程中，因此，我们所给出的综合交通运输及其体系的概念有多个。我们不希望把事务弄复杂，但也不能追求不合理的简单化。对于综合交通运输及其体系这样相对复杂的事物来说，仅从一个观察视角所给出的解释，显然还不足以全面解读其全部意义，也不足以完成尽可能全面认识并进一步有效地推动构建综合交通运输体系的任务，多角度的多重概念应该有助于相关问题的讨论与理解。

从本质属性上看，综合交通运输是交通运输系统内各组成部分之间，以及交通运输系统与其外部环境之间形成一体化协调发展的状态。根据分析研究的需要，综合运输概念还应该有狭义和广义之分。从狭义上看，综合运输是指综合集成各种运输方式与系统的功能，一体化高效率完成人与货物空间位移，其中多式联运和一体化运输是综合运输的核心内容；从广义上看，综合运输是交通运输系统内各组成部分之间，以及交通运输系统与其外部环境之间形成一体化协调发展的状态。

从阶段转换上看，经济发展的运输化过程有一定阶段性，综合运输是运输业伴随社会经济发展到一定阶段以后随内在要求改变而发生的变化。运输化的初级阶段基本上对应着各种运输方式各自独立发展的时期，而进入运输化的较完善阶段以后，多式联运、一体化和可持续交通的特征则日益明显。运输化阶段性转变带来的变化包括：从粗放式发展到集约式发展；从运输产品的数量扩张到服务质量的提升；从主要关注线路建设到更加突出枢纽地位；从每种运输方式单独发展到方式之间有效连接，并形成以集装箱为载体的多式联运链条；从运输方式和企业之间以竞争为主到以协作为主；从简单位移产品到关注综合物流服务和附加价值；从单纯增加运输供给到注重需求管理；从单纯运输观点到交通运输与土地开发、城市空间结构综合考虑等等。在运输化的不同发展阶段，一个国家所面临的主要运输问题显然是不同的，所需要制定的运输政策也是有差别的。

从政策含义上看，综合运输是运输业发展出现重大阶段性转换所提出的要求，必须改变传统的运输发展观念和运输业发展的体制与政策，其中包括需要反思过去一向以片面增加供给为导向、只注重要素投入和数量增长、浪费资源破坏环境、忽视衔接性和一体化的传统交通发展模式。包括过去那些“只要是交通建设就都对经济发展有利”和“基础设施建设不存在重复建设问题”的认识、规划建设主要

---

① 本书并不严格区分“交通”、“运输”与“交通运输”的概念，因此，也不严格区分“综合交通”、“综合运输”与“综合交通运输”的概念。

专注线路设施和单一方式发展，以及重视建设但忽视养护维修等倾向，已经明显不再符合目前我国经济发展的实际情况与要求。理论和实践都已经告诉我们，综合交通运输应该是贯彻科学发展观和转变经济增长方式在交通运输领域最重要的体现。

从属性范畴的偶对词汇角度看，综合运输还有一个相对等效的概念即“相干运输”。按照管楚度的看法，凡科学属性范畴的概念词汇，通常都会存在一个与之等效的词汇。与“综合”大体等效、偶对的词汇是“相干”。“相干”（coherent）意为黏合、紧凑、逻辑上的连贯和一致性，其他相关英文词汇则还有结合、内聚性或内聚力的意思。在这里，综合运输和相干运输虽然表述的是同一个概念，但又有所不同。差别在于前者是概念的外部描述，而后者是此概念的内部描述。外部描述通常刻画的是事物的外部特征表现，观察性好，故多用于观察场合；内部描述通常刻画事物的内部特性，多用于操作场合。一般来说，外部描述的出现先于内部描述。外部描述的概念易被专业圈外人士理解，而内部描述的概念只有在业内为了有效操作才被运用，因为人们不仅要解释事物，更重要的是要掌握事物。与综合运输概念相偶对的同一概念为相干运输，之所以要制造这种别扭的名词，是为了揭示其本质，有利于思考。我们同意管楚度所说，即综合运输是将本来互为独立的几种运输方式，通过相干操作对各自内在优势特性进行组合，协调运作形成目的明确的综合运输体系，其为外部社会提供的是可观察到的一体化完整运输产品，而在其内部的协调运作就是一种扬优抑劣的相干运作。

从综合交通运输形成的原因看，综合交通运输是由于工业化、城市化和运输化三个进程共同作用，同时受到全球化推动与信息化支持，并在社会目标及资源环境约束的条件下，运输业通过市场、政府、社会三者协调关系所形成的一种良性发展形态，以满足社会经济中生产方式、生活方式时空关系及时空结构转变与改善的要求。我们特别重视从这一视角去探讨涉及为什么会有综合交通运输的因果关系。

二、综合交通运输体系的概念

体系就是系统，综合运输体系即综合运输系统。系统系指由相同或相类事物按一定秩序和内部联系组合成的整体，而一般将思想范畴和社会组织范畴中的系统改称为体系，例如思想体系、综合运输体系等。实物性事物形成体系后，可以产生非线性机制，非线性机制运动的结果则可产生系统效应，产生超额利益，即在运作中可以获得大于叠加和的超额利益。如分立运输形成综合运输体系运作后，可以获得比铁路、公路、水运、航空和管道五种运输方式子系统分立更大的效率和效益。而通过系统性的认识，也才能生成对体系属性内事物更深入的解释。

综合运输体系是实现一体化交通运输的设施、技术、经济和制度系统。综合运输体系的主要组成内容包括：（1）功能与服务层：社会经济在交通需求角度所要求的方便、快捷、安全、经济、门到门、实时生产（Just-in-time）、无缝隙连接和零距离换乘等（见图 4－1）。（2）载运工具、技术与标准层：有利于提高综合运输效率的各种大型、高速、集装化、标准化的运输技术硬件，和各种智能交通、无纸贸易、电子收费、企业运行控制系统等高性能软件系统，以及各种相关设施、设备、服务和信息的设计标准与规范。（3）基础设施层：通过综合枢纽和大型换乘中心的规划与建设解决综合交通网络上点与线、城市对外交通与内部交通的协调与连接，也包括铁路在城市的地下化或立体化。（4）组织与市场结构层：运输企业与组织从传统的单一运输方式运营商转向更高水平的多式联运、快递、物流企业、跨运输方式的企业联盟和供应链集成商。（5）体制与政策层：主要体现在综合运输的发展中一定要改变传统的分方式运输管理体制，建立各相应级别的综合性运输及国土、建设、能源、环境管理体制，并实施综合性的运输政策、法规与规划。此外，综合运输体系的外部环境还包括：经济结构与区域城市空间结构；自然资源与生态环境；经济、政治与文化体制。

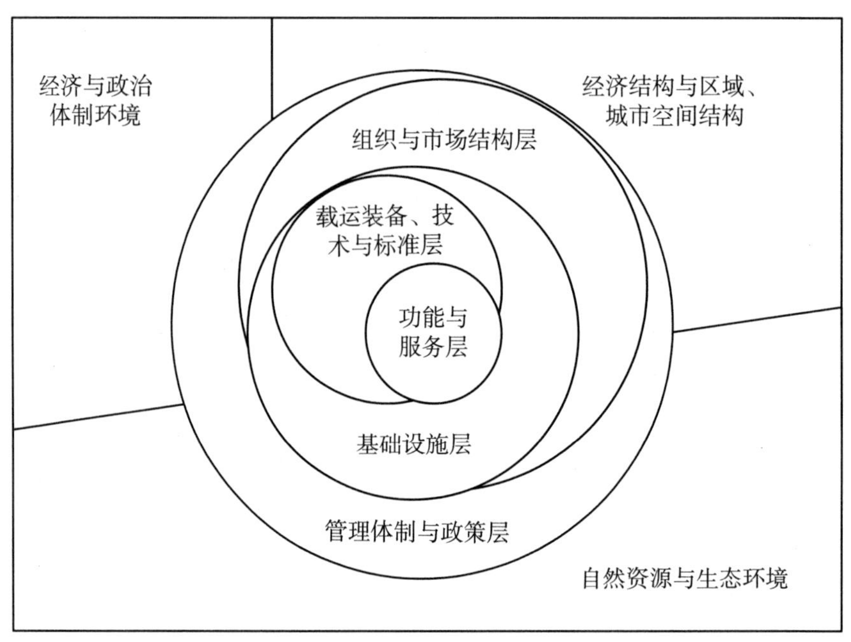

图 4－1　综合运输体系

综合运输体系是围绕连接性和一体化核心的一系列功能与服务、技术装备与标准、基础设施、组织与市场结构，以及体制与政策的圈层构架，这些圈层之间紧密联系，相互支撑，共同高效率地满足现代社会经济的一体化和可持续运输需求。这里应该特别强调交通资源的连接、整合与优化。过去对交通运输体系的认识，主要集中在工具、技术与基础设施层面上，较少考虑需求角度提出的功能与服务，对系统中企业与市场结构以及行政体制与政府作用的研究也不够，对交通运输系统与外部环境的相互关系更缺乏足够认识。

需要指出的是，很多人把综合交通运输体系理解成仅仅是铁路、公路、水运、航空和管道五种现代运输方式的综合体，但我们认为综合交通运输体系的范围应该是包括但并不局限于上述铁、公、水、管、空五种运输方式，它涉及所有与人和货物空间位移有关的人类活动，甚至还可以扩大到大多数与经济时空分析有关的人类活动。

交通运输的一体化既包括交通运输体系内部的一体化，也包括交通运输体系向外延伸的一体化。交通运输体系内部的一体化主要是指交通运输体系形态不同层次内部，以及各层次之间为实现更好优化衔接所进行的调整，特别是包括枢纽衔接与多式联运。交通运输体系向外延伸的一体化则还可分为服务与功能的延伸，以及资源配置与整合的延伸。服务与功能的延伸，其一是运输业在货运方面与物流业的结合；其二是运输业在客运方面与旅游业的结合。交通运输体系在资源配置与整合方面的延伸则主要是指运输业发展与土地使用及联合开发、与能源节约与新能源开发战略、与减排及其他环境保护战略的必要结合。

第二节　若干原有认识与研究方法的局限性

我们在前面已经综述过国内外在综合运输领域的主要研究成果，其中国内的一些研究在较长时期内曾经对人们关于综合运输的认识，甚至对相关政策与规划的制定都起着某种“主导”作用。我们在这里对其中过窄或过宽的综合运输概念、以片面强调技术和增加供给为主导的研究方法，以及所谓“主流价值观”和“国家意志”的观点做一点评论，以便有所对照地说明我们对综合交通运输的看法。

一、过窄或过宽的综合运输概念

国内对“综合运输”的认识，过去有一种是我国在20世纪50年代学习苏联时形成的“综合运输”概念。当时的基本出发点是在既有铁路、公路、水运、航空和管道分方式的管理体制中，能有一个机构研究涉及多种运输方式的运输问题，特别是通过政府计划等干预手段实现运输通道或网络上的按比例协调发展。该种认识的综合运输并不包括城市交通等领域，曾经的争论主要集中在我国运输业的发展是继续坚持以铁路为骨干，还是五种运输方式综合发展。我们在这里姑且把这种认识称为窄派认识中的“结构派”。这种认识在很长时期内曾经主导过国内的综合运输研究，甚至差不多成为过去制定相关运输政策的主要依据。

另一种则是一段时间以来被研究文献和行政文件所推进并泛化了的“综合运输”概念，除了要解决不同运输方式之间的合理分工问题外，还包括加快运输基础设施建设、促进地区发展、技术进步、市场化、可持续发展、社会公平、统一管理、政企分开等，几乎所有希望运输业承担的重要社会责任都被赋予综合运输的概念。这是综合运输研究中的宽派。赋予综合运输更多含义，体现了人们对交通运输问题复杂程度的理解，和对解决问题所需多方面配套手段的认识。但承载过多含义和要求过高，却又成为该种综合运输在实际工作中很难把握，并使得多年来其理论成果和政策措施成效均不大的主要原因。由于过宽的综合运输概念容易造成失去目标和可操作性，致使近年来也出现过把这种可以包括一切的综合运输说成是应该去追求的理想。因此，综合运输认识的宽派又可以分为“混杂派”和“理想派”。

从前面给出的综合运输概念应该可以看出，我们的认识应该属于窄派，而从所主张的综合运输核心内容看可算做窄派中的“衔接派”。我们不否认综合运输的多目标性，但深知这些目标之间的内在矛盾和全面实现的难度。我们从研究中得到的结论是不解决核心的衔接性问题，综合运输的其他目标实际上根本无从实现。

交通运输领域英文文献中“综合”一词主要是用 comprehensive 和 integrated 两个词表示，其中前者主要是“全部的、所有的”意思，后者则主要是“各部分密切协调的、完整统一的”即一体化的意思。我国过去大多把“综合运输”翻译成“comprehensive transport”，而在港台政策文件中该英文表述多被称做“整体运输”。欧美国家在 20 世纪 80 ~ 90 年代开始关注一体化运输（integrated transport），一般认为首先是要解决连接性和多式联运问题，主要是指运输业发展到一定阶段所要求的全程、无缝、连续运输过程，以及实现这种过程的经济、技术和组织系统。后来一体化运输才更逐渐扩大到在技术上更多通过信息化手段、更加环境友好、更有利于土地开发和城市合理布局、促进社会和谐公平以及更多公众参与等内容。因此，我们认为 integrated transport 应该更符合综合运输的原意。

还有另外两个英文词组 inter-modal transport 和 combined transport，分别是多式联运和联合运输的意思。国内有些研究者把它们，特别是其中的前者也翻译成综合运输，这显然是不准确的。但如果从这些研究者实际上已经接受综合运输的核心内容是衔接性，而多式联运又是运输衔接性的最典型表现来看，他们的译法也可以理解。

二、以片面增加供给为主导的研究方法

综合运输是运输业发展出现重大阶段性转换所提出的要求，必须改变传统的

运输发展观念和运输业发展政策，其中包括需要反思过去一向以片面增加供给为导向的传统交通发展模式与政策研究。传统交通发展模式存在着抢占资源和严重浪费的弊端，不同交通方式一旦有条件，例如原来由于能力严重不足抑制社会需求和经济发展的状况得以解脱，就很快会以急速自我膨胀但却脱离社会需求为显著特点表现出来。运输业超理性过度投资的倾向除了自身大量负债导致财务上的不可维持性，也将使社会经济为此付出巨大代价，极可能对社会经济的良性发展形成损害。我国运输业发展中表现出来的新情况和新问题已在强烈呼唤相关的体制、政策及研究方法进行及时调整，而需求分析与约束条件在交通运输发展政策与战略研究中必须上升到应有的地位。

强调社会需求的分析与管理以及运输业发展的约束条件，就要更加关注交通运输体系的功能，关注其中的衔接性和一体化问题，关注交通运输资源的特性与优化配置要求，关注相关资源环境的可持续利用，而不能再仍去追求运输设施设备在数量、规模与技术标准上的不断提升。从这个角度看，在有效衔接这样的意义上讨论综合交通运输问题，比只一味地想要人为安排好运输方式之间的合理比例，或是把所有与交通运输有关的东西都放进综合交通的概念里更有价值。我们强调有效衔接意义上综合交通运输的原因，是希望在认识理念和政策落实上都能够切实抓住综合交通运输的核心内容，避免既难以从理论上说清到底什么是综合交通，也难以在现实政策中真正落实的尴尬。

有趣的是，以片面强调技术和增加供给为主导的综合运输研究方法，似乎特别重视模型预测。但很多通过预测模型体现的交通运输需求的考虑，却忽视了很多难以进入模型、但却属于根本性的社会需求，需求预测模型已成为增加运输供给的支持性服务工具。交通运输发展方向从片面增加供给向关注需求与约束条件转变，意味着以工程和技术为主导的交通政策研究也需要进行重大调整。我们主张重视经济学和其他人文社会科学在交通运输政策制定与研究中的作用，力图对长期以来主导着运输领域研究的其他工程性、技术性更强的学科方法提供必要的补充，并修正一些已经出现的偏差。人文社会科学应该而且能够在交通运输研究中发挥重要作用。当然，政策研究中原有主导学科的改变或调整是一个缓慢的过程，人文社会科学必须在交通运输研究中更多地发挥作用，但其进程取决于这些学科表现出足够的参与能力、解释能力和影响能力，我们深知其中的难度。

三、“主流价值观”和“国家意志”的说法

近年来，国内有些研究把发展综合交通运输说成“体现了主流价值观”，甚

至更进一步说成“体现了国家意志”。我们不同意这些说法。一般来说，意志的本质是人对于自身行为关系的主观反映，意志既要考虑客观事物的运动状态与变化规律，还要考虑主体的利益需要，尤其要考虑人对于客观事物的反作用能力。国家意志指的是整个国家公民的公共意志、公共意愿、公共追求，国家意志的最高体现方式是法律。在我国，即便是把执政党的主张或重大决策转变为国家意志，也是一个严肃的法律化过程，只有通过严格的法定程序，才能把党的主张上升为符合人民群众根本利益的国家意志。

而在更多国家现存政治体制下，所谓“国家意志”通常只是少数人的意志，是统治阶级意志中被法律确认的那部分。例如，就有过希特勒德国对外侵略和种族灭绝的“国家意志”。而且就算是多数人同意的也不一定就是对的。例如，2008 年以来冰岛两次公民投票都否决了总理提出的向英法支付因冰岛银行几乎破产而代为向两国储户兑现的约 50 亿美元。面对着国家信用的损失，人们疑惑“国家意志”到底应该是什么？

具体到综合运输领域，很难说我们已经有了明确的国家政策和法律，例如，大部制的推进并不顺利，相应的交通运输发展趋势和社会需要也还要深入研究。不能把没有的东西拿出来“体现”，把研究过程中的东西说成已形成全民共识也很不妥。

问题尤其在于，无论是“主流价值观”还是“国家意志”的说法都混淆了存在与认识的关系，有用主观意识去代替客观事物自身规律性的倾向。意识的内容应该是对客观世界的反映，没有离开物质而存在的精神力量。人类对客观世界的认识能力和改造能力是相辅相成的，认识来源于实践中经验教训的积累和理论思考的概括提升，改造能力的增强也有赖于对客观世界认识的深化。在目前学术研究普遍浮躁的环境下，“主流价值观”和“国家意志”这些概念很容易被简单套用，并放弃对综合运输体系真正深入的思考和探索。

第三节 综合交通运输研究范式的变化

一、研究范式对于理解综合运输问题的重要性

库恩定义的范式（paradigm）包括符号、概念、模型和范例，是研究者基于本体论、认识论和方法论的承诺所共同接受的一系列相互关联、相互支持的假

说、理论、准则和方法的总和，它们在心理上形成某一学科领域科学家的共同信念。一般认为，科学的发展也是范式转换的过程，而重大科学成就的出现是范式确立的标志，这些成就又足以极大地为重新组成的一批研究者留下有待解决的种种问题。有了一种范式，有了范式所容许的那种更深奥的研究，学术同行们有了得以向前迈进的共同基础，这是任何一个学科达到成熟的标志。范式的确立标志着学科进入了常规研究阶段，即该领域的研究者遵循范式所指引的方向进行常规性的研究，不断增强该学科对现实问题的解释能力并拓展其应用领域。

如果从主要研究手段和关注视角，以及所定义的综合运输问题和所主张的政策导向看，对于综合交通运输的研究大体已经有过两种主要的研究范式（见表 4－1）。第一种是以工程与技术科学为主导学科的研究范式，主要使用各种需求预测模型并依据相关政治经济学理论，强调通过规划手段增加运输供给，该范式从总体上认为主要的综合运输问题是要解决各种运输方式之间的比例关系，主要采取以政府为主导的政策主张。第二种是以一般经济学与管理学为主导学科的研究范式，以各种均衡理论以及外部性与产权等理论为分析基础，主要关注的视角是运输业的均衡增长和需求管理，该范式从总体上认为主要的综合运输问题是要促进交通运输与土地利用协调并实现资源环境友好，在政策主张方面更加强调市场和政府的共同作用。

表 4－1　综合交通运输的研究范式的变化

研究范式	主要研究手段	关注视角	综合运输问题	主要政策导向
工程学与技术科学	预测与分配模型、政治经济学	增加供给	运输行业之间的比例关系	政府主导
一般经济学与管理学	均衡理论、外部性、产权理论	适应增长、需求管理	促进交通与土地利用协调、资源环境友好	市场加政府
系统论、经济时空分析与公共管理	运输经济和时空经济分析框架、公共与法律经济学	系统换元、协调发展、制度建设	衔接性、一体化、准时性、枢纽作用、区位性能	市场—政府—社会共同治理

在我国，传统的综合运输研究总是自觉或非自觉地希望其成果成为政府规划的理论基础，这使得综合运输研究在整体上一直带有显著的政府干预特征。这是传统综合运输研究所存在的根本问题。在本质上，交通运输与经济一样是全部社会成员个体决策的过程，而综合运输以往的研究却具有显著的规划性，即先从行业预测的视角定义最优模型，然后确定交通发展目标，并主张利用政

府干预来确定交通运输发展的途径。但是个体理性选择的总和往往和政府规划相去甚远，对这种情况不能做出解释，是综合运输研究至今缺少应有成果和影响的主要原因。

在对问题缺乏根源性解释的情况下，无论采用什么样的技术手段，交通发展规划或者运输问题的诊断都具有盲目性，综合运输的政策建议也就会处于被质疑的地位。特别是许多政策性建议带有计划经济特征，将政府置于对运输业实施“强干预”的位置。由于对政府干预后形成的市场结构变化、规模报酬变化以及这些变化导致的经济均衡状态的迁移缺乏准确预见性，政府干预常常达不到预期的效果。综合交通运输的理论与政策研究要逐渐能够影响、甚至引领国家重要运输政策的制定和体制的变革，但这在很大程度上取决于其研究范式所具有的理论优势、兼容性、简洁性与可验证性，以及在该范式下研究者所能够提出和解释的学术问题。从这个意义上说，综合运输研究要尽可能避免成为政府规划学。

第一种研究范式立足于希望政府能够解决交通发展与改革问题，但政府在这方面存在明显的失灵问题。第二种研究范式相比第一种已经有了很大改进，它立足于更多地依赖于回归到市场去解决交通的发展与改革问题，或以市场加政府的方式解决问题。但市场也会失灵，而交通运输问题在很多情况下政府的效率和失灵，与市场的效率与失灵并不能形成社会所需要的互补，政府与市场同时失灵甚至叠加双方的失灵效应，反倒会给社会经济带来更大的损失。

因此，还需要继续探讨对于综合运输问题能够更加深入认识的研究范式与框架。解决政府与市场同时失灵问题的办法之一是引入社会治理，用更多公众参与和社会自治的方式去减少或防止政府与市场的同时失效。于是，我们在这里尝试性地提出第三种范式。综合交通运输的第三种研究范式是以系统论、经济时空分析与公共管理为主导学科的研究范式，以运输经济学框架、公共与法律经济学等多学科成果为分析基础，从交通与社会经济协调发展并注重制度建设视角，关注衔接性、一体化、准时性和枢纽作用等综合交通运输的核心问题，在政策方面主张市场—政府—社会三者共同治理。综合交通运输研究范式的变化，体现了人们对综合交通运输问题认识程度的加深和进步。

二、从系统论出发对综合运输问题的解释

除了前面已经提到过的作为综合运输等效对偶概念的“相干运输”，即将综合运输理解为是将本来互为独立的几种运输方式通过相干操作对各自内在优势特性进行组合，协调运作为社会提供一体化完整运输产品，管楚度还从系统论的另外几个视角阐述了综合运输体系的特性。

1. 同构性

交通运输子系统所提供的功能必须与需求其功能的社会经济总系统功能保持指向一致，只有这样，社会经济系统的运作才能处在最稳定的状态，交通系统与经济系统的耦合的状态才最好。使交通系统功能与社会经济系统功能指向保持一致的方法，就是让交通子系统的结构与经济系统的结构具有相似性。这是一种局部与整体之间的相似性，这种子系统与系统的自相似结构，可保证整个系统运作时的能耗、时间、成本等总耗散水平能最小。

2. 支配要素

一个社会经济系统的特性虽是由多种要素联合作用的结果，但往往只有一种要素是其中的主贡献要素或称支配变量，其他要素则均是非主贡献要素或非支配变量。支配变量通常属于系统结构本体，并且支配变量与其主贡献的特性之间存在着同寿命周期或准同寿命周期的关系。交通运输是从属于社会经济总系统的子系统，因此影响交通子系统的支配变量来自社会经济总系统。

3. 换元影响

换元涉及系统特性的支配变量发生改变。社会经济发展以序列的形式展开，每个序即为一种形态。社会经济诸形态展开或系统特性的原因，表面看似为量变引起质变，实质是支配变量换元所致，例如社会形态改变与基本生产工具进步的关系。这就是支配变量换元引起经济特性序列变化的原理。影响交通运输系统的支配变量一旦发生换元，那么交通系统的特性也一定要改变。

4. 综合运输的衔接项目

综合运输体系是由相互独立的多种运输方式为单元组成的体系，体系中流动的对象是客与货，换言之，是客货运动的需求将各种运输方式结合在一起了。因此，综合运输研究的硬核内容可用各种衔接的有效性简明加以概括。衔接的有效性又可分运输对象衔接有效性和运输主体衔接有效性，其中运输主体的有效衔接是运输对象有效衔接的保障。综合运输主体衔接的主要项目有以下几项：

（1）各种运输方式间换乘、换装的衔接（旅客零换乘就是实现此类衔接的理想态）。

（2）生产线外的运输与生产线内部运输间的衔接。其中要特别注重不同行业、产业中生产线内与生产线外运输分界点划分的研究。

（3）运速的衔接。各种运输方式的运速，都存在一种运速谱系。要区划运速的分段及各种运输方式分工合作时的运速合理衔接的标准。

（4）同一运输方式中，不同等级线路、站、港、场等间的衔接。其中最重要的参数是各等级间的数量优化比例。

（5）同一运输方式中的“换道”衔接（无缝衔接枢纽是实现此类衔接的显

例）。

（6）交通运输实现地理空间中聚集与匀化间的衔接（城乡一体化、海港疏港是实现此类衔接的显例）。

（7）运输对象与其信息的衔接。

（8）社会生产/消费过程中的不同身份衔接（物流发展的巨大空间就是来自对不同身份者需求的衔接和生产线内外运输衔接的需求）。

（9）法律、法规、标准、规范等的衔接。我国加入世贸组织（WTO）以后在贸易全球化、经济一体化的今天，交通运输是各国、各行各业都要利用的公器，其一体化有效运作必然需求法律、法规、标准、规范的有效衔接来支撑。这种有效衔接的表现是相关方对同一重要规定的认同，认同的基础就是相容（但相容≠相同）。

综合运输的要害就是在相干操作中要增强运输中所存在的各种硬的（结构的）、软的（管理的）接口间衔接的有效性。有效衔接中的这些硬、软接口，即便不是运输新技术创新之源，也必然是运输的新利益之源。

第四节　综合交通运输产生的原因与影响因素

在本章前面我们已经提到从综合交通运输形成的原因看，综合交通运输是由于工业化、城市化和运输化三个进程共同作用，同时受到全球化推动与信息化支持，并在社会目标及资源环境的约束条件下，运输业所形成的一种阶段性发展形态。交通运输所处的和所服务的工业化、城市化、全球化阶段，以及所依赖的技术条件已经发生了重大变化；运输业自身的经营条件、组织结构甚至行业边界也已经明显超出旧的阶段；社会经济与交通运输活动在资源环境方面更是受到前所未有的巨大约束压力。所有这些都使得运输业的发展轨迹和管理体制必须有一个相当彻底的改变，以适应这种“换元”的要求。从根本上说，综合交通运输及其系统都是适应这种重大“换元”所提出要求的必需的调整。

图4-2是工业化、城市化、运输化三者的关系示意图，其中工业化、城市化与运输化三者之间的交集关系分别包括人口的集聚与出行方式、经济分工与产业集聚以及相关产业与经济结构升级，而它们的综合交集则是一个国家或区域的时空结构与形态。工业化、城市化与运输化这三者各自以及相互发展到一定程度时，在交通运输方面提出的需要就是综合交通运输体系。

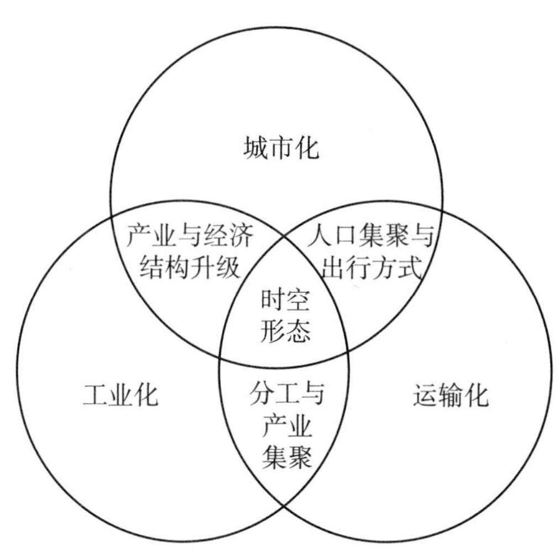

图 4-2　工业化、城市化、运输化三者关系

交通运输系统支配要素的换元包括工业化、城市化和运输化三者发展演进到与全球化、信息化对应阶段的社会生产方式、生活方式及时空关系与结构。在不同的发展阶段，工业化过程分别由资源密集型产业、资本密集型产业、知识与信息密集型产业主导；城市化则分别处于单一城市城区扩张时期、单一城市市郊与卫星城扩张时期、城市群形成与发展时期；而运输的发展是分别对应着运输化的初级阶段、完善阶段和后运输化阶段。当一个国家或地区的工业化从资本密集型产业向知识与信息密集型产业主导转化，城市化已进入城市群形成与发展时期，而运输发展已处于完善运输化阶段或者后运输化阶段，其交通运输结构所对应的经济时空关系与结构与此前阶段相比一定会出现重大换元。同时，经济全球化已经通过对外贸易、资本流动、技术转移而使世界经济日益成为紧密联系的一个整体；信息化也通过充分利用信息技术，开发信息资源，促进信息交流和知识共享，推动经济社会发展转型的历史进程。交通运输体系在基础设施、产品服务、组织结构与体制政策各个相关层次上都必须与这种换元相适应。

图 4-3 是综合交通运输解释框架示意图。在图 4-3 中我们看到，综合交通运输共有工业化、城市化、运输化、全球化、信息化以及资源环境和以人为本 7 个影响因素。工业化、城市化、运输化三者之间的关系是综合交通运输的核心。全球化在很大程度上是工业化和城市化的组成部分，是工业化在运输化支持下在全球时空上的扩展，也是城市化在全球时空背景下的表现形态。信息化则是工业化、城市化与运输化三者能够共同转变经济社会的生产方式、生活方式特别是相应时空结构的必要技术手段。信息化提供了在信息的收集、处理和传输方面不断改善社会经济时空关系的必要条件。以上 5 个综合交通运输的影响因素基本上是

属于需求和供给方面的，而资源环境和以人为本应该是实现综合交通运输的约束条件和宗旨目标。资源环境的条件约束越来越严格；而如果失去以人为本的宗旨和目标，综合交通运输也就失去了意义。本书后文中产品—资源—网络经济分析框架和运输体系形态的分层分析框架，是对综合交通运输及其与各相关影响因素进行分析的方法论基础。

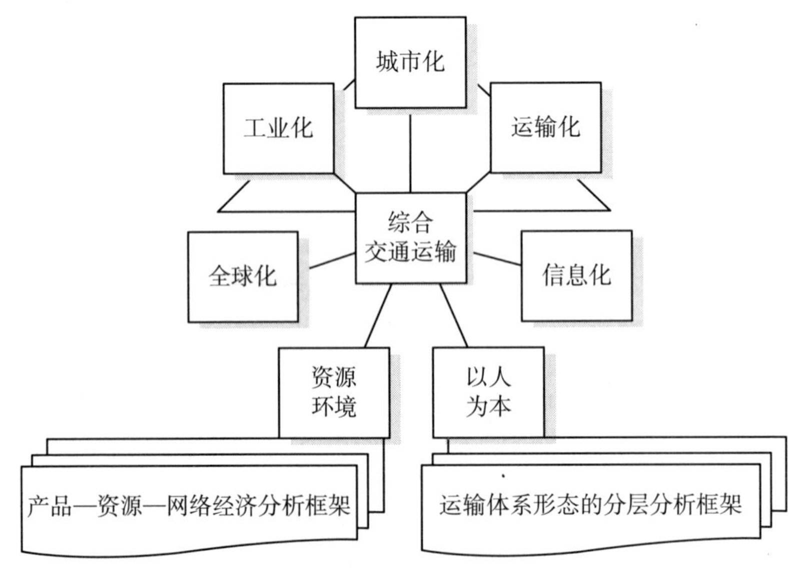

图 4－3　综合交通运输解释框架

图 4－4 是交通运输发展阶段转换示意图，从图 4－4 中可以看出，在传统运输发展阶段，运输发展是以单方式的线路建设为主，更多地注重数量性的粗放发展，运输企业以及运输方式之间缺少合作，往往采取政企不分的体制，运输发展多以工程技术为代表的供给为导向，对资源环境破坏性利用也十分明显。这种情况在综合交通运输发展阶段转变的过程中应该得到改变。运输发展要从单方式线路建设为主逐渐转向重视通道建设，重视枢纽建设，重视多式联运和运输方式之间的衔接与协作；运输业的发展还要更多地与城市土地的联合开发以及城市和城市群的合理形态相结合，更加注重相关土地、能源等资源的合理利用，更好地保护环境，而且能够更有利于社会的公平与和谐；在交通运输的发展过程中，为了更好地从时空关系的有效性上满足各种社会需求，运输业一方面在客运领域使通勤服务日益成熟并与迅速成长的旅游业相互融合；另一方面在货运领域与新兴的现代物流业相互融合，共同提供水平越来越高的客货位移服务。在这一发展变化过程中，运输业的发展与资源配置也必须符合运输经济学那些基本原理的效率要求，特别是决定成本的运输业网络经济特性、提供尽可能完整和准时的运输产

品、满足交通区位原则，以及建立有效率的行政与运营体制与机制，并尽快完善法治环境。

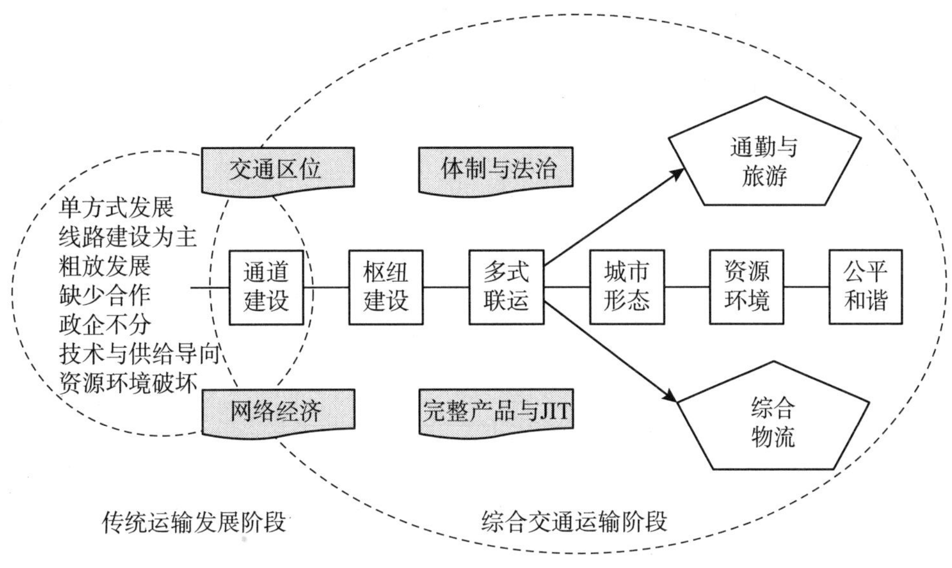

图 4－4　交通运输发展阶段转换

总之，工业化、城市化与运输化的密切关系要求三者之间必须协调发展，滞后的工业化无法创造足够的社会财富，也无法产生基础设施建设所需的物质与资金；滞后的城市化无法为工业化发展提供足够的人员、物资及其他相关资源支持；滞后的运输化则无法满足人员与物资流动的需要。工业化、城市化与运输化三者共同进程的表现，就是经济社会的生产方式、生活方式及运输网络形态的转变过程，而其结合全球化、信息化、资源环境及以人为本所共同在运输体系和时空形态方面所提出的要求，就是综合交通运输。

第五章

工业化与综合交通运输

第一节　工业化的不同发展阶段

一、工业化的概念与阶段性

工业化指一个国家和地区国民经济中，工业生产活动取得主导地位的发展过程。工业化的定义可分为狭义与广义两种。狭义工业化代表的是《新帕尔格雷夫经济学大辞典》中的定义，指制造业和第二产业在国民经济中比重及其就业比重不断上升的过程。广义工业化代表的是张培刚提出的定义，是指一系列基本生产函数连续发生变化的过程，不仅包括工业部门的发展，也包括“工业化了的农业”和其他行业的发展。

工业化的特点首先是技术革命和机器大生产促进了生产方式的转换。机器化大生产的生产方式越来越广泛使用，取代手工生产方式，不仅工业，而且农业、服务业等都逐步采用先进的机械化、电动化、信息化的机器设备从事生产。工业化使专业化分工日益深化，促进结构不断升级。在工业化阶段，同类产品的生产不断集中，提高生产效率和降低单位产品的成本，获取规模经济效益；产业链条不断延伸和拓展，新的产业相继涌现；经济结构发生重大变动，产业结构沿着农业、轻工业、重工业、第三产业的方向依次升级。生产集约化程度沿着劳动密集型、资金密集型、技术密集型、知识密集型等几个阶段依次演进；经济制度和经济体制也往往随着工业化的推进而产生变迁。工业化也是传统的农业社会向现代化工业社会转变的过程。在这一过程中农业劳动力大量转向工业，农村人口大量向城镇转移。工业化是现代化的基础和前提，高度发达的工业社会是现代化的重要标志。

工业化是一个动态的过程，也是一个历史的范畴。在不同国家和不同历史阶段，工业化的起点不同，道路不同，技术革命的内涵不同，工业化的速度也不同。如英国和其他老牌资本主义国家基本实现工业化都经过了100多年时间，后起的日本则用了约70年。衡量工业化的阶段性，根据研究视角可以采取若干组不同指标，例如：（1）人均国内生产总值（GDP）。工业化初期人均GDP一般为280～560美元，中期为560～1 120美元，后期为2 100～3 300美元。（2）制造业增加值占总商品生产增加值的比重。国际上的划分标准认为这一指标低于20%为非工业国，20%～40%为正在工业化的国家，40%～60%为半工业化国家，60%以上为工业国。（3）就业结构。农业劳动力占全社会劳动力的比重，工业化初期为80%以上，中期为50%～80%，后期为25%以下。（4）城市化水平。一般认为，工业化国家的城市化水平应在60%以上。

彼得·迪肯则认为在工业化发展中加工制造的生产过程经历过几个不同阶段，分别体现了不断机械化以及控制生产本质和速度的能力。这几个阶段大体包括，从前工业化时期的手工制造转变到工业化初期的机械制造阶段，20世纪初期开始进入泰勒制的科学管理和“福特主义”的流水线生产阶段，然后在20世纪晚期逐渐转向“后福特主义”的精益化弹性生产阶段。

还有从工业革命或技术革命视角对工业化进行的阶段划分。工业革命又称产业革命或技术革命，指资本主义工业化的早期历程，即资本主义生产完成了从工厂手工业向机器大工业过渡的阶段。从18世纪60年代起，英国棉纺织业开始使用机器作业，特别是瓦特制成的改良蒸汽机于1785年投入使用并迅速推广后，机器生产扩展到采煤、冶金、交通运输等各行业。1870年前后开始的第二次工业革命或技术革命以电力的广泛应用为显著特点，把人类带入了电气时代。该时期科学技术的迅猛发展主要表现在电力的广泛应用，内燃机和新交通工具的创制，以及新通信手段的发明。从20世纪40、50年代开始的新科学技术革命，以原子能技术、航天技术、电子计算机的应用为代表，还包括人工合成材料、分子生物学等高新技术。第三次科技革命的出现，使生产力的发展主要依靠提高技术创新，第三产业比重上升，促进了社会生产结构变化，推动了国际经济格局的调整和科技竞争。

二、工业化的生产与流通特点

追求高效率和高效益是工业化的灵魂，是工业化的动力，无论是技术的革新还是市场的开拓、企业规模的扩大，都在这一动力的推动下实现的。美国经济学家钱德勒分别在其1977年的《看得见的手——美国企业的管理革命》，和1990年的《企业规模经济与范围经济：工业资本主义的原动力》两部著作中，均详细分析了西方特别是美国工商业在第二次工业革命前后所表现出来的变化特点。

钱德勒认为，美国建国以后至1840年间经济虽然迅速增长，但从事经济活动的公司其规模和内容却并没有什么变化，美国的工商企业大多依然是传统合伙制的单一单位公司。作为对英国新式棉纺机器投入生产的反应，1786年以后美国开始对棉花实行商业化种植，促进了商业的专业化分工。18世纪90年代，那些曾经支配了殖民地时代经济的商业企业仍然是大的分配商，他们买卖各种产品，执行所有的基本商业功能，身兼出口商、批发商、进口商、零售商、船东、银行家和承保人。它们往往是先将货物购进作为己有之后再进行出售，其行为有如社会的出资者并负责货物的运输和分配。他们常和别的商人合作，安排运货所需的船只，也常常和别的合伙人共同拥有这些船只并一起承担这些船只和货物的保险，他们也常常共同修建码头。

但后来棉花的交易逐渐开始由专业的公司来经营，它们不再采取买进的方式，而宁可向客户支取固定（如5%）的服务佣金，他们也更多地使用信贷。到19世纪20年代，那些经营向利物浦供应棉花的主要商业公司都不再拥有它们自己的船只了，逐渐独立的航运业则专注于开通一条条定期的商业航线。专业化结束了殖民地时代一般商人的个人化的商业模式，降低了信息和交易的成本，也降低了为流通于美国经济领域内的货物筹措资本和运输它们的资本。即便如此，合伙公司仍然是商业企业的标准合法形式，多单位的大企业即便在19世纪40年代的欧洲也是凤毛麟角。而在农业经济时期的美国，城市规模较小，商业中心彼此又距离遥远，内地的运输在冬季还将封闭好几个月，在这样的情况下，货物缓慢移动的速度，仍然强烈地抑制着工商企业的成长和商业机构中根本改变的发生。

而19世纪40年代到20世纪20年代，是美国的农业经济和乡村经济转变为工业经济和城市经济的时代。钱德勒认为，规模经济和范围经济首先是与在企业内部更加有效率地使用设施和技术紧密地联系在一起的，大规模生产和多产品联合生产有助于明显地降低生产成本和内部交易成本。其次，企业在市场营销上也利用了规模经济和范围经济的效应，结果导致了各类成本的减少和资源的高效利用。而大规模的生产和大规模的批发零售，必须是在铁路、轮船、电报及海底电缆使得高容量、高速度的定期运输能够进行之后才出现的。

由于应用新技术的大制造厂能比小制造厂以更低的单位成本生产，因此那些大制造公司很快就处于各个行业的主导地位，垄断或寡头垄断变得非常普遍。那恰恰是工业化从初期的机械制造阶段转入泰勒制和福特制流水线生产阶段并获得巨大成功的时期。钱德勒分别对当时具有代表性的美、英、德三国的冶金、机械、运输设备、石油、化工、电力、纺织等产业进行了实证分析。大型制造公司迅速成为现代工业企业的样板，制造业也开始主导西方国家的经济。

在那个时期中，西方国家大多数企业都已经不再是单一工厂的企业，而是拥有多家工厂。无论是在国内还是在国外设厂，企业都要把至少以最低效率规模经营的生产、运输、市场容量以及营销之间的关系进行平衡。制造商很快就意识到了这种成本和产量之间的重要关系，因为以低于最低效率规模进行的经营必要受到惩罚。钱德勒通过大量史料论证了高效率的销售组织对于保证企业顺利发展的极端重要性。铁路和电报系统的建立与经营，可以使现代大规模的销售和现代大规模的生产得以实现，产量和交易量空前增长。产量增加了并可能通过新的运输和通信系统加快货物和物资流通的速度，新的改变了的生产工艺发展起来了，从而在历史上第一次获得了大量的规模经济和范围经济。

钱德勒强调，为了从这些新的大量生产技术的成本优势中获利，企业家必须进行三方面相互关联的投资。第一是对足以利用技术的潜在规模或范围经济性的生产设施进行投资。第二是对本国和国际的销售和批发网络进行投资，这样销售量就可能与新的生产量并驾齐驱。最后，为了充分地从这两种投资中获利，企业家还必须对管理进行投资，他们必须征聘或培训管理人员，这不仅是要在生产和经销上管理扩大了的设施和增加人员，而且要监督和协调这两种基本职能活动，并且要为将来的生产和经销进行计划和配置资源。正是对生产、经销和管理这三方面的投资，使现代工业企业得以出现。

钱德勒论证了现代大型一体化工商企业的诞生乃是市场和技术发展的必然结果。他认为现代工商企业的管理体制取代了被亚当·斯密称为“看不见的手”的市场机制，协调着货物从原料供应，经过了生产和分配，直至最终消费的整个流程。现代企业将许多单位置于其控制之下，经营于不同地点，通常进行不同类型的经济活动，处理不同类型的产品和服务。这些单位的活动和相互之间的交易因而被内部化，它们是由支薪雇员而非市场机制所控制并协调的，而由一组支薪的中高层经理人员所管理的多单位企业即可适当地称为现代企业。按照钱德勒的观点，作为现代企业制度特点的专职经理人与科层结构就是为适应规模经济和范围经济而产生的，在那一时期大量发生的企业兼并也大都是为了满足规模经济和范围经济的要求。

第二节　工业化与运输化的关系

荣朝和 1990 年提出而后又在《论运输化》等论著中详细论证了运输化理论，该理论也是从长期变化的角度刻画交通运输与社会经济发展之间的关系。运输化理论认为运输化是工业化的重要特征之一，也是指伴随工业化而发生的一种经济过程。在运输化过程中，人与货物空间位移的规模由于近代和现代运输工具的使用而急剧扩大，交通运输成为经济进入现代增长所依赖的最主要的基础产业、基础结构和环境条件。关于工业化的特征，人们一向更多强调的是专业化、规模化、机械化、电气化和城市化等，实际上运输化对于工业化来说，至少与另外几个特征同样重要。运输化与工业化相伴而生，没有运输化就没有工业化。

具体来说，国民经济的运输化表现在这样几个方面：（1）机械动力的运输工具取代早期运输工具，人类开始大规模地克服自然地理条件对人与货物空间移动的限制。社会运输能力迅速扩大，位移的速度明显提高，而单位运输成本则显著下降；（2）货运对象从过去以农产品和手工业产品为主，转向以大工业所需要的矿物能源、原材料以及半成品和产成品为主。在运输业的推动下，资本和劳动力迅速集中，原料产地、加工区和销售市场日益分离，商业关系急剧扩大，传统的经济地理概念也在不断改变；（3）社会经济生活中人与货物空间位移的总量急剧增加，越来越多的人和货物更多次地被运输工具推入空间的运动。经济资源的流动性和移动规模都越来越大；（4）运输占用社会经济资源的数量大为增加，交通运输成为社会经济最基本的比例之一。运输设施建设、维护和运营所占用的劳动力、能源和其他各种资源的数量十分巨大，运输业投资超过了绝大多数其他经济部门，交通费用在居民消费支出中的比重也明显上升；（5）交通运输构成了经济进入现代增长所依赖的最重要的环境条件和基础结构，运输业及其相关的能源、钢铁、建筑和机械制造等行业，在国民经济中也成为最庞大和最重要的基础产业群之一。

经济发展的运输化过程有一定阶段性。在工业革命发生之前，从原始游牧经济、传统农业社会到工场手工业阶段，各国经济一直处于“前运输化”状态；与大工业对应的是运输化时期，而运输化本身的特征又在“初步运输化”和“完善运输化”这两个分阶段中得到充分发展；随着发达国家逐步向后工业经济转变，运输化的重要性在相对地位上开始让位于信息化，从而呈现出一种“后运输化”的趋势。简单地说，社会经济发展可以分为前运输化、运输化、后运输化三个阶段，其中运输化阶段又可以分为初步运输化和完善运输化两个分阶段。图5－1是各发达国家运输化分阶段示意图，从图5－1中可以看出运输化与工业化及运输技术进步的对应关系，图中总货运量是一条先逐渐加速增长（在初步运输化阶段）、然后逐渐减速增长（在完善运输化阶段）、最后在后运输化阶段缓进入饱和状态的曲线。

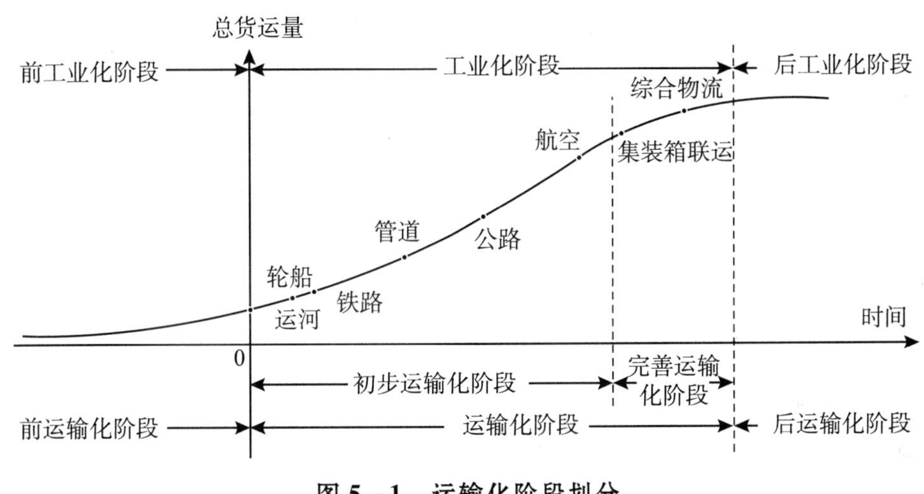

图5－1　运输化阶段划分

资料来源：荣朝和：《运输发展理论的近期进展》，载于《中国铁道科学》，2001年第22卷，第3期。

对多个国家历史统计资料进行的大量分析表明，在运输化的不同阶段，货物运输量的平均增长率和运输量相对于国民生产总值的平均增长弹性是在变化的，与煤炭、钢铁、发电量或总能耗量的相应指标有着十分密切的联系。单位产值所引起的运输量的变化，与单位产值引起的钢铁、能源产量或消耗量的变化密切相关。而在经济增长的过程中，人均货物运输量则与人均煤炭、钢铁产量、人均发电量或总能耗量的增减也有相当密切的联系。这反映出，工业化不同阶段的运输需求以及运输业的发展，具有一定的规律性。各国运输业在国民经济和劳动力中所占的比重，也随着经济发展出现了大致相同的变化。在运输化初期，各国运输业比例都出现了明显上升；大体在向运输化完善阶段转变的时期达到最高值；在运输化的完善阶段，运输业比例一般有个相对平衡时期。运输业比重和运输业劳动力比重的这种变化，显然与运输化的不同阶段性是联系在一起的。随着人均收入水平的提高，个人的活动范围扩大，移动量不断增加，交通方面的开支也成为人们消费结构的重要部分。从较低收入向中高等收入水平过渡阶段，旅行量和交通费用增加得最快。

在发达国家的工业化从纺织工业、冶金原材料工业、到机电化学工业、再到高度加工工业的进程中，运输化也经历了一个从发生到发展、再到完善的演变。运输化的初级阶段实际上就是工业化的初级阶段。在这一阶段的相当一个时期内，煤炭和钢铁产量的增长幅度超过国民生产总值的增长，运输总量的增长也超过国民生产总值的增长；社会经济对运输业的需要主要表现在量的方面，要求迅速建立四通八达的铁路和水运网，大规模地提高运输能力。而完善运输化阶段对应的是工业化的较高级阶段，在这一时期内，货物运输量的增长速度开始放慢，逐渐变为与国民生产总值的增长同步或略低；社会经济对运输的需要则更多地表现在质的方面，即运输需求出现多样化，要求更迅速、更方便、更完善的运输网，以满足多方面的运输需求。在那些最发达的工业化国家，伴随着经济结构的服务化、高技术化和工业的高附加价值化，20 世纪 80 年代以后已经相继出现了后运输化的趋势。当然，这并不意味着交通运输在信息社会里已经逐渐失去了存在的价值，或者可以很快被其他新兴产业取代。后运输化趋势只是表明，作为一种基础结构，运输业在信息社会中的相对重要地位由于社会对其他基础设施的需要增加得更快而有所变化，呈现出新的高级形态。

在工业化的不同阶段，也就是运输化的不同发展阶段，一个国家所面临的主要运输问题显然是不同的，运输与经济发展的关系也会出现很大变化。在经济发展初期，现代运输业的引入能够同时产生各种各样新的经济机会，因而有力地促进经济增长。在运输化的这一开始阶段，主要任务是打破长期的封闭和隔绝状态，与外界建立起经济联系。在经济增长启动以后，工业化开始建立基础，社会对运输发展的需要仍主要在数量方面，要求迅速扩大运输能力。这一阶段要求建设起现代运输网的骨架，满足工业化所要求的能源、原材料和产成品的运输。到了经济发展的较高级阶段，运输体系应该向着多种运输方式协调配合、多功能、方便节约和高效率的目标前进，以满足此时工业化多种形式的运输需求，运输化本身也由此进入了向完善转化的阶段。运输化水平与工业化水平、与产业结构水平、与经济空间结构的水平都是相辅相成的。在一定的经济发展阶段，需要有一定水平的运输能力与之适应，以便最大限度地发挥一个国家或地区的潜在经济能力。

第三节　经济全球化的影响与要求

一、经济全球化的趋势与影响

经济全球化（Economic Globalization）是指世界经济活动超越国界，通过对外贸易、资本流动、技术转移、提供服务、相互依存、相互联系而使全球经济日益成为紧密联系的一个整体。总体来说，经济全球化是指以市场经济为基础，以先进科技和生产力为手段，以发达国家为主导，以最大利润和经济效益为目标，通过分工、贸易、投资、跨国公司和要素流动等，实现各国市场分工与协作，相互融合的过程。国际货币基金组织（IMF）1997 年指出，"经济全球化是指跨国商品与服务贸易及资本流动规模和形式的增加，以及技术的广泛迅速传播使世界各国经济的相互依赖性增强"。经济全球化是当代世界经济的重要特征之一。

有分析认为，经济全球化有以下四个主要载体：

（1）贸易自由化。随着全球货物贸易、服务贸易和技术贸易的加速发展，经济全球化促进了世界多边贸易体制的形成，从而加快了国际贸易的增长速度，促进了全球贸易自由化的发展，也使得加入世贸组织（WTO）的成员以统一的国际准则来规范自己的行为。图 5－2 从世界商品产量和商品贸易量的增长差异反映了世界经济体系相互依赖性日益强化的趋势。

（2）生产国际化。生产力作为人类社会发展的根本动力，极大地推动着世界市场的扩大。以互联网为标志的科技革命，从时间和空间上缩小了各国之间的距离，促使世界贸易结构发生巨大变化，促使生产要素跨国流动，它不仅对生产超越国界提出了内在要求，也为全球化生产准备了条件，是推动经济全球化的根本动力。

（3）金融全球化。世界性的金融机构网络，大量的金融业务跨国界进行，跨国贷款、跨国证券发行和跨国并购体系已经形成。世界各主要金融市场在时间上相互接续、价格上相互联动，几秒钟内就能实现上千万亿美元的交易，尤其是外汇市场已经成为世界上最具流动性和全天候的市场。而从 1973～1995 年，世界外汇交易量与国际贸易量的日比率已从 2∶1 上升到 70∶1，目前只有 10% 的国际外汇交易与国际贸易直接相关。

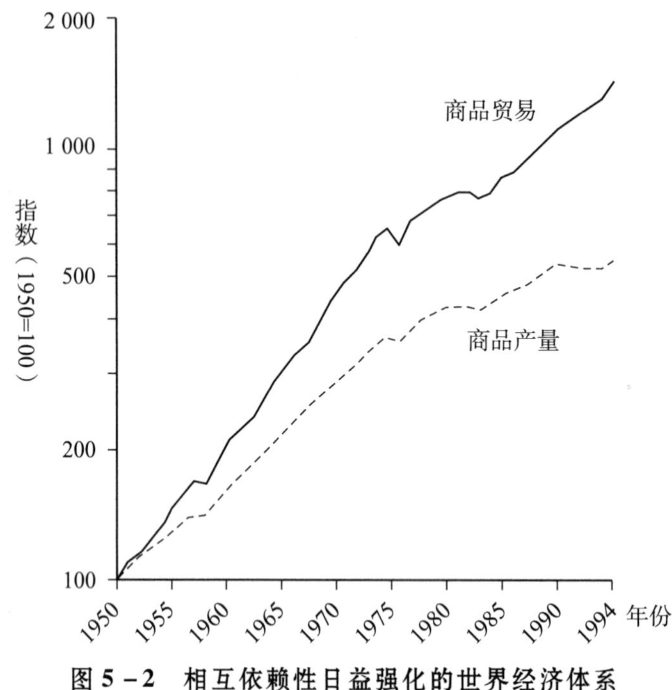

图 5－2 相互依赖性日益强化的世界经济体系

资料来源：彼得·迪肯：《全球性转变——重塑 21 世纪的全球经济地理》，商务印书馆 2007 年版。

（4）科技全球化。它是指各国科技资源在全球范围内的优化配置，这是经济全球化最新拓展和进展迅速的领域，表现为，先进技术和研发能力的大规模跨国界转移，跨国界联合研发广泛存在。以信息技术产业为典型代表，各国的技术标准越来越趋向一致，跨国公司巨头通过垄断技术标准的使用，控制了行业的发展，获取了大量的超额利润。

20 世纪 80 年代以后，世界经济全球化的进程大大加快了。经济全球化有利于资源和生产要素在全球的合理配置，有利于资本和产品在全球性流动，有利于科技在全球性的扩张，是世界经济发展的必然结果。但它对每个国家来说，都是一柄双刃剑，既是机遇，也是挑战。特别是对经济实力薄弱和科学技术比较落后的发展中国家，面对全球性的激烈竞争，所遇到的风险、挑战将更加严峻。

二、经济全球化与运输进步的关系

彼得·迪肯在《全球性转变——重塑 21 世纪的全球经济地理》一书中，从经济地理学视角对经济的全球性转变进行了全面的分析和解释。按照彼得·迪肯的解释，全球化可理解为跨国公司和国家这两类主体在剧烈变动的技术环境大背景下相互复杂作用过程的结果。其中，跨国公司是具有协调和控制在一个以上国家中的经营活动能力的公司，即使它并不拥有这些经营活动，跨国公司是全球经济的首要推动者与塑造者。上述经济全球化的四个主要载体都与跨国公司密切相关。而各国政府则被认为是相关特殊文化与制度的容器、管制者、代表国家共同利益的竞争者与合作者等。

人类社会经济活动可以从不同的空间尺度上去观察，例如主要的经济活动空间尺度可以包括地方的尺度、区域的尺度、国家的尺度、跨国的区域性尺度以及全球性尺度。迪肯认为，全球化是一个穿透各种空间尺度的过程，使得从最低的地方层面到最高的全球层面相互耦合在一起。今天我们生活在一体化程度越来越深的世界里，在特定地点上发生的很多事情，越来越成为在更高空间层级上运行过程的结果。每个人、每个企业、每个行业以至每个城市的生活和经营都与在一个更高层级上运行的过程紧密联系在一起。

技术进步在全球化过程中起到了关键性的作用。技术变革的类型包括渐进式技术革新、根本性技术创新、技术体系革命以及导致技术—经济范式发生变革的技术进步。彼得·迪肯认为，正是运输和通信的“空间压缩”功能，使其成为导致发生全球性技术—经济范式重大变革的两种关键性技术，并使全新的组织结构和地理层级成为可能。他指出，经济全球化的进程有一个基本要求，即依赖能够克服时空障碍的交通和通信技术的发展，如果没有它们，今天复杂的全球经济体系根本就不可能存在，正是这两者的发展改变了我们的世界。

运输和通信进步的巨大作用甚至引起了学界关于“地理的终结”和“距离的死亡”的讨论，意思是任何事情都可以配置在任何地点，而且任何事情都可以不费吹灰之力转移到其他地方。当然也有不同看法，因为无论跨国公司构建起怎样庞大的全球经营体系，它们仍旧被紧密地嵌入在相应的地理环境中。但不管怎样，对从世界的一个地方到另一个地方所需的时间而言，世界毫无疑问已经大大缩小了。图 5 – 3 分别形象地显示了从马车及帆船时代到蒸汽火车和轮船时代、再到螺旋桨飞机时代以及喷气机时代，由于交通工具速度提升导致地球时间距离被压缩的程度。显然，全球的经济地图已经在根本上被重绘，生产过程和运输的技术变化抹平了区位对于一些传统上重要生产要素的依赖性。

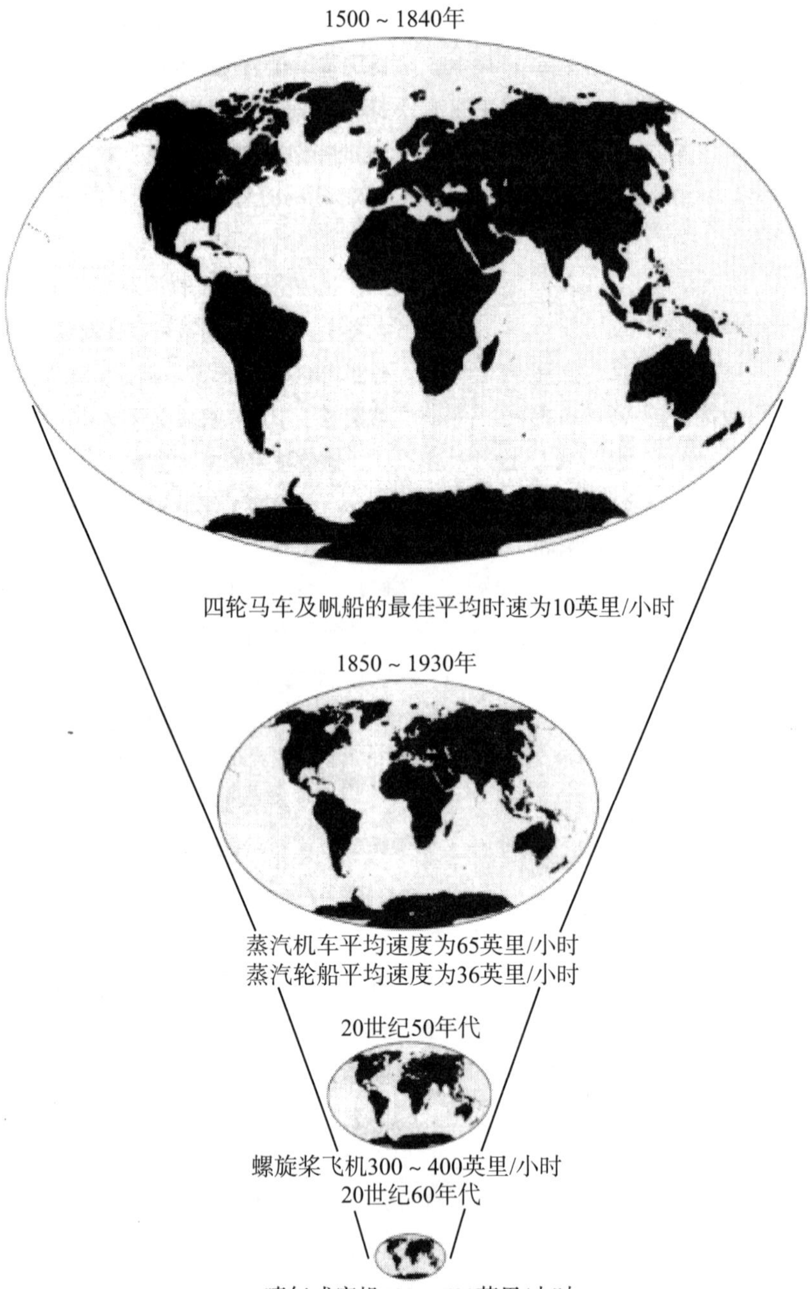

图 5-3　全球缩小：交通技术变革对世界“距离”的影响

资料来源：McHale，1969；转引自彼得·迪肯《全球性转变——重塑21世纪的全球经济地理》，商务印书馆2007年版。

三、跨国公司的生产与经营网络

任何商品的生产，无论是制造产品还是服务，都包含跨越时空的活动和交易的错综复杂的联结。考察全球化经济结构的一个重要方法，就是将其视为组织网络和空间网络这两个网络的连接。而这种网络的连接或一体化主要是在跨国公司生产网络内部，以及以跨国公司为主的外部网络的基础上组织起来的。

每一个企业都是一系列职能的集合，在某种范围之内，这些职能可以被分割开来并分布在不同的地点。跨国公司的重要性主要体现在：（1）协调和控制国家内外生产网络中不同流程与交易的能力；（2）利用生产要素分布（如自然资源、资本、劳动力）与国家政策（如税收、贸易政策、财政援助）地理差异的能力；（3）潜在的地理灵活性——在国际甚至是全球层次不同区位之间对资源与经营活动进行转换和再转换的能力。生产与营销成本的地区差异是跨国公司全球投资区位选择所要考虑的重要因素。

任何跨国公司本身都具有一个经营和组织的网络，同时它又需要与许多其他企业共同组成相关的外部关系网络，因此跨国公司也被看做是一个“位于关系网中心的密集网络”。跨国公司的外部关系网络目前主要包括业务外包、国际战略联盟和灵活企业网络几类。业务外包大体可分为生产转包和贸易转包，是核心企业将原来属于自己内部的非核心业务转包给相应供应商（即转包企业）的经营模式。国际战略联盟与兼并不同，它是使企业达到一个它认为仅靠自身无法实现的战略目标而制定的正式协议。而在灵活企业网络中，核心企业不拥有生产设施，也不是“制造者”，但负责设计或销售，依赖于复杂的承包商层级网络完成专业化任务。核心企业的主要工作就是管理这些生产和贸易网络，并保障所有参与方的所有部分融合成一个一体化的整体。

与工业化生产不同发展阶段相对应，企业或产业的生产组织链条也越来越紧密。目前，世界上的生产网络主要可以划分为由生产者驱动的生产网络和由消费者驱动的生产网络，前者包括汽车、飞机、轮船制造等产业；后者则包括大多数日常消费品。有能力的跨国公司都在追求精益化的弹性大规模定制生产，即在大规模生产的基础上销售高度个性化的产品。这意味着将一个生产推动型的行业转变为由消费拉动型的行业，目标是为订单生产，而不是为库存生产。

第四节 目前我国所处的工业化与运输化阶段

一、对目前我国所处运输化阶段的判断

21世纪90年代初运输化理论刚刚提出的时候，我们曾判断从总体上看我国的运输化仍属于初级阶段。当时分析我国运输化面临的主要问题包括：（1）运输网能力不足，特别是铁路里程过少，造成运输网骨干缺少必要的能力储备和弹性，无法满足运输需求；（2）工业化目前所处的阶段，使货运特别是能源和原材料运输，在数量方面仍保持较大增长，农业的商品化和现代化改造也在增加货运的压力；（3）人均出行距离按国际水平看还是很低的，从“温饱型”到“小康型”的转变过程中，客运供求之间将形成长期的尖锐矛盾；（4）运输机械工业及通信控制设备、新能源、新材料的研制和生产，还不能对运输业进行应有的武装；（5）交通运输管理和法制建设不完善，交通安全问题形势严峻，对公共运输设施的侵害屡禁不止，运输市场的正常秩序尚未完全建立；（6）社会意识方面的现代运输关还没有跨过，交通运输在国家工业化中还没有自觉地被放在应有的位置上等。认为发展不足的运输业与工业化进一步成长的要求产生了尖锐矛盾，运输化的滞后对工业化过程产生了延迟作用，运输紧张制约了国民经济的持续快速、稳定和协调发展。提出中国的运输化仍旧处于需要迅速扩大运输能力的初级阶段，摆在我们面前的一个问题，就是要加快实现运输化的步伐，减少运输短缺对经济带来的不利影响。

20世纪90年代中后期以来，我国政府采取一系列政策措施加大了交通基础设施的投资和建设力度，运输化过程明显加快，长期来交通运输对国民经济的瓶颈制约得到初步缓解，特别是高等级公路、港口和集装箱运输设施以及民航业得到快速发展，使运输业在满足新的运输需求、降低运输成本、提高运输质量方面发挥了重要作用，有力地促进了经济繁荣。20年后重新进行评价当初的判断，仍可以认为是比较准确的。虽然最近十几年是我国运输业发展力度最大的时期，但上述几方面问题仍旧十分突出，此外还增加或暴露出了一些其他方面的问题，包括运输业发展在地区之间不平衡的问题、与外向型经济相配套的对外交通以及运输市场开放问题、公路超载和乱收费问题、私人轿车需求增加及其所引起的环境与社会问题、运输业管理体制改革严重滞后的问题等。我国的运输化从总体上看确实仍属于初级阶段。

当然，通过更加细致的分析，我们发现在总体上仍处于初步运输化阶段的同

时，我国不同地区特别是东西部运输化水平也存在较大的差异。西部很多地区仍处在解决基本可通达性的状态，需要继续加快交通运输基础设施建设。在那些经济发展处于初期，运输化也相对处于初始阶段的地区，目前的主要任务是打破长期的封闭和隔绝状态，与外界建立起经济联系。对于那些经济增长已经启动，工业化开始建立基础的地区，对运输发展的需要主要在数量方面，要求迅速扩大运输能力，建设起现代运输网的骨架，满足工业化所要求的能源、原材料和产成品的运输。东部特别是沿海地区和城市化水平较高地区，在陆空及相应水运设施进一步完善并提高技术档次的同时，运输量继续保持大幅度增长，客货运输需求在速度、方便、舒适等质量方面明显提高，私人小汽车数量的增长也在加速。东部地区已经明显出现向完善运输化阶段转化的趋势，当然，不同地区所处运输化阶段的实际状况，还是应该以该地区工业化与城市化发展阶段的水平作为主要判别依据。

二、目前我国工业化的发展阶段

我国的工业化在新中国成立后取得了长足进步，特别是改革开放以来工业化步伐明显加快，已经进入一个快速工业化的时期。关于我国工业化进程目前所处的阶段，陈佳贵、黄群慧等 2008 年在《工业化蓝皮书——中国工业化进程报告》中给出的综合评价与分析有一定的代表性，他们的结论是从总体上目前我国已进入了工业化中期。他们所使用的“工业化水平综合指数”主要通过选择人均 GDP、第一、第二、第三产业产值比、制造业产值占总商品比重、人口城市化率、第一、第二、第三产业就业比等指标来衡量地区工业化进程，将整个工业化进程划分为工业化初期、中期和后期三个阶段，并将每个时期划分为前半阶段和后半阶段。根据他们的评价分析，2005 年中国的工业化水平综合指数是 50，且工业化水平综合指数的年均增长速度为 4% ~5%，这意味工业化进程已处于中期阶段。相应的，我国第一产业的产值和就业比从 1978 年的 27.9% 和 70.5% 已经下降到 2005 年的 12.6% 和 44.8%，而第三产业的产值和就业比从 1978 年的 24.2% 和 12.2% 分别上升到 39.9% 和 31.4%。

从该书对我国四大经济地理板块工业化水平的综合评价看，2005 年我国东部的工业化水平综合指数已经达到了 78，进入工业化后期的前半阶段，东北地区工业化水平综合指数为 45，进入工业化中期前半阶段，而中部和西部的工业化水平指数为 30 和 25，还处于工业化初期的后半阶段。可见，东部、东北、中部、西部的工业化水平呈现递减状态，区域发展不平衡性明显。从七大经济区工业水平来看，长三角、珠三角工业化水平综合指数分别为 85 和 80，同处于工业化后期的后半阶段，不但远高于全国整体水平，而且也高于东部水平。环渤海的工业化水平综合指数为70，处于工业化后期的前半阶段。尽管陈佳贵等人的分析方法与结论未必完全准确，但与国内多数学者对目前我国的工业化处于中期第二阶段或重化工业化阶段中的高加工度化时期的判断还是基本吻合的。

在加快工业化的同时，我国经济与世界经济以及经济全球化对接的进程也表现得十分显著，我国经济已经从改革开放以前典型的内向型转为外向型。外向型经济是指与国际市场紧密相联系的某国或某地区的经济体系。其中狭义的外向型经济是指以国际市场为导向，以出口创汇为主要目标的经济活动，而广义的外向型经济是指在世界范围内进行贸易、资本、技术、劳动力等方面的经济交流活动。外向型经济模式的基本特点有：积极参与国际分工，把重点放在发展出口产品的生产上；以国际市场为目标，发挥自己的比较优势；生产要素通过国际、国内的双向流动，达到优化组合，提高其使用效率。当然，由于对国际市场依赖性大，外向型经济的风险也相对较大。

外贸依存度是反映一国对外贸易活动对该国经济发展的影响和依赖程度的经济分析指标，也是一国开放度的评估与衡量指标，外贸依存度等于进出口总额与国内生产总值之比。可以利用该指标的变化考察我国外向型经济的发展过程。从表5-1中的数据可以看出，改革开放之初的1978年，我国经济的外贸依存度还不到10%，到我国加入世界贸易组织（即WTO）的2001年，外贸依存度已上升到38.47%，2006年该指标甚至竟高达65.17%。这正是我国抓住西方国家经济结构调整和产业转移机会，大力扩大以加工贸易为主的外向型经济的时期，在GDP占世界比重不断上升的同时，我国已经成为名副其实的外贸大国和全球制造业的主要基地。这以后，由于强调扩大内需和外贸平衡，我国经济的外贸依存度有所下降，特别是自2008年以来的国际金融危机导致了比较严峻的外贸形势，但到2010年外贸依存度仍为50.57%。

表5-1　若干年份我国外贸依存度变化情况　单位：亿元人民币

年份	国内生产总值	进口总值	出口总值	进出口总值	外贸依存度（%）
1978	3 645.2	206.4	167.6	355.0	9.74
2001	109 655.2	20 519.2	22 024.4	42 183.6	38.47
2002	120 332.7	24 430.3	26 947.9	51 378.2	42.70
2003	135 822.8	34 195.6	36 287.9	70 483.5	51.89
2004	159 878.3	46 435.8	49 103.3	95 539.1	59.76
2005	184 937.4	54 273.7	62 648.1	116 921.8	63.22
2006	216 314.4	63 376.9	77 594.6	140 971.4	65.17
2007	265 810.3	73 284.6	93 455.6	166 740.2	62.73

续表

年份	国内生产总值	进口总值	出口总值	进出口总值	外贸依存度（%）
2008	314 045.4	79 526.5	100 394.9	179 921.5	57.29
2009	340 506.9	68 168.4	82 029.7	150 648.1	44.24
2010	397 983.0	94 430.0	106 825.9	201 255.9	50.57

资料来源：统计年鉴。

我国经济总量从2000年起分别超过意、英、法、德等发达国家，在世界的排名不断前提，到2010年已超过日本而居世界第二。但我国的对外贸易依存度相比各发达国家却高出很多，发达国家2000年前后的外贸依存度大约都只有20%～30%。这其实也是由于不同国家工业化阶段的差别所导致的。彼得·迪肯用图5－4以某种美国产品为例说明了在产品生命周期的不同阶段，产品的生产地和贸易关系的变化。在产品生命周期的第一阶段，新产品的研发与生产都在美国，除了满足本国市场还出口到许多国家；在产品周期的第二阶段，该产品开始有一部分在欧洲生产以满足当地市场，但大部分的生产和出口还是在美国；在第三阶段，欧洲生产的产品开始供给其他地区，导致美国的出口减少；在第四阶段，欧洲生产的产品开始返销美国，美国已转变成为进口国；在产品生命周期的最后阶段，这种成熟产品基本上都是由发展中国家生产，并供应包括美国在内的全球市场。目前国际市场上很多产品的研发、生产和贸易关系基本上就是以这种方式不断转换，越来越多的产品低端生产环节被不断转移到发展中国家。

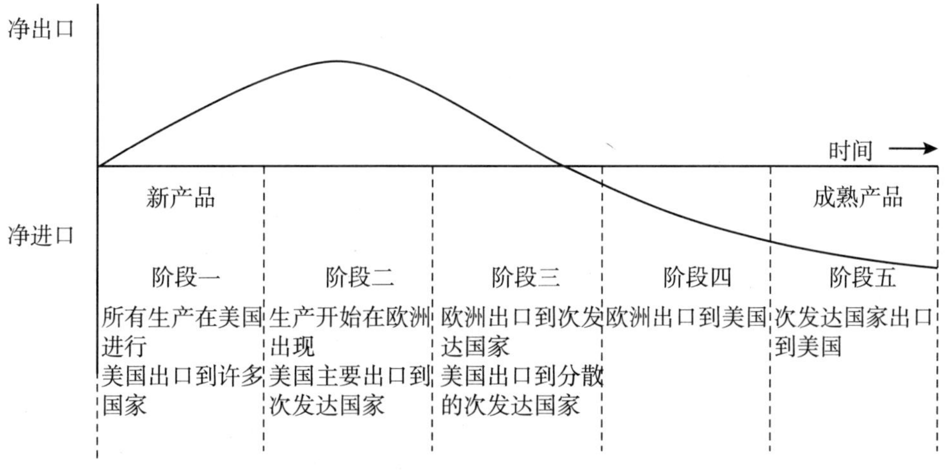

图5－4　产品生命周期及其对美国生产及贸易关系的影响

资料来源：Well，1972；转引自彼得·迪肯《全球性转变——重塑21世纪的全球经济地理》，商务印书馆2007年版。

三、工业化与运输化阶段性变化的要求

为了弄清运输化阶段的划分，还必须注意运输化过程中初级和完善两个分阶段的主要区别。从运输方式的发展看，一般来说，全国性铁路网、公路网和港口体系的建成是初步运输化基本实现的标志；而高速公路、快速铁路以及航空网的普及则是较完善运输化阶段的体现。从运输需求方面看，初步运输化阶段运输需求的扩大主要体现在数量的急剧增加上；而运输化较完善阶段的运输需求在数量的增长上不再那样突出，却更多地体现在对运输质量和服务的要求上面。从运输需要满足的程度看，初步运输化阶段首先要解决大宗、长途货物的调运，其中最突出的问题是煤炭、石油等矿物能源在全国范围的调运平衡，工业煤炭的大量运输曾经也是很多国家运输化开始的重要标志；而在运输化较完善阶段，大宗能源和原材料的远距离运输问题已经得到了较好的解决。从相应的工业化发展阶段看，一般来说，当工业化处于以纺织和原材料工业为主发展的时期，运输化只能处于初级阶段；在发展到以机械和重化工为主的工业化阶段时，运输化也在向完善阶段转变；工业化达到更高加工阶段以后，完善的运输化阶段必然也已经到来。从旅客运输的角度看，初步运输化阶段的人员流动性大幅度提高，人均年旅行距离会在一个相当长的时期里保持较快增长，社会面对着日益加强的客运压力；直到较完善运输化阶段能够为全社会的客运需求提供基本相当的客运设施，政府的注意力才有可能从数量巨大的客运压力根本转变到更多地考虑客运质量的提高。总之，初步运输化阶段必须主要考虑在数量上扩大运输能力，扩充运输网，解决“有”和“无”的问题；较完善运输化阶段则更注重在质量上扩大运能，使运输网的分工更合理、效率更高、更方便、更舒适，解决更“好”的问题。

运输能力不足曾长期制约了我国经济发展，由于20世纪90年代中后期以来采取一系列政策措施加大了交通基础设施的建设力度，我国运输业已进入一个加快发展的时期。目前，各种运输方式在我国的规模总量都已进入世界前列且仍在竞相加快发展，但另外，资源、环境以及城市交通拥堵的压力越来越大，此外运输网部分能力不足、整体技术装备水平不高、企业规模和功能结构落后、运输管理和法制建设不完善、市场无序竞争加剧、交通安全问题形势严峻等问题，也都同时困扰着正在崛起的中国。其实，除了这些已得到普遍关注的现象，还存在许多深层次的问题，例如铁路未能融入国际国内高效率集装箱多式联运链条，制约着国家经济转移战略的实施；正在实施的很多建设项目，未能很好地处理各运输方式之间的协调与分工特别是综合枢纽问题；在加快铁路建设的同时把一系列大城市中心客站移出城外，将对未来合理综合交通网络的形成产生重大不利影响；

涉及未来综合运输网总前景的顶层设计及其与土地、能源、环境的协调关系，还没有得到必要和慎重的考虑，缺少综合性政策；某些领域改革滞后也严重阻碍了综合运输体制的建立等。这其中有些问题属于运输化初级阶段不可避免的现象，有些则属于阶段变化出现的新问题。

从总体上看，我国的运输化仍旧处于需要迅速扩大运输能力的初级阶段，但同时东部发达地区已率先开始向比较完善的运输化阶段转化。运输化阶段性转变带来的变化包括：从粗放式发展到集约式发展；从运输产品的数量扩张到服务质量的提升；从主要关注线路建设到突出枢纽地位；从每种运输方式单独发展到方式之间有效连接，并形成以集装箱为载体的多式联运链条；从运输方式和企业之间以竞争为主到以协作为主；从简单位移产品到关注综合物流服务和附加价值；从单纯增加供给到注重需求管理；从单纯运输观点到交通运输与土地开发、城市空间结构综合考虑等。运输化不同阶段对政府的政策制定和行政能力提出了不同要求。在运输化的较初期阶段，相对简单的系统状态也只需要相对简单的政策体系和行政管理体制。而在运输化的较高级阶段，运输系统所具有的综合性和复杂性使得政府必须在更高层次上制定综合运输政策，并设立综合性的运输主管机构。

总之，我国目前工业化和运输化阶段性转变对运输业提出的要求，已经不再仅仅是交通基础设施和运输数量大幅度增长，而更多的是体现在运输结构和服务质量的明显提升。而且，必须关注经济全球化对我国运输业发展所提出的新要求。运输体系应该向着多种运输方式协调配合、多功能、方便节约和高效率的目标前进，以满足此时工业化阶段多元化的运输和物流需求，特别是东部地区应该相对其他地区较早开始向比较完善的运输化阶段转化。

第六章

城市化与综合交通运输

城市化是人类社会进步的标志，也是社会的发展趋势。城市化最明显的标志是人类由分散、传统的农村生产与生活方式转向集中、机械化、大规模、深化分工的现代生产与生活方式。由于需要克服空间与时间的阻隔，因此交通运输成为影响城市形成发展、城市化推进的重要因素。同时，城市化的发展又不断产生、改变运输需求，从而影响运输业的发展。

第一节　城市的形成与发展

一、城市的概念与作用

城市是一个既包含时间、空间，又涉及政治、经济、文化等社会方方面面的综合概念，不同学科形成了对城市的多种定义。地理学定义城市为具有一定人口规模、以非农业人口为主的居民点。经济学定义城市为城市是具有相当面积、经济活动和住户集中，以致在私人企业和公共部门产生规模经济的连片地理区域。社会学中城市被定义为具有某些特征的、在地理上有界的社会组织形式。

对于城市的界定应该把握住城市的本质性特点，具体来说有三方面。一是集中，它是城市的本质特点之一，如人口的聚集成为衡量城市规模的一项重要指标。二是中心，城市是国家或地区的政治、经济、文化、教育、交通、金融、信息中心。三是有别于乡村聚落的高级聚落。城市是人类第二次社会大分工即农业和手工业分离后的产物，是伴随生产力水平的提高、财富剩余积累足以供应非农业行为存在时，在地域空间上出现的人类文明的重新分布。

（一）经济活动的集聚产生城市

不同的城市形成的原因可能不同，这其中有一些特殊的甚至偶然性的因素在起作用。例如有的城市主要产生于政治因素（行政中心），有的城市主要产生于战争的需要（要塞），有的城市产生于地理因素（渡口），但就本质而言，城市的出现乃是经济活动在一定的空间聚集的过程，而分工的不断深化又对经济活动的空间聚集和城市的形成起了决定性的作用。

人类社会从蒙昧向文明迈进的过程中经历了三次社会化大分工，每一次都为城市的产生创造了必要条件。畜牧业和农业的分离是人类的第一次社会大分工，使得农业产品和畜牧业产品的交换成为一种经常性的活动，直接导致了固定交换场所的出现。手工业和农业的分离是人类的第二次社会大分工，不仅形成了与农业相互依存的原始制造业，也大大地提高了农牧业的劳动生产率，可供交换的产品大量增加，交换场所的规模增大。这一时期出现了集市与城郭相结合的趋势。商业和农业、畜牧业以及手工业的分离是人类的第三次社会大分工。商业的出现，使人类在生产之外进入了一种全新的经济活动领域——流通领域，这是早期城市形成的重要条件和标志。

现代城市的产生是在工业大革命以后。社会分工的深化推动了产业集群的形成，产业集群又促进了现代城市的形成。随着分工的增加，交易次数的增多，交易费用上升、效率会下降，各个行业的企业面对更大更复杂的市场。为了减少运输成本，共享公共设施，减少不确定性风险，降低交易成本，企业偏好于聚集，于是出现产业集群。产业集群内的企业会雇用大量工人，而工人及其家庭为了节约通勤费用和通勤时间，会选择在企业的附近集中居住。同时，为工人及其家庭服务的交通运输业、文化娱乐业和教育业也会应运而生。在生产与人口的不断集聚过程中，现代城市加速发展壮大。

（二）交通运输是集聚产生的根本保障

产业集聚、专业化分工、规模经济、资源共享等均影响城市的形成与发展，而交通运输是促使城市形成的重要且基本因素。如果可达性不够强、运输成本不够低，是不可能形成一定规模的生产、交换与消费市场的。简而言之，自然交通区位优势与交通运输业的发展使得区域交通成本下降，便利了生产、生活与贸易活动的集聚，形成城市。

早在 19 世纪，人们就注意到区位因素特别是交通带来的区位影响对于城市的产生和成长的重要意义。杜能在其 1826 年发表的《孤立国对于农业及国民经济之关系》中提出的农业区位论，认为即使在相同的自然条件下也能够出现农业的空间分异，这种空间分异源自于生产区位与消费区位之间的距离。韦伯在其 1909 年出版的《工业区位论：区位的纯理论》中从经济区位的角度探索资本、人口向大城市移动背后的空间机制。韦伯认为最小费用点就是最佳区位点，人口和产业等向最佳区位点的集聚可以带来内部经济和外部经济，聚集的产生和发展形成了经济活动的地域分布及等费用线，而城市就在等费用线的交点处产生和发展起来。帕兰德（1935）在《区位理论研究》中提出了远距离运费衰减规律，不仅使用了等费用线、等送达价格线，还提出了等距离线、等时间线、等商品费用线和等运输费线的概念。这些线由近到远由密集变为稀疏，线密集的地方就是各种要素聚集的地方，也是经济实体获益最大的地方，由此奠定了城市产生的基础。艾萨德（1992）认为某区位的经济增长点就是区位均衡的结果，在其著作《区位和空间经济学》中把杜能、韦伯、克里斯塔勒、勒施等人的理论放入一个框架中，认为可以把厂商看做是在权衡运输成本和生产成本，就像他们做出任何成本最小化或利润最大化决策一样。艾萨德根据运费和劳动费的替代关系，认为如果最佳区位不是运费最小点，则会产生区位从运费最小点向劳动力廉价地点的转移。

二、早期城市与交通运输的关系

城市化（urbanization）与城市（city）的形成与发展是两个完全不同的概念，但对城市化的研究需要追溯城市的发展史。

古代文明国家重要特点是依河而居，城市的形成与发展、城市文明的传播与便捷的水运交通密不可分。目前所知城市最早起源于大约一万年前的中东，位于两河流域的美索不达米亚平原，由于土壤肥沃、农产品有剩余，而出现手工制造业等其他行业，又加上江河流域交通相对便捷，产生了较大的人口集聚地区，城市文明开始传播。公元前 3500 年左右开始，人类文明快速发展，相继出现两河流域的苏美尔、古巴比伦、尼罗河流域的古埃及、黄河流域的中国（夏、商、西周等）、地中海沿岸的古希腊、古罗马、印度河流域的古印度等奴隶制国家，也产生了大量著名的城邦、城市。

中世纪欧洲进入封建社会，由于农村提供的余粮不多，交通运输条件落后，城市的演进较迟缓。而随着交通运输技术的进步、商品贸易的兴起，13世纪地中海地区的米兰、威尼斯、佛罗伦斯、君士坦丁堡、阿拉伯半岛的巴格达等，由于位居交通要冲，商业、贸易及文化交流兴盛，发展迅速。到15～17世纪，伴随欧洲通往印度新航路的发现、美洲的发现、环球航行的成功以及其他航海探险活动的开展，欧洲经济中心逐渐由地中海移至大西洋沿岸，葡萄牙、西班牙、英国及荷兰的一些港口城市迅速发展成为闻名世界的贸易中心。此后，始自18世纪的伟大的工业革命便开启了人类城市化的历史。

考古学资料显示，中国是人类文明发源地之一。距今7000～8000年前新石器时代，在黄河流域和长江流域出现了相当进步的农业经济，并出现永久性的村落。距今4000～5000年的龙山文化时期，生产力有了进一步的发展，出现了河南登封王城岗古城、淮阳平粮台古城等。至夏商时期，中国出现了真正的城市。迄今为止，商代前期的城市遗址已发现6座，其中除4座位于黄河中下游沿岸地区外，其余位于长江中上游沿岸地区。春秋战国时期中国的封建制度萌芽并逐步确立，在手工业、商业、农业、造车技术和牲畜使用等全面发展的基础上，出现了众多的商业都会。秦朝统一全国后，中国古代都城—郡城—县城三级城市体系初步形成。为便于统治，秦朝修建了从咸阳至各主要城市的陆上交通线，实施“车同轨”政策，并开凿运河，促进了不同地区城市间的交流与发展。汉代以后，随着四川盆地的开发和丝绸之路的开辟，城市分布的地域范围较以前更为扩大。东汉末期，江南地区经济逐渐发展，至唐后期成为我国新的经济重心。唐代城乡人口合计超过10万人的大城市有15个，其中北方地区仅5个，即长安、洛阳、汴州、太原、魏州；南方地区有10个，即扬州、成都、苏州、常州、杭州、湖州、会稽（今绍兴）、宣城、丹阳、广州，这些城市多沿江河、沿海，交通便利。明清时期城市发展中的最显著特征是工（手工工场）商业市镇集中在商品经济比较发达的东南沿海一带，特别是在长江三角洲和珠江三角洲地区。明清时期除北京外，全国还有30多个大中城市，如南京、苏州、杭州、广州、福州、武汉、成都、重庆、开封、济南、临清等，其中约有1/3位于江浙两省，越偏北、越到内地，城市的发展就越缓慢。伴随晚清年代帝国主义的入侵，尤其是两次鸦片战争之后，西方工业革命的成果也逐步传播至中国，近代工业开始萌芽、发展，中国东部沿海地区的城市化进程拉开序幕。

第二节 城市化的相关概念与进程

一、城市化的定义与特征

不同学科对城市化的定义也不同，可总结为有代表性的四种：（1）“人口城市化”观点，这种观点将城市化定义为农业人口转化为非农业人口的过程，如埃尔德里奇认为“人口的集中过程就是城市化的全部含义”；克拉克则将城市化视为“第一产业人口不断减少，第二、第三产业人口不断增加的过程”。（2）“空间城市化”观点，该观点认为城市化是指一定地域内的人口规模、产业结构、管理手段、服务设施、环境条件以及人们的生活水平和生活方式等要素的发展、转变过程。(3)“农村城市化”观点，如高珮义认为城市化就是变传统落后的乡村社会为现代先进的城市社会的自然历史过程。（4）较综合的观点，弗里德曼把城市化过程分为城市化Ⅰ和城市化Ⅱ，前者包括人口和非农业活动在不同规模城市中的地域集中过程、非城市型景观转化为城市型景观的地域推进过程，后者包括城市文化、城市生活方式和价值观念在农村地域扩散过程。

学术界对于人类城市化的起始点存在一些争议，有些学者把城市的发展史等同于城市化过程，但本书作者认同城市化发端于工业革命。城市化需要高度发达的生产力水平为支撑。如果没有生产工具的极大改良与进步，没有大规模的集中生产，单凭分散的手工劳动，即使劳动强度再大，劳动时间再长，也无法有足够的劳动剩余。主要发达国家城市化开始的时间见表 6－1。工业革命之前的一百多年里，人类城市人口的比重始终徘徊在3%左右，而工业革命之后，世界城市人口的比重约以每 50 年翻一番的速度增长，1800 年为 3%，1850 年为 6.4%，1900 年为 13.6%，1950 年为 28.2%，2010 年已超过 50%。

表 6－1　　发达国家城市化起点

国家	英国	法国	德国	瑞典	美国	日本
时间	1750 年	1780 年	1830 年	1850 年	1840 年	1870 年
城市化水平（%）	17～19	12	10	7	10.8	11～14

资料来源：保罗·贝洛克：《城市与经济发展》，江西人民出版社 1991 年版。

综合学者们的研究，城市化的内容、或者说城市化的特征主要包含以下4方面：

（1）人口向城市的迁移与集中。城市化首先表现为人口的大规模迁移和集中的过程，是一种随着经济的发展和社会的进步而自发形成的、不以人们意志为转移的客观过程。一方面农业的发展、农业生产率的提高使得农业人口剩余出现，迫使农业人口向农业以外的产业部门转移；另一方面，随着城市经济的发展和规模扩大带来较高的收入水平，更加方便和舒适的城市生活等极大地吸引着农村剩余劳动力和农业人口向城市迁移。

（2）经济活动集聚与城市产业结构的转变。主要包括：①要素的集聚。无论是人力资本，还是物质资本，都会不断地集聚于城市；②生产的集聚。生产的集聚首先表现为第二产业的集聚，随后表现为第三产业的集聚；③交换的集聚。城市不仅能为人们的交换提供功能完备的市场体系和交换所需的各种中介服务机构，而且还能提供交换所需的便利的交通条件和灵通的信息条件，于是交换在城市内集聚；④消费的集聚。人口集中、产业集聚和交换集聚，使消费活动集聚。经济活动在城市的集聚过程也是城市产业结构发展变化的过程。

（3）人们生产与生活方式的转变。城市化改变了人们的生产方式和生活方式：城市化使农村土地使用日益集中，农业劳动生产率大幅提高，农村剩余劳动力析出并转移到城市生产、生活；城市人口的增加对农产品的需求随之增长，刺激农业生产进一步发展；城市化扩大了城市消费市场的规模，刺激日用工业品和耐用消费品的生产，促进了工业化的发展；城市作为生产与生活的中心，对供电、供水、公路、铁路、通信等基础服务设施的需求，促使工业化发展与服务业兴起；城市化丰富城市居民物质生活的同时，极大地带动了科学、文化、娱乐、教育的发展，丰富了城市居民的精神生活，人民的总体生活水平得到了提高。

（4）城市空间形态与布局的变化。人口与产业向城市的集聚最终引起城市形态与布局的变化，主要体现在：①城市数量增多。由于经济社会发展，人口逐渐从农村地区向更具有区位优势的区域转移，许多乡村逐步发展成为小城市，大城市周边受其辐射带动也会发展出多个卫星城，不同线路或不同交通方式交汇处也常常成为人口、产业的重要聚集地，而逐步发展成城市。②城市规模的扩大和城市群的形成。城市原有的行政空间不能满足生产与生活的需要，于是不断向外扩展，城市内也由原来的单中心向多中心结构转变。城市在发展过程中与周边市镇的关系逐步密切，因而建立起紧密的功能互补关系。1957年，法国地理学家戈特曼在考察了北美城市化后提出大都市带（megalopolis）概念，并认为“大都市带”是城镇群体发展和人类社会居住形式的最高阶段。姚士谋认为城市群是在特定的地域范围内具有相当数量的，不同性质、不同类型和等级规模的城市，依托一定的自然环境条件，以一两个大城市作为地区经济的核心，借助于综合运输网的通达性，共同构成一个相对完整的城市集合体。③城市产业与人口围绕交通等基础设施的高密度聚集。交通基础设施是人员与物资流动的基础网络，是生产、分配、交换与消费的基本条件。城市空间中交通线路、站点的周边地区成为可达性高、运输成本低的优势地区，吸引人口、产业等向这些地区集聚，而人口、产业等要素的集聚又会进一步增强这些地区的优势。在这种循环累积过程中，城市逐步形成围绕交通等基础设施高密度集聚的空间形态。

二、城市化的类型与阶段划分

不同地区因城市化的始点与过程不同，再加上各类内外因素的影响，而呈现不同的特点。

在城市最初形成过程中，人口与产业均不断向城市中心聚集，而当城市发展到一定规模以后，城市化则凸显出“向心”与“离心”两种趋势。城市中的商业服务设施以及政府部门、企事业公司等因职能需要向城市中心运动。而有些城市设施和部门需要宽敞用地、安静的环境或防止灾害和污染，则自城市中心向外缘移动扩散。如果城市的离心扩展，一直保持与建成区接壤，连续渐次地向外推进，这种扩展方式称为外延型城市化。如果在推进过程中，出现了空间上与建成区断开，职能上与中心城市保持联系的城市扩展方式，则称为飞地型城市化。外延型城市化是最为常见的一种城市化类型，而飞地型城市化一般要在大城市的环境下才会出现。一般将与经济发展同步的城市化称为积极型城市化，先于经济发展水平的城市化则称为消极型城市化。消极型城市化的产生是由于农村经济的破产和城市经济的发展缓慢所造成的。由于农民在乡村里失去了赖以生存的经济条件（原因是多样的，如人口激增、灾害、土地制度、战争等），只好向城市迁居。随着农村人口源源不断涌入城市，贫民窟、失业、犯罪、饥饿、传染病等各种城市病症开始蔓延。此外还有自上而下型城市化和自下而上型城市化。自上而下型城市化是指国家投资于城市经济部门，随着经济发展产生的劳动力需求而引起的城市化，具体地表现为原有城市发展和新兴工矿业城市产生两个方面。自下而上型城市化是指农村地区通过自筹资金发展以乡镇企业为主体的非农业生产活动，首先实现农村人口职业转化，进而通过发展小城市（集）镇，实现人口居住地的空间转化。1976 年，美国地理学家波恩首次提出了“逆城市化”的概念，用以描述发达国家城市化发展到一定阶段，城市人口向乡村居民点和小城镇回流的现象。

人们尝试用不同指标来衡量全球、国家、地区、城市或人类历史的某个阶段的城市化水平，从而判断某地或某时间段经济社会的发展水平。通常衡量城市化水平采用的有以下三种指标：城市人口比重指标，用某一地区内城市人口占总人口的比重来衡量该地区的城市化水平；非农业人口比重指标，用某一地区内的非农业人口占总人口的比重来衡量该地区的城市化水平；城市用地比重指标，用某一地区内城市建成区用地面积占总面积的比重来衡量该地区的城市化水平等。其中，最常用、有效且易于操作的为城市人口比重指标。

美国地理学家诺瑟姆（1979）在研究了世界各国城市化过程所经历的轨迹后，把一个国家和地区城市化的变化过程概括为一条稍被拉平的S形曲线，见图6-1。当城市人口占总人口比重低于30%时，城市人口增长缓慢；当城市人口超过30%时，城市人口迅速增加，这种增长势头一直保持到城市人口占总人口比重达到70%水平；但当城市人口超过70%后，城市人口又进入缓慢增长态势。但高珮义表示，在地区城市人口比重为10%以下时还并未进入城市化阶段。

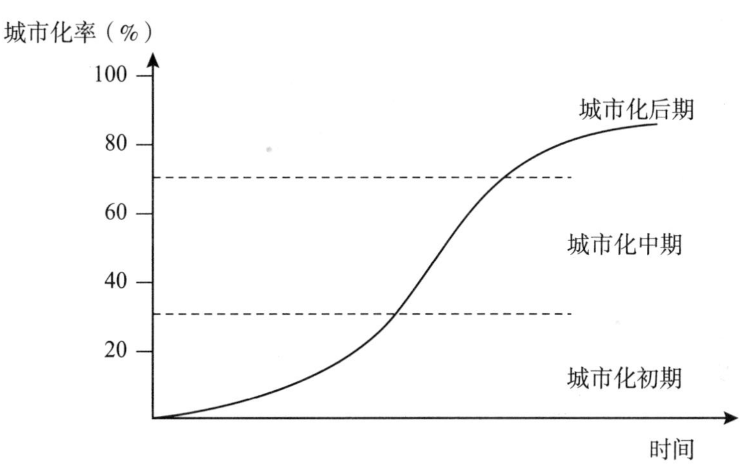

图6-1　城市化进程的S形曲线

三、世界城市化的趋势——大城市化与城市群的发展

从18世纪工业革命开始，依据时间先后和地域不同，世界城市化经历了以下几个过程，并体现出各自特点：（1）1760~1850年，英国成为世界上第一个城市化率超过50%的国家。从1760年开始，英国在工业化蓬勃展开的同时城市化也快速发展，在90年的时间内，其城市化水平达到50%以上，远超过世界同时期6.5%的水平，英国也成为当时世界上最强大的国家。（2）1851~1960年，城市化在欧洲和北美发达国家快速推进，主要发达国家城市化达到70%，开始进入高度城市化阶段。众多发达国家虽然城市化的始点与英国有异，但比较其过

程却基本相同：均靠产业革命推动，农村人口向城市转移，城市病日趋严重等。从1851～1960年的110年里，发达国家城市人口从4 000万增长到5.71亿。（3）1960年至今，城市化在全球范围内推广、普及、快速发展阶段。表6－2为1960年至今发达与发展中国家城市化水平比较，从表6－2中可见，这一时期全世界城市化进程加速展开，尤其是发展中国家和地区。人口持续向大城市或较大城市聚集，形成大都市区和城市群。到2010年，全世界城市人口占全部人口的比重为51.8%。

表6－2　　1960年至今发达与发展中国家城市化水平比较

年份	世界		发达国家		发展中国家	
	城市人口（百万）	城市化率（%）	城市人口（百万）	城市化率（%）	城市人口（百万）	城市化率（%）
1960	1 032	34.2	571	60.5	460	22.2
1970	1 371	37.1	698	66.6	673	25.4
1980	1 764	39.6	798	70.2	966	29.2
1990	2 234	42.6	877	72.5	1 357	33.6
2000	2 854	46.6	950	74.4	1 904	39.3
2010	3 623	51.8	1 011	76.0	2 612	46.2

大城市化是当代城市化的一个重要特征，不仅表现在大城市数量急剧增加，而且出现大都市区和超级城市等组织形式。1920年，50万人口以上的大城市的人口占世界城市人口比例仅为5%；2000年，400万人口以上城市已占世界总人口的19.9%。800万人以上的城市也由1920年的1个增加到1970年的17个。1990年，美国大都市区的人口接近2亿，占全国总人口的比例达到80%。大都区的出现不仅改变了城市的地域空间与规模，而且也使生产要素的流动以及政治、社会结构等发生了新的变化。世界城市化的新趋势还表现在城市集群化，如西欧城市群、美国东部大西洋沿岸及五大湖沿岸城市群、日本东海道及太平洋沿岸城市群、中国的长三角、珠三角、环渤海城市群等。

第三节　城市化与运输化之间的关系

工业化、城市化与运输化互动发展的进程表明，运输化在城市化和工业化中的作用包括：以交通运输的网络经济与区位性能支持工业化的规模经济、范围经济与产业升级，帮助实现城市土地的功能化利用和城市化聚集经济，提高社会经济时空关系的有效性和城市形态的合理化程度，减少因拥堵、污染等情况而导致的各种非效率现象。

一、城市化与聚集经济

城市在本质上是聚集经济。城市使一定地区的人流、物流、资金流、信息流等聚集起来，通过城市活动满足内部需要并向其他地区扩散。英国学者 K. J. 巴顿（K. J. Button）将城市的聚集经济效应划分为 10 个方面。即：（1）增加本地市场的潜在规模；（2）减少实际生产的费用；（3）降低输入本地区原料及延伸的费用；（4）促进辅助性工业的建立；（5）促进就业及相关制度的建立；（6）有才能的经营家和企业家集聚；（7）金融等行业机构条件更优越；（8）提供范围更广泛的设施如社交、教育；（9）工商业者可以更有效地进行经营管理；（10）激励企业改革。

聚集经济是分层次的。第一个层次是企业内部聚集经济，是指企业在原有的基础上扩大其产量规模（规模经济），或者在原有的基础上增加产品种类（范围经济）所带来的长期平均成本的下降。第二个层次是企业外部、产业内部的聚集经济，被称为“区位经济”（localization economies），主要指同一产业的企业或一组密切相关的产业，由于聚集在一个特定地区，通过产业功能联系所获得的外部经济。第三个层次是由多个产业向城市地区集中形成的聚集经济，也可称做“城市化经济”（urbanization economies），主要是由于产业间存在外部经济，一个产业的发展通过其前向和后向联系，可能对多个产业降低成本做出贡献。城市化过程中的各种要素和经济资源向城市的转移和集中，正好满足了“城市化经济”的要求。

城市化过程在某个临界点之前，随着人口规模的增大，城市人均建设与运营成本递减，经济效益递增。城市产生规模经济的原因主要如下：第一，从人口集中的角度来看，大城市就业机会多，商品种类齐全，生活便利，于是人口向城市集中创造出更大的消费市场及人才市场，从而吸引更多的企业来此布局。第二，从企业集中的角度来看，城市由于拥有庞大的消费市场，有专业技术人才和管理人才，对工业或商业企业产生吸引力。而工业和商业企业在城市集中布局使城市生活便利性进一步提高，从而吸引更多的企业和人口集聚于城市。第三，从基础设施网络的扩展来看，城市基础设施网络如道路网、供水网、供电网、供暖网、电信网等完善，改善了城市的生产环境和生活环境，从而吸引企业和居民向城市集中。人口与企业向城市的集中是有限度的，当城市达到一定人口规模时，规模收益被外部成本抵消，人口规模再继续扩大时就会因各类拥堵而产生非效率与不经济。

此外，城市化达到一定阶段后，不同城市在空间上聚集，形成城市群或城市带，会产生关联经济和范围经济。城市群、城市带中各个城市职能各异，有综合性中心城市，也有专门化城市，如工业城市、商业城市、旅游业城市等。不同职能的城市之间存在着稳定的分工合作关系，致使城市之间在社会、经济、政治、文化等方面保持着密切的联系，为各个城市的发展带来益处。而且，城市群、城市带形成多样化的投资机遇和居住环境，吸引其他地区的企业、居民、生产要素向其集中。城市群、城市带的磁场效应十分强大。原因如下：第一，城市群、城市带内形成了一体化的区域市场，使要素资源可以摆脱行政区界的阻碍，在城市群内各城市之间遵循市场交易机制自由流动。第二，城市群、城市带内形成了庞大、一体化的交通等基础设施网络，使各组成城市可以共享其公共产品和公共服务，从而单个城市的运营成本。第三，城市群、城市带内的所有城市之间形成了稳定的分工与合作关系，城市之间不仅有广泛而又紧密的经济联系，更有分工与合作，使城市群、城市带的整体经济效益倍增。

产业集聚发生的三大要素为规模收益递增、可流动的生产要素与较低的贸易成本。产业链的上游环节和下游环节之间存在交换关系，在具有相对成本优势、特别是交通运输成本优势的区位上，上下游环节的相互作用就可能使得某产业不断集聚、积累，最终促进以该产业为主导的城市发展。企业在某一地区的大量集中又会促进城市基础设施的建设和完善，进而促进城市化发展。如浙江的义乌从自发的传统小商品集市到全国性小商品集散中心，再到国际性小商品交易中心；以小商品交易市场带动个体、家庭工业发展，再到小商品国际博览会和多种展会带动制造业和服务业全面发展，城市随着产业集聚而不断发展。

二、交通运输影响产业结构与布局

机械动力运输工具取代早期运输工具、运输网络不断扩展和完善，使得运输能力扩大、位移的速度明显提高，各类物资与人员的流动更为便捷、高效，运输成本显著下降。运输化发展带来生产与生活时空结构的改变：从空间尺度看，在同等成本（包括时间成本和运价的综合成本）的条件下，人员、物资等的可达区域范围不断扩展；从时间尺度看，到达相同地点所花费的时间缩短。交通运输可达范围的扩展、运输成本的下降等使得资源流动的自由性增强，产业通过对成本和收益的比较形成集聚或分散布局，人口也会因居住成本、交通成本等和收入的综合比较而形成新的集聚状态。

产业在同一个地区集聚后，通常将产生三种市场效应：本地市场效应、价格指数效应和价格竞争效应。本地市场效应与价格指数效应均利于实现规模经济与范围经济，而当价格竞争效应大于本地市场效应和价格指数效应，即由于产业和人口的聚集引起了土地及原材料价格上涨、交通拥挤和环境质量下降等问题带来的不经济大于产业聚集给企业带来的正的外部性时，就会出现产业扩散。利用交通运输业发展带来的运输成本变化、交通区位变化，产业通过扩散将最终实现新的规模经济与范围经济。

产业扩散可以分为两类：一类是企业整体迁移；另一类是企业分蘖。所谓企业分蘖，是在保持企业主体不变的情况下，将企业的具体运营组织机构（总部、研发、管理、采购、生产和销售机构）进行分设，在地区和空间上进行重新分布，大部分的产业扩散都是以企业分蘖的方式进行的。企业将知识密集型环节如总部、研发和销售部门布局在城市中心，因为知识密集型生产环节对土地的需求量较小，土地等要素价格的上涨对其影响不大，而该环节从城市产业聚集产生的知识和技术外溢中的受益很高。企业的生产环节需要使用大量的土地，城市内土地价格的上涨会使企业将其生产环节布局到城市以外的地区。以北京市内的企业为例，大多数企业的总部和管理、销售部门都设在目前的东城、西城等中心城区，研发机构则设在海淀区和朝阳区，而生产部设在通州、石景山、顺义等周边地区。企业分蘖会推动产业链的区域分工，即产业链的各个环节分布在其拥有其所需要素条件较好的地区中，以充分利用各地区的比较优势，从而提高产业的竞争力。

产业链区域分工的结果就是在城市周围形成若干个城市亚中心，这些城市亚中心和中心城市存在着密切的产业关联。产业扩散的方式不同会导致城市亚中心在地理位置上的不规律分布。一般来说，与原聚集地区相邻的地区有着相似的外部环境，并且与聚集地区联系方便，有利于产品和原材料的运输以及信息的获取。产业的就近扩散会导致城市亚中心和主城区紧密相连。而在一定条件下，产业会产生跳跃式扩散，即从聚集地区越过周围地区而直接扩散到其他地区。导致跳跃式扩散的原因有两个：一是接受扩散的地区虽然与聚集地区在空间不相邻，但是整体发展水平相对较高，具备接受扩散所需的良好条件，如交通运输等基础设施网络完善、成本较低；二是接受扩散的地区存在某些方面的发展机遇或潜力。产业的跳跃式扩散会导致城市亚中心离主城区距离较远。如美国洛杉矶的28个城市次中心，距离洛杉矶市中心最近的仅4.9公里，最远的为40.7公里。城市亚中心与主城区形成的产业链区域分工吸引着拥有不同素质的人口和资源在主城区和城市亚中心之间不断的分化和聚集。城市亚中心的产业聚集又会导致商业、交通运输业等第三产业的迅速发展。

三、运输业发展影响土地利用与城市形态

城市土地利用是城市交通的根源，而城市交通又是土地利用的一个重要影响因素，城市交通与土地利用之间存在着极其复杂的互相影响、互相制约的关系。

不同的城市土地利用模式和布局所产生的交通需求和交通程度是不同的。从城市模式上看，单中心城市一般呈现圈层式的土地利用模式：城市的核心只有一个，交通线路由市中心向外呈现放射状分布，市中心交通需求量大，远离市中心的交通需求量小。而多中心城市一般有一个主中心和多个次中心，为整个城市服务的各项设施围绕城市核心区分布，而为各个分区服务的设施围绕城市次中心布置，城市的交通需求呈现网络状布置。反之，不同的交通方式决定了不同的城市规模和城市形态，而其内在的决定机制是人们的行为方式。人们的出行需求是为进行其他经济和社会活动的一种派生需求，人们花在出行上的时间是有限度的，不会把过多的时间花在派生需求上，因此城市的规模不会无限度地扩大。一些研究表明人们单程出行到达城市中主要目的地的平均时间通常不应超过半个到一个小时，人们出行的这种行为方式对城市规模有重要影响。随着交通技术的进步和运输速度的提高，相同时间内人们的可达范围不断扩展，城市的规模也不断扩大；同时由于人们不能忍受在城市中单程出行的平均时间超过 3 小时，单程出行平均时间过长的地区不具开发价值，开发商不会在那些地区进行大规模物业开发，人们也不会选择到那里居住，因此城市的扩张又是有限度的。

在交通方式和交通技术发展的不同阶段，出现了不同的城市形态。当然经济、文化、历史等其他方面的因素对城市形态的形成也有一定的影响。19 世纪中期以前，西方城市中的出行方式主要是步行，步行城市以人口的高密度（100～200 人/公顷）、土地的混合使用以及狭窄的街道为特征。在步行城市中，人们出行到达目的地的时间，通常在平均步行半小时的范围内，因此步行城市的规模一般不超过 5 公里。19 世纪中期步行城市开始不能适应人口和工业发展的压力，火车和有轨电车的使用推动城市向外扩展，这些新的交通方式提高了运输速度，使人们平均半小时的可达范围扩展到 20～30 公里，这是公共交通城市的城市规模。此时，在轨道交通车站周围出现了一些城市次中心，这些次中心本身具有步行城市的特征。第二次世界大战以后，汽车的普遍使用使城市向任何方向的发展成为可能。美国及西方许多大城市的土地开发首先在不同轨道交通线路之间进行，城市规模进一步扩展到汽车半小时可达的 50 公里，城市呈现出低密度、蔓延式、郊区化、汽车依赖型发展形态，城市的人口密度下降到每公顷 10～20 人。然而从 20 世纪 80 年代末期开始，由于汽车城市导致的过长的通勤时间、交通拥

堵、大量的石油消耗、汽车尾气污染等问题日益严重，在美国和欧洲又重新强调公共交通导向的城市开发模式（TOD）的重要性。

城市交通与土地利用的相互作用是通过可达性的改变而发生的。从短期考虑，当城市的某个区域出现交通拥堵，最直接的解决办法是拓宽道路，或通过大规模拆迁修建新的道路，使城市道路系统更加通达。这在短期确实可以缓解交通拥堵问题。但从长期考察，城市交通设施建设可以改变某一区域的可达性，例如，轨道交通车站附近和道路交通干线的沿线具有比其他地区更高的可达性优势，而人们倾向于在具有可达性优势的区域进行生活和生产活动，因此，这些区位的土地不仅地价高而且有较大的升值空间。房地产商认识到这类地区的价值及人们的需求，对这类地区实施高强度开发，从而引发新的交通需求。这种联动关系如图 6－2 所示。

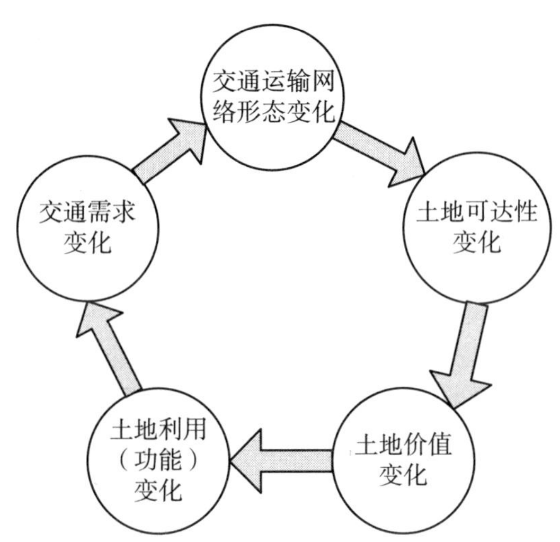

图 6－2　城市交通与土地的利用的相互作用机制

特别值得注意的是，城市规模的发展不是线性变化的，城市形态的形成过程具有非线性，在某些时期城市进入快速扩张期，而在另一些时期，城市发展的速度则明显减慢，在城市发展的不同时期交通设施建设对城市形态的影响程度具有显著差异。例如，美国旧金山湾区建设的 BART 轨道交通系统在 1973 年投入运营，但在这一时期，旧金山大多数的地区道路系统和城市建设已经完成，居民出行和城市形态已经基本稳定。在这种情况下，BART 地铁增加的地区可达性对城市形态几乎没有产生显著影响。由于城市交通在不同时期对城市形态的影响作用不同，在决定城市交通建设的时机和时序方面就显得更为重要。适当超前的交通设施建设才可能形成 TOD 的发展模式。

四、公交导向的城市发展模式

快速城市化背景下，一方面资源与环境对城市发展的约束不断增强；另一方面无序蔓延的城市发展模式也不具备可持续性。美国建筑设计师哈里森·弗雷克最早提出公共交通导向的城市发展模式（Transit-Oriented Development，TOD），即发展一种以公共交通为中枢、综合发展的步行化城区。其中，公共交通主要是地铁、轻轨等轨道交通及巴士等，以公交站点为中心、以400～800米（5～10分钟步行路程）为半径建立集工作、商业、文化、教育、居住等为一体的城区。

TOD的本质是通过土地利用和交通政策来协调城市发展过程中产生的交通拥堵与用地不足的矛盾，塑造紧凑型的网络化城市空间形态，促进城市可持续发展。TOD模式的具体收益如：（1）减少中心衰退；（2）降低通勤费用，促进居住与就业的平衡；（3）减少基础设施投资和运营费用；（4）节省土地资源；（5）保护环境，资料表明TOD的发展模式可以使每个家庭减少20%左右的碳排放；（6）提高社区居民的生活质量。

TOD已成为新城市主义[①]最具代表性的模式之一。1993年，彼得·卡尔索尔普在其所著的《下一代美国大都市地区：生态、社区和美国之梦》一书中明确地提出了以TOD替代郊区蔓延的发展模式，并为基于TOD策略的各种城市土地利用制定了一套详尽而具体的准则。美国境内很多城市已接受了TOD的考验，如华盛顿、旧金山、波特兰、亚特兰等。旧金山地铁周边已成为最有价值的地段，比非TOD地段利润高出20%～25%。目前，TOD模式已经迅速在世界范围内获得了效仿和推行，成功的典范为中国香港、东京等国际化大都市。

中国香港是世界上人口最稠密的城市，城市交通的顺畅与TOD模式的发展密不可分。20世纪90年代初，全香港即有45%的人口居住在距离地铁站仅500米的范围内。在新界，约有78%的就业岗位集中在8个位于铁路站附近的就业中心内，其用地面积之和仅占新界总面积的2.5%。商务中心更是高度集中在各类公共交通工具的大型枢纽处，如中环—金钟—铜锣湾地铁沿线的平均就业密度超过每公顷2 000人，从多数建筑到地铁站的步行距离仅200米左右。由于客源充足，公共汽车公司能够保持良好的经营效益，维持高质量的服务，形成良性循环。

由于土地缺乏及全部依赖进口石油，日本在历史上一直采取鼓励公共交通的政策。东京的铁路（包括地面和地下铁路）是这个城市最主要的公共交通方式。

① 新城市主义是20世纪90年代初提出的城市规划一个新的城市设计运动，主张塑造具有城镇生活氛围、紧凑的社区，取代郊区蔓延的发展模式，代表人物为Peter Calthorpe。

与其他国际性大城市不同，包围着东京中心高密度发展地区的著名城市环路不是大容量快速汽车道路，而是一条环形铁路——山手环线。山手环线起着减轻城市中心地区交通压力的作用，同时也将大量的职工和购物者带到城市中心。东京的新老中央商务区（CBD）几乎全部集中在山手环线和中央线的车站附近，形成“车站城”。以20世纪70年代开发的新宿副中心为例，商业娱乐中心及其周围的办公建筑集中在距铁路车站不足1 000米的范围内。由山手环线向外放射的郊区铁路沿线更存在一系列典型的公共交通社区。对日本私营铁路的经营者而言，修建铁路不仅能从为城市提供交通服务中获利，也是房地产开发的重要商机。铁路公司通常由分别先行从农民手中廉价获得沿线土地的众多公司合伙组成，统一进行土地利用与铁路建设规划以及基础设施配套。由于交通方便程度不同，越靠近车站物业价值越高，房地产开发自然向车站集中，形成车站附近建筑密度高，向外围逐步降低的趋势。铁路公司还经营其他与铁路共生的商业项目，包括百货商店、体育场馆、游乐公园等，许多项目直接布置在车站建筑内，它们既可以利用铁路的客流，又能够为铁路提供客流。不少铁路公司还经营接驳公共汽车线路，虽然公交线路本身亏本率较高，但有助于维持公共交通方式的支配性地位，保证铁路的客流强度。在分配土地用途的过程中，铁路公司特别注意以极优惠的方式吸引各类学校、医疗中心、邮局、图书馆、消防局以及其他政府机构，不仅能够增加当地的房地产吸引力，还可以为铁路提供非高峰时间客流。

总之，TOD发展模式可有效利用有限的土地资源，避免城市建设中的土地浪费，解决城市特别是大城市交通拥堵问题，并塑造更为科学的城市空间形态。当前我国正处于城市化高速发展时期，TOD模式是值得探索、应用以促进城市可持续发展的有效途径之一。

第四节　现阶段城市化对综合交通运输的要求

随着城市化进程的推进，人口从农村迁往城市并在城市间流动；源源不断的原料、物资运往城市，而大量的商品、服务从城市输出，产业链的形成、全球化生产使得城市间的产业联系日益紧密；城市的功能各异、互相补充。城市的规模不断扩展，由单中心向多中心迈进，各功能区密切联系；城市的数量增加，大都市区和城市群不断形成。城市化的推进带来运输需求的数量增长、运输需求的布局变化，对运输服务的质量要求也与以前大不相同。

（1）城市化带来运输量与布局的变化。以城市为中心的现代生产与生活方式带来经济飞跃发展的同时也产生大量的运输需求，主要表现在：城市规模扩大后，人们的居住区与工作区逐步分离，城市内部客货运输需求增加；城市是人口密集的大系统，需要从外部运入所需的物品与服务，同时又会不断创造出新的物品与服务，加之各类人员因不同需求进出城市，城市对外客货运输增加。具体来看，近年来城市内各功能区间、大城市与卫星城之间、城市与其周边乡村之间、与邻近重要城市间、城市群内各城市间、相互邻近的城市群间、重要国际大都市之间的客货运量增长较为显著。

（2）城市化产生对更高质量运输服务的需求，特别是完整运输产品、JIT 式运输服务的需求。早期的运输业更注重完成客货位移，而随着时间的推移，社会需求要求不仅要完成客货位移，还要保证位移过程中的安全、方便、快速、舒适等等效用，更延伸出门到门、一站式服务、高频率等高级服务，对运输产品的最高要求则是能实现 JIT 式服务。

（3）城市化发展使得运输业发展的约束增加。大规模城市化过程中，土地、能源、生态环境与经济社会发展之间的矛盾日益突出，人们越来越意识到需要更加科学地管理有限的生存发展空间，提高各类资源的利用效率，促进可持续发展。交通运输是对土地与能源消耗巨大的行业，其发展更需要与城市发展、产业发展相结合，努力实现低消耗（减少对土地、能源等的消耗，减少对环境的破坏）、低成本、高效率。

现阶段运输需求的变化使得单一运输方式无法满足现阶段的需求，运输业的综合化是必然趋势。城市化对综合交通运输提出的要求主要如下：

（1）加强综合运输体系的规划。单一运输方式显然无法提供高质量的完整运输产品，满足复杂多样的运输需求，而综合运输集成各种运输方式与系统的功能，可一体化高效率完成人与货物空间位移。此外，现有由各种现代运输方式集合而成的所谓“运输业”，与社会经济中的交通运输体系并不是同一个概念，前者一般来说只不过是后者中的一个主要部分。综合交通规划应该针对整个交通运输体系，从整个社会经济发展包括其空间结构变化和资源环境的约束条件出发，考虑需求管理和所有服务供给包括自服务以及各其他相关领域的交通运输实现问题，从更广的视角分析并把握未来综合交通运输体系的发展，实现运输体系各方的协作，更好地满足社会经济的交通运输需求。

（2）重视综合交通枢纽的建设，发挥枢纽对区域经济社会的引导作用。综合交通运输网络建设的关键是综合交通枢纽的规划建设，枢纽是不同交通网络对接、贯通、融合的节点，是影响交通运输网络效率的关键点。枢纽具有强大的资源整合作用，对交通系统内部资源与系统外资源的集聚使其所在地区的区位优势优越，对所在区域经济社会发展与城市空间形态的形成具有较强的引导作用。应该建设分层次、规模与功能各异的交通枢纽体系（包括枢纽型城市体系与城市内部的交通枢纽体系），满足不同发展阶段的需求。对于城市而言，连接各重要交通枢纽的环线的设置也至关重要，应尽早考虑。

（3）建立并实施综合运输管理体制。城市化与经济发展日益受到资源与环境的限制，为了充分利用资源和更有效地满足社会需求，必须通过政府体制的综合化和一体化，使政策与规划的责任主体在法律框架内得以确认，以实现最大限度地减少运输方式之间的排斥与摩擦和最大限度提高行政效率的目的。综合管理的真正实现必须依靠组织上的统一提供保障，没有行政组织的融合，各种运输方式各行其是，就不可能有各种运输方式的融合和运输业的综合管理。

第七章

综合交通运输的时空意义

交通运输与经济时空有着非常密切的关系，但在传统上运输仅被看做是空间现象，运输产品或服务一般也只被定义为人与货物的空间位移。然而，时空其实是不可分的，经济时空分析意义重大。运输经济分析在经济时空分析中可以发挥重大作用，而经济时空分析反过来又可以大大加深对交通运输本身，甚至更成为真正理解什么是综合交通运输的关键。

第一节　对于经济时空的相关认识

时间和空间是社会经济活动存在的基本形式，一个社会的经济效率和富裕程度，在很大程度上取决于其社会成员对时间和空间的利用程度，也取决于其经济时空关系的构建水平。不同社会形态中人们对时空的处理方式有很大差别。农业社会中农牧业生产主体最关注如何避免季节性损失的发生，因此作物播种、收割与牲畜产仔等时间最被看重，生产选择多由个人或生产小集体分散决定，硬性的精确时间约束不多。工业社会的大规模生产使市场活动节奏明显加快，由于大生产的连续性，要求人们准确计算时间，而且生产和消费决策出现集中化和趋同化。后工业社会得到高度信息化的支持，精益管理下的供应链可以实现时间精准控制，经济组织中各种产业融合与形式多样的模块化分解并存，经济节奏不断提升。与此一致，经济空间结构也在发生着巨大变化。

时间和空间原本都应是经济学非常关注的对象，任何好的经济学理论都不该脱离现实的时空世界。但无论对时间还是空间，经济学所进行的研究都还远远不够，时空现象的分析和解释不但尚存大量空白，而且还存在把时间与空间分离开来的倾向，尽管时空的一致性在其他学科已经得到越来越多认可。这些既限制了经济学自身形成更科学的理论体系，也使其难以跟上正在迅速改变的现实世界。

一些早期经济学家曾对时间或空间视角的经济分析产生过重要影响：亚当·斯密提出的市场范围决定分工水平的观点中显然已经包含空间视角，他也强调了交通改善的重要作用。马克思提出社会必要劳动时间决定商品价值，认为一切节约都是时间的节约，他还在解释交通行为时正确指出人们是在用时间换取空间。为建立新古典分析范式奠基的马歇尔（1920）也论述了交通工具改良对市场和工业地理分布的影响，认为无法忽视时间对经济解释的重要性，还承认时间因素是经济学研究中许多特大困难的根源。然而由于分析工具的局限，新古典范式只能粗略对有关变量一次性变动的前后进行比较，包括根据生产规模是否变化划分短期和长期的比较静态分析方法。后来的财务与经济分析使用了收益折现计算方法，以帮助人们理解当期投资与未来收益之间的关系。希克斯试图建立包括时间因素的动态均衡体系，他也很强调预期和周期在动态过程中的作用。哈罗德则提出应该以变动的连续性作为动态经济分析的特征，其思想后来更多被用于分析经济增长问题的宏观模型。

从总体上看，经济学尚未能很好地解决时间分析和空间分析问题，在主流微观经济学的经典分析框架和模型中，所有的经济活动和市场交易几乎都是瞬间发生在没有距离概念的“针尖”上，因此现实世界无法得到如实反映。当然人们一直在努力，从马歇尔感叹“时间因素几乎是每一个经济问题的中心难题”，到主流经济学开始注重空间维度以致被一些学者称为“经济学的地理转向”。近些年来几位诺贝尔经济学奖得主的研究和若干规划学、管理学、地理学以及哲学等其他学科的相关成果，也都体现了时间价值和经济时空分析所受到的关注和正面临着的问题。

1992 年诺贝尔经济学奖获得者加里·贝克尔（1965）提出了时间经济学概念，这是一种广义的时间消费效用研究。他认为经济学中人们“偏好稳定”的基本假设，可由个人偏好或需求结构随时间价值变化而得以发展。有评论认为贝克尔对现代经济学的突出贡献就体现在“时间价值”概念的引入，通过时间价值分析，经济学关于“经济人”的假定从仅仅体现在货币支出行为中的经济理性，扩展到在人类花费时间的一切行为中也能发挥作用，于是经济学差不多被拓展成了人类行为学。贝克尔的时间价值分析具有重要启发作用，但在其成果中几乎没有考虑空间视角，也没有涉及企业作为时间选择主体的问题。

在交通规划领域，丹尼尔·麦克法登等人在 20 世纪 70 年代针对交通工具等的“类别选择”问题发展出非集计（disaggregate）随机效用模型，在一系列概率分布和函数假定的基础上，相关模型可在一定程度上解释对交通工具的选择行为，克服了传统统计方法的局限。麦克法登还通过提出阶层多项 Logit 模型进一步将非集计模型推向实用，这也成为其获 2000 年诺贝尔经济学奖的原因之一。虽然当时间价值变量被带入效用模型，通过相关数据的回归分析和参数估计可反求出其中假设的出行时间价值数据，而且相关模型对随机项的处理通过用概率表述在一定程度上满足了数学化分析的要求，但在实际中并非所有不确定性问题都可用概率方法处理，有经济学家对此持批评态度。

时间压缩一直是相关管理学研究的重要对象，20 世纪初的泰勒制和福特制就是时间管理的经典成就。波士顿咨询集团的乔治·斯托克则在 20 世纪 80 年代末提出了基于时间的竞争（time-based competition）概念，认为这是企业在相继经历低劳动成本、规模效应和聚集效应之后，又在柔性制造和快速反应的基础上创立的新竞争策略，并进一步提出“对时间的竞争将会重塑全球市场”。他强调时间管理对企业组织形式与绩效的影响，认为那些把在压缩时间上的投资作为获取竞争力关键资源的企业，包括创立 JIT 管理模式的丰田公司和不断完善自动补货供应链的沃尔玛，都成为最成功的基于时间的竞争者。斯托克的不足是，没有特别强调时间作为特殊资源在不同社会经济发展阶段时空结构中所起的作用，因而未能构建起有说服力的解释性框架，这也在某种程度上暴露出管理学方法在这一领域的局限性。

保罗·克鲁格曼（1991、2000）把报酬递增、不完全竞争、多重均衡和运输因素一起引入国际贸易的空间研究，构造模型以解释制造业集聚的原因，他因对国际贸易模式和经济活动地理位置的研究成果获得 2008 年诺贝尔经济学奖，其理论也被称为“新经济地理学”。克鲁格曼的经济空间研究并未涉及时间因素，而且值得注意的是，克鲁格曼在使用迪克西—斯蒂格里茨模型（Dixit & Stiglitz，1977）分析不完全竞争条件下空间经济现象时，借用了保罗·萨缪尔森（1952、1954）在其国际贸易理论中提出的“冰山理论”，即把运输成本的作用假设为所有的产品在运输过程中都会由于运输而与运输距离成比例地消失掉一部分，通过简化掉运输部门去处理保持原模型中需求弹性不变的难题。地理学界有评论说，克鲁格曼只是以合适的表述方式让主流经济学接受了经济地理学早以其他方式深入探讨过的经济空间关系。

经济地理学家并不满意主流经济学抛弃社会多样化背景、牺牲复杂性以过分追求数学严密性的做法，认为这无助于解释真实世界，其中一些专注解释现实时空关系的研究进展很值得关注。艾瑞克·谢泼德关注到经济距离的实质，指出空间不能与时间相脱离，还认为距离应该是社会过程的产物，而不仅仅是一个简单的空间度量。谢泼德批评在多数经济学的均衡模型中距离只是被作为经济的外生变量，而且进行着牛顿方式的处理，他主张运输应该是一种特殊商品，不同的运输价格决定着相对的可达性，而距离则是被生产出来的并成为商品生产的内生变量。艾瑞卡·舍恩博格则主张地理学应更加重视企业的时间过程管理研究，她提出了“时空惯例”的概念，并认为时空管理是企业战略的必要组成部分，是公司保持竞争优势必须进行的战略性工作。她认为企业的空间形式是在相当大压力下由许多过程所形成的不确定性结果，而空间和时间过程紧密相连，任何企业和产业的时空惯例都会发生变化，变化既有必要性但往往也要付出很高的代价。企业必须拥有自己的时空战略且保持其相对稳定，并在必要的时间进行调整，而反过来这些时空战略也一定会从根本上影响产业和世界的景观。因此，更富竞争性的挑战观点便是对时间—空间惯例认识的改变，公司必须不断地创造和利用时间—空间过程，才能保持其极佳的运行状态，这对公司来说是重要的战略问题。但应该指出，将时间视为匀质过程的观念仍制约着绝大多数学者的认识进一步深化。

第二节　交通—物流时间价值分析

一、重视避免损失视角的时间价值分析

时间是社会经济活动的存在形式或存在方式之一。时间也是一种特殊资源，但它与其他资源存在着显著差别。时间本身并不能被生产出来，因此与其他资源尽管稀缺却仍可通过努力更多获取不同，时间资源只能依靠不断节约去提高利用效率。时间进程是非逆的，无论愿意不愿意，任何人对时间的耗费都是不可避免的，区别仅在于对时间的不同支配或使用方式。而且很自然地，时间不能存储，不能转借，也无法通过交换改变所有权。

时间作为事物的存在方式，它不可能脱离事物而独立存在和起作用。时间离开了自身所依附的主体或资源要素就没有意义，因此探讨时间价值，实际上是在探讨时间对某一特定人或其他资源的价值。土地、资本、信息、劳动力和企业家能力在一定时间内使用所产生的价值，就是这些要素的时间价值。而一个企业的时间价值，则取决于该企业所能掌控的资源或要素的总时间价值。经济节奏加快和收入水平提高致使人们的时间价值上升，而且由于时间无法增加的特性，让时间的升值幅度越到后来越高于其他资源，这使得时间资源对于其他资源的相对价值发生变化。时间的硬约束使得决策主体需要更合理地解决其他资源的配置，以适应节约时间的要求，而生产要素之间相对价格的改变发展到一定程度就会引起

生产方式的改变。人们必须围绕时间的最大节约去有效地配置资本和其他资源，以满足各种要素的边际替代率实现均衡化的要求，以至于时间竞争最终会成为个人与企业核心能力的决定性问题。

交通时间当然也有价值，过去对交通时间价值的研究多从平均值视角对交通运输时间消耗或节约产生的价值进行观察。例如，梅恩托什和奎姆比（MeIntosh & Quarmby，1970）认为，由于旅行者在旅途中耗用的时间存在机会成本，因此旅行时间的价值就是由这种机会成本所产生的价值。关宏志和西井和夫（2000）也提出货物的时间价值表现为货主对于为运输某种货物所节约的时间而支付货币的界限值。从时间消耗或节约视角观察的交通时间价值，常只考虑旅客的平均工资、平均产值和货物的平均在途时间价值，多被用于交通项目评价中因项目实施导致交通时间节约而产生社会效益的计算。客运旅行时间价值的计算在采用生产法时，一般是用年总产值除以生产工人的总数和劳动者的年平均工作小时，在采用收入法时大多是按照当地的人均小时工资乘上一个系数。货运产生的社会效益的计算，则多是用在途货物平均价格乘上货物在途时间，再乘上社会折现率。通过平均值计算交通时间价值的局限性，在于那些只是社会生活中十分特殊且前提要求非常严格的简化结果，其实不该将其当做普遍情况。

时间价值应该表现为对于时间的货币替代率，但由于时间本身并不能用于交换，因此时间价值在很大程度上带有主观性质，它取决于时间的拥有者或时间所依附于各类其他资源的权利主体对其价值的判断。时间价值的差异体现在机会收益或损失上。虽然时间价值一般容易被理解为是在确定的时点上或时段内可能使人们获得的机会收入，但在更大的程度上，时间价值更应该是可能使人们失去的机会收入。因为机会收入一旦被列入计划或活动流程，人们就必须想尽办法避免失去这种收入，即避免使其变成机会损失。避免损失视角的时间价值分析将理性趋利性和价值感受性统一起来，符合大多数人对损失要比对收益更敏感的心理经济学原理。时间价值对于人们的意义，在于人们有能力在一定程度上将时间变为可控，以便能让事情的发展符合预期，并不让时间的延误造成过大损失。从这一点上看，避免损失视角的时间价值分析与后面的时间非匀质性分析应该同样重要。

相比较而言，我们更愿意使用如下交通—物流时间价值定义，即指客货运输及物流过程中由于时间的节省或者延误而可能导致相关主体的机会收入或损失。但问题在于这些机会收入或损失，以及更进一步观察所要考虑的时间的资源价值和时间的行为价值，应该如何进行分析。

二、非匀质的时间价值分析

传统的时间价值研究大都把时间当做是匀质的，但时间和时间价值其实都是非匀质的，不同人对时间价值的评价差别会很大，而且时间价值在特别时点前后或特别时段内更存在着明显的凸高现象。即便是同一个人或企业，其在不同时点上的时间价值也有很大差别，有些特定的时点对特定的人或事而言要明显比其他时间更重要，因此相应的时间价值也应该更高。例如，职工上班上岗、师生上课、预定的约会或开会、火车检票或飞机登机的停止时间等，人们一般必须要赶在这些时点之前到达必要的地点，为避免迟到常常愿意付出较高的代价。货运领域也充满了类似的情况，人们必须尽可能保证在预定的交货期之前把货运到，否则货运延误无论是违约还是造成销售上的断档或生产过程的中断，都会带来经济损失。图 7 - 1 中的几条曲线就粗略地反映了在几种特定时点时间价值明显提高的情况。

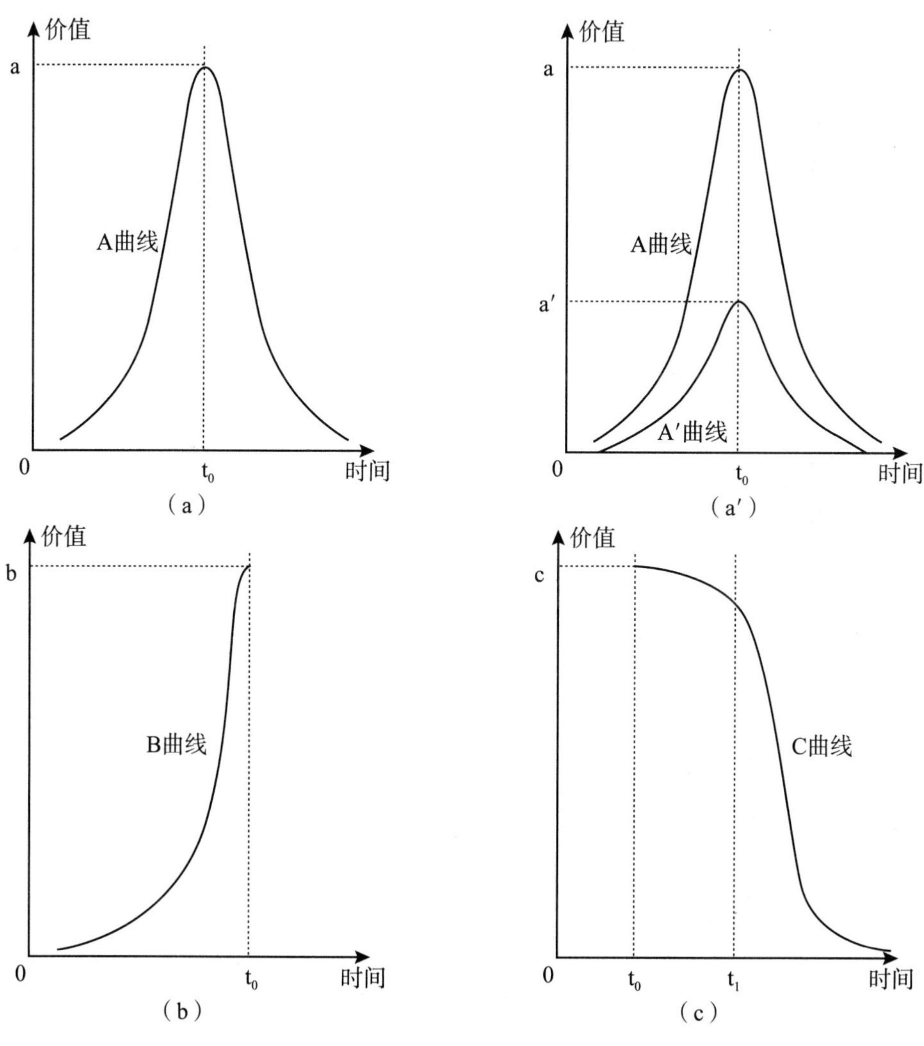

图 7 - 1　特定时点时间价值变化

图 7-1 中，横坐标表示采取行动或做成某事的不同时点。在特定时间点 t_0 前后时间价值凸起的情况可以分为三大类：第一类情况是在该时点能够赶到相应地点的时间价值最高，在该时点之前的一段相对短时间内时间价值陡升，而在该时点之后赶到仍有必要，但价值已迅速下降［见图 7-1（a）中的 A 曲线］，在上班、上课之前赶到以避免迟到就属于此类情况；第一类情况在特定时间点 t_0 的时间价值峰值高低也会因情况或行为主体不同而异，有的高些有的低些［见图 7-1（a′）中的 A′曲线］。第二类情况的前一半与第一种情况类似，但在特定时间点 t_0 以后赶到已失去意义，也就是说，必须在该时点之前赶到［见图 7-1（b）中的 B 曲线］，赶末班火车和飞机等一般属于此种情况。第三类情况是特定时间点 t_0 有突发事件发生，在该时点之后越早赶到相应地点的时间价值最高，而在一定时点 t_1 以后赶到相应地点虽然仍有价值但价值迅速下降［见图 7-1（c）中的 C 曲线］，应急救援一般属于此种情况，例如地震 72 小时以后救援队到达抢救生命的可能性就已经很小。

我们可以根据 t_0 时刻到达的机会收益来定义交通—物流时间价值，其数学表达式如下：

$$V_{\text{交通-物流时间}} = F_{\text{机会收益}}(t_0) \tag{7-1}$$

式中，$V_{\text{交通-物流时间}}$ 为交通时间价值；$F_{\text{机会收益}}(t_0)$ 为 t_0 时刻到达的机会收益函数。公式 7-1 表明交通—物流时间价值是 t_0 时刻到达的机会收益的函数，时间价值随着 t_0 时刻的到来、离去逐渐提升或降低。然而，时间价值提升的实际原因其实是该机会收益有可能由于机会的错过而丧失，换一个说法就是，如果相关机会收益已经被列入预期，那么人们的出发点就会更多转向避免预期收益变成损失。而从避免损失的角度看，则交通—物流时间价值的数学表达式可以变换如下：

$$V_{\text{交通-物流时间}} = F_{\text{机会损失1}}(t_0) + F_{\text{机会损失2}}(t_0) \tag{7-2}$$

式中，$F_{\text{机会损失1}}(t_0)$ 为 t_0 时刻未能到达的机会损失函数；$F_{\text{机会损失2}}(t_0)$ 为 t_0 时刻以后未能到达的机会损失函数。公式 7-2 说明交通—物流时间价值是 t_0 时刻未能到达的机会损失函数与 t_0 时刻以后未能到达的机会损失函数之和。可分别对应图 7-1 中 A、B、C 曲线的情况进行说明：A 曲线在 t_0 时刻前后都有机会损失，因此两个函数项都对交通—物流时间价值起作用；B 曲线表示 t_0 之后机会损失已无法弥补，主要是前项对交通—物流时间价值起作用；C 曲线表示事件发生的 t_0 之后越早到达机会损失越小，主要是后项对交通—物流时间价值起作用。

对时间价值高低的评价，往往更多的是取决于如果不能准时到达所造成的损失程度，即相关机会成本有多大。一般而言，经济越发达、出行链或供应链越成熟，社会所需要避免的损失越多，交通—物流时间价值出现峰值的频率越高，峰值也越大。因此，分析交通—物流时间价值的思路也应该从过去如何通过节约交通时间获取收益，更多地转变为分析如何避免交通不可靠造成更大的经济损失。在客运领域，人们需要出行链上的各种运输方式都能够准时发到和衔接换乘，如果交通系统不够可靠，人们避免损失发生的办法自然就是提前到达以便预留时间。这是出行者在时间成本与时间机会损失之间的权衡。在货运领域，货主要求货物能够准时发运和送达，尤其是要确保生产不断链，如果受雇运输系统不够可靠，人们避免损失发生的办法通常就是更多依靠自有运输和保有更多的物资储备，以防万一。这是货主在运输及仓储成本与机会损失之间的权衡。

第三节 等距离曲线与位移链条分析

一、时间—费用替代的等距离曲线分析

这里借用经济学厂商理论中等产量曲线的分析方法构造出“等距离曲线”，用以讨论人们在交通出行及企业在运输或物流方式选择中的时间与费用替代问题。采用等产量曲线而不是消费理论中的效用无差异曲线进行分析时空问题的原因，在于更应该将交通与物流看做是生产行为，即便是个人出行也应该属于贝克尔所主张的“消费性生产”，而交通与物流过程中所投入的时间和货币资源无论对个人还是企业都是生产要素。

我们在图7-2中以横、纵坐标分别代表旅行者所花费的旅行时间和货币费用，这二者都是实现旅行目的而要付出的代价。假设有多种交通工具，它们的其他特性都没有区别，只是速度快的票价高，速度慢的票价低，在该假设前提条件下，出行者需要选择的就是节约时间但花费较多货币，或是节约货币但花费较多时间。此分析也可以用于说明货运或物流中的时间与费用替代问题。

图7-2（a）中 L_1 曲线是一条等距离曲线，代表在其他条件不变情况下，可供选择的交通工具在该距离上所需支付费用与所需花费时间的所有组合点的轨迹，如曲线上的a点对应着较高的票价 C_a 和较短的交通时间 t_a，b点则对应着较低的票价 C_b 和较长的交通时间 t_b。与同一距离相关的所有出行选择可能性组合，包括从最快同时也最贵到速度和价格都适中再到最慢但价格也最低的所有出行方

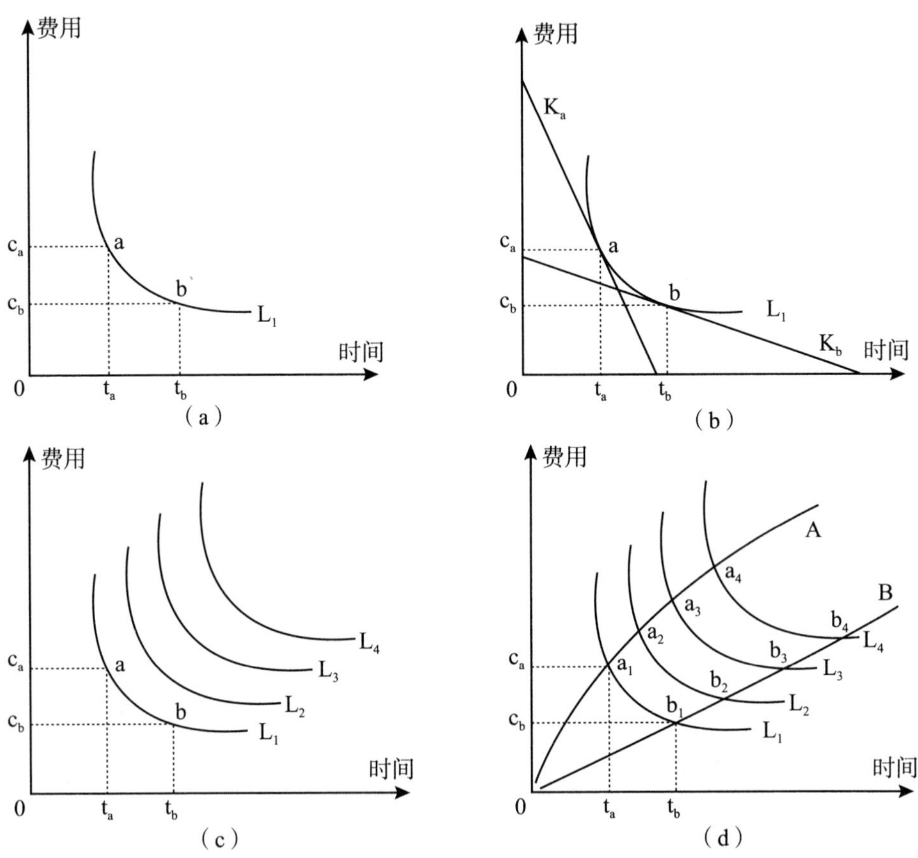

图 7－2　交通时间－费用替代的等距离曲线

式，都在所对应的那条曲线上。图 7－2（b）中直线 K_a 与 K_b 分别是代表不同出行者或不同出行目的相关出行时间与费用组合的预算线（或等成本线）。K_a 与 K_b 斜率的大小，取决于出行者对时间价值的评价，如果出行者的时间价值较高，他愿意为节约每单位时间付出的货币数量较多，其预算线斜率的绝对值就较大（如 K_a）；反之，其预算线斜率的绝对值就较小（如 K_b）。在这里，不同预算线位置与斜率之间的差异既可以代表不同收入水平出行者之间的选择差异，也可以代表同一出行者在不同出行目的以及不同出行时间约束情况下的选择差异。经济学分析能够确认，图 7－2（b）中 a 点和 b 点分别是预算线 K_a 和 K_b 与等距离曲线 L_1 分别相切的切点，或者反过来说 K_a 和 K_b 分别是 L_1 上 a、b 两点的切线。显然 a、b 两点所代表的，就是两个旅行时间价值不同的出行者、或同一出行者在两种不同出行目的以及两种不同出行时间约束等情况下对不同出行方式所做的选择。

与等距离曲线 L 相切的时间—费用预算线的斜率，就是特定出行者在相应

出行选择上的时间—费用边际替代率，其数学表达式为

$$MRS_{出行时间-费用} = -\frac{\Delta C}{\Delta T} \tag{7-3}$$

式中，$MRS_{出行时间-费用}$为出行选择的边际时间—费用替代率；ΔT 为时间增量，ΔC 为费用增量。

从经济学意义上看，出行选择的边际时间—费用替代率代表了出行者在时间与货币总预算的约束条件下，对于确定距离上出行时间与出行费用的权衡取舍和相互替代关系，因此在一定程度上体现了对特定交通时间价值的认识。可以估计到的两种极端情况是：时间—费用预算线斜率为零对应着出行人的时间价值低到可以忽略不计的程度，可以无限地消耗时间；而时间—费用预算线斜率为无穷大则对应着出行人的时间价值已经大到可以不惜一切货币代价的程度。

图 7-2（c）中 L_2、L_3 和 L_4 分别代表着另一个出行距离上的等距离曲线，形成在特定条件下互不相交的一组等距离曲线族，而每一条等距离曲线又都会与不同出行者或出行目的的出行时间与费用预算线形成相切的选择点。如果把针对不同距离连续做出的选择 a_1、a_2、a_3…及 b_1、b_2、b_3…分别连接起来，就可以形成图 7-2（d）中 A 和 B 两条不同的“出行习惯曲线”（类似于等产量曲线分析中的生产扩张曲线）。其中 A 曲线代表在各种距离上都选用速度快但费用较高的出行习惯，一般代表因收入水平较高或因出行目的与时间约束较大而对交通时间价值评价较高的出行者的选择；而 B 曲线代表在各种距离上都选用速度慢同时费用低的出行习惯，一般代表因收入水平较低或因出行目的与时间约束较小而对交通时间价值评价较低的出行者的选择。当然，还可以在图中找到其他有代表性的出行习惯曲线，但通常处于等距离曲线族上半段的出行者其交通时间价值均较高，而处于曲线族下半段的出行者其交通时间价值均较低。

如果将此最简单的时间—费用替代性图示用于企业的交通与物流选择，就需要把时间—费用坐标系和相关的等距离曲线分为客运和货运两种情况，分别对应企业人员因出差和货运物流。个人或企业都必须在时间和货币能力的双重约束之下形成对自己最合适的时空状态，也都能在相应的位置找到自己的理性区域或习惯曲线。通过合理的计划或管理优化，交通与物流使用者的时间和费用应该都可以得到节约，但可以理解至少在部分情况下时间约束的刚性会大于货币约束。而交通运输及物流服务的改进，就体现在使相应等距离曲线的位置向左下方移动，即能够使相同距离上运输—物流服务所需付出的时间与费用更少。

这里必须指出二维时间—费用替代模型表现能力的局限性。等距离曲线已经过极大简化，因为距离与交通时间、运行速度之间实际上都非简单的几何映射关系，如果再增加身份、动机、偏好等因素，更不再是一个平面图示所能刻画的。

因此，这里的交通—物流时间价值只是一个分析思路，最多只能用来进行对比，并非一定可以算出确定的数值。这还不包括其他交通服务特性和人们偏好改变的因素，例如，随着生活节奏加快及收入水平上升，尽管人们往往更倾向于选择速度快并可节约更多时间的出行方式，但也并不排除一些专为休闲观光而有意开发的豪华游船和空中游艇等相对慢速交通工具。为了有利于分析，可能需要在相关模型中带入更多的变量甚至变更模型，但不能指望通过某种特定的计算方法就能获取一劳永逸的交通时间价值数据结果。

二、时间距离的概念与位移链条

距离是对两个位置之间相隔长度关系的度量。通常距离均是从空间意义上去理解，例如米或者公里就是常用的空间距离衡量单位；但克服空间距离要耗费时间，因此也可以从时间意义上去定义距离，例如“光年”就是天文学衡量星际距离常用的单位。这里的时间距离从狭义上是指实现经济活动中人与货物在两地之间空间距离的位移上所需要的时间。两地之间的空间距离一般不会改变，而时间距离却可能由于运输技术和组织水平的进步不断缩短。最简单的时间距离计算公式如下：

$$T_{ab} = \frac{L_{ab}}{V_{ab}} \tag{7-4}$$

式中，T_{ab}为 a、b 两地之间的时间距离；L_{ab}为 a、b 两地之间的空间距离，V_{ab}为 a、b 两地之间交通运输的速度，该式表示时间距离要由运行速度决定。

在同样的空间距离上，如果不同运输方式完成位移所需要的时间不一样，则对应的时间距离也是有差别的，假定两地之间目前水运的时间需两天、火车需 8 小时、飞机需 1 小时等，这些大体上也就对应着各种运输方式的时间距离。在不同的经济与运输发展时代，时间距离的标准尺度差别很大，从早期人类以年、月或旬为单位计算，到近代和现代逐渐转为以周、日或小时计算。显然，经济越发达社会生活的运转速度越快，时间距离从总体上也就越短，这可被称做“时空收缩”。无论是个人出行计划、住所选择，还是企业确定供销渠道，时间距离的长短都成为最基本的决策要素。

时间距离的概念显然非常重要，然而实际上时间距离中不仅包括运行时间，还包括克服空间障碍所需要的衔接与转换时间（以下简称“衔接时间”），其中客运的衔接时间包括离家、等待、上下车（机、船）和换乘等时间，货运的衔接时间则包括装卸、换装和仓储等时间。因此，时间距离概念应该同时包括衔接时间和运行时间，其计算公式应为：

$$T_{ab} = T_{衔接a} + T_{运行ab} + T_{衔接b} \tag{7-5}$$

式中，$T_{衔接a}$和$T_{衔接b}$分别为在 a 和 b 地的衔接时间；$T_{运行ab}$为 a、b 两地之间的运行时间；$T_{运行ab} = \frac{L_{ab}}{V_{ab}}$。

可以看出，公式 7-4 只是公式 7-5 在衔接时间为零条件下的特殊表示。

衔接时间不但现实存在，而且由于衔接效率的改进往往跟不上运行速度的提高，衔接时间在时间距离中所占的比重会明显上升，甚至可能超过运行时间。图 7-3 是通过运行图表示的时间距离，图中横轴是时间，纵轴是空间位置的距离，运行曲线分别包括相应的衔接时间和运行时间。在方式一的情况下，a 地至 b 地的运行时间是 4 个单位时间，其两端的衔接时间各为 1 个单位时间，共计 6 个单位时间。在方式二的情况下，a、b 之间的运行时间缩短一半为 2 个单位时间，其两端的衔接时间仍各为 1 个单位时间，共计 4 个单位时间。可见，单纯运行时间缩短并不能成比例地缩短整个两地之间的时间距离。如果运行时间继续进一步缩短而两端的衔接时间仍旧不变，则总的衔接时间就会超过运行时间。

显然，在运行速度已经提升到一定水平以后，如何减少衔接时间就会逐渐成为交通运输发展中的关键问题。因此在一定的运输业发展阶段上，联运及适时配送等现代物流组织问题就变得越来越重要。如果关于时间距离的研究只单纯地关注运行速度，就存在着很大的片面性。此外，整个运输过程经常被分为几个需要相互连接的环节，每一个环节内部又有自己的衔接时间和运行时间，因此整个运输过程应该被看做是一个运输位移的链条。从任何一个运输链条的两端看，也都分别有自己对应着的空间距离和时间距离，也需要进行分析研究。链条两端时间距离计算公式为：

$$T_{an} = T_{衔接a} + T_{运行ab} + T_{衔接b} + \cdots + T_{衔接n-1} + T_{运行(n-1)n} + T_{衔接n}$$

也即

$$T_{链条} = \sum_{i=0}^{n} T_{衔接i} + \sum_{i=1}^{n} T_{运行i} \tag{7-6}$$

可以看出，相对于公式（7-4）和公式（7-5），公式（7-6）是时间距离更加一般化的计算公式。应该承认，从链条视角更有助于从时间和空间两个维度上同时考察距离，帮助人们关注时间距离并从实质性的意义上把握距离概念。需要充分认识链条的重要性，链条两端时间距离的概念不但可以针对交通运输活动，也可以适用于与时间距离有关的任何社会经济行为。例如，生产制造、商业流通以及其他各种服务经营，而且对链条以及由链条构成的链网时间距离的研究也可以包括微观、中观和宏观多种尺度（见图 7-3）。

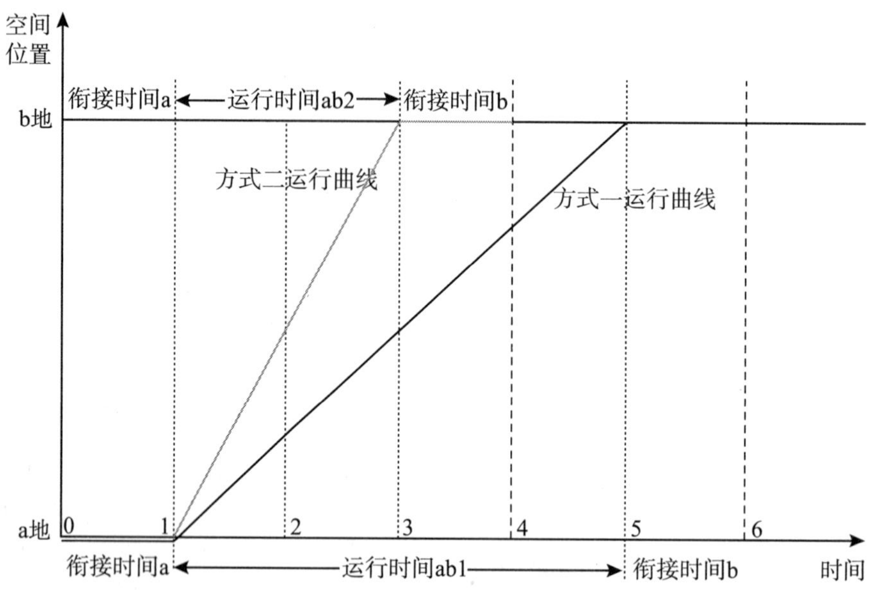

图 7－3　用运行图表示的时间距离

考虑时间距离的运输—物流发展问题，就要从过去主要考虑位移问题，以提高运营速度为主，转变为更多考虑衔接问题。生产节奏的提高并不是仅靠加快某一个环节上的工作速率就可以做到的，它其实是整个系统中所有环节都能够充分合作与协调的要求得到满足的结果，因此是系统协作状态的体现。形成平滑的匀速链条，特别是最大限度地减少停顿和拥堵导致的时间浪费，比只在某个环节上一味地提速更加重要。对运输效率的最大制约已经逐渐转移到了节点和枢纽上，因为节点和枢纽往往恰是链条内不同组织及技术制式之间进行转换、或者移动对象在不同运动状态之间进行转换的界面，绝大多数衔接问题以及相关信息交换和支付行为的摩擦也都发生在节点上。因此，节点和枢纽的容量、结构与效率在很大程度上制约或决定着整个链条以至于整体网络的效率。

与克服空间距离一样，克服时间距离也要支付相对应的成本。随着运输业发展水平的提高，时间距离的缩短一般也伴随运输成本的逐渐下降，但也不排除某些运输方式为缩短时间距离付出的成本代价过大，因而并不被市场接受的情况。例如，超音速协和客机因一直未能吸引到足够需求最终退出经营，高速磁浮列车似乎短期也很难找到理想的市场空间。国内高速铁路的大量开通在明显缩短地区间铁路运行时间的同时，也由于其过高的票价而引起了一些普通乘客“被高铁”的感叹，还有高铁车站普遍远离城市中心造成总出行时间过长的问题。因此，必须针对链条的特质和每一项功能去设计安排客户真正需要的时空匹配，避免事倍功半的资源配置代价。

第四节 经济时空分析的重要意义

经济学已经从多重视角考察过企业的基本功能，既包括实现规模经济和节约交易成本，也包括资源基础与核心能力的解释，而我们认为企业的基本功能其实也同时要满足经济活动在时空关系上的要求，或者说在某种程度上企业是满足时空关系固化要求的经济组织。

与位置高度相关的产品或服务，位置不对就造成损失；与时间高度相关的产品或服务，时间不对就造成损失；与位置和时间同时高度相关的产品或服务，位置或时间中任何一个不对都会造成损失。在高度组织化的社会经济形态中，特定对象必须准时出现在特定的位置，如果时间延迟就会造成较大或巨大损失，而这也就提出使特定时空关系相对固化的要求。也就是说，那些与位置和时间高度相关的生产活动由于生产过程不可间断而必须受到特别重视，以至于需要通过特别的流程甚至组织以确保满足相关时空关系固化要求。例如，为了使特定时空关系的相对固化能够实现，避免运输—物流活动不可靠造成生产断链，制造厂商在原材料采购、进货、储藏、配送等各个环节上都要留足必要的余量，直接关系到生产过程的厂内运输、仓储和配送等活动在传统上往往更是必须放在内部由自己完成。

企业如此行为的原因是，在普通契约、技术或其他手段无法有效解决经济时空关系中的不确定性困扰时，只能通过产权和组织措施去最终解决。当考虑不确定因素发生对运输—物流过程发生影响，则前面链条时间距离的计算公式可调整为：

$$T_{链条} = \sum_{i=0}^{n} T_{衔接i}(1 + f_{ai}) + \sum_{i=1}^{n} T_{运行i}(1 + f_{bi}) \qquad (7-7)$$

式中，f_{ai}和f_{bi}分别为在环节i的衔接和运行过程中不确定因素对标准作业时间的影响因子。

不确定因素的影响过大，就会导致链条的时间距离延长很多，而提高效率的重要途径，显然就是要尽可能地减少运输—物流过程中不确定风险的影响。经济生活中存在大量由于时空高度相关所产生的套牢和不确定性问题，必须通过特殊契约或组织手段加以解决。企业的作用就是要通过分工和组织的形式，确保特定生产、经营流程的时空关系相对固化能够顺利实现。在某种程度上，在有能力成为通过内外部手段成为化解或控制时空关系不确定性的经济主体时，企业就生成了。而任何有效的组织实际上都会成为时空关系固化要求得以实现的保证。

企业一直在改善自己的组织形式与结构，以便能更好地随时解决时空匹配问题，而任何流程优化都是为了降低时空链条上的不确定性。这中间包括早期提高工人操作在时空上合理性的泰勒制，从时间上对任务进行时间计划和时空控制的甘特图表，和使整个生产过程在时空的一致性上进一步协调实现大规模生产效率的福特流水线。第二次世界大战后逐渐形成的丰田生产方式则将注意力集中在减少和消除存在于从原材料、零部件供应到产品销售所有环节的库存，“只在必要的时候、仅按必要的数量经济地供应或生产必须的物品”（门田安弘，2005）。丰田精益管理的推行使生产经营流程被不断优化，其实质是让得到改善的特定时空关系得以固化，使所有的作业活动更加准时，不但不能断链，而且要让整个链条内所有环节上的相关时空关系都得到最优配置，在浪费最小的前提下保证能够适应市场变化的柔性生产。而且不仅是厂内所有生产流程的时空关系，还进一步扩展到上下游企业间整个链条流程时空关系的相对固化。这些改进能够成为争相效仿对象的原因是很清楚的。

避免时空链条断链而在可靠性上提出的要求，也可以解释近期相关产业结构出现的一些重大变化，包括物流与供应链在现代经济中的重要作用。信息技术和现代物流管理的渗透，使得过去的厂内运输、仓储和配送等业务可以做到更加精准且储备量更少，并有助于实现效率更高的专业化外包，甚至得以在全球范围内进行生产经营布局。第三方物流的作用就是帮助客户大大地节约业务链条上的时空成本。而产业集聚、融合与模块化的过程，则是逐渐将这种内在要求通过社会化和市场化的契约关系得到实现，让更多的时空关系以合理的水平固化下来。沃尔玛更是通过不断延长配送—销售链条上的自动准时补货系统，使大型零售企业实现向现代信息和物流企业转变的典型，并引起始自最终需求的反向供应链流程构建风潮，推动了市场格局的巨大改变。市场竞争从传统的企业间竞争转变为供应链之间的竞争，是链条所有环节上时空精准性的竞争，是流量经济组织能力与实现程度的竞争。链条的时间价值越大，链条的组织水平越重要，所有这些都强调了组织在经济时空关系构建与控制上的重要性。能够设计、实现并掌控重要经济关系时空一致性的经济主体，就具有最核心的市场竞争能力，以至于制造业中的不少生产企业也感到只有被纳入零售商的供应链才能生存。

经济学能够解释现实经济在时空关系与结构方面发生的变化。将微观经济学中一般厂商利润最大化的条件，即所有投入要素的边际产量与其价格之比均相等，稍加延伸就可得到下式：

$$\frac{MP_L}{P_L}=\frac{MP_K}{P_K}=\frac{MP_A}{P_A}=\frac{MP_T}{P_T} \tag{7-8}$$

式中，MP 为要素的边际产量；P 为要素价格；前三项的 L、K、A 分别代表劳动、资本和土地，而最后一项的 T 则代表时间。

公式（7-8）说明，时空因素作为资源和经营背景在很大程度上决定并约束着厂商的利润。无论是时间价值发生变化还是时间所决定的边际产量发生变化，企业都必须调整其他要素的数量和结构，以使资源配置达到新的最优。

任何成功企业一定会有一套使企业资源、业务、产品及市场共同形成核心能力的时空配置与整合战略；任何成功的契约关系必然包含对利益相关方都合理或可接受的时空安排；任何风险的防范与化解也是在时空中策划与实现的；而信息化要解决的则是信息如何在确定时空结构中的准确获取、传输、处理和提供问题。时空匹配的细节往往决定了成败，人们永远在不懈地寻找更好的替代性安排。现实世界的时空结构需要经济学的理性认识，时空关系的解释应该是经济学研究的核心范畴之一。

第五节　时空关系视角下的综合交通运输

中国目前正处于工业化中期和城市化迅速推进的过程中，产业结构、消费结构都正在经历重大转变，中国也深度参与了经济区域化与全球化的进程，因此人们的生活空间、城市空间、产业空间以及区域的经济地理格局都处在大幅度重塑过程之中，经济生活的节奏也在不断加快。交通运输在这中间发挥的作用是有目共睹的：小汽车、高速公路、轨道交通和民用航空的普及，使各层级社会经济空间所依赖的交通基础设施出现根本性改善，普通民众的生活与出行方式发生巨大变化，而集装箱多式联运和以准时配送为特征的现代物流业的兴起，则为各类企业提升经营水平和效率、扩大营销规模甚至拓展全球市场提供了条件。

我国社会经济发展已经进入了一个新的阶段转换期，新型工业化和科学发展要求关注经济时空结构与时空秩序的合理化。资源在时空配置上的效率从更长远的视角上决定着国家和地区未来发展方向和水平，也应该是经济结构调整的重要内容。时空结构改变和时空秩序的建立需要大量资源投入并经历相当长时期，必须避免资源配置被扭曲给社会经济带来低效率和过高代价，而时空统一视角的经济学分析框架显然有进一步深入研究的必要。

影响经济时空结构的因素有很多，但自始至终发挥着决定性作用的首要因素当属交通运输。人类首先是通过交通运输活动把社会经济的时间与空间维度联系在一起，以交通运输为基础构建起社会经济的时空结构，交通运输当然也就成为进行经济时空分析、研究经济时空结构不可或缺的核心因素。运输业的合理发展是社会经济时空关系与结构能够不断得以改善的基础，因此综合交通运输的研究必须关注运输业发展新阶段所涉及的时空问题。

传统运输业的产品与服务主要是为解决空间位移与可达性问题，而综合运输新阶段的运输产品与服务将会越来越多地满足社会经济在时空关系改善方面的要求。经济学对交通—物流时间价值的认识，要从过去只能通过简单取平均收入或平均货值计算如何通过节约交通时间获取收益，转变为分析如何避免交通—物流不可靠造成更大的机会损失；从只能分析其影响个人出行行为的程度，转变为更多针对经济组织如何适应时空关系的要求；从只能考虑现有资源配置条件下的经济活动，转变为更多考虑各种资源在节约时间与合理利用时空上的配置效率。

伴随着避免损失指向性的日益明显，社会对运输业发展的要求也从原来单纯地提高载运工具的运行速度，变为越来越强调包括准时在内的可靠性标准。旅客出行不会仅仅追求线上的运输速度，而是要求包括多种选择和在节点枢纽上的换乘方便，要求整个出行链条的高效率；货运的进步也更多体现在整个运输过程的无缝衔接和匀速化，以及送达的准时性或及时性。准时就是效率，相关资源和行为的时空精准化配置与管理成为社会成熟程度的重要标志，也意味着运输业的发展进入了重要的阶段性转变。可以看到使用者更多利用信息网络和代理商安排运输过程，运输业在内部方式之间衍生出多式联运组织，在外部则延伸出适时配送的现代物流体系。运输业在客运方面与现代旅游业的结合，在很大程度上也是为了帮助各类旅行者更合理地安排所有旅行要素在整个旅行链条上的时空关系。通过提高可靠性，运输—物流业一方面帮助人们节约更多时间，并避免可能遭受的损失，同时也大大减少了在避免损失的过程中所需付出的代价和成本，因为使用者已经可以大幅度减少原来必需的等待时间和物资储备。当然也有特殊情况，例如，为了提高应急反应水平，政府必须储备一定数量的相关物资和救援能力，这也是社会在储备成本与可能的机会损失之间的权衡，社会越成熟这方面的要求也就越高。

第八章

信息化与综合交通运输

第一节 信息化及其发展

一、信息化的概念

（一）信息技术与信息革命

按照世界银行的定义，信息技术（IT）指创造、储存和处理数据的技术，包括硬件（计算机网络、服务器、储存设备与桌面计算机）、系统软件（操作系统、程序语言工具）以及应用软件等。信息与通信技术（ICT）由硬件、软件、网络以及收集、储存、加工、传输和发布信息（包括声音、数据、文本和图像）的媒介构成。ICT部门分为电讯、传播部门和信息技术部门，包括相关基础技术、专业技术、产品和服务，以及生产、供应、运营ICT的厂商、消费者、政策制定者和管理者，还包括直接参与ICT产品和服务的生产、销售和管理的其他机构和合作者等。

信息革命被视为第四次工业革命，是指信息技术超常规的发展，以互联网的全球化普及为重要标志。从20世纪80年代个人电脑普及开始，信息的传递变得越来越简便快捷，人们寻求一种更快捷的通信方式。美国将用于军事、商业的网络完全开放，形成实际意义的互联网。网络的发展令网络软件应运而生，即时通信软件、电子邮件令分隔两地的人可以于短时间内实现通信。它完全打破了地域、距离、意识形态的限制，使人们能方便、快捷地接触到各种思想、文化，同时带来了信息的爆炸性增长。

（二）信息化

"信息化"这个名词是日本学者梅棹忠夫在其1963年发表的专著《信息产业论》中首先提出的，他将以信息为中心的社会定义为"信息化社会"。经过几十年的发展，信息化这个概念在全球已经得到了广泛的认同和使用，也出现在联合国的正式文件当中。1988年，联合国教科文组织在代表联合国出版的《知识社会》一书中指出："信息化既是一个技术的进程，又是一个社会的进程。它要求在产品或服务的生产过程中实现管理流程、组织机构、生产技能以及生产工具的变革。"从这个关于信息化的描述中可以看出，对于信息化的认识和理解有几个不可忽视的要点。首先，信息化并不仅仅是一个技术的进程，或简单的现代信息技术的应用问题；更重要的是，信息化是一个社会的进程，即社会发展和演变的过程。其次信息化不仅仅具有生产力（生产技能与生产工具）发展的内涵；同时，更重要的是，信息化意味着生产关系（管理流程和组织机构）的变革。

我国信息化工作领导小组在1997年提出了国家信息化的定义：即在国家统一规划和组织下，在农业、工业、科学技术、国防及社会生活各个方面应用现代信息技术，深入开发、广泛利用信息资源，加速国家实现现代化的进程。全国信息化工作会议还确定了国家信息化体系框架，包括信息资源、国家信息网络、信息技术应用、信息技术与产业、信息化人才、信息化政策法规和标准六个方面。中共中央办公厅、国务院办公厅印发的《2006～2020年国家信息化发展战略》则表述如下：信息化是充分利用信息技术，开发利用信息资源，促进信息交流和知识共享，提高经济增长质量，推动经济社会发展转型的历史进程。

从目前世界各国利用现代信息技术的种种努力及其所追逐的目标来看，信息化本质上是一个推动社会转型的过程，一个从工业社会向信息社会转变的过程。从这个意义上来讲，信息化不是目的，而是一个过程，是一场产业革命的过程，而且是一个可能持续上百年的过程。信息化终将导致信息社会的实现。

信息化的内涵一般包括以下几个方面的内容：（1）信息网络体系，包括信息资源，各种信息系统，公用通信网络平台等。（2）信息产业基础，包括信息科学技术研究与开发，信息装备制造，信息咨询服务等。（3）社会运行环境，包括现代工农业、管理体制、政策法律、规章制度、文化教育、道法观念等生产关系与上层建筑。(4) 效用积累过程，包括劳动者素质，国家现代化水平，人民生活质量不断提高，精神文明与物质文明建设不断进步等。

信息化水平是指某一组织的信息化发展程度。信息化发展水平已经成为衡量一个国家、地区或其他组织现代化水平的重要标志。目前国内外已经形成了若干对信息化水平测算的方法体系，包括马克卢普（Macluph）法、波拉特（Porat）法、信息化指数法、国际数据公司法、电子经济评估体系、综合信息产业力度法、信息化综合指数法、国际电信联盟指标体系法、中国国家信息化指标体系等。

二、信息技术的发展

信息技术的发展带来了一场信息革命。微电子和计算机技术在信息革命的发生和发展中扮演着极为重要的角色，这一过程中，电信技术和数据通信技术也发展起来，并促使电子通信网络的形成。信息技术根本改变了人类关于信息的生产、存储、处理、交换、传播和利用的方式，并将信息革命不断引向深入。

（一）电子数字计算机的发明及个人电脑的发展

历史上的二进制运算、布尔代数的提出、电子管的发明以及图灵对计算机理论的证明等为现代电子数字计算机的发明奠定了基础。到 1945 年年底，由美国的莫克莱（J. W. Mauchly）和埃克特（J. P. Eckert）等负责研制的电子计算机终于试验成功。不久，冯·诺依曼（John Von Neumann）和他的同事们又进行了完善，导致了实用化的通用计算机的实现。

微处理器的出现将信息技术发展带入了一个新的阶段，它为计算机尺寸的缩小、性能的不断提高和个人电脑的发展铺平了道路。1981 年，IBM 公司正式推出以 Intel8088 为 CPU、在微软 MS - DOS 操作系统上运行的个人电脑 IBM 5150，不久它就登上了时代杂志，被誉为年度风云人物（man of the year），成为现代 PC 的原型。经过多年的发展，笨重的个人台式电脑不断更新换代，性能得到大幅提升，并出现了越来越轻薄的笔记本便携电脑、触摸式平板电脑和掌上电脑，与此同时，功能各异的应用程序软件也被各种软件商开发出来。如今，个人电脑已融入我们工作、生活的方方面面。

（二）互联网的发展

互联网起源于美国，1969 年 9 月，美国国防部建立的第一个电脑网络上线，命名为 ARPANET。20 世纪 80 年代开始向公众开放，这一时期，美国国家科学基金会也加入了网络设置，建立了另一个以科学交流为目的的网络，并与 IBM 合作设立了一个供非科学界学者使用的网络。20 世纪 90 年代后，私人企业网络日益活跃。互联网发展过程中，通信标准 TCP/IP 协议、电子布告栏系统（BBS）、HTML 的超文本语言规则等逐步建立起来，使电脑和网络间的信息能够顺利互通；随着搜索引擎以及博客、微博等技术不断发展，互联网在经济、生活中的作用日益壮大。

（三）通信技术的发展

近现代通信方式的发展是从电报和电话的发明与应用开始的。19 世纪前半叶的电学进步，推动了通信技术的革新。19 世纪中期前后，有线电报和电话先后发明出来，20 世纪初，无线电应运而生，并首先被用于敷设线路困难的海上通信。随后，广播、电视得以推广使用。

第二次世界大战期间，步话机、对讲机等移动通信的雏形已开发了出来。20 世纪 70 年代，美国芝加哥和日本先后建立并使用移动电话网。20 世纪 80 年代，欧洲的数字蜂窝移动通信系统标准 GSM 制定出来，同时期 CDMA 系统也开始应用，移动通信进入“2G”时代。21 世纪，无线通信从“2G”时代迈入“3G”时代，通信速度大大提升，同时“4G”技术也在逐步走向成熟，以满足大众多媒体化、普及化、多样化、全球化和个性化的信息交流。

卫星通信将无线信号扩展到全球任意地点。1957 年 10 月，世界上第一颗人造卫星升空，正式拉开了卫星通信的序幕，之后，海事通信卫星、电视直播卫星等逐步发展起来。1970 年制成的世界上第一根光导纤维，开启了光通信的时代。

随着技术的不断进步，“三网融合”已得到实质性的发展。三网融合即广播电视网、电信网与互联网的融合，其雏形诞生于美国，欧洲和日韩等国对此也非常重视，并已有相应的业务开展。随着数字电视的进一步普及，IPTV 的推广，以及“3G”乃至“4G”技术的商用，更广范围的融合已成趋势。

物联网即各种对象在传感器、射频识别（RFID）技术、全球定位系统、红外感应器、激光扫描器等技术基础上与互联网结合，相互之间形成连接的一个巨大网络，实现物与物、物与人，所有的物品与网络的连接，方便识别、管理和控制。近距离无线通信技术（NFC）由于其方便、快速、易用等许多优点，广泛应用于门禁、公交、支付等领域，随着个人移动终端平台的不断升级，二者的结合

(如在手机中集成 NFC 芯片) 将更大程度地方便人们的生活。

未来的通信业务将自然地融入人们的日常工作和生活中。人们在不自觉的情况下使用网络，就如同对空气和水的使用一样，即网络与业务无处不在，工作模式与生活模式都实现了数字化。无论在家里、办公室还是旅行途中，任何人在任何时间、任何地点都可以通过任何终端获得任何内容，而且用户的体验也将实现最大的一致性。

三、信息化为各行业发展创造良好环境

现代信息技术的发展与应用所推动的信息化，虽然历史不长，但是已经给经济和社会的各个方面带来了深刻影响，信息化是人类社会进一步发展的一个新的驱动力量。

信息革命创造了新的经济活动、新的产业部门和新的就业机会，包括新的产品、新的生活和消费方式、新的就业形式，创造了新的财富。信息技术向其他部门渗透，推动整个技术体系变化，使整个经济与社会活动的技术基础焕然一新，包括生产技术方面，也包括企业管理等方面。信息技术的发展向所有的国家提供了新的增长模式和机会，信息革命正在许多国家中导致大规模的国民经济结构调整。很多国家，包括发展中国家，都通过对信息技术的发展和应用的投入取得了较大的经济增长，信息技术的相关产品，如芯片、软件、计算机制造、通信设备制造和通信服务业，已经在许多国家中发展成为国民经济的重要产业部门。信息化促进了电子商务等网络经济的崛起，推动了经济全球化的进程。信息技术和现代运输方式的使用大大降低了产品和资源的交易成本，促进了商品和资本的国际流动，使生产国际化、贸易和资本全球化。

但信息化也存在负面影响。信息爆炸与信息质量、个人隐私权保护、信息安全与电子犯罪、文化多样性的保护等问题，处理不好都会给人们的生活造成伤害。对计算机互联网中用户的发展及其行为管理控制还不规范，需要逐步完善相关法规。另外，全球信息化的发展非常不平衡，形成新的“信息穷国”与“信息富国”的两极分化，进而在国际文化交往方面带来文化融合与文化保护主义的问题等等，因此在信息化不断推进的过程中需要解决好这些问题。

信息技术在经济、政治、社会、文化、军事等各个领域应用的广度和深度不断扩展。为国民经济和社会发展水平的提升做出了不可替代的贡献。目前，各行各业的许多信息系统或信息化工程，已经成为该行业赖以生存和发展的战略要素。中国国民经济和社会系统的正常运行，已经离不开各种各样信息系统的支持，包括交通运输系统。

第二节　交通运输的信息化

交通运输体系是国民经济运行的命脉，必须充分运用现代信息技术，提高信息化水平，才能使运输事业在新时期得到更大发展。交通运输业作为一个传统产业，其产业改造、升级在相当程度上已成为固有技术与信息技术的结合，船舶、列车、民航调度、远洋航行、货物运输等都需要信息作先导，对运输工具的控制、运输系统的安全运转也离不开信息的快速传递。信息技术的发展全方位、多层次、深刻地影响着交通运输，带动着交通运输快速进步。

一、交通领域信息技术应用回顾

信息技术在交通领域的应用是从铁路开始的。早在1839年，英国铁路便开始在伦敦附近的车站与车站间用刚发明不久的电报技术传送列车出发和到达的信息。1851年，美国铁路开始用电报发送行车调度命令。1876年电话发明后不久，铁路上便开始使用电话闭塞法保证列车行驶安全。20世纪20年代，一些国家的铁路开始进行了机车与地面之间的无线通信试验。40年代，许多国家相继在列车上装置电子管无线电话，采用中、短波段通信。50年代一般用短波段的点对点无线通信。60年代以后，随着晶体管和集成电路的发展和应用，电子计算机技术兴起，现代信息技术在铁路上得到应用。发达国家正是从这一时期开始将现代信息技术运用于铁路运输生产与管理中，提高了铁路运输的核心竞争力。

智能交通系统（ITS）是信息技术在交通领域较全面的应用。发达国家在20世纪60年代甚至更早便开始了ITS的研究。例如，美国在60年代就提出了电子导行系统计划。60年代末70年代初，在欧共体内部开始出现了有关ITS的讨论。70年代后半期，德国博世和大众公司开始涉足车辆通讯、导行实验计划。日本东京在1970年开始装配车辆交通控制系统（VTCS），1973～1978年进行了综合汽车控制系统（CACS）的研究等。

通信技术在水上船舶运输中一直发挥着重要作用。1899年，美国“圣·保罗”（St. paul）轮装置了无线电台，并于当年11月抄收了怀特岛（ISLE OF WIGHT）上的马可尼电台发出的电报，成为船舶无线电通信之始。20世纪初已有不少船舶装备了简单的无线电通信设备。1922年船岸间开始用无线电话通信。1976年美国先后发射了3颗海事通信卫星，使船舶无线电通信跨入了采用微波频段和卫星通信技术的新时期。之后世界各地港口的迅速发展深受现代信息技术的影响。

第一次世界大战时期，无线通信技术应用到了战斗机与地面间的联系。1929年，美国的无线电导航技术在飞机飞行试验中取得成功。到20世纪30年代末，战后发展起来的民航飞机已普遍采用无线电导航。在第二次世界大战前，英国还发展了雷达技术，并用雷达从地面指挥战斗机作战。60年代飞机开始使用计算机、捷联式惯性导航等系统，将飞机的飞行和服务等方面的性能提高到新的水平。

我国交通领域信息技术的应用可追溯到19世纪末铁路建设之初，1881年中国自办的唐胥铁路开通，采用了西门子莫尔斯电报机，作为站间闭塞和通信联络之用，后来又采用自动电话等通信技术。20世纪50年代，中国铁路车站值班员和编组场内线路值班员开始使用列车无线调度电话和站内无线电话。20世纪70年代以后，铁路开始在运营管理、调度指挥、运输计划编制、财务电算化等方面进行了计算机的应用。

与美国、日本及欧洲相比，我国在智能交通系统方面的研究起步较晚，但是在智能交通管理方面已经开展了一系列研究和工程实施，特别是90年代以来，我国明显加快了对智能交通系统的研究步伐，在城市交通管理、高速公路监控系统、收费系统、安全保障系统等方面取得多项科研成果。

我国内河航运信息化工程从20世纪80年代末期就开始陆续建设，但由于受到各种因素的影响，发展比较缓慢。90年代末以来，内河航运的综合优势逐渐得到了相关机构和政府部门的重新认识，多种形式的信息服务涌现。港口的信息技术应用也在近20年发展起来。

我国民航在1980年以前几乎没有严格意义上的计算机应用，飞机的调度指挥依靠传统的通信设备。1980年，由空军负责引进空中交通管制系统并在首都机场建立了一个分系统。1985年民航计算中心研发了中国民航旅客订座系统并投入使用。1987年民航政企分开后，航空公司、机场和民航政府管理部门继续探索、推广信息技术应用。

二、现代信息技术在交通领域的应用

（一）铁路运输信息化

铁路运输信息化是铁路现代化的重要标志，其根本目的是将通信、信息、控制技术运用于铁路运输组织、客货营销与经营管理的各项活动中，通过信息化改造传统产业，提高铁路运输服务质量，提高铁路运输生产率，降低铁路运输生产成本，实现铁路运输现代化。

我国铁路信息系统经过多年的发展，建立了覆盖铁道部、铁路局和主要站段的计算机网络及传输网、交换网、数据通信网三大通信基础网，先后开发了以列车调度指挥系统、铁路运输管理信息系统、客票发售与预订系统为代表的一大批应用信息系统。信息技术在铁路的应用，大大地提升了铁路的综合竞争实力。

（1）列车调度指挥系统（TDCS）。是铁路调度指挥现代化进程中的重要环节，采用现代信息技术改造传统落后的调度方式，建立集通信、信号、计算机网络、数据传输、多媒体等为一体的三级四层（即铁道部、铁路局、原铁路分局三级再加上基层信息采集层）分散控制、集中管理的运输调度指挥系统。TDCS按照计划调度台编制的日、班行车计划，生成和下达阶段计划，并实时自动采集列车运行信息及现场信号设备状态信息，自动调整滚动阶段计划，实现对列车运行的实时追踪、实时调整和集中透明指挥。

（2）铁路客票发售与预订系统。由铁道部客票中心、地区客票中心和车站客票系统三级构成，车站售票系统主要负责售票的实时交易服务，地区客票中心主要负责以坐席为核心的调度控制和客运业务管理，铁道部客票中心主要负责全路客运的协调管理、营销分析，并保障全路的联网售票。客票发售和预订系统TRS是覆盖全国铁路的大型计算机网络应用系统。TRS的建设和运用彻底改变了手工作业方式，使硬版票成为历史，提高了铁路客运经营水平和服务质量。

（3）铁路运输管理信息系统。铁路运输管理信息系统TMIS是一个规模庞大、结构复杂、功能众多、实时性强的网络型计算机应用系统。整个信息系统在TMIS网络平台上主要架构货票制票、列车预确报、车站综合管理、货运营销与生产管理、集装箱管理、大节点追踪、运输调度七大系统，基本上覆盖了铁路货运生产的全过程，大大地提高了铁路运输生产的效率。

（二）公路与城市道路智能交通系统

信息技术与通信技术、传感技术、控制技术、GIS、GPS以及计算机技术等有效地集成运用于整个交通运输管理体系（目前主要集中在公路及城市道路交通应用方面），建立起一种在大范围内、全方位发挥作用的，实时、准确、高效的综合运输和管理系统，即智能交通系统（Intelligent Transport System或者Intelligent Transportation System，ITS）

智能交通系统的应用包括：（1）车辆导航和控制系统，辅助驾驶员驾驶汽车或替代驾驶员自动驾驶汽车。（2）交通监控与管理系统，通知驾驶员和交通管理人员交通路况等信息，并根据收集到的信息对交通进行控制，如信号灯、发布诱导信息、道路管制、事故处理与救援等。（3）运营车辆调度管理系统，通过汽车的车载电脑、管理中心计算机与全球定位系统卫星联网，实现驾驶员与调度管理中心之间的双向通信，提高商业车辆、公共汽车和出租汽车运营效率。（4）智能公交系统，采用各种智能技术促进公共运输业的发展，使公交系统实现安全便捷、经济、运量大的目标。（5）货运管理系统，以高速道路网和信息管理系统为基础，综合利用物流理论以及卫星定位、地理信息系统、物流信息和网络技术进行管理的智能化系统，有效组织货物运输，提高货运效率。（6）电子收费系统（ETC），通过安装在车辆挡风玻璃上的车载器与在收费站 ETC 车道上的微波天线之间的微波专用短程通讯，利用计算机联网技术与银行进行后台结算处理，从而达到车辆通过路桥收费站不需停车而能交纳路桥费的目的，且所交纳的费用经过后台处理后清分给相关的收益业主。在现有的车道上安装电子不停车收费系统，可以使车道的通行能力提高 3～5 倍。（7）紧急救援系统，为道路使用者提供车辆故障现场紧急处置、拖车、现场救护、排除事故车辆等服务，等等。

智能交通也是有效缓解城市交通拥堵、环境污染等问题、实现可持续发展的重要途径。城市智能系统通常由交通信息采集、交通信息共享平台、综合交通调控、公交服务、政府决策支持、交通信息服务等部分组成。系统运用信息技术以期达到城市交通管理的集中联动控制、交通管理决策科学化、交通指挥调度信息化、交通执法非现场化、道路交通信息共享和信息服务等目标。目前，我国北京、上海、广州等大城市智能交通系统的发展已初具体系，从解决城市交通问题的多方面发挥了重要作用。今后，城市智能交通系统的建设将继续加大力度发展，成为各大城市交通的特征之一。另外，正在兴起的物联网、车联网应用，给智能交通的发展带来了新契机，云计算的发展也使庞大的信息分析处理变得更加简单，智能交通把物联网、车联网、云计算这些先进的信息技术融合到系统中去，必将带来飞跃式发展。

（三）民航运输信息化

民航交通的信息化直接关系到空中交通运行效率的提高、空中交通秩序的改善、民航的飞行安全以及整个民航系统的效益。（1）民航信息基础设施建设。形成以空管通信网和商务通信网为骨干的两大专用通信网络。空管通信网以自动转报、分组交换和卫星通信为主，连接全国各管理局、省（市、区）局和主要航站，覆盖所有的国际航路和国内干线航路，承担空中交通管制、航空气象与情报、飞行计划与动态、综合管理等业务传输和国际数据交换服务。商务通信网覆盖国内外主要城市和地区，承担着客货运输业务数据传输。（2）空管信息系统。空管信息系统是面向管制安全生产、管理和决策支持、航空运输企业服务的综合信息系统，并为全行业提供安全、统一、准确、及时的航班计划、飞行动态、航行情报、气象等信息。(3) 民航商务信息系统。民航商务信息系统推动了信息服务体制改革。包括航空公司订座系统、离港系统、代理人分销系统等几个重要的信息系统。航空公司订座系统是管理供应、跟踪订座记录、控制空间分布、维护分析重要资料以及支持业务决策的后端管理系统。离港系统主要为航空公司的机场旅客服务和运营管理提供支持，包括为旅客值机、航班配载等关键信息应用。代理人分销系统实现了民航代理人对航班的实时预订，提升了航空公司的网络销售能力。(4) 航空企业信息化。航空公司围绕企业管理和市场营销组织开发了飞行运行管理、收益管理、财务管理、机务航材管理和常旅客等信息系统，提高了企业管理水平和市场竞争能力。

(四) 水运、港口信息化

水运的信息化同样受到有关部门的重视，利用各种应用系统构建水运信息化体系。(1) 水运综合信息系统，集合了水路运输服务的实体在运作过程所产生的各种信息，这些信息经处理后，除提供给政府管理部门外，还向接受运输服务的对象发布，使服务对象能够实时了解所需的信息。(2) 水上交通管制、事故处理与救援系统具备对所有通航水域中船舶位置和移动状况进行实时监控和智能化管理的功能。对危险情况进行预警，并对灾难性事件处理提供决策支持。(3) 先进的船舶控制系统 (VTS)，具备自动导航、自动驾驶、自动应答、航行状态自动记录等功能，在船舶操控过程中预防各种安全事故尤其是人为失误引发的事故发生。(4) 船舶自动识别系统 (AIS) 为船舶提供一种有效的避碰措施，能够极大地增强雷达功能，并且能够不通过雷达而使 VTS 了解所有装有 AIS 的船舶的完整交通动态。

港口作为全球物流供应链的重要节点，在世界经济的发展中发挥着越来越重要的集散枢纽作用。港口核心的竞争优势由港口的规模与等级逐渐转向港口的功能开发与拓展。在经济全球化引起的现代物流和集装箱多式联运加速发展的大背景下，信息化发展对港口建设具有关键作用。通过信息相关技术的支持，例如，条码技术 (Bar code)、数据库技术 (Database)、电子订货系统 (Electronic Ordering System, EOS)、电子数据交换 (Electronic Data Interchange, EDI) 等，港口与供应链上下游，如腹地工业、货代、海关、物流公司、经销商、银行等形成以港口码头为中心的有机整体，统一调配资源，使供应链各环节之间无缝链接，能够提供更加精细的作业和敏捷的服务。

(五) 物流信息化

随着通信、计算机软件等信息技术的发展和广泛引用，以及互联网的日益普及，信息化成为现代物流的普遍特征，能够有效地降低生产成本，加快企业对市场的响应速度，从而大幅度地增强了企业的竞争力。

信息技术在物流领域的应用从以下四个层次上展开。（1）物流信息基础技术，即有关元件、器件的制造技术。例如微电子技术、光子技术、光电子技术、分子电子技术等。（2）物流信息系统技术，主要包括物流信息获取技术、物流信息传输技术、物流信息处理技术及物流信息控制技术等。例如条形码（Bar Code）技术①、电子数据交换（Electronic Data Interchange，EDI）技术②、射频识别（Radio Frequency Identification）技术③等。（3）物流信息应用技术，即基于管理信息系统（MIS）技术、优化技术和计算机集成制造系统（CIMS）技术而设计出的各种物流自动化设备和物流信息管理系统，例如自动化分拣与传输设备、自动导引车（AGV）、集装箱自动装卸设备、仓储管理系统（WMS）、运输管理系统（TMS）、配送优化系统、全球定位系统（GPS）、地理信息系统（GIS）等。（4）物流信息安全技术，主要包括密码技术、防火墙技术、病毒防治技术、身份鉴别技术、访问控制技术、备份与恢复技术和数据库安全技术等。

由于经济发展，人们的消费能力大大提高，市场需求向多样化、个性化发展，因此生产必须满足这种多品种、小批量的需求，即柔性化生产。原材料供应商和生产成品的销售商都要适应这种变化，物流业也必须这样改变自己的传统业务方式，表现为：一方面要提高业务柔性化；另一方面要加大向客户企业生产流程的渗入。例如生产厂商为了提高竞争力必须降低成本，而降低库存是其中一个重要环节，不仅降低生产者的库存，还包括供应商、产品销售的批发商和零售商等，这一要求延伸至整个供应链，成为供应链管理的重要内容之一。必须有畅通的信息网络系统，才能使整个供应链以较低的库存量来保证、满足市场在品种、规格、样式、色彩、数量等方面不断变化的需求。面向供应链服务的物流企业作为这个供应链中的一员，同时也是这个信息网络中的一个重要节点，处于将信息转化为物资位移的关键位置。基于信息技术的现代物流有效提高了物流流通速度，降低了物流成本，增加了物流效益。

（六）电子政务系统

交通运输电子政务建设对于提高行业管理和公共服务水平有着重要的作用。

---

① 由一组排列规则的条、空以及对应的字符组成的标记，这些条和空组成的数据表达一定的信息，并能够用特定的设备识读，转换成与计算机兼容的二进制和十进制信息。

② 通过电子方式，采用标准化的格式，利用计算机网络进行结构化数据的传输和交换的一种信息技术。

③ 20 世纪 90 年代开始兴起的一种自动识别技术，是利用无线电波对记录媒体进行读写。

通过在交通部门网站发布行政职能、行业发展规划、行业发展统计、行政事业收费、行政许可事项、政府预算决算等信息，实现政务信息公开，方便行业及时了解政情；开展网上行政许可审批，方便企业和社会公众办理各类行政许可事项，从而节约了办事时间和成本，提高了运行效率；提供政民互动网络平台，便于行业各界献言、献策和监督；面向公众提供路况、路网、交通设施、气象等信息，提供基于 GIS 的道路信息查询服务和出行路线规划服务等，使公众出行更加便捷、安全。

第三节　信息化促进综合交通发展

随着科技发展的日新月异和全球经济一体化进程的加快，各种运输方式从各自为政走向联合的要求愈发强烈。这一切的实现不仅需要政策法规及管理体制机制上的一体化，更为重要的一项措施就是发挥信息系统的作用，信息技术的发展使交通运输相关信息流动更加快速、方便、准时，信息化推进综合交通的发展，促进交通运输的现代化。

一、信息化提升综合运输能力

综合交通的发展离不开信息化的支持，也必须依靠信息化的纽带与社会经济的各环节形成紧密连接，并且将交通运输功能最大程度的延伸和加强。早期的交通与信息通讯几乎是一体的，或者说信息的传递主要依靠交通的到达，比如人们对消息的奔走相告、800 里加急的快马送信等，即使烽火台的狼烟预警信号，也需要哨兵的到达才能执行。技术的进步使交通与通信分别发展开来，交通运输设施与工具经历了巨大变革，运输速度得到提高，运输距离大大扩展。而通信系统从肉眼可视的信号、有线电报电话、广播电视到移动通信与互联网等，其发展同样令人难以置信，它与数字计算机技术的应用一起引致了一场信息革命。

信息技术不断进步及其改变社会经济的过程也是其支持交通发展的过程，如图 8－1 所示。图 8－1 中Ⅰ区（交通发展水平较高而信息化水平较低）与Ⅲ区（交通发展水平较低而信息化水平很高）的情况在现实中并不会出现，交通与信息化二者的发展轨迹主要分布于Ⅱ区与Ⅳ区，并呈现出向右上方倾斜的发展趋势，信息化的发展伴随着交通发展水平的提高。

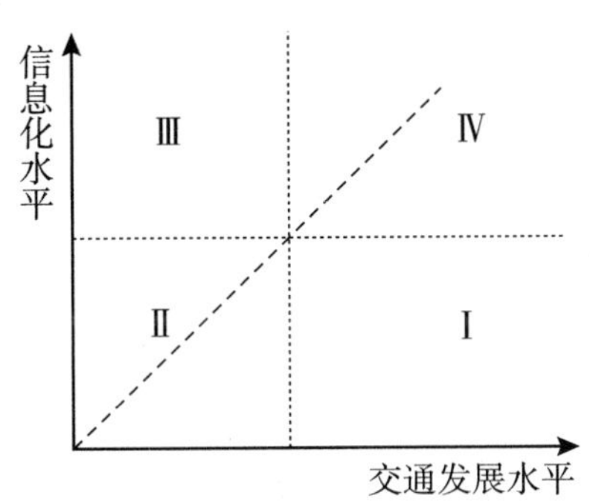

图 8-1　信息化支持交通发展

信息化在交通运行效率提高过程中的作用是不可或缺的。比如随着交通频率加快而出现的交通信号灯，建立了正常的交通秩序，已经成为交通系统的一部分。铁路、民航信息系统均是保证二者高效运转的大脑，没有信息化的支撑，就没有现代化的运输及组织方式。

地区间日益紧密的经济联系和全球性的经贸往来使货物与旅客运输的全过程往往需要多种交通方式间的联运才能实现。这种联运并不是运输方式之间简单地切换，而是需要提供给客户一单到底和有承诺的高质量服务。专业的信息系统和开放的网络保证了信息在众多主体间的传递迅速、准确，促成合约的顺利达成。在经济快节奏运行和竞争日趋激烈的今天，如果没有信息技术的支持，这样综合能力的实现几乎是不可能的。

在运输化发展的中期阶段以前，基础设施建设、交通工具技术水平的改善等始终是交通运输体系发展的主要内容，到了运输化的中后期阶段，开始发生多方面的重要转变，而信息化是推动这些转变的关键力量之一，因此，在提升交通信息化水平的同时也在改善交通运输的综合能力。

二、交通信息化保障经济时空关系准确一致

作为社会经济系统中承担基础功能的交通运输系统，要满足个人及各种组织对旅客和货物运输的不同需求，就必须积极融入信息化的进程中，利用信息化的力量，才可能使各经济部门与个人的时空安排实现其准确性和一致性等要求，从而使综合交通体系更好地为经济社会发展服务。

在高度信息化的时代，以跨国公司和成功企业等为代表的经济部门，在组织生产和销售的过程中，对于像流水线上工件的到达位置和时间、原材料或最终产品的送达地点和期限等，都有非常严格的规定。个人出行对按点换乘各种交通工具以到达目的地等同样会进行合理时空计划的安排。当然，现在我们还不能说整

个社会的各个角落对这种要求都达到了非常高的程度，但这的确是信息社会的一个重要特征。原来相互分立或简单协作的交通系统不足以提供协调时空结构所要求的交通运输功能，因此，综合交通体系的发展必须有能力提供这样的基础。

信息化的发展大大地促进了交通方式间联运的实现。由于信息技术的支持，客货的联运在不同交通方式间的转换变得更加高效和便于操作，提高了综合运输服务水平，更好地满足乘客或货主的需求，使供求协调一致起来。比如集装箱的联运，没有信息技术的支持是不可能实现如今天一样的运作效率和运输规模的。它是以集装箱为运输单元，将铁路、水运、公路等多种运输方式有机组合在一起，通过一次托运，一次计费，一份单证，一次保险，由各运输区段的承运人共同完成的、连续的、综合性的一体化货物运输，通过各种运输方式主管部门相互配合共同努力而完成运输的全过程。当今集装箱联运已经是在一个全球的范围内进行的多式联运活动，其信息系统的互通协调是实施运作的关键保障，它使通关流程简化和作业调度优化，决策得以实现。例如，集装箱装卸的自动控制、电子标签（RFID）辅助的货物跟踪识别、出口可以实现异地报关、现场验放，进口可以实现提前报关、到港验放等，从而提高国际物流效率，降低供应链运作成本。客运方面，大众出行无缝衔接的舒适体验要求越来越高，一方面，各种运输方式之间基础设施、运营组织等的衔接在不断完善；另一方面，依靠信息通信与互联网的发展，相互连接的信息系统能够及时提供给乘客优质的联运信息，帮助乘客实现出行方式的选择和出行计划的制订等，并以一票式的服务使乘客的需求得到满足。

三、构建一体化信息平台，促进综合交通发展

未来信息技术进一步发展以传感器技术、微电子技术、第三代和第四代无线通信技术、云计算、物联网等为基础的设备和应用更大范围地推广开来，信息化的力量将得到前所未有的加强，最终渗透到我们生产、生活的每一个角落，彻底改变经济社会的基础与结构。

交通部门在这个过程中，一方面自身的信息化水平不断得到提高；另一方面不同交通部门间以及交通和其他经济部门间进行信息共享、不同应用系统间互联互通显得越来越重要，甚至成为不得不做的事情。构建一体化交通信息平台顺应信息化发展的趋势，同时为综合交通功能的实现贡献力量。从国家层面来讲，首先，一体化的信息平台沟通各个交通运输部门，可以为国家进行基础设施规划建设、协调各部门实现综合运输功能等提供更加有效的信息支持。其次，信息平台不但连接国内各交通方式的数据库，还可以较容易地与国际标准兼容，使国内的销售渠道与国外连接，为国际联运提供便利条件。最后，一体化信息平台可以进

一步提升交通运输领域的整体服务水平，提高运力组织效率。

目前，航空和铁路的信息化建设较为系统化，在各自领域均发挥至关重要的作用。航空的座位仓储控制系统（ICS）、机票预定系统（CRS）、离港控制系统（DCS）等是航空公司、机场为旅客服务所依赖的核心系统，由全球分销系统（GDS）供应商提供。国内外空铁联运已不乏好的经验，例如国外多家铁路公司，包括德国铁路、法国铁路、加拿大 VIA、美国 Amtrak 等都在国际航空运输协会（IATA）申请了航空代码。航空公司代码表用于预约、时刻表、票务、征税、航空提单、公开发布的日程表和航空公司间的无线电通信，同时也用于航线申请和空管指挥等。铁路公司拥有航空代码，可以方便地与航空公司的信息系统形成互联，为联运提供必要条件。如在德国法兰克福机场，德国汉莎航空公司与德国铁路公司合作，使旅客可以通过汉莎航空的订票网络预订火车票，火车站的到发车时间能与航班的起降时间衔接，旅客可以在火车站办理登机手续并托运行李等。

我国国内目前也在进行类似的尝试，例如 2010 年，国航开通了在北京至天津空中飞行与地面运输相结合的“畅行地空一票通达”业务，把连接首都北京国际机场和天津市区的大巴虚拟成航班，旅客可以通过订票系统查询、预订和购买与航空运输段衔接的地面运输段的联运。铁道部的高铁车票网上销售系统也于 2011 年 7 月份投入使用，提升了旅客的购票体验。东方航空公司也计划在长三角地区初步实现“空铁联运”，把高铁车次、时间和飞机航线进行搭配，旅客只需要买一张套票就可以实现飞机和火车的换乘。南方航空公司甚至与欧洲铁路公司建立了合作关系。但目前国内的联运方案还没有实现真正意义上的“一票到底”服务。航空公司为吸引枢纽机场周边城市的旅客，很希望为旅客从系统订票等方式实现联运，但航空与铁路的信息系统并没有实现对接，使联运服务质量打了折扣，这中间的体制障碍是重要原因。在我国集装箱海铁联运难以有效推进的问题中，铁路的信息管理系统无法与海运对接，也是重要原因之一。

因此，尽早构建一体化的交通信息平台为多种方式间的合作提供条件非常必要，可以从民航、海运、铁路等信息化发展水平较高的部门率先展开并扩展到其他交通和经济部门。未来智能交通将在物联网的基础上得到进一步快速发展，系统中的人、货、设备、设施等要素之间成为一个协调的网络，在这个网络中，各要素能彼此进行交流，实现所有交通信息的综合处理。正常情况下，人、货、设备、设施与环境跨时间、空间自适应协同优化；异常情况下，人、货、设备、设施与环境跨时间、空间进行应急处置。整个交通运输体系运行达到一体化、智能化，社会的综合运输水平得到极大提升。

第九章

运输业发展中的资源环境约束

第一节　资源环境概述

一、土地资源

土地是人类赖以生存的基础，是农业的基本生产资料，是国家经济社会发展的基础，也是交通发展所不可缺少的重要资源。土地资源是指已经被人类所利用和可预见的未来能被人类利用的土地。土地资源既包括自然范畴，即土地的自然属性，也包括经济范畴，即土地的社会属性，是人类的生产资料和劳动对象。

土地资源具有以下三个经济特征：一是开发利用的可选择性。土地都有固定的地理位置，虽不可移动，但对它的使用却是可选择的，表现在两个方面：第一，同样的用途可选择不同区位的地块；第二，同一块土地可用于多种用途的选择。二是土地的使用成本是机会成本。因为土地资源有多种用途，但在一定时期，一块土地只能用于一种用途，因此体现出土地使用的机会成本，即同一块土地若因用于一种用途而放弃另一种用途，可能获得较大收益，也可能得不偿失。因此，在使用土地资源时，应综合考虑各方面的因素，进行科学决策。三是土地资源的使用效益是综合效益，包括经济、社会和生态效益等在内。土地除具有自然属性外，还具有社会经济属性。土地的社会属性是人类社会经济活动赋予土地的新的特性的总和。人类在对土地资源进行开发利用时，会受到社会和生态环境等因素的制约和影响，同时又会对社会和生态环境产生各种各样的影响。所以，对土地资源开发利用的效益是包括经济、社会和生态效益在内的一种综合效益。

交通运输用地指的是用于运输通行的地面线路、场站等用地，包括民用机场、港口、码头、地面运输管道和居民点道路及其相应附属设施用地。主要包括：①铁路用地，铁道线路及场站用地，包括路堤、路堑、道沟及护路林，地铁地上部分及出入口等用地；②公路用地，国家和地方公路（含乡镇公路），包括路堤、路堑、道沟、护路林及其他附属设施用地；③民用机场，民用机场及其相应附属设施用地；④港口码头用地，人工修建的客、货运、捕捞船舶停靠的场所及其相应附属建筑物，不包括常水位以下部分；⑤管道运输用地，运输煤炭、石油和天然气等管道及其相应附属设施地面用地；⑥街巷与城市交通用地，城乡居民点内公用道路，含立交桥、停车场等。

二、能源

能源，指可以提供能量的资源。交通运输的能源则是指为交通运输业提供能量的资源。如果交通运输业没有了能源，一切的交通方式都将陷入瘫痪状态。正是由于能源的提供，才使得交通运输业体现出了蓬勃的生机。因此，能源对于交通运输业来说，就如同淡水对于人类的生活一样，一刻也不可少。在发达国家中，交通运输业是主要的能源消费行业之一，平均约占社会总能源消耗的30%。

交通运输的能源从大体上说，可以分为两类：一类是比较集中且较易转化的含能物质，成为含能体燃料（燃料能源），如煤炭、石油、天然气等；另一类是可以利用的能量过程，称过程性能源（非燃料能源）如太阳能、风能等。

按照能源的利用方式，可分为两类：一次能源，指自然界天然存在的，未经加工和转化的能源；二次能源是由一次能源经加工、转化而成的能源产品。

按照能源利用的历史状况可将能源分为：常规能源，即已经得到大规模利用，技术较成熟的能源；新能源，即尚处于研究开发阶段，或仅有少量利用的能源。

按照能源消费后是否造成环境污染，可以分为污染型能源和清洁型能源，如煤炭、石油类能源是污染型能源，而电能、水能、太阳能、天然气等是清洁型能源。

尽管可利用能源种类很多，但由于技术成熟性和经济成本的低廉性，石油及其制品是交通运输中使用最为广泛的能源，除铁路运输的电力牵引方式外，其他几种运输方式几乎完全依靠石油来作为能源。

三、环境

从哲学上讲，环境是相对于主体而言的客体，它与主体相互依存、相互作用，内容随着主体的不同而不同，其差异源于其界定。对于环境科学来说，主体是人类，环境就是人类生存的环境，是指以人类为主体的外部客观世界的总体，它包括自然环境和社会环境两部分。

自然环境是人类赖以生存和发展的物质基础。广义的自然环境，是指人类社会以外的自然界，通常是指非人类创造的物质和能量所构成的环境。空气、水、土壤、岩石、野生动植物等都属于自然环境，这些自然环境和能量与一定的地理条件结合，即形成具有一定特性的自然环境。

社会环境是指人类在自然环境的基础上，通过长期有意识的社会劳动，创造或改造了的自然物质、物质生产系统、积累的文化等所组成的环境体系。所以，社会环境是人类生存活动范围内的社会物质、精神条件的总和。

《中华人民共和国环境保护法》中规定："环境是指影响人类生存和发展的各种天然的和经过人工改造的自然因素的总体，包括大气、水、海洋、矿藏、森林、草原、野生动物、自然遗迹、人文环境、自然保护区、风景名胜区、城市和乡村等"。这是把环境中应该保护的要素界定为环境保护的工作对象。

环境要素是构成环境的基本组分，它们各自独立，性质不同，而又服从环境整体的演化规律。环境要素分为自然环境要素和社会环境要素，对于环境保护研究较多的是自然环境要素，故环境要素通常是指自然环境要素。自然环境要素主要包括水、大气、生物、土壤、岩石和阳光等。由环境要素组成环境的结构单元，环境的结构单元又组成环境整体或环境系统。

区域、地区乃至全球环境中出现了不利于人类生存和发展的现象，均概括为环境问题。环境科学与环境保护研究的环境问题主要不是自然灾害问题，而是人为因素引起的环境问题。人类是环境的产物，又是环境的改造者。人为环境问题通常分为两类：一是不合理的开发利用自然资源，超出环境承受能力，使生态环境恶化或自然资源趋向枯竭；二是人口增长、城市化和工农业高速发展引起的环境污染和环境破坏。

第二节 现有交通运输系统的资源利用与环境影响

一、交通运输建设的土地占用

（一）我国交通建设用地情况

我国正处于交通建设大发展时期，土地资源的约束是影响我国目前、更是将来交通运输发展的重要因素。交通基础设施建设对土地资源的依赖性十分强，人类交通曾经长期没有石油、煤炭、电力等能源资源而持续发展，但从古至今，交通唯一离不开的自然资源只有土地。

自1996年完成第一次全国土地资源调查以来，我国国土资源管理部门定期进行全国土地利用变更调查，其中包括对交通用地的调查。近年来土地利用变更调查的交通运输用地如下：2002年全国交通运输用地208万公顷；2003年全国交通运输用地217万公顷以上；2004年全国交通运输用地223.32万公顷；2005年全国交通运输用地230.8万公顷；2006年全国交通运输用地239.52万公顷。以上调查结果不包含农村道路用地，但根据2007年国家发布的《土地利用现状分类》国家标注，从2007年起将农村道路用地统计在内。在2009年的批准用地类型统计中，交通运输用地占27.4%，是我国建设用地中最大的土地占用部门（见图9－1）。

根据测算，截至2006年，全国公路用地总规模为833.56万公顷，铁路用地总规模为42.45万公顷，两项合计为876.01万公顷，约占国土面积的0.91%。鉴于全国交通运输用地面积的99%被公路和铁路占用，因此分析公路建设和铁路建设的相关土地占用问题，有利于抓住主要矛盾，反思土地资源约束下的交通运输发展模式。

在公路建设用地方面，从图9－2可以看出，公路基础设施用地规模呈快速发展趋势。1990～2005年的15年中，公路用地增加了264.84万公顷，年均增加17.66万公顷。其中1990～1995年，即“八五”时期，公路基础设施用地增加了39.03万公顷，年均增加7.81万公顷；1996～2000年，即“九五”时期，公路基础设施用地增加了77.89万公顷，年均增加15.58万公顷，是“八五”期间的1.99倍；2001～2005年，即“十五”时期，公路基础设施用地增加了147.92万公顷，年均增加29.58万公顷，是“九五”期间的1.9倍，是“八五”期间的3.79倍。

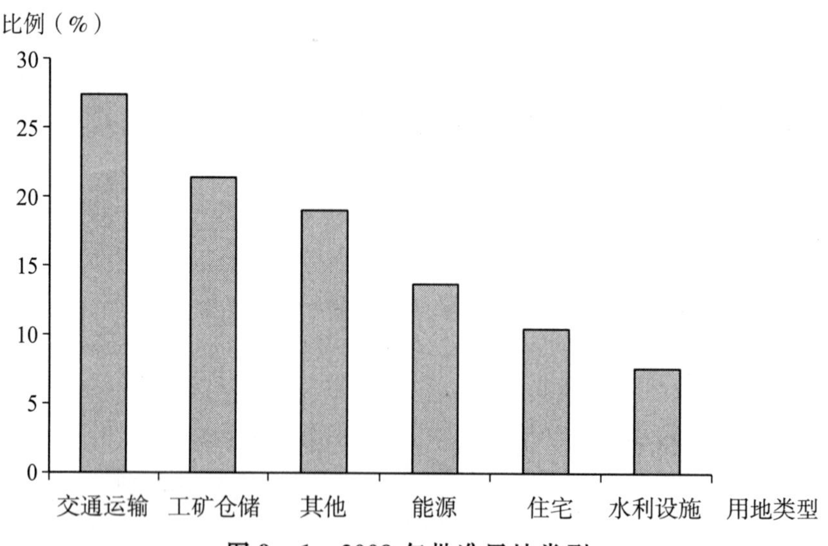

图 9－1　2009 年批准用地类型

资料来源：国土资源部网站。

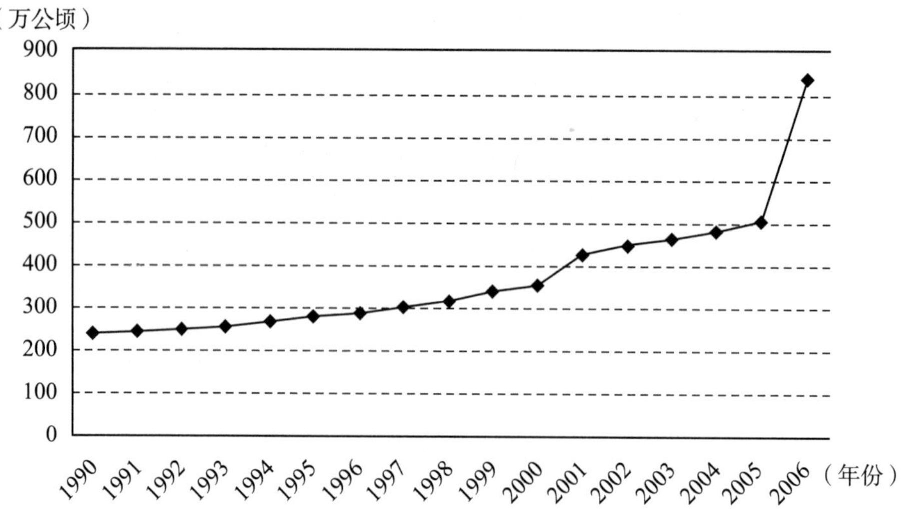

图 9－2　我国公路建设历年占地面积情况

在铁路建设用地方面，截至 2006 年年底，我国铁路已占用土地 42.45 万公顷（636.8 万亩）。复线铁路用地 16.42 万公顷（246.37 万亩），其中内燃机车牵引的平原地带 6.99 万公顷（104.9 万亩），内燃机车牵引的丘陵地带 2.77 万公顷（41.49 万亩），内燃机车牵引的山区地带 1.52 万公顷（22.87 万亩）。电力机车牵引的平原地带 3.19 万公顷（47.79 万亩），电力机车牵引的丘陵地带 1.26 万公顷（18.9 万亩），电力机车牵引的山区地带 0.69 万公顷（10.42 万亩）。单线铁路用地 26.03 万公顷（390.43 万亩），其中内燃机车牵引的平原地带 10.8 万公顷（162.07 万亩），内燃机车牵引的丘陵地带 4.39 万公顷（65.87 万亩），内燃机车牵引的山区地带 2.62 万公顷（39.34 万亩）。电力机车牵引的平原地带 4.98 万公顷（74.63 万亩），电力机车牵引的丘陵地带 2.02 万公顷（30.35 万亩），电力机车牵引的山区地带 1.21 万公顷（18.17 万亩）。

（二）目前交通建设用地中存在的问题

第一，现有交通规划体系未能反应土地资源的有效利用。无论是高速公路还是铁路，在规划过程中都存在着因管理体制、部门利益和地方利益驱动，造成规划方案不合理和一定的重复建设和过度超前建设，最终导致土地资源大量浪费的现象。

第二，土地资源违规征用和闲置现象严重。土地资源的违规征用，以及征用后的闲置现象已经成为交通运输业用地中的一个严重问题，尤其以高等级公路建设用地为重。据调查，浙江省等 17 个省（市）667 个收费公路项目中，共征用土地 272 万亩，其中违规审批、未经批准占用、以绿化及服务区建设等名义多征占和闲置土地达 96.2 万亩，占征用总量的 35%。由此可以看出，目前我国高速公路建设过程中土地被违规征用或闲置问题较为严重，甚至挪作他用，这种现象在近几年来土地价格高企的社会环境下，危害尤其严重。

第三，交通建设"占一补一"补偿原则没有很好落实。项目的建设必须要经过严格审批，而且要按照土地法律法规的要求对所征用的土地采取"占一补一"。目前高速公路建设仍采取政府主导方式，没有真正地实现社会化融资，导致征地拆迁资金紧张，影响了"占一补一"原则的落实，且越权审批立项和征用土地的现象普遍存在，这种超越资源承受能力发展公路的做法，不利于地方经济可持续发展。铁路建设中也存在类似情况。

第四，综合交通枢纽建设滞后导致土地利用不集约化。综合交通枢纽的规划和建设中最主要的内容之一是场站规划，让各种不同的交通方式在枢纽中协调匹配，以此达到高效率换乘和联运的目的。由于目前铁路正处于快速发展期，导致场站规划严重滞后于城市总体规划。综合交通枢纽不能做到与城市有机衔接，使得各种交通方式在综合枢纽中难以共享资源，造成土地的浪费。

第五，项目用地控制指标还有待进一步完善。在高速公路的修建中，由于国家对高速公路线路进行统一管理，纳入国家规范的项目用地指标，各省市为减轻建设用地指标的压力，盲目争取连接线、服务区的规模，使得连接线和服务区的数量远远高于实际需求的数量，而连接线和服务区在投入运营过程中并没有得到合理的利用，造成了土地资源的浪费。这种项目用地控制指标上的问题在铁路上主要表现为铁路客运专线的项目控制。因此，需要对相关交通建设项目土地控制指标进行修订和完善。

二、交通运输系统的能源消耗

交通运输是国民经济的一个重要组成部分，对国民经济的发展起着基础性、支撑性和服务性的作用，这种特点决定了交通运输企业在提供客货位移的运输生产服务时，必然伴随着大量的能源消耗。国际能源机构（IEA）能源统计显示，1971～2001年，交通部门的能源消费以每年9.3%的速度增长。从世界范围来看，交通运输作为能源消耗性行业，尤其是石油能源消耗大户备受社会各界关注。我国经济正在经历高速增长期，经济增长、城市化加快和机动化趋势，使得交通运输需求和服务急剧扩张，也使交通部门的能源消耗尤其是石油消耗迅速增加，交通运输能力的扩张与能源约束的矛盾已经十分突出。

（一）发达国家交通运输系统的能源消耗情况

美国是以道路交通为主导的国家，同时也拥有世界上最发达的民用航空网络，主要承担中远距离旅客运输。相对而言，铁路主要承担一部分货物运输和城市旅客运输。基于上述交通运输结构特征，公路和民航运输是美国主要的能源消费领域。在美国国家能源总消费中，交通运输系统占29%，是最大的能源消耗部门。由于美国是以小汽车为主导运输方式的国家，而且汽车保有量巨大，因此其交通运输能耗相对于其他国家的特点主要是小汽车能耗比例较高。随着国际能源价格的逐渐高企，美国的交通运输体系开始逐渐重视小汽车的过度使用问题，并在新的交通运输政策和能源法案方面做出了相应的限制。

在日本，20世纪70年代以后，由于私人汽车的大量普及，使之成为主要耗能工具，铁路一直是旅客运输和城市交通的主要方式之一，民航在中长距离旅客运输中占有一定比重，海运则承担很少的客运份额。在货物运输方面，公路和海运是主要运输方式，而铁路的作用很弱，民航货运10年多来增长迅速。这种运输特征决定了各种道路交通工具是日本交通能耗的主体，海运和民航运输依次列第二、三位，铁路在四种运输方式中能耗水平最低。日本自第一次石油危机后，就把节能降耗放在首位，并且制定了一系列法律法规，大力推进节能降耗工作。日本政府1979年颁布实施了《能源合理利用法》，并进行了多次修改，以促使企业、机动车辆、耗能设备遵守更为严格的能效标准；1993年制定了《合理用能及再生资源利用法》，1998年又发布了《2010年能源供应和需求的长期展望》，强调通过采用稳定的节能措施来控制能源需求。

欧洲是工业革命发源地，许多国家工业都比较发达，对能源的需求也较大。随着石油在能源消耗中的比重迅速增长，以及欧洲煤炭大国对煤炭开采的限制，能源供应不足的问题逐渐突出。到 1973 年石油危机发生，欧洲开始真正重视解决能源的对外依赖问题。2003 年，欧盟出版了《欧洲能源与运输——2030 年的发展趋势》，分析并预测了欧盟过去和将来能源进口依赖程度，预计到 2020 年，欧盟对进口石油的依赖程度将从 2000 年的 75.1% 上升到 85%。因此，确保能源供应的安全性，对欧盟而言是个生死攸关的问题。运输一直是能源消耗的大户。根据欧盟的统计，运输业能源消耗的 98% 是石油，公路运输消耗了欧盟石油消费总量的大约 67%，小汽车消耗了运输石油消费量的 50%。因此，欧盟的运输政策和运输规划必须有助于节约能源，降低能源的对外依赖度。

（二）我国交通运输能源消耗情况

近年来，我国交通运输业能源消费增长很快，已成为继工业和生活消费之后的第三大能耗产业。目前国家统计部门的数据并没有将交通运输中的能源消费指标进行专项统计，而是将其与仓储、邮政进行合并统计。从增长率来看，除了 2003 年、2004 年两年的交通运输业能耗增长率稍低于全社会能耗增长率外，其他年份都要高于后者，而且两者的差值呈扩大趋势。尤其是 2007 年两者的差距比较大，交通运输业能耗增幅高出全社会指标 3.3 个百分点。根据测算，2007 年交通运输总能耗在全部终端能耗中的比例为 12.7%，而交通运输石油能耗占全部石油能耗的比例为 60.1%。

在公路能耗方面，公路交通运输行业的燃油品种比较单一，是各种运输方式中汽油、柴油的最主要用户。在经济快速发展及出行机动化背景下，我国公路交通燃油消耗总量一直呈增长趋势，2007 年在全社会石油终端消费中的比例达到 44.3%。综合来看，我国公路能耗水平与发达国家相比还有较大差距，节能空间和潜能较大，需要公路主管部门采取有效措施，在迅速发展公路的同时有效降低能耗。“十五”以来，交通部门通过大力提高高等级、特别是高速公路及有铺装路面公路的比重，加强路面升级改造，大幅提升公路技术等级，有效改善路面状况，使行车速度大大加快，拥挤状况得到有效缓解。营运汽车百公里油耗量逐年下降，液化石油气、乙醇等替代燃料开始得到推广和应用，节能运输装备研发与应用初见成效。同时，交通部门还大力加强运输组织管理，有效降低空驶率、提高实载率，提高了运输效率；依靠科技进步，研发和推广节能运输装备和替代能源等多种手段，促进了交通运输的节能降耗。但是近年来又出现反弹的趋势，表明节能降耗的任务仍然相当艰巨。

在铁路能耗方面，最近几年，铁路系统在运输工作量大幅增长的情况下，实现了单位能耗的下降。如2008年国家铁路单位运输工作量综合能耗5.6吨标煤/百万换算吨公里，比2007年减少0.18吨标煤，降低3.1%。但进入“十一五”以后，铁路能耗结构发生了根本性变化，2006年电耗首次超过油耗成为铁路第一大能耗。由于高速铁路的大规模建设和运营，铁路系统对电能消费需求迅速增长。有报道指出，在现有技术条件下，高速铁路时速增加到300公里以上后，能耗相比之前阶段的加速会有极大的变化，造成极大的系统损耗和能源消耗。随着我国高速铁路运营里程大幅增长，由高铁运营带来的电能消耗将成为铁路系统能耗的重要组成部分，需要给予特别关注。

水路运输表现为通过各种交通类运输船舶承担货物或旅客运输活动，主要分为内河（包括运河、湖泊）运输、沿海运输和远洋运输。目前水路运输特别是远近洋货物运输量占较大比重，2007年水运货运量和货运周转量占全社会总量的12.4%和63.4%。水运行业的主要燃料类型为燃料油与柴油。“十五”期间，水路运输（含港口）能耗年均增长率为3.3%，其能耗在交通运输业中的比重约占15%。水运船舶能源单耗在“十一五”期间起伏波动，但近年来有缓慢降低的趋势，2007年与2002年相比，下降幅度达14.3%。

各种民用航空器的主要燃料类型为航空煤油。据统计，由于机队结构优化和航线运营组织结构优化使运输效率得到提高，2002~2007年民航每吨公里油耗下降趋势十分明显，从2002年的每吨公里油耗0.364kg降至2007年的0.309kg，飞机单位能耗水平下降了15.1%。但随着航空运输规模的迅速扩大，航空能源消耗总量仍在不断上升。

三、交通运输系统的环境污染

（一）我国交通运输系统对环境的主要影响

交通运输的发展既加快了我国的工业化进程，同时也带来了环境上的负面效应，导致了一系列严重的环境问题和生态问题。交通运输在建设、运营过程中会对区域的水土、植被、动物生存环境及人们的居住、生活环境与人文景观带来影响。交通运输带来的环境污染主要表现在以下三个方面：

1. 空气污染

交通运输业的空气污染是指各种交通方式在运营过程中的碳氧化物、氮氧化物、碳氢化合物以及微粒物等有害物质的排放。其中公路机动化交通是造成地区和全球环境影响的尾气排放的主要源头，占总污染量的75%以上。根据能源消费增长推算，2007年中国交通运输业二氧化碳排放量约为6.3亿吨，占当年全国二氧化碳排放量比重的10%左右。同时，汽车尾气已成为城市空气污染的主要污染源，90%~95%铅和碳氢化合物、60%~70%的氮氢化合物来源于城市道路交通，13%的粒子排放和3%的二氧化硫的排放也是运输造成的。自2011年以来，北京、上海、南京等各大城市的灰霾现象逐渐增加，引起了交通安全、居民健康等一系列问题，使得城市空气质量问题受到前所未有的关注。

2. 噪声污染

交通噪声是城市交通向高等级、高速度、高架立体等现代化方向发展的过程，机动车数量急剧增加使城市道路交通噪声污染日益严重的噪声污染。交通噪声污染问题产生的原因，一是地面交通设施由于规划布局不合理，未预留必要的防噪声距离，造成噪声敏感建筑物投入使用后出现交通噪声污染问题，二是由于地面交通设施的建设或是运行造成的环境噪声污染。噪声污染对人们的生活和健康造成重大影响，引起一系列的医疗卫生问题与社会矛盾，还容易引发交通事故。

3. 水质和土壤污染

一方面，运输基础设施建设改变地表水和地下水的水流和水质，有时会导致洪水、水土流失、淤泥的增加或地下水的枯竭，从而影响排水系统的形式和地下水的分布；另一方面，运输产生的粒子排放物及其他排放物会污染水源，也会通过排水系统，导致土壤的酸化以及其他形式的土壤污染。此外，交通运输还会导致土壤侵蚀，影响生态平衡。道路挖掘的废弃材料可能会毁坏自然生长的植被，并加重侵袭和破坏边坡的稳定性。

（二）发达国家交通运输系统环境影响及措施

美国对环境问题的关注始于20世纪50年代，由于运输业是造成环境污染和资源消耗的重要行业之一，因此在环境法中有很多涉及对运输负外部性进行约束和限制的条款。1955年美国会通过的《空气质量控制法》中开始专门规范了人们出行行为对空气污染的影响。1969年《国家环境政策法》首次明确提出“人与环境协调发展”是一项重要的国策，要求联邦机构利用系统方法消除和缓解各种行为对环境造成的危害。1970年《环境质量改善法》强调联邦政府作为最终决策者，必须确保社会经济和空气质量环境的均衡发展。1977年和1990年联邦政府再度颁布空气净化法修正案，要求运输规划和空气质量规划保持一致，提出16种控制手段，减少机动车废气排放量，满足空气质量标准；并对联邦资金的使用进行了严格的限制，在环境规划中被评定为环境非达标的区域内不能出现任何新的违背环境规划的运输项目，任何运输项目都不允许进一步恶化现有环境，也不能延误区域在规定时间内达到环境规划中的空气质量标准。

20世纪60、70年代，日本进入小汽车社会，私人汽车的大量流行使得日本社会和交通运输的可持续发展受到严重挑战。随着小汽车的能源消耗量超过传统的铁路运输，随之而来的大气污染、噪声污染、交通堵塞和交通事故等负面效果开始困扰日本国民。为了解决由社会经济发展带来的环境问题，日本政府通过一系列的立法来进行环境控制。1967年通过了《环境污染控制基本法》，强调"环境保护与经济协调发展"。1970年对《公害基本法》进行了修改，加强污染惩罚措施，加大污染治理投入力度，提高污染物排放标准和环境质量标准。80年代，日本政府以开发新能源为中心的"新阳光计划"、以节能为目的的"月光计划"和"地球环境技术开发计划"开始实施。进入90年代，环境管理更发生了观念上的变革，从经济优先转为经济与环境兼顾，颁布了《环境基本法》、《节能法》、《再循环法》，旨在推动社会、经济和环境向可持续方向发展。1994年，日本出台了《21世纪议程行动计划》，致力于在21世纪建立循环型社会系统。

运输业在欧盟的温室气体排放中也占了很大比重。欧洲运输业的二氧化碳排放量1990年就达到7.39亿吨，1998年运输业排放的二氧化碳占欧盟总排放量的28%，是欧洲空气质量恶化和导致癌症、呼吸和心血管系统疾病死亡率上升的主要元凶。公路运输部门碳排放量占整个交通运输体系的84%。欧盟环境总署2008年的报告表明，很多欧洲人仍然处在严重的空气及噪声的环境污染中，尤其是在很多空气质量较差的地区，可吸入颗粒物的集中度已接近极限值，而交通业正是该污染的第二大来源。来自交通的氮氧化物和硫氧化合物排放污染也需要得到控制。欧盟在减少汽车尾气污染方面进行了不懈努力，建立逐步提升的限排措施。在欧盟，汽车产业研发的重点是开发更加清洁、安全、节能的汽车。在优化交通运输方式组合、研制清洁运输工具和运输信息化应用等领域，欧盟委员会也已经投入巨资以促进相关研究和技术的发展。

第三节　传统交通运输发展模式不可持续

一、传统发展模式的不可持续性

交通运输系统的外部成本，是指由交通运输负外部性造成的非货币性资源耗费。其主要表现为大量的能源消耗、土地占用、空气污染、运输振动噪声、交通拥挤和交通事故，也包括因运输设施供给造成的水土流失、自然景观破坏和各种动植物的生态平衡被干扰等。概括起来有以下部分构成：时间成本，它是指个体旅行耗用的时间或运送货物耗用的时间；环境成本，包括对动植物群的影响、对景观的破坏，噪声以及空气污染等；安全成本，运输方式都具有一定的事故风险，交通事故不仅给社会造成巨大的经济损失，而且给家庭带来无法挽回的精神痛苦。

从国外发展经验来看，经济越发达，交通运输业能耗在全国总能耗中所占的比重越大，2007 年，中国交通运输业在总终端能耗中的比例为 12.7%，而美国为 28.6%，英国为 28.6%，日本为 25.9%。这说明按照现在的经济发展模式，交通能耗增长速度将远远大于社会总能耗增长速度。在这种高增长、高消耗、高污染的发展模式下，交通运输业对资源环境的消耗将是我国的资源环境现状所无法承受的。

从 1993 年开始我国成为石油净进口国，进口量逐年增长，2011 年 8 月，国家工信部披露我国原油对外依存度达 55.2%，超过美国。同时，我国现在每百万美元 GDP 所消耗的能源数量是美国的 3 倍、德国的 5 倍、日本的近 6 倍，单位产出的能源和资源消耗水平明显偏高。土地资源方面，水土资源流失和土地荒漠化形势严峻，18 亿亩耕地红线岌岌可危。环境污染造成了高昂的经济成本和环境成本，并对公众健康产生明显的损害。

面临未来巨大的增长需求和有限的资源环境容量，我国交通运输业的发展正处于两难境地，这种进退两难的发展困境事实上已经证明传统的高消耗、高排放、高污染的交通运输发展模式，在逐渐加强的资源环境条件约束下已经无法持续。我国交通运输必须顺应时代潮流，及时转变发展理念和发展模式，适应资源节约型、环境友好型社会的发展要求，探索出一条交通运输、经济、环境与资源和谐共存、协调发展的新道路。

二、资源环境约束下的发展模式转型

从传统交通运输发展模式向可持续的、协调发展的综合交通发展模式的转型主要体现在资源利用和环境保护两个方面。

第一，从资源粗放投入向集约型增长转型。我国近年来交通运输规模的快速增长是以高投入为代价的，各种运输方式的基础设施建设在资金和土地等资源上投入巨大，粗放型发展特征十分明显。近年来，各省市交通用地指标与交通基础设施用地需求之间的缺口逐年扩大，特别是公路建设。土地资源的稀缺性要求交通运输的发展需要更加注重土地的集约化利用，在规定交通用地指标时优先安排集约用地，规划时提倡重要通道与区位的共用及组合，枢纽的立体化建设与集成，并在建设上优先发展铁路与城市公共交通等土地节约型交通方式。

第二，由高资源环境代价向绿色低碳转型。以往的交通运输发展模式过多地强调了对于机动性要求的满足，在这种模式下，我国交通运输体系面临着资源环境代价难以维系的局面。交通运输的能耗结构与我国的能源状况不相适应，交通基础设施占用大量稀缺的土地与岸线资源，交通运输装备的生产和使用所造成的废气废物排放、噪声和由于交通基础设施建设而造成的生态破坏日益严重，大城市交通拥挤现象严重，造成运输时间延长、运输费用增加和巨大社会财富的隐形浪费，而且会加重环境污染和无谓的资源消耗，也会使交通事故的发生频率增加。因此，随着资源紧缺、环境污染、节能减排等约束的日益强化，未来的综合交通运输体系应该以低能耗、低排放、低污染为绿色低碳型交通发展导向，积极开发有利于环境保护的新技术和智能交通系统，减少排放和污染，在抑制运输对环境造成危害的同时，使运输资源得到最充分的利用，形成一个环境可持续的交通运输系统。

第四节　建设可持续的综合交通运输体系

一、未来交通运输发展的三种情景模式

交通运输系统发展模式的转型与我国社会经济发展的转型存在着较强的一致性。走过去高消耗高增长的经济发展老路，在人口和经济规模增长的同时，资源环境负荷同时也成倍增长，进而导致社会经济发展难以维系。相对于这种传统的发展 A 模式，美国学者布朗提出了他的 B 模式，对发展模式有根本性的变革，即在人口规模与经济增长的同时，在未来二十年使物质消耗降低一半，保持环境负荷不变甚至还有明显改善。这种 B 模式对技术和制度有很高的要求，基于我国当前的技术能力和管理水平，几乎完全没有实行的可能。我国学者诸大建在研究基础上提出了中国循环经济发展的 C 模式，认为只有保证我国 GDP 的持续快速增长，才能解决我国社会经济发展中的一系列矛盾，所以通过给予我国经济发展一个 20 年左右的缓冲阶段，调整经济增长方式，最终达到环境零负荷甚至改善环境条件的发展状态（见图 9－3）。

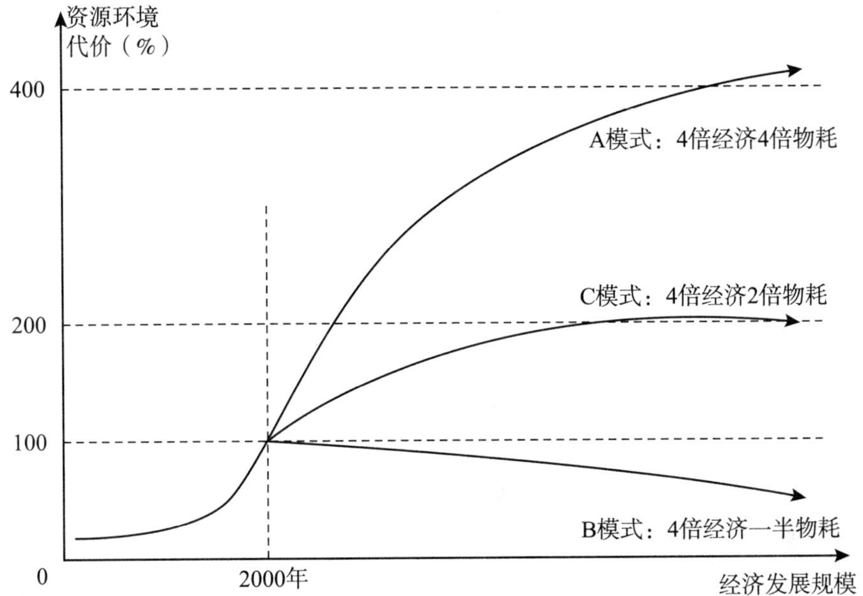

图 9-3　经济发展与资源环境代价的三种情景模式

我国交通运输体系的发展目前也处于增长方式的转变过程中，在未来一段时期内，扩大交通运输规模，提高运能运力，支撑经济增长仍然是交通运输发展的主线。交通运输体系的发展必然会带来资源环境的消耗，这一点在目前技术和管理条件下无法避免，如果为了保护资源环境而采取较激烈的管制措施，无疑会影响我国整体经济的长远发展。因此，在建设绿色低碳的可持续交通运输体系时，必须合理把握运输效率和资源环境保护之间的平衡点。交通运输与资源环境的协调并非一蹴而就，应该争取 20 年左右的缓冲期，通过规划、技术和管理在发展中解决资源环境的约束问题，逐步建立一个资源环境低代价的交通运输体系，并尽力向资源环境零代价方向靠拢。

二、可持续的交通运输体系的发展方向

可持续发展观强调的是经济、社会和自然环境的协调发展，其核心思想是经济发展应当建立在社会公正和环境、生态可持续的前提下，既满足当代人的需要，又不对后代人满足其需要的能力构成危害。交通运输是国民经济的重要组成部分，交通可持续发展是我国可持续发展的重要环节。如何使交通运输为社会提供服务的同时减少对资源的消耗以及对生态环境的破坏，实现发展理念转变、资源环境保护和运输效率提升的三位一体，是交通运输可持续发展的重要内涵。

可持续的综合交通体系应该具有以下几个特征：综合运输体系具有相当的运输能力及运能储备，能够满足持续发展的经济体当前和未来进一步发展的运输需求；综合运输体系本身是高效率的，能够充分发挥各种运输方式的优点和潜力，减少不必要的损耗，通道处理能力与枢纽处理能力相匹配，交通拥堵和事故可控；综合运输体系中的各种运输方式有机协调，既竞争又合作，达到合理的运量结构、能耗结构和排放结构；综合交通运输体系与自然环境相协调，尽可能地节约利用土地资源、采用清洁能源、减少对空气、水、土壤、野生动植物等生态环境基本元素的破坏。

那么，如何将目前高资源环境代价的交通运输发展模式转向绿色低碳、资源节约和环境友好型的交通运输体系？

第一，加强规划和政策引导，资源供应优先倾斜支持高能效、低排放、环境友好的运输方式。以客货周转量比例体现的交通系统结构是市场形成的结果，政府无法直接调控，但政府可以通过规划和政策引导的手段影响交通运输基础设施规划和建设，通过间接途径调整交通运输系统结构，以实现系统能效的优化。特别需要重视的是提高铁路运输的比重，其中也包括推进中长距离铁路集装箱专线运输与其他方式的一体化联运，提高交通运输系统整体能源利用效率。我国公路货物平均运距从1990年的46公里增加到了2008年的171.5公里，约61%的公路货物周转量运距超过400公里，目前大约80%以上的港口集装箱货物通过公路集疏运。建立以重点港口、重点城市为节点，延伸以铁路集装箱货运专线为核心的综合运输链，出台相关政策措施，创造市场条件，对降低能耗具有重要价值。

第二，制定交通运输业节能减排工作目标，落实各时期节能减排工作重点。研究制定我国交通行业各时期节能目标，并分解到技术、组织、结构调整等环节，便于实际执行。从交通结构调整、节能技术、运输组织等角度提高能源利用效率，严格把握重大交通项目的建设审批及技术参数选择权，促进交通系统节能效果的实现。

第三，研究国家城市化与出行机动化大趋势下的城市及区域交通发展战略，在鼓励节能车辆、发展相关技术的同时，从公共交通组织优化角度出台引导政策。从趋势上看，在“十五”期间，中国石油终端消耗量增加了53.6%，交通石油消耗量增加了94.5%，社会及私人汽车能耗增加了124.2%。在鼓励低排量车辆和低单耗运输组织方式的同时，加快建设一体化的城市与城市间公共交通系统，降低私人汽车等高单耗方式在综合交通系统中所占的比重，对降低交通能源、减缓交通对石油的依赖度具有重要意义。

第四，加强我国交通能耗与排放的基础数据统计工作，建立并完善相关指标的统计、分析与研究制度，为科学决策提供依据。我国交通能耗数据统计工作涵盖范围不全，交通总能耗中的大约 36.1% 的能耗未能统计在内。在交通运输不同方式、不同企业的能耗统计指标范围含义不明确，各种数据繁杂，有时相互矛盾，无法进行比较，统计数据的缺失也影响了科学决策。

第五，以技术进步为支撑，积极发展智能交通，开发新能源。加快成熟交通节能技术的推广应用步伐，提高各种运输工具的能源利用效率。以汽车为例，根据日本的相关研究，通过汽车节能技术的应用并采取严格的奖惩措施，汽车单耗水平有 30% ~40% 的降低潜力，而我国目前汽车单耗水平要高于日本 20% 左右，因此仅汽车降耗这一方面潜力就十分巨大。另外，通过技术手段加快新能源开发应用步伐，逐步替代传统化石燃料，并尽早实现产业化，对降低资源环境发展代价有重要意义。

第十章

运输经济学的基础性分析框架

第一节 近期运输经济学理论研究的进展

运输经济学是应用经济学的一个重要分支，是以经济学的一般理论和方法研究探讨与运输有关的各类问题的一门学科。人类从事交通运输以克服空间距离的阻隔，这是一项无时不在、无地不在的任务，其联系和影响远远超出运输业本身而深入社会经济生活的各个方面，因此运输是人类的基本活动之一。和其他行业甚至包括一些网络型行业相比，运输业更具网络经济、自然垄断和公益性特点，这使得其在供求关系、投资建设、运营组织以及政府作用等方面的重要性和复杂性更加明显，需要进行更有针对性的经济学分析和解释。运输问题的重要性和复杂性使得运输业成为一个能够应用几乎所有经济学基本理论与方法的极好领域，也是严格检验与完善这些基本理论与方法的极好场所。

运输是一个很好的经济学研究对象，但在运输经济研究中我们深切地感受到，一般经济学的基本理论和最新前沿成果，如交易成本理论、产权理论、博弈论、制度变迁理论、契约理论和产业组织理论等，都不能直接平移或套用，因为每一个领域都存在适用经济学一般原理的技术约束和体制约束，运输业也不例外。尽管经济学提供了很好的分析手段，然而需要分析的对象在这里是以实体网络作为基础的运输业，需求是旅客与货物在空间上的位置移动，供给则是厂商在运输网络上提供的服务，网络特性使得运输业的经济分析与一般工商业有很大不同，即使是已经十分成熟的经济学分析方法，也必须在网络特性这一特定坐标系中重新考虑其针对性和适用性。

改革开放以来，我国运输业的发展与改革都取得了重大成就，我国运输经济学的学科体系也发生了根本性变化。学科研究重点从20世纪80年代改革开放初期的主要从微观视角分析行业内的运价、成本、计划、统计、财务等行业经营管理问题，逐渐扩大到90年代更多地从宏观及历史角度探讨运输业发展与国民经济的关系问题，2000年前后发展到更自觉地使用经济学最新成果，研究包括运输经济活动中的各种资源、组织、契约与产权结构等问题，再到目前开始自觉重建学科研究范式并深入探讨经济时空关系。按照简单的说法是，运输经济学的研究重点从最早单纯关注运输中的经济问题，发展到研究经济中的运输问题，再进一步发展到研究运输中的经济学问题，如今又开始关注经济学中的运输问题。学科研究范围也从原来只分别关注单个运输方式转变到研究综合运输体系，又进一步拓展到物流经济及其他相关运输经济领域。有关学科团队围绕运输业发展与体制改革中的重大课题，以及学科本身发展中的重大理论问题深入研究探索，在运输经济学科体系的重构、综合交通体制改革、交通规划理论与方法、运输与物流企业组织、运输市场结构、运输业投融资体制等方面取得了重要进展。运输经济学正在成为应用现代经济学理论和方法，对市场经济中的各种运输活动进行综合性和系统化解释的重要研究领域，形成了能够及时甚至超前开展有关政策研究和提出政策建议的成熟学科。

运输经济学曾在很长一段时间里似乎与主流经济学没有很好地融合，我们认为其原因在于：一方面运输经济问题确实有很强的行业特点，运输经济学家在进行经济分析时似乎更像行业技术专家，较少使用通用的经济学方法和语言，而一般经济学家也难以在短时期内从总体上把握住整个运输经济学的脉络，因此学科之间的沟通比较困难；另一方面，过去的一般经济学是以新古典理论作为基本框架，但这种分析框架需要一系列非常严格的假设前提，例如，完全竞争、资源自由流动、交易成本为零、信息完全对称等，相比一般工商业，这些假设在交通运输领域更加不适用，因此运输经济学一直缺少一个适当的分析框架或基础以建立起自己合理的理论体系，而直接平移过来的新古典理论又确实距离运输市场的现实十分遥远。可喜的是这两种情况都已经出现显著变化，运输经济学家开始比较自觉和熟练地运用经济学的通用分析方法，经济学微观领域的几乎所有最新进展也都为运输经济研究提供了相对比较理想的理论工具。

运输经济学正在经历一个阶段性的重要转变。这种阶段性转变的重要性，不仅由于运输经济学在国家、区域与城市社会经济活动中的重要性越来越明显，不仅在于该学科具备了把从社会经济实践中发现的重大政策问题，和从学术理论探讨中提炼的基本科学问题进行有机结合的能力，也不仅在于该学科开始自觉重视哲学及系统论等认识科学的指导，更是由于我们正面临着学科范式重建的重要任务。运输经济学必须完成自身基础理论框架的构建，使对网络性供求关系和资源时空属性的关注成为其有别于其他经济学科的主要特点。学科范式的转变决定了运输经济学未来的自身发展，也决定了运输经济学在整个经济学科中的地位和重要性。我们将分别从产品—资源—网络经济分析框架和运输业网络形态的分层分析框架两个角度，探讨如何建立区别于其他行业基本技术经济特征的经济学坐标系，和如何刻画并解释具有网络形态的研究对象，并进一步提出深入研究学科领域基本科学问题的意义与方法。

第二节　产品—资源—网络经济分析框架

了解和把握运输业在产品、资源和网络经济三个方面的技术经济特性，是认识运输业的关键，也是运用经济学前沿理论与方法分析对这个领域进行深入的基础。实际上，对任何行业的经济学分析可能都需要从类似的角度去把握特点，才能真正有效地应用经济学工具。

一、需求角度的运输产品分析

从需求角度出发的运输产品分析首先是强调其完整性。完整运输产品从最基本的意义上讲，就是指客户所需要的从起始地到最终目的地的全过程位移服务。运输产品从本质上讲应该是完整的，因为旅客或货物不运到目的地，位移服务就没有真正完成，运输的原本目的就没有达到。运输业内部分工当然是不可避免的，从起点到终点的运输全过程也常常会被分成几段分别完成。但对运输过程的分割如果超过了合理限度，不完整运输产品直接面对消费者，就会大大地增加后者所承担的各种价格或非价格运输成本。假如运输市场上有人能够根据客户的需要，以可以接受的价格提供从起始地到最终目的地的完整运输服务，那么无疑地消费者会倾向于选择这个供给者，这显然是运输业竞争的基本内容之一。更进一步地，运输业今天已经超越单一运输方式自我发展的阶段，运输方式或运输企业之间的联运、合作、相容、共赢变得越来越重要，通过相互衔接与协作形成一体化链条已经成为趋势。从这个角度看，运输业的发展过程实际上就是向客户提供越来越完整和质量更优的运输服务的过程。

运输市场和所有其他市场一样都在经历显著变化，社会经济对运输服务质量的要求不断提高，不但在与客货位移核心功能相关的安全、生理需要、快捷、方便、可靠、经济、完整性和损害赔偿等基本特性方面的要求越来越严格，还作为必然拓展增加了对以位移为载体的更多附加服务功能的需要。此时，运输产品完整性的概念也已经逐渐扩展到包括更高的发送频率、更加舒适、代理制、一站式电话或网上委托、途中信息查询、风险担保与迅速赔付、可选付费方式、单据抵押、代收货款、仓储服务、适时配送、运输及物流方案策划等诸多附加项目的综合性服务链条，成为高效率出行链或供应链的核心内容（可以从图 10 - 1 中看到这种变化）。不同国家及地区在不同的运输业发展阶段，不同运输企业或运输服务提供商所面对的市场需求以及所能够提供的服务层次显然是有差别的，这也决定了运输产品分析在运输经济研究中的基础性与重要性。

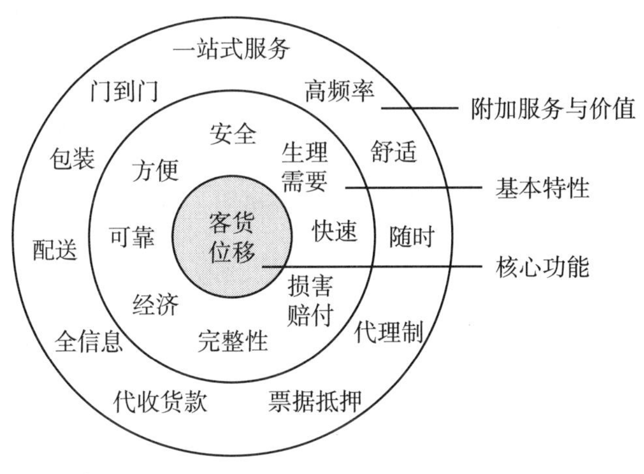

图 10 - 1　运输产品分层结构

还有意见认为，完整运输产品从更深层意义上讲应该是实时制（just-in time，或 JIT）运输服务的实现，这种看法是有道理的。人类对交通运输的需要或依赖并不仅仅在于单纯的客货位移，深层要求其实应该是交通运输提供相应条件，以便使人们能够“在需要的时间和需要的地点进行所需要数量的活动”。人类过去很长时期的交通运输水平都无法支持按照 JIT 方式组织大规模社会生产，而交通工具的进步一直在帮助人类逐渐改善这种能力，直到工业和运输革命带来了相当根本性的改变。但真正全社会 JIT 效率的实现还需要运输业不断进步，甚至要求超越运输业本身的进步，于是类似 TOD、现代物流和供应链的理念及组织相继应运而生。也就是说，运输业的发展实际上是不断满足和提升社会经济

JIT 效率的过程。

二、交通运输资源分析

作为从事交通运输活动的条件和手段，交通资源包括固定交通资源和可移动交通资源这两类硬资源，以及由运输系统中的人力、信息、组织与管理制度等构成的软资源（见图 10－2）。其中固定交通资源又包括由地理环境所决定的自然交通条件（包括交通用地、空域、岸线、港址、桥位、航道、山口等）和人工建设所形成的交通设施（如线路、场站及枢纽设施、停车场等）两部分。由地理环境所决定的自然交通条件也叫做自然交通资源，其中一部分已被结合进人工交通设施中，但也有很多天然水域和空域被作为水上和空中航线使用。可移动交通资源主要指移动载运工具及相关物力特别是所必需的能源配备。运输系统中的人力、信息、组织与管理制度等软资源不但不可少，而且随着运输业的进步变得越来越重要。

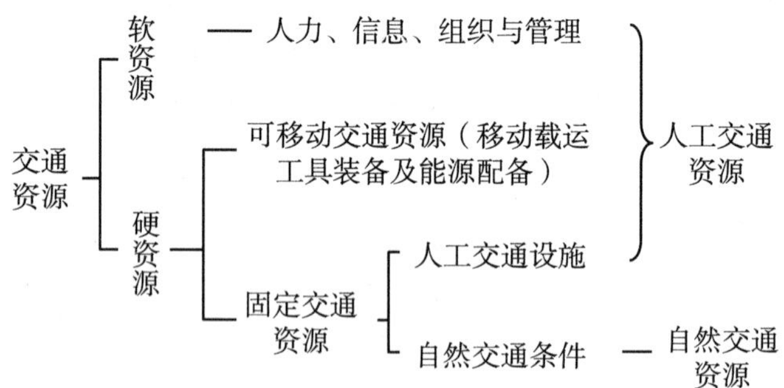

图 10－2　交通运输资源的分类

再进一步地看，人工交通设施又分为线路通道和场站枢纽两大类型，可移动交通资源也可分为移动载运工具和在现代多式联运中越来越重要的集装箱和其他装载器具两大类。人工交通设施、移动载运工具和箱具以及人力、信息、组织与管理制度等软资源，与相应自然交通条件一起组成了交通系统。而作为运输对象的人和货物与交通系统结合在一起，就是交通运输系统。从交通运输系统的内外部关系看，交通运输资源属于地球资源和其他人类经济资源的一部分，而系统外资源一旦被吸收进入交通运输系统，就形成运输系统内的资源，或称系统专属资源（见图 10－3）。

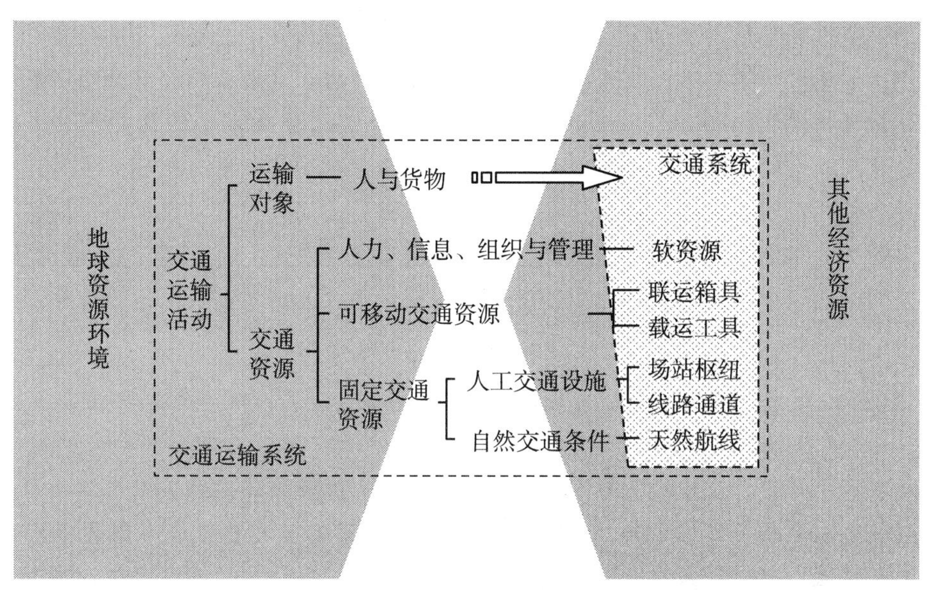

图 10-3　交通运输资源与交通运输系统之间的关系

运输业占用了极其大量的社会经济资源，相应资源的类别与质量也在很大程度上决定了运输活动甚至整个社会经济的效率水平，因此资源分析在运输经济研究中具有非常重要的作用。交通资源可以从许多不同角度进行分析考察：行业部门和地方政府首先关心如何使本系统获得更多外部资源，然后才是如何使系统或地区内的运输资源配置效率更高；中央政府更应该关心如何使交通系统专属资源和系统外部的资源环境保持平衡，使更大的宏观系统平稳运行；运输企业关心自身能够控制或利用的交通资源与其他资源的有效结合，并尽可能地把外部资源内化，使核心资源的使用效率最高，以形成市场上的核心竞争力；交通使用者则更关心如何利用社会交通资源实现自己所需要的客货位移，有时候他们也会自己拥有和掌控部分资源；对于社会公众来说，人们会更关注交通资源的分配制度和分配的公平性；而学术界的兴趣则在于各种资源配置问题中的因果关系，包括在各种约束条件下和规则保障条件下如何通过交换实现交通资源的有效配置，特别是如何有助于实现一体化的完整运输链条。过去运输经济学的理论框架中缺少对交通运输资源的深入分析，但实际上交通资源与运输经济学讨论的任何重要主题都有着密切关系，要尽可能地用较少的社会经济资源包括交通资源尽可能高效率地实现必要的位移目标。当然，不同运输活动及不同运输行业或企业所依赖和使用的资源类别是有差异的，因此还要根据具体研究对象，如铁路、公路、水运、航空、管道或城市交通的不同类别，进一步划分相关交通运输资源的类别及配置条件。

由于部分自然交通资源的可耗竭性和非再生性，也由于人工交通设施能力增加的突变性和大量投资的沉淀性，以及很多交通资源存在的公益性和准公共性等特点，运输经济学必须关注系统外部资源转化为专属交通资源和已有交通资源的优化配置与使用问题，避免交通规划、建设及交通运输活动中的资源浪费和滥用。任何社会资源都是有限的，当一项资源用作某种用途以后，就减少了其在其他地方使用的机会，因此经济学特别关注资源被使用而产生的社会付出，即机会成本。无论是运输系统内部的资源，还是有可能形成专属交通资源的外部资源，都是短缺的，要尽可能地用较少的交通资源完成社会经济所需要的运输位移。

三、运输业网络经济分析

在经济学中，规模经济意味着当固定成本可以分摊到较大的生产量时会产生的经济性，是指随着厂商生产规模的扩大，其产品的平均单位成本呈现下降趋势；范围经济则意味着对多产品进行共同生产相对于单独生产的经济性，是指一个厂商由于生产多种产品而对有关生产要素共同使用所产生的成本节约。使生产成本得以降低的最简单同时也最有效的方法，就是充分发挥规模经济的作用，因为平均成本低廉的区间也就是生产线上的资源得到充分利用的区间。一个经济系统走向规模经济的过程，就是要使其生产过程所涉及的资源能得到有效配置，得以充分利用的过程，它当然也是任何企业或产业赢得市场竞争优势的基础。

现代运输活动也普遍存在着规模经济和范围经济的现象，但由于运输业网络特性、运输生产及产品计量方法的复杂性，使得对运输业规模经济与范围经济的把握变得十分困难。运输业规模经济有如下一些具体表现：线路通过密度经济（其中包括只运输特定对象的线路通过密度经济），是指在某一条具体线路上由于运输密度增加引起平均运输成本不断下降的现象；港站（或枢纽）处理能力经济，是指随着运输网络节点上港站吞吐及中转客货量、编解列车、配载车辆、起降飞机、停靠船舶等能力的提高引起平均成本逐渐降低的现象；载运工具的载运能力经济，是指随着单个载运工具的载运量增加而平均运输成本逐渐降低的现象；车（船、机）队规模经济，是指随同一经营主体掌控的载运工具数量增加而平均运输成本逐渐降低的现象；运行、衔接与转换速度经济，是指随着载运工具运行速度以及各种相关衔接、转换速度的提高，引起平均运输成本逐渐降低的现象[①]；运输距离经济，是指随着距离延长而平均运输成本不断降低（即递远递减）的现象。运输设施与设备的大型化同时要求较高的实载率，于是在很多情况下运输设施特别是运行线路往往需要客货运混用，甚至就在同一部载运工具上

① 我们在前面第八章已经讨论过运行时间与衔接、转换时间的关系，可参阅。

的旅客和货物，也会由于启运终到地不同而对应着很多不同的运输产品。因此，运输业作为一个提供极端多样化产品的行业，在很大程度上其规模经济与范围经济密不可分。

我们将运输业各种网络经济特性之间的相互关系绘成表10－1的形式。这里把运输业的网络经济定义成运输网络由于其规模经济与范围经济的共同作用，运输总产出扩大引起平均运输成本不断下降的现象，而这种网络经济又是通过运输业规模经济和范围经济的转型，即运输密度经济和网络幅员经济共同构成。其中运输业规模经济是指随着运输总产出扩大平均运输成本不断下降的现象；运输业的范围经济是指与分别生产每一种运输产品相比较，共同生产多种运输产品的平均成本可以更低；运输密度经济是指运输网络内设施与设备的使用由于运输产出扩大引起平均生产成本不断下降的现象；网络幅员经济则是指运输网络由于服务对象增加导致总产出扩大引起平均成本不断下降的现象。运输生产在很多方面都存在着明显的网络经济现象，但必须说明并不是任何情况下所有的网络经济要求都可以同时实现，大多数运输业经营者都只能利用局部的网络经济。同时，并不是任何情况下运输设施与设备都是规模越大越好，运输链条上各个环节的能力必须匹配，而且所有运输密度经济和网络幅员经济的表现也都存在着合理边界。

表10－1　　运输业各种网络经济特性之间的关系

规模经济与范围经济的划分	密度经济与网络幅员经济的划分	运输业网络经济的具体表现	
规模经济	运输密度经济	线路通过密度经济	特定产品的线路密度经济
			多产品的线路通过密度经济
		港站（枢纽）处理能力经济	
		载运工具的载运能力经济	
		车（船、机）队规模经济	
		运行、衔接与转换速度经济	
	网络幅员经济	线路延长	运输距离经济
范围经济		服务节点增多	由于幅员广大带来的多产品经济

与国外很多文献在网络经济、规模经济、范围经济、密度经济及幅员经济等有关概念的使用上有所混淆不同，我们主张清楚地界定这些运输业网络经济的特点与相互间关系。我们还认为，应该主要从供给角度讨论运输业网络经济问题。不但因为这与一般经济学定义规模经济和范围经济的角度相同，而且也由于始自电信网

与互联网、只针对增加使用者所带来的外部性去讨论需求角度网络经济（更准确地说应该是网络效用）问题，并不能取代从生产成本视角出发的运输业网络经济研究。需求角度的网络效用如果不能满足成本下降视角的运输业网络经济，特别是运输密度经济的支持，没有外部的补贴也就难以长久维持。供给与需求两个视角的网络经济分析，实际上正应该反映经济学供求平衡在网络型产业坐标系中的实现，而供给曲线在这里很大程度上仍旧要由相关行业的边际成本决定。

运输经济学需要几个重要主题作为过滤器，以便把过于庞大的有关信息群处理成为研究者容易把握的对象，而这些主题就提供了观察运输经济问题的视角和框架。产品、资源和网络经济是运输经济系统中的基础性慢变量，因而也就成为决定系统基本特征和对其加以认识的最重要维度。产品—资源—网络经济分析框架的价值，在于使运输经济研究者能够获得一个与主流经济学研究视角非常相近的坐标系，也相当于在运输领域和经济学之间架起一座相互理解的桥梁。

第三节　交通运输网络或体系形态的分层分析框架

产品—资源—网络经济分析框架解决了运输经济学的基础坐标系问题，但还需要解决对研究对象的刻画问题，我们从这一角度上提出网络形态分层的分析框架。形态是指事物在一定条件下的表现形式，而网络形态一词最初是指一些网络在几何形状上的分形拓扑状态，后来这个概念更多地被用来分析各种网络多方面的特征。目前计算机网络用语中的网络形态主要是指计算机网络上各节点之间的物理关系与逻辑关系。有文献涉及过有关的组织网络形态，主要讨论网络性组织作为一种制度安排，网络内相关主体之间的契约关系，可以分别从交易方式、行为规则、学习认知等多维角度对该网络形态进行描述。还有关于社会形态的讨论，认为它是社会经济与物质基础和上层建筑与社会活动等同时构成的社会模式，包括经济形态、政治形态、意识形态等。

此前关于交通网络形态的研究，大都是讨论各种交通网络在空间上的几何形状，运输业网络是非常复杂的系统，其网络形态不能仅仅从空间视角讨论几何分形结构，需要借鉴计算机网络分析、组织网络分析和社会形态分析的方法，在对网络形态合理分层的基础上解析其内外部结构及联系，系统完整地进行刻画与描述。运输业网络形态分析的主要内容包括：网络形态的分层；每一层级内部的结构分析；不同层级之间关系的分析；网络系统与外部环境之间关系的分析等。

一、运输业网络形态的层级划分

运输业网络形态的分层结构比计算机网络要复杂得多，除了实体物理形态的网络和传输对象及其载体在网络中运行的规则外，运输业网络还包括相关经营主体的组织结构，以及发挥着重要影响的社会经济体制。我们以城市轨道交通为例，按由下至上顺序讨论一般运输业网络形态的分层结构。首先是线网及设施层。该层网络形态体现城市轨道交通网络的规模与空间分布特征，包括线路长度、覆盖城市空间范围、服务人口数量、城区线与市郊线的比例与数量、站点数及分布特点等，还包括城轨与城市空间形态的融合程度以及与机场、火车站、汽车站等的衔接方式。其次是设备及服务层。该层网络形态体现城市轨道交通的技术装备与提供的服务水平，主要包括列车开行对数、间隔时间、客运组织、信号及控制指挥模式、列车时刻衔接与换乘、票制票价以及统计、清算手段等。再次是企业及组织层。该层网络形态体现作为城市轨道交通投资、建设、运营等主体的状况，包括一家或多家投资、一家或多家运营、一体化或专业化分工、官营民营或混合模式、企业之间的竞争与合作、融资与经营模式，也包括城铁与国铁及城市公交的合作程度等。最后是政策及体制层。该层网络形态体现所在城市的政府对城市轨道交通的网络化进程所承担的责任，主要包括所制定的政策、战略、规划及投资总量、对相应主体的授权方式、定价与补贴模式、城轨网络化的有关技术规范、相关市场规则与监管体制等。图 10－4 是运输业网络形态分层及相关关系示意图。

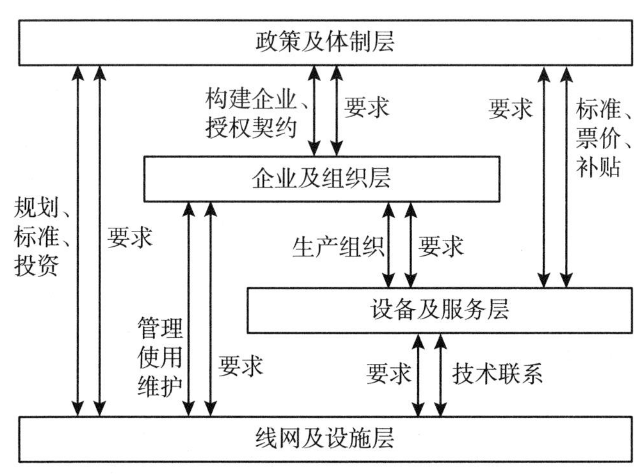

图 10－4　运输业网络形态分层及相互关系

各种运输行业作为网络型基础产业，其网络形态大体上都应该包括这 4 个层次，但根据不同的研究对象和不同的研究重点，研究者所关心的范围及所包含的层次可能有差别。例如，网络形态分析一般首先是初步观察即可反映的网络在某一空间上覆盖的范围，但在有些情况下该网络体现为基础设施网络（如轨道交通），而另一些情况下则体现为服务网络（如快递业）。又如，在运输业基础设施发展或运输市场秩序的研究中，政府的政策、规划与监管体制可能被作为分析的关键层，而在另一些诸如企业内部组织演变的研究中，政府层面可能就只是作为背景进行分析。显然，运输业网络形态根据研究的需要，也可以在以上基本分层结构的基础上进行层级的增减，例如对技术标准特别关注的研究者就可能为此专门增加一个新的层级进行研究。

二、运输业网络形态不同层级之间的关系

除了对运输业网络形态划分层级和对每个层级内部的结构进行研究外，每一对层级之间的相互关系也需要深入分析。一般来说，网络形态的层级越多关系越复杂。相对于计算机网络只有物理形态与逻辑形态两个层面之间的单一关系，运输业网络形态的4个层面之间同时存在着6对复杂的相互关系，而且计算机网络只涉及技术上的标准、规则及规模等关系，运输业网络则包括众多涉及人与社会的组织、体制及政策等关系，问题要复杂得多。总体来看，从政府层向下的关系多为政策与体制性质的问题；从企业层向下的关系多为经营或组织性质的问题；线网设施层与设备服务层之间的关系多为内在技术性的问题。从契约或协调角度看，这三组关系分别对应着公契约、私契约和技术协调关系。

这里还是以城市轨道交通为例，讨论政策及体制层与其他层级之间的关系，其他层级之间的关系可以此类推。由于城市轨道交通不同于一般竞争性行业，政府在该行业的总体发展与运营中一定处于主导地位。在政府与线网及设施层之间，政府有进行整体上的规划和建设资金筹集责任、有相关技术及安全标准的制定与监督责任，公营或私营企业有可能主动兴建并运营个别线路，但城轨网络在整体上一定是由政府负责筹划的。在政府与设备及服务层之间，政府有相关技术、安全及服务标准的制定与监督责任，企业可以从事城轨领域的投资、运营并提供服务，但相关标准应该由政府制定，政府对向城市提供合格、安全及有效的轨道交通服务负有最终责任。在政府与企业及组织层之间，政府有制定相关政策、构建相应企业主体并授以相应权力、确定价格与补贴模式、制定市场规则并进行监督的责任。为使城轨事业上的委托代理关系足够有效，政府在相应企业主体的构建上负有重要责任，这里很可能需要公企业形式，契约的设计与授权实际上也是相关激励约束机制的设计。在这里，城轨交

通体系能否伴随城市化进程获得健康和可持续发展，在很大程度上取决于所在城市政府对所负责的事务能否有效地承担起责任。

需要说明的是，不同的运输经济研究对象根据不同的研究重点，所关心的层级之间相互关系也有差别。此外，系统内的部分层级及其相互关系也有可能构成相对独立的子系统并成为研究对象。此时，其他未进入的层级与相互关系就成为主要研究对象的外部影响条件。

三、运输网络形态与外部环境的关系及其时空演进

运输网络形态分层系统作为整体与其外部环境之间也存在着密切的关系，不同的外部环境影响着运输网络的形态结构，运输网络形态也可能反过来对外部环境产生重要作用。例如从总体上看，城市轨道交通系统的外部环境主要表现在城市化及经济发展的总体水平和财政收入水平、城市的空间形态与经济布局、服务对象以及其他相关企业与经济主体 4 个大的方向上。不同方向的外部环境分别与运输网络形态的若干不同层级产生较为密切的影响关系，例如在城轨交通领域，经济发展和财政收入水平与政府层级关系密切，城市空间形态更多与线网及设施层相互影响，服务对象主要联系的是运营层级，而其他相关企业及经济主体涉及较多的是企业与组织层级。需要根据研究对象和问题确定所需要关注的外部联系并划定研究范围。

各种运输网络的形态都在不断地变化和演进。例如，网络覆盖的空间范围在不断扩张，其点线设施的能力和完备水平越来越高，网络（包括线路、通道和节点、枢纽）的几何分形结构也会不断发生改变；网络内各种移动载运工具的技术装备水平不断更新，所提供的服务种类和级别逐渐提升；行业内的企业组织结构可能出现多元化的趋势，既形成一些特大型的运营集成商，也出现了大批中小型中间业务企业，同时特殊法人性质的公企业也在发挥作用；而政府的相关政策、规划及监管体制也一直处于调整完善过程中。相关理论如运输化理论、演化经济学和其他分析方法都可以在这里发挥作用。

运输业网络形态既是运输活动得以进行的基础和保证，同时也是运输活动本身的存在和表现形式。在前面产品—资源—网络经济分析框架帮助校准观察视角和坐标系的基础上，运输业网络形态的分层分析框架可以帮助我们更细致地考察研究对象，并对其进行更准确地刻画和描述。该分析框架以经济学的视角、研究方法、解释构架和政策基准提供了一个系统性和实用性很强的运输经济学研究套路。绝大多数运输经济问题都可以归结到运输业网络形态的分析框架中进行分析，只不过所分析的层面与角度有所差别，所强调的重点也各有侧重。与产业经济学特别关注一般产业组织的分析相类似，运输经济学需要特别关注运输业网络形态的分析。

第四节　运输经济学方法在综合运输研究中的应用

运输经济研究基础性分析框架的实用价值在于，能够先帮助研究者调整好观察问题的坐标系，再帮助判断问题所处的背景环境并帮助明确定义问题本身，而在此基础之上研究者就可比较容易地形成自己的核心命题和解释问题的逻辑主线。也就是说，针对具体研究问题，分别应用以上两个层次的基础性分析框架，再结合相关的经济学理论，我们就易于形成较好的特定研究框架，在此基础上明确核心命题，并构建起认识与表述的逻辑主线。

对于不同类型的运输经济问题或经济学问题，运输经济研究的基础性分析框架表现出不同的作用。对于比较单纯的运输经济问题，只需认真结合一些基础性的经济学原理，该框架就能体现出很强的分析与解释能力。对于同时属于运输经济学和另一个平行经济学科如产业经济学的问题，该框架需要与相关经济理论密切结合才能一起形成应有的分析与解释能力。而对于运输经济问题从属于某个更一般性的经济学问题，如经济的时空关系与时空结构的分析，该框架也可以起到必不可少的协助作用，或者帮助提供重要的分析视角。

运输经济研究基础性分析框架与其他学术范式类似，都是相对独立于客观研究对象的思维形式。思维形式不是认识的内容，而是认识的规律或认识的前提，是认识中相对稳定的方面。而认识内容则是不断变化的，不仅认识对象的范围在不断地变化，就是对同一对象认识的深度也在不断变化。人们建立起相应的思维形式以后，才能比较自觉地运用认识规律去认识客观对象。这正如人在游泳中学会游泳，是指在游泳中认识游泳规律，掌握游泳规律，但游泳规律本身不是在人的学习游泳中产生的。在人学习游泳之前，还在人不会游泳之时，游泳规律就客观地存在着。人学习游泳的过程也就是不断地认识和掌握游泳规律的过程，而能够尽快掌握科学方法的人对游泳规律运用也会越好。

运输经济学在目前和今后相当一个时期，需要继续关注本领域的科学问题，特别是其中基本科学问题的提出与持续深化研究。科学问题是一定时代的科学研究者在当时知识背景下提出的、关于科学认识和科学实践中需要解决而未解决的矛盾。它们是科学探究活动的对象，是研究的起点，也是科学理论发展的动力并贯穿于科研活动的始终。而且由于科学进步的基本单位是已解决的科学问题，也因此可作为科学理论进步的标志。在学科的众多科学问题中有一些属于基本科学问题，这些基本科学问题往往构成了学科研究的重大基础领域，并在一定程度上决定了相当时期内学科进步的方向和步伐。运输经济学的进步，在很大程度上取决于其研究者所能够提出和解释的学术问题。

综合运输问题应该是同时属于运输经济学和其他学科的问题，因此，需要同时使用运输经济学与其他相关理论与方法，一起形成有针对性的解释框架，而以上运输经济研究基础性分析框架提供了重要分析视角，起到了必不可少的作用。我们在这里提出综合交通运输研究的核心问题是：中国与世界的运输业发展在目前阶段上发生了怎样的变化以及为何会发生这样的变化？相关的核心命题则是：综合交通运输是由于工业化、城市化和运输化三个进程共同作用，同时受到全球化推动与信息化支持，并在社会目标及资源环境约束条件下，运输业所形成的一种内部以及内外部一体化发展形态。对这一问题的深入讨论应该能够有效地推进综合交通运输领域的理性认识。

我们强调运输经济学在综合运输研究不可替代中的本体性重要作用。按照管楚度的观点，之所以需要强调事物或系统的本体特征，是因为本体特性是事物的自身“素质”，当它具有某种高内稳性时，事物就能高度适应环境的相关波动。例如，人体自身的温度是一种本体特征，体温具有高内稳性（升或降 0.1℃就有病感），而人承受的气温区间却可以很宽。当人们不能掌握环境变化，却还要使事物承受环境的某种宽域变化时，唯一有效的方法就是提高自身在这方面的内稳性。诸多综合交通运输问题即便其起源和影响范围都已远远超出了运输业本身的范围，需要进行多方面治理，但最根本的还是要通过提高运输业自身的综合素质和内稳性去解决。因此，关注综合交通运输中本体性运输经济问题的运输经济学当然应该发挥重要作用。

多年前我们在提出运输化理论的时候曾经表述过以下的看法，即交通运输与经济发展的关系实际上有两重意义，一重是经济发展过程中客观规律所决定的或要求的一种关系，它是不以人的意志为转移的；另一重是各国在不同发展阶段中由于人们的各种活动而实际形成的那种关系，它受经济政策和运行机制的影响。可以把前者称做运输与经济发展的“自然秩序”，而把后者称做“人为秩序”。实际上，我们应该做的就是尽可能地让“人为秩序”接近“自然秩序”，不要背离过远，否则就要受惩罚。而要做到这一点，就要不断去探索这种“自然秩序”，深化对运输与经济发展规律的认识。世界在进步，交通运输与经济发展的关系也在不断发展变化。运输业与经济的历史和现实已经向我们提供了认识这种关系的大量事实资料，应该根据这些材料提炼出一定的理论，使它能够代表历史发展过程中最本质的内容。而所谓科学理论的创新，在很大程度上就是要尽可能反映这个不断变化的世界。今天我们在深入讨论综合运输问题并形成相应解释框架的时候，仍然坚持这种看法。

体系形态篇

第十一章

综合交通运输体系的形态

第一节　运输业的网络形态与体系形态

我们在前面介绍运输经济研究的基础性框架时已经提出了运输业网络形态，并说明了它存在着不同的层次。我们在这里讨论综合交通运输体系的时候，准备将前述运输业网络形态的概念扩大到综合交通运输的体系形态。

为了方便讨论和理解，这里需要先说明“形态”与“结构”这两个概念的关系。一般来说，形态是指事物在一定条件下的表现形式，而结构则是指系统内各组成要素之间的组织方式和内部构造，包括相互联系、相互作用的方式。关于“形态”与“结构”的关系，我们倾向于认为“形态”是指事物包括其外在表现在内的存在形式，而“结构”则主要是指事物各部分之间的内在关系，形态在某种程度上包含了结构。客观事物都以一定的形态及结构形式存在、运动与变化，内在结构支撑着整个形态，而形态则通过外在形式反映着事物的内在结构。

运输业网络形态是指运输业网络在一定技术和社会经济条件下的表现形式。除了实体物理形态的网络和传输对象及其载体在网络中运行的规则外，运输业网络中还包括相关经营主体的组织结构，以及发挥着重要影响的政府政策与管理体制。运输业网络形态的分层结构中一般包括基础设施层、运营及服务层、企业及组织层和政策及体制层（见前章图 10 -4）。

运输业网络形态与前述运输产品—资源—网络经济分析框架的关系可用图11－1反映出来。在图中，运输业的产品与服务、资源配置及网络经济三大要素之间形成了一些重要交集，其中运输产品服务与资源配置之间、产品服务与网络经济之间以及资源配置与网络经济两两之间的交集分别是资源与市场的匹配、生产效率以及生产条件，而三大要素之间的共同交集实际上就应该是运输业的网络形态。运输业网络形态分析是准确刻画运输经济研究对象的一个框架性思路，也是深入分析运输经济研究对象的得力工具。对网络特性和时空属性的关注成为运输经济学有别于其他经济学科的主要特点。绝大多数现实运输问题都可以归结到运输业网络形态相应层级的内部结构或相关层级之间的相互关系上，从而确定问题的属性并进行深入分析。

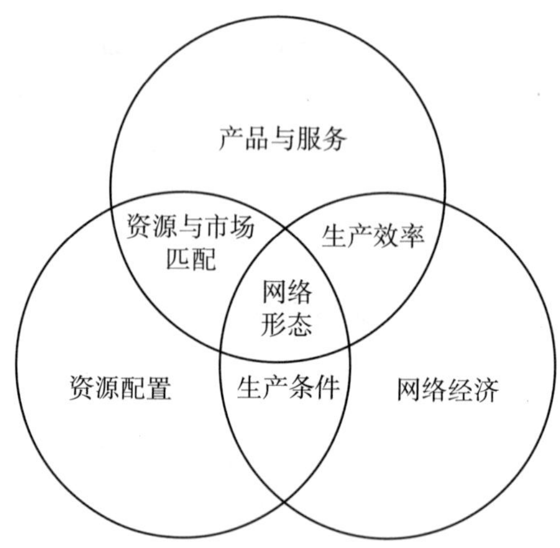

图11－1　运输业网络形态的形成

至于从运输业网络形态的概念扩大到综合交通运输的体系形态，我们认为这里面更多的是属于语义层面的差别而不是实质性的差别。前文已经提到过体系就是系统，交通运输体系也就是交通运输系统。运输业网络形态的分层分析框架主张运输系统要从网络分层的视角去观察与分析，综合运输是交通运输体系发展到一定阶段的状态，因此综合运输体系的形态也是客观存在的，也可以甚至也必须要从网络的分层的视角去观察与分析。

交通运输体系的网络形态在不断地变化和演进，新的现象和问题正不断地从这一过程中显现出来。因此，运输业的发展可以看做是其体系网络形态的演变过程，而从运输业体系的网络形态逐渐成熟去观察运输业发展及其中所存在的问题，也是一种新的分析思路。

管楚度甚至直接使用了综合运输形态的说法，他认为综合运输形态的出现是原来方式分立运输形态进一步发展的必然结果。任何复杂事物的发展规律都是按序发展，且呈各序历经的特征，交通或运输的发展也不例外，只不过其中的"序"在物理学中表现为状态，在化学中表现为相态，在管理学中表现为模式，而在社会学中表现为形态。事物在发展之中不论状态、相态、模式或形态等的变化均按规定的次序递进，不能乱序、混序、跳序。既然知道综合运输形态是过去分立运输形态发展的必然前景，就不应倚势而待，因为如果只是倚势等待后续发展形态的到来，不但将耗时过长，而且在形态变化与背景磨合时发生的改制成本也会大增。适时推进必要的体制改革与综合规划，就可以变被动为主动，达到顺势而谋和顺势而为的目的。

第二节　商业业态对综合运输研究的启示

商业业态指的是经营者为满足不同的消费需求而形成的经营模式或经营形态，其分类的主要依据是经营主体的多少（是一个还是多个）、目标市场、经营理念、服务功能、立店规模、选址、目标顾客、商品结构、店堂设施和装修标准、商品进货渠道（从厂家还是分销商处进货）和募集方式（是中央采购还是单店进货）、商品的宽度和深度、价格政策（毛利率大小）、销售方式等诸方面。

国家质检总局、国家标准委联合发布并于2004年10月1日开始实施了国家标准《零售业态分类》（GB/T18106—2004）。该标准定义零售业态（retailing type of operation）是"零售企业为满足不同的消费需求而形成的不同经营形式"。还规定中国零售业态按零售店的结构特点分类，根据其经营方式、商品结构、服务功能，以及选址、商圈、规模、店堂设施和目标顾客等结构特点，分为百货店、大型综合商场、超级市场、便利店、专业店、专卖店、购物中心、家居中心、仓储商店等九种零售业态。

西方国家对业态的关注应该更早。据研究，国外有"业态"和"业种"等的概念，其中"业种"指"卖什么"，而"业态"指"怎么卖"，也可以理解为营业形式。目前，发达国家对业态种类的划分大同小异，根据国情和发达程度不同具体标准有所不同。以日本为例，日本通商产业省也把零售企业划分为九种业态。日本安士敏先生认为："业态为营业的形态"，它是形态和效能的统一，而形态是达成效能的手段。若干其他行业也都分别有关注各自业态的动向，例如，我们可以看到酒店业、餐饮业等对相关业态的分析。

根据周忠兴的研究，西方零售业态总体来说经历了四次大的革命，即百货商店、连锁超市、购物中心和无店铺销售。他认为，零售业业态的演进不是偶然的或无根据的，而是零售业适应社会经济和文化技术发展的产物。如百货商店的出现是适应西方工业革命大量生产大量销售和城市化进程的要求而产生的，连锁超市是适应商业降低成本、方便顾客的要求产生的，购物中心是城市空洞化、居住郊区化的必然反映，而无店铺销售则是电子技术和信息技术在流通领域的延伸。应该说，零售业态的每次创新都更好地满足了消费者的利益和需求，更好地推动了工业生产的发展。

周忠兴还认为，从零售业的发展史看，商业零售业态主要受到消费需求和工业生产两股力量的制约。在供给力量大于消费力量的卖方市场下，谁适应工业生产的要求，谁就能生存发展，此时的流通业只是起着“桥梁”和“渠道”作用。然而在买方市场下，尤其是在今天人们的物质需求已获得相对满足，供给日愈过剩的情况下，消费者已成为主宰市场的绝对力量，只有那些能够真正满足消费者需求的企业才有生命力。此时的零售业已不仅仅是桥梁和渠道，而是起着先导作用，即一方面开发需求；另一方面引导生产。谁能更好地发挥这种作用，谁就能获得发展，这也是零售业态受到普遍关注的原因之一。

商业零售业态是各种资源和营销要素组合的结果，有其内在的联系和规律，这些资源和要素组合得好就能发挥其最佳效力，而组合得不好则会相互抵消以至削弱竞争力。在零售企业核心能力与业态选择的问题上，周忠兴提出零售企业的核心能力包含了一般业务核心能力和选择相关业态这两种互相结合与制约的核心能力。企业在选择业态时、既要考虑自身的核心能力也要考虑业态的核心能力，并将这两者有机统一。如果企业不具备经营某种业态的核心能力，或者一种业态与企业具有的核心能力不相吻合，那么迟早会出问题。比如某个企业经营百货商店很成功，但在搞连锁超市时却不成功，这说明该企业经营连锁超市的核心能力还不具备。

从商业业态已有的研究和相关标准制定看，商业部门对于自己的经营形态的关注程度，要远高于运输业对自己业务形态的关注。其已经形成的商业业态分类，不仅可作为研究者对该行业进行深入认识和研究的得力工具，而且早已经成为商业企业，特别是零售企业根据自身市场定位、经营目标、核心资源等构成核心竞争力的重要决策内容。从某种程度上说，学习以及构建关键知识技能就是构建核心能力的途径，这一点对我国目前的运输企业而言也已经变得非常重要。现代运输业已不再是简单地把人与货物运来运去，如果还守着传统的观念和经验来办运输，就注定是不成功的。尽管本书所讨论的综合交通运输体系形态与商业业态并不完全是一码事，但其他行业的研究思路还是能给我们提供很大启发。

第三节 运输业体系形态的若干表现

我们在前面把运输业网络形态分为基础设施层、运营及服务层、企业及组织层和政策及体制层四个层面。这是运输业体系形态的基本分层，当然根据研究的需要，也可以在以上基本分层结构的基础上进行层级的增减，例如，对技术标准特别关注的研究者就可能为此专门增加一个新的层级进行研究（见图 11－2）。也就是说，运输业体系形态的划分既有基本出发点，也有一定灵活性。但总体来说，运输业体系形态的分层越多，就像我们在图中所看到的，不同层级之间所涉及的关系也就越多，分析研究越需要认真细致。

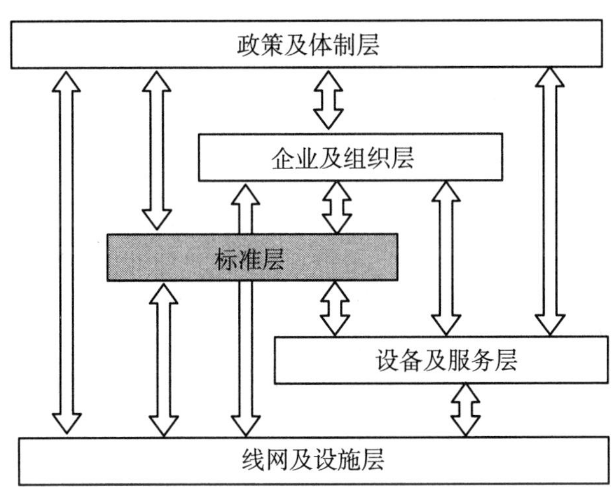

图 11－2 交通网络形态增加分析层次

每一种运输方式自身的体系网络都处在不断发展变化中，也都有必要深入分析。例如从铁路的网络形态变化看，成熟铁路网会逐渐形成包括干线铁路、区域铁路和城市铁路相互分工、相互协作的格局。这三类铁路的边界划分在很长时期内可能并不十分清晰，例如某些地区内的干线铁路、区域铁路与服务于市域范围的市郊铁路可能边界模糊，而且从运营服务角度看，上一级铁路主体往往容易兼容下一级。但原则上这些铁路应该是各负其责的，其所服务的客货流起讫点、出行目的、旅行时间要求、政府责任、规划要求、衔接性要求以及相关土地政策等都有着相当差别。各类铁路在服务对象、技术标准、投资运营主体、企业组织结构、监管与补贴等政策及行政权限等方面的基本要求也都各不相同（见图 11－3）。

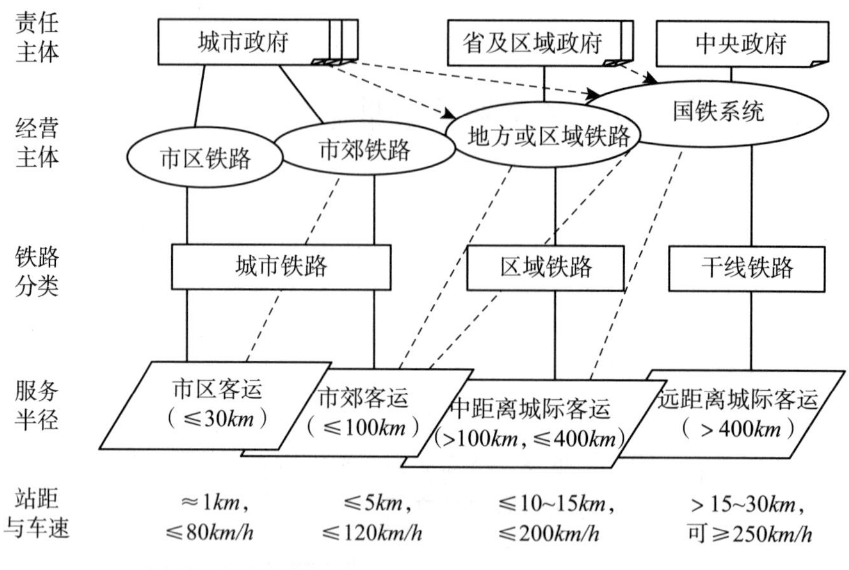

说明：实线为责任关系；虚线为委托和兼容服务关系。

图 11－3　不同铁路服务范围、技术标准、经营主体及责任主体分类

因为相关铁路的服务对象与干线铁路有很大区别，因此在投资建设和运营管理方面也提出了与既有国铁统一管理体制有所差别的要求。从国外铁路管理体制的演变看，各国在铁路网发展初期上级铁路都曾承担多种功能，而路网成熟以后则大都是根据服务范围和管理权限划分为干线铁路、区域铁路和城市铁路三大类，以便于不同层次铁路的规划、建设与运营管理分别由中央、区域以及城市政府承担主要职责，其中不乏将原有国铁线路转变为区域铁路或市郊铁路的情况。铁路网络形态越完善，不同类别铁路之间的划分就会越清楚。铁路网络形态的演变和结构升级，要求相关政府在管理体制上作出必要的调整，国铁不应该也不可能包办一切。我国铁路在过去一段时期的发展不注意这方面的区别，甚至出现有意混淆概念的倾向，实际上对铁路的合理发展造成了不良影响。在今后铁路网的分工中，除了由国家铁路负责以干线铁路为主的铁路系统，城市政府负责城市铁路系统，也会由省级政府或某种政府间合作组织作为包括次干铁路的某些区域铁路的规划、建设、运营和管理主体。

根据研究的需要，在运输业体系形态的某一个层次内部也应该进行深入分析。图 11－4 是城市轨道交通行业不同企业组织模式的示意图。由图可见，尽管世界上任何城市都是由政府对自己的城轨系统承担最大的规划与建设责任，但不同城市在具体的城轨投融资、建设施工、运营管理以及物业开发等职能上，却可以采用不同的企业组织形式。图中分别显示了（a）由一家城轨企业承担投融资、建设管理、运营以及物业开发全部职能的模式；（b）由多家平行企业以竞争方式分别承担以上职能的模式；（c）政府分别委托不同企业分别承担以上职能的模式；和（d）政府建立并依靠具有城轨投融资、拥有资产和物业开发职能的核心企业，再由该核心企业分别委托和管理城轨建设与运营的模式。显然，不同的城轨企业组织形式或行业管理模式都有各自的优缺点，各城市当局的选择既涉及技术与经济的效率，也涉及各自的市场理念、法律环境、行政惯性甚至初始选择。但同时，不同的城轨企业组织形式或行业管理模式也会对所在城市城轨体系形态的其他层面产生影响。

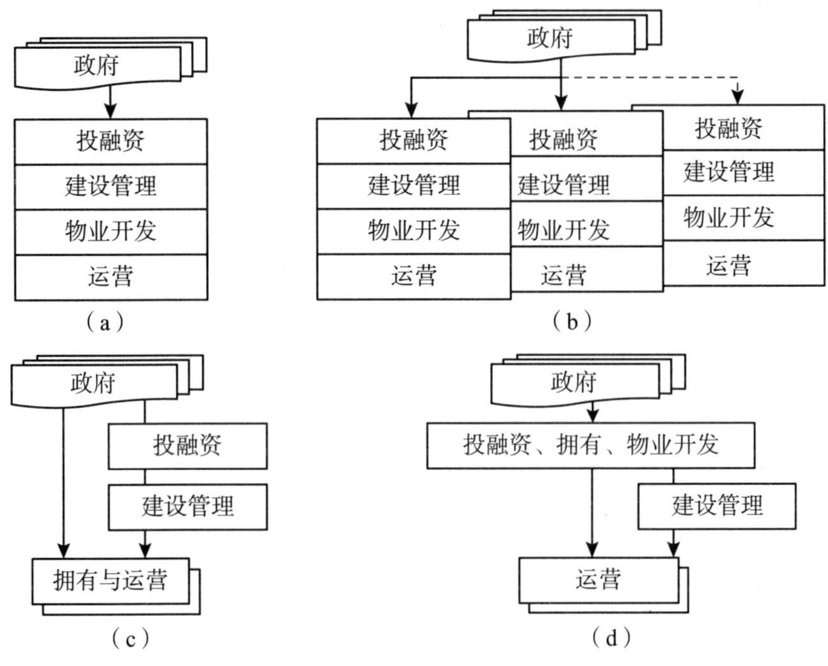

图 11－4 城轨企业组织模式

第四节 综合运输体系形态的分类

表 11－1 是部分综合交通运输体系形态的分类描述内容汇总，包括交通线网形态、通道形态、客运枢纽形态、货运枢纽形态、大宗货运形态、多式联运形态、现代物流形态、城市交通形态、城市群交通形态、企业组织形态、交通信息化程度、平均送达速度、环境影响程度、资源利用程度、区位耦合水平和政府管理水平 16 大类，表中对每一类形态的主要描述对象及主要特征也分别做了交代。

表 11-1　　综合交通体系形态部分分类描述内容

形态分类	主要描述对象	主要特征
交通线网形态	国际交通网、国内跨区域交通网、区域或省域内交通网、相关城市群内交通网、核心大城市交通网、城乡及乡村道路网等	交通线网里程长度、密度、覆盖范围等总体表征
通道形态	通道的基本功能、交通方式种类、各方式线路数量、主要线路的技术标准、通道能力与利用程度、方式内与方式间分工状况等	交通网主干廊道的基本特征，体现通过能力与效率
客运枢纽形态	客运枢纽的分类分级标准、枢纽城市的布局与分工、主要综合枢纽衔接的交通方式、衔接的各方式线路数量、枢纽的能力规模和主要技术标准、旅客换乘的方便程度、过境能力的要求等	交通网主要客运节点的基本特征，决定发到与换乘效率
货运枢纽形态	主要货运枢纽的布局与分工、主要枢纽衔接的交通方式、衔接的各方式线路数量、枢纽的能力规模和主要技术标准、相关集疏运系统的配套、货运港站与主要物流园区及临港临空经济的关系、通关能力	交通网主要货运节点的基本特征，很大程度上制约着货运全过程的效率
大宗货运形态	煤炭、主要原材料、原油、成品油、天然气等大宗货运需求的流向、流量与相应运输线路、装卸、存储等设施设备的配套要求等	在工业化和运输化初期阶段应该具有的基本货运能力
多式联运形态	国际、国内集装箱多式联运的箱源、箱量、基本流向与相关场站的规模能力，特别是海铁集装箱联运链条及场站的配套要求等	运输业从自我发展并以竞争为主转向协作、共赢的标志
现代物流形态	物流园区的分类分级标准、园区的功能性分工与布局、园区与城市规划及相关交通网络的关系、核心城市市内配送系统及辐射配送能力、园区内主导企业包括平台企业的服务网络覆盖范围、农村物流等	基本运输业务结合供销、仓储、配送等业务实现即时位移服务的能力
城市交通形态	各级各类枢纽点在城市的布局与分工、特殊综合交通枢纽的功能定位与选点、城市轨道交通网、城市道路网、城市公交系统、城市通勤范围、城市货运设施布局与配送系统等	与城市化相关阶段相对应并有效地支持正常城市生活的交通能力

续表

形态分类	主要描述对象	主要特征
城市群交通形态	城市群内各城市之间交通一体化在硬件设施和软件服务各方面的实现程度、相关城市政府在交通一体化方面的协作程度等	城市化较高级阶段所对应的连片城市区域交通系统要求
企业组织形态	交通、物流及相关领域企业的数量、规模与信用水平、服务网络覆盖程度、财务健全性、相关核心企业的履责能力等	交通、物流及相关领域建设、运营、服务主体的状况
交通信息化程度	交通与物流领域相关生产、经营、使用、管理信息分别在政府、经营者和使用者视角的系统开发、使用与普及程度、相关新技术的采用情况、网上交易的实现程度等	交通与物流领域相关生产、经营、使用及管理信息的集成化水平
平均送达速度	客货运输服务全程平均每天或每小时的运输距离、车上与车下（或主要与辅助）交通时间的比例、交通拥堵范围、程度及引起的成本等	交通运输总体服务水平和社会综合交通成本的表现
环境影响状况	单位客货位移的能耗、土地占用、交通活动引起的碳排放量和空气、水污染、噪声、震动指标等	交通运输活动引起的外部成本和资源环境的相应容量
资源利用程度	相关区域自然交通资源（包括港址、桥位、廊道、山口、净空等）的开发或利用程度、已有人工交通资源（包括线路、通道、场站、枢纽、桥隧等）的利用程度与改造可能	自然交通条件与已有人工交通资源的合理开发、利用状况
区位耦合水平	交通设施与区域开发、产业结构或城市形态的结合程度、相关临空、临港、临站产业的集聚程度与发展水平、TOD 等土地联合开发状况	相关交通区位与其他经济区位的结合、匹配关系
政府管理水平	相关的政府机构设置、相应交通政策、规划的制定执行能力、相应组织、协调、监管能力、平衡财政收支与稳定市场秩序的能力等	综合交通运输体系中政府责任的承担状况

我们提出这一综合交通运输体系形态的分类，是希望以交通体系主要形态的功能特征描述，代替传统分方式交通规划中的数量预测和项目列举作为规划核心内容，以便引起综合交通规划在方法上的重大改变。在综合交通运输体系的发展

方向和目标确定以后，对相关综合交通运输体系的形态特别是线网、通道与枢纽，以及其他重要的形态特征进行清晰准确的描述，下一步建设重点和其他相关措施的落实才有现实的针对性。这种规划方法可避免尚未弄清系统在未来目标规定下所应具有的主要功能特征，就急于提出各种具体的建设项目，也可以较好地处理综合规划与分方式专业规划的关系。有了综合交通运输体系所应该具有的形态特征，各分方式子系统的规划目标就有了充分依据和指导原则，对每一个单一方式或多方式综合建设项目也都可以提出明确要求。

可以看出，表中提出的综合交通运输体系形态分类描述内容，是希望尽量全面地满足实现综合交通所要求促进的衔接和一体化，以及规划必须体现的综合性、连续性和协作性。但需要说明的是，不同规划要求所关注的交通体系形态内容不一样，未来阶段与目前相比规划所关注的内容也会发生变化，因此规划中所包含的交通体系形态描述内容会因情况而异。在具体规划中，可把以上综合交通运输体系形态分类描述内容分为必选内容、可选内容和可增加内容。其中必选内容是指设施线网、通道和客货运枢纽等一般在任何综合交通规划都应该包括的形态特征；而可选内容就可根据具体规划的要求，从大宗货运、多式联运、现代物流、大都市与城市群交通、企业组织、信息化、服务质量、环境影响、资源利用、区位耦合等形态特征中选择必要的进行描述；可增加内容则是根据相关规划的特殊需要另外增添的，例如可以增加对不同运输方式的比例结构、相关运输方式的设备状况、交通安全或者运输市场等形态的描述。

我们还可以下面的交通网络、通道、枢纽与运营商为例，列举交通运输体系内其他相关层次形态分类的情况，既可以满足相关交通规划研究的需要，也可以用于其他经营或研究的目的。

交通网络 交通网络是交通运输业的基础设施，由交通线路和结点组成。按空间划分，交通网络可分为国际交通网、国内跨区域交通网、区域或省域内交通网、相关城市群内交通网、核心城区交通网、城乡及乡村道路网等。按功能分类，又可以分成基本网和非基本网，其中基本网是由干线及沿线枢纽组成的交通子网，分为主干网（又称骨架网）和次干网；而非基本网由支线、联络线、专用线及沿线站场、港口等组成。

通道 通道按空间等级和功能可分为国际通道、国内跨区域通道、跨省通道、省域内通道、相关城市群内通道、城市交通通道等。通道按运输方式可分为综合性通道、铁路通道、公路通道、水运通道、航空通道、油气管道通道等。

枢纽 枢纽按空间等级和功能可分为国际交通枢纽、国内骨干交通枢纽、区域交通枢纽、城市交通枢纽等；按运输方式可分为综合交通枢纽和各自单分方式交通枢纽等。

运营商 运营商则可分为单一方式（如铁路、公路、水运、航空、管道、城市公交等）客、货服务提供商、单一方式基础设施（如公路、港口、机场以及铁路线路或场站等）运营商、多式联运集成商、客货运服务代理商、信息平台运营商、仓储与物流服务商、（同城、异地或全球）快递运营商等。

第五节 综合运输体系形态分析的重要性

从运输业网络形态的时空表现来看，除了前面所强调的基础设施层、运营及服务层、企业及组织层和政策及体制层四个层面所分别对应的实体形态、功能形态、组织形态和体制形态以外，交通运输以及包括由其衍生出或整合进的物流业和旅游业整个体系，实际上还存在着一种形态表现，这就是通过网络的运行速率与节奏体现出来的运动形态。

根据王南湜的研究成果，社会经济中比较高级的运动形态会以整合、支配的形式包含较低级的运动形态在自身之内。例如，企业经营时空作为企业经营活动的空间范围、速率及节奏与相关技术作业活动的空间范围、速率及节奏相复合，是前者对于后者的整合与支配；而社会经济时空作为社会经济运动的空间范围、速率及节奏与相关企业经营活动的空间范围、速率及节奏相复合，也是前者对于后者的整合与支配。而交通、物流及旅游体系的时空运动形态，事实上提供了社会经济运动的空间范围、速率及节奏的基础，也在很大程度上决定了整个社会经济的时空表现。

交通、物流及旅游体系的时空运动形态，是由使用相关设施与设备的技术作业活动、企业经营活动以及行业所服务同时又依赖的社会经济活动共同决定，分别对应着相关技术作业时空、企业经营时空以及社会经济时空。其中各类企业的经营活动具有特别重要的意义，因为只有企业才可能是提供相应物流服务的能动主体。任何高水平交通、物流及旅游服务一定是相关企业市场选择的结果，是它们签约履约、创新或采用相关技术与组织，以及发现甚至创造市场过程的结果。而我们所关心的综合交通运输体系，包括其空间范围、速率及节奏，都是内含矛盾的统一体。在这个体系中不同运动形态的事物，例如，不同的运输方式、运输速度、经营主体、衔接效率等，都有着不同的速率与节奏，而它们共同的复合运动形态也就有着复合的速率与节奏，有如和声音乐。在系统整合程度较高的情况下，按照王南湜的说法，这一统一体有如“存在着主旋律的和声音乐”，而在整合程度较低的情况下，则这统一体便有如“不存在主旋律的复调音乐”。我们研究综合交通运输的目的，就是希望能够通过认识和掌握交通运输发展的阶段性变化趋势，推动我国运输业在体制与机制方面的必要调整，使整个体系的复合运动形态尽快得到改善。

在这里还需要强调一下所谓“通过能力经济”的意义。“通过能力经济”意指一定横截面生产能力条件下单位时间内的产出量，它当然应该既包括静态层面能力的规模，也包括动态层面的生产速率与节奏。在一定的静态生产能力条件下，生产的速率与节奏越快，总产出就越多，企业效率也越高。在速率与节奏足够快的条件下，静态生产能力就不需过多配置。金懋认为，通过能力经济与规模经济（指随着产出增加长期平均总成本下降的性质）存在着相当大程度的一致性，而且很多情况下人们甚至以规模经济代替了通过能力经济的概念。但规模经济理论并没有特别强调生产的速率与节奏问题，也就是说规模经济也可以依靠增加静态层面能力的方式实现。因此，通过能力经济相对而言其实更加全面和准确地体现了生产效率的状态。遗憾的是，经济学长期以来更多关注的是规模经济，而通过能力经济所要表达的含义却被忽略了。金懋认为，运输经济学对运输业网络经济和速度经济的综合考虑，恰恰与钱德勒所强调的通过能力经济内在含义一致，因此也有利于重新引起经济学对该问题的重视。

我们强调“通过能力经济”，就是要关注现代交通、物流及旅游体系的时空运动形态，主张社会生产率的提高和单位成本的降低要更多通过速度与衔接提效去取得，而不再主要依靠设施与设备的规模上扩大。当然，社会生产节律的提升并不是仅靠加快某一个环节上的工作或运行速率就可以做到的，它其实是整个系统中所有环节都能够充分合作与协调的要求得到满足的结果，因此是系统协作状态的体现。形成平滑的匀速运输链条以便最大限度地减少停顿和拥堵导致的浪费，比只在某个环节上一味提速更加重要，特别是需要认识对运输效率的最大制约已经从线路转移到节点和枢纽上了。

综合交通运输是运输业发展的一种状态，是社会经济在工业化和城市化较高级阶段对运输业提出、而运输业通过相关网络形态改善所能够提供的JIT服务状态。为了能够提供高水平的JIT服务，运输业网络形态的相关层次内部和各个层次之间都必须做出调整，而在为社会经济提供JIT服务的同时，运输业自身要能够保持高效率和低成本，要尽可能地节约各种资源，并将对资源环境的负外部性影响降至最低。

现代交通运输的发展已超出仅局限于基础设施建设和新技术使用的发展观念。高效率一体化运输在很大程度上取决于不同运输方式在相关节点上的有效连接，取决于不同交通运输方式的基础设施、生产设备等硬资源和运营管理（也包括时刻表、财务清算）等软资源在物理和逻辑上相互连接与配合的紧密性、融合性和一体性，其中多式联运的有效运作是建立高效率综合运输的关键所在。

第十二章

运输通道

第一节　通道的形成与发展

一、运输通道的概念与分类

运输通道（transport corridor）是交通基础设施发展的主要空间形式，它是运输业在运输化进程中伴随时空变化而逐渐演进的结果，也是其自身与周边社会、经济发展相互适应的结果。国内外学者都对运输通道有过深入的思考和探索，但在不同研究背景下，运输通道被赋予不同的概念。这些研究概括了运输通道的若干共性特征：首先运输通道具备类似的自然地理特点，在地理空间上呈现出廊道的几何特征；其次具有发达的交通基础设施，线状或带状的基础设施布局吸引了非农产业在其周围的聚集，成为区域经济发展轴，促进经济发展；最后满足特定市场的高密度运输需求。

黄承锋认为，狭义的运输通道仅指地带和线路系统两个要素，而广义的运输通道应该包括地带、线路系统、载体系统和管理系统共四个要素。其中地带指运输服务活动经历的“带”状地区；线路系统指“带”状地区内的交通基础设施；

载运系统指流动在交通基础设施上的运输工具；管理系统指维持正常运作的软件系统。美国联邦公路局牵头的综合通道管理研究项目则提出了通道五个特征要素，分别是设施网络、网络衔接或交叉、运营特征、制度特征和技术特征。设施网络特征是指组成运输通道内的各种网络类型，如高速公路、收费公路、通勤铁路、重载铁路、水路、重要的桥梁/隧道等；网络衔接或交叉特征指运输通道内不同类型设施形成的各种衔接或交叉形式；运营特征指运输通道的适用对象或者独特的运营方式，比如客运为主还是货运为主、支线还是干线、是否经过生态环境保护区等；制度特征包括运输通道所涉及的运输管理机构、相关的区域机构和其他的一些合作机构等；技术特征包括信号控制技术、高速公路坡道控制技术、收费站入口/出口设施、道路监控、出行者信息、公共交通优先、运输需求管理等。

综合已有的研究成果，本书对运输通道的界定是：在连接两个区域的条形地带上，配备着（包括已有的或规划建设的）大量运输设施，为特定运输市场承担一定方向性的大规模客货运输，也被称为运输走廊或廊道。运输通道的概念中包括以下七个要素：交通行为、自然条件、线路、枢纽、载运工具、技术和体制。

交通基本网是在运输通道基础上发展而成的运输通道系统。交通基本网是指某一区域在一定的历史时期内，达到交通运输总量供需平衡时所具备的交通基础设施的数量，是由通道或主要干线及沿线枢纽组成的交通子网。交通运输网络按其功能可以分为交通基本网和交通非基本网。其中交通基本网是交通运输网络的骨干，包括各个层次的运输通道和交通枢纽等；而交通非基本网是交通基本网在交通运输网络中的延伸和辅助部分，包括各种支线、联络线、专用线及沿线站场、港口等。交通基本网形成后，其形态、规模、结构和功能等将在一定的历史时期内保持稳定，并由此决定一个国家或地区交通运输发展的基本格局。基本网可分为国家交通基本网、区域交通基本网和城市交通基本网，也可以分为不同运输方式的基本网和综合交通基本网等。由于通道承担大规模的客货流量，所以通道一定属于相应空间范围的基本网。此外，上一级地域的运输通道也一定是下一级地域交通基本网的构架组成部分。

运输通道根据研究的需要可以有多种分类方法：根据通道的地域空间范围可分为国际运输通道、国内区域间运输通道和城市内运输通道，其中国内区域间运输通道又可分为具有国家战略意义的重要运输通道和一般运输通道；根据通道所在的地理状况可分为陆路通道、水上通道和空中通道；根据通道内运输方式的多少可分为单运输方式通道和多运输方式通道；根据运输对象可划分为货运通道、客运通道和混合通道等，其中货运通道中又可根据货种细分为能源运输通道、煤炭运输通道等。不同类别的通道可能在地理位置上重合或部分重合。世界上很多通道是在运输业发展中逐步自发形成的，但后来有不少国家开始重视运输通道的规划与建设。现实中许多运输通道往往是由两种或两种以上运输方式线路组成，承担主要客货运输任务的运输走廊，构成综合交通网的主骨架，是国家的运输大动脉，这即是综合运输通道的概念。

二、通道的发展过程

根据交通网络规模及通道功能的成熟程度，将运输通道的形成发展过程分为初始期、形成期和成熟期三个阶段，如图 12－1 所示。各个发展阶段的特征和演化轨迹详述如下：

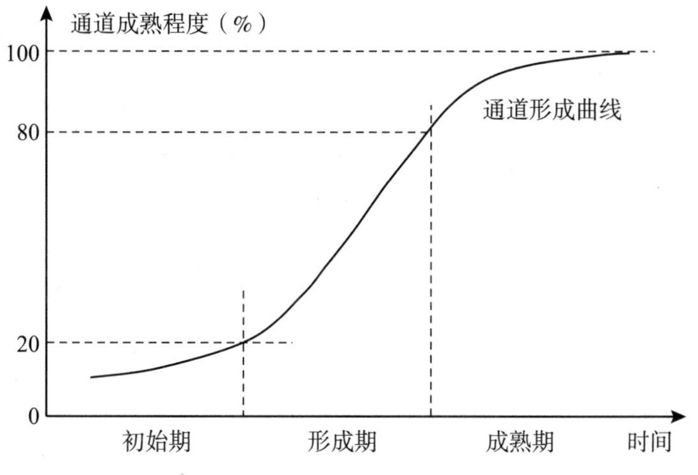

图 12－1　通道形成与发展阶段

伴随人类生产专业化水平和城市化水平的不断提高，商品的大规模交易产生，社会产业形态主要是以农业等基础产业为主。生产的基本指向是通过运输完成生产要素以及产品在空间上的聚集和转移。此时交通运输主要满足生产地与消费地，以及城市之间的运输需求，并且由于人口、经济和运输技术处于较低水平，因此主要是以水运和铁路等成本较低的运输方式为主，因此整个运输通道处于初始发展时期。此阶段有以下几个主要特征：（1）初始期一般较长，从国外相关的发展经验来看，经济发达国家运输通道的初始发展期一般为 60～70 年甚至更多。这主要是由于当时城市化较低，城市之间为形成大量的客货交流，以及新运输技术出现的时间差异等多方面的原因造成的。（2）由于人口、资源、经济和技术因素的限制，运输通道内交通基础设施建设速度较慢。（3）在历史上，很多运输通道是由于当时政治、军事等方面的需要才形成，并非完成一般意义的客货运输。

形成期是运输通道发展过程中最为重要的阶段。此时期内工业与服务业得到了空前发展，经济总量出现迅猛增长的趋势，资源和资金密集型产业成为全社会的支柱产业。同时城市化水平迅速提高，特别是大城市间和城乡之间的运输需求大幅增加，因此对交通运输服务提出了强烈的要求，而公路和航空等新运输技术逐渐进入技术优势期，运输通道建设速度明显加快，用来满足沿线城市之间的客货运输需求。形成期有以下几个明显特征：（1）相对较集中的时间内建成大量的交通基础设施，运输通道基本达到成熟。例如以发达国家运输通道发展为例，运输通道在形成期内加速发展，在形成期结束时运输通道基本成熟，即达到最终规模 80%。（2）通道沿线城市化程度加深，运输通道中交通基础设施的建设随着城市化进程加快由初期的注重线路建设向注重枢纽建设转移。（3）公路和航空运输方式进入技术优势时期，极大地促进了运输通道的迅速发展。（4）各运输方式之间由独立发展转向协调发展。

当经济总量和运输技术发展到一定规模水平之后，运输需求将从数量主导转向质量主导，其次根据长期社会运输总需求的变化规律，在此时段的运输总需求基本表现出缓慢增长或不再增长的态势，而且通过形成期的集中发展，运输通道内交通线路的能力已经基本可以满足总运输需求，因此在这段时期内，运输通道的发展主要表现在对服务水平升级改造，提高繁忙地区的路网密度，以及增加支线和联络线、改善相关枢纽等方面。另外，再加上环境、资金、能源和土地等约束条件的限制，因此成熟期内运输通道内交通基础设施网络的发展建设速度和内容会发生很大变化。

从通道发展的阶段性特征可以看出，运输通道在不同的发展阶段有不同的运输需求，这是决定通道内交通资源总量规模的关键因素，因此，清晰刻画并确定运输通道所处的发展阶段，对于通道交通资源的配置具有重要意义。而通道发展阶段与沿线城市化水平有着明显的正相关关系，可以通过通道沿线城市化与通道发展水平之间的关系，来确定运输通道所处的发展阶段。

第二节　国内外通道的发展概况

一、国外概况

1. 北美

美国很多重要通道建设形成于其历史上的运河、铁路和高速公路建设时期，但通道也仍旧是近年来该国运输政策与规划的重要内容。1991 年出台的 ISTEA 法规定特定运输线路或通道具有投资优先权，并指定了 21 条高优先级通道。截至 2005 年，美国已经有超过 80 条这样的通道（见图 12－2）。这些通道有些完全位于一个州内，比如密歇根州内沿 M－59 的高速公路通道和阿拉巴马州的伯明翰运输通道，有些通道则跨越几个州，比如从弗吉尼亚州延伸到堪萨斯州东西横贯通道，以及从南卡洛莱纳州一直到密歇根州的 I－73/74 南北通道。

图 12－2　美国高等级优先权通道

加拿大对于运输通道的建设同样关注，加拿大的国内运输通道分东西向和南北向。东西向通道主要是沿美加边界延伸，该通道同时也是该国的主要人口走廊。随着贸易自由化和全球化浪潮的兴起，这条运输通道亟待重建，尤其是 1991 年美加两国签署贸易协定，三年后扩大为北美自由贸易协定（NAFTA）后，该运输通道上的过境货运量显著增长。与此同时，加拿大南北区域的交通通道也得到强化，比如安大略省南部和美国中西部之间的交通通道。增加通道运输能力来促进经济发展，在最近的一份北美自由贸易协定公路项目规划报告中得到美加两国的赞成和支持。

2. 欧洲

在欧洲一体化的过程中，跨国运输通道受到特别关注。欧洲委员会在 1990

年第一次提出泛欧网络计划（Trans-European Networks，TENs），1993 年在《马斯特里希特条约》中 TENs 得到了法律认可。1994 年欧洲委员会提出了 14 个 TENs 运输优先项目并为这些项目争取到了财政支持。2003 ~ 2005 年，欧盟重新确定了 30 个具有重要通道意义的运输轴线优先项目（见图 12 - 3），这些项目涉及的成员国可从欧盟获得占总投资 20% ~ 50% 不等的资金支持。

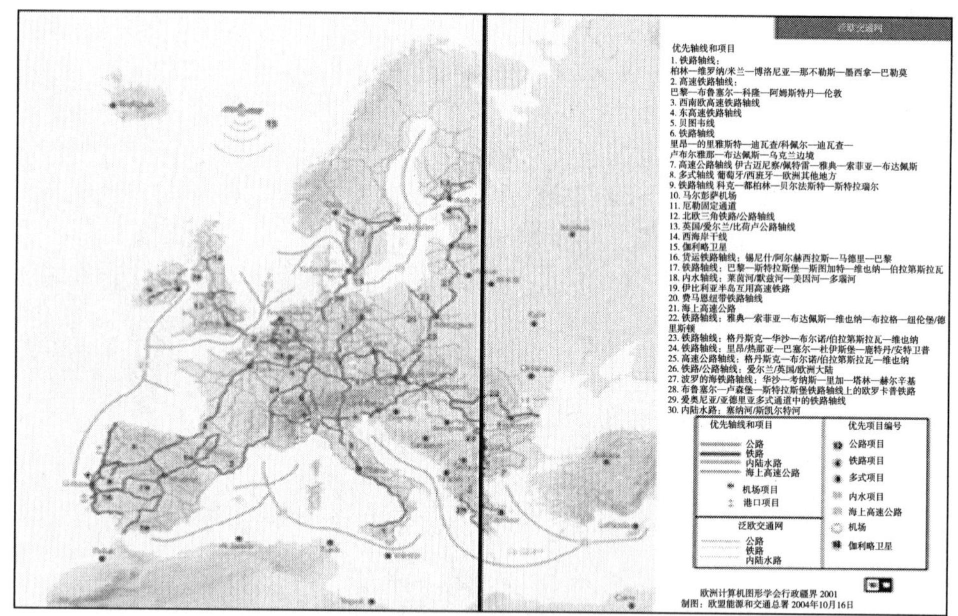

图 12 - 3　欧盟 2005 年 TENs 运输轴线优先项目

在 2005 年确定的 30 个运输轴线优先项目中有 13 个公路项目、6 个铁路项目、8 个多式联运项目。这些项目覆盖大部分欧盟地区，是实现欧盟一体化客货运输的重要保障。2004 年欧盟委员会的一项研究结果预测，一旦这 30 个运输轴线优先项目完成，将成为泛欧运输网络的骨架，可减少 14% 的道路拥挤，并改善铁路运营状况，欧盟成员国之间的货运量会全面大幅攀升。所以对于这些优先轴线项目，欧盟给予了极大的关注，并为项目的顺利开工建设积极筹措资金。

3. 日本

日本在 20 世纪中期提出“第一次全国综合开发计划”，其中交通运输方面的战略是，形成全国干线交通大通道，宏观上解决“产业据点”与大城市之间的“交通瓶颈现象”。在此期间，日本以举办奥运会为契机，开通了从东京到大阪的新干线，标志着日本大规模建设干线公路与高速铁路时代的到来。日本的第二次全国综合开发计划是经济高速增长的产物，规划了很多大型交通项目。图

12－4中，“不同线段分别代表了第一批和第二批投入运营的项目，以及未来投入建设的新干线项目。日本第三次全国综合开发计划是对第二次计划的修正和调整，第四次全国综合开发计划则是采取“交流网络构想”，构建“多极分散型”的交通体系，从过去“点”、“线”发展全面转向“面”的开发。在日本最新的全国综合开发计划中，已经确立了完善国际交通体系的战略构想。

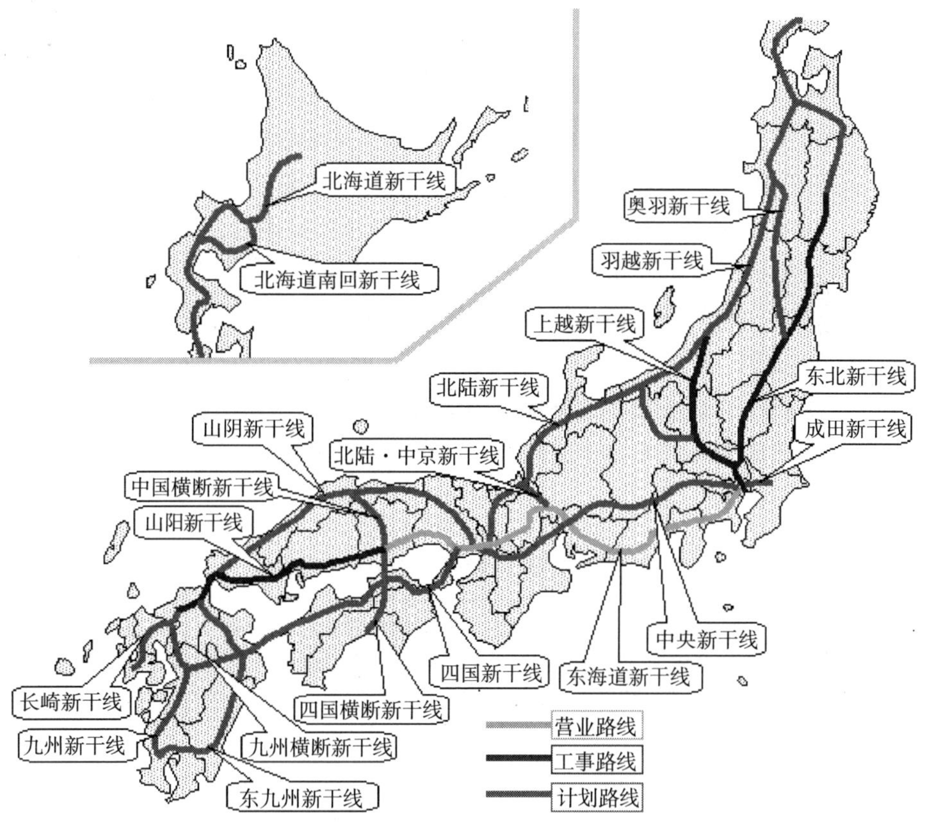

图12－4　日本第二次全国综合开发计划时期规划的交通项目

二、国内概况

我国运输界工作者在长期研究中，逐渐认识到综合性运输大通道是多种运输方式共同构成的高强度、大流量，具有全局性意义的主要运输干线，是全国综合交通网系统的最重要部分。但由于运输业的整体发展落后于国民经济发展，所以我国长时间处在一种运输供给短缺的状态下。这种短缺在集中了大规模客货流量的运输通道内尤为显著。因此我国开展了大量的运输通道研究，希望加快运输通道的建设步伐，满足通道内急剧增长的运输需求。

1989 年 2 月，交通部提出从“八五”计划开始，用几个五年的时间，建设公路主骨架、水运主通道、港站主枢纽，建成“三主”。考虑到支持保障系统和“三主”是不可分割的整体，1990 年 2 月，交通部正式提出了“三主一支持”的完整概念，并在以后逐步地完善和丰富着这个体系框架。在“九五”计划中，交通运输的发展政策明确指出，“要加快综合运输体系的建设，形成若干条通过能力强的东西向、南北向大通道”。“十五”计划纲要对基础设施建设的要求是“加快以‘五纵七横’为重点的公路国道主干网建设，全面贯通‘两纵两横’，建设西部公路的八条新通道，完善路网结构，提高路网通达深度”，并“加强长江、珠江及京杭运河等水运主通道建设，积极发展内河航运”等。2004 年，交通部编制出台了《国家高速公路网规划》，提出了放射线与纵横网格相结合的路网结构，形成由中心城市向外放射以及横贯东西、纵贯南北的大通道，由 7 条首都放射线、9 条南北纵向线和 18 条东西横向线组成，简称为“7918 网”（见表 12 -1）。“十一五”期间，“五纵七横”12 条国道主干线以及西部开发 8 条省际公路通道建成贯通，高速公路网规划中的“五射两纵七横”路线成为建设重点。“十二五”期将继续推进公路、水运、航空等通道和网络的完善。

表 12 -1　　　　国家高速公路网规划（2004）线路表

首都放射线	北京—上海、北京—台北、北京—港澳、北京—昆明、北京—拉萨、北京—乌鲁木齐、北京—哈尔滨
南北纵向线	鹤岗—大连、沈阳—海口、长春—深圳、济南—广州、大庆—广州、二连浩特—广州、包头—茂名、兰州—海口、重庆—昆明
东西横向线	绥芬河—满洲里、珲春—乌兰浩特、丹东—锡林浩特、荣成—乌海、青岛—银川、青岛—兰州、连云港—霍尔果斯、南京—洛阳、上海—西安、上海—成都、上海—重庆、杭州—瑞丽、上海—昆明、福州—银川、泉州—南宁、厦门—成都、汕头—昆明、广州—昆明

铁道部在“十五”期间积极建设改造“八纵八横”铁路主通道，扩大西部铁路网，加快铁路既有线技术改造，提高列车运行速度。2004 年，铁道部编制的《中长期铁路网规划》方案获批，该规划主要分三部分内容；第一部分是关于高速客运专线规划，提出了“四纵四横”铁路快速客运通道以及三个城际快速客运系统；第二部分为完善路网和西部开发性新线建设规划，包括六大通道；最后是能源运输通道规划，在十个煤炭外运基地形成大能力煤运通道，加大煤炭

外运能力。该规划在2008年又进行了调整，进一步扩大路网特别是客运专线网的规模，体现了快速扩充运输能力、迅速提高装备水平的要求（部分线路见表12－2）。

表12－2　中长期铁路网规划（2008年调整）部分线路表

“四纵”客运专线	北京—上海、北京—武汉—广州—深圳、北京—沈阳—哈尔滨（大连）、上海—杭州—宁波—福州—深圳
“四横”客运专线	徐州—郑州—兰州、杭州—南昌—长沙—贵阳—昆明、青岛—石家庄—太原、南京—武汉—重庆—成都
其他客运专线	南昌—九江、柳州—南宁、绵阳—成都—乐山、哈尔滨—齐齐哈尔、哈尔滨—牡丹江、长春—吉林、沈阳—丹东等
城际客运系统	在环渤海、长江三角洲、珠江三角洲、长株潭、成渝以及中原城市群、武汉城市圈、关中城镇群、海峡西岸城镇群等经济发达和人口稠密地区建设城际客运系统
完善路网布局和西部开发性新线	中俄通道同江—哈鱼岛段，中吉乌铁路喀什—吐尔尕特段等

2007年底，国家发展与改革委员会同有关部门，组织编制的《综合交通网中长期发展规划》中首次提出了“综合运输大通道”的概念，按照“宜路则路、宜水则水、宜空则空”的原则，经优化比选提出“五纵五横”10条综合运输大通道和4条国际区域运输通道（见表12－3）。

表12－3　综合运输大通道表

“五纵”综合运输大通道	南北沿海运输大通道、京沪运输大通道、满洲里至港澳台运输大通道、包头至广州运输大通道、临河至防城港运输大通道
“五横”综合运输大通道	西北北部出海运输大通道、青岛至拉萨运输大通道、陆桥运输大通道、沿江运输大通道、上海至瑞丽运输大通道
国际区域运输通道	东北亚国际运输通道（含中蒙通道）、中亚国际运输通道、南亚国际运输通道、东南亚国际运输通道

按照该规划的思路，综合运输大通道是由两种或两种以上运输方式线路组成，承担我国主要客货运输任务的运输走廊，构成综合交通网的主骨架，是国家的运输大动脉。“十一五”期间“五纵五横”综合交通运输网络框架初步形成，“十二五”期间将继续推进以“五纵五横”为骨架的综合交通运输网络的

完善。

第三节　通道的功能定位与分工

一、通道的功能定位

就运输通道的功能定位而言，可以通过许多角度来进行理解。通常，不同类型的运输通道都会具有不同性质的功能，因此运输通道的类型也就在某种程度上反映着运输通道相应的功能差异。运输通道是国家交通基本网的动脉和骨干，所以其功能定位的影响因素也比较繁多，包括经济、政治、文化、社会、国防等各个方面的因素。其中，运输需求、交通基本网空间结构、运输通道所经区域的社会经济特性，以及国家宏观政策等是主要的影响因素。在国家交通基本网中，运输通道的功能常常主要表现在以下几个大的方面：

（1）促进地区的社会经济均衡发展。运输通道是生产力布局的基础，地区开发的重点是通过运输通道的建设促进地区生产力的合理布局和快速发展，从而实现社会经济的均衡发展。

（2）解决综合战略任务，加强国际联系。运输通道能够延伸到国际空间，并推动国际经贸等各种经济活动的发展，从而成为实现国际经济一体化的重要物质基础。

（3）综合开发未来的能源基地。资源开发的难易程度很大程度上取决于交通条件，大规模的能源基地建设则必然依赖大能力的运输通道。例如，我国晋煤外运的几大运输通道的建设，是这一能源基地发展的重要条件。

（4）服务于全国的政治和国防。运输通道对加强中央与地方之间的政治和军事交流有很大作用，某些情况下甚至会超过经济意义，早期的运输通道建设往往都是基于这种考虑。

现实中运输通道的功能定位往往具有很强的复杂性和综合性，其表现常常会包括上述的若干方面。同时，现实中运输通道的功能定位要力求具体化、准确化和差别化，而不能过于笼统化、模糊化和雷同化。因此，运输通道的功能定位需要综合众多方面的因素，从不同的层次进行系统性的分析和研究并最终加以确定。

二、通道的方式分工

运输方式的合理供给是为了更好地满足运输需求，而任何运输需求都存在其驱动因素和制约因素。理想的运输方式供给结果就是能够在这些驱动因素和制约因素之间取得一定的均衡，从而实现交通资源的优化配置。其中，驱动因素通常较为多变和复杂，而制约因素则相对较为稳定和简单。将运输方式的供给在制约因素和驱动因素约束下分别加以分析，其中在制约因素约束下的分析称为静态分析，在驱动因素约束下的分析为动态分析。

静态分析即通过定性分析来判断运输通道内各种运输方式之间初步的分工状况，其目标就是明确运输通道内适宜存在或者发展哪些运输方式。因为只有各种运输方式在运输通道内具备存在，以及正常发挥其技术经济特性的条件时，才能谈得上彼此之间进一步的分工问题。因此，制约因素主导下的针对具体运输通道内各运输方式的分析是一种关于适应性的客观分析，它不以人的意志为转移。

制约通道内运输方式选择的因素有多种，主要包括自然条件、通道的长度、通道功能、运输对象、既有线路以及土地生态环境与资源的约束等。通道区域内的自然条件是运输方式技术经济特征在特定环境下的表现形式的重要影响因素，因而也是影响运输方式选择的客观因素。例如，气候条件对于各种运输方式的正常运行有着相当的影响，特别是水运和航空运输受气候条件的影响很大，有些河流在冬季封冻，会使轮船无法通航，有些河流季节性枯水，达不到一定水位也无法行船；有些气候不宜飞机航行。通道的长度也在一定程度上影响运输方式技术经济特征，例如，在京沪通道的京津段，两者之间的距离才一百多公里，虽然在一般意义上飞机比汽车和火车的速度都要快，但可以肯定航空这种运输方式不是最优的运输方式，因此在这种条件下汽车或者火车更有竞争力。

通道区域内的客货流的种类则是对运输方式选择最直接的影响因素。根据经济发展水平，将货流按区域分为不同的类型：（1）大部分以输出原材料为主；（2）大部分以输入制成品为主；（3）输入原材料、输出产成品量都较大；（4）输入原材料、输出产成品量都较小。原材料多为大宗低值货品，故应选择运量大，成本低的运输方式，比如铁路、水运；而高附加值的产成品则适宜于航空、高速公路等运输方式；对于那些经济已经衰退，货运量小的部分区域，则应选择适当的运输方式以适应其产业结构的调整。此外，在对运输通道内的运输方式作选择时，还应考虑到区域内将来客货流的发展趋势。对土地占用、能源消耗和环境影响决定了运输方式是否具有可持续发展的能力，同时也是运输方式选择的重要评判指标。如双向 4 车道的高速公路的占地是双线高速铁路的 1.6 倍，运输能力则只有其 1/3；而在同等运能条件下，对环境的污染，高速公路是高速铁路的 400 倍。

动态分析即在驱动因素的约束下对运输方式的分工进行分析，运输需求的驱动因素是随着时间和空间的变化而不断变化的，应动态地进行判断。可以从以下方面进行分析，包括通道能力与需求的匹配度、对通道既有网络的影响度、与沿线经济发展的匹配度、对资源的利用度、与国家宏观政策导向的一致性等。

每种运输方式都有其特定的技术与经济特征。人们对交通运输的要求是安全、迅速、经济、便利，各种运输方式的技术经济特征可以按上述要求按送达速度、投资金额、运输成本、能源、运输能力、运输的经常性和机动性等方面来考察。结合通道的实际情况，选择适当的运输方式，就可以最大限度地节省运输建设投资和运输费用。

第四节　通道的资源优化配置

一、通道资源优化配置应解决的问题

交通资源要实现高效配置，其本质就体现为交通资源在时间和空间上的优化组合和匹配程度。运输通道积聚着大量的交通资源，一旦其定位出现错误就必将会造成巨大的资源浪费，对整个运输系统带来极大的效率和效益损失，并影响交通运输业的可持续发展。因此，运输通道交通资源的优化配置问题就显得格外重要。

对运输通道交通资源的理解，一方面要从其赖以存在的外部网络环境出发；另一方面又要从其内部诸要素之间的关系出发。就交通基本网而言，运输通道是其骨干，也是其中关键性的交通资源，因此运输通道交通资源在此处应理解为交通基本网层面上的交通资源；而就单个运输通道而言，其内部集聚着多种运输方式的交通资源包括线路、枢纽、场站等，因此运输通道交通资源在此处应理解为单个运输通道层面上的交通资源。运输通道交通资源的优化配置也就具有典型的层次性，应该从上述两个层面来分别进行分析（见图 12－5）。

- 运输通道交通资源优化配置
  - 交通网体系中运输通道交通资源优化配置
    - 通道空间布局及功能定位问题
    - 交通网的同构性问题
    - 交通网的一体化问题
    - 交通网的可靠性问题
    - 交通网的可持续发展问题
  - 特定运输通道内交通资源优化配置
    - 通道内交通资源总量规模问题
    - 通道运输质量问题
    - 通道内不同方式间合理分工问题
    - 通道内点、线、面协调问题
    - 通道沿线城市内外交通问题
    - 通道内项目建设时序问题
    - 通道的可靠性问题
    - 通道内土地等资源的约束问题
    - 通道能源消耗与环境可持续问题

图 12-5　运输通道交通资源优化配置的层次性关系

1. 国家交通基本网层面应解决的主要问题

概括来看，国家交通基本网体系中通道交通资源优化配置的问题可以大致归纳为以下几个方面。

（1）运输通道的空间布局及功能定位问题。运输通道的空间布局必须以既有交通运输网络为基础，充分考虑自然地理特征和经济空间布局特点，以及未来经济社会发展和生产力布局结构调整，并全面统筹各种运输方式的协调发展。例如，当前我国南北向的运输通道相对发达于东西向的运输通道，而且我国运输通道大多集中在东部地区，这样的国家交通基本网空间结构势必存在着一些缺陷和不足。一方面，这不仅使得我国东西部地区间区域分工的合理展开以及社会经济的均衡发展受到制约，而且还将进一步扩大这种地区差距。另一方面，运输通道在东部地区的大量集中，容易引起运输通道间的功能冲突，尤其在综合运输政策和战略性规划欠缺或不完善的情况下更是如此。从而导致交通资源配置和使用效率的低下。

（2）交通基本网的同构性问题。运输通道具有典型的“大道效应”，这种“大道效应”越强说明运输通道交通资源的配置和使用效率越高。而实现这种“大道效应”就需要交通基本网中不同层次和不同运输方式的交通运输网络能够保持高度的同构性。对国家交通基本网而言，就应该与国际级的交通运输网络保持同构，区域级、地区级、城市级的交通基本网也应该分别与自己的上级交通网保持同构，而且既有的各种运输方式的全国性交通运输网络也应该与国家交通基本网保持同构。否则，各级各类运输通道之间就会出现功能不清、协调不足的现象。

（3）交通基本网的一体化问题。交通基本网的一体化是指国家层面上整体最优的运输通道和交通枢纽的优化衔接和协调发展。交通基本网的一体化程度极大地影响着运输通道交通资源的配置和使用效率，而这主要体现为各个运输通道在节点处“无缝化衔接”的水平。

（4）交通基本网的可靠性问题。国家交通基本网决定着全国交通运输的基本格局，影响着社会经济发展的各个方面。例如，煤炭、石油等能源运输通道的安全性和可靠性就事关全国经济发展的大局。面对各类突发事件等诸多不确定因素对运输通道交通资源可能造成的破坏和损失，整个交通基本网就必须要拥有灵活的机动性以保障网络中交通运输的畅通无阻。也就是说，对于同一个重要节点必须要有从多个方向抵达的运输通道与其衔接，这样才能提高交通基本网中的回路水平和可靠性，从而尽可能地降低由局部不确定性所引发的损失。

（5）交通基本网的可持续发展问题。交通运输的发展和建设对自然环境产生着巨大的负面影响，如大量土地、线位及岸线资源的占用、大量能源的消耗以及大量噪声和污染的产生等。而运输通道由于聚集着大量的交通资源和交通行为，其对自然环境的影响更是首当其冲。目前，资源相对不足、能源储量短缺和生态环境恶化等，都是交通运输发展所面临的重要制约条件，而且这种制约强度还在继续增强。如果不改变交通运输粗放式发展的模式，那么未来的发展就将难以为继，因此必须从交通基本网层面上来进行全面的统筹和安排。

事实上，国家交通基本网体系中运输通道交通资源优化配置所要解决的问题是非常繁多且复杂的，需要从整体的、系统的和综合的视角去分析和研究，因为这些问题的正确解决是实现运输通道交通资源优化配置的先决条件和宏观基础。

2. 单一运输通道层面应解决的主要问题

单一运输通道内交通资源优化配置涉及的问题可以从外部资源和系统内部专属资源两个方面来看。在外部可利用资源方面，要合理地争取足够的资金、土地、能源和其他自然资源以及各种技术、劳动力和管理资源，并尽可能有效地加以利用，同时也要处理好通道运输活动与相关领域资源、环境的和谐关系。而在运输通道系统专属资源的形成方面，资源的优化配置则分别体现在交通运输与社会、经济、资源及环境之间的优化，不同运输方式之间的优化、各种固定设施与移动载运工具之间的优化、各种线路、场站及其他设施在空间结构上的优化，以及所有有形专属资源形成在时序安排上的优化等。具体来说，通道内交通资源优化配置所要解决的主要问题包括以下几个方面的内容。

（1）通道的运输能力总规模问题。不同时期通道沿线相关地区的经济发展要有相应的交通设施做支撑，通道交通资源配置首先要满足相关地区社会经济在不同发展阶段对交通运输在数量上的需求。

（2）通道运输质量问题。随着社会经济的发展和技术的不断进步，人们对运输质量如速度、安全、方便、舒适等有更高的要求，通道交通资源优化配置在满足人们普遍性服务要求的同时要更多地关注运输质量的提升，为使用者提供更多的选择性。

（3）通道内不同运输方式之间合理分工问题。不同运输方式之间合理分工是通道交通资源优化配置不可回避的问题，即如何在充分发挥各运输方式比较优势的前提下，对通道内各运输方式进行比选、优化，真正做到各种运输方式各展所长、优势互补、协调发展，充分发挥交通运输系统的整体效益和综合效益。

（4）通道内点、线、面协调问题。通道不仅仅是线路，随着通道的不断发展，沿线布局的城市会越来越多、越来越大，通道内的城市及城市群对通道的影响越来越明显，因此通道内线路与沿线城市之间的关系也是通道交通资源优化配置必须解决的问题，而且随着运输业的发展，节点将在更大程度上决定运输通道的效率。

（5）通道沿线城市内外交通问题。通道内的交通运输活动最终还是服务于沿线大大小小的城市，通道内各城市、尤其是大城市和城市群的城市内部交通与外部交通的衔接问题也是通道交通资源优化配置所必须解决的问题之一。

（6）通道的可靠性问题。运输通道、尤其是具有国家战略意义的重要运输通道如何有效地应对大型突发事件，如大面积洪水、雪灾等自然灾害，而能保证运输通道的运输能力。

（7）通道内项目建设时序问题。通道内交通基础设施发展与沿线城市化相互关系的曲线不能出现大的波动，要既能支撑相应不同时期经济发展，又不能造成浪费，不能过度超前。

（8）通道内土地等资源的约束问题。运输通道的土地资源都是非常紧缺的，通道基础设施的发展从长期来看，土地资源是一个硬性的约束，通道具体资源优化配置必须做到合理使用土地资源，尽量避免运输线路对土地的不合理切割。积极推动重要的江河、海湾跨越通道公铁两用桥隧线位资源共享，同时还应尽可能地促进并实现交通与电力、电信等其他基础网络设施共用通道。

（9）通道能源消耗与环境可持续问题。交通运输是一个能源消耗大户，而且对大气等环境也有较大影响。运输通道交通资源优化配置所要解决的问题之一就是如何合理使用有限的能源、减少污染，保证沿线城市环境的可持续发展。

当然，国家基本网层面和单一通道层面的问题并非是完全彼此孤立的，而是相互作用、相互制约的。不同的网络结构必然造成运输通道不同的功能定位，而每个单一运输通道的发展状况也会直接影响整个交通基本网的整体运输效率与可靠程度。因此，要系统地认识和解决运输通道交通资源优化配置问题就需要从宏观和微观两个层面来分别加以分析。

二、交通规划及通道规划的资源配置作用

随着运输化阶段的变化，各国交通建设的重点也经历了从起初只重视单方式的运输线路和港站，到后来更加重视综合性运输通道和枢纽的变化。而相应交通规划的内容、方法和制度也越来越重视从网络整体效率的角度考虑问题，以适应工业化、城市化、国民收入提高和可持续发展对运输服务一体化的强烈要求。由于通道是交通资源与交通行为大量聚集、同时也是各类矛盾十分突出的所在，因此通道规划，特别是综合通道规划对于网络与通道整体效率的提高及其中各种运输方式的合理发展都具有非常重要的意义。通道规划既包括从交通网整体大视角出发，对国家或地区交通网中骨干通道数量及基本走向的确定，也包括针对具体通道内各种运输方式线路与节点的数量、能力、选址及相互关系的规划。

交通规划序列可分成为战略规划、布局规划、发展规划和建设规划四个层次，分别从不同角度对运输通道的资源优化配置发挥关键性作用。例如，交通运输与社会、经济、资源及环境之间，以及不同运输方式之间的资源优化配置问题，主要通过战略规划层次的研究解决；各种线路、场站及其他设施在空间结构上的优化问题，主要通过布局规划层次的研究解决；固定设施与移动载运工具之间的优化和各种相关的项目优化问题，主要通过发展规划层次的研究解决；而各有关项目建设在时序安排上的优化问题，则主要通过建设规划层次的研究解决。这里结合综合运输通道依次说明各层次规划应该解决的问题。

通道战略规划解决的是运输通道与社会经济系统之间的协调关系，其主要内容是依据通道外部环境对通道的要求确定运输通道规划的战略目标。运输通道战略规划需要遵循以下原则：通道的发展目标应该满足综合运输系统和社会经济系统对其提出的要求；应发挥各种运输方式的特点，尽可能保持方式之间的合理匹配；在资源节约和环境友好方面有利于可持续发展的要求。

通道布局规划是对通道内各种运输设施的地理空间分布进行设计。布局规划应遵循的原则包括：充分利用通道内既有的交通区位资源和土地资源；尽可能实现各种运输方式之间的有效衔接；保持各运输方式的线路与节点之间的协调；保证城市内部各种运输方式枢纽站点的合理分工与布局，在为沿线城市服务的同时尽可能减少对城市交通的干扰。

通道发展规划是根据战略规划确定的系统长期发展愿景和功能与结构目标，以及布局规划确定的空间结构分布要求，具体确定通道内各种线路、场站总量规

模和各种有关规划项目在运输方式与技术类型选择、设施能力的等级以及投资数量等方面的内容。

通道建设规划则主要是对发展规划中确定项目的建设时序进行合理安排，即回答规划项目何时建设的问题。运输通道建设规划需要遵循以下原则：在满足需求的同时保证供给能力的有效性；保证运输通道建设规划方案工程可行性和经济可行性；确保建设资金的来源。

我国的交通基本网目前还在形成过程中，各种运输方式都有加快发展的必要，而需求大幅度增长和资源日益紧缺并存使矛盾更加突出。运输通道是交通基本网的主干，由于资源在运输通道内大量聚集，而通道内的土地等资源又变得越来越稀缺，因此工程在选线布点方面一旦出现错误，必然形成难以纠正的局面，造成巨大损失，对通道资源的优化配置问题必须给予重视。要建立和完善合理的规划程序，尽快扭转中长期规划与短期规划严重混淆的状态，并通过规划、建设和运营体制的创新，促进通道内各种运输方式规划、建设、运营之间的合理分工，促进交通规划与城市、土地、环境规划之间的一体化，尽可能减少运输资源的低效率配置和使用。

第十三章

综合枢纽

综合枢纽是区域交通网络的重要节点，是各种交通网络的交汇和运输转换衔接处，是实现客运“零距离换乘”、货运“无缝化衔接”的核心，是构建综合交通运输体系的核心环节，对城市的形成和发展也有重要导向作用。伴随运输化阶段的转变，作为运输网络上控制性节点的交通枢纽已成为实现各类运输资源、社会资源在时间与空间上合理匹配、提升运输网络效率、形成科学合理的产业结构、产业布局、城市功能区划与城市形态等的关键。

第一节　交通枢纽的概念与分类

交通枢纽（transport hub，hinge or junction）是交通运输网络的重要组成部分，学术界对其有不同的认识、界定。布莱恩和罗德里格认为，交通枢纽是大批量旅客和货物的集散地，位于客货流集中区域，是不同种运输方式的交叉节点，并具备各种场站、专业设备、服务设施和运输调度部门，为旅客和货物在同一运输方式或不同运输方式之间的换乘换装提供服务；具备始发站和中转站的各项基本功能，有良好的可达性。H. B. 普拉夫金认为运输枢纽是地处两条或几条干线运输方式的交叉点上，是运输过程和为实现运输过程所拥有的设备的综合体，包括运送过程（旅客运送和货物位移）、技术设备（车站、港口、干线、仓库等）和监督及管理手段。我国交通部规定，交通枢纽是几种运输方式或几条运输干线交汇，并能办理客货运输作业的各种技术设备的综合体。胡思继的《综合运输工程学》认为，交通枢纽是指在两条或者两条以上交通运输线路的交汇、衔接处形成的，具有运输组织与管理、中转换乘及换装、装卸存储、信息流通和辅助服务等功能的综合性设施。也有些专家将综合交通枢纽定义为由两种及以上运输方式重要线路、场站等设施组成，为旅客与货物通过、到发、换乘与换装以及运载工具技术作业的场所，又是各种运输方式之间、城市交通与城际交通的衔接处。本书作者认为交通枢纽不仅仅是交通干线的交汇，即使是普通的线路交汇只要能实现中转换乘的功能也应该属于交通枢纽，只是属于不同等级的交通枢纽而已。

城市、工业区、贸易中心、海港、机场、铁路站场等均可形成交通枢纽。而按照枢纽所处的体系，可将其分为三个层次：（1）属于国家或区域性综合交通网一部分且依托于某个城市而形成的交通枢纽城市；（2）属于城市内交通体系一部分的城市交通枢纽体系；（3）城市内具体某交通枢纽实体及其相应功能（见图13－1）。

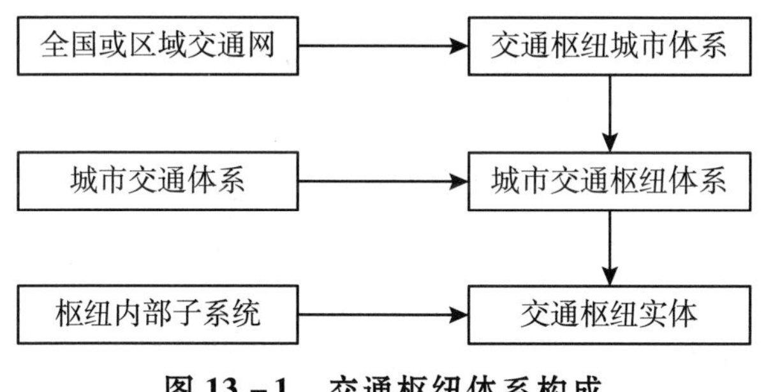

图13－1　交通枢纽体系构成

已有的交通枢纽分类方法有很多，如按客货运类别不同，可分为客运交通枢纽和货运交通枢纽；按对内、对外交通区别，可分为城市对外交通枢纽与市内交通枢纽；考虑枢纽城市的区域地位、运输强度、服务范围等不同，又分为全国性综合交通枢纽、区域性综合交通枢纽和地区性综合交通枢纽等；按主导交通方式不同，可分为公路枢纽、铁路枢纽、水运枢纽、航空枢纽等；一般按行业站场技术标准细分，又有各类等级的枢纽，如公路客运站按日发送能力分为一级、二级、三级、四级、五级、简易车站共6个级别。

城市交通是由多种方式构成的，又可分为对内交通和城市对外交通两方面，对内交通的主要交通方式主要有地下铁道、轻轨、公共汽车、出租车、小公共汽车、轮渡等。对外交通主要有长途汽车、铁路、航空、长途航运等。这些交通工具自成体系，各自都有独立的网络，但是在为城市提供交通方面又与周围环境结合，合为一体，目标一致，相互开放协调。一个优质的城市交通网络不仅在于线路的合理设计，更重要的则体现在各种交通工具之间的密切衔接、交通流畅通。目前国内还没有关于综合交通枢纽方面的专门规范，只在轨道交通或常规公交方面的相关规范中，对有关站点、场站等进行了一些描述和规定。关于城市轨道交通枢纽等级划分的部分研究见表13－1和表13－2。

表13－1　　我国轻轨车站规模分级及部分设施配置规模

车站规模	日乘降量（万人次日）	高峰小时乘降量（万人次小时）	售票窗口		自行车停车场面积（平方米）
			侧式站台	岛式站台	
小型站	5以下	0.5以下	2	1～2	60以上
中型站	5～20	0.5～2	2～4	2～3	240以上
大型站	20～100	2～10	4～6	3～4	480以上
特大型站	100以上	10以上	10以上	8个以上	2 000以上

资料来源：国家“七五”重点科技攻关项目成果《城市轻轨交通工程设计指南》。

表13－2　　轨道交通枢纽分级标准

类型	等级	交通方式线路数（条）		集散客流量（万人次日）	换乘客流量（万人次日）
		轨道交通	常规公交		
包含对外客运交通方式的轨道交通枢纽	小型枢纽	1	少于10	小于10	小于4
	中型枢纽	1	10～20	10～30	4～12
	大型枢纽	1～2	20～30	30～50	12～20
	特大型枢纽	2～3	多于30	大于50	大于20
不包含对外客运交通方式的轨道交通枢纽	小型枢纽	1	少于15	小于20	小于6
	中型枢纽	1	15～25	20～40	6～15
	大型枢纽	1～2	25～40	40～60	15～25
	特大型枢纽	2～3	多于40	大于60	大于25

资料来源：覃矞：《轨道交通枢纽规划与设计理论研究》。博士论文，上海同济大学，2002年。

现有对交通枢纽的定义多是对其功能的简单概括与描述，并不能详细地体现枢纽的构成元素。因此本书运用运输业的网络层次分析框架，从基础设施、设备服务、企业组织与政策体制四个层次，具体描绘枢纽的构成与形态，为进一步研究交通枢纽打下基础（见表13－3）。

表 13 - 3　　交通枢纽的分层网络形态

层级	具体描述
基础设施层	体量规模（面积、建筑层数） 年客/货吞吐量、中转量 内部结构设计（场站、泊位、内部通道等具体指标） 连接交通方式的种类 连接交通线路的条数与方向 连接重要通道的条数与方向 可达重要城市的数量等
设备与服务层	各类移动载运设备的数量、类别 各类服务人员、工作人员 运输产品与服务的种类于数量（班次、列车对数、服务范围等） 信息化水平 时刻表的衔接 票制、票价等
企业与组织层	相关运输企业的运作机制（一体化运营服务/独立运营服务/部分业务合作） 企业间清算方法等
政策与体制层	不同类交通枢纽、不同等级交通枢纽规划、建设、运营相关政策、法规等

第二节　交通枢纽的功能

交通枢纽承担着运输生产组织、中转换乘换装、装卸储存、多式联运、信息流通和辅助服务等多种功能，对运输网络的高效运转具有重大作用，其效率的高低直接影响着运输系统的总效率。交通枢纽之所以能实现上述功能，是与其整合资源形成完整运输链条、实现运输业网络经济特性等深层次特性密切相关的。此外，交通枢纽还产生较强的外部性，对于区域经济社会发展及城市形态的演化也具有重要影响。

一、实现不同运输线路与方式的对接、贯通，提供完整运输产品

由于每一种交通方式都有其优缺点：航空运输速度快，但只适应于中长距离

的运输，且成本高，也无法实现门到门服务；轨道交通的优点是速度较快、准时、运量大，但线路固定、灵活性差却是其先天不足，只能提供“站到站”的运输服务；汽车虽然运量小、速度相对较慢，但其灵活性高并能提供“门到门”的运输服务却正好弥补了轨道交通的先天不足。

各种运输方式的技术经济特点，使得在运输市场上有大部分运输产品是分段提供，客流、货流需在不同运输方式和不同运输线路上转换。而交通枢纽作为多种交通方式或线路的结合部，实现了各交通方式和交通线路之间的协调和畅通，确保整个运输网络的完整性。且通过枢纽内部各交通方式之间的立体化衔接来解决大量车流和人流的相互干扰的问题，满足由起讫点不同、需求时间不同、对服务的要求不同、运输对象不同等因素造成的多样、多层次性运输需求，促进了多式联运、综合运输和现代物流的发展。

二、提高运输业资源利用率与运营效率，发挥运输业网络经济特性

利用交通枢纽搭建平台，将不同交通方式相互衔接起来，将大量各类运输需求集中起来，且在不同线路与方式间的换乘、换装，可以实现分散运输需求和集中运输供给的有效对接。一方面可以增加线路通过密度经济；另一方面也可以提高运载工具实载率，最终提高运营效率，降低运营成本。例如，在运输经济学研究和运输企业实践中都可以证明，“轴幅中转”的运输组织模式在一定条件下是一种比“点点直达”的方式更节约成本、更有效率的运输产品提供模式，而交通枢纽则是支撑“轴幅中转”运输组织模式的关键因素。

三、提升所在区域的交通区位优势，提高城市的时空转换效率

综合交通枢纽是交通体系与社会生产、生活活动的主要结合点，其对外部资源的整合利用、延伸功能的开发，将大大增加其对人流、商流、信息流及相关经济活动的集聚力，促使交通区位与商业区位、居住区位等经济区位紧密耦合，进一步增强枢纽及其所在地区的区位优势。

综合交通枢纽的区位优势特别体现为“高度可达性”：从枢纽地区可以方便、快捷、准时地到达其他地区，同样，从其他地区也可以方便、快捷、准时地到达枢纽所在地区。而伴随枢纽对外部资源的整合、综合功能的开发，枢纽及其

所在区域不仅满足大量多样的交通运输需求，还能满足越来越多的其他需求。枢纽成为一个降低出行风险、提高出行可靠性的中转站，人们一旦进入枢纽，即可快速进入交通运输网络、准时到达目的地并完成相关经济活动。综合交通枢纽可有效地提高城市的时空转换效率，促进城市经济社会发展。

四、带动、辐射区域经济发展，影响城市空间形态演化发展

交通枢纽对经济社会发展的影响比交通体系中其他子系统更具有显著性。如城市客运枢纽除了可以改善城市交通环境，促进经济发展之外，一个最为明显的外部性就是刺激周围房地产升值，影响周围土地利用形式。

1977 年，美国学者勒曼（Lerman）等对华盛顿 1969 ~ 1976 年城市地铁车站周围的房地产价格进行抽样调查，所得出的结论是：（1）距车站的距离似乎是房地产价格变化的决定因素；（2）当车站通车日期迫近时，房地产的价格有增加的倾向；（3）地铁也会对房地产价格产生一定的负面影响，如高架车站附近的房地产价格可能会因噪声的影响而下降[①]。车站地区房价分布曲线见图 13 – 2。据上海市的调查[②]，地铁 1 号线对房地产的影响基本上发生在步行 20 分钟的范围内，且由车站往外逐步降低，并且车站地区的房地产价格明显高于同区位地区的房地产价格。

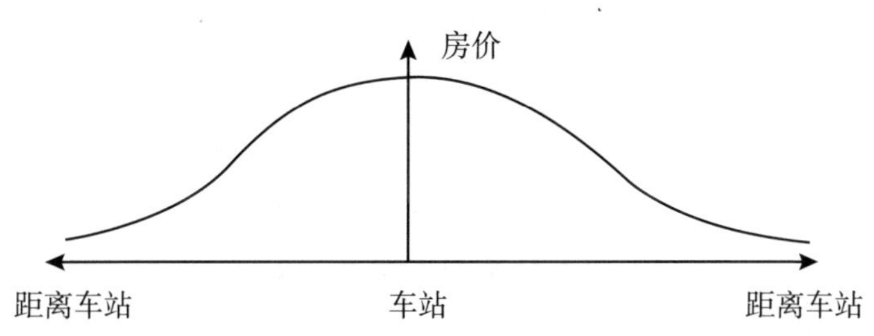

图 13 – 2　车站地区地价分布曲线

以上城市客运交通枢纽周边地价的变化表明了城市客运交通枢纽对城市的地价影响巨大，而合理的城市地价分布可以促进城市的产业结构合理化。近年来国外发达城市大型客运交通枢纽的发展趋势具有以下一些特征：（1）客运交通枢

---

① Federico Oliva，Marco Fachinetti 等：《关于城市蔓延和交通规划的政治与政策》，载于《国外城市规划》，2002 年第 6 期。

② 李志明：《从“协调单元”到“城市编织”——约翰·波特曼城市设计理念的评析与启示》，载于《新建筑》，2004 年第 5 期。

纽的大型化、综合化和立体化，多种交通方式以及方式内部多条线路在枢纽建筑物内的有效衔接，为乘客提供方便、舒适的换乘服务。(2) 枢纽功能的多元化，注重对站域周围地区的城市空间进行综合开发、联合开发，使综合枢纽成为集商业、办公、居住、娱乐等为一体的地区中心。(3) “以人为本”的设计理念的充分体现，更加注重功能的衔接，为旅客提供“零距离”的换乘服务。

第三节　综合枢纽的资源整合作用

交通枢纽的交通运输功能、对经济发展的促进作用及对城市空间形态的影响均源于其对资源的整合作用，包括对交通系统内部资源及外部社会资源的整合。而交通枢纽的资源整合作用又深受其交通区位性能的影响。

一、交通枢纽的资源整合作用

交通枢纽本身是交通系统资源的一部分，而交通枢纽的资源来自其对系统内外各类资源的汇集与整合。如大型客运交通枢纽一般以火车站、机场、大型轨道换乘枢纽为依托，以其发达的轨道交通网络为基础，将常规公交车站、出租车站、停车场、长途汽车站等集中布设甚至在同一座大型建筑物内，汇集各类商业、娱乐设施等，构成一个集多种交通方式于一体的、同时具有对外和对内交通功能，且能提供购物、餐饮、休闲娱乐等多样服务的综合交通枢纽。如火车站整合资源的类别与层次见表 13 - 4 和表 13 - 5。

表 13 - 4　　火车站整合资源的分类

资源类别	资源形式	功能
硬资源	线路	走行车辆
	移动载运工具	运载旅客/货物
	各方式或线路的场站	车辆停靠、编组，旅客上下车/货物装卸
	乘客换乘/货物换装设施	换乘/换装
	信息的载体	承载信息
	其他辅助设施	维修各种设施设备、提供其他保障条件

续表

资源类别	资源形式	功能
软资源	劳动力资源	员工的生产劳动
	信息	生产经营所需的交流与沟通
	运营组织	列车班次组织、时刻表衔接
	票制	协助旅客/货物位移的完成
系统外资源	商业服务设施、休闲娱乐设施、金融机构等	满足运输过程中的各类需求，提高交通运输的便捷性、舒适性

表 13－5　　火车站对交通资源整合作用的层次性

所处层次	整合作用的表现形式
国家交通网层次	实现不同方向铁路的贯通、网络化，改善和优化国铁网络
城市交通网层次	实现城市内外交通衔接无缝化，不同公共交通系统的衔接、优化
交通节点层次	提供停车、换乘/换装、集散、引导服务及交通运输之外的其他服务

随着运输方式的多样化和运输过程的一体化，各种交通方式越来越朝着分工协作、互相配合、建立综合交通运输系统的方向发展。但长期以来，我国对交通枢纽并没有给予充分的重视，存在重线路建设、轻枢纽规划设计的误区。以城市轨道交通为例，大力发展以地铁、轻轨等城市轨道交通为主骨架的多层次、多方式的公共交通系统，并实施公交优先发展战略是解决大城市交通拥堵的根本出路已被社会各界广泛认同和接受，但这种认识仍主要停留在重视线路的建设上。由于交通枢纽选址、枢纽内相关设施布局不合理等诸多因素影响，交通枢纽不能有效发挥对资源的整合作用，各类交通资源也难以得到充分利用。

二、基于交通区位性能视角的分析框架

黄志刚（2009）提出，提高交通枢纽的交通区位性能已成为交通运输体系与经济社会发展中的必然要求，而交通区位性能是“固定交通资源所具有的相对成本优势的实现程度”。根据其研究成果，影响枢纽交通区位性能的主要因素包括：（1）选址。从国家综合交通网络看，不同等级交通枢纽城市的确定将会影响全国路网的效率；而从城市内部看，城市的每个交通枢纽

位置的选择都会影响到城市交通的效率与城市发展。（2）集散交通方式结构。引入交通枢纽的交通方式越多、各自技术优势发挥的越合理，枢纽的集散效率将会越高。（3）规模。交通枢纽的规模需与需求相匹配，过小则无法满足需求，过大则造成浪费。（4）内部结构设计合理程度。内部结构设计将影响到乘车、换乘、换装的便捷性与效率。（5）信息、运营组织、票制票价等软资源的有效协调程度。

需要指出的是，由于交通运输改善的结果是缩短时间距离，能带来大量的经济机会和成本节约，而且经济聚集也离不开发达的交通区位。因此，虽然交通区位是经济区位中的一种，但却是城市、工业、商业、居住等其他经济区位形成和发展的必要条件。从这个意义上说，交通枢纽的交通区位性能的高低不仅仅决定了交通资源，同时也在很大程度上决定了其他经济资源相对成本优势的实现程度。同样，其他经济区位也是交通区位形成发展的必然条件，离开工业、商业、居住等其他区位的形成、发展，就没有交通需求，也就没有交通区位。

枢纽的交通区位性能与枢纽资源整合作用关系的解释框架如图 13－3 所示。

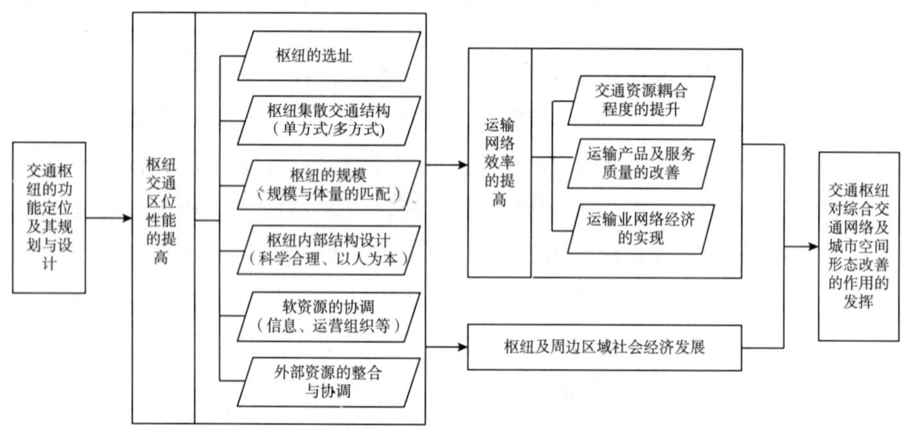

图 13－3　交通枢纽资源整合作用的理论解释框架

1. 枢纽的选址对其交通区位性能的影响

交通枢纽的选址对其资源整合作用具有重要影响。入城铁路对城市的“分割”和对城市道路交通的干扰是国内外大型和特大型城市在发展过程中普遍遇到的问题，其本质是火车站在城市中的选址问题，即火车站尤其是大型客站应该保留在城市中心还是移到城市外，这也是铁路客站规划建设实践中需要解决的根本性问题之一。从国内外发展经验看，解决问题的思路之一是放弃既有客站在城市中心的交通区位，将其移至城外，从而避免铁路对城市道路交通的干扰；另一种思路则是尽可能保留市中心铁路客站的交通区位，通过将位于城市中心的铁路及其车站进行地下化改造来解决与城市交通相互干扰的问题。本书作者认为，城市中心地区的大型公共交通枢纽，通过立体化设计，整合多种城市配套设施，可以有效地提高所在地区的交通区位性能。将大型铁路客站建在城市中心或保留市中心既有客站的交通区位，把中央车站（Central Station 或 Union Station）改造成大型综合性换乘中心，更有利于提高交通资源在空间上的耦合效应，更能充分地发挥其对交通资源的整合作用，如柏林中央车站。

德国柏林早在 1838 年就开通了第一条干线铁路，随后从四面八方连接到柏林的干线铁路使它拥有了德国铁路之都（Germany's Railway Capital）的名声。当时，这些铁路的车站大都选择建在土地相对便宜的城郊，于是在市区边缘形成了一系列尽头车站（见图 13 - 4）。从 19 世纪 70 到 80 年代开始，环线铁路、市郊铁路和城市快速铁路开始在柏林修建，以满足人口急剧增长所产生的大量城市内外交通需求，铁路环线大约于 1877 年建成（见图 13 - 5）。但由于一直没有能够使所有主要干线直接相连的中央车站，即便有了环线和城市公交，换乘仍旧十分不便。因此，两德统一并还都柏林后，联邦政府、柏林市政府以及德国铁路（DB）很快就制定了建设中央车站及其配套工程的规划。2006 年柏林中央火车站正式建成并投入运营，各主要线路引入中央车站（见图 13 - 6），换乘便捷，极大地提高了柏林市铁路网络的效率。

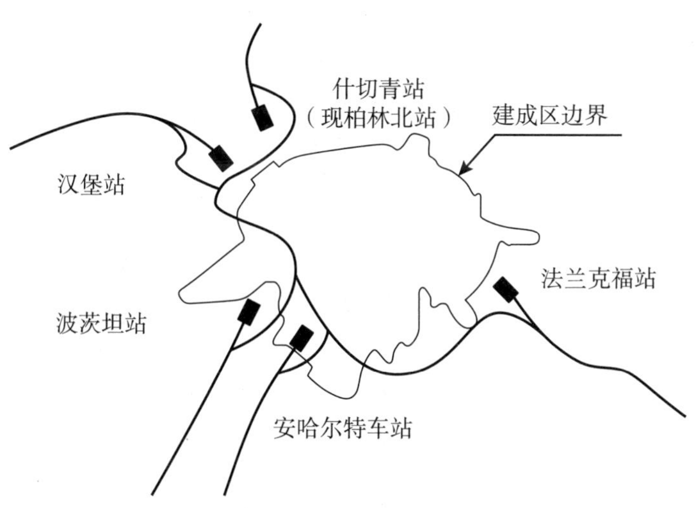

图 13 - 4　1851 年柏林市区铁路站

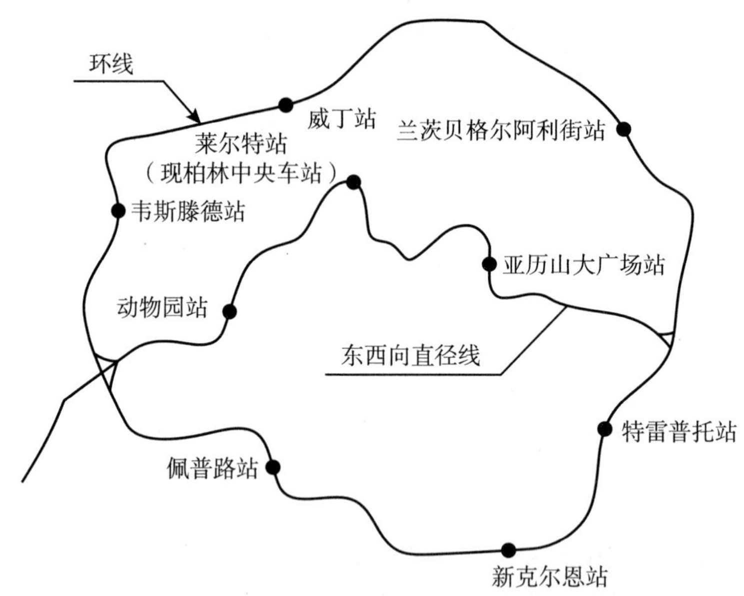

图 13-5 1910 年的铁路环线

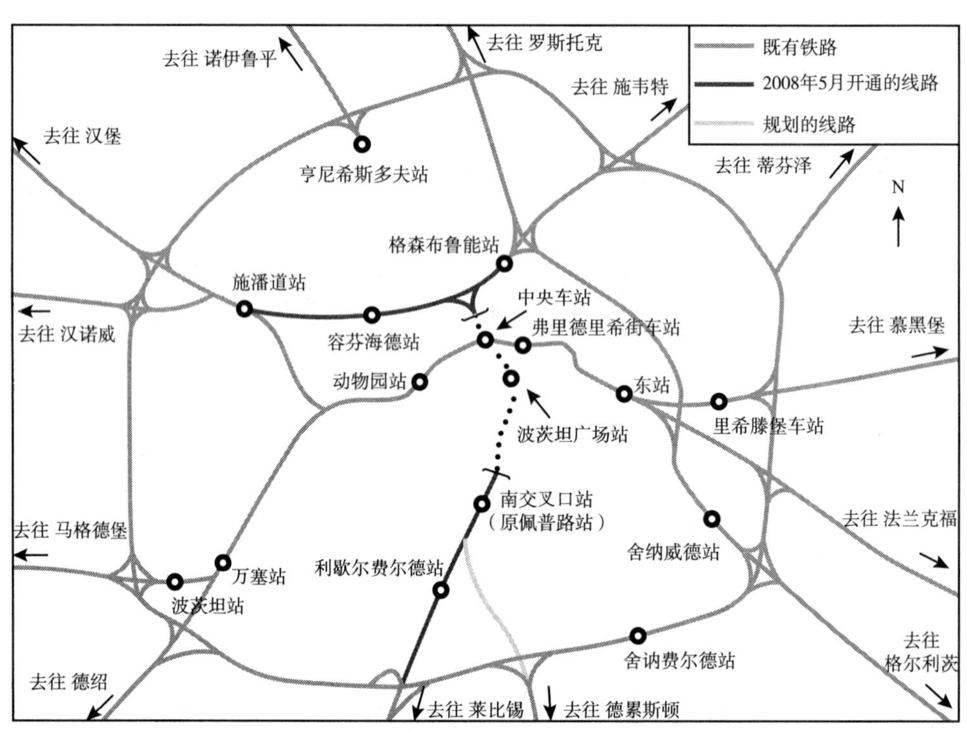

图 13-6 现代柏林主要铁路线及车站

2. 枢纽的集散交通方式结构对其交通区位性能的影响

充分保证交通枢纽的集疏运体系与运输需求在形态上相互匹配，更有利于提高交通资源在物性和时间上的耦合效应，也更能发挥枢纽对交通资源的整合、利用。城市公共交通发展升级大致经历了 5 个阶段：（1）依托城市道路系统的建立，提供公共汽车交通的基本运输服务；（2）随着城市用地的扩展和客流规模的增加实施公共汽车交通路权的基本优先；（3）在初期客流走廊形成的基础上，建立快速公共汽车交通系统；（4）配合城市功能的完善和客流升级，建设中运量轨道交通运输系统；（5）以大运量轨道交通为中心，建立整体协调的城市公共交通系统。在城市发展的不同阶段，因交通量不同，大型交通枢纽也应配备相应的集散交通运输方式。大型、特大型城市交通一般来说已经发展到高级阶段，到了必须通过建立以地铁或轻轨等城市轨道交通为主体的多层次公交系统才能解决的阶段，且在换乘方式结构上，公共交通的比重不少于 80%，其中城市轨道交通更要占到一半以上，否则将影响城市内外交通的效率。柏林市的城市快速铁路（S - Bahn）、地铁（U - Bahn）、电车、巴士、出租车、自行车甚至旅游三轮车都在其中央车站停靠、集中与疏散，能显著提高客站的交通区位性能。

3. 枢纽的规模、内部结构设计、软资源的协调等对其交通枢纽区位性能的影响

枢纽规模反映的是设施匹配问题，包括换乘、换装设施能力匹配以及停车设施利用率两方面，其体量则反映客站内相关设施之间布局的紧凑性。如柏林中央车站占地仅 10 万平方米，但因各类设施能力匹配，布局紧凑，利用效率就很高，投入运营后每天能够接发停靠 1 100 次列车，平均每 90 秒就有 1 班车进出，每天可以接纳 30 万乘客。枢纽内部结构设计要科学合理、以人为本。从资源配置角度看，交通枢纽须通过对相关交通资源的合理规划设计来确保这些资源的组合形态满足其内在效率要求，为实现交通资源在物性、空间和时间上的耦合效应提供结构性保障。如火车站前广场是铁路与城市交通进行衔接的场所，就必须通过立体化或渠化的方式让不同性质和不同方向的交通流分开，提高效率。此外，站内信息、运营组织、票制等软资源的协调程度，对提高载运工具的停靠、衔接、联运和协调效率同样必不可少。

4. 对外部资源的整合对枢纽交通区位性能的影响

交通枢纽的交通区位优势使其对各类外部资源具有很强的吸引力，而整合的外部资源又增添了枢纽交通功能之外的其他功能，带来更加充足的客货运输需求，有利于枢纽交通区位优势的实现。交通枢纽整合外部资源的结构、与外部资源间的耦合程度、协调水平都会对枢纽的效率、枢纽及其周边地区的发展产生重大影响。柏林中央火车站对引入车站内的不同交通方式及其线路上的列车运行班次和时刻表也进行了协调与配合，有效降低了乘客的换乘等候时间。此外，柏林中央车站建成后整合了各种商业设施，成为柏林一个重要的休闲、餐饮、购物及娱乐中心。柏林中央车站的发展不仅提高了运输效率，而且带动了车站地区的发展，还使得城市空间形态更为有效合理。

随着运输业的不断发展，尤其是当其发展的重点逐渐转移到枢纽节点后，运输业提高网络效率的需要必然对交通枢纽提出某种相应的内在要求，此时枢纽就一定要通过提高其交通区位性能而发挥对交通资源及其他外部资源的整合作用，并表现为通过提升交通资源及外部资源的耦合程度、改善运输产品及服务质量、实现运输业网络经济与枢纽的正外部效应，最终达到提高运输网络效率、促进区域经济发展、改善城市空间形态的目的。

第四节　枢纽体系的构建

交通枢纽的重要性使得交通枢纽规划成为重要课题，对单个交通枢纽的规划设计、对城市内部枢纽体系和对枢纽型城市体系的规划都成为未来交通发展中必须重视的环节。对于单个的交通枢纽，要求通过科学的选点和内部结构设计，衔接不同线路，实现无缝隙衔接，提供高质量的完整运输产品。对于城市枢纽体系，则要求由决定城市内外交通基本格局的重要节点、通道及界面组成的功能性网络，达到整合资源、提升网络效率、方便出行、减轻拥堵的效果、并提升城市和城市群的交通区位性能，为其长期发展的空间格局设定坐标系。

一、构建功能各异、层级分明的枢纽体系的必要性

构建分层级的交通枢纽体系具有重要意义。从需求角度看，运输需求的分散性、多样性要求必须有多样的运输产品，处于特定的经济与城市化阶段中的不同地区对运输产品的要求也各异。必须依据运输需求建设功能各异的枢纽体系。从供给角度看，交通枢纽是大量交通资源的集合体，并集聚、整合了大量其他资源，而交通资源是一种固化的系统专属资源，规划决策的科学性决定了资源的利用效率。从运输业的网络经济特性看，交通枢纽是集中不同地区分散运输需求，并实现运输需求和运输供给匹配的场所。枢纽的规模、处理能力若超出了一定地区的需求量，或者在一个较长时间内都无法形成充足需求的地区设置枢纽，则无

法体现运输的网络经济性。反而则限制区域经济社会的发展。

从城市内部看，需要有分层的交通枢纽体系。城市初形成时，通常以某一交通枢纽为中心，城市的大多数公共活动都以此为纽带；而随着城市发展，各种功能区形成后，各类经济活动分别集中在城市内部的各功能区，为节约交易费用，须形成各功能区内部的城市客运交通枢纽。再后来，城市内部的功能区出现了层级化趋势，有了市级城市中心和下面的各层级的功能片区中心区，结合功能区的经济社会发展需求，建设相应等级的客运交通枢纽，以降低成本。

日本东京的都心（即 CBD）原位于中心三区（千代田区、港区和中央区），集中在丸之内地区围绕东京站 1 公里的圈内，用地面积 113 平方公里。随着城市的发展，原有的都心地区人口与产业过度密集，城市的效率下降。1958 年东京都政府提出建设副都心的设想。经过 30 多年的开发，东京大都市圈初步形成了明显的区域职能分工体系：在传统中心区专门发展作为世界城市须具有的国际金融功能和国内政治中心功能；新宿、涩谷、池袋等七大副中心（见图 13 - 7），位于距中心 10 公里范围内，主要发展以商务办公、商业、娱乐、信息业为主的综合服务功能。而距市中心约 30 公里的郊区卫星城包括多摩地区的八王子、立川和町田等。

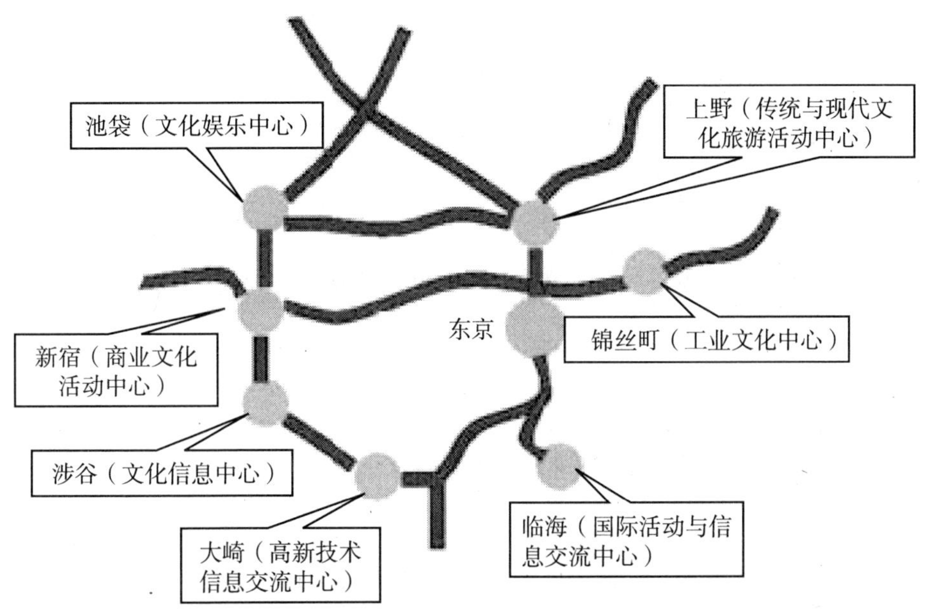

图 13 - 7　东京都都心、副都心及轨道交通图

轨道交通网络为东京都市的主骨架（见图 13 - 8），与各功能区的需求匹配，各轨道交通站点成为东京都市圈各功能区间人员交流的切入点。从 20 世纪 20 年代起，东京的环状山手线上陆续建立了众多换乘中心，这些换乘中心吸引了大量的客流、资源，于是逐渐形成了繁荣的商业区、娱乐区和中等商务区。随着城市发展、副都心的建设，各换乘中心也不断发展，枢纽引入的交通线路与交通方式不断增加，整合的资源也不断增加，逐渐形成不同等级的换乘中心。目前，山手环线则已成为东京城市形态的主骨架，成为连接东京都心、副都心及其他地区的纽带，成为中心区与外部联通的高效界面。而东京城市内的各交通枢纽也成为新的城市地标和商业聚集点，成为城市生活的综合体（见表 13-6）。

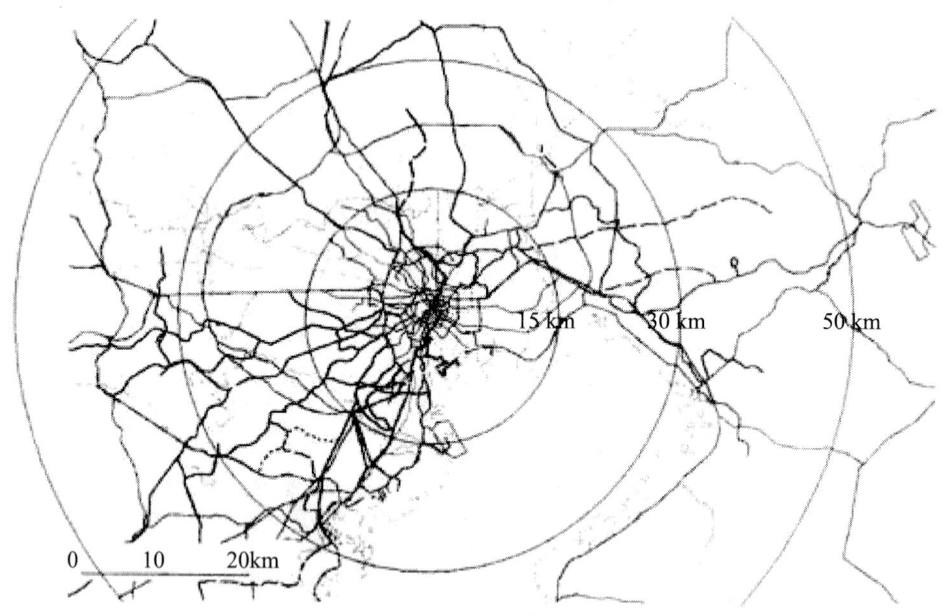

图 13-8　东京大都市圈轨道交通线网

注释：

（1）半径 15km 的圈层为东京都中心区，轨道交通网络含有大部分地铁线路，东京最重要的轨道交通线路——山手环线（由 JR 东日本公司经营）也位于其中，进入市中心的绝大部分轨道交通线路在进入此圈后与山手线相衔接；

（2）半径 30km 的圈层主要为东京都行政区域，轨道交通网络不仅包含了东京市地铁的全部线路，同时也含有横滨市地铁，以及由武藏野线和南武线共同组成的轨道交通外环线；

（3）半径 50km 的圈层为“一都四县”（东京都、琦玉县、千叶县、神奈川县（含横滨市）的部分地区和茨城县南部）范围，轨道交通网络包含东京都会区的大部分轨道交通线路，JR 东日本的大部分客运线路，东京和横滨市的地铁网络，以及绝大部分民营铁路线路。

近年来，我国各城市也逐步意识到分层枢纽体系建设的重要性。如 2006 年上海市政府制定了《上海市综合客运交通枢纽布局规划》，将城市客运交通枢纽列为交通基础设施建设的重点。规划中将客运交通枢纽根据其所承担的交通功能和规模大小，分为A、B、C、D四种类型。A类是以大型对外交通设施为主体的综合客运交通换乘枢纽。即以航空、铁路等大型对外交通设施为主体，配套设施轨道交通车站、公交枢纽站、社会停车场库、出租汽车营业站等市内交通设施，从而形成的市内外综合交通换乘枢纽。B类是以市内公共交通设施为主体、配合其他交通设施的枢纽站。C类是以轨道交通和机动车换乘为主体的P+R停车换乘枢纽。D类是以单纯常规公交换乘站点为主体的枢纽。目前，上海已经初步建成了浦东国际机场、虹桥机场、上海火车站、上海南站、上海西站等一大批现代化对外综合交通枢纽，建成了以人民广场、徐家汇、东方路、中山公园、莘庄、龙阳路为代表的一批大中型市内综合性交通换乘枢纽，交通换乘枢纽在城市交通中的作用已凸显，在本次规划中，上海市根据枢纽承担的交通功能对三个层次的市域综合客运交通枢纽进行综合布局，共形成了145个综合客运交通枢纽。其中A类枢纽5个，B类88个，C类36个，D类16个。与东京等地区相比，我国虽已开始注重对交通枢纽的分层、分级，却缺少对枢纽体系建设与城市功能区发展结合的考虑，不利于充分发挥交通枢纽在城市发展中的作用。

表13-6　　东京各级市中心周边土地利用及交通枢纽

枢纽等级	车站	车站周边土地利用	分区功能
一级换乘中心	东京车站	政治、零售、商业为主	政党机构集中区
	新宿①	商业、饮食、文化、娱乐为主	商业和娱乐中心
	涩谷	商业、饮食、文化、娱乐为主	信息情报和时装业中心
	池袋	商业、饮食、文化、娱乐为主	文化型的综合性中心
二级换乘中心	上野	商业、饮食为主	传统文化中心
	大崎	商业、文化为主	高新技术信息交流中心
三级换乘中心	锦丝町	工商业、饮食为主	工业文化中心
	临海	商业、饮食为主	国际活动与信息交流中心

参考资料：郑明远，《轨道交通时代的城市开发》，中国铁道出版社2006年版。

将城市看为国家综合交通网络的节点，建设层级分明的枢纽城市体系也具有重要意义。处于不同城市化与工业化阶段的城市面临不同的交通运输需求，需具备不同的交通枢纽功能。小城镇是其周边村镇对外联络的中转站；中等城市承担

① 新宿副都心是东京CBD的一个重要节点，以新宿车站为中心，辐射到周围半径700米的范围，是典型的交通枢纽型商圈，兼有商圈、轨道交通枢纽和游览胜地三大功能。新宿站是11条轨道交通线路的大型换乘中心，并与山手环线连接，采用多层衔接的方式，完成铁路、城铁、地铁之间的换乘，周围联络了39个公共汽车线路，有30多个汽车停车场，日客流量超过了400万人。

了部分国际运输需求和大量的省际、省域运输需求；大都市区和城市群一方面是交通需求的密集区，另一方面又是交通供给的集中区，具有独特的交通区位优势，是国家乃至国际重要的枢纽城市。城市的枢纽功能必须与城市经济发展阶段、城市功能匹配。

目前我国交通枢纽建设过于单一化，只重视建设综合大型交通枢纽，忽视对交通枢纽城市体系、城市内部站点体系的建设，更加制约了枢纽在社会发展中作用的发挥。

二、运用枢纽功能矩阵划分枢纽层级

已有的交通枢纽分类方法多从某一方面或少数几方面区别着手，不能很好地体现交通枢纽的特征差异。本书提出一个从功能入手，更加全面、细致的考察交通枢纽并进行层级分类的办法。从功能角度考察交通枢纽，首先利用一个交通枢纽的功能矩阵初步分析枢纽功能，枢纽的功能不同而对应不同的层级类别，具体如表 13 -7 所示。表的横向表头表示某一枢纽的可能服务范围，可分为国际、省际、省域城际、城市群（在尚未出现城市群的国家和地区，则无需将城市群这一范围列入）、市域五类，纵向表头表示不同的运输方式及客货运类别，这样就形成一个枢纽功能矩阵，每一个方格都对应了枢纽的一项功能。如 A1 表示国际航空客运，B2 表示省际高铁客运，而 C12 表示省域铁路货运等。在分析某枢纽的功能时，覆盖表中的方格越多，通常说明枢纽衔接的交通方式越多，服务的范围越广、级别也越高。

表 13 -7　　交通枢纽功能矩阵

运输方式 \ 服务范围		国际（跨境）(A)	省际 (B)	省域城际 (C)	城市群 (D)	市域 (E)
客运	航空（1）	A1	B1	C1	—	—
	高速铁路（2）	A2	B2	C2	D2	—
	普通铁路（3）	A3	B3	C3	D3	—
	城际轨道（4）	—	B4	C4	D4	E4
	城市轨道（5）	—	—	—	—	E5
	公路（6）	A6	B6	C6	D6	E6
	海运（7）	A7	B7	C7	—	—
	内河（8）	—	B8	C8	D8	E8

续表

运输方式＼服务范围		国际（跨境）（A）	省际（B）	省域城际（C）	城市群（D）	市域（E）
货运	航空（11）	A11	B11	—	—	—
	铁路（12）	A12	B12	C12	D12	E12
	公路（13）	A13	B13	C13	D13	E13
	远洋（14）	A14	—	—	—	—
	沿海（15）	A15	B15	C15	—	—
	内河（16）	A16	B16	C16	D16	E16

上述功能矩阵可较为细致地描绘枢纽较为重要的两个指标：衔接交通方式的种类与提供服务的范围，由此可对枢纽的层级类别进行初步划分。为了更科学地体现不同枢纽的差别，需要在初级层级划分的基础上加入更多的数量性指标，如枢纽的年客货处理量、衔接干线运输线路的数量和方向（枢纽可能衔接一条干线线路，也可能两条甚至更多，干线线路可能属于同一方向，也可能是两个不同方向甚至更多方向）、枢纽衔接线路可通达的省会或其他重要城市的数量等，这些都能体现出枢纽功能的强弱。事实上，随着社会经济的发展，对运输服务质量的要求不断提高，枢纽间的差异将体现在更为细化的指标上，如乘客换乘、货物换装的时间、枢纽内各类衍生服务的质量等。

利用上述方法，可以对某国家或地区的交通枢纽城市进行考察，明确该国家或地区交通枢纽城市的功能、类别，并进而获知本地不同等级枢纽城市的布局等；而针对某一城市，又可分析其客运枢纽体系或货运枢纽体系的功能、等级和不同等级枢纽的布局，发现现有交通枢纽体系的不完善之处，并可结合本地经济社会发展的趋势和要求，了解该国家或地区对某一层级枢纽城市或交通枢纽的需求，进而明确下一阶段交通枢纽规划建设的主要任务。

三、对我国综合枢纽发展的建议

综合交通枢纽体系的尽早构建和逐步完善，不但有助于解决城市当下的内外交通问题，而且对城市未来百年发展所需要的合理功能形态和时空效率，都具有关键性的重要影响。基于前文的理论与实践经验，对我国综合交通枢纽体系的建设提出以下建议：

（1）城市交通规划（含交通枢纽的规划）都应当与城市总体规划、土地利用规划互为依据，融为一体。如前文所述，城市化发展、产业发展与交通运输的发展需要保持协调一致性，否则将造成各种矛盾，影响可持续性。土地利用规划与交通规划本质上是一个整体，在制订城市规划的过程中不应以单项规划的方式分别完成，之后再加以“综合”，更不能于土地利用规划完成之后再进行交通“配套”规划。

（2）综合枢纽的规划应尽早完成，并适时调整、建设。交通运输网络一旦形成，将对城市的人口、产业布局、对城市形态产生长远影响。交通运输的发展需具有前瞻性，以城市发展的趋势、需求为背景，科学决策并及时调整。建后再拆、建后再改都会造成极大物资与时间的浪费。按照错误的规划建设枢纽、线路，不但不能满足需求，还会因路径依赖造成持续的坏影响。

（3）综合交通枢纽的发展应当既重视其交通功能，又重视其综合功能。国内外经验表明，交通枢纽特别是综合交通枢纽对区域经济发展具有重大影响。枢纽地区具有区位优势、交通成本优势及对各类资源、人员的集聚优势，开发交通枢纽的综合功能可以有效地发挥枢纽的这些优势，最大化地满足交通需求及各类需求，提高交通运输效率的同时促进 TOD 模式发展。而国内现在很多城市的大型综合枢纽仅局限于交通运输功能，浪费严重。

（4）环线对于大都市区而言具有重要意义。我国各个城市与东京的发展背景类似，人口多，资源环境压力大，发展空间十分有限。连接各主要交通枢纽的环线可有效降低重心城区的交通压力，对城市交通的效率、城市功能分区与城市形态产生重要影响。

我国还处于城市化中期，处于加快城市化阶段，若不能抓住时机，尽早做好城市交通规划、建立科学合理的城市公共交通体系，将直接影响到城市未来的资源、环境与可持续发展。

第十四章

多式联运

第一节 多式联运的概念与分类

综合运输的核心是各种运输方式的有效衔接和一体化，而实现这种衔接与一体化的表现形式就是多式联运。作为一种先进的运输组织形式，多式联运充分发挥了联运链条上不同运输方式的内在优势，实现了运输产品的完整性和高效率。尤其是从 20 世纪 50 年代后期开始，由于集装箱作为联运工具的引入，进一步方便了不同运输方式间的快速衔接，从而极大地拓展了多式联运的规模，使集装箱多式联运成为现代运输业发展的一大亮点。

多式联运简单来讲是指多种运输方式的联合运输，它是区别于单一方式运输的一种运输组织形式。多式联运本身并非是一种新的运输方式，它只是将既有的运输方式加以组合来完成运输过程，因此说其是一种新的运输组织形式更合适。从广义上理解，凡是在一个运输行程中采用两种及以上运输方式的运输活动都可以归入多式联运的范畴。但事实上，多式联运作为一种特殊的运输服务或产品其含义的界定是比较严格和规范的。根据 1980 年通过的《联合国国际货物多式联运公约》对“国际货物多式联运”的定义，可以将多式联运作如下理解，即“多式联运经营人按照货主的要求，运用两种或两种以上的运输方式，将货物从起始地运到终到地的全程运输服务”。进一步讲，作为运输服务的多式联运应具备如下基本条件：（1）全程使用同一种多式联运提单或单证完成运输过程；（2）由多式联运经营人签发多式联运提单或单证，并对全程运输负责；（3）全程使用两种或两种以上运输工具完成货物或旅客运输。也就是说，提供多式联运服务强调多式联运经营人“采用两种及以上的运输方式、一票到底和全程负责”。

人们对多式联运含义的理解，尤其是在对多式联运的学术研究和政策研究中，并没有形成一致的意见，甚至在术语的使用上也存在不少差别。比如Bontekoning等人（2004）就曾在一篇综述性文章中列举了相关学术文章对多式联运（intermodal transport）的18种定义。王杨堃（2010）也对国内外各种关于多式联运的不同定义进行了全面梳理。

在联合国欧盟经济委员会、欧洲运输部长会议和欧盟联合公布的《组合运输术语手册》中，多式联运的定义是“货物在同一个装载设备或道路车辆内，依次采用若干种运输方式，而不需在改变运输方式时对货物本身进行装卸，货物的这种运输称之为多式联运”。可见这是将多式联运等同于货物多式联运，并暗示了联运箱具的使用。不过在多式联运的实际操作过程中，也并不一定如该定义所言“不需在改变运输方式时对货物本身进行装卸”，比如海运标准集装箱中的货物有时也会在港口掏箱并换装内陆箱之后再通过铁路或公路进入腹地。因此，在接受定义主旨的同时，还需结合变化的实际来理解。

此外，还有的定义直接将多式联运等同于集装箱多式联运。比如美国运输部给出的定义是：“多式联运是指在运输方式间可以互换的货物集装箱的运输，这些运输模式包括公路、铁路、水运、空运以及设备在该多重系统内的兼容之处（主要指衔接的结点处——引者注）。”显然，这一定义强调了集装箱这一联运箱具的重要作用，但却只局限在这一种联运箱具，而忽略了实际当中采用的以拖车、公铁两用车等其他联运箱具为载体的货物运输。相对较全面的是帕那伊德斯（Panayides，2002）给出的定义，即“多式联运是一种通过多种运输方式的协作从而最大限度的利用各种运输方式的比较优势并使运输链条成为一体的对集装化载货单元的运输形式”。这一定义的特点及亮点是突出了多式联运在发挥各种运输方式比较优势方面的作用，并强调了运输方式间的协作和运输链条一体化的重要性，可以说一语道出了多式联运的发展潜力和关键之所在。

有学者将旅客多式联运纳入其中，如加利福尼亚大学的阿尔特（Alt）等人（1997）认为“多式联运是使用并协调两种以上主要运输方式按照旅客或货主和收货人所要求的发到地点，运输旅客和货物的运输过程，在整个运输过程中采用单一运单并实行一口价”。除了肯定旅客多式联运的存在和发展潜力外，该定义还强调了对主要运输方式的控制、协调和多式联运服务的定价问题。这在一定程度上也暗示了发展多式联运所要解决的重要问题。

美国国家多式联运中心（National Center for Intermodal Transportation，NCIT）从宏观角度指出“多式联运是一种规划、建造及运作某运输系统的方法，这种运输系统强调运输资源的有效利用和各种运输方式间的连接性，注重整个运输过程的质量、成本、时间和安全”。这一定义将多式联运看做是提高运输资源利用率和运输系统效能的方法或途径，从多式联运的运用本身看到其背后的运输方式间连接性的重要性和它带来的社会效益以及经济效益。

由上可见，有关多式联运的不同定义之间存在的差异大多是由于不同定义者站在不同的视角有不同的理解和认识，在含义上只有广狭之分没有本质差别。王杨堃认为有必要根据不同的认识角度和实际操作情况对多式联运进行一个分类，以更细致地刻画多式联运的全貌（见图 14－1）。

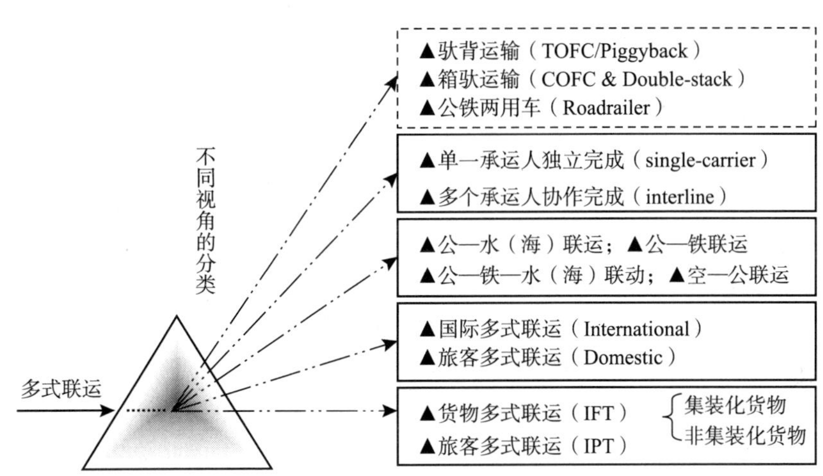

图 14－1　多式联运在不同视角下的分类

资料来源：王杨堃：《现代多式联运的发展及其经济组织》，北京交通大学，2010 年。

如图 14－1 所示，按照不同的运输对象可以将多式联运分为货物多式联运和旅客多式联运，其中货物多式联运又大致分为集装化货物和非集装化货物的多式联运，前者主要在运输过程中使用了集装化的联运箱具，后者则不强调集装化载运箱具的使用，比如散件包裹的快递、煤炭等大宗货物的多式联运。按照业务的经营范围，可以分为国际多式联运和国内多式联运，其中国际多式联运主要是指国际货物多式联运，这种分法在统计上常常有重要的意义。按照全程运输中不同运输方式的组合，多式联运的形式主要有公—铁联运、公—水（海）联运、公—铁—水（海）联运和空—公联运等。从不同种类的多式联运经营人的角度，可以分为由单个承运人独立完成的多式联运（single-carrier）和由多个承运人联合完成的多式联运（Interline），其中前者是指“运输链条中某一运输方式的承运人扩大其经营领域，将业务范围延伸至与其相连接的另一运输方式的领域”，因此作为多式联运经营人可以独立完成整个运输过程，后者是指运输代理人与承运人或承运人之间以签订协约、各取其得、各负其责的方式联合完成整个运输过程，具体又可分为：（1）多式联运经营人与托运人签订多式联运合同，但不参与运输，而将各区段的运输任务转包给各运输区段的承运人；（2）多式联运经营人只承担部分与运输有关的服务性作业，如装箱、拆箱业务，而不参与任何运输方式的运输，也把各区段的运输任务转包给各运输区段的承运人；（3）多式联运经营人本身是经营某种运输方式的承运人，它与托运人签订多式联运合同并负责其中某一区段的运输任务，而将其他运输区段的任务转包给各运输区段的承运人，由他们完成各自区段的运输任务。

第二节　多式联运的发展历程

关于现代多式联运的起源，其标志性事件是 1956 年 4 月 26 日美国泛大西洋轮船公司（Pan Atlantic Steamship Corporation）用一艘经过改装的名为 Ideal X 的轮船，第一次装载了 58 只集装箱从新泽西州的纽瓦克运至得克萨斯州的休斯敦。这一事件一般被认作是集装箱革命的开始，然而需要指出的是，这一概念蕴含的思想及其实践并不是从这时才出现的。早期类似集装箱多式联运的是铁路运输公路挂车（trailer），一般称其为“驮背运输”（trailer on flatcar，简称 TOFC 或 Piggyback），其原始形态可以追溯到 19 世纪 30 年代。当时，人们将装货的四轮马车赶上铁路平车进行长途运输，到目的地后再由当地马匹拉走这些马车。后来，公路挂车替代了马车。事实上，在 20 世纪 80 年代中期双层集装箱列车大规模发展以前，驮背运输是内陆多式联运的主导形式。美国不仅是现代多式联运的发源地，更是多式联运发展最为成熟的国家。

王杨堃将 20 世纪 50 年代以来现代多式联运的发展划分为形成期、成长期和成熟及进一步完善期三个阶段，并对各个阶段的主要历史事件和基本特征进行了描述（见图 14－2）。

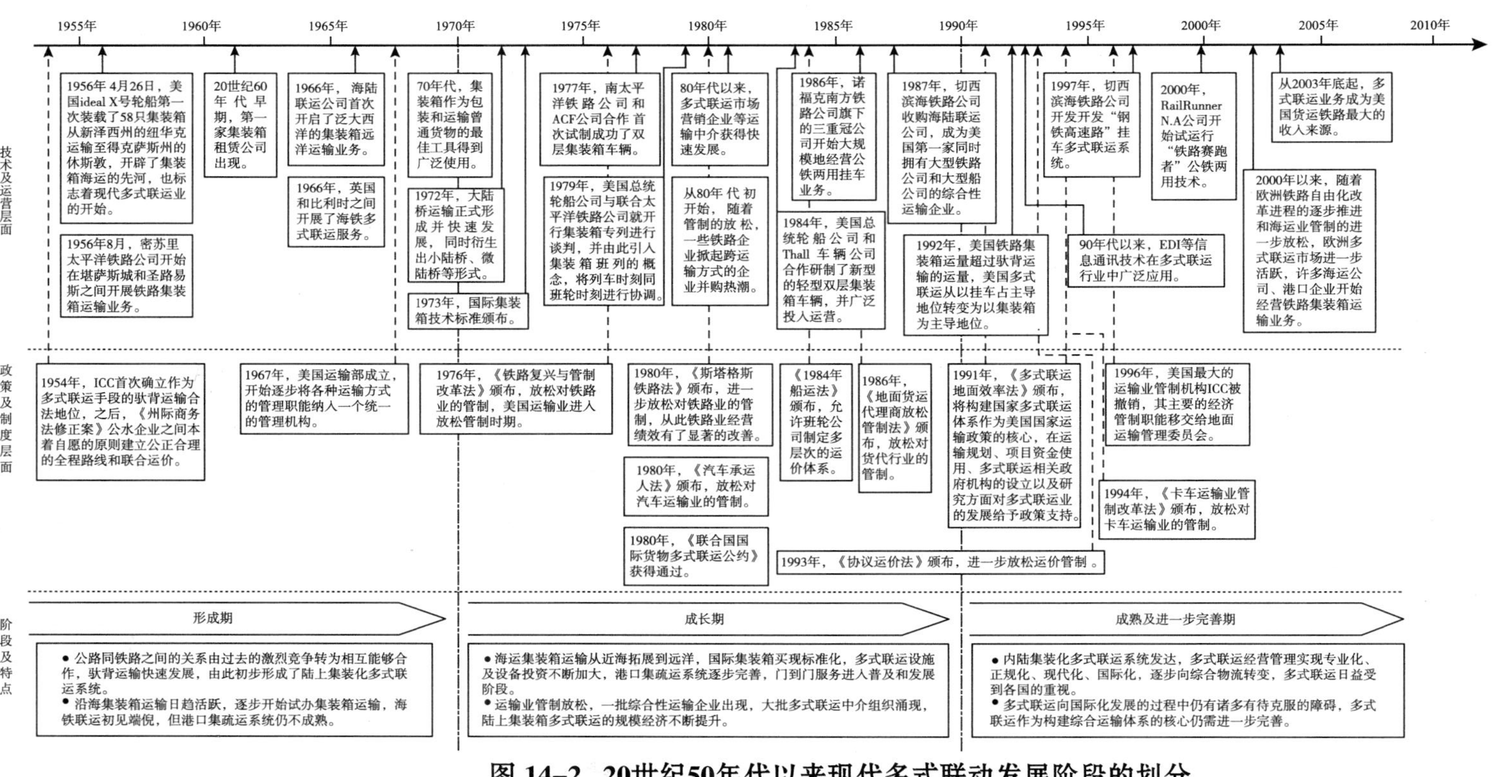

图 14-2 20世纪50年代以来现代多式联动发展阶段的划分

一、形成期（20 世纪五六十年代）

20 世纪 50 年代，问世已近 30 年的美国铁路驮背运输迎来了新的发展契机。1953 年，美国州际商务委员会（Interstate Commerce Commission）首次肯定了驮背运输的合法地位，并陆续颁布了关于开展驮背运输业务的规定，如自愿公正的联运路径（through route）和联合运费（joint rates）等，初步解除了多式联运的体制障碍。

海运方面，自 1956 年首次尝试集装箱运输以来，各海运业者逐渐开始试办集装箱运输。其中，美国的泛大西洋轮船公司和麦特森航运公司是集装箱海运的先驱者，它们在早期的集装箱船只、海运集装箱、陆基起重机等集装箱载运设备的设计和制造以及集装箱近海运输实践方面付出了很多努力。然而，集装箱革命最初所带来的影响并不像人们想象得那样广泛，它给海运业尤其是码头装卸行业带来的变革要比其给多式联运带来的变革更大，甚至这种变革最初在海运业内部也尚未迅速蔓延。而且，集装箱运输系统的其他部分诸如港口、轮船、起重机、存储设施、卡车、铁路以及发货人自身的操作等暂时还没有迅速地适应集装箱的要求作出相应的改变。

但慢慢地，一些铁路公司将原先以驮背运输为主的公铁联运拓展到海铁联运，逐步开展以铁路平车运输海运集装箱业务（container on flatcar，COFC），并从 20 世纪 60 年代后期开始尝试横跨美国大陆的集装箱陆桥运输。这一时期，集装箱革命的先驱“泛大西洋轮船公司”更名为“海陆联运公司”（Sea-Land），这在一定程度上也反映了该公司对于集装箱多式联运未来发展的远见和信心。1966 年，海陆联运公司还首次开启了泛大西洋的集装箱远洋运输业务。

总之，现代多式联运形成期的主要特点是陆上集装化多式联运实现了公铁运输的结合，公路同铁路之间的关系由过去的激烈竞争转为相互能够合作。而海运集装箱逐步从近海运输向远洋运输进发，但由于海运集装箱仍处于港间试验阶段，围绕海运集装箱而构建的陆上运输系统仍不成熟。

二、成长期（20 世纪七八十年代）

20 世纪 70 年代，世界贸易中发生了一些重要变化。随着一些亚太地区国家外向型经济的发展，欧洲在美国进口贸易中的地位逐渐下降，美国西部沿海、中西部及东部地区的大型城市对远东地区的商品需求快速增长，大大地推动了大陆桥货物运输和海铁联运的发展。集装箱远洋贸易运输的持续发展还推动了国际集装箱的标准化进程。1973 年，ISO 国际集装箱标准颁布。一些船公司同铁路公司进行了更为密切的合作。1979 年，美国总统轮船公司（American President Lines，APL）与联合太平洋铁路公司（Union Pacific，UP）等铁路运输企业就开行集装箱专列（dedicated trains）进行谈判，并由此引入集装箱班列“linertrain”的概念，将列车时刻同班轮时刻进行协调。1984 年，APL 与 Thall 车辆公司合作研制了新型的双层集装箱车辆，并将其广泛应用于集装箱班列服务，这大大提升了铁路的集装箱运输能力，且较传统铁路集装箱运输节省约 40% 的燃料费用。其他轮船公司和大型铁路公司也先后开展了双层集装箱班列服务。

不过，铁路双层集装箱运输在提升运输效率的同时也带来了其他问题，其中集装箱的回空问题最为突出。为了更好地利用回程运力，船公司以非常低廉的价格向国内货主租售空箱运能，由此吸引了更多的国内货主利用铁路集装箱运输。后来，随着美国公路限界的进一步放宽，一些大尺寸的内陆集装箱开始出现在国内集装箱运输服务中，并逐渐形成国内箱的运输系统。

除了多式联运技术的重大进步之外，这一时期美国政府对运输业管制逐步放松，也有利于多式联运的发展。美国铁路在内部掀起并购热潮的同时，也通过跨运输方式的并购或建立卡车子公司等方式将运输链条延伸到铁路以外。1980 年，Chessie 系统铁路公司（Chessie System Railroad）和海岸系统铁路公司（Seaboard System Railroad）合并为切西滨海铁路公司（CSX），并于 1987 年收购海陆联运公司，成为美国第一家同时拥有大型铁路公司和大型船公司的运输企业。与此同时，船公司也通过类似方式延伸到内陆运输系统中。APL 是最早意识到船公司建立由自己控制的内陆运输系统之必要性的海运企业之一。通过一系列组织变革，APL 变身为一家拥有货代、内陆干线运输及配送系统、多式联运场站等功能的综合性运输企业——美国总统公司（American President Company，APC）。值得注意的是，它还较早地将电子数据交换技术（electronic data interchange，EDI）应用到全程运输的管理之中。此外，由于货运代理业管制的放松，这一时期，涌现了大批运输中介组织，其中经纪人公司（brokers）和多式联运营销企业（intermodal marketing companies，IMCs）的发展尤为显著①。

总之，20 世纪七八十年代是现代多式联运的成长期，其主要特点是国际集装箱运输迅猛发展，港口集装箱吞吐量大幅增加，国际集装箱运输在船舶与港口环节的发展逐步完善，各发达国家在继续发展港口集装箱集疏运体系和配套软件的建设方面的同时，也对内陆集疏运的公路、铁路和中转场站及车辆等进行了大

① 1980～1986 年，美国运输经纪公司从不足 10 家增长到 6 000 多家。20 世纪 80 年代后期，IMCs 的数量也达 300 多家，并占有多式联运市场的最大份额，为总收入的 42%，其所参与的业务量在 1980 年约为 250 万单位，1985 年即增长到两倍以上。

规模的投资建设，基本上形成了适应需要并且现代化水平较高的配套体系，使集装箱从港口向内陆延伸。随着运输业管制的放松，多式联运行业呈现新的气象，一批综合性运输企业形成，大批多式联运经营人和代理人不断涌现且服务质量不断提升，多式联运链条进一步延伸并强化，从而使集装箱运输进一步突破了传统的“港到港”概念，使“门到门”的国际集装箱多式联运进入了普及和发展阶段。

三、成熟及进一步完善期（20世纪90年代至今）

随着经济国际化和全球化的进一步发展，发达国家的工业制造业的国际化分工和生产力布局逐渐调整，资源来源地和商品销售地的范围不断拓展，世界贸易格局进一步变化，亚欧之间、亚美之间的货运需求进一步快速增长，运输链条进一步延伸，国际集装箱运输持续快速发展，并进一步推动亚洲国家和地区的现代多式联运进程。同时，伴随1993年欧盟成员国就消除贸易壁垒及构建共同市场达成共识和1994年北美自由贸易协定的生效，区域经济一体化的趋势也逐渐增强，欧盟地区和北美自由贸易区的货运量不断提升，进一步推动了这些区域内部运输体系的衔接和完善，从而有利于多式联运的发展。

这一时期，运输业的管制进一步放松，政府对多式联运的发展也提供了有力的政策支持。具有代表性的有1991年美国颁布《多式地面运输效率法》（Intermodal Surface Transportation Efficiency Act of 1991），将构建国家多式联运体系作为美国国家运输政策的核心，并在运输规划、项目资金使用、多式联运相关政府机构的设立及研究方面对多式联运的发展给予政策支持。1993年《协议运价法》（Negotiated Rates Act of 1993）和1994年《卡车运输业管制改革法》（Trucking Industry Regulation Reform Act of 1994）的颁布也进一步改善了多式联运的发展环境。

在世界经济和国际贸易需求不断增长，运输业管制进一步放松的大环境下，现代多式联运获得空前的大发展。海运方面，集装箱标准化不断完善，集装箱船只的规模经济不断提升，沿海港口的集装箱处理能力显著提升。20世纪80年后期，集装箱船已发展到第四代，可以载运5 000标箱（TEU）的货物；90年代初出现可装运6 000标箱的“后巴拿马型”（Post-Panamax）；90年后期，第五代和第六代集装箱船的载箱量已达到8 000标箱上下；而如今，最大的集装箱船已经是可以载运1.2万标箱的第七代了。图14－3反映了世界上大型集装箱船规模与代际的变化。

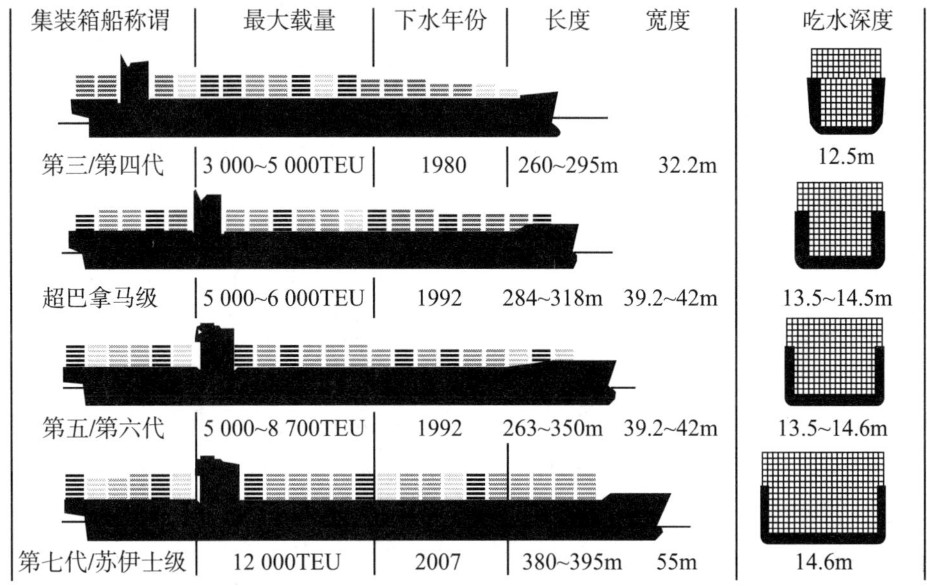

图 14-3　集装箱船规模与代际的变化

如此巨大规模的运量使得处理此类船只的港口不断提升装卸效率和科学管理水平，也使得与之配套的内陆集疏运体系不断完善。同时，海运业为进一步提升规模经济，进行了一系列并购和联盟活动。例如，1996 年，P&O 与 Nedlloyd 合并为铁行渣华班轮公司（P&O Nedlloyd）。1997 年，海王星东方班轮公司（Neptune Orient Lines）收购 APL。由此，集装箱海运业的产业集中度进一步提升，国际贸易运输网络结构也随之逐渐发生变化，国际集装箱运量开始逐渐向少数具备良好水深条件和内陆集疏运系统的枢纽型大港集中。此外，为了进一步提升全程运输服务质量，补充主业，集装箱运输班轮公司除了经营传统的海运业务以外，还介入了陆上运输、代理、仓储和流通领域，加强了对陆上运输系统的控制。

在内陆多式联运方面，由于铁路双层集装箱系统的完善成熟，铁路集装箱运量不断攀升。加之国内箱多式联运的大规模发展，美国铁路集装箱运量于 1992 年超过驮背运输的运量，并逐渐占取了原先驮背运输中的某些市场份额。由此，美国多式联运从以挂车占主导地位转变为以集装箱为主导地位。由于运载设备的变化，美国多式联运办理站也经历了集中、扩大的演变过程，其公铁联运车站从 1973 年的 1 100 个缩减至 1997 年的 200 个。这在一定程度上也反映了美国多式联运网络结构的完善和优化。2003 年美国铁路多式联运业务的营业收入首次超过煤炭运输，成为美国铁路业最大的收入来源，这或许是表明这一时期美国多式联运发展业绩之最为有利的证据之一。

在整个多式联运的经营管理方面，随着多式联运市场的不断成熟，各种运输专业化机构不断涌现，各个多式联运的参与主体都建立专门针对多式联运的组织机构，利用其专用设施、设备、营销网络和专业知识，实现专业化管理。在专业化方面，比较显著的变化是，一些铁路公司开始剥离原先拥有的非铁路运输的资产[①]，如NS出售了北美货车运输公司，CSX出售了其旗下的海运企业，UP出售了Overnight卡车运输公司。这表明美国铁路运输企业更加专注于发挥铁路线上运输的专业化能力。此外，一些铁路运输企业也逐渐将一些运输设备外包给专门的资产管理公司管理，比如2005年8月，北伯林顿圣塔菲铁路公司（BNSF）将其3 800只国内集装箱的租约移交给了Swift多式联运公司。这一举措使得BNSF可以节省大量的空箱调运和场站堆放的成本，而资产管理公司的专业化管理也可以进一步提高集装箱的使用率[②]。另外，随着信息技术的不断进步，多式联运企业进一步统一管理规章、运输单证、运费率等标准，并广泛采用电子计算机及联机网络，建立管理信息系统，实现管理的正规化和现代化。而随着业务范围的不断拓展，多式联运企业在国内外广泛建立业务分支机构和业务代理机构，实现多式联运的国际化。

第三节　多式联运的意义

一、对集装箱多式联运过程的解释

多种资料显示，在海运使用集装箱之前，公路和铁路都分别有较长历史已经使用方便载运和装卸的容器、箱具，或者采用方便方式间联运的驮背运输，但这些改进尝试都未能引起如后来集装箱联运所带来的那种运输革命。我们在这里尝试对导致这种现象和过程的原因做出如下解释。

一是海运在开始装运那些比较大型集装箱的时候，必须同时着手解决其吊装和多层叠放的问题，这其中已经包含了极其重要的标准化和规模经济概念。

二是大量标准化大型箱的使用迅速提高了港口的装卸效率，使得长期困扰航运业的港口节点低效率拥堵问题得以解决，港口作业成本显著下降。

三是港口装卸和处理能力的大幅度提升使得大型标准化船舶的一次次代际升

① 被出售的非铁路运输方式的企业也包括铁路公司在20世纪60～70年代建立的一些卡车运输子公司。

② 据BNSF测算，铁路管理的集装箱每年周转19次，而专业的资产管理公司可以使其每年周转26次。

级具备了条件，于是航运得以大幅度下降。

四是港口和船舶的规模经济必然对陆上集疏运系统提出相应要求，铁路双层集装箱列车的开行既满足了远距离集疏运的要求，也由于其运输密度经济和距离经济的效应而大幅度降低了陆上运输成本。

五是公路并不满意海运国际标箱所导致的一定程度低效率，于是推动使用能满足公路限界的更大箱型，铁路则也努力与之适应，于是低成本的国内箱体系形成。

六是水陆运输业，特别是铁路必须依靠各种形式和规模的货代和物流企业，才可能将时空相对分散的货源组织成为与大规模集中运输相适应的箱量，于是运输链条上的批零关系得以建立。

七是制造商和零售商发现如果使自己的生产和经营节奏与集装箱运输节奏变得一致，其生产和经营的效率就可得到很大提高，无效库存显著减少。

八是信息技术的进步对生产、流通与运输整体链条以及各个环节上实现准时制提供了巨大支持。

九是由于跨国公司能在全球范围内按照这种节奏要求整合各种资源并满足市场的需要，导致高效率的全球供应链得以形成。

十是发达经济体把一切能装进集装箱里的杂货都装进去，最大限度地实现社会的集装化运输，并在全球集装箱联运网络中形成若干高效率的关键性综合枢纽节点。

其中的关键因素包括大型化、标准化、规模经济、国际贸易与全球化、准时制、链条效率等。虽然初期和后来也在铁路、公路和水运的线上运输中不同程度地发挥了运输密度经济等效率，但能在港口这样最薄弱的枢纽节点上集中体现出衔接速度经济，并同时帮助码头和轮船实现超大规模经济，是集装箱多式联运能够走向成功的真正起点和关键。集装箱多式联运彻底改变了全球货运业的面貌，也在相当程度上极大地改变了全球国际贸易以至全球工业化的格局。

二、集装箱对枢纽和运输链条效率的影响

莱文森（M. Levinson，2008）在其《集装箱改变世界》一书中详细分析了集装箱出现之前港口作业的低效率对海运业的制约，以及集装箱对港口作业、海运以至整个运输业的影响。莱文森描述道，尽管海上行船已经有几千年的历史了，但直到20世纪50年代利用船只来运送货物仍然还是一件非常复杂的工程，其主要原因之一就是码头上的拥堵。码头上的装卸工作曾经是体力劳动极其密集的行业，巨额费用项目是必须支付给大量码头工人的工资，这可能要占到一次远

洋航行总支出的一半。再加上付给码头所有者的吨税等费用，货物航运成本的60% ~70%是发生在轮船停泊于码头上的时间。到20世纪50年代早期，关于港口货运场站是运输“瓶颈”的问题已经没有什么争论了。

一个典型的例子是在1960年时，如果一家制药企业想把一卡车的药品从美国中西部的芝加哥运到法国内地的城市南锡，那么它需要支出的总费用为将近2 400美元，但在其中远洋运输的运费只占不到1/4，而在港口的费用却竟要占到将近一半（见表14 -1）。

表14 -1　　把一卡车药品从美国芝加哥运到法国南锡的成本（1960年的估算）

项目	支出额（美元）	占支出的百分比（%）
从芝加哥到美国港口的运费	341	14.3
在港口附近的短途运费	95	4.0
使用港口的总费用	1 163	48.7
远洋运输的运费	581	24.4
欧洲内陆的运费	206	8.6
总支出	2 386	100.0

资料来源：莱文森：《集装箱改变世界》，2008年版第9页。

莱文森还指出，在集装箱还没有进入国际运输的1961年，海运成本占美国进出口总值的比重为10%和12%，而美国的平均进口关税只有7%。因此“在很多情况下，这些成本要比政府的贸易壁垒更有影响”。但海运成本仅占跨国商品运输总成本的一小部分，最大的支出还是在于把货物从陆上运输工具转移到离港的轮船上，以及到达目的地港时再把货物搬回到卡车或火车上。“对于一次船运而言，4 000英里的海上运输所需的费用，可能只占把货物运抵出发港以及从到达港运走货物这两段10英里陆上运输所需费用的50%。”这整个过程的开支太大了，以至于在很多情况下跨国销售非常划不来。

商船运营最基本的原则就是要尽一切可能压缩不必要的停航时间，并增加有效的载货航行时间，传统港口的装卸作业方式造成船舶把大量时间耗费在无效率的港口停泊上。而集装箱的引入，从根本上改变了传统港口货物装卸作业用人极多而且慢、乱、脏、贵的局面。我们可以对比一下目前集装箱轮在港口的装卸作业已经实现的极高效率。码头岸吊装卸1吊的循环周期在全球的绝大多数港口都可以压缩到2分钟以内，最快的甚至只需要1分钟左右。1吊一般为两个TEU（大都是1个40英尺箱），有些使用高效率吊具的码头1吊甚至是4个或6个TEU（2或3个40英尺箱），还有港口的吊车能够做到卸船和装船在同一个循环内同时进行。这样，一艘大型集装箱班轮在一次停靠码头中所需要装卸的上千个集装箱，常常在10小时以内就可以完成作业，这与传统港口一艘件杂货船一次装卸动辄就需要几天，而在港外泊地往往停有多艘船多日等待装卸已完全不可同日而语。集装箱的装卸效率还与信息化的进步联系在一起。船内和港口堆场上多层堆放的大量集装箱，数小时极短时间内装卸完毕，且不能造成偏载并违反下一到港的卸船顺序，因此，为了装卸每一艘船，几乎每一步复杂的操作都要由计算机在船到来之前就预先设计好。目前，在荷兰的鹿特丹和其他一些港口，甚至可以看到完全自动化管理的无人集装箱码头作业区。所有这些尝试的目的都只有一个：降低通过缓慢而又低效率的港口处理货物的成本。

对一个高度自动化、低成本和低复杂性的货物运输系统来说，集装箱是核心，而撬动这个系统的理念就是标准化。最早推动集装箱海运的泛大西洋轮船公司总裁麦克莱恩当时就认识到，使用集装箱降低运输成本所要求的不仅仅是一只金属箱子，而是一整套货物处理的新方法。这个系统的每一个组成部分，包括港口、轮船、起重机、仓储设施、卡车、火车以及发货人自身的操作等，都必须做出改变。麦克莱恩的这种认识要比当时运输业中的每一个人都超前很多年。集装箱革命在某种程度上摧毁了旧的运输体系，同时也帮助人们建立了一个崭新的运输和经济系统。

由于要实现标准尺寸集装箱的运输，于是码头、堆场、吊车、船舶乃至汽车、公路、列车、铁路、桥梁、隧道等，都必须适应它在全球范围内的应用而逐渐加以标准化，形成影响国际贸易的全球物流系统。也就是说，经济效益并非产生于集装箱创新本身，而是产生于企业为了利用这种新技术对自身实施的组织变革。所有这些紧张忙碌的活动结合在一起，形成了一个几乎无缝的全球货运系统。由此带来的是系统效率大幅度提升，运输费用大幅度下降，地球上任何一个地方生产的产品都可以快速而低廉地运送到有需求的地方。集装箱降低了货物运输的成本，从而改变了世界经济的形态。

三、集装箱化对世界经济的影响

李嘉图视贸易中运输成本为零的假定一直被众多经济学家的模型所采纳，尽管有充分的现实证明运输成本关系巨大，因此经济学的很多传统分析与现实世界存在很大距离。在集装箱出现之前，货物的运输非常昂贵，以至于有很多东西跨半个国家运输都不划算，更不用说跨半个地球了。当运输成本很高时，制造商主要关心的是把厂址选在离客户近的地方，即使这意味着狭小的厂房或较高的运营成本。当运输成本相对于其他的成本下降时，制造商就可以重新选址，以降低显得更加突出的其他成本，而运输成本下降的影响结果是总的生产与流通成本大幅下降。从逻辑上来说，不考虑国界的经济活动的扩散，当然就是全球化。

在1956年，世界上到处都是本地销售的小制造商；而到了20世纪末，不管是对哪种产品，纯粹本地的市场几乎已经绝迹。运输成本直线下降在促进全球经济一体化进程中扮演的重要角色，运输已经变得如此高效，以至于货运成本基本上不会再对经济决策产生太大的影响了。在集装箱国际多式联运已经普及的情况下，那些原来只想服务于本地客户而并不想走到国际上的企业会意识到，它们已没有选择：不管喜欢还是不喜欢，它们都要面对全球竞争，因为全球市场已经离它们越来越近了。

托马斯·弗里德曼（2005）认为，全球化及新技术已经把世界抹平，而在此之前集装箱已经用有形的力量把世界连接在了一起。在企业学会利用集装箱所创造的这些机会之前，世界并没有发生如此大的变化。结合了计算机管理的集装箱运输，使得在更大规模下推行丰田的准时制生产变得切实可行了。在这种生产模式中，供应商可以做到只在其客户需要的时候才生产指定的产品，并使用集装箱把这些产品在指定的时间送达。这种在集装箱出现之前难以想象的精确性，如今已经大大降低了制造商的库存，也相应地带来了巨大的成本节约。零售商也已经吸取了这些经验，开始利用精细的物流管理来实现数十亿美元的成本节约。

第四节　我国的集装箱多式联运

我国的集装箱运输开始于20世纪50年代中期，但早期的集装箱运输市场规模相当有限，集装箱运输的发展在一段时期甚至陷于停滞状态。自改革开放以来，随着我国经济的持续快速发展，尤其是对外贸易的稳步增长，集装箱运输需求日渐旺盛起来。据统计，自2000年至2007年，中国集装箱总运量由2 120万TEU（23 103万吨）增长到7 929万TEU（93 654万吨），年均增长率为20.7%，超过同期名义GDP的增长（14.1%）。同一时期，港口的集装箱吞吐量也由2 268万TEU快速增长到1.3亿TEU，年均增长率达24.4%，我国已成为港口集装箱吞吐量最大的国家。从2008年起，中国已有包括上海、香港、深圳、广州、宁波、青岛在内的6个港口位于世界前十大集装箱港口之列，表14－2是2010年世界前十大集装箱港口的排名和变化情况。

表 14-2　　2009~2010 年世界前十大集装箱港口情况

2009 年排名	2010 年排名	港口名称	2010 年吞吐量（万 TEU）	2009 年吞吐量（万 TEU）	变化率（%）
2	1	上海	2 907	2 500	16.3
1	2	新加坡	2 843	287	9.9
3	3	中国香港	2 353	2 104	11.8
4	4	深圳	2 251	1 825	23.3
5	5	釜山	1 416	1 195	18.4
8	6	宁波—舟山	1 314	1 050	25.1
6	7	广州	1 255	1 119	12.2
9	8	青岛	1 201	1 026	17.1
7	9	迪拜	1 160	1 112	4.3
10	10	鹿特丹	1 115	974	14.4

应该说，中国集装箱运输需求的大幅增长是与经济全球化进程、中国国民经济尤其是工业化的发展进程密切相关的。一方面，改革开放以来中国的产业结构发生了重要转变，产品结构也相应地发生了变化，高附加值产品和集约化产品逐渐增加，这就使得货物的集装化率不断提高，在运输需求上要求向“高效、高速、高质”的方向转变，更加注重运输服务的质量；另一方面，中国已经成为全球工业生产基地和商品市场，中国港口集装箱吞吐量的大规模增长得益于对外贸易的快速发展。据统计分析，每亿美元外贸额生成的集装箱量从 1990 年的 0.135 万 TEU 增长到 2007 年的 0.532 万 TEU，其主要原因是我国加工贸易比重增加，而加工贸易的集装箱生成量较大，有力地推动了我国港口集装箱运输快速发展。某种程度上可以将集装箱运输看成是中国经济高速发展的推动力。

然而需要指出的是，我国的集装箱运输一直主要是集中在东部沿海地区，而且“公水联运”的比重很大。最近一些年来，我国海港集装箱集疏运方式的比重，公路一直在 80% 左右，内河水运将近 20%，而铁路长期以来都不足 2%。而且在过去若干年的时间里，我国铁路集装箱运量占集装箱总运量的比重也呈逐步萎缩的趋势。也就是说，铁路这些年来基本上是被排除在我国经济与全球化迅速接轨的过程以外的。由于集装箱多式联运链条未能有效构建，尤其是集装箱铁路运输环节的薄弱，极大地削弱了整个货运系统的效率。

我国运输业条块分割，特别是铁路仍在维持的政企合一的体制造成了集装箱运输协作的困难。根据了解，目前在集装箱海铁联运中存在的主要问题有以下一些表现：铁路运输的保障能力不足，且运输时效性、稳定性不可控，无法满足集装箱运输链条准时性和稳定性要求；开设“五定班列”的门槛过高，且内地海关很多不能进行海铁联运箱的异地报关，造成部分货源损失；集装箱的箱货总重、准装货品、施封要求等相关联运标准和定价机制不统一，铁路的要求和做法很多与国际海运不接轨；铁路保价运输及货物保险与国际多式联运货物保险、海上运输货物保险赔偿责任不衔接，造成索赔困难；缺乏统一的联运提单，造成联运结合部与单证过多，手续办理过程复杂；联运各环节业务信息公开程度和共享程度不匹配，缺少统一的信息交互平台，信息不能共享，使多式联运承运人难以为客户提供一站式服务；等等。总之，海铁联运无法发挥其应有的效率和优越性。

我国铁路未能发挥其在集装箱运输市场中应有的作用，反而成为集装箱运输系统中的一个突出薄弱环节。这造成经由海港的出口货物箱源大部分来自距离港口 300 公里以内的范围。实际上中长距离的集装箱运输需求也在不断增长，但由于铁路不能提供所需要的服务，因此很多已经明显属于铁路经济运距（1 000 公里以上）的中长距离集装箱货物运输，也仍然由公路在承担，其中有不少部分是被一些超载超限的卡车运输所承担，结果造成很大经济及安全、能源、环境的负面影响。例如在上海、深圳等集装箱港口，每天进出闸口的集装箱卡车已超过 5 万辆，这对城市及其周边的道路运输系统产生巨大压力，也带来能源、环境等诸多问题。显然，铁路也未能在调整地区产业结构和改善经济布局上发挥本应起到的重要作用。

鉴于海铁联运的障碍长期未能克服，2011 年 5 月，交通运输部和铁道部再一次会商开展“共同推进铁水联运发展”的合作问题，希望建立一种紧密务实的长效合作机制，在完善相关规划、加快设施建设、制定配套政策和标准、推进信息共享、培育龙头企业等方面深化合作。各有关方面都在盼望这一次的部际合作能够取得一些实质性进展。

总之，我国的集装箱多式联运也正面临着一个重要的转型阶段，即不能再让铁路置身于集装箱多式联运的不合理状态继续下去了。各国的相关经验教训都已经验证了，没有铁路参与的集装箱联运不是真正的现代多式联运。而从另一方面来看，运不好集装箱的铁路也不会是真正的现代化铁路。集装箱多式联运的水平已经成为一个国家综合交通运输体系，或者现代交通运输建设、运营与管理水平的关键性标志，正在追求综合交通运输的中国显然不应该忽视这件事情。

第十五章

一体化运输中的生产与交易组织

第一节　一体化运输对相关组织的要求

组织一词的动词解释是按照一定的目的、任务和系统加以结合；其名词解释是指由诸多要素按照一定方式相互联系起来的系统，或是指人们为着实现一定的目标，互相协作结合而成的集体或团体。我们在这里讨论一体化运输，特别是集装箱多式联运中生产或交易活动所涉及的组织问题。

现代多式联运这种运输组织形式的出现，使得各个独立的货运系统围绕集装箱这一技术进行新的系统重构，摆脱了过去单纯通过技术创新对运输业的经济优化，而从组织创新来优化运输业的资源配置，从而极大地降低了货物运输过程中的转运时间和成本，使得运输业进入一个完全不同于以往铁路、公路、水运、民航等单个运输方式发展的崭新阶段。此外，对多式联运经济组织问题的研究也适应了经济学研究从一般资源配置问题向经济组织问题转变的重要趋势，并试图将一般资源配置问题所关注的生产效率同经济组织问题所关注的交易效率进行结合，通过对现代多式联运这一领域的研究，揭示出行业系统特性、生产效率和交易效率之间的关系。

现代多式联运系统是由各种多式联运相关线网设施及设备和在此基础上开展相关经济活动的参与主体共同构成的。在图 15－1 所体现的多式联运系统中主要经济活动与程序包括：（1）货主与货代或多式联运经营人询价、报价并确定价格；（2）货主提供货物的明细清单；（3）货代或多式联运经营向船公司订舱并获取订舱信息；（4）与货主确认装箱时间；（5）空箱取送；（6）装箱；（7）重箱取送；（8）重箱堆存；（9）报关行报关；（10）海关查验后放行；（11）短途公路运输；（12）换装至铁路；（13）铁路集装箱运输；（14）船公司签发提单；（15）货主收到提单后付款；（16）箱在港口装船；（17）海运。因为只考虑了出口，因此这应该只是整个外贸集装箱多式联运链条上有关活动的一半。

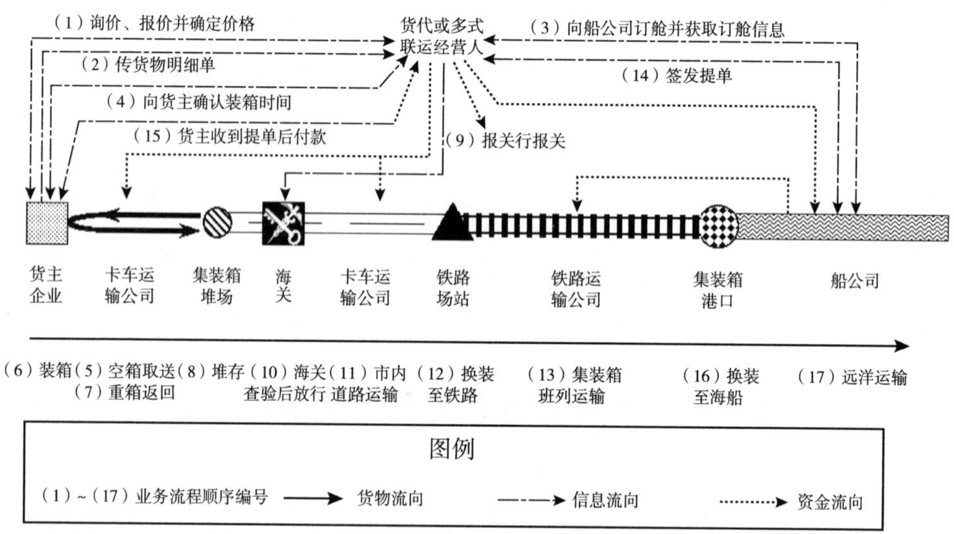

图 15-1　多式联运系统及主要经济活动

资料来源：王杨堃：《现代多式联运的发展及其经济组织》，北京交通大学，2010 年。

现代多式联运的线网设施及设备应主要包括各种运输方式的线路、多式联运场站以及集装箱船舶、铁路机车车辆、集装箱卡车或拖头、集装箱、挂车、货物托盘、码头岸吊、龙门吊、正面吊、叉车等载运设备和装卸设备。多式联运的各参与主体则主要包括货主（托运人或收货人）、各种运输方式的经营者、货运代理业者、场站处理业者、设备租赁业者等。多式联运系统各组成部分是通过大量基础设施间的物理联系和各种经营业务间的逻辑联系而构建起来的。

多式联运并不是一种新的运输方式或运输技术的产生，而是一种组织形式的创新。作为一种先进的运输组织形式，它是通过优化组合不同运输方式，充分发挥其各自技术优势，在合理的全程运输成本基础上实现运输产品的完整性。这主要体现在以下方面。

多式联运改变了运输业中不同运输方式间的关系，使各种运输方式从过去以竞争为主的关系转变到以协作为主。各种运输方式自从相继出现以来，不仅在服务彼此重叠的运输市场地位上相互竞争并替代，同时也在公共政策和公共资源方面进行争夺，运输系统之间因此相对孤立、封闭，各种运输方式的主体之间缺少合作。而现代多式联运出现之后，不同运输方式的运输系统间的衔接得到了加强，不同运输方式的经济主体之间的合作得到了深化。这种经济主体间从竞争为主的关系向协作为主的关系转变，以及由此形成的运输链条的衔接与一体化，使得过去以治理竞争关系为主的经济组织向治理协作关系为主的经济组织转变，这正是一种经济组织的变革。

多式联运改变了运输企业间的竞争模式，使过去单个运输企业间的竞争逐渐发展为运输链条之间的竞争。也就是说，获得竞争优势的关键在于链条整体的效率。因此，对于运输企业而言，不能仅从自身角度考虑竞争策略，还必须从运输链条整体的角度考虑自身如何适应链条需要，同其他主体展开协作等一系列问题。换言之，经济组织问题从单个企业内部延伸拓展到整个链条之上的各个企业之间。

要提升多式联运链条的效率，就需要对链条上各经济主体间的经济关系进行恰当的治理。这种治理意味着需要选取恰当的经济组织来尽可能地降低链条上各种经济活动的生产成本和交易费用。多式联运系统自身在产品需求、生产技术和交易当中存在的特性，影响了不同组织形态下的生产成本和交易费用水平。因此，提升多式联运链条效率的经济组织必须适应多式联运系统的各种特性。然而，多式联运系统的各个特性之间不是孤立存在的，而是相互联系并发生作用的。这种联系和作用，在某种程度上决定了用以治理链条上各主体间经济关系的组织形态，不是单纯适应某一种特性而建立匹配关系的。我们认为，至少有如下几种特性间的联系和作用，对于理解多式联运的经济组织问题是至关重要的。

首先，多式联运产品需求的完整性与其生产过程的高度连续、衔接及协作的特性密切相关，这种相互关系使得承担集中交易功能和链条组织的生产性活动的中间层组织成为必需。完整性是从运输需求者的角度而言，它意味着运输产品的用户不需要逐个直接地同实际承运人之间发生经济关系，由此直接的交易关系经由多式联运承运人这一中间层组织转化为间接交易，这本身就是对交易费用的节约。同时，对于链条的组织与协调的生产性工作，也转嫁给作为链条组织者的多式联运承运人。如果没有集中交易者和链条组织者，产品的完整性和运输生产的高度连续和衔接就无法实现。

其次，产品需求的相对分散性与运输供给的规模经济特性必须相互匹配，这种匹配性不仅影响多式联运的运输组织结构，并进而影响经济组织，而且这种匹配其所需要的核心能力也影响了多式联运链条中的组织决策。对于多式联运链条中那些具有显著规模经济特征的经济主体而言，更为着眼于发挥干线运输的优势，于是“轴幅中转”的网络组织结构得以普遍采用。为了尽可能地获取规模经济优势，就必然对整合小批量、分散性的运输需求提出更高的要求。例如，集装箱班轮运输企业为提升规模经济效应，将其海运网络集中于少数大型集装箱港口，而主要依赖陆上运输系统集散货运量。这种运输组织结构的变化就要求集装箱班轮企业加强同陆上运输企业间的整合力度，对相应的交易关系进行调整。再比如，整合分散需求所需要的营销网络资源、能力以及对相应商业风险的承担，使得许多铁路运输企业更倾向于充当批发商的角色，必须借助包括货代企业、拼装业者等在内的中介组织进行货运能力的营销。

最后，生产过程的时空特性是交易过程中的时空专用性产生的重要原因。由于运输产品的价值与时间密切相关，生产过程一经启动，就必须保证其连续性，如果运输过程中的某个环节于一定时间内不能寻找到交易对象，或者出现不按时履行合约的行为，就会产生高昂的交易费用。因此，离散市场中的即期交易对于多式联运而言通常是没有效率的契约安排，而长期契约尤其是可更新的关系型契约以及纵向一体化的组织安排是较优的备选方案。

综合上述，多式联运系统的特性对其生产成本和交易费用的影响，决定了相应经济组织的形态，而生产成本和交易费用是多式联运经济组织重要的内生决策变量。我们在这里主要关注交易成本方面的表现。

在一般的交易成本经济分析中，资产专用性、交易频率和不确定性是衡量交易特性的三个维度，多式联运过程中不同特征在各个相关维度的交易特性上也有不同的表现。潘那依兹（Panayides）在 2002 年的研究中以表 15 – 1 的形式汇总了多式联运活动的交易特性。在表 15 – 1 中，包括可靠性、敏捷度、适时性、服务频率、承运商责任、企业专用性技术、集装箱追踪、线路灵活性、简化的文书工作、简化托运商业务办理、客户索赔的解决、不同运输方式管理者之间的互信及协作、稳定的运输时期、门到门服务、满足客户需求等多式联运的主要特征，都与相关交易特性存在着各种关系。

表 15 – 1　　　　多式联运交易特性的不同表现

交易特性 / 多式联运的特征	不确定性			交易频率	交易的复杂性	关系专用性投资
	服务质量	可靠供应	机会主义			
可靠性	√	√	√	√		
敏捷度	√	√	√		√	
适时性	√	√	√			
服务频率				√		
承运商责任	√				√	

续表

交易特性 / 多式联运的特征	不确定性			交易频率	交易的复杂性	关系专用性投资
	服务质量	可靠供应	机会主义			
企业专用性技术	√	√				√
集装箱追踪	√				√	
线路灵活性	√	√			√	
简化的文书工作	√				√	
简化托运商业务办理	√				√	
客户索赔的解决	√				√	
不同运输方式管理者之间的互信及协作			√			
稳定的运输时期	√	√				
门到门服务	√	√	√		√	
满足客户需求	√	√	√			

资料来源：Panayides（2002）.

在表15－1中，多式联运各主要特征与不确定性中服务质量交易特性关系都非常密切，其次是可靠的供应；多式联运各主要特征与交易复杂性的关系密切程度远高于与交易频率的关系；但表中多式联运与关系专用性投资的密切程度似乎并不明显。实际上，在多式联运系统中存在大量的专用性资产。除了一般的物质资本专用性、场地区位专用性和人力资产专用性之外，特别是时空专用性的问题更值得关注。时空专用性意味着在交易中按时履约的至关重要性。多式联运产品的价值同时间因素紧密相关，其生产过程同消费过程同步，一旦生产过程中断，导致延误就会给托运方及相关合作主体带来极大损失，比如因货物延迟交付而失去交易时机，又如因集装箱空箱不能及时回送造成资产闲置及浪费，等等。显然，我们在涉及时空关系专用性投资方面的认识与分析能力还需要继续加强。

第二节　多式联运组织的特性与形态

一、多式联运组织的特性

在我们所关注的这一领域，生产效率的提升是借由交易效率的提升来实现的。经济组织的创新是推动现代多式联运发展的关键性因素，具有显著规模经济的运输行业及企业必须改变组织形态，以便充分发挥组织优势和网络经济，提升多式联运链条的效率，实现运输市场中分散化需求和集中供给的匹配，满足经济发展对综合运输体系的要求。

多式联运链条不仅包含了承担实际运输的具有不同技术特性的运输方式，还包含了诸如货运代理、装卸、拼装、设备租赁、服务销售等大量其他专业环节。因此可以说，多式联运是典型的专业化分工系统，链条的整体效率不仅来自于专业化分工的技术优势和效率，更来自于各专业化分工之间的相互协作和协同水平。事实上，一个系统内部的专业化分工水平越高，对协作能力的要求也就越高，而如何实现协作就是一个组织问题。

多式联运过程中的交易也极端复杂，交易的对象非常多样，全面、准确描述缔约各方的义务十分困难，相应地，法庭判断各方是否履行义务的困难也很大。比如，由于涉及不同承运主体，有关货物在运输过程中的信息获取成本较高，清晰界定各承运人的责任就相对困难，极易受到机会主义行为的威胁。而且，由于运输过程中的生产环节非常多，增加了运输过程的不确定性，并使整个链条的效率受到波动。

在现实当中，位于多式联运链条之上的不同分工环节都是由一些经济主体来负责运作的，因此实现各个专业化分工环节之间的协作能力和整体协同水平，就需要对不同的经济主体之间的关系进行恰当的治理。这就是经济组织的含义。尤其需要指出的是，在运输市场专业化水平日益深化的今天，各专业化分工经济主体多是具有相对独立性的市场主体，它们之间在生产上的协作关系更多地需要通过交易来实现。于是，多式联运链条的效率更多地取决于各经济主体间的交易效率。也就是说，多式联运链条生产效率的发挥，将越来越需要借由各经济主体间交易效率的提升来实现。而提升多式联运链条各经济主体间的交易效率，就必须要通过恰当的合约制度安排来治理其彼此间的交易关系，确保交易范围的拓展、交易进程的加快，以及建立在互信基础上的长期交易关系的维持，这进一步凸显出经济组织的重要作用。

尽管多式联运的组织形式具有差异性，但其本质要求是一致的，即通过整合不同运输方式，充分利用不同运输方式的各自内在优势，实现多式联运链条的一体化，以满足运输市场对于完整运输产品的需求。也就是说，多式联运的经济组织旨在实现链条上不同运输方式的有效衔接和一体化，组织形式的不同只是整合方式的差异。

从现代多式联运的发展历程来看，多式联运行业的政策体制对其经济组织的变革具有重要影响。比如在美国运输业管制时期，政府出于反垄断的目的，严格限制不同运输方式间的企业并购行为，例如不允许铁路企业投资建立自己的卡车运输公司或水运企业，从而限制了一体化运输链条的形成，进而阻碍了多式联运的发展。而当这一管制解除之后，随即引发了一股跨方式的运输企业并购热潮，运输市场中出现了一批拥有多种运输方式的综合性运输企业，大大拓展了多式联运服务的范围，推进了多式联运的发展进程。

二、多式联运集成商

从运输产品的生产角度讲，多式联运链条上的各个运输服务提供者之间具有纵向的生产协作关系。在典型的多式联运过程中，从拼装箱、箱流集结、转载、运输、拆箱到配送至最终客户的各个环节都紧密相扣，拼装业者、卡车运输企业、场站经营业者、干线运输业者等都必须在其各结合部做好生产协作以确保整个链条的完整、畅通和有效。为此，不同运输服务提供者需要在恰当的时间、空间配置恰当的生产性资源，即确保生产活动实现时、空、物的耦合。例如，确保结合部物理设施的临近、不同运输服务时刻的衔接以及配置符合运量要求的运输资源、确保运输能力间的匹配等。

在这一生产过程中，多式联运承运人或是为客户提供多式联运服务的承运人承担了联运链条上的运输组织功能，由它来协调各实际承运人之间的生产协作关系。从运输产品的交易角度来看，多式联运承运人与货主之间属于直接交易关系，其他运输方式的实际承运人以及场站服务提供者同货主之间属于间接交易关系，多式联运承运人同各其他运输方式承运人之间则是总承包商（缔约人）和次级承包商（次级缔约人）的关系。此外，对于具有规模经济的承运人，如铁路运输企业、班轮公司等，在其运输服务的销售渠道上，同货代企业之间具有批发商和零售商的关系，但有的运输企业也可能直接向货主出售其运输能力，因而也可能本身承担零售商的角色。

关于多式联运链条整合主体的研究，一些学者和研究机构提出了“货运集成商”（freight integrator）的概念。2003 年，欧盟委员会的一份关于“货运集成商行动计划”的咨询报告中对货运集成商的概念作了如下界定，即指不带偏见地通过选择和组合最具可持续性的和最有效率的运输方式，来安排“门到门”运输的运输服务提供者。该报告还从具备丰富的专业知识和经验、能够有效组织多式联运、提供门到门全程服务、良好的商业信誉和财务业绩以及服务覆盖地域等 10 个方面定义了多式联运集成商（即货运集成商）。该报告认为货运集成商应具备的能力包括：（1）具有设计适合复杂供应链需要的多式联运解决方案；（2）具备所有运输方式以及仓储和货物处理方面的知识和经验；（3）可以获取有关运输服务、运营商及货物装运方面的信息；（4）可以获取广泛的联系人和合作者的网络；（5）与货主和运营商之间有长期合作关系；（6）在合作者之间发生矛盾和冲突时，能处于中立状态提供建议并建立相互协作的仲裁机制。事实上，多式联运运营商应该就是货运集成商，它们是多式联运链条的设计者、组织者和协调者。

当然，在不同的市场环境下，充当货运集成商角色的市场主体是有差别的，这主要取决于它们在货运链条中的签约地位和组织能力。上述报告论证了尽快发展货运集成商对提供完整运输产品的重要性，并把目前运输市场上的运输提供商划分为“尚未向货运集成商转变的企业”、“刚开始向货运集成商转变的企业”、“已经转向货运集成商的企业”和“成熟的货运集成商企业”四种类型。沃克斯纽斯（Woxenius）等（2002）对欧洲公铁货物多式联运的产业组织情况的研究中，就谈到在欧洲范围内，各国的集装箱运输企业与船代和货代一同提供“门到门”的运输服务，它们控制着与货主间的绝大多数的重要契约关系。在国际多式联运中，货代有选择运输方式的权利，而干线拖运商（hauliers）则在国内市场上起比较重要的作用。此外，也有学者对货运集成商和其他组织形式在特定市场中的竞争性进行了研究，如张安民等（2007）在运输密度经济的条件下，考察了多种运输方式的一体化对于航空货运市场中的“货代—航空公司联盟”和“集成商”两种运输链条之竞争性的影响。

三、多式联运的链网组织

链网组织是由位于纵向生产链条上的若干企业构成的契约联结，是一种对各企业间纵向生产关系与网状交易关系的治理结构。其基本特征包括：（1）各个企业是独立的法人实体；（2）在生产链条上前后串联，企业之间的行为是互补而非相似的；（3）存在一个核心企业承担生产的集成功能和交易的集中管理并维持链网的完整性，由它通过一系列激励约束机制的设计而非纵向一体化的方式来协调链网内企业间的关系。

从这一角度来考察，多式联运的经济组织其实就包含了纵向的生产关系和网状的交易关系，这就是其链网形态的内涵。这样，在注重考察通过交易效率提升来改善多式联运生产效率的同时，还必须关注作为提升交易效率的进行集中签约的交易中介所具备的直接改善生产效率的组织能力。多式联运经济组织的链网形态不仅是从对交易关系进行治理的角度来考察联运链条的组织，它还包括了对生产关系治理进行考察的视角。事实上我们可以发现，在上述各种经济组织形态中，用以集中处理交易关系的多式联运经营者本身也承担链条上重要的生产性活动，它不仅要安排恰当的交易，还要在生产过程中提供必要的生产性组织活动。这种生产性活动就是对运输链条上各环节的运输服务进行集成化，因此多式联运经营人不仅是集中交易的中介者，也是集成生产的组织者。因此，多式联运链网组织中的核心企业，应该就是我们在前面所讨论的货运集成商。

综上所述，多式联运链条上的各个参与主体之间的主要经济关系是生产关系和交易关系。其中前者主要是一种纵向链条联系，后者则呈现网状关系。对于多式联运承运人而言，既具有生产组织者或称集成商的角色，也具有交易中介者或称集中缔约人的角色。对于不同运输方式的承运人及其他参与主体之间在生产上具有紧密协作关系，在交易上则视不同情况存在不同地位和强度的关系。

对于包含大量相对独立市场主体的多式联运链条而言，其经济组织的模式是由这些不同主体共同决策而形成的，它们是多式联运经济组织问题的决策主体。也就是说，各个参与主体并非被动地参与事先设计好的协作机制，而是基于各自利益的考量，对彼此之间的经济关系进行谈判协商而最终形成一套适宜的经济组织形态。对于处在多式联运链条上的各个商家来说，选择从事何种经营活动以及各种经营活动的关系如何架构，都是重要的战略决策问题。选择错误的经营领域或者未能及时同链条上各其他主体建立恰当的关系都可能增加成本，并使企业处于相对不利的竞争地位。商业史上已有大量的证据表明组织创新对于特定经营领域和行业成功的重要作用，比如现代多式联运的创始人麦克莱恩从卡车运输业向集装箱海运业涉足，并成功转型为联运企业所获得的成功。因此，在多式联运业已成为未来运输业发展方向，以及运输链条间竞争模式渐成趋势的情况下，各个运输企业都需要适时作出组织上的调整，来适应运输市场的变化。

第三节　运输市场的中间层组织

一、企业的中间层组织理论

在企业的中间层理论之前，经济学关于企业有过多种不同的解释。其中新古典理论是从经济总体的角度观察企业，因为存在着大量企业而且企业规模相对于整个经济来说总是微不足道的，因此该理论是从技术角度把企业作为生产可能性集合和成本函数来描述。产业组织理论更强调厂商的市场权利和其行为对市场绩效的影响，该理论从产业层面注重对企业的产量、定价和投资等竞争策略的分析。交易成本或契约理论以交易作为分析单位，重在寻求市场交易成本超过组织成本的企业边界，并正确指出企业是一种特殊的契约形式。而委托与激励理论关注的是单个企业内部的科层关系，重点研究了在信息不对称条件下企业所有者与经理人的委托代理问题，也关注涉及企业多层代理和团队激励约束的逆向选择和道德风险问题。这四种理论分别从各自的角度解释了企业的存在、行为差别、产生与边界以及内部激励约束现象，但也存在各自的局限性。而丹尼尔·斯帕尔伯提出的企业的中间层理论对于为什么存在企业的解释是，企业的出现是因为经由中间人的交易比消费者和供货人之间的直接交易能够带来更多的利益；该理论对于市场运作方式的解释则是，市场是通过中间层组织的策略定价和缔约行为来实现市场均衡或出清市场的。

斯帕尔伯认为，传统经济学教科书中的市场是无摩擦力经济的情况，那里没有中间商，作为买方的消费者和作为卖方的供货人之间必须从事直接的交换，互相搜寻并对交易条件讨价还价。与无摩擦力经济的理想情况相反，真实市场的运行效率取决于搜寻的时间成本、谈判的成本以及买卖双方信息不对称的程度。而买卖双方直接交易所需要的成本往往非常高，以致很多交易在这样高的交易成本情况下根本就不会发生。当由中间层组织介入所带来的交易成本节约足够大，或买卖双方通过中间层的交换收益超过直接交换的收益时，厂商就会形成。因此，厂商扮演了介于消费者和供货人之间的中间组织，市场的效率依赖于相互竞争的中间层组织以及它们所创造的交换制度的成本与收益的对比。

在企业的中间层理论中，厂商是价格的制定者，厂商的定价活动是市场机制正常发挥功能的途径。厂商在与其他中间层组织的竞争和与直接交换关系的竞争中建立起出价减要价的差。这个差额的大小取决于厂商的市场能力，其基本因素包括搜寻成本、产品差别以及关于竞争者的成本信息的不确定性；此外，市场交易中的风险、逆向选择以及道德风险也是影响这个价差的因素。而厂商的收益是因为增加了买卖双方的利益或者因为降低了总的交易成本而使自己获得了经济租金。

很多理由都可以说明经由中间层的交换比直接交换更有优势，这些优势包括：①通过交换的集中化来降低交易成本；②减少搜寻和讨价还价的成本；③减少道德风险和机会主义行为；④减轻逆向选择的影响；⑤促使买卖双方做出可信的承诺；⑥通过放权来减少内部监督的成本。斯帕尔伯还认为，作为中间人，厂商在市场经济中的作用包括选择价格、出清市场、配置资源和协调交易，是这些中间厂商创造并操作着市场。

斯帕尔伯提出，市场上的资源既可以通过供求双方直接交换的分散过程来配置，也可以通过中间层的集中交换来配置，或者由两者的某种组合来配置。这些交换制度或方式被称为市场的微观结构，而市场微观结构的根本内容是交易的中介化。技术和市场的变化不断地创造出新型中间层组织，并从根本上改变市场的微观结构。随着互联网和电子数据交换的兴起，所有类型的产品和服务的零售及批发交易都在不断自动化，其结果是交易速度的加快、交易量的增加以及交易制度的演进，这些都给中间层组织提供了越来越大的生存空间。

斯帕尔伯的中间层理论从一个新视角解释了相当一大批类型的企业为什么产生，以及市场的微观运行机制。过去经济学对于市场主体的认识以及交易成本理论对市场与企业的两分法确实过于简单化了。替代成本昂贵的市场交换的方法不一定是造就一个更大的纵向一体化的企业组织，相反，厂商可以改变自己在买卖双方之间的角色，而无须把买卖双方合并起来，它们可以通过创造出更加有效率的市场交换来成功地规避交易成本。

二、运输市场的微观结构与中间层组织

为了将企业的中间层理论用于运输市场分析，需要说明有关的市场主体。运输市场中的需求方显然应该是旅客和货主，它们既包括个人也包括大量具有运输需求的企业。运输市场中的供货人主要是各种运输方式的客货运输企业，这些运输企业提供了作为运输产品实现客货空间位移服务的基本手段。运输市场中的需求方和供货方可以采用直接交易的方式，由旅客自己购票、自己前往车站或机场，由货主自己办理送取货和托运等一系列手续。运输市场中还存在着很多自有运输的情况，即由需求者自己完成所需要的客货位移。例如，出行人自驾车或单位安排开行班车，很多一般企业也拥有自己的货运专车甚至车队。运输市场上的中间层组织包括旅行社、订票公司、货运代理、报关行、保险公司、联运组织、有关快递公司和物流公司等，这些中间商在降低市场的交易成本上起到了非常重要和不可替代的作用。因此，在运输市场及其相关的物流市场上，同样存在着需求方、基本运输供货方和中间层组织这样三类市场主体。

在社会经济生活中实现客货位移本身就是要付出很大代价的，各种运输设施的建设和载运工具的拥有与使用都需要大量投入，各种直接运输成本或运输价格一般来说是这种代价的表现。而运输市场中的交易成本则是另一种代价高昂的付出，运输交易成本除了与一般市场相类似的搜寻与签约等成本，还应该包括由于运输产品和市场特殊性所带来的额外成本，例如由多种运输方式或多个承运人联合完成运输过程以及国际运输所引起的复杂性和相关签约、交接、支付、担保、保险等问题。运输市场上需求方和供货方之间的交易成本如果过高，相关的运输交易就会受阻，在自己承担直接运输成本还可以接受的情况下，需求方有可能选

择自有运输，而更大的可能是相关运输活动不会发生。

从运输需求者角度来看，市场上存在着实现运输服务的多种选择，既可以自有运输，也可以选择各种运输方式的不同运输企业，还可以选择利用不同的运输中间商。如果我们暂不考虑自有运输的情况，那么运输供给方面大体可以划分为各种运输方式的运输企业和具有运输中间商性质的企业两大类，也可以把前一类称做基本运输业务运营商。运输中间商的主要特点一般是不拥有运输设施或运输工具，或不拥有主要运输工具，但也可以再分成不同形态。例如，一部分运输中间商不作为承运人，而只是在需求方和基本运输业务运营商中间起到中介作用或提供必要服务，协助运输交易和运输活动实现的企业。还有很多运输中间商是作为承运人，但主要是通过租赁或其他方式利用其他人的运输设施、设备或能力，通过业务组织整合多家运输企业的能力，提供运输服务的企业。在运输代理分类中这一种被称为“无船承运人（NVOCC）”。而在基本运输业务运营商方面，有一些企业也逐步扩充了自己的业务，通过多式联运或延伸物流服务使自己逐步具备了超出原来单一运输方式位移服务的领域，能够为市场提供完整运输服务。快递企业也分为基本拥有全部运输工具的，像 UPS 和 FedEx，和自己并不拥有大型运输工具的，像 DHL 和提供快递包裹服务的中铁快运等。因此，运输的基本业务运营商与中间商在分工上有时候并不是界限分明的，存在着一个从完全直接提供服务到完全由中间商实现服务的谱系，我们对任何一个具体运输企业或相关的服务运营商，都可以找到其具体时期在该谱系上的位置（见图 15-2）。

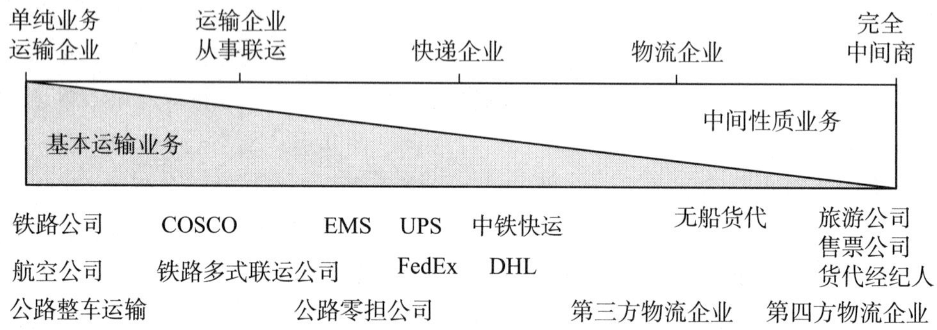

图 15-2　运输服务提供商谱系

运输活动中间商优势的来源一般包括三个方面。一是有助于减少搜寻成本。由于运输系统越来越复杂，运输交易的专业性和复杂性也变得越来越大，需求方往往难以获得全部所需信息并进行有效处理和决策，这使得需求方要想直接高效率地利用运输企业变得十分困难；而社会经济运输需求的日益多样化，也使传统单方式或单一基本业务的运输企业难以全面了解更不能全部满足这些需求。这都给专业化运输中间商的生存和发展留出了足够空间。二是运输业规模经济与范围经济的存在。运输网络中的线路通过密度经济、枢纽处理能力经济、载运工具能力经济和车（船、机）队规模经济等是普遍存在的，基本运输业务运营商一旦投资拥有了这些运输设施和工具，就必须尽可能充分利用，甚至不惜采用低价揽货策略，否则就会造成能力虚糜的巨大成本和浪费。这恰恰给运输中间商通过优惠长期成批租用基本运输业务运营商的能力以获得低成本优势创造了有利条件，例如，运输中间商普遍可以在较高的散客或零担运价与较低的团体或整车运价之间赚取价差。三是长期履行可信承诺的信誉。快捷、方便、可靠等质量标准是运输需求方特别需要的东西，运输中间商如果能够充分运用自己的专业技术知识优势和高效率的经营组织，帮助需求方实现运输目的，就可以在高度竞争的运输市场中建立起自己的商业信誉；另外，基本运输业务运营商也愿意和需要与忠诚守信的长期客户打交道，运输中间商在代替众多分散客户方面显然具有明显优势。运输市场中的长期信誉和签约履约能力是相辅相成的，这既是运输中间商应该有的优势，也必然要作为其生存之道而倍加珍惜爱护。

三、完整运输产品与多式联运集成商

完整运输产品的概念对理解运输市场微观结构和运输活动中间层组织也具有十分重要定的意义。完整运输产品是指客户所需要的从起始地到最终目的地的位移服务，运输产品从本质上来讲就应该是完整的，因为货物不运到目的地，该位移就没有真正完成，客户托运货物的原本目的就不能达到。完整运输产品应该是一个完整的运输链条，运输业者要在一定的时间期限内，利用一种或多种运输工具，实现客户所需要的从起始地到最终目的地的位移服务。运输业内部的分工当然是不可避免的，货物从起点到终点的运输全过程也常常会被分成几段分别完成。但对运输过程的分割如果超过了正常限度，不完整运输产品直接面对消费者，就会大大增加后者所承担的各种价格或非价格的运输代价。假如运输市场上有人能够根据客户的需要，以可以接受的价格提供从起始地到最终目的地的完整运输服务，那么无疑地消费者会倾向于选择这个供给者。从这个角度来看，运输业的发展过程实际上就是向客户提供越来越完整和质量更优的运输服务的过程，从如何提供完整运输产品看运输市场微观结构的变化，显然值得特别重视。

运输市场和所有其他市场一样都在经历显著变化。今天，运输业已经超越单一运输方式自我发展的阶段，运输方式或运输企业之间的联运、合作、相容、共赢变得越来越重要，通过相互衔接与协作走向一体化已经成为趋势。计算机和通信技术上的持续创新增进了其他企业根据供求变动不断调整价格、产量和存货的能力，对运输服务质量的要求也不断提高，不但在位移方面完整、快捷、方便、可靠的要求越来越严格，还作为必然拓展增加了以位移为载体的更多附加服务功能需要。完整运输产品的概念也已经迅速扩展到包括适时配送、一站式电话或网上委托、途中信息查询、风险担保与迅速赔付、可选付费方式、单据抵押、代收货款、仓储服务、运输及物流方案策划等诸多附加项目的综合性服务链条，成为高效率供应链的核心内容。所有这些无一不要求运输或物流运营商或者自己有能力形成高效服务链条，或者有能力把别人的资源整合成为自己的高效链条，而最重要的是有能力控制相关链条。由于运输活动中间层组织的产生和发展，运输市场的微观结构得到了很大的改善，运输交易效率明显提高。

第四节　运输生产的精益管理

一、精益管理的概念与运输精益生产的必要性

精益管理或精益生产的主要思路就是从精细要求出发，消除生产活动中那些低效率环节和流程，以最少的浪费和最低的成本创造出满足客户需求的价值，其主要手段之一是不断进行作业与业务流程的优化。运输业提供客货位移服务，运输产品的生产与消费是同一过程，无形的运输中间产品和最终产品都不能存储、调拨和后控制，而运输业复杂和庞大的生产系统又分布在广大的地理空间上，因此从根本上说，运输生产效率的获得必须通过对各种运输资源的数量与功能在空间和时间结构上的精准控制去实现。空间尺度和在时间准确性上的要求，使得运输也相比其他制造类企业更有实施精益管理的必要性和条件。

自2006年以来，我国一个铁路局在实施运输精益生产的实践中，通过优化和规范作业与业务流程，突出调度指挥机构的核心作用、站区的基础性整合作用以及装车地始发直达列车的拉动作用，借助构建系统框架、再造生产流程、控制关键项点、整合运力资源和优化劳动组织，使运输组织效率得到明显改善，运输经营指标实现突破。该局的探索性实践证明，精益生产是铁路企业实现内涵扩大再生产的有效途径。精益生产不同于以往主要依靠加大资源投入或技术手段升级提高运输能力，而是一种通过组织优化内涵扩大再生产的手段；也不同于以往通过增加工作数量在表面上提高生产效率，而是通过减少无效作业并提升流程中每一项必要作业的价值，去提高企业的经营效率和效益。我们以铁路运输精益生产

为例，说明运输生产精益管理的重要意义。

运输产品是旅客与货物的位移，而铁路上客货位移的载体是相关的车辆和列车。从以列车为单位进行运输组织的角度来看，运输企业一般应尽可能组织直达运输。但由于各种客观和主观上的运输组织问题，铁路货运中还是有很大比重未能以直达运输的形式实现，列车分段编解成为铁路货运组织中相当普遍的形式，甚至大多数“直达列车”也只是根据所经过的技术站数量而定义的，并不真正是始发与终点站之间的“端到端（end to end）”直达。由于在列车形成过程中机车、车辆的无效走行、停顿、摘挂等需要量最小，对各种场站设施的占用最少，也由于在列车运行中可做到最大限度地少停车少解体，降低沿途编解列车所造成的人力、物力和时间耗费，更有利于运输效率和效益的真正提高，因此各种直达列车特别是装车地始发直达列车才是真正高效优质的运输组织方式。

铁路在运输市场上的优势要靠其自身网络经济的实现才能得到。铁路具有远距离运输的巨大优势，能够实现随着距离延长平均运输成本不断降低的运输距离经济是关键性原因。在实现货物位移过程中尽可能使更多列车做到满载并在运行中不解体和不停车，是运输企业提高运输效率需要追求的目标。运输距离经济是铁路网络经济中至关重要的一个方面，而装车地始发直达列车的大规模成功组织与开行，则是铁路运输距离经济得到体现的最重要标志。

实现装车地始发直达列车所体现或带动的运输距离经济，在提供更多、更快、更准运输产品的同时，也有助于实现企业人物力耗费最低的目标。但由于存在技术水平、管理体制与网络幅员等多方面的障碍，实现起来有相当难度，结果造成尽管十分必要，但现实中只能面对大量列车解解编编、走走停停的低效率。事实说明，铁路运输距离经济的充分实现，需要改变传统的铁路运输组织模式，而精益生产则是能够把市场需要、运输技术、信息手段、管理理念和组织优化成功结合在一起的推动力量。

二、精益生产实现组织优化的主要途径

（一）转变运输组织方式

铁路资源和铁路运输作业的种类繁多，各种资源与技术作业配比结合所导致的技术作业距离也各不相同。随着各种相关技术和管理水平的进步，技术作业的有效距离正在逐渐延长，例如道岔远距离遥控、行车调度指挥控制范围扩大、机车牵引交路延长、车辆检修作业距离加大等。而技术作业距离的变化，也成为铁路企业资源配置甚至企业边界发生改变的重要原因。技术进步可以从物理上扩大

相关的技术作业距离，但要想让这些技术进步整合成为现实的生产力，显然还需要运输组织发挥作用。铁路运输精益生产以装车地始发直达列车的组织为基本目标，进行各部门、各工种和业务的流程全面梳理与优化，大大有利于各种技术作业在时间和空间尺度上的准确衔接。通过高质量远距离列车的组织与开行，整合各种技术作业的有效距离，使运输企业所追求的整体效率和效益与每一种作业的技术作业距离得以合理匹配，就能最终形成企业的现实经营成果。

装车地始发直达列车是按照铁路运输规模经济的需要，体现集约化经营、低浪费、高效率的运输组织模式，开行越多，运输生产中的无效与低效作业越少，运输效率越高，支出成本也越低。相关路局在推行精益生产的过程中，把装车地始发直达列车的组织作为拉动运输组织向精益化迈进的重点手段和首要目标，要求装车地始发直达列车比例达到 80% 以上，其中大宗货物装车站始发直达列车比例达到 100%、主要货物集散地原则上始发直达列车比例达到 90% 以上，并要求各系统生产资源围绕这一目标重新定位并进行流程再造。为有效提高装车地直达列车比例，该局还积极引入现代物流思想，从运输组织的源头入手，将着力点由车流组织前移到货流组织以至货源组织，重新调整货运资源布局，拉动吸引区内货源有序流动，实现货流集中化；对车站运输组织方式进行调整，采取组流上线、分线分流、按线承认、按线上货、整线装车等方法，建立了定点、定线、定时间、定内容、定钩数以及模式化、单元化的始发直达列车组织模型，带动作业流程、岗位设置、劳动组织等各生产要素的基础性变革；工务、电务、水电部门据此提供最可靠的运输保障条件，自身维护作业对列车运行的干扰也做到了最大程度压缩。这些措施从根本上拉动了全局运输组织的优化与完善，促成由传统的被动适应式生产向主动定制式生产转变。

（二）改善内部契约关系

精益生产的实质是对企业内部契约关系的重构与显化。精益生产通过对运输组织和作业流程的梳理，明确了价值传递的接续依存关系，建立了以价值链为基础的有效契约体系。精益生产制的执行基础，是以价值增值为导向的再造流程、标准化作业以及量化考核三项工作，而这三项工作所依赖的都是依据价值分析构建起来的内部契约关系，即能保证企业生产连续增值的契约链条。企业内部契约的重构首先依赖业务或作业流程的合理化再造，以尽量消除低效率或不能增加价值的作业；精益生产中的标准化作业，以对作业进行价值分析为基础，不但作业中不能创造价值的操作必须删除，而且要把尽可能少的操作也标准化或规范固化起来；精益生产的量化考核也是以企业的价值增值为基本导向，目的是最大限度地显化执行劳动契约的各项有效信息，以降低代理成本和约束成本，确保契约执行。铁路运输精益生产正是抓住了这三项工作，实现了运输生产系统多层次委托—代理契约关系的重新构建。

精益生产改变了铁路运输企业原有流程复杂和激励低效的状况，通过以价值为标准的企业契约的显化使整个系统变得简单而明晰。精益生产所要求的考核体系，是在梳理价值创造过程中不同作业的效用基础上建立起来的，合理化流程、标准化作业和显性化考核之间按逻辑顺序接续，并通过恰当的激励手段巩固作业之间的依存关系，也就在很大程度上解决了长期困扰铁路运输的"结合部"问题，使得委托—代理契约之间的传递和转换能够找到契合点。以制度形式颁布的精益生产文件明确了企业内各契约主体的职责体系，使所有作业主体自身和相互之间都能做到在资源占用方面最节省，同时在资源使用方面效率最高。简单地说，精益生产大大提高了各种资源在各种作业流程上的显性可控性，从而大大降低了企业内部契约的不完备程度。

（三）优化经营组织结构

铁路传统运输组织方式造成各分系统之间的专业分割特别突出，为彻底打破各专业系统管理内部循环、资源自我使用的固有格局，相关路局按照系统集成思想，将全局各类运输资源划分为运输组织与指挥、运力保障、设备维护和行车辅助4个相对独立且边界合理、清晰的子系统。其中，突出调度指挥机构的核心作用，将调度指挥部门定位于全局的"运输组织中心、安全控制中心、成本控制中心"，赋予其对全局运输相关单位的考核权，强化了调度指挥机构与车、机、工、电、辆各专业系统之间的指挥关系，使其真正站在全局高度指挥生产经营，实现了由过去仅限于行车调度指挥转变为对运输组织、安全生产、挖潜节支和经营战略的全面掌控与协调，使"以调度指挥为核心"变成了具体实在的运作机制。

为充分发挥铁路网络经济的优势，该局将装车地始发直达列车作为运输组织的基本模式，重新设计运输生产流程，对各类生产组织和运力资源进行了重新定位和优化整合。一是优化劳动组织。新管理体制逐步剔除无效和浪费环节，带动基层车间、班组的管理变革和相关作业机制的不断完善，并进一步促进包括岗位撤并和重设在内的劳动组织优化。二是在车站建立具有实质性联合管理功能的站区组织。传统的站区联劳协作制度，基本上只是停留在浅层次的沟通上，生产指挥缺少权威性，无法形成一个有机统一的整体。为克服站区内车、机、工、电、辆各单位间壁垒重叠、结合部失畅、浪费严重等"顽症"，该局相继在所有站区构建了全新的"一体化联动机制"，把站区作为路局调度指挥的分中心，建立起以安全、正点、低成本、高效益地组织开行列车为统一目标，协调一致行动的生产组织模式。三是整合枢纽、货场和专用线资源。对同一经济吸引区内作业任务相同或相近的车站实施枢纽内的合并，消除原有的交叉作业、无序竞争和重复劳动现象；对各货场和专用线，则按“分类归口，集中管理”和“规模化、专业化”的组织思路，推动专用线产权单位实现资产整合，高效率配合装车地始发直达列车的开行。此外，精益生产信息平台的建设还推动了最大限度的信息资源共享，提高运输生产的信息化和自动化水平，并促进了各类设备修程修制的改革，有利于资源利用效率进一步提高。

三、对运输生产精益管理的进一步思考

精益生产的引入对铁路运输管理具有革命性影响，有必要对精益运输组织模式进行深入研究，并争取在更大范围内推行。精益生产在铁路运输组织领域的进一步推行，除了对有关路局已有实践经验继续进行总结和推广，还需要注意以下几方面的问题：一是对精益生产实施过程中逐渐形成的生产流程、作业标准、组织结构与制度，要尽快固化下来，巩固已有成果，使运输精益管理成为一个不可逆的过程。在精益生产成功实施的基础上，标准作业程序（即 SOP）也能在铁路的经营管理中发挥实际价值。二是将运输组织的精益管理进一步深化。一方面，要将精益生产思想向运输计划的制定上拓展，使运行图的编制与执行更加科学合理，管住运输生产中低效率的最大源头；另一方面，要将精益生产思想向新产品和市场开拓上拓展，为市场提供更多更好的产品，以便获取更多收入。三是将精益生产在空间上延伸。要通过体制改革和企业边界的调整，在更大规模的平台上推行运输生产的精益管理，同时通过构建精益运输组织模式，实质性地推进铁路管理体制的改革，使铁路的网络经济优势得到更好的释放。

第十六章

一体化运输中的标准化问题

第一节 运输标准化的意义

一、标准与标准化的定义

根据国家标准 GB/T 3935. 1—1983 的定义：标准是对重复性事物和概念所做的统一规定，它以科学、技术和实践经验的综合为基础，经过有关方面协商一致，由主管机构批准，以特定的形式发布，作为共同遵守的准则和依据。标准宜以科学、技术和实践经验的综合成果，以及经过验证正确的信息数据为基础，以促进最佳的共同经济效率和经济效益为目的。GB/T 20000. 1—2002《标准化工作指南》中对标准重新给出的定义是：为了在一定范围内获得最佳秩序，经协商一致制定并由公认机构批准，共同使用的和重复使用的一种规范性文件，标准宜以科学、技术的综合成果为基础，以促进最佳的共同效益为目的。国际标准化组织（ISO）的标准定义则是：是由一个公认的机构制定和批准的文件，它对活动或活动的结果规定了规则、导则或特殊值，供共同和反复使用，以实现在预定领域内最佳秩序的效果。

根据国标 GB/T 3935. 1—1983 的定义，标准化是在经济、技术、科学及管理等社会实践中，对重复性事物和概念，通过制定、发布和实施标准，达到统一，以获得最佳秩序和社会效益。而 GB/T 20000.1—2002 的定义则是：标准化是为在一定的范围内获得最佳秩序，对实际的或潜在的问题制定共同的和重复使用的规则的活动，它包括制定、发布及实施标准的过程。

从不同时期国内外相关定义可以看出，标准化的重要意义是改进产品、服务和过程的适用性，主要包括：使产品、服务或过程具有在具体条件下适合规定用途的可用性；产品、服务或过程在具体条件下一起使用各自满足相应要求，且彼此间不引起不可接受的相互干扰的兼容性；某一产品、服务或过程代替另一产品、服务或过程并满足同样要求的互换性；免除不可接受的风险损害的安全性；使环境不受产品、服务或过程的影响和作用过度损害的环保性；以及为满足主导需求，对产品、服务或过程的规格或类型的最佳数量的选择等。

标准化的基本原理通常是指统一原理、简化原理、协调原理和最优化原理。其中统一原理是指为了保证事物发展所必需的秩序和效率，对事物的形成、功能或其他特性，确定适合于一定时期和一定条件的一致规范，统一原理包含要点包括：（1）统一是为确定一组对象的一致规范，是保证事物必需的秩序和效率；（2）统一原则指功能等效，从一组对象选择确定一致规范，应包含被取代对象所具备必要功能；（3）统一是相对的，只适用于一定时期和一定条件，要随着时间的推移和条件而改变。

简化原理是指为了使需要得到经济有效地满足，对标准化对象的结构、形式、规格或其他性能进行筛选提炼，剔除其中多余的、低效能的、可替换的环节，精炼并确定出满足全面需要所必要的高效能的环节，保持整体构成精简合理，使之功能效率最高。简化原理包含以下几个要点：（1）简化的目的是为了经济，使之更有效地满足需要；（2）简化的原则是从全面满足需要出发，保持整体构成精简合理，使之功能效率最高。所谓功能效率系指功能满足全面需要的能力；（3）简化的基本方法是对处于自然状态的对象进行科学的筛选提炼，剔除其中多余的、低效能的、可替换的环节，精练出高效能的能满足全面需要所必要的环节；（4）简化的实质不是简单化而是精练化，其结果不是以少替多，而是以少胜多。

协调原理是指为了使标准的整体功能达到最佳，并产生实际效果，通过有效的方式协调好系统内外相关因素之间的关系，确定为建立和保持相互一致，适应或平衡关系所必须具备的条件。协调原理包含要点：（1）协调的目的在于使标准系统的整体功能达到最佳并产生实际效果；（2）协调对象是系统内相关因素的关系以及系统与外部相关因素的关系；（3）相关因素之间需要建立相互一致关系（连接尺寸），相互适应关系（供需交换条件），相互平衡关系（技术经济招标平衡，有关各方利益矛盾的平衡），为此必须确立条件；（4）协调的有效方式有：有关各方面的协商一致，多因素的综合效果最优化，多因素矛盾的综合平衡等。

标准化的最优化原则指按照特定的目标，在一定的限制条件下，对标准系统的构成因素及其关系进行选择、设计或调整，使之达到最理想的效果。

二、运输标准化的主要内容

标准化的问题由来已久，但现代标准化则是在近 200 多年时间里发展起来的，工业革命大大推动了标准化的进程。随着科学技术的发展，生产的社会化程度越来越高，生产规模越来越大，技术要求越来越复杂，分工越来越细，生产协作越来越广泛，这就必须通过制定和使用标准，来保证各生产部门的活动，在技术上保持高度的统一和协调，以使生产正常进行。

标准与标准化在交通运输中也是非常重要的问题，从 2000 多年前秦始皇统一中国后很快推行“车同轨”的政策，就可以看出这一点。现代运输出现以后，标准与标准化问题就变得更加重要，因为相比于传统运输方式，现代运输的速度更快，运量更大、运输品类和运输方式及装载工具更多、运输链条更复杂、装卸与转运的要求更苛刻和频繁，因此必须依靠标准与标准化去解决新产生出来的运输安全与运输效率问题。

而在我们所讨论的综合交通运输或一体化交通运输阶段中，标准化问题更显得突出。前面已经谈到过衔接性和多式联运在综合交通运输中的核心地位，也讨论过一体化交通运输对匀速链条和最大程度减少无效停顿的要求。只有标准化才有可能为在极其庞大、复杂的现代交通运输体系的各个组成部分之间进行协调，为确立无数主体或参与者共同遵循的准则，为形成安全、高效和稳定的时空运行秩序奠定基础。标准化在综合交通运输体系中改进运输产品与服务和运输过程的可用性、兼容性、互换性、安全性、环保性以及品种控制的方方面面，都发挥着不可以须臾离开的重要作用。

运输标准化问题既涉及一般方式内运输的标准化，也涉及多式联运的标准化，以及从交通运输延伸出去的现代物流的标准化和现代旅游服务的标准化等。但多式联运的标准化又是我们讨论一体化交通运输相关问题的核心。多式联运的标准化内容主要包括实体物流的标准化、单证流的标准化、信息流的标准化以及资金流的标准化。后面会专门谈到集装箱标准化由于 ISO 的贡献现在发展得比较完善，集装箱的标准化也涵盖了多式联运中实体物流标准化所要解决的许多问题。

多式联运的单据标准化目前发展比较成熟。其中发挥关键作用的是《多式联运单证规则》，全称为《1991 年联合国贸易和发展会议/国际商会多式联运单证规则》，是由联合国贸易和发展会议与国际商会在《联合运输单证统一规则》

的基础上，参考《联合国国际货物多式联运公约》共同制定的。规则的主要内容有：对一些名词的定义；规定多式联运单证是多式联运经营人接管货物的初步证据；多式联运经营人责任期间自接管货物时起到交付货物时止，并为其受雇人、代理人和其他人的作为或不作为承担一切责任；多式联运经营人的赔偿责任基础是完全责任制，并且对延迟交付应当承担责任；多式联运经营人的责任限制，以及规定如果货物的损坏或灭失的原因是多式联运经营人的作为或不作为造成的，则不得享受责任限制；规定如果货物的损坏或者灭失是由托运人的原因造成的，则多式联运经营人应先向单据的善意持有人负责，而后向托运人追偿；货物损坏的索赔期限和诉讼时效等。

多式联运的信息标准化应该包括以下内容：（1）口岸物流信息平台：包括电子口岸/通关系统；（2）港口物流信息平台：集装箱码头与场站管理系统；（3）集装箱航运管理信息系统：集装箱运营与船岸信息协调；（4）国际货代管理信息系统：电子定舱等单证端正化系统；（5）内贸集装箱海铁联运信息管理系统：特定的区域集疏运信息系统；（6）港航物流电子商务平台：与外围用户信息协调的企业信息门户。目前信息标准化在全球发展迅速，各个信息平台以及局部地区的多式联运信息标准化基本成熟，但存在能否实现在更大范围内实现标准化的问题，还需要进一步的发展。多式联运的信息流，集装箱标准化虽然有所涉及，如最新颁布的 ISO 18185 系列标准，但是还不能做到很全面。

至于多式联运中的资金流标准化，一方面，现实经济生活中资金的转移和支付主要是通过银行等金融企业来完成的，其标准化并不是多式联运企业能解决的；另一方面，随着社会经济和科学技术的发展，商业银行中的信息技术的普遍引入，银行金融系统自身对标准化问题也十分重视，目前发展得也比较成熟，对国际贸易、市场交易起到了很大的促进作用。

第二节　集装箱标准化的主要内容

一、集装箱标准化组织

（一）国际标准化组织集装箱技术委员会（ISO/TC 104）

国际标准化组织（ISO）的主要任务是制定国际标准、协调世界范围内的标准化工作。国际标准化组织中的第 104 技术委员会（即 ISO/TC 104），在促进制定各项标准方面对集装箱运输的发展起着积极作用。

ISO/TC 104 是专门从事集装箱国际标准化工作的国际性非政府间的技术合作组织，于 1961 年在芬兰赫尔辛基成立，下设 3 个分委员会（SC）。第 1 技术委员会（SC1），负责通用集装箱的国际标准化工作，秘书处设在法国标准化协会；第 2 分技术委员会（SC2），负责专用集装箱的国际标准化工作，秘书处设在英国标准化协会；第 4 分技术委员会（SC4），负责代码、标记和通信的国际标准化工作，秘书处设在德国标准化协会。

ISO/TC 104 的宗旨是在全球范围内促进标准的发展，以达到国际货物的交流和服务，并在发展知识、科学和经济活动的各个领域进行合作。它的主要任务是：(1) 统一世界各国的标准而采取措施；(2) 发展和制定集装箱相关的国际标准，并在全球范围内进行推广；(3) 为在各成员国和相关国际组织间进行资料交流而努力，并积极与相关国际组织保持合作。

ISO/TC 104 不是政府间的权力机构，它所颁布的标准也不是强制性的，但由于各成员国的积极参与和充分发表各自的观点和意见，对所制定出的标准都能自发遵守。在标准制定的过程中，能够重视客观实际，尊重各成员的意愿，充分讨论，慎重决策和不急于求成。TC 104 的全会隔年举行一次，在全会上讨论的议题必须先经过分委员会和工作组充分议论过并有初步意见的。各项议案的通过全靠投票，少数服从多数。

ISO/TC 104 主张新技术的探索，新的课题只要大多数成员赞成就可以立项，新课题的承担者和参与者均可自报，费用自理。在绝大多数情况下都有勇挑重担者，不会落空。如果真的无人愿意承担，则该项目自行撤销。此外，根据工作项目进展的需要设立工作组，对有关课题进行协调。它也重视与其他有关国际机构的配合与协调。

（二）全国集装箱标准化技术委员会（CSBTS/TC 6）

在 20 世纪 70 年代末 80 年代初，为了适应国际和国内集装箱运输向现代化方向发展的需要，促进集装箱标准化工作的开展，我国于 1980 年 3 月 28 日建立全国集装箱标准化技术委员会，这是一个与国际集装箱标准化组织相匹配的机构，该委员会是国家质量技术监督局的直属委员会，以下简称 CSBTS/TC 6。

CSBTS/TC 6 的宗旨是充分发挥集装箱生产、运输、管理、科研、教学、技术检验等方面专家的作用，更好地开展和协调集装箱专业领域内的标准化工作，加快标准的制定修订工作，保证和提高标准的质量。主要任务是：(1) 向国家有关部门提出集装箱专业标准化工作的方针和技术措施的建议；(2) 组织制定、修订集装箱国家标准和复审工作及标准的宣贯工作；（3）受国家质量技术监督局委托，承担国际标准化组织的集装箱技术委员会及其他相关国际组织的技术文件处理，组织参加国际标准化活动等。

第一届委员会主任委员由铁道部担任，该届委员会组织制定了24项国家标准，为促进我国集装箱运输事业的发展做出了积极贡献。第二届以后的委员会主任委员由交通部担任，秘书处设在交通部标准计量研究所和交通部水运科学研究所。在第二届委员会的10年，我国集装箱生产制造、运输等方面取得了显著成绩，我国集装箱生产量居世界首位，集装箱运输量也列入世界十强，该期间制定了20项国家标准。目前该委员会在新的机制下对现有归口管理的标准进行分类整理、分析和评估，提出标准修订和制定的计划，并组织实施，且更加重视发挥企业的积极性，并更积极参与ISO/TC 104的日常工作和活动。

（三）中国集装箱工业协会（CCIA）

中国集装箱行业协会是成立的全国性社会团体。协会的主要业务范围：行业管理、行业自律、展览展示、专业培训、技术交流、标准制定、咨询服务、组织制定行规行约、向政府反映行业意见、为政府制定政策提供依据和建议。协会采取团体会员制和个人会员制。现有100余家团体会员。其中，有国内外知名的中国远洋运输（集团）总公司等大型企业集团，有世界最大的集装箱制造商中国国际海运集装箱（集团）股份有限公司等大型集装箱生产企业，有中国集装箱检验和管理的权威机构中国船级社，有我国主要集装箱生产、配套、科研、检验、维修、管理等企事业单位，其中集装箱生产和配套企业占全国的95%以上。

该协会积极推进行业产品的标准化工作，探索制定行业规范。会同国家有关部门合作起草了《GB/T 5338－2002 系列1集装箱技术要求与试验方法—第1部分：通用集装箱》、《系列1集装箱角件技术条件 GB/T 1835－2002》等国家标准；组织会员并协助中国海关总署制定《集装箱（86090010、86090020）加工贸易单耗标准 HDB/002－1999》和《冷藏集装箱加工贸易单耗标准（HDB/TJ－2000）》；完成了制定修订四项集装箱涂料类行业规范工作；《钢质通用集装箱封闭槽形顶板》和《统计集装箱量用的换算系数》等国家标准也已报送全国集装箱标准化技术委员会。

前面提到的集装箱标准化的不同组织，国际标准化组织/集装箱技术委员会（ISO/TC 104）、全国集装箱标准化技术委员会（CSBTS/TC6）、中国集装箱行业协会是三个层面上的标准化机构。ISO/TC 104是一个国际性的标准化组织，历史悠久，具有最大的权威性，对其他国家和组织的标准化工作有着很大的影响作用。CSBTS/TC6是辅助政府部门工作，颁布的也是具有较强约束性的国家标准。

中国集装箱行业协会则是一个自发性的行业协会，代表企业和行业利益应对相关国内外事务，在政府与企业之间承担桥梁和纽带作用。这三个层次的组织都先后制定颁布了一系列涉及集装箱标准化的标准，为集装箱的标准化工作做出了贡献。

二、集装箱标准化的主要内容

多式联运的标准化分为物流、单证流、信息流和资金流四个方面的标准化，而物流部分的标准化以集装箱标准化为核心内容。对于 ISO 的集装箱标准化内容，基本可以分为以下内容：分类、术语标准；角件标准；技术要求和实验方法标准；辅助设备标准；集装箱的信息标准，加上多式联运中还会涉及的其他信息标准、单证标准和资金标准，集装箱多式联运标准化大概包括了八个方面的内容。

通过多式联运流程的分析，基本上将多式联运所包含的主题和环节概括为：托运人、承运人、运输人、造箱、订舱、制单、装箱、报关、搬运、清算。标准化的不同内容对多式联运不同环节的影响是不同的，其相互之间的关联密切程度如表 16 - 1 所示。

表 16 - 1　　集装箱标准影响强度示意表

影响指标 / 标准内容	托运人	承运人	运输人	造箱	订舱	制单	装箱	报关	搬运	清算
分类、术语标准	**	**	**	****	**	***	****	***	***	**
角件标准	*	*	*	***	***	**	***	**	****	*
技术要求和实验方法标准	*	*	*	****	**	**	***	**	***	**
辅助设备标准	**	**	**	***	**	**	****	**	****	*
集装箱的信息标准	**	**	**	**	****	***	**	****	**	**
其他信息标准	**	**	**	**	****	****	**	****	**	**
单证标准	***	***	***	*	***	****	**	***	**	**
资金标准	***	***	***	*	**	**	*	*	*	****

注：* 的数量代表影响强度。

前面分析到与集装箱标准化相关的组织有三个层次，每个组织都先后颁布了自己的一套标准化体系。表 16 - 2 为集装箱国际标准化体系表，共有 28 条，每一条标准包括版本、修订和勘误表三种形式。

表 16－2　　集装箱国际标准体系表

<table>
<tr><th>序号</th><th>标准号</th><th>标准名称</th><th>状态</th><th>发布日期</th></tr>
<tr><td>1</td><td>ISO 668</td><td>系列 1 集装箱分类、尺寸和额定质量
Series 1 Freight Containers-Classification, Dimensions and Ratings</td><td>第 1 版
第 2 版
第 3 版
第 4 版
第 5 版
第 5 版/第 1 次修订
第 5 版/第 2 次修订</td><td>1973－00－00
1976－07－15
1979－04－15
1987－08－01
1995－12－15
2005－09－29
2005－10－11</td></tr>
<tr><td>2</td><td>ISO 830</td><td>集装箱术语
Freight Containers-Vocabulary</td><td>第 1 版
第 1 版/第 1 次修订
第 2 版
第 2 版技术性勘误表</td><td>1981－11－15
1984－00－00
1999－09－15
2001－07－15</td></tr>
<tr><td>3</td><td>ISO 1161</td><td>系列 1 集装箱——角件技术条件
Series 1 Freight Containers-Corner Fittings-Specification</td><td>第 1 版
第 2 版
第 3 版
第 4 版
第 4 版技术性勘误表
第 4 版/第 1 次修订</td><td>1976－07－15
1979－00－00
1980－12－01
1984－12－15
1990－00－00
2007－06－19</td></tr>
<tr><td>…</td><td>…</td><td>…</td><td>…</td><td>…</td></tr>
<tr><td>28</td><td>ISO 18185－5</td><td>集装箱电子标签——第五部分：物理层
Freight containers—Electronic seals—Part 5: Physical layer</td><td>第 1 版</td><td>2007－05－04</td></tr>
</table>

中国的集装箱国家标准是由全国集装箱标准化技术委员会 CSBTS/TC 6 颁布的，到目前为止共有 54 条内容，国家标准多是以国际标准为基础，根据我国的实际需要进行一定的修改颁布。完整的国家标准化体系如表 16－3 所示。

表 16－3　　集装箱国家标准体系表

<table>
<tr><th>序号</th><th>标准号</th><th>标准名称</th><th>状态</th><th>发布日期</th></tr>
<tr><td>1</td><td>GB/T 1992—2006</td><td>集装箱术语
Freight container vocabulary</td><td>现行</td><td>2007－05－01 代替 GB/T 1992—1985</td></tr>
<tr><td>2</td><td>GB/T 1413－2008</td><td>系列 1 集装箱分类、尺寸和额定质量
Series 1 freight containers-Classification, dimensions and ratings</td><td>现行</td><td>2008－10－01 代替 GB/T 1413—1998</td></tr>
</table>

续表

序号	标准号	标准名称	状态	发布日期
3	GB/T 1836 - 1997	集装箱代码、识别和标记 Freight containers—Coding, identification and marking	现行	1997 - 12 - 01 代替 GB 1836 - 1985
…	…	…	…	…
53	GB/T 18156 - 2000	海上国际集装箱货物交付单证 Delivery document of maritime containerizedcargo	现行	2001 - 03 - 01
54	GB/T 3218	5D 型通用集装箱的技术条件和试验方法	现行	1982 - 10 - 11

中国集装箱工业协会制定的行业规范在强制性方面并不如国家标准，它更多是会员企业为了业务开展的方便，对行业内某一问题做出规范性约定的问价，有一些行业规范也会随着发展，进一步演化为国家标准的蓝本。目前中国集装箱工业协会颁布的标准体系如表 16 - 4 所示。

表 16 - 4　　中国集装箱工业协会标准体系表

序号	行规编号	标准名称	状态	实施时间
1	JH/T C01 - 2000	钢制通用集装箱角件 The corner fitting for freight containers	第 1 版	2000 - 08
2	JH/T A01 - 2000	钢质通用集装箱端门内柱专用槽钢 Special channel of end door inner post of steel general cargo containers	第 1 版	2000 - 08
3	JH/T A02 - 2000	钢质通用集装箱方（矩）形焊接钢管 Welded steel square pipe of steel general cargo container	第 1 版	2000 - 08
…	…	…	…	…
19	JH/T J01 - 2005	普通货物集装箱及原材料、零配件名称和商品编号 Terms and goods' codes of raw materials and parts and elements for general cargo container	第 1 版	2005 - 02
20	JH/T E05 - 2007	集装箱用沥青底漆 Bituminous undercoating of container	第 1 版	2007 - 10

第三节　集装箱标准化的过程

20世纪50年代中期，美国的海运企业首先示范了集装箱运输的优越性，使用带有特制角件的集装箱运输货物，为货物的装卸特别是在不同运输方式之间转运提供了方便。然而，是集装箱标准化的实现才真正引发了世界运输业的革命，也是由于初期标准制定中存在的问题，集装箱多式联运长期以来一直面对着巨大的矛盾与困境。

一、集装箱标准的形成

1958年，美国标准协会第5物料搬运分会（MH－5）开始为美国的集装箱多式联运制定标准，特别是箱形尺寸。根据当时美国的公路法规，集装箱的标准宽度和高度都应该是8英尺（2.438米），以便符合那时候公路的车辆限界，于是箱宽和箱高标准很快得到确认。但当时集装箱的长度标准却有分别来自海运、公路和铁路方面的3种不同建议，即12/24英尺、17/35英尺和20/40英尺3种长度匹配。主张12/24英尺箱长的是有关的轮船公司，17/35英尺箱长符合当时美国多数州对公路挂车的标准，而当时美国铁路允许铁路棚车的最大长度是40英尺，因此铁路公司主张20/40英尺箱长。随着1959年美国多个州修改公路法规允许挂车长度达到40英尺，17/35英尺的箱长标准自然就被放弃了，于是20/40英尺箱长成为铁路和公路方面共同的主张。1961年，MH－5决定采用箱宽和高都是8英尺，箱长则可分别是10英尺、20英尺、30英尺和40英尺作为集装箱尺寸的标准。但轮船公司对箱长的态度有保留。

1960年，美国向国际标准化组织（ISO）提出了基于MH－5决定的建议，当时在ISO内还设立了以美国为主导的集装箱尺寸标准委员会——ISO/TC 104，MH－5起初甚至和ISO/TC 104采取了并行工作机制。1961年，TC104委员会进行了一项关于运输车辆最大允许尺寸的国际调查，以便使集装箱标准能够尽可能适应所有国家和地区的标准限界。由于美国的公路车辆标准相对小于欧洲，因此美国的8英尺（2.438米）×8英尺（2.438米）×40英尺（12.192米）箱形有更大的兼容性，在1962年被接受为ISO系列1集装箱标准尺寸。10英尺、20英尺和30英尺箱长标准是为了使多只小箱可以组合成与40英尺箱等长，但实现这一功能需要特殊的连接装置。

但在ISO/TC 104委员会中集装箱的标准尺寸一直存在争议。例如，1963年德国提出将集装箱标准宽度从2.438米增加到2.50米，得到大多数欧洲国家支持，因为这是欧洲公路运输所允许的最大宽度，增宽可以更好地利用公路运输能力。但美国、英国、日本和前苏联出于自己的不同公路限界对此加以反对。而比利时、荷兰和卢森堡三国经济联盟区则提出，只在把箱长限制在30英尺11英寸的条件下接受2.50米的宽度。相比较而言，当时能否保持40英尺箱长似乎应该更加重要，因为缩短箱子无疑将带来更大的运输效率损失，于是2.50米宽型箱的提议者权衡之下只得为此而放弃了箱宽的要求。它们寄希望于标准化会大大推动集装箱的广泛使用并使得运输成本显著下降，这应该能够补偿宽度不合理所造成的损失。

《系列1集装箱标准》于1968年2月颁布。这以后，该标准中的20英尺箱和40英尺箱得到普遍使用，于是在此基础上就形成了国际标准箱，即TEU的概念。TEU是英文“Twenty-foot Equivalent Unit”的缩写，以长度为20英尺的集装箱为计量单位，也称国际标准箱单位，通常用来表示船舶装载集装箱的能力，也是集装箱和港口吞吐量的重要统计、换算单位。目前国际标准集装箱TEU的尺寸为长（20英尺）×宽（8英尺）×高（8英尺6英寸），一个20英尺的标准集装箱就是一个TEU，而一个40英尺的大集装箱则算作2个TEU。

二、影响集装箱标准的因素

公路法规对国际集装箱标准的制定产生了重要影响。美国公路车辆的车速、轴重和限界尺寸等标准开始都是由各州自行规定的，因此各种标准五花八门，既不利于管理，也对行车安全造成威胁，于是第二次世界大战以后美国希望通过法律逐步形成对公路车辆的各种统一标准。但实际情况似乎总是联邦法律滞后于各州公路上已经发生的车辆大型化变化。1956年的联邦公路资助法首次规定，州际公路上的公路车辆宽不能超过8英尺，20世纪60年代时，8英尺宽40英尺长的挂车成为公路上的主导车型。但从70年代起，越来越多的州允许45英尺（13.716米）和48英尺（14.630米）长的挂车行驶，以适应州内公路的情况，提高运输效率。到1983年，修订的运输法规允许州际高速公路及其他主要公路上的挂车可以达到48英尺长。此时，美国实际上还有8个州尚未准备好开行48英尺长挂车，而有些州已经开始允许53英尺的挂车上路了。相应的新尺寸集装箱，包括45英尺箱和48英尺箱也越来越多地投入公路运输，其中不少是8英尺6英寸（2.591米）的宽型箱，而箱高标准也不断被突破。

美国多数公路车道的宽度是12英尺（3.66米），8英尺宽的车辆（包括挂车及其载荷）在其上行驶还有较多余量，于是1983年修订的公路运输法把州际高速公路及其他主要公路上车辆的宽度尺寸从8英尺增加到8英尺6英寸（2.591米）。1991年，美国的地面运输效率法（ISTEA）规定单体挂车长度可放宽到53英尺（16.154米，但在该法通过之前已经允许57～60英尺挂车行驶的10个州不受此限制）。到1997年时，美国的全部50个州和首都华盛顿特区都已经允许8英尺6英寸箱宽、53英尺箱长的挂车在公路上行驶（见图16－1）。因为集装箱在公路上是用挂车装载运输的，因此挂车的尺寸标准也就在很大程度上决定了集装箱的实际尺寸。由于海运集装箱的尺寸标准难以改动，于是公路箱就按照自身的效率逻辑不断修改标准，逐渐形成所谓的“内陆箱”标准，并与铁路部门实现联运的协作关系。

图16－1　美国53英尺箱长的公路挂车与拖车

美国铁路与公路的货物联运从很早就已经开始了。最早还没有汽车的时候是在铁路平车上装载公路马车，汽车成为公路主宰以后则更多的是运载公路挂车。1959年，美国铁路已开始使用85英尺（25.908米）长的平车用以放置并运送两辆40英尺长的公路挂车。20世纪60～70年代，随着集装箱运输的蓬勃发展，铁路与公路的联运中集装箱所占的比重大幅度增加。80年代以后，美国铁路与海运的集装箱联运得到迅速发展。铁路开始使用底板下落式双层集装箱货车，大大提高了集装箱运输效率。开始时的铁路底板下落式双层集装箱货车的大小只能运载国际标准箱，但为了能够同时满足铁路与海运和公路的集装箱联运的要求，这些双层集装箱货车逐渐被设计成能够适应40英尺、45英尺、48英尺和53英尺各种标准的集装箱运输（见图16－2）。

图 16-2　能适应多种箱型的美国铁路双层集装箱货车

除了公路车道宽度从外部对集装箱的尺寸标准的确定产生影响，另一个因素则从内部对相关尺寸提出了不容忽视的要求，这就是箱内托盘的标准。ISO 系列 1 标准集装箱的主要欠缺之一体现在其内部尺寸与标准托盘的装载数据相冲突。ISO 箱外宽 8 英尺时其内宽一般在 2.330 米左右。而托盘的国际标准是 1.20 米×1.00 米和 1.20 米×0.80 米。因此，ISO 系列 1 标准集装箱不能并排横装两个国际标准托盘（见图 16-3）。一些国家有自己的托盘尺寸标准，如澳大利亚和日本的托盘尺寸较小，可以做到两个托盘在 8 英尺的标箱内并排横装。但美国托盘标准 48 英寸×40 英寸（即 1.219 米×1.016 米）大于国际标准，因此 8 英尺标箱也不能并排横装两个美国标准的托盘。

结果，国际标箱装载国际标准托盘就成了问题，一般只能采取一横一顺的箱内装载方式（见图 16-4）。一个 ISO20 英尺标箱只能装载 11 只国际标准托盘，一个 ISO40 英尺箱也只能装载 25 只国际标准托盘。这种装箱方式既不利于作业的机械化并增加成本，因为必须使用改装后的叉车和托盘以满足 4 向进叉的要求；又不利于箱内空间的充分利用，托盘之间的较大空隙还需要使用空隙填料和加固材料。而如果使用外宽 2.5 米或 2.55 米的 20 英尺箱形和 40 英尺箱形，却可以分别装载 14 只和 30 只国际标准托盘（见图 16-5），箱内空间的利用就可以得到明显改善。

图 16-3　ISO 系列 1 标准集装箱不能并排横装两个国际标准托盘

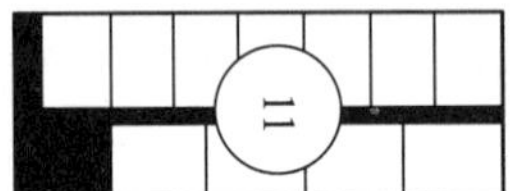

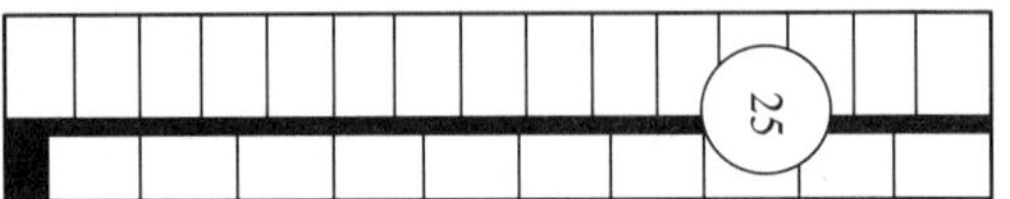

图 16-4　国际标准托盘在国际标准箱内的一般布置方式

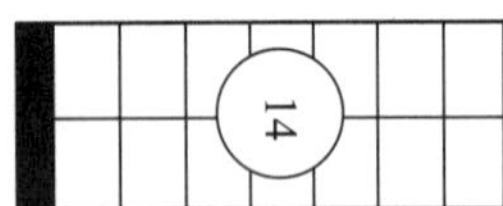

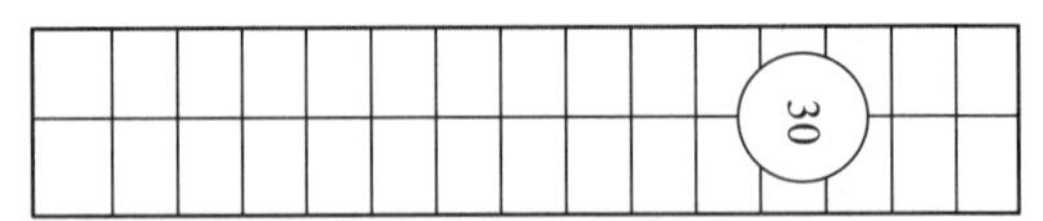

图 16-5　国际标准托盘在宽体集装箱内的布置方式

ISO 标准除了与托盘尺寸的冲突外，装载容积较低也是其缺点之一。随着工业化的发展和包装技术的进步，集装化货物越来越轻泡化，集装箱的净载重也越来越低。以 ISO20 英尺箱为例，其最大允许载荷重量一般约为 21.5～28 吨，然而实际的平均净载重只在 13 吨左右。如果集装箱的尺寸能够加大，其容积和装载货物的数量必然也会相应地增加，这对货主及承运人显然都具有重要意义。

三、修改集装箱标准的难度

ISO 系列 1 集装箱标准的产生是美欧之间妥协的结果，但 ISO 系列 1 标准产生之前已经存在的分歧并没有因其产生而停止。欧洲原来主张的 2.5 米箱宽虽然没能成为 ISO 标准，但在欧洲各国国内以及欧盟内陆的运输中，为了使用国际标准托盘，还是广泛采用了宽箱体的集装箱。当欧洲各国的公路法规对车辆宽度的限制从 2.50 米扩大到 2.55 米时，这些欧洲内陆箱和公路交换箱（swap body）的宽度也扩至了 2.55 米，其内宽为 2.44 米，可并排放置 2 块 1.200 米或顺放 3 块 0.800 米的标准托盘，因此也被称为“托盘化集装箱”。而极具讽刺意味的是，在美国以至整个北美大陆，其陆上运输也已经摒弃了自己最早所主张的 ISO 系列 1 箱型，发展出诸多更大的非 ISO“内陆箱型”。

ISO 系列 1 标准虽然在这些年中极大地促进了国际贸易中集装箱货物运输，遵从 ISO 标准的集装箱船数量急剧增长，但同时也形成了一些对 ISO 标准的进一步修订或者新标准的制定而言难以克服的障碍。由于已有的集装箱船和码头设施都是按照已有 ISO 标准设计建造的，因此任何集装箱标准的修改都会带来一系列相关变动和巨额成本支出。大多数已有的仓格式集装箱船不能容纳尺寸大于 ISO 系列 1 标准的集装箱，因此轮船公司必须改造现有船只并安装新的锁固系统，需要大量投资不算，运力的浪费也不可避免，否则就要花费更大投资建造新尺寸的集装箱船，这都是轮船公司所不愿意做的。所有港口的集装箱堆场和吊装设备也都会由于无法适应新的尺寸和重量标准而需要改建、重建、更换或者新造。集装箱内河运输除了船型的适应问题，甚至原有船闸的宽度和桥梁净空高度都会成为问题。对铁路而言，运输大型箱需要制造特殊的低高度平车，也可能对铁路的隧道、桥梁等建筑限界提出调整要求。这种路径依赖状态会使有关方面对新标准的制定采取抵触态度。ISO/TC 104 委员会曾多次启动程序，试图制定新一代更加合理的统一国际集装箱标准尺寸，但至今都未能成功。

20 世纪 80 年代，由于美国已经把其国内集装箱的最大尺寸调整为宽 8 英尺 6 英寸（2.591 米），高 9 英尺 6 英寸（2.896 米），长 45 英尺（13.716 米，后又延长为 48 英尺和 53 英尺），因此曾两次在 TC104 委员会中提出修改集装箱 ISO 标准的问题，但都没有取得成功。TC104 委员会 1982 年成立的工作小组与 1985 年得出结论说，尽管大型箱具有一定的优越性，但是没有必要修改现行的集装箱标准尺寸。TC104 委员会 1987 年成立的工作小组从确定更合适托盘单元的集装箱内部尺寸着手，很快就新集装箱系列的宽度和高度达成一致，但却对长度尺寸争论不休。法国提出的集装箱全长和半长分别是 49 英尺和 24 英尺 5 英寸，而美国提出的则是 48 英尺 6.5 英寸和 24 英尺 1.75 英寸。最后，工作小组在法国建议的 49 英尺基础上提出了新的集装箱尺寸标准，并于 1991 年作为 ISO/TC 104 委员会的草案上报，该标准规定要在 40 英尺的位置上安装如 40 英尺箱一样的角件。但在国际标准化组织 ISO 提交表决之前，一项相关调查所得出的结论却仍然是 49 英尺大型集装箱的优越性不足以抵消它所产生的问题，因为无论是发达国家还是发展中国家目前对于系列 1 的基础投入已经太高了。

第四节　集装箱标准化对我国的启示

我国的集装箱运输标准化也一直是在摸索中前进。相比较而言，海运和公路较早接受了集装箱的国际标准，而铁路则先是制订了自己的箱型标准，然后再改按国际标准。我国铁路在较长时期内分别使用了1吨箱、5吨箱和10吨箱三种较小的非国际标准箱型，这三种箱的外形尺寸分别是：（长）0.900米×（宽）1.300米×（高）1.300米、（长）1.968米×（宽）2.438米×（高）2.438米和（长）3.029米×（宽）2.438米×（高）2.591米。可以看出5吨箱和10吨箱的宽和高与国际标箱相同，箱长分别为国际标箱的1/3和1/2，1吨箱则完全是独立箱型。这些箱型在一段时期内满足了铁路自身集装化运输的要求，但由于不能满足与其他运输方式高效联运的要求，特别是不适应国际多式联运发展的方向，也在很大程度上制约了我国铁路集装箱运输的合理发展。随着铁路逐渐转向只运国际标箱，这三种铁路箱近年来都已经先后被停止使用。

尽管我国各种运输方式的集装箱运输目前都已经转向ISO标准，有助于多式联运链条的形成，但前文所述的标准不合理问题仍旧存在。中国与大多数国家一样，也采用1.20米×1.00米和1.20米×0.80米的国际化托盘标准，因此使用现行ISO集装箱标准不能有效地装载托盘单元。中国目前对现行ISO箱型缺陷反应不敏感的原因，是因为我们的装卸机械化程度还比较低，仓储的托盘集装单元较少，因此箱宽与托盘尺寸之间的矛盾尚未充分暴露。但是，这种情况必定不会维持很长久，因为使用托盘不仅仅是运输和仓储的需要，它也将是高水平生产以及和物流与供应链管理必须贯穿的作业方式。

此外，ISO标准集装箱容积存在运能浪费的问题。例如，将中国铁路P_{62}棚车与集装箱平车X_{6A}装载ISO进行对比，每延米容积棚车比一只40英尺高箱高出33%，比两只20英尺高箱高出54%。这主要是由于棚车的内宽在2.763～2.830米，内高在2.705～2.900米，都比现有集装箱内部尺寸大得多。由于存在容积上的差距，一些货主宁愿选择棚车而不用集装箱，这也阻碍了集装箱的进一步发展。现行ISO集装箱标准也不能充分利用我国的公路车道宽度（3.75米，与欧洲相同）。

欧美各国都注意发展宽大体型的集装箱是符合提高运输效率要求的，不能纳入国际标准就先制定国内或地区性的内陆箱标准，这是欧美发展多式联运过程给我们的启示。国内箱或内陆箱主要用于不涉及远洋运输的公铁联运、公铁内河

（或近海）联运，重点是公铁联运。欧美内陆箱型标准说明，一个多式联运系统既可以是全球范围的系统，也可以是区域性的系统，当然这个系统不能太小，运量也不能太少。美国具备这样的条件，欧洲具备这样的条件，中国也同样具备这样的条件。目前欧洲和美国都已经建立起 ISO 标准以外的集装箱运输系统，大型箱在用数量都已经有数百万只，可见非 ISO 箱型的多式联运系统已经相当成熟。中国有必要也完全有条件建立起一个类似的国内多式联运系统。

本书笔者认可杨清波关于我国内陆箱标准的建议，必须掌握的有关原则应该包括：提高运输效率、符合我国实际情况、尽量与国际接轨并考虑未来 ISO 标准的变化可能等。我国内陆箱宽度应为 2.55 米，该宽度即可满足使用国际标准托盘的要求，又与欧洲标准一致；高度 2.90 米，该高度既与欧洲标准一致，剔除公差后又与目前已有的 ISO40 英尺超高箱 9 英尺 6 英寸高度一致；长度则需要考虑由于欧亚大陆相通，因此我们的箱型标准应该尽可能便于与欧洲国家集装箱的联运与通用。2004 年 10 月，中国的 GB 1589—2004 标准已将厢式货车的宽度限制定为 2.55 米，这使得中国集装箱的宽度增加到相同尺寸成为可能。

根据最新信息，中国铁路部门于 2010 年试制了 2 只新型 20 英尺干货集装箱样箱，经试运成功后又于 2012 年购置 600 只该新型集装箱。新型箱按总重 35 吨设计，外形尺寸分别是长 6.058 米 × 宽 2.550 米 × 高 2.896 米，设计容积 39.2 立方米（比 ISO 标准箱容积提升 18%），可以更好地满足公铁联运的运输条件与效率要求。目前，《新型 20 英尺干货集装箱铁路运输技术条件》正在组织专家审查，相关内陆宽体多式联运集装箱国家标准（草案）也已上报国家标准化委员会等待批准。

总之，集装箱标准化是针对联运与运输协作需要，为提高整个运输链条流程效率而产生的，是运输集装化的重要组成部分。一体化交通运输中的标准和标准化极其重要，标准化管理也是一项具有系统性、经济性、国际性、动态性和超前性的复杂系统工程。在全球化背景下考虑交通运输中的标准和标准化问题，我们必须重视相关标准制定的全局影响和一旦制定以后的路径依赖特性，因此需要突出相关体制与机制在处理标准化问题上的重要性；并且一定要注重标准制定上的前瞻性和国际适用性，重视先行者优势，增加我国作为运输物流大国的话语权和未来主导权。

第十七章

物流与一体化交通运输

第一节 对物流的认识及发展

一、物流的概念

在物流概念的理解上，国内外物流学界普遍认为，所谓的物流活动古已有之，并非现代社会的新鲜事，但真正意义上的“物流”概念直到现代社会才出现。

国外关于物流的概念有两个词——“physical distribution”（PD）和“logistics”。阿奇·萧（Arch Shaw）最早提出“physical distribution”的概念并进行了实际探讨。他在 1915 年出版的《市场流通中的若干问题》一书中指出：“物流（physical distribution of goods）是与创造需求不同的一个问题。”1905 年美国陆军少校琼西·贝克尔（Chauncey B. Baker）在其所著《军队和军需品运输》一书中较为完整论述了“logistics”。这两个词是有较大区别的，“physical distribution”实际上指的是流通领域中的实物供应，而“logistics”在西方最早的字典中解释为后勤，这个词本身就有“兵站”、“联合后勤补给基地、设施”的意思，因此有人认为它是指军事后勤。美国物流的概念经历了一个演变过程，物流管理协会也几经更名，其在2001年对物流的定义为："物流是为满足消费者需求而进行的对原材料、中间库存、最终产品及相关资讯从起始地到消费地的有效流动与存储的计划、实施与控制的过程。"

20世纪60年代，PD的概念从美国引入日本，日本人最初把它翻译成"物的流通"，后来由日本著名学者平原直改为"物流"。70年代，"物流"这个词从日本传入我国，并在物资经济领域采用。90年代初，"logistics"的概念直接从欧美传到我国，虽然"logistics"的中文翻译为"后勤、后勤管理"，但我们仍沿用了"物流"的译法。

1981年，日本综合研究所编著的《物流手册》对物流的表述是：物质资料从供给者向需要者的物理性移动，是创造时间性、场所性价值的经济活动。物流的范畴包括包装、装卸、保管、库存管理、流通加工、运动、配送等诸种活动。我国国家标准《物流术语》（GB/T 18354—2001）对物流的解释为：物品从供应地向接受地的实体流动过程。根据实际需要，将运输、储存、装卸搬运、包装、流通加工、配送、信息处理等基本功能实施有机结合。

许多专家从不同角度提出了自己的观点。丁俊发（2002）认为物流是随着经济全球化与信息网络技术的发展而出现的一种经济运作新模式，这种模式就是对全球物流资源与物流基本功能的整合，根据客户的要求，完成物品从供应地到接受地的实体流动过程，不管这一过程在何地或哪一个主体实施，采取哪些方式来完成，过程的复杂程度如何。所以，从这一意义上来讲，物流是一种先进模式，是一种先进方法，是一种先进生产力。陆江（2001）认为："物流是一项系统工程，现代物流是将供应、采购、生产制造、批发零售，直到消费之前各环节集成一个系统，强调系统的协调性和环节间的配套服务。"何明珂（2004）认为："物流首先是一个系统，光搞储存或光搞运输，都不叫物流。真正的物流必须从整个系统的角度，把仓储、运输及相关的各个环节集成起来。"

关于传统物流和现代物流的区别，丁俊发（2002）提出传统物流是指商品在空间上和时间上的位移，而现代物流是一种物流管理，他的观点在国内有相当代表性。何明珂（2004）认为现代物流的"现代"是一个时间概念，同"当代"没有差别；物流是现代或当代的事情，"传统物流"提法不成立；这会使人将"传统储运"与"传统物流"等同起来，而物流与储运是有区别的。王佐（2006）认为传统物流整合的是操作功能，而现代物流整合的是管理功能；传统物流侧重于在企业内部整合资源，而现代物流则要进行跨企业边界的资源整合；传统物流主要关注的是物料和相关服务的可得性，而现代物流却要通过众多企业的协调来优化资源配置并建立战略协作竞争体系，即供应链管理。徐寿波

（2005）提出大物流论（the material flow，MF），把物流性质划分为固有性质和非固有性质两大类，认为应按照物流非固有性质区别传统物流与现代物流。

二、物流的认识发展

从20世纪50年代以来，对物流的认识和研究不断取得突破，以下的理论和学说便反映出这一过程。

（一）物流成本中心学说

物流成本中心说强调，解决物流问题的重点并不在于物流的合理化和现代化，而在于如何通过物流管理的方式来控制和降低成本。1962年4月，美国管理学家彼得·德鲁克首次明确提出物流领域的潜力，标志着企业物流管理领域的正式启动。日本西泽修教授在研究物流成本时发现，先行的财务会计制度和会计核算方法都不能掌握物流费用的实际情况，导致对物流费用的了解只是冰山一角，提出“物流冰山”学说，认为物流领域的方方面面对我们而言还是不清楚的，也是物流的潜力所在。成本中心说意味着物流既是主要的成本产生点，又是降低成本的关注点，“物流是降低成本的宝库”等说法正是这种认识的形象表达。但有观点认为成本中心学说过分地强调了物流的成本机能，致使物流在企业发展战略中的主体地位没法得到认可，从而限制了物流本身的进一步发展。

（二）利润中心学说

“第三利润源”① 的说法也是日本学者西泽修在1970年提出的，他认为由于受到科技和管理水平的限制，第一、第二利润源泉已近枯竭，有待于科技的重大突破，而物流领域却正可以大有作为。“第三利润源泉”理论认为物流作为“经济领域的黑暗大陆”虽然没有被完全照亮，但经过几十年的实践探索，物流领域绝不会是一个不毛之地，肯定是一片富饶之源。在经历了1973年的石油危机之后，物流“第三利润源”的作用已经得到证实，物流在企业管理中的地位得到巩固。

（三）服务中心学说

服务中心学说代表了美国和欧洲一些学者（如鲍尔索克斯）对物流的认识，

① 人们把物质资源的节约和劳动消耗的降低分别称为“第一利润源泉”和“第二利润源泉”。

他们认为，物流活动的最大作用并不在于为企业节约了成本或增加了利润，而是在于提高了企业对用户的服务水平，进而提高了企业的竞争力。服务中心学说特别强调了物流的服务保障功能，借助于物流的服务保障作用，企业可以通过整体能力的加强来压缩成本、增加利润。目前，在国内有关物流的服务性功能的研究也是一个比较热门的话题，有的从顾客满意度的角度，探讨物流服务的功能和作用以及衡量指标体系；也有的从客户关系角度，研究客户关系管理在物流企业中的应用价值和方法。

（四）战略中心学说

物流战略中心说是当前非常盛行的说法，学术界和企业界逐渐意识到物流更具有战略性。这一学说把物流提到了一个相当重要的地位，认为物流会影响到企业总体的生存与发展，应该站在战略高度看待物流对企业长期发展所带来的深远影响。将物流与企业的生存和发展直接联系起来的观点，对促进物流的发展具有重要意义。郝聚民在其研究中构筑了第三方物流公司的发展战略簇（2002）。马士华从供应链管理的角度，提出物流管理战略全局化的观念（2001）。还有学者从供应链的角度提出了“即时物流战略”、“一体化物流战略”、“网络化物流战略”和“物流战略联盟”等。物流规划是物流发展（战略）理论的重要应用，此外战略投资、战略技术开发也是近几年企业发展现代物流的重要内容。

（五）供应链理论

1983 年和 1984 年发表在《哈佛商业评论》上的两篇论文（Kraljic Peter：*Purchasing must become supply management* 和 Shapiro Roy：*Get leverage from logistics*）开创了供应链研究的先河。目前，对供应链管理理论的研究已呈现出多样性，有从管理的角度来研究和阐述供应链管理的理论；也有的从流通企业发展和物流运动的组织形式、组织模式等角度出发来探索供应链理论。目前这方面主要有以下几种理论观点：供应链管理是物流管理的超集；物流是供应链管理的一部分；供应链物流；物流供应链等。

（六）精益物流概念

这个新型概念来自于“精益理念”在物流理论的分析与应用，而“精益理念”则出自于美国麻省理工学院教授詹姆斯和丹尼尔 1990 年所著的《改变世界的机器》和后来著的《精益思考》的研究成果。它的核心思想是从客户的角度出发，消除物流中非增值消耗，开发出新的产品，进而提高客户的满意度。国内学者田宇和朱道立在介绍这个理论思想时认为，“精益物流是运用精益思想对企业物流活动进行管理。”

（七）绿色物流理论

绿色物流是部分学者近几年提出的一个新课题，是从环境和可持续发展角度建立的环境共生型的物流管理系统。绿色物流理论主要是改变原来由“资源—产品—废弃物排放”所构成的开环型物质单向流动模式，而构成一种“资源—产品—再生资源”的闭环型物质流动系统。为此引入了逆向物流的概念，所谓逆向物流是指在废弃物回收利用过程中产生的物流活动。当前研究工作大多寻求一些缓解物流与环境两者之间矛盾的办法，并未将资源、环境、物流与经济发展等作为一个整体进行考虑。

综上所述，物流成本中心说和利润中心说都是分析现实经济活动中大量存在的物流浪费现象，并揭示了物流潜在的价值。服务中心说则是强调物流的服务保障功能，认为服务重于成本，通过服务质量的不断提高可以实现总成本的下降。物流的战略说则强调站在战略的高度研究物流，认为对企业而言，物流不仅是一项刻意追求物流一时一事的效益，而是着眼于总体、着眼于长远。供应链管理和精益物流说从系统论的角度去研究物流的内在运动规律，探寻物流在生产制造供应链中的融合方式、地位和作用，同时也探寻物流自身供应链的整合模式及其运作规律，通过将整个供应链上的所有环节的市场、网络、过程和活动有效联系起来，实现顾客服务的高水平与低成本，以赢得竞争优势。绿色物流说则是从可持续发展的角度出发，认为现代物流是一个循环物流系统，它是由正向物流和逆向物流共同组成的系统，研究现代物流必须在综合考虑物流、经济、资源、环境等因素的前提下，分析现代物流系统的运行机理、发展战略和模式。

第二节　物流业的形态及其演变

一、美国物流业的发展

第二次世界大战中，美军及其盟军的军事人员、物资、装备的战前配置与调运、战中补给与养护等军事后勤活动使得物流的系统分析方法得到有效应用，积累了大量军事后勤保障理论、经验，促进了第二次世界大战后民用领域物流理论的形成与发展。

20 世纪 50 年代，美国企业中物流的活动被分散进行管理，比如在企业中运输由生产部门进行管理，库存由营销部门管理，企业的经营思想是以生产制造为中心，尚无暇顾及流通领域中的物流问题。60 年代，企业把物流作为一个成本核算的部门，对物流的理解也只停留在工厂产成品的物理性的移动功能。这一时期，美国出现了两个重要的中介组织：一个是成立于 1963 年的全美物流管理协会；另一个是成立于 1966 年的美国物流工程师学会，它们的成立对于物流理论与实践的发展，发挥了重要的推动作用。

20 世纪 70 年代，美国企业由于外部环境的变化，开始改善物流系统。1973 年，联邦快递（Federal Express）公司开始以提供航空快递业务的新物流服务方式出现。同时，专家学者纷纷出版学术著作，探讨物流理论。80 年代以来是物流理论成熟、物流实现现代化的时期，美国政府也先后出台了一系列物流改善政策，对美国物流的发展起到了极大的促进作用。这一时期，物流的概念从“physical distribution”向“logistics”转化，从对运输、保管、库存管理等个别功能的分别管理过渡到从原材料的采购到产品的销售整个过程的效率化。

进入 20 世纪 90 年代，美国企业的物流系统更加系统化、整合化，物流也从 logistics 向 SCM（supply chain management，供应链管理）转化，追求商品流通过程中所有链条企业（包括零售商、批发商、制造商、原材料及零件的供应商等）的物流整合。随着经济全球化步伐的加快，科学技术尤其是信息技术、通信技术的发展，21 世纪美国物流业继续向集约化与协同化发展，同时，电子商务物流兴起并迅猛增长，等等。

二、日本物流业的发展

第二次世界大战结束后，日本企业把主要力量放在设备投资、技术革新和发展生产上，物流作为流通技术只是销售过程中的辅助，不受重视。20 世纪 50 ~ 60 年代，以制造业为中心的日本经济获得爆发性增长。为了提高流通效率，日本派团到美国考察，并带回了“physical distribution”的概念（日语译为“物的流通”），奠定了物流发展的基础，如何节省人力、提高效率成为企业非常关心的问题。在这种情况下，生产线的流水作业、自动化立体仓库等能够提高工作效率的技术和设备出现了。

20 世纪 70 年代，日本经济陷入了低速增长时期。为了生存，企业不得不将注意力从以前的重生产转向重成本，并且不断改善产品结构，开发新产品市场。生产、消费开始从大量生产、大量消费模式向多品种、小批量的模式转变，物流也相应地从“少品种、大批量、少批次”的模式，转向“多品种、小批量、多批次”的模式。多品种小批量的生产和流通模式大大提高了在生产和流通管理上的难度和成本。为了加强管理、降低成本，企业成立了独立的物流部门，使商流和物流分离，对物流进行重点管理。同时，通过条形码和计算机等技术的应用，提高了库存、货位、拣货和分拣等方面的管理水平及准确度。

在降低成本方面，由于生产成本的削减已几乎降到极限，很难再有新的突破，物流作为“第三利润源泉”受到普遍重视。计算机等信息技术的有效利用，使得对准确的物流信息进行有效统计和分析成为可能，这对于物流现场作业和管理的改善、降低成本起到了非常积极的作用。同时，精益物流在 JIT（just in time，实时生产）生产方式的基础上发展完善起来，通过消除生产和供应过程中非增值的浪费，以减少备货时间，提高客户满意度。

20 世纪 80 年代，由于日元升值，日本经济规模相对快速扩大，掀起了购买美国资产和海外旅游的浪潮，企业也纷纷将工厂迁移到劳动力成本低廉的国家，开始了经济全球化的进程。这改变了传统在国内生产，然后出口到海外的供应链模式，日本物流也随其供应链模式的国际化而向国外延伸和发展，国际物流成为新的课题。

20 世纪 90 年代，泡沫破裂后的日本经济进入了萧条期，由于扩大消费难以预期，在此情况下，降低成本、提高利润成为企业的重要经营战略。为此，企业纷纷把物流作为发展战略的重要环节，来提高收益率和利润率。在这一时期，许多企业大力投资建设高自动化水平的物流中心。21 世纪以后，日本物流继续提高自动化水平，并开始重视节能减排等。

三、欧洲物流业的发展

20 世纪中期，欧洲各国为了降低产品成本，对传统的物料搬运进行变革，对企业内的物流进行必要的规划，以寻求物流合理化的途径。当时制造工厂还处于加工车间模式，工厂内的物资由厂内设置的仓库提供。这一阶段储存与运输是分离的，各自独立经营，可以说是欧洲物流的初级阶段。

20 世纪 70 年代是欧洲经济快速发展时期。随着商品生产和销售的进一步扩大，物流需求增多，客户期望实现当周供货或服务，工厂内部的物流已不能满足企业集团对物流的要求，因而形成了基于工厂集成的物流，仓库已不再是静止封闭的储存式设施，而是动态的物流配送中心。

随着经济和流通的发展，欧洲各国许多不同类型的企业（厂商、批发商、零售商）也在不断地进行物流变革，建立物流系统。由于流通渠道中各经济主体都拥有不同的物流系统，必然会在各连接点处产生矛盾。为了解决这个问题，20 世纪 80 年代，欧洲开始探索一种新的联盟型或合作式的物流新体系，即综合物流供应链管理。它的目的是实现最终消费者和最初供应商之间的物流与信息流的整合，即在商品流通过程中加强企业间的合作，改变原先各企业分散的物流管理方式，通过合作形式来实现原来不可能达到的物流效率，创造的成果由参与的企业共同分享。这一时期欧洲第三方物流开始兴起。

进入 20 世纪 90 年代以来，欧洲一些跨国公司纷纷在国外，特别是在劳动力比较低廉的亚洲地区建立生产基地，欧洲物流企业的需求信息直接从顾客消费地获取，采用在运输链上实现组装的方式，使库存量实现极小化。信息交换采用 EDI 系统，产品跟踪应用了射频标识技术，信息处理广泛采用了互联网和物流服务方提供的软件。目前，基于互联网和电子商务的电子物流正在欧洲兴起，以满足客户越来越苛刻的物流需求。

四、物流业的形态演变

（一）物流的形态和分类

物流的形态可以概括为物流活动在一定技术和社会经济条件下的表现形式。不仅包括运输、仓储等环节的实体设施，还包括物流的作业内容、运作模式、组织结构，甚至其所处的经济制度和政策环境等。

从不同角度可以将物流进行多种分类。按照物流活动的范畴可以分为社会物流与企业物流。社会物流是指超越一家一户、面向整个社会的物流，属于宏观的范畴。企业物流是从企业角度上研究与之有关的物流活动，是具体、微观物流活动的典型领域。

按照物流过程中所处环节的不同可以分为生产物流、供应物流、销售物流、回收物流和废弃物物流。生产物流是指企业在生产过程中的物流活动。原材料、零部件、燃料等从企业仓库或企业的大门进入到生产线的开始端，随生产加工过程的各个环节流动，同时产生一些废料、余料，直到生产加工完成，产品到达成品仓库。供应物流是购买和安排原材料、零配件、半成品或制成品从供应商到制造或装配工厂、仓库、零售商店的过程。销售物流是将制成品交给顾客或消费者的过程，带有极强的服务性。它以送达用户并经过售后服务才算终止，因而销售物流的空间范围很大。回收物流指将商品在消费者使用后进行回收处理，再利用，再加工，以产生经济效益。废弃物流是指根据环保要求，对生产过程或销售过程产生的废弃物、污染物进行处理，以减少对环境的不利影响。

按照运作的主体不同可以分为第一方、第二方、第三方、第四方物流等。第一方物流是指需求方（生产企业或流通企业）为满足自己企业在物流方面的需求，由自己完成或运作的物流业务。第二方物流是指由供应方（生产厂家或原材料供应商）负责提供运输、仓储等单一或某种物流服务的物流业务。第三方物流（third party logistics，TPL）是指由物流供应方与需求方以外的物流企业提供的物流服务，即由第三方专业物流企业以签订合同的方式为其委托人提供所有或一部分的物流服务。第四方物流（fourth party logistics）是指由一个有供应链集成能力的外在企业，通过所拥有的信息技术、整合能力以及其他资源，为物流供需双方及第三方提供一套完整的供应链解决方案的服务。它是帮助企业实现降低成本和有效整合资源，并且依靠优秀的第三方物流供应商、技术供应商、管理咨询以及其他增值服务商，为客户提供独特的和广泛的供应链解决方案。

按物流作业的地理空间范围来划分可分为国际物流、国内物流、区域物流、城市物流。国际物流指跨越国界的全球化的物流，涉及货物进出口、跨国界物流作业，国际物流企业需要雄厚的资金实力、全球化物流网络、高素质的员工队伍和现代化的管理，像联邦快递、中远物流等属于国际物流企业。国内物流指本国境内的物流服务；区域物流指省市间的物流服务；城市物流指城市区域内具有城市特点的物流服务，如市内送货、城市垃圾处理等，就是典型的城市物流。

按物流功能的不同可分为单一物流和综合性物流。仅仅承担和完成运输、仓储、流通加工、装卸搬运等功能中的某一项或几项的为单一物流，而综合性物流则能够完成和承担多项甚至所有的物流功能，提供完整的物流服务。

各种角度的物流分类实际上都可以看成是物流形态的不同表现内容，可以利用其中的关键要素以及其他内容对物流形态进行分析，如表 17－1 所示。物流的形态还包括很多其他方面，例如从所采用的主要运输方式来看，有公路物流、航空物流等。另外，各种形态之间也存在交叉的部分，因此在认识和描述物流形态时应注意其综合性，不能忽视任何重要的方面。

表 17－1　　物流形态分类

形态分类	表现内容
功能形态	综合性物流、单一物流
链条位置形态	生产物流、供应物流、销售物流、回收物流、废弃物物流
主体形态	第一方、第二方、第三方、第四方物流
时效性形态	JIT 精益物流、普通物流
空间形态	国际物流、国内物流、区域物流、城市物流

（二）物流发展阶段与形态演变

综观国际经验，各国的物流发展有着类似的过程和特征，可以将其分成如表17－2所示的几个阶段。不同阶段物流业所关注的内容、要达成的目标和主要特征都是不同的，阶段的演进过程也是物流业整体水平提升的过程。

表17－2　物流发展的阶段特征

阶段	内容	主要目标	主要特征
分销物流（physical distribution）	克服需要与供给之间的隔离，特别是空间和时间的隔离	降低物流费用	物流合理化
综合物流（logistics）	将必要的商品送到顾客的手中	提高营销能力、服务水平，增加顾客的满意度，增强竞争能力	提高竞争能力
供应链管理（SCM）	在多赢的基础上，建立合作关系	建立有效的分工合作关系	强化市场渠道
绿色物流（environmental logistics）	建立低公害型的物流系统	通过保护地球资源实现社会的可持续发展	作为社会系统的辅助系统

物流发展过程的不同阶段中，其表现形态也经历了显著的转变，各个阶段的一些主要特点如图17－1所示。

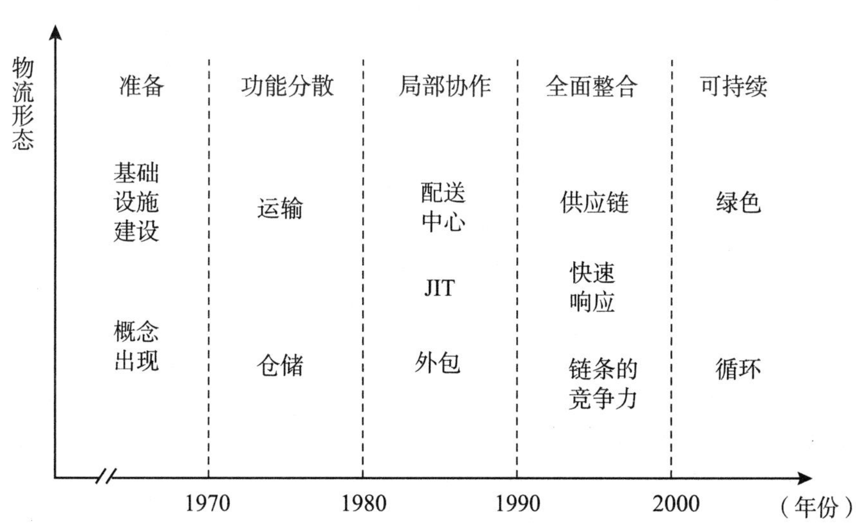

图17－1　物流发展过程中的形态演变

从形态上来看，物流从早期自然状态发展到今天，经历了从功能分散到综合性物流、从企业自营物流到第三方和第四方物流、从粗放到精益、从低效率到可持续、从服务于分离的环节到整个供应链、从局部区域发展到全球性物流的形态演变。目前物流的形态呈现出多样性，由于发展层次与市场需求的差异，不同的物流形态并存，但由低水平向高水平发展的总趋势是毋庸置疑的。

不同的物流形态自身也经历了各样的演变路径，而且形态之间也发生着转化。例如一些物流企业是从生产企业的储运部门分离出来的，可称为生产转化型物流企业。其他还有运输或仓储转化型物流企业、零售型物流企业等。生产转化型物流企业，是生产企业在激烈的市场竞争中，为了降低总成本和优化流通环节而追求“第三利润源泉”的结果。生产企业将本单位运输仓储及后勤服务部门从企业主业剥离，组建成以自我服务为主，又面向社会的独立的物流企业。运输或仓储转化型物流企业是指原本从事单一运输或仓储服务，后来为了生存和发展，通过不断扩大服务领域，提高综合服务能力，而发展起来的物流企业。零售型物流企业是伴随零售企业的发展而成熟起来的。零售企业销售分散小批量、次数频繁等的特点要求物流能够准确掌握和控制库存信息、实行批量采购、及时补货，并能与上游企业形成互动等，因此物流能力得以大大提升，达到甚至超过专业物流的水平。随着技术进步和经济增长方式的转变，物流业的形态还将持续演进，也可能发生更多形态间的转化。在这个过程中，各主体应努力使自身的物流形态向更高层次迈进。

第三节　交通—物流与时空的协调

一、物流的时空特征

（一）物流创造时间价值和空间价值

物流活动有着鲜明的特点，它实现物质资料从供应方到需求方的移动，这一过程既包含物品空间位置的变化，又包含时间的过渡，使得物品不仅自身而且其时间价值和空间价值对于需求方成为可得。日本较早地在相关文件中指出了物流的这一特性。1966 年，日本产业构造审议会的《关于物的流通的基本政策》把物流定义为“物流是指从物质资源的供应者到需要者为止的实物流动过程，具体地说是包装、装卸、运输、存储以及信息处理的各活动，这种物的流通活动与商业交易活动并行，并对物质资源的时间、空间价值创造做出贡献”。

物流可以创造出时间价值和场所价值，包括物流加工作业中所创造的加工附加值。物流不是“物”和“流”的简单统一，生产、分配、交换、消费的物质运动过程是时间和空间的统一，克服了商品生产和消费在地理空间上的分离。商品在不同时间不同地点具有不同价格，因此时间差别和场所区别给物流带来了“时间价值”和“场所价值”。

时间价值表现为通过商品流通过程中的劳动克服了商品生产和消费时间上的不一致。这种不一致表现有多种情况，如农产品之类的商品只能间断性生产而不必连续消费，又如一些时令性或集中性消费商品，其生产又是长期连续的。更多的情况是虽然生产和消费都是连续的，但是商品从生产到消费有一定的时间差，这种时间差表现为商品生产与消费的时间矛盾。商品流通过程如储存、保管等投入的劳动恰好可以解决这种矛盾，表现为商品时间效用的增加。另外，现代科学技术在物流领域里的应用，大大加快了物流的速度，节约了时间。物流的加速一定会节约商品在流通领域里的时间，这既会节约流通费用，又会加快资金周转，带来经济效益。比如集装箱、条码、网络信息等新技术的应用和推广，加快了物流速度，使现代物流创造出了前所未有的时间价值。

物流所创造的“场所价值”（或者叫“空间价值”）也是显而易见的。不同的地区具有不同的生产优势和生产结构，而产品的消费却可能遍布在另外的地区甚至是全国、全世界。所以，正是物流过程所创造的空间效用使我们可以享受瑞士生产的手表和巧克力，购买法国的时装，使用微软公司的 Windows 操作系统。物流过程中不同场所根据专业化分工和场所优势所从事的补充性的附加工作，也会形成劳动对象的附加值。

（二）物流节约“时空资源”

“时空资源”被认为是与物质资源和人力资源并列的再生产活动的三大资源之一。这里的“时空资源”显然指的是社会时空资源，由于其复杂性，长期以来社会时间和空间被研究者当成一种外在变量人为地抽离掉，而这也造成了社会科学更好地解释真实世界的麻烦。“时空资源”将时间和空间看成是社会经济的参与要素，是我们正视社会时空的切入点。

从资源的利用意义上，物流“第三利润源泉”的获得实际上是在再生产活动中节约时空资源、降低时空成本的结果。精益物流是现代物流发展的一个较新走向，时空的经济性正是精益物流效益的理论形式。精益物流效益的时空形态，在微观层面上表现为企业物流流程中物流时空的时间继起与空间并存，在中观层面上表现为物流时空的供应链时间瓶颈与节点空间布局。精益物流所追求的更高的价值或效益，其实就是追求时空的节约或缩减，也就是时空经济，精益物流效益是时空经济的现实形态。

时空价值和时空资源对于物流是两个迥然不同的概念，物流系统在创造时空价值时，要力求最大化；物流系统在耗用时空资源时，应力求最小化。在与时间和空间的作用过程中，交通运输与物流还起着协调经济时空关系的作用。

二、交通—物流协调经济时空关系

人类社会发展相当长的一段时期是处在自然的时空当中，也就是说人类各种活动的时空结构还都是一种相对原始和自然的状态，虽然人类早已开始借助体外工具，但无论是通信还是交通运输，都还没有脱离自然力的束缚（如驿站传信、马车交通等）。机器化大生产的工业革命以后，人类社会的时空结构发生巨大变化。借助电信号的通信系统和依靠机器动力的先进交通运输系统，使人类社会的时空结构相对自然时空产生了压缩（或延伸）的效果，时空的阻隔不再像之前那样难以跨越，市场范围的扩大也带来了生产和生活的丰富，人类社会进入一个压缩（或延伸）的时空。而进入信息化社会之后，这种压缩（或延伸）的作用更加突出，而且经济运行的效率进一步提高、节奏不断加快，同时对准确性的要求越来越高，比如流水线上工件的到达位置和时间、旅客按点换乘各种交通工具以到达目的地等，生产生活中对物质资料匹配的要求也是如此。在这样一种新的经济时空结构中，时空关系的协调与否成为影响经济运行是否稳定与高效的关键，如图 17－2 所示。

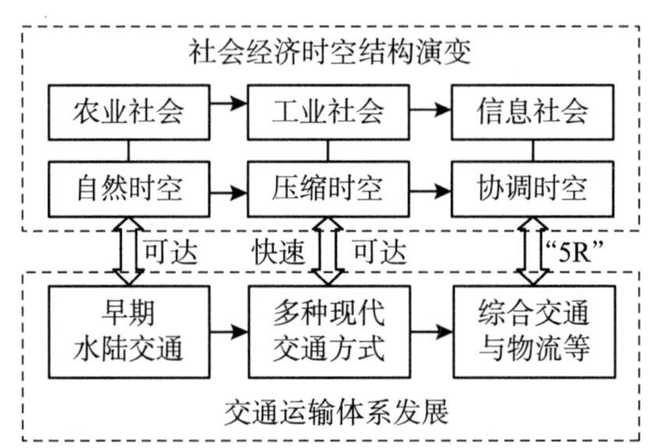

注："5R" 是指合适的时间、合适的地点、合适的人、合适的方式、合适的价格（Right Time，Right place，Right Person，Right way，Right Price）。

图 17－2　交通运输发展与社会经济时空结构演变的关系

影响经济时空结构与关系的因素有很多，但自始至终发挥着决定性作用的首要因素当属交通运输。人类首先是通过交通运输活动把社会经济的时间与空间维度联系在一起，是以交通运输为基础构建起社会经济的时空结构。交通—物流正是在这个意义上，成为协调经济时空关系的关键。

准确性的要求实际上是为了达到一个可控的节奏或稳态速度，或者说以此来保证准确性的要求。从生产角度来讲，按时到货的订单要求，产品整个生产链条上的各个环节都必须按时完成，耽误了时间就要付出相应的代价，因此除了加快速度，缩短时间外，在链条上应尽量避免不确定性的出现。为满足企业这样的时空要求，运输和物流的组织者就需要采取各种手段或机制保证企业所需要的物质资料在准确的时间运送到位，和企业的生产活动协调一致。

就交通运输和物流而言，应该从运输方式的技术、服务、组织水平以及自身的组织管理水平等方面进行考虑，通过选择技术成熟稳定先进、服务优质到位、组织高效可靠的运输方或己方与多种运输方式合作，以信息化为技术支撑、以平台网络化为运营模式、以时空观为指导的组织管理理念，构建能够与经济生活时空结构协调一致的交通—物流体系。现代物流业的发展正是为了满足这种要求，而其 JIT 等的服务理念和目标，也为企业在降低成本等方面的精益控制提供了条件。

原材料供应商、制造商、分销商、零售商、消费者以及物流供应商等组成了一个供应链。物流在供应链上担任着直接或间接的组织者的角色。物流提供商通过信息系统与供应链上各个环节相连接，能够及时准确地获得客户的订单、补货等相关信息，从而安排原材料或产品等物资的运输，使供应链上的企业更容易达到削减库存、缩短生产销售计划周期、敏捷响应等目标，使高质量产品从订单生成、原材料采购、生产制造、销售，一直到送达消费者手中的整个过程是迅速、平稳和可控的。协调各个环节的时空关系，保障链条的高效运转，提高整体的竞争力。

三、冷链物流的例证

冷链物流指冷藏冷冻类货品在生产、贮藏、运输、销售到消费前的各个环节中以冷冻工艺学为基础，以制冷技术和信息技术为手段，使得这些货品始终处于规定的低温环境下，以保证货品质量并减少损耗的物流过程。

冷链物流属于物流领域高端物流的范畴。它比常温物流的要求更高、建设投资更大，而且很多设施设备都是专用的，沉没成本比较高。冷链管理贯穿于采摘、产品加工、产品运输配送、储存和销售的全过程，各环节紧密相关，如果冷链中某环节脱节，可能会造成巨大损失，所以需要高度的组织协调性。冷链物流的电费和油费占企业营运成本的比重较高，所以需要有效控制能耗。冷链物流是一个低温物流过程，必须遵循“3T”原则——即冷链产品的最终质量取决于冷链储藏与流通时间（time）、温度（temperature）和产品的耐藏性（tolerance），为开拓冷链物流更广阔的发展空间，因此必须加强各环节的高效衔接，尽量减少交易次数，缩短转换、存储与运输时间，同时还要保证货物的品种和数量的准确性。

欧美等发达国家的易腐食品在整个运销过程中的冷藏率已达100%，在运输过程中全部使用冷藏车或者冷藏箱，并配以GIS、GPS、RFID、TMS、ITS、EDI、全程温度监控、自动识别等先进的信息技术，建立了完整的生鲜货品冷冻冷藏链，从而极大提高了生鲜货品的冷冻冷藏运输率及运输质量完好率。而且普遍采用铁路、公路、水路之间的高效多式联运。

我国冷链物流近年来已获得较快发展。但总体发展水平与发达国家相比仍有较大差距。例如，我国大约90%的肉类、80%的水产品、果蔬以及大量的豆乳制品处于无冷链保证的运输和销售状态。食品产业的发展在很大程度上受制于冷链物流的发展。新鲜果蔬采摘后基本上未做到预冷处理，普遍采用普通货车运输，采用棉被、塑料苫盖等“土保温”方法。果蔬冷链物流体系整体上存在操作方式原始、技术落后、附加值低等问题。

冷冻食品情况的产销链比冷藏食品要好些，但运输、销售等环节容易出现“断链”现象，农批市场拆零散卖冻品的情况也较常见。由于我国冷链物流体系各环节的低温物流节点缺乏有效的衔接，仍有很多冻品的装卸作业未按照相关食品标准在制冷环境下进行，而是在露天操作。由于先进的信息技术的冷链物流管理体系使用率较低，各环节的信息不能有效传递，导致冷冻冷藏食品的冷藏、运输的准确性和时效性降低，增加了操作风险和营运成本。我国冷链物流系统中的物流费用占到运输产品成本的70%，而发达国家一般不高于50%。

由于目前我国尚未形成完整高效的冷链物流体系，冷链物流所要求的时空关系与效率未能得到满足，目前我国果蔬、肉类和水产品的冷链流通率，分别只有5%、15%和23%，而发达国家冷链流通率一般都在95%以上。我国果蔬、肉类和水产品的流通腐损率分别约为20%~30%、12%和15%，而发达国家只有5%。

第四节　一体化运输与物流服务水平的提升

一、物流是一体化运输的高级阶段

还可以从这样两个角度来认识物流：一方面，现代物流是交通运输业发展到一定阶段的一种较高级的状态；另一方面，也是保证社会经济生活正常运行所需要的物质资料流动过程。物流既离不开交通运输，又与社会经济生活的各个方面紧密联系。它的任务就是使各种物质资料克服空间障碍，在合适的时间以合适的方式到达合适的地点，并尽量地节约成本。

运输化发展到中后期阶段时，一体化交通运输体系的建立就成为现实中的迫切需要。交通运输是经济社会发展必需的基础性功能这一点也说明，几乎所有部门或个人都有交通运输的需求，这种需求分散于经济社会的各个角落。而交通运输的供给却是相对集中的，包括高速公路、火车、飞机等交通设施和工具的使用以及运输产品的提供者等。满足消费者的需求是交通运输供给的目标，这不仅体现在运量和价格方面，还包括使不同运输方式各自发挥优势、调节运量在时间和节点上的分布、达到网络经济的效益以及制订有效的客货运计划等，在多个层面上实现运输需求与供给的匹配。显然，仅仅提供更多的交通设施或工具已经不足以完成这一任务，还需要考虑更多的因素，包括更好地组织起一体化的运输能力，提供“一票到底”和“无缝衔接”的联运等。

交通运输系统必须加快各方面的建设，以提供满足这些市场需求的基础条件，同时不得不指出，单单依靠交通系统自身可能完成不了所有的任务。比如高效地组织起可以达到网络经济的运输货源，提供给货主更多的像货物在途信息等的附加服务，甚至为客户设计产品流通的整体方案等。于是，物流这样的专业组织凭借与交通运输的紧密联系，承担起了运输的部分职责，所以物流从某种程度上来说是交通运输系统的延伸。这样的第三方组织还包括旅行社、会展组织者等，社会总体的客货运输水平的提升需要多方的协作与努力。

二、改善经济时空结构，降低运输及物流成本

交通运输和物流服务于社会生产和消费的各部门，一方面协调社会经济的时

空结构，另一方面也受到既有时空结构的制约，因此，交通运输和物流的运行效益也受到影响。我国目前物流成本居高不下，固然有交通运输和物流自身未解决的问题，但更根本的是由我国在全球时空结构中的末梢地位决定的。

当今世界上几乎所有的经济体都主动或被动地卷入到了全球化的浪潮中。工业化以来，世界制造中心几经转移，来到了世纪之交的中国，于是我国以世界工厂的身份出现在国际社会了，这从远销发达国家商品上的“Made in China”铭牌便可以获得准确的信息。这的确使我国融入全球化的进程中，帮助带来我国经济的高速增长。但是从全球来看，我国所处的生产制造环节在商品的整个价值链条中居于末端地位，我们以资源、人力、环境等的巨大投入换来最低的价值分配，形成了一种主要依靠加工制造，而在整个价值链条中受制于人的格局，成为一种不合理的经济时空结构。

在这样的经济时空结构中，交通运输与物流组织很难形成从整个价值链条的角度或者站在掌控价值链条高端的位置来更加合理地安排物流活动，进行物流管理的能力，而只能局限于为跨国公司配套，服务于链条中的局部环节，在不协调的时空结构中以“小而散”的形式开展运输及物流服务。这样一来，供应链条中重复操作、冗余环节等大量存在，信息不充分、货物在途时间拉长以及科学规划、管理方法与机制缺失等，都推高了物流成本。

这种状况正在逐渐发生转变，越来越多的跨国公司不再仅仅把中国视为一个廉价的制造基地，而将研发、采购和其他核心职能移往中国，提升了中国在全球供应链中所扮演的重要角色。与此同时，中国企业不仅通过出口，还通过对外直接投资（包括跨国并购）来融入全球经济。许多中国公司已经将业务拓展到海外，包括生产、销售、市场营销、分销和客户服务。但是，大多数中国企业还处于全球化的市场进入早期阶段，还需要建设必要的基础设施和积累有关市场进入和管理全球运营的相关专业经验。它们在全球化的道路上还面临着许多供应链方面的挑战。

在我国转变经济增长方式的关键时期，国内的企业应当主动地提升自身的供应链整合能力，努力登上价值链的高端，通过对全球供应链和价值链的控制，建立起新的时空秩序，从而使运输、物流活动在一个占据主导地位的时空结构中调动资源，形成合理网络。同时，物流组织自身也应努力提升技术和管理水平，增强协调时空关系的能力，有效降低物流成本。

第十八章

旅游业与综合交通运输

第一节 旅游业的构成与性质

旅游是人类社会发展到一定阶段时人类最基本的活动之一，是人类物质文化和精神生活的一个组成部分，是旅游者借助旅游媒介等外部条件通过对旅游客体的能动的活动，以获得心理快感为目的的非定居旅行的一个动态过程复合体。而旅游业是为这一特殊活动与动态过程服务的现代服务业。

一、旅游业的构成

作为一种产业，旅游业是由各个提供旅游产品以满足旅游者这一文化活动需求的旅游企业所构成的集合。从旅游业的本质规定性来看，作为旅游业核心部分的是向旅游者提供观赏和愉悦的企业，同时，各种与满足旅游者消费有关的企业由于致力于向旅游者提供各种追加利益而构成了旅游业的组成部分。一般来说，这些提供各种追加利益的企业在功能上主要是三种类型：第一种是有关旅游“准备”的行业，主要为即将出行的旅游者办理各种预备性服务，如办理旅游问询和预定业务的旅行社以及出售旅游用品的商业企业；第二种是有关旅游“移动”的行业，负责实现旅游者和旅游信息的空间转移，如运输业和通讯业；第三种是与“逗留”有关的行业，它们负责旅游者在旅游目的地的一切消费的满足。旅游观赏娱乐业、餐饮业、住宿业、旅游购物业等可以归入此列。旅游业构成上的这种复杂性在于旅游业是一个复合型的产业。

（一）旅游观赏娱乐业

旅游观赏娱乐业是旅游业的核心成分，以向旅游者提供观赏娱乐产品（核心旅游产品）为其基本产业职能，其典型的企业形式是风景区和具有突出的特色吸引力的娱乐场所。可以说，旅游观赏娱乐业是吸引旅游者从居住地来到旅游目的地的根本性因素。当然，在有些情况下，旅游者前往某一旅游目的地，并不是受这些产业化或商业化的风景区或娱乐场所的吸引，而是受非商业化的因素（如社会风貌、民俗风情等）的吸引，在他们的观赏过程中也不发生付费行为，这时，对于该旅游者而言，他等于没有与目的地的纯粹旅游业发生关系，但他注定会无法完全避开其他旅游相关企业为他提供的各种服务。

（二）住宿餐饮业

住宿和餐饮是旅游者在旅行和逗留过程中必须满足的基本需求。这种需求与日常的食宿并无本质的不同，但由于旅游的性质和特征所决定，旅游者的食宿需求的满足可能（但不绝对）会超脱于日常生活的标准，而这也正是旅游住宿和餐饮业经营的困难和魅力之所在。

向旅游者提供住宿和餐饮服务的企业一般是饭店和餐馆。餐馆是指单纯向旅游者、旅行者以及当地居民提供餐饮服务的企业，而饭店是指主要向旅游者、旅行者以及当地居民提供住宿服务并同时提供餐饮和其他服务的企业。随着旅游者和旅行者需求趋势的发展和变化，现代饭店在功能上不断扩展，以及能够在很大的范围里提供旅游者所需要的综合性服务。

（三）旅行社业

旅行社业是一个典型的中介服务型产业，它由各个向旅游者和旅行者提供产品组合、信息、导游、陪同和预订等服务的企业组织构成，也是旅游业的重要组成部分。旅行社的职能包括以下方面：一是组合旅游产品的设计和销售职能。旅行社根据旅游者需求的综合性、连带性特点而以旅游景区为节点，以交通路线为线索，为旅游者设计、串联或组合而成的旅游过程的具体走向和连带服务的集合。在提供这种旅游产品的过程中，旅行社实际上起到连接旅游业各个组成部分的纽带作用，能运用自身对旅游者需求的理解对各种服务要素进行的加工和再组合。这种旅游产品常常以包价的形式出售给旅游者。二是中介职能。旅行社实际上是旅游产品进入流通领域后的经营商，它的作用在于为旅游产品价值实现提供便利，因此它在旅游产品的供应商和旅游产品消费者之间发挥着一种媒介的作用。由于旅行社的存在，旅游者在申办护照、办理签证、办理旅行和住宿预订手续等方面都会更加方便。三是信息咨询和反馈功能。旅行社是连接生产者和消费者的桥梁和纽带，处于这样一个位置上的企业，意味着处于信息交流的中枢地位，各种信息都可能汇聚于此再由此辐射出去。因此，旅行社在旅游者提供信息咨询、向旅游产品生产企业提供需求信息反馈方面，具有得天独厚的优势。

随着网络信息技术的发展，一些非旅行社服务企业借助网上预订，成功整合各种旅游资源和服务信息，打破旅行社作为唯一旅游中介服务角色的地位。如携程旅行网①已经发展成为国内最大的旅游机票、饭店、旅游线路在线预订企业，"驴妈妈"② 已经发展成为国内最大的旅游景区门票在线预订企业，它们实质上也是一种旅行社，只不过是不同于传统旅行社形式的新型旅行社，有人称为旅游代理企业。

（四）旅游交通运输业

旅游交通运输业是指专门为旅游者出行提供服务的交通运输企业，包括旅游汽车公司、旅游巴士公司、游船公司、旅游汽车租赁业务以及新兴的汽车露营地，是实现旅游者空间位移的主要承担者。旅游交通运输业源自交通运输业，与交通运输业密不可分，是交通运输业在旅游业中业务的延伸与扩展。近年来，由于旅游业的发展，我国旅游交通运输业，包括旅游目的地城市的旅游交通呈现出快速发展的特征。

（五）旅游购物品业

旅游购物品是旅游者在旅游目的地的旅游过程中所购买的各种物品，主要包括旅游工艺品、旅游纪念品、文物古玩及其复制品、土特产品、日用品和其他商品。

---

① 携程旅行网创立于1999年，是我国最早的在线旅行服务公司，它向超过5 000万个注册会员提供包括酒店预订、机票预订、度假预订、商旅管理、高铁代购以及旅游资讯在内的全方位旅行服务。在机票预订方面，携程旅行网是我国领先的机票预订服务平台，覆盖国内外所有航线，并在45个大中城市提供免费送机票服务，每月出票量40余万张；而高铁预订方面正在试行。

② "驴妈妈"是中国第一家以景区门票分销为主的旅游电子商务网站，使游客享受到的景区门票优惠，并实现对游客服务的精准营销。

二、旅游业的性质

（一）文化性

由于旅游是从人的生命波谱中截取的一个波段，因此旅游消费不会完全超脱于一般的日常消费。然而，从消费的导向和构成以及各部分的意义上来看，旅游消费有大不同于日常消费之处，突出地表现在重视精神文化内容、追求审美体验，甚至在某些方面表现出对日常生活消费的畸变，而这些均决定于旅游的本质规定性以及旅游所具有的外部特征。

基于此，旅游业为了满足旅游者的精神文化需求，必须创造富有深刻文化内涵、具有体验性的旅游产品。不仅如此，旅游业中的相关服务也需要全方位体现文化性，以满足旅游者对异地自然与文化的体验性需求。

（二）关联性

旅游活动与国民经济各部门有广泛的关联性，据统计，旅游完成每一次供给直接涉及十几个行业，间接涉及行业达 70 个左右。也正因此，旅游业有赖于各个部门和行业的通力合作，协调发展形成旅游需求服务的行业综合体。任何一个相关行业脱节，都会使旅游业经营活动难以正常运转。

（三）时间限定性

旅游业的时间限定性与旅游活动的异地性和暂时性相关。旅游异地性特征是指旅游活动的发生要以行为主体的空间移动为前提，旅游业的暂时性特征是指旅游者按计划出游，也要按计划返回，所以这段时间也往往被看做是对正常生活时间的一种逸出。因此，旅游业的服务也必须吻合旅游活动对时间要求甚为苛刻的要求，在既定的时间内完成旅游过程中所有链条的服务。

（四）敏感性

旅游活动极易受到国际国内形势变化以及自然社会事件的影响，从而导致旅游需求的波动。因而，旅游业的生产会随着外界条件在瞬时内发生剧烈的波动，容易遭到损害，从而增加了旅游业的不稳定。

三、旅游业的发展与趋势

1992 年世界旅游与观光理事会根据总收入、就业、增值、投资及纳税等方面的分析，认为旅游业作为世界上最大产业的态势正在形成。该机构指出旅游业已经成为世界上最大的就业部门，共产生 1.27 亿个工作岗位，约占世界劳动力总数的 6.7%；旅游业是创造高附加值的产业，其增值额已达到 14 490 亿美元；旅游是各国财政中主要的纳税产业之一，全世界的旅游企业及从业人员的纳税总额高达 3 030 亿美元；未来世界旅游业将出现快速发展的局面，预测 2020 年世界国际旅游者将达 15.6 亿人次，国际旅游业收入将达到 2 万亿美元。许多国家和地区把旅游发展提升到国家战略高度，增加导向性投入，改善公共服务设施，开发旅游精品，提高国际旅游竞争力，甚至国家元首、政府首脑和政要都亲自宣传本国旅游。

1949 年以前，中国社会长期处于动荡之中，经济发展水平低，除了沿海大城市如天津、上海和广州等地有少数外资经营、主要为外国人提供服务的旅行社和旅馆外，并未能形成旅游业运行体系。1949 年后，为接待华侨和来华工作的外国专家、技术人员和友好人士，于 1954 年成立中国国际旅行社总社，并在国内若干城市设立分支社。至 20 世纪 70 年代末，这些旅行社的业务主要是从事政治性的接待工作，未能形成现代意义上的商业性旅游结构。1978 年改革开放后，中国实行了以入境观光旅游为先导的非常规发展的旅游战略，以赚取外汇和打开国门为目的。中国旅游业经过 20 世纪八九十年代，尤其 21 世纪以来的发展，出现了一些明显的变化趋势，主要体现在以下几个方面。

（一）旅游者人数将持续增加，旅游需求不断提高

旅游作为现代居民生活中的一个基本要素，同其他商品消费与劳务消费一样成为人们生活的重要组成部分。随着经济持续发展，家庭收入增加，人口老龄化，充足的闲暇时间和可支配收入，使旅游成为可能；加之工作时间的缩短、交通运输时间的压缩，都为现代旅游的生活化创造了良好的保障条件。2004～2009 年，我国国内旅游接待总人次从 11 亿人次增长到 19 亿人次；国内旅游收入从 4 710 亿元增长到 1.02 万亿元，正逐步成为世界上最大的国内旅游市场。入境旅游人数从 1.1 亿人次增长到 1.26 人次，我国已经成为继法国、美国、西班牙之后第四大入境旅游接待国；旅游外汇收入从 257 亿美元增长到 397 亿美元。

与此同时，随着旅游市场的日趋完善和竞争的激化，旅游消费行为、方式、内容都已趋向成熟，表现出对旅游产品的品牌、花色、式样、功能具有定向选择

和挑剔的强烈个性化。一是游览式观光旅游向参与式旅游转化，旅游者更加注重旅游目的地的体验活动，各种内容丰富、新颖独特的旅游方式和旅游项目应运而生、层出不穷；二是被动式旅游向主动式、自选式旅游转化，旅游者开始根据自我需求自主选择和安排旅游活动；三是旅游者追求自主的旅游方式越来越受到重视，散客化、自助化趋势进一步增强，全包价团队旅游的格局向散客旅游、自助旅游、特种旅游等多种形式的格局转化，借助自驾车等自助出行和大型公共交通运输工具的人越来越多。

（二）旅游业在国民经济中的地位和作用不断提高

旅游业作为第三产业的重要组成部分，将为一个国家创造越来越多的就业机会和经济收入，并带动其他与旅游相关产业，如住宿、餐饮、交通、零售、物流等诸多行业的发展，促进产业融合与经济结构调整，塑造区域形象。因而，旅游业在国民经济中的地位和作用将不断提高。事实上，旅游业已经成为世界上最大的产业，随着中国在国际上的政治、经济地位不断提高，旅游业也得到快速发展，据世界旅游组织预测，到 2015 年，中国将成为世界第一大入境旅游接待国和第四大出境旅游客源国。届时，我国入境旅游人数将达 2 亿人次，国内旅游人数达 2.6 亿人次以上，出境旅游人数达 1 亿人次左右，旅游业总收入达 2 万亿元人民币左右。

（三）旅游市场结构和流向将发生变化

近年来随着发展出现一些新的市场趋势：一是以入境观光旅游为主的市场将保持持续的增长；二是国内多元化的旅游市场将进一步显现，除了度假旅游进一步大众化之外，商务旅游和专项旅游将蓬勃发展；三是随着对外开放的深入，出境旅游市场规模继续扩大，中国旅游者的足迹将遍布世界各地。随着交通运输条件的改善和对外交流的加强，国内旅游流将进一步从近距离环城市空间向中西部生态环境优越的远距离旅游目的地和沿着交通运输廊道进行延伸，依托于快速交通工具的远程旅游几率将大为增加；国际旅游流将从国内主要大城市，如北京、上海、杭州向中国知名旅游地进行延伸，接待国际旅游者的旅游地将大幅增加。

（四）旅游业竞争将更加激烈

随着信息技术在旅游预订中的应用以及高速便捷的跨区域交通运输的发展，旅游客源地与旅游目的地之间的空间阻隔进一步消除，国际国内资本将深入关注于投资旅游业，偏远地区参与旅游业竞争的机会和能力增强。基于此，旅游企业经营的规模日趋扩大，将出现一批实力雄厚的旅游企业集团和跨国旅游企业集团，旅游产品标准化、服务一体化、经营连锁化、管理系统化将进一步增强，并快速提升旅游经营管理效率，产生巨大的旅游经济效益。

第二节　旅游业与运输业的关系

旅游业与运输业存在着密切关系，运输业是旅游活动得以开展不可缺少的载体，是联系旅游者与旅游对象、客源地与目的地的重要环节，也是旅游客流形成的媒介。交通运输的通畅、快捷、安全与方便，是吸引游客，输送游客，创造良好旅游环境的一个重要组成部分，为旅游业的发展提供了良好的先入条件，可以有效地促进区域旅游的发展。同样，旅游业拉动了运输业的发展，游客对航空、水路、陆路的需求日益提高，从而大大促进了运输业的迅速发展，旅游业的发展对运输业产生深远的影响，旅游业的兴旺和发达对运输业的发展起着巨大的推动作用。

一、运输业对旅游业的推动

（一）交通运输业是旅游业的重要组成部分

运输业作为旅游的三大支柱——旅游交通、旅游饭店与旅行社之一，对旅游业的发展有着重要的影响。从供给方面来看，运输业是发展旅游业的命脉，旅游经营活动的开展必须借助运输业提供的交通运输服务；从旅游收入方面来看，运输业作为旅游业的重要部门，本身也是旅游收入和旅游创汇的重要来源。随着旅游距离的延伸以及景点的增多，交通运输所占的时间、精力、费用等也均会增加。虽然因为交通水平提高（如速度提高、换乘便利等）、休闲性增强等要素的变化，交通在旅游中所占的时间、精力可能会减少，但费用仍会增加（因为追求高速、舒适、方便等交通服务指标改善）。在任何国内旅游收入中，交通运输都占有突出的比重。据《旅游统计年鉴》显示，欧美游客来中国旅游，其交通费用的支出（包括国际往返交通费、在中国旅游期间的城市间交通费和市内交通费）往往要占其旅游费用的一半以上。由此可见，运输业对旅游业的发展做出了巨大贡献，不管旅游业的发展如何变化，运输业始终占有重要的地位，是旅游业的重要组成部分。

（二）交通运输业为旅游业提供了强大的供给推力

交通运输业是旅游业实现旅游者的空间位移的基本凭借。由于交通运输业在世界范围内的发展，加快了旅游者旅游的速度，缩短了旅游时间，使得地球空间变得相对地小了，人们相互往来的机会更加现实了。可以说，现代旅游业的发展，在根本上是运输业发生革命性变化的结果。

从国内外旅游业发展150多年的进程来看，现代旅游业的兴起与现代化的运输业扮演着现代旅游业的动力角色，每一次交通运输技术的变革与突破都带来旅游业革命性的变化，从某种意义上来说，一部旅游业发展史就是一部运输业促进旅游业不断提升的历史。整个旅游业历史各阶段的划分都可以运输业的发展历史为其依据，蒸汽机在交通中应用即铁路交通通过其自身的运输优势引发现代旅游业的肇始，喷气推进技术在民航中的应用则标志着大众旅游时代的来临，高速公路与私家车的普及推进了度假旅游全面时代的出现，现代化的运输业推动现代旅游业成为现代人的一种生活方式和全球范围内的一种活动。同时，运输业的发展，大大降低了旅游费用，使旅游活动的大众化成为可能；并且大大提高了旅游舒适度，乘坐交通工具本身也是一种旅游活动，符合现代旅游的本质特点。

（三）运输业决定的可进入性是旅游目的地成功的必备因素

一个旅游目的地的成功取决于吸引物、服务设施和旅游者可进入性。吸引旅游者的必备因素是进入旅游目的地的容易性。探险者为了观看世界上的一些奇观异景，也许乐意让自己经历极大的不便，但一个旅游目的地在成为人们容易进入的地方以前，却不会吸引大众旅游者。在这种意义上，“容易进入”是指在时间或距离方面，从客源地到目的地固有定期和方便的交通工具，而且要价合理。运输业的发展为旅游者“容易进入”提供条件，为便利旅游者进入目的地而规划建设的基础设施——良好的铁路、汽车、机场、港口就体现重要性。

（四）运输业推动和支配着旅游业不断升级优化

运输业对旅游产业升级优化发挥支配作用，运输业的发展导致旅游业的组织模式与发展形态发生深刻变化。交通运输装备水平的大幅度提高和交通运输组织定时性，带来旅游线路组织（旅游团队）的准时性，即旅游业在其运行过程中，可以借助现代交通运输工具移植工业化生产的精粹——规模化和标准化经营，按照规模经济和标准产品的工业化模式发展。这种组织模式就是“旅游线路”，或称为“组团旅游”，其最初是建立在铁路交通的基础上，随后在高速公路、航空、高速铁路等交通运输工具进行推广与复制。

不仅如此，运输业的深入发展还使得借助于交通运输设施可以实现旅游者与旅游业诸要素——游览、住宿、餐饮、购物、娱乐、休闲的有机耦合，旅游者的行游比（旅途时间与游览时间的比例）趋于合理，“尺缩钟慢”的效应显现，节省旅游者大量的旅途时间，旅游活动的各个环节结合得更为紧密，保证旅游者的旅游质量。

运输业的发展也催生了新型旅游产品，为旅游产品的开发创新提供了现实的可能性。伴随综合运输体系的完善，新的运输格局出现，交通运输工具与旅游的组合形成一种新的旅游体验，交通运输设施的现代化进程创建了旅游新业态，形成一系列新的旅游方式和新产品，旅游产品结构也逐步完善与优化。

二、旅游业对运输业的拉动作用分析

（一）旅游业发展对运输业产生了强大的需求动力

旅游业的兴起和出游率提高，促进了交通运输工具的使用效率，对提高现代新型交通工具的客座利用率发挥着一定作用，以航空、高速铁路为代表的新型交通运输工具的交通生成量中旅游出行生成量占据一定的比例，甚至于在一些旅游城市和旅游目的地，如九寨沟、喀纳斯、丽江等地旅游者占据了相应航空客流的绝对比例。同时，旅游业的迅猛发展不断推动交通运输网络的超前规划，如果运输网络不能适应旅游业的发展，将会成为旅游业稳步发展的“瓶颈”，因此旅游业是影响综合运输体系规划的重要因素之一。

（二）旅游业的快速发展刺激了交通运输种类的需求

人们外出旅游，对交通运输种类的需求日趋多样化，这就使得交通运输种类进行细化，以满足不同行业、不同层次人士的多层次需求和特殊需求，针对游客求新、求异、求变，提供富有地方特色的交通运输方式，如旅游专列、旅游巴士、邮轮、游船、观光休闲车等。

（三）旅游质量的要求对运输业服务提出了新的挑战

服务质量是运输业服务的具体体现，旅游专线列车、旅游客车、游船等交通运输方式必须按照旅游部门要求的规范和标准提供服务，旅游过程中的运输服务应追求“定质化、个性化、多样化”，使自己的服务达到先进的国际标准。运输服务一直是旅客关注的话题，随着旅游业的发展，其质量要求更高，这对运输业服务提出了新的挑战，催生类似于“宾馆化”星级服务标准的出现。

总之，运输业是决定旅游业发展是否具有竞争力的基本要素，运输化水平决定了旅游化水平，而旅游业对运输业也具有一定的贡献率，二者存在非常明显的互动作用。其互动作用表现在：运输业为旅游业提供了强大的供给推力和发展基础的同时，旅游业的快速发展也对现代运输业的发展产生了强大的需求拉力，二者相互促进，良性发展。

第三节 旅游活动中的时空关系

一、时间和空间是旅游活动的本质属性

对旅游活动时空特性的认识，可以从学者们对旅游的概念及其特征的阐述中得知。比较有代表性的观点有，谢彦君认为：“旅游是个人以前往异地寻求愉悦为主要目的而度过的一种具有社会、休闲和消费属性的短暂经历。旅游的本质就是一种体验，而余暇和异地将这种体验与其他体验分离出来，赋予其独有的特征。”这里的“旅行”、“异地性”以及“逗留”、“短暂性”实际上就体现了旅游活动空间上的位移和时间的耗费。李天元认为“旅游是人们出于移民和就业任职以外的其他原因离开自己的长住地，前往异国他乡的旅行和逗留活动所引起的各种现象和关系的总和，而旅行和逗留是旅游活动的基本特征之一”。

从上可见旅游是时间和空间的有机统一形式。旅游活动是人们在其闲暇时间内进行的必须伴随空间位移的一种休闲形式，其中时间反映了旅游活动的顺序和过程，而空间则表达着旅游活动的目的和结果。其基本表现为旅游是旅游者特定的时间过程与空间活动相互结合、相互关联、相互作用所形成的不同的运动节奏。当我们考察旅游现象时，不能认为旅游仅仅是空间意义上的，或是脱离时空关系的独立事件，而应通过一定关系分析旅游如何同时在时间和空间中获得统一。没有关于时间的理论，旅游业特有的理论体系无法形成。同样地，由于旅游的异地性质，旅游的时间过程不能脱离和独立于旅游空间，必须和空间结合在一起形成完整的旅游时空系统。

二、旅游产品的时空特性

旅游产品是指为满足旅游者的愉悦需要而在一定地域上被生产或开发出来以供销售的物象与劳务的总和，它具有综合性、无形性、不可转移性、生产与消费不可分割性、异地消费性等特点。

旅游产品的不可转移性主要表现在旅游服务所凭借的吸引物和旅游设施无法从旅游目的地运输到客源所在地供游客消费。因此，旅游者要消费旅游商品就需要从客源地到目的地发生空间位移，而在空间位移过程中必然伴随着时间的耗费。旅游产品还可以看做是旅游者在旅游活动中的全部感受和经历，是商品化了的异地休闲活动过程，具有体验性特点。而这种体验性，就决定了在旅游消费或体验过程中，需要旅游者耗费一定的闲暇时间和发生一定的空间位移。事实上在商品经济条件下，商品供给者和需求者间的空间距离是客观存在的，任何商品交易活动都需要供求双方发生空间位移并伴随着时间耗费。只不过其他商品一般是可以转移的，即商品生产或经营者可以把这种商品运送到离消费者较近的地点进行销售，甚至送货上门。

由此可见，旅游活动的时空特性主要指的是，相对于一般消费活动，在整个旅游活动过程中，旅游消费者需要发生更多空间位移和耗费更多的闲暇时间。而这种空间位移和时间耗费由两部分组成，即客源地与目的地之间的空间位移和时间耗费以及在旅游目的地参观游览过程中的空间位移和时间耗费。显然，前者是由旅游产品的不可转移性决定的，而后者则主要是由旅游产品的体验性决定。此外，从这种时空特性的内在联系来看，从客源地到目的地的空间位移性很大程度上决定了此过程中的时间耗费；但在旅游目的地参观游览中的时间耗费一部分是由该过程中的空间位移决定，而另一部分则主要是因为旅游产品的消费需要旅游者花费时间用心去感受和体验。

根据此，可以引入“行游比”的概念，“行游比”是旅游者克服距离旅行的时间（阻力）与旅游者在目的地的滞留时间（引力）的比。也就是说，“行游比”即从旅游者的居住地（R）到旅游目的地（D）的旅途时间与在旅游目的地观光休闲度假的时间之比。“行游比”体现旅游产品的基本特性，反映旅游者对目的地的时间和距离的知觉感受，影响旅游者的旅游决策。单程旅途时间与滞留时间的比，称为单程“行游比”；来回旅行时间与滞留时间的比，称为双程“行游比”。一般情况下，只有当双程“行游比”小于1.5时，旅游者才会作出旅行的决策。如图18－1所示，$TD \geq T1 + T2$。对“行游比”中“行”的影响最大的就是旅游者在“行”上所花的时间，对“游”的影响最大的是旅游景区内吸引物的强度以及景区内兼具吸引性的非快速交通。

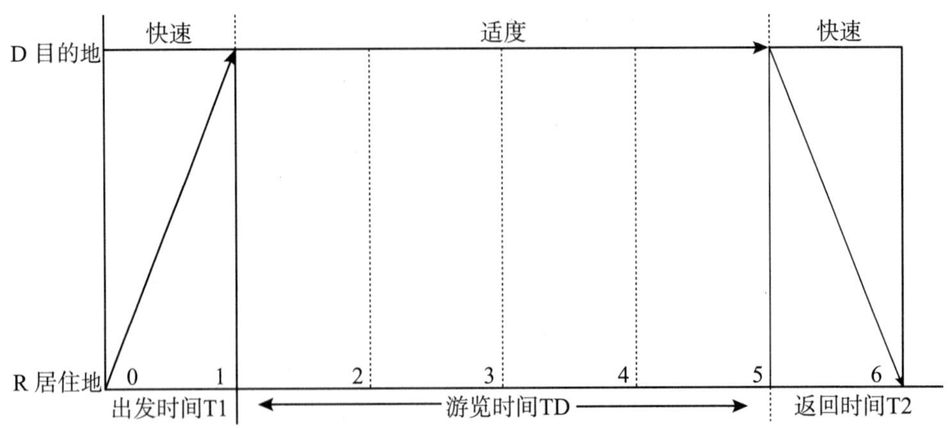

图 18－1　“行游比”所反映的旅游业时空特性

从“行游比”的分析可以认识到，从旅游者居住地到旅游目的地虽然路途遥远，虽然远隔千山万水，但时间的要求甚为苛刻，要求尽量压缩，旅游者恨不能一步达到自己憧憬之地；而达到旅游目的地只要是旅游者所期望的风景与景物，在休假时间和生理条件允许的情况，旅游者愿意花费尽量多的时间去逐一品味；而当旅游体验完成，旅游者因为长时间滞留异地，愿意很快返回家中。因此，只有当交通运输业发达到一定程度、运输业与旅游业耦合到一定程度才能形成旅游者科学合理的“行游比”。

对于一些特定旅游吸引物，其产品具有特殊的时空特性，在不同时间段体现出的价值不尽相同，如贵州百里杜鹃林 4 月底与 5 月初景观最为壮观、呼伦贝尔草原在夏季最为苍翠、钱塘江大潮最佳观赏时间在中秋前后、香山红叶最盛时间在深秋、吉林的雾凇最佳观赏时间在冬季、泰山日出是凌晨最绚丽的景观，而我国最北端的漠河观赏极光景象则在夜间，这些旅游吸引物在一年、一天的特定时段内表现出最大的旅游价值。一些特殊的旅游景观时空特性有些随机性，如海市蜃楼无规则出现，峨眉山佛光常常出现在上午与下午的特定时刻。旅游业的这些时空特性对旅游企业的经营和旅游产品组织产生深刻的影响。

三、旅游时空特性对旅游需求与供给的影响

（一）时空特性对旅游需求的影响

按照经济学的理解，旅游需求是指旅游者在一定时期内各个价格水平下愿意

并且能够购买的旅游产品或服务的数量。从这个定义我们可以看出，旅游动机或意愿是产生旅游需求的首要主观条件，而要实现这种需求还必须向旅游供给方支付一定的费用。因而，旅游需求的实现必须依赖于一定收入条件下所形成的支付能力。但是，任何一个旅游消费者的收入肯定是有限的，而且有限的收入还可以购买除旅游产品或服务外的其他商品。因此，有限的收入和收入用途的广泛性就形成了旅游者在购买旅游产品或服务时的收入约束。

收入约束因素主要控制旅游者旅行距离的长短，即空间距离成为影响旅游需求的因素。但距离是时间和费用的结合物，而不只是实际公里数。这就是为什么直达或廉价的新交通线能够使目的地不受约束，而中转次数多的目的地由于耗费时间过多而不受欢迎的原因。一般来说，空间距离越长的目的地需要的时间和金钱越多，准备去那里旅游的人就越少。然而，还有一种最短距离，在此距离之内人们觉得没有离开家，也很可能不去那儿旅行，也就形不成旅游行为。

时间和距离一样对旅游具有巨大的约束力，在旅游消费过程中除了支付一定的费用外，还伴随着时间的耗费，而且这种时间通常是旅游者在日常工作、学习、生活之余的闲暇时间。显然，每个旅游者的闲暇时间是有限的，而有限的闲暇时间也可以用来参与其他休闲活动，这就形成了对旅游消费者的时间约束。因而，人们所从事工作的机构给予的休假权利和时间的长短对旅游可能产生巨大的影响。在多数国家，在职人员的休假权利与时间普遍有所增加，很多国家规定了法定最短期限。随着时间的延长，更多的人准备延长外出旅游的时间。

虽然旅游时间的选定一般不会影响总需求，但却会影响旅游价格。旅游时间的选定不只受到气候的制约，而且为公共假日、学校假期等所左右。这些因素常常结合起来形成高峰季节，此时旅游需求常常超过供给，以致价格偏高。于是，旅游供应商们，如酒店管理者和航空公司等便在不同季节通过调整价格去影响需求。尽管这样，旅游时间的季节性十分明显，我国旅游的旺季常常集中在5~10月。

因此可以说，在既定的收入水平和闲暇时间下，旅游活动的空间位移与时间耗费形成了对旅游消费者的双重约束，一般情况下与旅游需求量呈负相关关系。

（二）时空特性对旅游供给的影响

旅游活动的时空特性对旅游供给也产生直接影响。首先，旅游活动的空间位移性表明，旅游经营者在提供旅游产品时必须考虑完成空间位移的交通运输问题。其次，时空特性影响了旅游资源开发与旅游线路设计。在旅游资源开发与旅游线路设计中，为了更好地满足旅游者的需求，旅游经营者必须对游览景点进行合理的空间布局，使旅游消费者在游览过程中享受愉悦感的同时，感觉不到这种时间消耗与空间位移的浪费，即提高时间耗费与空间位移的使用效率。最后，旅游线路的营销与宣传也融入了时空因素。旅游经营者在进行旅游线路营销或宣传时，往往会给旅游线路一个比较明确的时空概念。比如“海南双飞5日游”，在这个宣传标语中就显示出了旅游目的地是海南，而完成空间位移的交通工具是飞机，且整个旅游活动的时间耗费大概是5天。

第四节　旅游业与综合交通的相互促进

在产业融合背景下，运输业和旅游业的融合已经成为一个趋势，一方面综合交通运输从内涵上发挥不同交通运输方式的优势，逐渐适应旅游业时空特性和快速发展的趋势，以优化旅游业的时空结构，构建“食、住、行、游、购、娱乐”等产业要素最合理的时空链条；从外延上综合交通运输整合外部的景观、文化、游憩与土地资源，实现与外部旅游资源的一体化发展。另一方面，旅游业要针对运输业供给规模越来越大的状况，通过旅游经济组织的介入，推进综合运输满足巨大而分散的旅游需求。

一、适应旅游业时空特性的综合交通运输

随着我国以航空、高速公路、高速铁路、城市轨道交通等为核心的综合交通运输体系的建设，尤其是高速化交通设施的建设，旅游活动的性质、方式和频率发生了突变，很多空间点的距离已经跨越了“时间门槛”，交通速度变化带来的“时间距离”的缩小，不仅大大扩展了旅游者的旅行距离和旅游客源市场格局，而且也使得大部分选择假期出游的旅游者出行旅游的从容和交通运输工具选择的多样性。但是，运输业适应旅游业时空特性不仅仅体现在速度上，还有考虑与外部资源一体化发展问题和特殊区域的交通运输的速率问题，以实现旅游时空结构的合理化。

（一）推进综合交通运输与外部旅游资源的一体化整合

发挥综合交通运输的整合作用，推进综合交通运输在不同层面与外部旅游资源进行一体化有机整合，实现交通运输与外部旅游资源的对接，不仅叠加了外部旅游资源的功能与服务，而且延伸了综合交通运输的功能，形成了综合交通与旅游的复合体。同时在特殊地段强化交通道路的品质，形成了特殊性的交通道路体系。

（二）加强各种交通运输工具的旅游功能衔接

服务于旅游的综合交通运输建设要从初级的“通”，中级的“快”，到最终发展为“快”、“灵”。“快”指从始点出发到旅游目的地的途中速度要快，时间要少；“灵”指交通方式的衔接紧凑、方便、可靠，即要减少旅游者中转和候车（机、船）时间。航空、铁路、公路、水运是旅游者进入旅游目的地的主要交通运输线，由于旅游者活动的多样性与变化性，导致交通运输工具的不断更迭，所以既要考虑交通运输工具的速度问题，又要考虑各种交通运输工具之间的“无缝”衔接。因此，随着旅游业深入发展对时空压缩的“行游比”特殊需求，综合交通运输体系的建设要考虑旅游的功能，各种运输方式与旅游服务之间形成有机配合，根据旅游活动的时空特征与规模，建设服务旅游活动的专门性交通运输线路，实现客源地与目的地之间、目的地景区之间的有效连接；创造直达和直航的良好交通条件，开展旅游直达运输以减少旅游中转时间；配置旅游集散中心、游客服务中心等相应的旅游交通运输衔接设施，架构交通枢纽与城市目的地、城郊目的地的旅游活动纽带等，真正实现针对旅游活动的连续、无缝衔接和一体化运输服务。

（三）现代高速交通工具建设与运行要考虑旅游流的时空特征

现代高速交通工具的建设开通推动旅游业的发展，同时高速交通工具的效益也需要旅游业的支撑，旅游业对提高现代高速交通的上座率发挥着一定作用，以高铁为代表的新型交通运输工具的旅游出行生成量在整个交通量中占据一定的比例，需要在交通运输设施设计、运行图及时刻安排和价格制定与优惠上充分关注旅游流的时空特征和规模价值，引导旅游流向新型高速交通工具的集聚，摆脱目前以高铁为代表的高速交通上座率不高的问题。如春秋航空作为我国第一家旅行社出身的航空公司，定位于服务旅游的廉价航空公司，机票的低廉和航班的常年满座保证了交通运输资源的充分利用和企业效益的稳定。

（四）优化交通时刻表的旅游业特点

旅游业的时空特性使得如何根据销售时点与使用时点之间的时段差异制定不同的销售策略，成为旅游企业“收益管理”的重点内容。优化交通时刻表是旅游企业“收益管理”的重要内容。旅游活动有较强的季节性，旅游季节不同，对旅游交通的需求量也不同。旺季时，旅游交通的供给紧张；淡季时，旅游交通供给可能过剩。针对不同情况，旅游部门和交通运输部门应注意做好协调工作。

应根据季节的变换，优化交通旅游线路，调整交通时刻表，把交通运输资源体现出来的时间价值反映到旅游业之中。

（五）推进旅游景区交通运输建设的体验化

旅游活动的位移服务与价值链条的速率受到旅游业内在特性的约束，其合理流程包括让游人在景区内停留足够长时间，相应位移的速度就不能过快反而应该适当地慢。因而，针对旅游服务链条的这种特质，旅游景区交通运输建设应当具有自身的特色，反映旅游业特有的时空特性。

一是在景区交通规划上，更多地考虑时空因素的结合，彰显“因时、因地、因景、因人”的规划理念，创造特色旅游交通运输设施，杜绝仅仅以速率为价值取向的快速交通和宽阔交通运输设施的建设，这不仅是反映交通运输设施建设中对生态环境的尊重，而且也遵循了旅游业固有的时空特征。二是在景区道路交通设施建设中推行将交通运输与风景欣赏、休闲活动结合为一体的风景道建设，以适宜性和舒适性为主，创造一种不以速度为主要选择指标并能吸纳自然与地方文化元素，将交通运输设施转变成一种特色线路旅游产品的专项交通道路，把单调的交通位移转变成一种身心愉悦的审美活动。三是景区内推广使用电瓶车、竹筏、溜索等带有体验性的特种交通设施，在交通运输工具上感受自然文化，实现交通位移服务与旅游欣赏体验的有机结合，这样达到符合旅游者真正体验需要的时空匹配。

二、构建服务于综合交通运输的旅游经济组织

（一）鼓励旅游企业介入运输业销售

在旅游业发展早期运营比较好的多是能拿到交通运输时刻资源（如火车票）的交通旅行社，因为其掌握了火车票就能够合理地安排旅游的时空结构，保证旅游者旅游活动的时空衔接。随着旅游业的发展，大量的社会旅行社（旅游代理商）或旅游企业通过自己的社会网络系统，能把分散的旅游需求集中化，以获得交通运输时刻资源的优惠权和优先权；对旅游者来说，这些社会旅行社或旅游企业能够对旅游者施加影响的主要是价格优势，这来自他们因大量购买交通所得的优惠和及时性。除了利用社会旅行社或旅行代理商购买，还出现以电脑预订为模式的携程旅行网、“驴妈妈”等为代表的新型旅游经营企业，提供了一种新的旅游服务方式，极大地方便了广大的旅行者，也扩大运输业的销售规模，从而形

成了旅游业与运输业共赢的模式。因此，应当鼓励旅游企业介入交通运输的销售之中，以改变交通运输服务落后的状况。

（二）推进旅游企业与交通运输部门的合作与联动

旅游目的地要“围绕交通办旅游”，旅游企业加强交通运输部门的合作与联动，利用旅游企业对旅游市场灵敏的反馈系统，依托交通运输网络开发旅游线路市场，引导旅游流的流动，充分创造合理可行的旅游时空条件。如利用航空条件，大力发展通往主要旅游客源地的直飞旅游包机；根据旅游市场需求在旅游旺季适时开通临时旅游列车、旅游专列、旅游客运专线、旅游观光巴士等；以及利用内陆河流港口和海港条件，开辟水上旅游线，发展海上游艇旅游以及远洋豪华邮轮旅游等。

（三）开发交通旅游产品

狭义的旅游是指在旅游景点的活动或称为在出行目的地的活动；广义的旅游指整个旅游过程，是一个出行活动的全过程，包含其中发生的一切活动，经历的所有事件，接触的全部景、物、人，产生的各种情感、文化、生活的变化。交通运输作为旅游中时间、费用消耗最大的一项，必然是旅游的主要组成内容之一，而按广义的概念，则更是精彩多变、充满想象和新鲜感的重要组成内容。因此，充分满足旅游过程和旅游者各方面不同层次的要求，是交通运输作为旅游重要内容的最基本、最起码的功能；更生动、更有发展潜力的是将交通运输作为旅游的重要内容，精心策划、精心组织，不但可以使旅游圆满顺利，还可使旅游价值涵盖全过程，创造新的旅游项目，拓展旅游业发展的领域。交通旅游产品是交通旅游的最主要内容，包括公路、铁路、航空、水陆的旅游产品，其关键是增强交通的旅游特性。例如旅游观光列车，其旅游线路安排、内部装饰和服务，都应考虑设计特色文化与旅游内容。

第五节　风景道的概念与发展

一、风景道的概念

风景道（scenic byways）是欧美国家近 30 年兴起的对道路生态、资源和品质保护与建设的体系，是其百余年来注重生态环境和自然文化遗产保护和管理的延续与发展，反映了道路工程技术与生态环境、历史文化、景观游憩的有机结合，也是生态文明的一种发展。

美国是风景道的起源地，依据1995年正式颁布的《国家风景道计划》（National Scenic Byway Program，NSBP），风景道是指"路旁或视域之内拥有审美风景、自然、文化、历史、游憩价值、考古学上值得保存和修复的景观道路"。遗产廊道（Heritage Corridors）、文化线路（Culture Routes）、历史路（Historic Roads）、风景路（Scenic Roads）、公园道（Parkway）、风景道（Scenic Byway）、风景公路（Scenic Highway）、风景驾车道（Scenic Drive）、风景线路（Scenic Routes）、绿道（Greenway）、自然风景路（Natural Beauty Roads）等各类专用道路，按照NSBP制定的标准，通过官方认定后，可以成为国家风景道体系中的一员。目前，欧美等国家和地区已经涌现了一大批优秀并且闻名于世的风景道，如作为泛美风景道的美国蓝岭风景道（Blue Ridge Parkway）、德国的浪漫之路和城堡之路等。

一方面风景道是综合交通运输内部系统中公路网的一个组成部分，是重要的交通基础设施；另一方面，风景道很好地体现综合交通运输一体化的思想理念，是交通运输资源与外部游憩资源、文化资源、土地资源、游憩资源的一体化整合所形成的复合体和最佳契合点。风景道能够促进道路的交通、景观、游憩和保护等多重功能有机整合，从多式联运、综合性和一体化角度，更综合地考虑公路网对整个社会、经济、环境、游憩和能源等的影响，更多地顾及可持续性、人性化与人本关怀，社会公平，使公路网向着联运及包括土地、环境、景观、游憩、能源等更加综合、更加协调和可持续的方向发展。

二、美国国家风景道体系的发展

（一）萌芽阶段（1700～1930年）

以绿道和公园道为代表的绿带式景观道路是风景道早期的表现形态。这一阶段出现了一些景观轴线、欧洲的林荫大道以及美国19世纪的公园道及公园系统，它们把绿色引入城市，是具有游憩、生态、美学等多种意义的公园道和绿道，也是风景道的雏形。

（二）初步发展（1930～1967年）

美国以及欧洲一些国家开始有意识、有组织地规划设计风景道，强调在交通公路中突出景观特征和旅游功能，在设计上更加偏重对景观、文化和生态环境的保护，以增强道路的吸引力。其中的标志性事件是1933年开始规划建设的蓝岭风景道。随着汽车发展和汽车服务的兴起以及户外游憩兴趣的增加，行程本身已成为一个主要的激励，极大地促进了风景道在欧美等国家的发展。

（三）迅速发展（1967～1991年）

1967年美国《风景和休闲道路法》出台，标志着风景道理念受到了国家立法层面的高度重视，美国各州风景道项目自此得到蓬勃发展。美国国会于20世纪70年代至90年代数次专门授权联邦公路管理局，针对国家风景公路体系的建立进行可行性研究和全国风景道现状进行全面调查研究，对风景道的各类研究涉及交通设计、遗产保护、景观设计、风景展示、旅游游憩等多方面。

（四）规范发展（1991年至今）

1991年12月，美国国会正式通过了《多式联运地面运输效率法》，该法包含了国家风景道计划。在此基础上，联邦公路管理局于1995年正式颁布《国家风景道计划》，建立了由国家级风景道、州级风景道和地方级风景道构成的国家风景道体系（NSB）。美国分别于1996年、1998年、2000年、2002年、2005年和2009年，分6批共计评选出了37条泛美风景道和170条国家风景道，遍布50个州，各类风景道的总长度达24 548英里。国家风景道体系目前已成为美国国家道路网中的一个重要组成部分，成为了国民体验国土上美丽的自然和人文景观的重要场所，成为了重要的线性旅游吸引物，尤其是级别最高的泛美风景道往往成为了旅游目的地。与此同时，风景道在促进公路网规划、城市建设、景观设计、文化保护、生态环境和带动地方经济发展等方面的功能和作用得到了充分彰显，获得了地方政府、民众以及开发商的青睐。

三、中国发展风景道的必要性和迫切性

综合交通运输时代对我国公路网建设提出了更高的要求。要求公路网建设从单纯重视增加运输能力，到更注重整个网络的综合效率和环境友好，通过系统内部途径和外部途径耦合实现以最低资源环境成本最高效率地满足社会、经济、环境发展的需求。要求道路建设在技术层面上改变不重视与景观、城市、旅游、文化和生态环境等相关规划的协调和兼顾，从综合性、一体化的全新角度更加关注公路网系统与各种外部环境之间的协调。而风景道所具有的功能和作用，对于转

型期的我国公路网建设具有十分重大的理论和实践意义。

我国幅员辽阔、山川壮美、历史文化悠久、民俗风情浓郁，各地自然人文资源极为丰富和独具特色，为开发建设不同类型的风景道，提供了比其他国家更为优越的条件。近年来高速公路建设突飞猛进，截至2010年年末，高速公路通车里程已达7.4万公里，位居世界第二。私人汽车迅猛增长，由2000年的625.3万辆增加到2011年7月的7 000万辆。自驾车旅游浪潮的兴起，引发了游客对休闲性与体验性风景道的巨大需求。各地旅游公路、生态公路、风景道路、遗产廊道和绿道等各类泛风景道呈现出的蓬勃发展之势，也折射出了未来我国公路网发展中应该高度重视风景道建设的巨大社会需求，风景道将促进在公路网建设中使国家十分珍贵的自然人文资源巨大潜力得以释放，并造福于社会和民众。

风景道建设是我国公路网发展的必然客观要求，必须充分认识这一发展的必要性和紧迫性，为此，应该在思想与战略层面高度重视风景道发展。必须从顶层设计和战略层面高度重视我国公路网发展中风景道的建设，使其成为综合交通体系中不可或缺的组成部分；体制与机制层面，则需要成立国家风景道管理机构。风景道发展中一定要改变传统的单方式运输管理体制，建立统筹国土、建设、旅游、景观、能源、环境等多部门的综合管理部门，并实施综合性的政策、法规与规划。在现体制下，建议可由交通运输部牵头，联合国家发改委、住建部、环保部、国家旅游局、文物局等成立国家风景道管理协调机构，对风景道的规划、建设以及运营等进行统一管理和协调，并积极开展风景道科学研究和实践工作。我国幅员辽阔，人文和自然环境差异较大，与国外相比，风景道无论在理论体系构建和实践工作中都会有许多差异。为此，高校、科研机构和政府主管部门应当加强风景道理论和实证研究工作，在对国外风景道理论与实践进行深入和系统研究基础上，构建具有中国特色的风景道理论，同时把理论研究成果进行转化，迅速推进风景道在中国的实践。

第十九章

综合交通运输体现的社会公平与和谐

第一节　综合交通运输体系的社会公平性

一、综合交通运输系统社会公平性的含义

综合交通运输体系的社会公平性具有多种层次和多种角度。总体来看，综合交通运输的社会公平性是指通过政策制定、市场导向、投资决策、交通规划等手段将有限的交通资源在地区间、城乡间、社会各群体间公平合理地配置，达到保障交通资源合理布局、社会成员享受均等运输服务和出行机会的目的，使全社会各地区、各阶层、各群体民众能充分享受到交通发展与改革的丰硕成果，充分体现交通事业的社会性、共用性和公益性。

综合交通运输体系的社会公平性可以分为区域公平、群体公平和外部公平。区域公平是从空间的角度来考察交通设施分布的公平性问题，主要包括不同地区之间的交通资源配置是否公平，交通资源是否成为地区间社会经济发展差异的因素，或者对某地区而言，它从交通资源建设和使用中获得的利益和相应的付出是否对等。我国目前的交通运输区域不公平主要存在于东部地区与中西部地区的交通运输资源的配置差异方面。

群体公平是指交通运输资源在不同群体间公平的配置。交通运输作为社会服务系统，其服务对象既有强势群体，也有弱势群体。弱势群体主要是指在社会上处于经济、社会不利地位的人群，即老弱病残贫人群。而综合交通运输系统必须为这些弱势群体提供基本的可达性，不能过于偏向强势群体，却损害弱势群体的权利。

综合交通运输系统的社会公平性还包括外部公平性，主要是指交通运输活动产生的外部性所带来的社会公平问题。外部性是指某一个人或单位的生产或消费行为给他人强加了成本或收益。交通运输业既可以给周边地区带来降低运输成本、促进地价上涨、方便人们生产和生活、有利贸易和旅游产业发展等正外部性，也会带来的交通事故、生态环境破坏、资源耗用等负外部性。外部性导致私人利益与社会利益、私人成本与社会成本偏离，扭曲社会激励，造成资源配置失误。而且，无论是正的外部利益还是负的外部成本，都是在非自愿的基础上强加给他人的，本身就是不公平的。此外，在外部性的分担上，有的群体或地区更多地享受了外部利益，而有的群体或地区则承受了更多的外部成本，这也导致了不公平。

二、我国现阶段的运输系统在公平性上存在的问题

（一）区域间存在的社会公平性问题

1. 各种交通方式的路网密度存在不平衡

我国东、中、西部地区①各种运输方式路网密度如表 19－1 所示。

表 19－1　　2009 年年底我国各区域路网密度　　单位：公里/万平方千米

地区	铁路	公路	高速公路	内河航道
全国平均	90.50	4 085.57	68.84	130.88
东部地区	212.83	10 585.72	268.89	611.08
中部地区	184.66	7 739.95	124.48	211.74
西部地区	48.70	2 237.18	27.64	46.52

资料来源：根据 2010 年《中国交通年鉴》计算。

① 根据《中国交通年鉴》，东部地区包括北京、天津、辽宁、上海、江苏、浙江、福建、山东、广东、海南。中部地区包括：河北、山西、黑龙江、安徽、江西、河南、湖北、湖南、吉林。西部地区包括：内蒙古、广西、重庆、四川、贵州、云南、西藏、陕西、甘肃、青海、宁夏、新疆。（下同）

从表19－1中可以看出，我国综合交通路网密度在区域上存在很大的不均衡。其中东部地区的铁路路网密度、公路路网密度、高速公路路网密度、内河航道密度分别是西部地区的4.37倍、4.73倍、9.73倍、13.14倍，中部地区分别是西部地区的3.79倍、3.46倍、4.50倍、4.55倍。由此可以看出，东、中、西部在路网密度方面呈现出明显的阶梯状差距。

2. 综合交通基础设施质量在区域之间存在着不均衡

由表19－2可以看出，东、中、西在公路路网等级方面存在着巨大的差距。每1万平方千米拥有等级公路的情况，东部地区是西部地区的6.18倍，中部地区是西部地区的4.11倍。而在等级公路中，每1万平方千米拥有的高速公路、一级公路、二级公路、三级公路、四级公路，东部地区分别为西部地区的9.73倍、26.76倍、10.34倍、6.21倍、5.41倍，中部地区分别为4.50倍、4.76倍、5.18倍、3.51倍、4.09倍。由此可见，西部地区高等级公路的路网密度，与东部、中部相比有很大的差距。

表19－2　2009年各区域每1万平方千米拥有公路网等级情况

单位：公里/万平方千米

地区	等级公路						等外公路
	高速	一级	二级	三级	四级	合计	
东部地区	268.89	409.98	1 228.30	1 263.03	6 407.01	9 577.21	1 008.52
中部地区	124.48	72.94	614.75	714.42	4 843.01	6 369.60	1 370.35
西部地区	27.64	15.32	118.76	203.25	1 184.36	1 549.33	687.87

资料来源：数据根据2010年《中国交通年鉴》计算。

3. 运输能力在区域之间存在不平衡

西部地区目前只有东西向的陆桥、长江、贵昆三大通道，缺少南北向通道，西北与西南没有直接联系的通道。西部地区与东、中部地区的联系，虽然初步形成了由五种交通运输方式相互配合组成的运输通道，但其通达程度以及能力规模尚不能满足西部地区经济社会发展的需求，致使西部地区对外的客货运输不够通畅。

由于我国目前东部、中部与西部在交通基础设施水平上存在较大的差距，东部地区基础设施建设已经进入“基本适应型”阶段，某些指标甚至已经达到中等收入国家水平；中部地区交通线路网络密度也远高于全国平均水平，线路长度在全国的比重也高于经济总量在全国的比重，属于“随后—跟进型”；而西部地区则属于滞后状态，存在问题较大，主要存在“一差两低三不足”的问题。“一差”是指西部地区公路网的行车条件差；“两低”是指地区公路技术等级和通达水平低；“三不足”是指西部地区公路交通建设资金不足、自身发展能力不足和支持保障不足。由此可以看出，我国区域交通发展存在很大的不公平性。

（二）群体间存在的社会公平性问题

1. 生理性弱势群体面临的交通公平问题

生理性弱势群体主要包括老、幼、病、残、孕等，在交通方面他们比普通人受到更多的限制，一般的交通设施和服务方式难以满足其基本交通需求。这一群体只有在无障碍的交通环境中才能享有和普通人群平等的出行机会和出行条件。

我国无障碍交通环境建设起步较晚，已建成的公共建筑、道路设施大多数都是按照健全成年人的行为模式和使用习惯进行设计的，而老、幼、病、残、孕这些生理性弱势群体则无法正常使用。虽然已经制定了《城市道路和建筑物无障碍设计规范》等文件，但相关政策的执行力度不够，无障碍交通设施的设计和开发还有待于完善，现有无障碍交通设施的管理还有待规范化，公众的无障碍交通意识还比较淡薄。由于上述问题的存在，我国生理性弱势群体的出行特别是单独出行仍面临较多困难，有些基本交通需要得不到有效满足。

2. 社会性弱势群体的交通问题

社会性弱势群体主要指低收入者，他们对交通服务价格的承受力差，受自身经济条件约束，可选择的交通方式相对较少。随着社会的进步，这一群体的出行次数与出行距离都在逐步增长，交通需求强度不断提高，需要更多大众化、经济型的交通方式来满足其需求。但从我国近年来交通运输发展的实际情况来看，片面追求高速、豪华，导致票价贵、买票难的现象逐年加剧，让这部分弱势群体的交通利益受到了一定程度的损害。

3. 城市交通中不同群体路权分配的不公平

其一是行人路权。目前交通运输设施规划上“重车轻人”现象比较严重，建设的是“车性”的交通运输系统而非“人性”的交通运输系统，重视车行道的建设，轻视人行道的建设，轻视行人道路系统的建设，轻视行人横过道路设施的建设。我们城市中的便道往往被摆摊、广告柱等占用了，行人行路十分不便，危险性也比较高。

其二是自行车路权。在环保、安全日益成为时代主题的今天，重视发展自行车道也是以人为本的必然要求，自行车曾经一度是我国城市最主要的交通方式，但它的路权却越来越难以得到保障。近年来，随着城市建设的发展，机动车道越来越宽阔，日益挤占了自行车道和其他非机动车道的空间，在很多地方市民们面临有车无道的困境。

（三）外部性产生的社会公平性问题分析

交通运输具有很强的外部性特征。交通运输为社会提供了相当大的经济和社会效益，它带来的利益可能超过了人们直接对其支付的费用，所以存在外部利益；同时交通运输也会对环境产生过度的冲击，当今运输业的发展大大增加了交通事故、噪声、污染及气候变化等不良影响，而且当交通拥挤超过一定程度，运输服务自身则不能以一种完全有效率的方式为人们提供服务，这些都带来了运输的外部成本。表 19－3 具体说明了交通运输产生的各种负外部性。

表 19－3　　交通运输负外部性的具体内容

主要项目	具体内容	
资源占用	土地	土地占用，即对土壤条件的破坏
	能源	对可再生及不可再生能源的消耗
大气污染	常规排放	碳氢化合物、一氧化碳、氮氢化合物、粉尘、铅等污染物
	温室气体	致使全球变暖的 CO_2 等气体
噪声污染	交通所引起的震动和噪声	
水污染	地表径流对表面水体及地下水的污染，道路建设对水流的影响	
固体废物	废弃的运输工具（车辆、船等）与运输路段等基础设施	
生态破坏	上述环境污染对整个生态环境造成不同程度的破坏	
交通拥堵	时间价值损失，并会使大气污染和噪声污染加剧	
交通事故	财产损失，人身伤亡	
公平性缺失	非机动化出行或贫困人口因私人机动车化水平增高而减少的交通选择	

现有体制下，运输业一方面较难从外部利益中获得好处，致使许多公益性的交通运输建设项目无法上马，导致运输供给短缺；另一方面又无需负担外部成本，对交通运输带来的大量环境污染、景观破坏等听之任之，这显然是不公平的。从交通运输受影响者角度来看，有的个人或地区更多是享受外部利益，而有的个人或地区更多是承担外部成本，这也不公平。

三、现阶段促进运输系统社会公平性的对策建议

（一）针对区域间社会公平性的对策建议

其一，发挥各级政府在交通运输建设中的主导作用，采取适当的优惠政策。

交通运输系统基础设施的建设属于投资额大、潜力大的项目，并且具有公益性质，这都决定了西部地区的交通运输不能仅仅依靠市场，更需要各级政府的支持，所以各级政府必须发挥先导和主导作用。其二，采取多种途径、多渠道地筹措交通建设资金，加大对西部地区的运输基础设施的投入。其三，深化改革，创造良好的发展环境，发挥市场机制的基础性作用。依靠科技进步，加强技术攻坚，全面提升路网质量和装备技术水平。其四，加强发展西部地区的管道运输。西部是我国石油、天然气的主要产地，如果这些资源依靠铁路、公路来运输，不仅拉长了运输时间，而且增加了运输成本，如果采取成本较低的管道运输方式，就能达到省时又省钱的目的。其五，保护好西部的生态资源环境。生态环境是西部经济发展的基础，在进行西部交通建设的时候，要重视生态环境的保护和建设。

（二）针对群体间社会公平性的对策建议

1. 优先发展公共交通

从资源消耗与成本、价格、道路空间利用率来分析，与私家车相比，公共交通是道路和资源利用率更高的交通方式。公交优先策略的宗旨是解决交通堵塞，控制私人小汽车的使用量，优先发展公共交通和低能耗、低污染的出行方式，从而为出行效率高、占有交通资源少、消耗能源低的公交使用者提供快速、便捷、安全、舒适的公共交通服务水平。优先发展为大多数人提供服务的公共交通体系也是以人为本、关注交通能力相对较低的弱势群体的体现。

2. 为生理性弱势群体创造无障碍交通环境

加强《城市道路和建筑物无障碍设计规范》等相关政策的执法力度，城市新建的交通基础设施的设计和施工一定要严格按照《城市道路和建筑物无障碍设计规范》等规定来执行。对现有的无障碍交通设施进行管理，针对目前无障碍交通设施被占用的情况，如坡道的出口及盲道被占用等现象，有关部门应予以及时地清理，并对相关的责任人进行处罚。提高公众的无障碍交通意识，全社会应尽快建立起尊重弱势群体的文化氛围，使弱势群体的出行权利受到社会尊重，出行条件受到各方保障。

3. 满足社会性弱势群体的交通需求

交通运输企业应根据社会的需求结构满足群众的出行需要，做到高、中、低档运输产品齐全，供不同需求的群体选择。不能仅盯住满足富裕人群需求的高速、奢华的交通供给，还应保障社会性弱势群体的出行需求。目前铁路出现的“被高速”现象，就使广大农民工的出行需求受到了很大的影响。此外，政府要加大对社会性弱势群体的转移支付力度，由财政为收入较低的弱势群体提供交通补贴，对老人、学生、儿童等低收入人群给予特殊优惠票价等，保障这部分弱势群体的出行权利。

4. 保证自行车和行人路权

自行车方便又健身，是国际公认的“零排放”环保出行方式。在自行车出行方面，应该将非机动车道设置为标准的3.5米宽，同时在机动车与非机动车道间进行物理隔离，通过这些措施，确保自行车出行者“行者有其道”，保障出行者的安全。

目前，我国绝大多数城市的交通规划主要是满足日益增长的机动车出行需求，步行交通规划往往被忽视。在进行步行交通规划时，应围绕步行者的出行需求，充分体现以人为本的原则。在市中心商业繁华的地区开辟步行街区，将机动车交通分离出去；在人流车流繁忙地段规划高效安全的行人过街设施；人行道应与公共交通有机衔接；同时设置绿化带，创造舒适的、吸引行人的步行环境。

（三）针对外部性不公平的对策建议

有两种方式能从一定程度上消除负外部性带来的不公平：一是税收和收费，包括排污收费、产品收费、车辆里程税、汽油和柴油税、道路堵塞税等。税收和收费是目前各国运用最普遍的经济手段。通过这种方式，可以正确引导居民出行的交通行为，改善交通拥挤现象。同时可从税收中抽取一定的资金实施一些计划项目，如提高道路安全性、减少废气排放、美化环境等，从而弥补交通运输的外部成本造成的不良影响。二是制定合理的价格政策，这是利用市场机制作用的一种经济手段。运输产品的定价要体现全部成本，将外部成本内部化。对于高能耗、高污染的运输产品，提高这部分运输产品的价格，会从一定程度上降低该产品的产量，从而减少其负外部性。

对于具有较大正外部性的交通运输企业，在资金方面，政府应该给予补贴；在经营管理方面，政府和有关部门应当出台相关政策扶植这部分交通产品的发展。以轨道交通产品为例，轨道交通产品就是一种存在着巨大正外部性的典型产品。为了实现资源的有效配置，在解决轨道交通的外部性时有两种模式可以选择：一是政府对轨道交通的建设和运营过程中给予补贴；二是通过给予轨道交通企业沿线房地产开发权或者其他经营优先权等，使轨道交通企业将外部利益内部化。

第二节　综合交通运输体系的社会和谐性

一、和谐交通的核心思想

构建和谐交通，首先必须强调“以人为本”的核心思想。“以人为本”中的“人”指“人民”，“本”就是“根本利益”。“以人为本”是建设社会主义和谐社会的本质要求，也是构建和谐交通的出发点。公平和谐的综合交通运输系统，就是要把交通发展的重心，放在满足人民群众的多方面需求和促进人的全面发展上来，把“更好地为公众服务”作为交通工作的核心价值，把不断满足人们的出行需求作为交通工作的最终目的。在交通工作的各个方面，体现对人的关注，体现人性化的要求，注重公众服务安全性、方便性、舒适性、愉悦性的和谐统一，为人民群众提供最大限度的出行方便。

从科学发展观来看，所有的物化过程只是人的发展手段，我国的综合交通运输系统建设也是如此。当前，随着我国经济的快速发展和人民生活水平的不断提高，人们的出行需求急剧增长，各种交通工具数量大增，交通矛盾亦趋尖锐。因此，为适应我国经济发展和构建和谐社会的要求，我们需要以科学发展观为指导，对交通全面、协调和可持续发展问题进行深入全面研究，从安全、舒适、便捷、低碳、环保、可持续、多样化等特征入手，建立一个和谐发展的综合交通运输系统。

构建和谐交通，还必须与社会经济发展水平相适应。作为和谐社会的有机组成部分，公平、和谐的综合交通运输体系是适应国民经济发展、群众出行和国防安全的需要，且与自然环境协调，系统内部各子系统相协调的运输方式。

综合交通系统作为经济大系统中的一个子系统，与经济发展的关系是复杂而密切的，两者在多方位和多层次上相互作用。经济系统是在一定范围内具有特定结构和功能的系统，是一个开放的动态整体，它与一定的空间范围有关，并由经济单元相互联系而构成一个有机整体。交通运输和经济存在密切的联系，任何一方的变化都会对另一方产生影响，两者之间的作用是相互的。

交通运输与经济发展的内在机制就是两者的相互作用机制。首先，作为经济子系统的综合交通运输系统，其功能的提高可以增强整个经济系统的开放程度，促进经济的对外交流；其次，综合交通运输系统结构和功能的加强，可以加强经济的集聚其作用，提高规模经济效益，促进产业结构的调整和升级，提高地区经济活力；再其次，交通系统结构的改善和功能的提高，可以促进经济循环，改善区域之间、城乡之间经济的非平衡的状态；最后，综合交通运输体系还具有引导区域空间布局和城乡协调发展的作用，能有力地促进我国经济结构的战略调整。

经济水平的提高，对综合交通运输的发展也有促进作用。首先，经济水平的提高意味着经济活动的增强，必然以原材料、产品、人员的流动增多为前提，这些物质和人员位移的不断增加，将导致交通运输需求的增长，进而促进综合交通运输发展。其次，一个地区的经济水平上升，会有更多的资金投入到该地区经济自身的建设中来。综合交通系统作为经济的重要子系统，是投资的重要方向之一。最后，综合交通运输系统与地区经济相互作用、相互影响，构成多环正反馈系统，每一环节的提高都波及下一环节，促进它的功能增强，并逐次传递下去，形成相互影响的关系网。

在构建和谐社会的大框架下，综合交通运输系统实现的社会公平与和谐对于社会意义重大。综合交通运输系统社会公平性及和谐性的研究为建设和谐交通体系寻找突破口，为构建和谐社会的各项措施丰富内容。构建具有社会公平性及和谐性的综合交通运输系统就是不断提高交通运输系统发展的管理水平和服务质量，完善交通运输结构、规模和布局，为社会每个成员提供和谐的生活和发展环境，同时缩小地区间的差异，实现交通与社会、交通与自然以及交通与经济的和谐发展。

二、现阶段我国运输系统在和谐性上存在的问题

（一）运输设施规划中的不和谐问题

除了综合交通基础设施总量不足、能力薄弱，以及综合交通网络结构不尽合理等外，我国交通运输设施规划中还存在着不同运输方式之间衔接不完善的问题。不同交通方式之间难以做到无缝连接，这会导致不同运输方式难以进行合理分工协作和有效的衔接配套，降低交通运输系统的整体效率和服务质量。

20 世纪后期，由于国内关于综合运输以及与之配套的换乘设施规划方面的研究没有成为重点关注的对象，相关设施在建成后便体现出很多不足。比如北京铁路西站，当初在设计时根本就没有考虑与其他运输方式的衔接问题，地铁 1 号线近在咫尺却没有延伸到火车站，原本规划中的公交换乘站场由于资金问题也迟迟不得开建，对于车站建成后站前的交通流量也没有进行分流与隔离，种种情况相互叠加造成了西站交通状况长期的混乱、拥堵，成为周边地区一个交通制约

点。有关部门后来只好采取各种补救措施，但问题至今未能彻底解决。近年来在很多城市兴建的高铁车站等设施都选择了远离市中心的布点方式，造成大量旅客出行和换乘困难。

（二）交通运输安全中的不和谐问题

一个成熟稳定的综合交通运输系统应该是能体现社会和谐性的，但频繁发生的交通事故却无法让人感到和谐。2008 年“4·28”胶济铁路特大交通事故、2011 年“7·23”甬温线特别重大铁路交通事故均让世人感到震惊。下面主要结合道路交通分析我国城乡交通安全方面存在的不和谐问题。

1. 城市交通安全问题

我们以北京为例，研究在现有的交通运输系统下城市交通安全的现状。进入 21 世纪后，北京市经济、社会、文化等事业正以前所未有的速度发展。在成功举办了 2008 年奥运会后，北京的国际知名度更是在全球范围内得到了显著提升。然而，伴随着城市化进程和经济社会的快速发展，北京市道路交通安全状况却没有得到根本性好转，重大交通事故频繁发生。2008 年发生在密云的“4·4”重大交通事故，造成 6 人死亡、3 人重伤的惨剧；2009 年发生在朝阳区东五环的“7·28”重大交通事故，造成 7 人死亡、1 人受伤；发生在顺义区“10·18”重大交通事故，造成 6 人死亡、1 人受伤。道路交通事故已成为和平时期造成人员伤亡和财产损失最为严重的一种社会灾害，严重影响了社会的和谐。据统计，2006 年北京因道路交通事故死亡 1 373 人，2007 年死亡 1 182 人，2008 年死亡 986 人，2009 年死亡 981 人、2010 年死亡 974 人①。每年因道路交通事故造成的伤亡人数都占到全年安全生产事故伤亡总数的 85% 左右。尽管因为宣传和执法力度的不断加强、死亡人数逐年下降，但是绝对数量依然很大，道路交通死亡率仍然很高，北京市道路交通安全状况要得到根本性改善还有很长的路要走，因此，探索解决城市道路交通安全有着重要的意义。

2. 农村交通安全问题

根据 2010 年第六次全国人口普查数据，我国目前农村居民为 6.74 亿人，占全国总人口的 50.32%。2010 年年底全国农村公路里程达 350.66 万公里，其中县道 55.40 万公里，乡道 105.48 万公里，村道 189.77 万公里，占我国公路总里程的 87.4%②。农村公路是综合交通运输系统的重要组成部分，大力发展农村公路、保障农村交通安全是体现综合交通运输系统和谐性的必然要求。改革开放以

① 资料来源：《中华人民共和国道路交通事故统计年报》（2010 年度）。

② 资料来源：交通运输部发布的《2010 年公路水路交通运输行业发展统计公报》。

来，我国农村经济蓬勃发展，人、财、物的大规模流动繁荣了农村交通运输事业，交通基础设施建设也取得了巨大成就。截至2010年年底，全国通公路的乡（镇）占全国乡（镇）总数的99.97%，通公路的建制村占全国建制村总数的99.21%，通硬化路面的乡（镇）占全国乡（镇）总数的96.64%，通硬化路面的建制村占全国建制村总数的81.70%[①]。但是，农村公路总体上仍不能完全适应农村社会经济发展的需要和农民的要求。存在的主要问题有：农村公路通达深度不够，路网密度不高，整体规模仍显不足；同时技术等级低、缺乏必要的养护、路况差，已通车公路中，简易铺装路面52.42万公里，未铺装路面达156.60万公里；交通安全设施缺乏，在村庄、学校、平面交叉口、傍山险路、临水临崖路段缺少必要的交通标志标线、防护墩、防护栏、隔离带等必要的交通安全基础设施。

另外，随着农村社会经济的发展，农村机动车数量迅猛增加，但车辆种类繁多、安全性能较低。与此同时，农村交通参与者法律意识和交通安全意识淡薄，超载、非客运车辆载客现象突出，一定程度上加剧了人、车、路的矛盾，加上农村交通安全管理相对薄弱，致使农村公路交通安全状况令人担忧。据公安部统计数据，2010年全国共发生道路交通事故3 906 173起，同比上升35.9%，其中涉及人员伤亡的道路交通事故219 521起，造成65 255人死亡、254 075人受伤，直接财产损失9.3亿元。其中农民肇事导致的伤亡事故63 402起，占总数的28.8%。表19-4是近年来我国农村公路上发生交通事故的一些统计数据，表19-5是近年农民（不包括外来务工人员）在交通事故中的伤亡统计。

表19-4　　农村公路交通事故统计

年份	事故起数（起）	死亡人数（人）	受伤人数（人）
2007	68 964	17 832	82 399
2008	59 187	16 803	70 538
2009	54 599	15 418	64 985
2010	48 488	14 331	57 374

资料来源：《道路交通事故统计年报》，2007～2010年度。

① 资料来源：交通运输部发布的《2010年公路水路交通运输行业发展统计公报》。

表 19-5　　农民在交通事故中的伤亡情况

年份	死亡人数		受伤人数	
	数量（人）	占总数（%）	数量（人）	占总数（%）
2007	37 412	45.82	149 980	39.42
2008	33 247	45.24	118 112	38.74
2009	29 685	43.81	104 941	38.14
2010	27 386	41.99	97 016	38.18

资料来源：《道路交通事故统计年报》，2007～2010 年度。

由以上数据可以看出，尽管有好转的趋势，我国目前农村公路交通安全形势依然不容乐观，农民成为交通事故的最大受害群体，农村公路上群死群伤现象严重。

（三）交通“软实力”上体现的不和谐问题

一个综合交通系统的硬件是由各种交通工具和线路组成，而软件则是由各种交通信息及服务组成。“软实力”这个概念是美国哈佛大学肯尼迪政治学院院长约瑟夫于20世纪80年代首先提出的。“软实力”对于交通运输来说，首先，运输产品的信息要做到完全公开并实时更新，时刻为顾客着想。在信息高度发达的今天，我们要让运输产品的信息实时地呈现在出行者面前，比如铁路旅客列车的车次信息、航空方面的航班信息等。其次，运输产品的服务质量要更加人性化，在完全竞争或者垄断竞争的市场形态下，服务质量并不是特别需要考虑的话题，或者说服务质量本身就理所当然地被认为是竞争力的一部分而无须提醒。但是运输产品却有其独特的市场形态，比如需求存在峰谷，市场结构是垄断与竞争并存，因此运输产品的服务质量在不同运输方式、不同区域市场、不同时段中存在很大的不同。

仍以北京为例，虽然北京的交通基础设施建设相对比较完善，但同时带来的问题是路网结构复杂，各式立交桥和交叉路口繁多，各种禁行、单行、限时等标志和标线变化较快。在这种现实情况下，出行者更加迫切需要得到拥堵、占路施工等全方位、综合性的交通信息服务。同时，北京的交通运输形式多种多样，这些特性决定了广大出行者需要及时了解不同运输方式之间的换乘方法、票价、时间等信息。

目前，虽然各种运输方式的信息更新速度和信息服务情况较之前有了很大的提高，但是仍然有不尽如人意的地方，旅客因不知晓航班延误而苦等数小时乃至数十小时，有货运司机因不知晓路况信息而白走了许多路。随着机动车的不断增加，交通需求越来越大，但道路设施等由于受到土地、资源、环境等因素的制约，交通供给能力远远满足不了交通需求增长的需要。实践经验表明，单纯依靠交通基础设施建设和传统的管理方式已不能从根本上缓解不断涌现的交通问题。因此，开展交通信息服务既是提高公众出行质量的重要手段，也是缓解交通拥挤、提高交通管理效率的重要途径，是推进和谐的综合交通运输系统时所应重点建设的部分。

三、改善现阶段运输系统社会和谐性的对策建议

（一）针对交通规划的对策建议

1. 多元化投资加快交通建设

我国目前在进行交通基础设施建设时，一般采取的是政府拨款独资建设，融资渠道比较单一，受政府经费限制较大，在以后的建设中，可以扩展融资渠道，吸收民营资本进入。比如北京地铁 4 号线就是和香港地铁公司合资建设的，在以后的管理和运营中也采取双方合作的方式，是比较成功的范例。

2. 不同运输方式合理发展

各种交通运输方式的比例关系和发展速度，应该与社会需求结构及其发展趋势相适应。而社会需求结构又是由国民经济发展水平、区域经济结构、城乡经济差异、社会、文化等多种因素决定的。因此，不能单纯发展某一种运输方式，在一种运输方式内部，也不能片面发展某一种产品。从欧美各国和地区交通发展史来看，早期在不同的经济发展阶段相应侧重不同的运输方式，但是在经济达到一定的程度后，综合运输成了共同的选择，并根据社会需求结构及其发展趋势来统筹协调，以实现各种运输方式的和谐发展。

3. 不同运输方式的衔接和换乘

在进行交通规划时，我们还应该注重不同交通出行模式的协调，重视综合换乘枢纽的规划建设，既要明确各种交通方式之间的功能分工，又要通过枢纽紧密联系，充分发挥城市公共交通的整体优势，实现各种交通模式之间的零距离换乘，缩短乘客出行时间，减小乘客换乘阻力。

（二）针对交通安全的对策建议

1. 改善城市交通安全状况的策略

交通运输系统是由人、车、路组成的动态开放系统，这决定了道路交通安全

事故并不是简单、孤立的事件，它与社会文化、社会意识、社会生产、社会管理等有着密切联系，是各种因素在道路交通中的综合反映。对于城市而言，要有效地减少道路交通事故，就应该多角度地探索解决问题的对策。

针对城市的交通安全，具体可以从以下几个方面展开：控制人为因素，加大违章行为惩罚力度，同时注重交通安全文化培养；建立完善、高效的交通事故应急救援体系；同时还要全面推广应用智能的交通技术，通过采取这些措施，最大程度上控制交通事故，保障交通安全。

2. 改善农村交通安全状况的解决策略

农村公路建设资金短缺、农民交通安全意识薄弱等因素都导致了我们在改善农村交通安全面临了更大的压力，因此进行农村交通安全建设，必须以安全意识教育为基础，同时完善交通安全设施，重点整治事故多发路段，因地制宜，灵活采用各种安全设施，改善交通环境，加强道路运营管理，确保农村公路运营安全。在完善交通安全设施方面，需要针对我国农村公路实际的经济、技术状况，以最小的投入获得最理想的使用效果为原则，合理地选用、设置农村公路交通安全设施，逐步完善。在日常管理中，加强运营管理、改善农村交通环境也是非常重要的。这包括加强车辆的管理，规划农用机车的购买和使用，限制违规车辆的运营，加强农村公路的日常养护，同时还包括大力发展农村客货运输，整顿农村公路周边环境，为农村公路交通提供一个安全的运行环境。

此外，还应以安全意识教育为基础，提高农村居民道路安全意识和自我保护意识。可以将交通安全意识引入农村基础教育，从小培养孩子的交通安全意识；同时针对农村居民开展道路交通危险性教育，通过道路交通安全法规的宣传和教育，提高农村机动车驾驶员的交通安全意识，让广大驾驶人员深刻感受“无证驾驶”、“黑户车”、报废车、“三无”摩托车上路行驶和农用车、拖拉机违法载人带来的严重危害和后果；还要规范驾驶员培训和考核过程。

（三）针对交通“软实力”的对策建议

1. 提高运输服务质量的措施

运输服务质量的意义重大，是利国利民，利于交通运输行业发展的大事，其人性化服务也是以人为本的深刻体现。我们应该从环境建设、经营服务、服务质量等方面着手建立以人为本的综合运输服务体系，要针对全体人员、整个过程、整个企业进行质量管理。以 2008 年北京奥运会为例，这次奥运会充分体现了北京的交通系统“软实力”，也为其他城市和地区的交通软实力建设提供了榜样。随着北京地铁 10 号线一期、奥运支线、机场轨道线 3 条轨道新线如期通车运行，北京的公共交通正变得越来越优质，这不仅表现在硬设施的升级上，还表现在与其相配套的软服务也相应提升，工作人员耐心疏导，志愿者热情服务。

2. 发展交通服务信息的建议

一些发达国家利用发达的信息、网络技术建立了面向社会公众服务的交通信息服务系统，通过各种数据传输技术（如车载终端、互联网、广播、短信、GPRS 等）提供基础的交通信息服务（如道路状况、路线选取、收费信息等）和个性化的增值信息服务（如天气信息、出租车预订服务、语言服务等），最大限度地满足出行者了解各类出行信息的需要，同时利用高度发达的商业运作模式和科学的管理手段建立交通信息服务运营模式，按照市场经济的法则进行市场运作，实现交通信息服务可持续发展目标。

和谐社会的理念是把公平和正义作为核心价值，对交通运输来说，这个理念同样适用。构建和谐综合交通运输系统也必须以保障公平性为前提，这是因为和谐的交通运输是以人为本的，也就是说民众的交通需求都能够保质保量地得到满足，整个系统能够实现公平、有效、安全、便捷地运行。和谐的交通理念本身就包含的公平性要求，只有在公平性得到满足的情况下，才能进一步实现交通系统的和谐。交通运输系统的公平性是交通运输发展的重要标志，是构建综合交通运输体系的基础。

第二十章

综合交通运输与土地联合开发

第一节　交通运输与土地利用的相互关系

一、交通运输对土地利用的影响

在社会经济发展的过程中，交通运输作为基础产业，对技术的传播、劳动力的流动、产业的聚集都发挥着巨大作用，而交通运输和土地利用之间的相互关系，也是影响整个经济体系发展的重要因素。交通运输对区域和城市的空间结构演化具有重要作用。

第一，引导土地利用空间布局的演化。交通系统的发展对土地利用空间布局的演化具有引导作用，每一次交通线网的建设和交通方式的改进都会推动土地利用空间布局的演化。从微观角度来看，对居民点和企业来说，交通与其日常的生活、经营密切相关，显著影响着他们的区位选择行为，这是因为区域中的不同位置具有不同的区位优势，其中包括聚集优势和交通优势。其中交通优势表现为可达性，可达性的改善，降低了居民的出行成本和企业的运输成本，必然吸引更多的居民和企业。

第二，促进土地利用类型的升级。社会经济活动在使用土地时是有竞争的，在区域内任何位置进行的经济活动都有相应的总成本。从较微观的角度来看，交通对土地利用性质的影响也是显著的。就居住用地而言，不同类型的居住区对交通设施的种类和水平有不同的要求。如轨道交通或大容量公交路网附近更容易吸引大规模普通居住社区的开发，而高档别墅式住宅区则一般会选在公交系统并不发达，但可以与高等级公路方便连接的地方。同样，不同的交通可达性和交通设施类型对各种商业和工业企业也会产生不同的吸引强度，影响着它们的选址行为。因此，某一区域的土地是进行居住开发，还是进行商用开发等，在很大程度上受到该区域交通状况的影响。

第三，改变土地利用强度。城市的土地利用强度可以用该城市的建筑密度、建筑容积率和人口密度等来衡量，交通对土地利用强度的影响主要表现在容量限制和方向引导等方面。任何新增的土地利用都会产生新的交通需求，都要求提供必要的交通设施，伴随着城市土地利用规模的扩大必然要有城市道路的增加，交通设施与土地利用规模和强度之间存在很强的相关性。

第四，影响土地价值的变化。区域交通的可达性空间分布决定了土地区位特征，使得各地区交通时间价值不同，从而影响土地价格的空间分布。不同的土地利用模式和布局，所产生的交通需求和交通繁忙程度是不同的。反之，不同的交通布局和结构也会影响城市的土地利用模式。

二、土地利用对交通运输的影响

在交通运输和土地利用的相互关系中，土地利用形态的演化也对交通运输的发展产生了重要的影响。

第一，土地利用状况影响城市客流的形成和分布。任何形式的土地利用都会产生一定的交通需求，城市中土地利用的空间分布，如住宅区、工业区、商业区的用地分布，决定了人们休息、工作、购物、上学或娱乐等活动的空间区位和范围。以城市不同区域为端点的交通出行，受土地利用性质的影响较为明显，如居住区的出行主要是以居住地为端点的上班、上学、往返等，而商业区吸引的出行大多是购物、就业、公务等。同时，出行发生的吸引强度、交通需求弹性也与土地利用功能有关。当不同功能的土地利用在空间上的相互关系确定以后，由此而产生的交通出行客流和空间分布特征就基本确定了。特别是对城市外围大规模集中开发的居住社区或以居住功能为主的卫星城来说，它们所产生的与中心城区之间潮汐式的大规模交通客流，会给相应的交通带来巨大冲击。高峰时段的交通拥堵和其他时段客流的非均匀分布，既增加了交通成本，又降低了城市交通的效率。

第二，土地利用方式还会影响交通出行的距离。从整体上来说，城市规模越大、功能越分散，平均出行距离就会越长。大量的研究表明，居住密度越高，且伴以各种土地利用功能的混合开发，能够减少平均出行距离，而单一功能的大规模就业中心或单一功能的大规模居住社区，都会导致平均出行距离的增加。

第三，土地利用影响交通方式选择。土地利用模式对交通方式的选择影响很大，交通需求的产生是消费者根据自己所在区位的交通设施状况、出行目的、出行偏好、经济状况等来做出出行决策，选择相应的出行方式和交通工具。从城市交通的角度来看，撇开技术性因素，单从经济的角度来说，这种影响也是普遍和显著的。较高的居住密度和就业密度会产生较大的交通需求，更有利于公共交通的发展。因为，公共交通需要有一定的客流来支撑，大量的客流可以提高公交的运营效率，且公共交通运量大、成本低的特性又能满足高密度开发地区大量普通居民的出行需求。特别是当土地开发的规模和密度达到一定程度后，道路公交方式已不能满足交通的需要，又需要发展轨道交通。而对一些紧凑型、小规模、混合开发的土地利用模式，则有利于自行车或步行交通方式的使用。大规模、分散式开发的城市土地利用模式，使得出行距离增加，客流分散，不利于公交、自行车及步行交通方式的利用。这种土地利用模式对小汽车交通方式具有较强的引导作用，美国大部分城市的分散式土地利用模式和小汽车为主的交通方式就是很好的例证。

第四，土地利用影响交通路网格局。土地利用方式的不同决定了路网格局的不同，在以农业为主的地区，耕地占有较大比重，交通路网比较单一，对外交通主要是与中心城镇的道路；在城市化程度较高地区，往往会形成较完善的路网，并且不同的城镇和居民点形成的路网不同。

第五，土地利用总体规划影响了交通系统建设。土地利用总体规划是区域土地利用的纲领，其编制对交通系统的建设与形成具有重要的影响。土地利用总体规划中的城镇、工业园区、独立选址的工矿、水利设施等建设用地的规模和布局，都必须考虑交通系统的建设。因此从一定程度上来说，土地利用规划确定了交通用地的规模、方式和布局。

第二节　公共交通与土地高密度开发

一、城市交通与土地利用发展趋势

第二次世界大战以后，由于小汽车的普及和高速公路大规模建设，美国出现了一种新的区域经济社会现象——郊区化。所谓郊区化，就是指城市人口在经历了“绝对集中”阶段和“相对集中”阶段之后，向“相对分散”阶段和“绝对分散”阶段演化的过程。郊区化主要表现为人口、产业和经济发展格局的新一轮空间重组。与郊区化进程相伴随，历史上美国先后爆发了四次浪潮：首先是人口的外迁，其次是工业、零售业和办公服务业的依次跟进。其中，人口的地域空间变动是郊区化最明显的标志。

伴随着郊区化浪潮的快速推进，美国郊区的土地利用模式呈现一种新的格局：各种类型用地在空间上相对隔离，工作、上学和购物等社会活动的出行需要借助机动车来实现，被称为“城市蔓延”。城市蔓延从本质上来看是由小汽车引导城市开发，进而引起个人机动化的出行方式和低密度、分区开发的土地利用形态相互作用的过程。随着土地政策和交通政策的放松，城市居民不断追求更自由便利的出行方式和更宽敞舒适的居住空间，使得原本相对聚集的居住和出行模式不断向依赖小汽车出行和分散独立居住的趋势发展。城市蔓延带来了大量土地低密度开发和过多的汽车出行，导致了土地资源的低效率利用、石油能源的大量消耗以及严重的尾气排放，并在大城市形成了严重的交通拥堵，因此西方学者从20世纪70年代以来一直致力于解决城市蔓延问题的研究。

最近30年来，在我国的城市发展中，产业资本集聚和城市化开发是我国城市空间增长的两大基本动力。产业政策通过各种“优惠政策”吸引外地资本落户，直接扩大了土地供给，而城市化过程中的政策选择又使以交通设施建设为主的城市建设规模迅速扩张。在这两种动力的共同作用下，我国城市形成了以外延式扩展为主的城市空间增长机制，这种过快的用地增长速度又多表现为粗放的、外延式为主的土地利用模式，这是目前我国城市建设用地增长速度过快的根本原因。

我国城市除了表现出粗放的、外延扩展为主的空间扩展之外，更为重要的是城市空间扩展体现出强烈的道路设施为先导的特点。一方面，小汽车产业的快速发展成为主要的需求压力；另一方面，由于缺乏明确有效的规划干预，增加道路设施的供给量仍然是引导城市空间增长的首选策略。

国外城市蔓延的过程清楚地说明，小汽车保有量的迅速增长和大规模道路设施建设共同发生作用是导致城市蔓延的主要原因，而大量研究也证明，单独通过道路建设并不必然导致城市的快速发展。相反，过度倾斜于道路设施投资造成的交通设施供给失衡将导致严重的财政压力和社会问题、城市边缘地区的开发，就业岗位的分散，农业用地和开敞空间的消失等，在我国当前的城市发展中均有较为明显的表现。由此造成的无节制的土地消耗、沉重的市政基础设施建设压力，严重的交通问题和生态危机，就业与居住的分离等问题，也是当前最感棘手的问题。应当意识到，如果不从发展观念上进行改变，城市蔓延将有可能在我国变为现实。

二、公共交通与土地高密度开发

为了应对城市发展中小汽车过度使用及土地低密度开发带来的各种城市问题，许多国家和地区的大城市通过城市规划和交通规划，形成了以公共交通为主干，土地高密度利用的开发模式。亚洲的东京、大阪、新加坡、首尔、中国香港，欧洲的斯德哥尔摩、慕尼黑、苏黎世，美洲的渥太华、库里提巴、墨西哥城，澳洲的墨尔本等，都建立了多层次的公共交通系统，并配合城市土地的高密度开发和混合利用，提高了城市交通和土地利用的效率，其中东亚的几个特大城市更是这种城市土地与交通运输发展模式的典范。结合我国城市化进程快速发展、人口众多、土地资源和能源稀缺、城市空气污染较重的基本国情，相对于城市蔓延，公交城市更适合未来我国大型城市的发展要求。

土地高密度集中开发模式是指城市土地利用综合化、多元化，土地利用密度高，城市布局集中的城市土地利用模式。以高密度集中土地为特征的城市，一般都拥有一个集中并且活力十足的市中心；土地利用综合化、多元化特征明显，除少数商业中心区、工业区、高级住宅区外，城市土地都呈现为多用途混合层叠的特征，这种土地利用模式有利于节约土地，缩短工作居住距离，节约能源，防止城市无限制蔓延。

以公共交通为主导的城市交通体系指的是大城市建立以轨道交通为骨干，常规公交为辅助的城市公共交通系统。根据半个世纪积累的实践经验，大部分人一致认为要吸引人们乘坐轨道交通和公共汽车，提高城市密度要比单一改变城市形态更有效。在城市间以及城市内交通走廊的比较统计数据显示，人口与就业密度每增加 10%，公共交通的乘客量就会上升 5% ~8%。研究还表明，当土地开发密度加大后，公共交通需求随之急剧上升。在一项 1988 年的研究中，发现西欧城市的密度比美国城市大约高了 50%，加之以高昂的汽车税收政策，使得其公交乘客比率高于美国 2 ~3 倍。同时，越来越多的研究认识到混合式的土地使用也能鼓励乘坐公共交通。一个有着住宅、商店、办公和公共空间良好混合的地方能使乘客一旦下了公共汽车和轨道交通，便能容易地步行到达多个不同的目的地。混合使用土地的重要性不仅在于引导人们去乘坐公共交通或步行，更重要的还在于这种土地利用方式能更有效地利用土地资源，这对土地资源紧缺的中国大城市来说尤为关键。

正像土地的高密度开发和混合利用形态会影响对公共交通的需求一样，对公共交通的投资同样也会影响城市的土地利用形态。公共交通的影响力主要源于促进所服务区域的交通可达性。从理论上来讲，新的轨道交通线和公共汽车服务必须提供给当地比其他地方有区位上的优势。正是人们希望借助区位上的便利以达到减少出行的愿望，房地产开发商们也意识到人们的这些愿望，这就很大程度上决定了城市的土地利用形态。便利的通勤和生活会削弱人们拥有和使用小汽车意愿，降低了个人出行的比率，进而提高了整个交通体系的效率。最终一个高密度的、紧凑的、混合功能的社区将形成，它具有许多分散开发的社区所不具有的特质，这些特质通常四处分散在整个区域，并通过土地和租金的升值来反映，而公共交通则像磁铁一样把这些特质聚合在一起，形成城市交通与土地利用相协调的理想形态。

三、公共交通引导的城市开发（TOD）

在交通运输与土地利用的理论和实践基础上，公共交通和高密度的城市土地一体化利用和开发开始出现明确的概念和模型，即公共交通引导开发（transit oriented development，TOD）理论。TOD 理论不但是欧美城市反思小汽车引导开发模式和解决城市蔓延问题的成果，同时也是对世界各地成功实现公共交通和城市土地利用协调发展的一种模式总结。

20 世纪 90 年代初，基于对西方城市污染和拥堵问题的反思，新城市主义代表人物之一的彼得·卡尔索尔普（Peter Calthorpe）提出了 TOD 理论，强调在区域层面上来整合公共交通和土地利用的关系，使二者相辅相成。随后伯尼克、吉瓦罗（Bernick，Cervero）等学者对 TOD 概念进行了总结：TOD 是一个紧凑布局的、功能混合的社区，以一个公共交通站点为社区中心，通过合理的设计，鼓励人们较少使用小汽车，更多地搭乘公共交通。位于社区中心的是公交站点以及环绕在其周围的公共设施和公共空间。公交站点充当与周围其他区域联系的枢纽，而公共设施则成为本区域内最为重要的核心。

TOD 理论强调土地的混合使用，以公共交通站点为核心，将居住、零售、办公和公共空间组织在一个 600 平方米之内的社区步行环境中，社区的中心是公共交通站点和商业办公设施，人们可以通过搭乘公共交通到达其他的社区或城市中心，各个社区之间都保留了大量的绿化开敞空间。若干个这样的社区构成了由公共快速交通系统形成的合理区域发展框架。由此可见，一个典型的“TOD”的用地构成为：公共交通站点、核心商业区、办公区、开敞空间、居住区和次级区域（见图 20－1）。

由图 20－1 可见，TOD 的核心特征在于：紧凑布局、混合使用的土地形态；邻近高效的公共交通服务设施；有利于提高公共交通使用率的土地开发；为步行及自行车交通提供良好的环境；公共设施及公共空间邻近公交站点；公交站点成为本地区的枢纽。

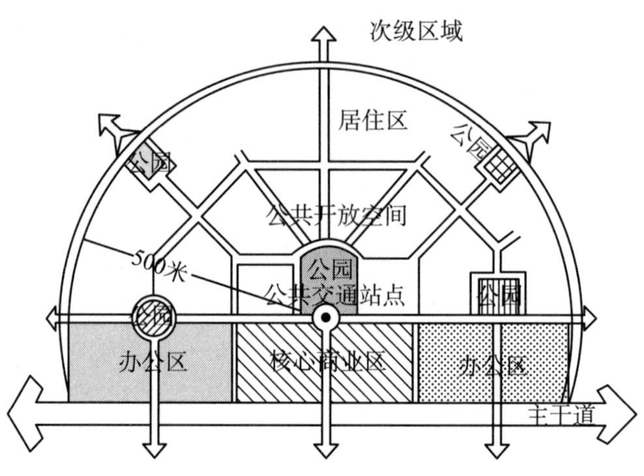

图 20-1 典型的 TOD 结构

高质量的公共交通被认为是 TOD 成功的重要因素，而社区土地使用的密度和强度又成为公交系统提供客源的物质基础，并进一步促进社区的发展。欧美学者对 TOD 开发所需要的最小密度和空间尺度进行了定量分析，并总结了在欧美较低密度的城市环境下支持 TOD 发展所需要的密度和尺度指标。但是由于欧美城市和我国城市在居住密度和居住模式上有相当大的差异，因此针对我国的城市情况，仍需做一些相当基础的统计和分析。从东亚的日本、中国香港和新加坡等地区的发展经验来看，人口密度较大的城市在利用 TOD 理念上有着天然的优势，因此，我国的大城市近年来在公共交通的规划和建设方面开始引入 TOD 理论，希望以公共交通为突破点，解决人口迅速增长和空间尺度不断扩大所带来的城市交通和土地问题。

第三节 交通与土地的联合开发

一、联合开发的概念与应用

（一）联合开发的概念

早在 19 世纪下半叶，美国城市铁路建设热潮开始兴起时，铁路和城市土地联合开发的概念雏形就被第一次提出，并在纽约、费城、波士顿和华盛顿的城市铁路建设中得到应用。进入 20 世纪 80 年代后，由于城市轨道交通在欧美地区的盛行，轨道交通和城市土地联合开发的概念再一次受到学界重视，近 20 年来在国内外城市规划和城市经济领域都受到了广泛的关注和讨论，对于联合开发的概念也衍生出多种不同的定义。

美国国家城市经济发展委员会将联合开发定义为一种公共部门和私人部门合作的新模式，通过这种创新型的公司财务合作，能够降低运营和建设公共交通系统和站点的成本。科伏勒（Cervero）等学者将其定义为一种城市、公共交通机构和私人组织之间的协议，通过私人组织向公共机构支付租金或者分担开发资本金的方式来分享公共交通设施所带来的土地升值利益。基弗（Keefer）则将联合开发定义为与公共交通服务和设施紧密联系，并通过这些服务和设施获取利益的房地产开发。

相对国外学者较为一般化的联合开发定义，国内学者在这方面的研究则更聚焦于与城市轨道交通相关的联合开发上。有关定义包括：联合开发是基于城市轨道交通及土地利用而发展起来的一种新的资源经营及利用模式；联合开发的实施是一个多方协调、共同合作的活动，通常联合开发的参与实体包括城市部门、轨道交通公司、地产公司以及公众等，在联合开发的实施过程中，强调政府、轨道交通公司与房地产开发公司的合作；一体化开发模式是指直接给予城市轨道交通企业土地补偿，城市轨道交通企业将城市轨道交通经营与周边物业开发有机结合、统一开发，最终以物业开发收益的形式实现土地增值效益返还。

综上所述，国内外对于城市轨道交通与土地联合开发的概念有两点基本的共识：一是联合开发包含两个基本要素，即公共交通（轨道交通）服务与设施，以及房地产开发，是对交通、城市土地、公共财政、私人资本等多属性不同但密切相关的资源的整合；二是联合开发是一个比较复杂的过程，涉及公共部门和私人部门的多个参与方，是一个协同合作和利益分配的过程。这两点共识说明在联合开发的过程中，采取何种组织模式来平衡参与各方的利益诉求，以实现各种资源的高效整合将是一个至关重要的问题。

（二）联合开发的规划与应用

自 20 世纪 90 年代末以来，城市轨道交通在北京、上海和广州等大城市得到长足发展，相应地，轨道交通和土地的联合开发的理论和规划也得到了广泛的研究。姚影、欧国立应用外部性理论对实施轨道交通与土地联合开发的合理性和可行性进行了论证，并进一步提出联合开发模式是实现轨道交通外部效益内部化的有效途径。刘金玲等在对城市轨道交通建设对土地利用的影响分析基础上，提出利用沿线土地筹资结合商业、广告、上盖物业及沿线一体开发等轨道交通资源综合利用来实现城市轨道交通资金筹措和实现盈利的可行途径。林茂德根据制度设计和激励相容理论，从上盖物业、沿线物业和偏远物业三个维度提出建立和完善城市轨道交通与周边物业一体化开发模式的建议。

在联合开发模式的应用方面，很多学者基于轨道交通和土地利用的相互作用关系，对城市轨道交通沿线的房地产价值变化做了实证研究。陈运来、骆汉宾等对联合开发的组织实施过程中的问题进行了初步的研究，论证了联合开发规划的重要性，提出联合开发的规划流程、主体内容，以及联合开发的组织运行体制和实施流程，并结合武汉轨道交通 1 号线的开发现状提出实施建议。杨丽明等则结合国内外联合开发的经验教训，提出了车站周边、线路下部、隧道上部和上盖大平台 4 种具体的物业发展模式。熊睿智等针对广州城市轨道交通对沿线土地复合利用和联合开发的现状，提出国内在实施联合开发过程中存在土地资源利用低效、公共利益流失、规划理念滞后、组织管理脱节等问题。

综上所述，从目前国内对城市轨道交通和土地的联合开发研究和利用现状来看，虽然联合开发的合理性、可行性和重要性已被广为接受，但联合开发的具体实施模式和在实施过程中应采取的组织制度仍然缺乏足够的重视，而这一点正是目前阻碍国内各大城市实践联合开发的关键所在。

二、联合开发的组织模式

（一）北美的公私合作（PPP）模式

联合开发在美国和加拿大各大城市的应用主要集中于大容量交通（轨道交通或 BRT）站点周围的土地开发和商业改造，而公共部门和私人资本之间的合作（Public-Private Partnership，PPP）则是这些联合开发项目的主要组织模式。亚特兰大车站的再开发是通过 PPP 促进旧城改造的典范之一。

参与的团队包括开发商、银行家、建筑师和工程师、会计师、规划师、环境科学家、联邦和地方政府以及社区团队，其中开发商就有 4 家。参与改建过程的政府机构主要有美国环境保护局（EPA）、佐治亚州政府和亚特兰大市政府。EPA 的构想是将亚特兰大车站地区发展成一个典范的 TOD 社区。为了保证项目建设的顺利进行，州政府专门成立了“绿灯”委员会进行协调工作。亚特兰大市政府在亚特兰大区域建立税收分配区，在今后 25 年内允许亚特兰大车站的开发商将物业税用于再开发的补贴。当车站地区建成后，这笔税金每年大约有 3 500 万美元，使得开发商能够发行债券进行融资。参与建设过程的居民主要来自 4 个区域，这 4 个区域的居民分别组成了自己的社区组织，积极参与规划的制定。

北美的PPP模式通过一系列严格的法律条款来约束参与者的行为、分配项目产生的利益，与开发相关的各种程序和形式都是基于各方谈判的结果。这样的合作模式虽然产权界定和利益分配非常清晰，减小了私人部门的投资风险，但也存在执行上的多个问题。首先，公私合作模式非常依赖于参与各方的合作，联合开发项目的规划与发展的关键在于政策的制定与协议的签订。美国城市土地协会早在1979年就指出美国早期联合开发失败的原因不在于市场因素，而在于公共部门和私营部门对综合开发的复杂性缺乏足够的评估和认识。其次，该模式需要领导机构具有开拓进取的企业家精神，但在美国的地方交通管理体制下，规划、协调等职能和空间权、土地、运输等资源常分散在不同的行政机构和私人组织中，以致没有一个机构具备主导的资格。这种组织模式不利于大规模和长远的联合开发策略，导致联合开发对轨道交通发展的贡献甚微。最后，公私合作模式还十分依赖于当地的房地产市场活跃程度，因此很难主动影响市场价格和城市发展方向。

（二）日本的企业主导经营模式

日本轨道交通企业采取的是以铁道为中心，以房地产及租赁业、购物中心等零售服务业、公共汽车业、出租车业、旅游观光、宾馆设施等为兼业的综合开发经营模式。其中最主要的经营战略是轨道与土地同时开发经营的战略，日本铁路企业的土地经营类型主要可归纳为三类：即以铁道为轴心的沿线开发型、土地开发主导型、与铁路完全无关在沿线以外地区开发土地经营业务。

铁路公司负责规划的土地，自然以追求最大经济效益为目的。它效益的目标包括两个方面：一是土地经营效益最大化；二是为铁路提供尽可能多的客流，使铁路投资能够盈利。由于交通方便程度不同，越靠近车站物业价值越高。在追逐利润的目标驱使下，房地产自然地向车站集中，形成车站建筑密度高，向外围逐步降低的趋势。这种布局反过来对铁路经营也极为有利。

以东京都市圈轨道交通为例，东京地铁系统、JR系统（原日本国铁）与民营铁路所组成的3 000多公里轨道交通的建设、开发与运营都与土地开发息息相关。以企业为主导的轨道与土地的综合开发模式由阪急、东急等民营铁路企业在开发东京近郊土地的过程中发展而来，并逐渐为市内的地铁系统和负责区域运输的JR系统接受和采用。

目前，民营铁路、东京地铁和JR都相当重视与城市土地联合开发的关联事业，并且都取得了不错的业绩。在东京地铁2006年的财务报告中，多元化经营所带来的关联事业收入达到10.5亿日元，为地铁系统的财务盈利做出了重要贡献，而在民营铁路方面，与土地综合开发所相关的关联事业利润有些可占到总利润的70%以上，使得民营铁路在提供公共交通服务的同时，也能保持企业财务状况的良性发展。日本国铁民营化以后在这方面也已经有重大改变。

从日本的联合开发实施组织模式可以发现，主导轨道线路建设和该线路周边房地产开发的往往是大型综合性企业，这种企业在城市铁路建设早期以低价购买了轨道线路附近的大片土地，以轨道交通为媒介，以房地产综合开发为主业进行郊区新城建设。这种独特的以企业经营为主导的轨道交通和土地联合开发模式带来了公共部门与私人组织的双赢局面，在政府得到理想的城市发展模式的同时，私营铁路公司也实现了企业的持久盈利。

（三）中国香港的特许经营模式

在1975年组建地下铁路公司之初，为了弥补地铁建设和运营的巨大成本，中国香港地区政府要求香港铁路公司（以下简称“港铁”）以审慎商业原则经营地铁，并授予特许经营权。20世纪90年代以后，港铁独特的“铁路和物业综合发展经营”模式日趋成熟，通过与地产开发商联合，在车站和车厂上盖及邻近土地兴建住宅及商业物业，由此带来的物业发展和物业管理收入，已经成为港铁利润的重要组成部分，此模式也成为地铁公司扩建新线、发展网络的有效途径。

从近10多年的统计数据来看，地铁公司在物业方面的利润占总利润的比例日趋扩大，并逐渐成为公司盈利的主要来源。从1996年到2007年，地铁公司的物业利润，从4亿港元增长到2007年年底的83亿港元，增长20多倍，对总利润的贡献从12%增长到67%。同时，地铁和土地的联合开发也给港铁公司带来了稳定的客流增长和票务收入，轨道交通系统票务收入从成立初期1983年的9亿港元增长到2007年的47.6亿港元。这两方面的收入增长使得地铁公司的运作有充足的现金流和稳定的收入来源进行网络扩建和更新改造，形成了地铁建设运营和资源开发的良性循环。

港铁特许经营模式的要点是：第一，通过许可协议，政府承诺在地铁沿线的指定地点授予地铁公司土地开发权；第二，地铁公司与政府共同规划线路，磋商任何与车站有关的开发机会；第三，地铁公司就拟开发土地编制总纲发展蓝图（其规划设计条件可以根据市场变化进行适当的修订）；第四，政府认可总纲发展蓝图后，地铁公司通过招标邀请开发商进行合作开发，按合作条件分配利益（一般由合作开发商承担全部开发资金，并负责补偿地价）。如果拟开发土地皮另有正在开发或计划开发的项目，地铁公司也会在保障对自己有利的前提下，邀请毗邻项目的开发商，共同磋商，使各自开发项目能够优势互补，协调发展。

香港地区政府主要依据《地铁公司条例》对地铁公司的经营行为进行监控和管理。政府与开发商的关系通过地铁公司以市场化的方式进行协调。因此，香港地区地铁沿线的开发是在市场经济条件下，地区政府和地铁公司的责任都十分明确的前提下的商业运作。这种方式的好处是，沿线开发与地铁建设协调的主动权全在地铁公司的掌握之中，可以根据地铁的建设进程和市场条件，决定何时招投标；并可以主动地研究地铁和建筑物的协调配合方案，是两者的协调尽可能达到完美。地铁公司有足够的权利和空间来设计和协调轨道交通与土地使用的配合方案。

（四）欧洲的综合开发模式

欧洲的综合开发模式主要是基于高铁网络扩展的高铁站综合体开发，这种类型的开发体量比一般的联合开发项目大，主要包括商场、酒店、办公、金融、运输、住宅等多种服务业态。欧洲的综合开发往往是由政府或者有政府背景的大型企业领导开发，协调包括政府、企业、车站、社区等多个层级的利益，以整个车站地区的繁荣作为联合开发的目标。这种联合开发规模可以从一个简单的商业综合体发展到围绕车站的复杂综合群，虽然大多数仍然是围绕网络上的一个点分散独立开发，但由于高铁站的区域性影响，仍然是一种城际轨道联合开发的成功范本。

以法国的欧洲里尔综合开发项目为例，通过与里尔火车站联合开发建设一个商业中心（包括建设一个会议、展览及演出中心）来解决传统工业城市的经济衰落问题，通过此次高速铁路与周边土地的联合开发将里尔建设成为欧洲中心城市之一。

在欧洲里尔项目中，SEM（一个由地方政府领导的有限责任规划组织）全面负责项目的推进、国际协作、运营、管理以及规划中某些相对独立单元的开发，如停车场、会展中心等。其余的部分则将开发权出售给各公共部分及私人开发商，再由开发商将建成楼宇卖给投资商。这些新业主或是自己使用或是出租。对于商业中心而言，开发商既是投资商也是使用者，SEM 的初始投资为 3 500 万法郎，后增至 5 000 万法郎。根据法律规定，地方政府拥有投资的分配权。

1994 年，政府组织者制定各投资方的投资比例（见表 20 – 1）其中政府占 54%，社会资本占 46%，里尔市政府的部分投资采取土地资本的形式。欧洲里尔与其他大型城市开发项目不同，它的土地利用规划是更加市场化的结果。规划制定者根据伦敦、巴黎等周边城市房地产空置量与市场价格，将新开发的写字楼控制在一定数量之内分批投入市场，总量不超过当地总办公租售面积的 20% ~ 25%。这样大大降低了写字楼的空置率，同时保持了里尔写字楼市场对周边其他大城市的价格优势和竞争力，从而强有力地吸引了大批来自欧洲西北部的商家。截至 1995 年 3 月欧洲里尔共开发 45 000 平方米的写字楼。

表 20-1　　欧洲里尔项目的投资方及投资比例

投资方	政府				社会资本				
	市政府	首府政府	行政区	地区	地区银行	国家银行	国际银行	法国国铁	地方商会
投资比例（%）	26.5	16.5	5.5	5.5	14.6	21.4	4	3	3

欧洲里尔项目背后的主要参与者是地方政府：里尔市和包含了 80 个地方市的里尔城市共同体。政府通过组建 SEM 这样一个组织来实施综合开发计划，这种组织的实质整合资源，以及平衡各方利益，促使有公共部门和一些私人团体达成对站区开发的一个共识，进行形成了一个由公共部门主导，社会资本积极参与的组织开发模式，将欧洲高铁所带来的可达性利益充分吸收到地区开发的框架中，抓住了复兴地方经济的契机。

第四节　土地联合开发的制度保障

一、国内联合开发的实践经验

目前，我国已有北京、上海、广州等 12 个城市的轨道交通系统投入运营，线路总里程将近 2 000 公里。根据国家发展和改革委员会公布资料，全国有 33 个城市正规划建设地铁，规划地铁总里程达 6 100 公里。另外，中金公司在 10 月份发布的城市轨道交通专题研究报告称，2009～2020 年，我国城市轨道交通建设以每公里 5 亿元造价计算，总投资将达 3.3 万亿元。大规模城市轨道交通建设以及政府主导的融资模式，使得各大城市的公共财政面临着庞大的融资和债务压力，内地很多大城市都将资金筹集寄希望于轨道交通与城市土地的联合开发上，因此如何有效地组织和实施联合开发，如何保障土地增值收益服务于轨道交通建设和运营，已经成为一个十分迫切的问题。

北京、上海、广州、深圳等率先发展轨道交通的城市在建设和运营过程中都对联合开发的具体操作模式进行了探索和实践。

北京地铁进行 4 号线的方案设计是在国内第一次应用 PPP 模式引入外部投资方，并以特许经营的方式建设和运营轨道交通。4 号线引入港铁作为合作伙伴，是想借鉴港铁的高效管理经验，并尝试轨道和土地的一体化开发模式，希望通过土地开发的利润来弥补地铁建设的巨大资金缺口，并为未来的盈利模式做好前期准备。但签约后不久，由于北京地铁客流量过大，出于安全和消防等考虑，北京地铁全线站内禁设任何零售商业设施，4 号线也必须遵守这一硬性规定。因此，在港铁模式中，充分利用车站的地上地下空间进行商业物业开发和租售的模式基本无法实行。另外，由于 4 号线地处贯通北京从南至北的核心地段，线路周边土地早已进行商业开发，或者已经由市政府拍卖转让，港铁模式中的另一核心——轨道沿线的房地产开发——也没有在北京得以复制。从联合开发这一点来说，北京地铁 4 号线的尝试基本是失败的。

广州地铁在进行 1 号线建设期间采用了“政府主导，企业操作”的管理模式进行沿线土地开发，即由市政府组织清理土地和招商，落实开发商；应由政府办理的事项，如提供土地使用权，拆迁安置等，则由地铁总公司以合作一方的身份具体落实。1 号线联合开发的组织模式设想是由市政府牵头，有关职能部门（市建设委员会、规划局和国土房地产管理局）及具体实施单位（市地铁总公司）共同谋划，统一实施。具体分工如下：市建设委员会起具体实施的指导和宏观管理工作；市国土房地产管理局负责组织土地开发，制定转让策略和实施计划；市规划局负责制定沿线开发项目的规划设计条件，从城市设计方面导引和控制沿线的开发；地铁总公司负责具体实施，作为与外商合作开发的主体，承担向合作开发商提供合作条件的责任。

广州地铁 1 号线的联合开发模式在当时的环境下是一种比较合理的设计，但由于在实施过程中，很多应由政府承担的协调职责最后由地铁总公司来承担，地铁总公司很难协调很多本应由政府出面解决但受局部利益、官僚作风影响而带来的问题。因此，最后的规划和建设并没有达到预期效果，开发成果不太理想。从全国各城市的实践经验来看，不仅仅是北京、广州在联合开发的尝试上遭遇阻碍，上海、深圳、杭州等大城市在尝试轨道交通与土地联合开发模式时都或多或少遇到组织、资本、土地等体制上的问题，说明一个成功的特许经营或者 PPP 模式并不像表面上看那么简单。

轨道交通与土地的联合开发不仅在城市交通的发展上得到广泛应用，在区域城际轨道交通的规划建设中也日益受到重视。广东省在规划建设珠三角城际轨道交通网的过程中明确提出要采取公交导向型开发模式推进土地综合开发，打造一批“城市综合体”，通过省、市合作开发城市轨道交通线路和站场周边的土地资源，用于补偿运营亏损，并在长期内实现形成城际轨道交通与城市规划建设相互促进的良性循环。

二、土地联合开发的制度保障

由于港铁在城市轨道交通与土地联合开发的成功以及地缘、文化的相似性，各大城市在联合开发的运作上都纷纷引入港铁经验，将港铁作为范本来进行轨道建设和土地开发。北京地铁4号线、深圳地铁4号线、杭州地铁1号线和沈阳地铁1号线、2号线都准备或者已经引入港铁作为合作伙伴；而在北京、上海、广州、深圳的轨道交通建设中，也有数个联合开发项目拟按照港铁模式进行地产开发。

但无论是直接引入港铁资源还是学习、模仿港铁经验，我国香港地区的特许经营模式在我国内地的实践仍然碰到不少困难。例如规划上的同步协调、沿线土地资源的储备与出让、地产开发的主体与形式等等，这些问题都将影响到联合开发的实施进行和实施效果。出现这些问题的主要原因在于各大城市在学习港铁经验中没有充分认识到内地政府和企业在行政管理体制上的差异性，相对于中国香港、中国台湾、日本以及欧美等国家和地区，我国在国有企业管理、国土开发、城市规划等行政体制上有很大的不同，因此如果照搬照抄境外的联合开发经验，必然会在实施过程中遇到各种阻碍。

从联合开发组织模式的角度来看，国内城市联合开发的现状主要存在三个问题：第一是联合开发策略不明确，开发组织不清晰，导致机构职能零散化、利益关系复杂化，增加了联合开发实施过程中的制度成本；第二是政府和企业之间缺乏互信，各种政企合作既没有公私合作模式的明文规定，也没有企业经营和特许经营下的授权和监督，政府职能和企业行为之间的错位现象普遍存在；第三是在学习境外联合开发经验上存在一定的盲目性，忽视了城市发展阶段和制度差异，导致开发策略和现有法律体系和行政体制上的冲突，导致联合开发从规划图纸落到实际工作的进程受到阻碍。

从国内外联合开发的组织模式及其实际运作的效果来看，公共交通与城市土地利用的联合开发成功与否，关键在于是否有一个良好的制度框架，来约束参与联合开发各方的行为，根据参与各方的具体功能和利益诉求分配好具体的执行职能和最终利益，并建立有效的协调机制。无论是公私合作模式还是企业主导模式，或者特许经营模式，这些组织模式能在某些方面取得成功都是因为组织模式内部处理好了各方的关系，平衡了各方的利益，降低了模式内的交易成本，提高了联合开发的执行效率。因此，一个良好的制度框架是保障联合开发顺利实施的根本保障。

探索适合于我国内地大城市的联合开发组织模式，关键在于处理好政府与企业之间的关系，将规划权、运营权、土地出让权、开发权、经营权以及土地出让金、运营收入、补贴、土地增值收入、物业出租和管理收入等事权利益关系，纳入到一个基于城市空间增长理性化和受众利益最大化的联合开发制度框架中，建立一个互信互惠的政企关系。因此，从目前在内地规划和实施的联合开发案例来看，在整个制度框架中构建一个既能够承担部分政府职责，体现公共利益需求；又能够从企业逐利角度出发，充分调配与轨道交通相关的各种资源，最大程度开发土地等资源价值的核心企业，是形成适合于我国行政管理体制和城市运营体系的联合开发组织模式的突破点。

对于城市公共交通这种具有相当公益性特征的行业，核心企业的构建或选择是十分重要的问题，这对基于轨道交通的联合开发项目来说尤其重要。在轨道网络迅速扩张并成网阶段，城轨在城市交通体系中地位的确定、城轨网络的总体规划、建设标准和车型的选定、资源的整合与共享、换乘站点设计与建设的综合统筹、投融资管理、建设管理、系统调试、安全保障、运营效率、互联互通，甚至包括与其他交通方式的衔接等方方面面的工作量极其庞大复杂，协调难度也极大。政府要想完全依靠自身承担或指挥多个处于分散状态的专业化企业去完成，是非常困难的，因此特别亟须找寻或构建一个能够承担起整个行业领域综合性职能，且尽心尽责、高效有力的核心企业主体作为政府的最主要代理人。

城轨交通领域的核心企业应该具备以下一些特征：在性质上属于完全公营或由政府特许的企业；有较大的经营覆盖面，在城轨系统网络的建设和运营市场中占有较大份额；可利用自身明显的技术优势，帮助政府制订并推行区域内的技术标准；在服从政府总体规划思路的同时，也有足够的实力对政府在本地区的规划方案、建设水平、运营质量标准的确定过程产生影响；具有整合行业重要资源的能力；能借助必要的政策支持，保持较好的财务状况和可持续发展的状态；能够有力地协助政府实现城轨交通领域的政策目标。

城轨交通核心企业构建和运转得好，所在城市政府在城轨交通领域就可以相对有效率地行使其本身作为政府所更应该做好的制定政策与规划、建立规则与实施监督等职责。而在城轨交通领域缺少核心企业或核心企业承担职责不到位的情况下，往往就可能使得相关企业之间的矛盾和掣肘较多产生出来，造成城轨网络化所要求的资源整合与共享不能实现，或者建设与运营成本不合理上升、安全隐患和事故增加、运营服务质量下降，补贴增加到难以承受的水平等问题，需要政府频繁出面平衡或启动应急措施，增加很多看来必须但实际却难以到位的政府监管工作。

体制与机制篇

第二十一章

综合交通运输的体制与机制

第一节　综合交通运输对行政效率的要求

一、综合运输行政管理的一般要求

前文已经提到经济发展的运输化过程有一定阶段性，综合运输是运输业伴随社会经济发展到一定阶段以后的内在要求。运输化的初级阶段基本上对应着各种运输方式各自独立发展的时期，而进入运输化的较完善阶段以后，多式联运、一体化和可持续交通的特征则日益明显。运输化阶段性转变带来的变化包括：从运输产品的数量扩张到服务质量的提升；从主要关注线路建设到更加突出枢纽地位；从每种运输方式单独发展到方式之间有效连接，并形成集装化的多式联运链条；从运输方式和企业之间以竞争为主到以协作为主；从简单位移产品到关注综合物流服务和附加价值；从单纯增加运输供给到更加注重需求管理；从单纯运输观点到交通运输与土地开发、城市空间结构综合考虑；等等。

在运输化的不同发展阶段，一个国家所面临的主要运输问题显然是不同的，所需要制定的运输政策也是有差别的。在运输业发展的前一个阶段，所要解决的主要问题包括各种运输方式分别单方式发展、基本网形成、通达性问题、公众基本出行和煤炭等大宗货物的运输问题；而当运输业发展的新阶段到来以后，所要解决的主要问题转变为多种运输方式共同发展、方式间衔接、枢纽问题、可持续发展、现代物流及社会公平等，新的相关问题越来越突出。运输化不同阶段对政府的政策制定能力和行政能力提出了不同要求：在运输化的初级阶段，相对简单的系统状态也只需要相对简单的政策体系和行政管理体制；而在运输化的较高级阶段，运输系统所具有的综合性和复杂性使得政府必须在更高层次上设立综合性的运输主管机构，制定综合运输政策与规划。

从国际经验来看，在工业化、城市化和运输化都处于加快发展的阶段，正是交通运输基础网络和基本结构形成的重要时期。要想构造一个在日后长时期内高效率、一体化和可持续的综合交通发展模式，各种技术、政策、规划、法制等一定要共同发挥作用，才可能有比较好的效果。每一种运输方式都有内在的优势和利益集团支持，各种方式按各自系统单独发展却可能由于综合枢纽的规划、建设以至运营被忽视等原因，形成对综合运输总体效率甚至对整个社会经济并不有利的结果，而运输设施与运输结构的影响又是长期且某种程度上难以调整的。从这个道理上来讲，在各种运输方式都已得到一定程度发展的条件基本具备的情况下，综合运输管理体制的建立应该是越早越好，原因在于相应发展阶段必须有相应的管理体制与之配套，否则已经不适应的旧体制就会对运输业的健康发展产生越来越大的负面作用。

二、运输行政管理的体制与机制

行政管理体制是指行政系统的权力划分、组织结构、职能配置等的关系模式，主要包括三个方面的含义：第一，行政体制的核心内容是行政权力的划分和行政职能的配置，行政职能的配置又左右行政组织结构和行政运行。第二，行政组织结构是行政体制的表现形式，是行政权力和行政职能的载体，若无机构，行政体制也就不存在了。第三，行政体制是政治体制的有机组成部分，与立法体制、司法体制等共同构成国家管理体制，也要受到立法体制、司法体制的制约。综合交通运输行政管理体制的研究内容主要包括各级政府对各种运输方式、城市交通以及邮政、物流等部门或领域的权力划分、组织结构、职能配置以及相互之间的关系模式。

交通运输管理体制一般是指运输行业有关的国家机关和企事业单位管理权限划分的制度，而机制则是管理体制作为一个有机体各构成要素之间相互联系和作用的关系及其功能。由于机制是在经济肌体运行中发挥功能，所以又称为运行机制，也泛指一个工作系统的组织或部分之间相互作用的过程和方式。机制的含义是有机体的构造、功能和相互关系，是指以一定的运作方式把事物的各个部分联系起来，使它们协调运行而发挥作用。

在理想状态下，有了良好的机制，就可以使一个社会系统接近于一个自适应系统——在外部条件发生不确定变化时，能自动地迅速做出反应，调整原定的策略和措施，实现优化目标。正常的生物机体（如人体）就具有这种机制和能力，而如果机制出现问题，生物机体也同样不可能正常工作，就像生病会使人体相关系统出现各种状况，甚至失去应有的功能。因此在任何一个系统中，机制都起着基础和根本性的作用。我们不可能构建出一种机制，使它完全成为一个不需要管理者干预的自适应系统，但在设计管理体制的运行模式时，还是应该把机制的构建作为重点来把握。这有助于提高行政效率，提高政策措施的针对性和适用性，降低管理成本，并从“人治”走向“法治”。

好的运行机制不会凭空产生。人们可以通过改革体制和制度达到转换机制的目的，也就是说通过建立适当的体制和制度，可以帮助形成相应的机制。但体制改革虽然可能为机制转换提供了必要条件，但高效运行机制仍不会自动出现，还需要通过进一步的深入研究探索去加以构建。很显然，综合交通运输管理体制的研究不能忽视机制问题，如果没有好的运行机制，就算设计出好的体制，在实践中也同样难以发挥应有的作用。

机制设计理论试图寻找实现既定社会目标的经济机制，即通过设计博弈规则，在满足参与者各自条件约束的情况下，使参与者在自利行为下的选择相互作用能够让配置结果与预期目标相一致。机制设计通常会涉及信息效率和激励相容两个方面的问题。机制设计理论的信息效率认为，可以从一个经济机制信息空间维数的大小来评价机制的好坏，机制设计过程就是针对想要实现的既定社会目标，寻求既能实现此目标，又要信息成本尽可能小的设计过程。赫尔维茨在20世纪70年代的研究成果证明，指令性计划经济机制为实现资源有效配置所需要的信息一定比竞争性市场机制多，需要付出更高的机制运行成本。

机制设计理论中激励相容是指，如果能有一种制度安排使行为人追求个人利益的行为，正好与实现集体价值最大化的目标相吻合，这一制度安排就是“激励相容”。也就是说，参与者理性实现个体利益最大化的策略，与机制设计者所期望的策略一致，从而使参与者自愿按照机制设计者所期望的策略采取行动。实践中很多出发点很好的制度却得不到有效贯彻执行，甚至参与者还利用既有政策来最大化个人利益从而造成效率损失，机制设计理论认为这就是因为设计的制度不满足激励相容，因而无法保证个人理性与集体理性的同时实现。评价某种经济机制优劣的基本标准包括资源的有效配置、信息的有效利用以及激励相容，综合交通运输管理体制的研究也应该从这三方面，去深入考虑相关机制的设计问题。

综合交通运输管理体制本身的研究内容主要应该包括，从国家层面设计铁路、公路、水运、民航、管道、邮政、物流和城市交通等部门或领域行政管理整合后的总体组织架构与组织机构的职能，特别是未来综合交通运输主管机构（交通运输部）的组建方案，其内部规划、政法、财务、标准、统计、对外合作以及行业管理等职能的整合设想，以及具体实施步骤。

而综合交通运输管理体制所对应的机制研究则大体应该包括：综合交通运输政策制定和实施机制、综合交通规划中的协调机制、交通运输监管机制、综合交通体制下的信息共享机制、交通运输领域中央与地方政府权力配置的合理化以及交通领域中的公企业体制与机制等。综合交通运输管理体制是一个有机整体，有总体运行机制，但在其运行中又包含着它的各构成要素的局部运行，各构成要素自成系统，各自都有特定的运行机制，相互支撑又相互影响。

三、及时进行体制机制的改革与调整

任何社会经济系统的成熟程度，都是与其自我协调能力的形成所严格对应的。由于交通运输是公共性、外部性、网络性、遍在性以及特定市场势力等特征非常突出的领域，因此使其注定成为一个政府强干预同时也是一个典型的制度密集领域。综合交通运输发展阶段则要求在一定精益管理体制下的多部门、多层次协同机制，因此综合交通运输在根本性的意义上，是对政府在交通运输领域的高水平行政能力所提出的要求，是对一体化交通运输管理体制与机制提出的要求。正因为如此，交通管理的体制机制必须及时进行改革与调整，以避免成为综合交通运输体系建设的主要障碍。

图 21 - 1 从运输业发展阶段和制度建设水平的关系说明了交通运输管理体制机制改革的必要性与紧迫性。图中横坐标是随时间逐渐提高的运输规模与复杂程度，可分为交通运输发展的前期和中后期；纵坐标是制度建设水平，在管理制度水平较低和较高阶段，运输业的发展分别处于问题区和正常区；而在不同时期运输问题的表现也有不同，可分为早期运输问题和复杂运输问题。由图 21 - 1 可见，理想发展路径始终处在较高的制度水平，因此运输业的发展也一直比较正常，没有碰到太大问题；但高水平的管理制度一般是逐渐建设起来的，因此这种理想发展路径较难见到。相比较而言，一般发展路径代表了随着交通运输规模与复杂程度不断提升，管理制度也逐步完善起来，交通运输在发展到中后期阶段时能够进入问题较少的正常区。应避免的发展路径是说，交通运输管理制度的建设一直滞后于运输规模与复杂程度的提升，结果交通运输在发展到中后期时仍旧处在问题区，而且矛盾和问题越来越复杂。运输业管理体制的建设如果跟不上交通运输规模的扩大，就会越来越被动，需要通过及时调整或改革改变管理制度建设滞后的状况，以便尽快解决矛盾和问题，使运输业的发展尽快进入正常区。

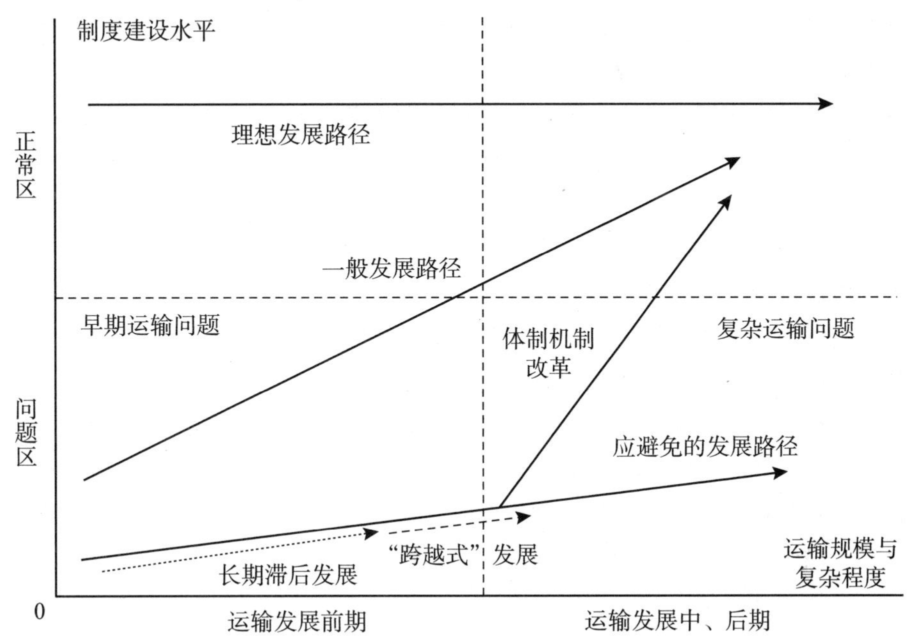

图 21-1 交通运输体制机制改革的必要性

在长期忽视运输业发展并造成运输滞后的局面以后，我国自 20 世纪 90 年代后期起出现了一个运输业的“跨越式”发展，并得以使运输设施与运输量的规模迅速进入发展中期阶段，而发展所对应的运输问题也相应地从早期问题转变为具有更多的复杂性。但由于运输管理体制与机制未能及时转换，交通运输领域的矛盾和问题也变得越来越突出。因此，我们目前所处的状况就是必须尽快从不重视制度建设的路径转变到重视解决体制机制的路径上来，通过相应体制机制改革尽快“逃离”问题区，否则社会经济将为此付出过大的代价。

第二节 其他国家的交通运输体制与机制

一、各国交通运输体制机制演变的趋势

在任何国家和地区，交通运输管理体制与机制的核心问题都是要解决好政府与市场的关系、政府部门之间的关系、中央与地方的关系以及政府与社会组织之间的关系问题。世界各国交通运输管理体制变迁的实践表明，交通运输管理体制

随着各国经济社会和交通运输的发展而不断演进。中国铁道科学研究院近期做了这方面的总结，认为由分散管理到综合管理是世界交通运输发展的总体趋势，充分发挥市场机制作用是综合交通运输管理体制改革的基本方向，政企分开是建立综合交通运输管理体制的基本要求，而加强安全监管是综合交通运输管理的首要任务。认为科学设置管理机构和职能，实现综合协调和专业化管理的有机结合，调动中央和地方的积极性，建立高效运行的综合协调机制，是促进各种运输方式实现全面、协调、可持续发展，提高运输系统效率，降低全社会物流成本的体制保证。还认为在交通运输体制改革过程中，明确的目标、周密的实施方案和强有力的政府推动是交通运输体制改革成功的重要保证和关键力量。

由于很多交通运输政策是跨部门的，其制定过程需要不同的部门相互配合，根据斯惕德（Dominic Stead）的研究，在对部门政策的横向管理过程中，按各部门合作的紧密程度依次可分为：政策合作（policy cooperation），只是在各部门之间进行对话和信息沟通；政策协调（policy coordination），在政策合作的基础上进一步增加各部门信息的透明度，并通过协调相互之间的利益来避免政策冲突；政策一体化（policy integration），在政策合作与协调的基础上，联合工作，统一目标来制定政策。目前世界上绝大多数国家都选择了综合性交通运输管理体制，统管各种交通运输方式，甚至包括与交通运输发展关系密切的国土开发、城市建设等领域的管理，以便提高政策制定与实施的一体化程度。

世界上126个拥有铁路的国家（地区）中已有119个实行了综合运输管理体制，其中40个国家（地区）设立了统管各种运输方式的综合交通运输主管部门（如运输部），其余79个国家（地区）则设立了包含交通运输管理在内的更大的综合管理部门，如德国的联邦交通、建设与城市发展部，法国的环境、可持续发展、运输与和住房部，日本国土交通省，澳大利亚基础设施及运输部，秘鲁运输及通信部。只有中国、印度、朝鲜、巴基斯坦、缅甸、埃及、巴西7个国家仍然实行不同运输方式或个别运输方式的单独管理，其中印度各种运输方式均为单独管理，中国、朝鲜、巴基斯坦、缅甸主要是铁路单独管理，埃及、巴西主要是民航单独管理。

美国于1967年合并原来分散的30多个政府机构成立运输部，此后为适应对各种运输方式综合管理的需要，运输部管理范围不断拓展，管理职能不断强化。运输部成立后，加强了对各种运输方式的综合协调和安全监管，有效促进了联合运输的发展，提高了社会运输效率，大大降低了社会物流成本。苏联一直是采取通过不同部委分别管理不同运输方式的模式。新的俄罗斯联邦国家成立后，2004年在实现铁路政企分开的条件下，联邦政府在精简行政管理机构、实行大部门体制的总体部署下，对运输行业也进行了大部制改革，成立新的运输部，实现了铁路、公路、民航、水运等多种运输方式的综合管理。

中央政府与地方政府之间建立理性规则是一国综合交通运输体制高效运行的重要基础。清晰划分中央与地方事权，充分发挥中央与地方政府的作用，既保证中央在统筹全局方面的权威性，又充分发挥地方的自主性，有助于综合交通运输体系的高效推进。但对于不同的国家，在各自的国家总体行政管理体制框架下，中央和地方分权的程度不同，在交通运输管理事务方面，中央和地方发挥的作用也有所不同。

各国对交通运输领域的公众参与也非常重视，尽管目前公众参与到交通政策与规划中还存在着障碍，包括现在主流的交通规划模式还是从上至下的技术专家制，但交通政策与规划的环境正在逐渐民主化，也给公众参与到交通决策与管理中带来了机会。这方面总的趋势是在新的交通行政框架中更多引入公众参与，包括各类正式与非正式的公众参与程序，如公众咨询、公众质询以及相关社会组织的活动等，使交通运输事务进入正常的公共政策程序与公共治理框架。

二、日本的大交通管理体制

最近50多年时间中，日本运输行政管理机构经历了由分散到统一，再到综合和完善的发展变革过程。第二次世界大战期间，日本成立运输通信省，按照职能归类的思路将不同运输方式集中在一个部门进行管理，相对集中了交通运输行政管理。1945~2001年，在运输省总体框架基本不变的情况下，日本的交通运输管理体制进行过多次内部调整，调整的目的是为了适应经济社会现实的变化和强化横向的综合协调，与交通运输有关的全部行业管理和大部分的规划管理、设施建设、政策法规管理和安全监督管理都由运输省负责，但公路的规划建设和公路交通管理则属于建设省的职责。

2001年，日本政府进行了规模较大的改革，将运输省与建设省、国土厅以及北海道开发厅合并成立国土交通省（后来观光厅和气象厅也并入其中），在更大范围上综合了交通运输、建设、国土开发等领域的行政管理职能，为形成新的区域经济发展格局、促进经济社会可持续发展奠定了基础。目前，国土交通省（Ministry of Land，Infrastructure，Transport and Tourism）包括本省和外局。本省下设内部部局、审议会、设施等机关、特别机关和地方分支部局，外局设立观光厅、气象厅、运输安全委员会、海上保安厅。其内部部局由16个职能部门组成，包括综合政策局、国土政策局、土地建设产业局、都市局、水域管理与国土保全局、北海道局、住宅局、道路局、铁道局、汽车交通局、海事局、港湾局和航空局等。设施等机关包括国土交通政策研究所、国土技术政策综合研究所、国土交通大学校、航空保安大学校；特别机关下设国土地理院和小笠原综合事务所、海难审判所；地方分支部局有地方整备局（由原运输省的5个港湾局和建设省的8个地方建设局合并为8个地方整备局)、北海道开发局、地方运输局、地方航空局、航空交通管制部。

日本的交通运输体制与机制能根据需要，特别是其服务对象与环境条件发生重要阶段性变化及时进行必要的适应性调整。随着日本交通运输发展重点从过去围绕经济快速增长所需要的道路、铁路等数量为标志的建设，转变为要根据目前人口开始减少且经济发展进入“安定期”的要求，日本国家运输政策的重点也更多转向确保安全、保护环境、出行的舒适方便以及帮助社会弱势群体等。运输省与建设省、国土厅等主管部门的合并进一步提高了行政效率，大交通的大部制体制有助于各运输方式间的衔接、优化与协调，长期以来成为协调难题的铁路与公路的立体交叉、高速公路与机场和港口的衔接等问题能够得到顺畅的解决。综合交通的成效主要体现在建立了方便快捷的特大都市通勤（特别是高密度城轨网络与枢纽体系）和降低全社会的物流成本两方面。

日本的国土交通综合管理，还体现在其交通政策及规划与最新国土规划理念的结合。第二次世界大战后，为应对经济高速发展及其引发的国土剧烈变化和社会变迁，日本先后于1962年、1969年、1977年、1987年、1998年和2008年分别发布了6次全国国土规划。其中前4次均是依据20世纪50年代出台的《国土综合开发法》而制定的《全国国土综合开发规划》，显然主要强调的是开发；但日本到20世纪90年代后期已不再延续以前的国土综合开发理念，1998年发布的《21世纪的国土蓝图——促进区域自立与创造美丽国土》就这种转变开始的代表。相比过去的国土开发规划，新规划的主要变化包括规划主体由国家主导变为地方主导，由政府主导变为国民主导，规划目的也由国土开发变为国土管理和继承。

2005年，日本全面修改了《国土综合开发法》，代之以《国土形成规划法》，2008年的《国土形成规划（全国规划）》就是根据这部新法制定的第一部国土规划。该国土形成规划（全国规划）彻底打破了原来按照国家、都道府县和市町村的层级体系，着力于构建由多元化自立协作发展的“广义地区”，和生活便利高效的“生活圈”所组成的国土结构。各广义地区相当于欧洲中等规模国家的人口、面积或经济规模，规划强调各广义地区自立、特色发展，并能做到自主与作为世界经济增长极的东亚地区直接建立紧密联系。“生活圈”则是规划为应对未来人口减少和老龄化的趋势，提出的人口在30万人左右、内部交通时间距离在1小时左右、可能跨原有市町村行政边界、但能确保公共服务提供且有利于资源集约使用和社会运转成本较低的地方单位。该规划还进一步强调了向地方放权和社会参与的相关机制。

2001年实行的“综合性大部制”为其国土规划及其他相关规划的彻底转型提供了行政基础，国土交通省就是负责制定这次最新国土规划的责任行政机构。日本近期的交通政策及规划也已经体现出与2008年《国土形成规划》理念相配套的动向，综合交通的具体指向性更加明显。为支持多元化广义地区的自力发展和为国民提供稳定可信、畅通无阻的交通、信息服务，《国土形成规划（全国规划）》提出的交通和通信产业的政策目标包括：进一步建设综合性的国际交通与卫星通信体系，实现与东亚国家更加迅速和畅通的一体化交通，使日本成为东亚与世界连接的纽带；让各广义地区不通过东京就可以与东亚乃至全世界进行直接交流；促进广义地区之间的交流与合作，并创建极强防灾及灾后重建能力的干线交通体系；建设作为城乡生活基础的地区交通和信息通信体系等。

日本现行的交通运输管理体制，既有交通运输体系自身发展阶段和外在环境变化的内在要求，也包括政治家们出于政治管理需要所决策而主导和促成的。体制改革中具体部门的利益要服从于重大政治与社会决策要求。此外，大部制有助于更好地认识和分清政府与市场的职责边界及相互关系。如对综合交通运输的发展而言，主要是通过使用者的自由选择和市场竞争形成的，在交通运输领域，需要政府发挥作用的地方主要体现在基础设施建设、安全保障等方面，而运输和物流的发展应更多依靠市场机制解决等新理念。

此外，日本在交通运输方面的法律法规相对比较完善。日本每隔3年会把相关领域的法律汇编成集，称为“六法”，其中与交通运输相关的法律集中体现在国土交通六法中的社会资本整备编、国土编和交通编三部分。社会资本整备编主要包括国土利用的综合体系、开发及保全、社会资本整合的整备、交通政策推进等法律；国土编涵盖了国土形成计划法、国土关系法令、都市再生特别措施法及与自然保护、海岸、良好景观及环境保全等相关法律；交通编则主要包括交通政策、观光、货物流通、铁道、机动车交通、海事港湾、航空、海上保安、气象、海难审判、行政组织及其他。每种运输方式又可以各自形成独立的“六法”，如铁道六法包含铁道事业、铁道营业、设施与车辆、安全、铁道整备、国铁改革等诸法；交通小六法则以道路交通法为中心，涵盖道路法、道路运送车辆法、道路运输车辆法之交通关系等内容；还有港湾六法、机动车六法、航空六法等。

日本交通运输法律的另一特色是有完备的相关组织法，从而使每个组织、职位、预算、决算、计划、立项、建设及市场运营内容都有法律根据。在机构改革的时候，首先通过相关的法律，据此为每个职位制定规则（权力、义务、责任、范围、赏罚等）。因此无论是日本国铁的民营化改革还是日本道路公团的民营化改革，都是在有完善的配套法规体系支撑下开展的。如为了配合日本道路公团民营化改革的需要，日本政府专门出台了四部关于道路公团民营化的法律，包括高速道路株式会社法、日本高速道路保有债务偿还机构法、与日本道路公团民营化相关的道路关系发展法、日本道路公团等民营化关系法施行法等，其内容涵盖了债务的分配处置、改革后各机构的主要职责、彼此之间的关系如何处理、已有高速道路应如何管理、新建高速道路将如何实施等内容，从而为改革的顺利推行和目标实现提供了坚实保障。

第三节　我国运输管理体制的变迁与现状

一、我国交通运输管理体制的历史变化

我国历代中央政府为确保驿传和漕运系统的开通与正常运转，实行过多种行政管理体制，例如魏晋隋唐以来曾将驿传和漕运分别归属尚书省、中书省、枢密院、兵部、工部或漕运总督等多种机构。随着近代交通工具到来，管理体制也出现了相应变化。铁路事务曾分别归属清政府的总理海军事务衙门（1885 年起）和总理各国事务衙门（1898 年起）负责，因为开始时希望铁路可为沿海军事提供补给，后来与铁路有关的事务基本上又都涉及与西方列强国家交涉路权、借款、购置设备和经营等事项。1903 年起铁路事务改由商务部负责。1906 年，清政府设邮传部专管铁路、航运、邮政、电报四政，这是中国近代以来首次设立总管交通行政的“中央机构”。1912 年 1 月，清政府邮传部的业务被民国政府接管，并被改名为交通部，在其后的大多数时期内负责管理多种运输方式和邮电业务。国民政府在 1928～1938 年间曾一度设立过“铁道部”，但该部在抗战期间该部因行政机构精简被撤销。1949 年国民党政府撤离大陆以来，我国台湾地区一直沿用了原交通部体制。

解放战争期间，随着解放军陆续接管和修复铁路线，先后在东北和华北设立了军事化的地区性铁路管理机构。1949 年 1 月，中国人民革命军事委员会决定成立军委铁道部，统一全国各解放区铁路的修建、管理和运输。1949 年 10 月中华人民共和国成立以后，军委铁道部改归中央人民政府政务院，并改称中央人民政府铁道部，但曾一度实行双重领导。新中国的交通部也成立于 1949 年 10 月，主要负责公路和港口的建设与运输管理。1949 年 11 月，民用航空局在中央军委下设立，受空军指导。1958 年 2 月，民航局划归交通部领导，并改称“交通部民用航空总局”。1962 年 4 月，民用航空总局由交通部属改为国务院直属局，其业务及干部人事工作等均直归空军负责管理。

“文化大革命”期间，铁路受到严重冲击，为保障铁路运输畅通，中央从 1967 年 5 月起对铁路实行了军事管制。1970 年 7 月，铁道部、交通部和邮电部的邮政部分合并组建为“大交通部”。但从 1973 年起，邮政业务被归还邮电部。1975 年 1 月，交通部与铁道部分开，再次分别成为独立的主管部门。改革开放

后的1980年，民航总局正式脱离军队建制和管理。我国油气管道的行政主管一直由石油行业自己负责。而城市交通长期由所在城市自己管理，体制上是由国家建委、建设部及现今的住房和城乡建设部归口政策业务指导。1986年国务院决定由公安机关对城乡道路交通安全进行统一管理。

无论是新中国成立前主管多种业务的邮传部或交通部，还是“文化大革命”期间由铁道、交通和邮政合并而成的“大交通部”，尽管也建立了一个综合性的行政框架，但运输业发展中综合交通运输的核心内容当时并没有实质性地被提出，于是各运输方式仍旧自成体系地发展。但改革开放以来，除铁路以外的各交通运输行业在政企分开与市场化方面一直得到推进。20世纪80年代，交通部率先放开了公路和水路运输市场，同时推进国有交通运输企业政企分开；90年代又开始推行公路政企分开、管养分离的运行机制改革和港口属地化与政企分开改革。民航20世纪80年代末开始尝试政企分开，将管理局、机场和航空公司分设，并引入竞争机制；2002年进一步重组航空公司，开放市场，实现机场属地化，并改革空管体制。2005年邮政也实施了政企分开的体制改革。

党的十三大报告提出“加快发展以综合运输体系为主轴的交通业”，但1988年全国人大成立综合性运输部的决定却因民航和铁路相继发生重大事故而被搁置。这是我国第一次带有综合交通思路的运输业管理体制的改革尝试。党的十七大报告又再次明确提到要“加快发展综合运输体系”，在论述加快行政管理体制改革时，则提出要“加大机构整合力度，探索实行职能有机统一的大部门体制”，以体制改革促进综合运输体系发展的思路终于再次提上日程。2008年全国人大审议通过《关于国务院机构改革方案的决定》，在整合交通运输相关机构、探索职能有机统一的大交通体制等方面迈出了重要步伐。改革内容包括组建交通运输部，将交通部、中国民用航空总局的职责和住建部指导城市客运的职责整合划入交通运输部，国家邮政局改由交通运输部管理。但遗憾的是，此次改革未能触及最核心的铁路政企分开和将铁路管理并入交通运输部问题，保留了政企不分的铁道部，结果使综合交通运输行政体系留下严重缺陷，改革不到位、不彻底，实质上仍停留在分散管理的状态。

二、目前体制下的职能分工与主要问题

按照相关规定，2008年改革后中央各相关部委的主要职责如下。

国家发展和改革委负责统筹交通运输发展规划与国民经济和社会发展规划、计划的衔接平衡；综合分析交通运输运行状况，协调有关重大问题，提出有关政策建议。具体有：研究提出交通运输发展战略、方针、政策和交通行业的改革方

案和措施；组织编制交通中长期规划和年度指导性计划；衔接平衡交通行业规划和行业政策，编制综合交通体系发展专项规划；监测、分析和研究交通发展、运输市场供求状况；衔接项目布局，审核重大建设项目；负责各种运输方式的综合平衡以及发展中重大问题的协调工作；负责研究提出交通项目专项投资安排意见及年度专项拨款计划下达的起草工作；研究提出政府管理商品、服务价格和收费的原则和作价办法，拟订重要商品价格、服务价格和收费政策并组织实施。

交通运输部负责涉及综合交通运输体系的规划协调工作，会同有关部门组织编制综合交通运输体系规划，指导交通运输枢纽规划和管理；管理中国民用航空局和国家邮政局；指导城市客运管理，指导城市地铁、轨道交通的运营；组织拟订并监督实施公路、水路、民航等行业规划、政策和标准；组织起草法律法规草案，制定部门规章；参与拟订物流业发展战略和规划，拟订有关政策和标准并监督实施；负责中央管理水域水上交通安全事故、船舶及相关水上设施污染事故的应急处置，依法组织或参与事故调查处理工作；负责提出公路、水路固定资产投资规模和方向、国家财政性资金安排意见，按国务院规定权限审批、核准国家规划内和年度计划规模内固定资产投资项目；指导交通运输信息化建设，监测分析运行情况，开展相关统计工作，发布有关信息；指导公路、水路行业环境保护和节能减排工作。

铁道部负责组织拟订铁路行业发展战略、政策，拟订铁路发展规划，编制国家铁路年度计划，参与综合交通运输体系规划编制工作；组织起草铁路行业法律法规草案，制定部门规章并监督实施；承担铁路安全生产和运输服务质量监督管理责任；统一管理铁路运输组织和集中调度指挥工作，规范铁路运输市场，按规定管理铁路建设基金、国家铁路资金；研究提出国家铁路固定资产投资规模和方向、国家财政性资金安排的意见，按国务院规定权限，审批、核准国家规划内和年度计划规模内固定资产投资项目；拟订铁路行业技术政策、标准和管理规程，依法负责铁路技术监督、环境保护和节能减排工作；负责铁路行业统计、信息、应急和国防动员有关工作。

国家民航局负责提出民航行业发展战略和中长期规划、与综合交通运输体系相关的专项规划建议，按规定拟订民航有关规划和年度计划并组织实施和监督检查；起草相关法律法规草案、规章草案、政策和标准；承担民航飞行安全和地面安全监管责任；编制民航空域规划，承担民航空防安全监管责任；按规定调查处理民用航空器事故；组织协调民航突发事件应急处置，承担国防动员有关工作；负责民航机场建设和安全运行的监督管理；负责民用机场的场址、总体规划、工程设计审批和使用许可管理工作，承担航空运输和通用航空市场监管责任。负责航空运输和通用航空活动有关许可管理工作。拟订民航行业价格、收费政策并监督实施，提出民航行业财税等政策建议。按规定权限负责民航建设项目的投资和管理，审核（审批）购租民用航空器的申请。负责民航行业统计工作。

国家邮政局负责拟订邮政行业的发展战略、规划、政策和标准，提出深化邮政体制改革和促进邮政与交通运输统筹发展的政策建议，拟订邮政行业法律法规和部门规章草案；提出邮政行业服务价格政策和基本邮政业务价格建议，并监督执行；负责快递等邮政业务的市场准入，维护信件寄递业务专营权，依法监管邮政市场；负责邮政行业统计、经济运行分析及信息服务，依法监督邮政行业服务质量。

住房和城乡建设部负责组织编制和实施城乡规划，拟订城乡规划的政策和规章制度；会同有关部门组织编制全国城镇体系规划，负责国务院交办的城市总体规划、省域城镇体系规划的审查报批和监督实施；负责指导城市地铁、轨道交通的规划和建设；负责指导和监督全国城市综合交通体系规划编制工作，城市综合交通体系规划应当与城市总体规划同步编制，而市级人民政府建设（城乡规划）主管部门负责城市的综合交通体系规划编制。

交通运输部规划研究院近期的研究认为，现行体制下综合交通运输管理的职能仍然模糊，政府在与市场关系的处理上“越位”与“缺位”并存，中央与地方之间事权不清、有待理顺，部门与部门之间职责交叉、政出多门，行政体制与机制已成为制约我国综合交通运输发展的突出原因。认为目前交通运输管理体制的分割状态造成行政机制过于复杂、低效，其中分立的管理体制是导致运输结构不合理的重要原因，按专业划分的管理体制协调困难是导致衔接不畅问题的重要原因，多部门出台不同政策和技术标准是市场不统一的重要原因，自行监管和处置则是安全等目标实现不好的重要原因。

第四节　我国交通运输体制与机制改革的方向

一、抓住时机完成综合交通运输管理体制改革

我国交通运输基础设施总量和客货运输总量目前在世界上已经名列前茅，综合交通运输体系的建设问题已经到了应该从基本理念和根本制度层面去解决的时候，实行高效率综合运输管理体制早比晚好，有必要下决心解决这一问题。目前我国经济和运输业发展的水平和状况，都已经到了必须从更高层次制定运输政策的阶段，即不仅考虑每种运输方式各自的系统效率，更要同时考虑综合运输、高效物流体系、全球化和可持续发展层面的问题，要求相应更高级别的综合管理部门发挥主导作用。实现运输一体化必须要有组织机构和体制上的保证，综合运输

主管机构的组建与完善，在很大程度上是我国综合运输体系能够尽快形成和进入良性运行的先决条件。

如果不能及时地调整现有的交通运输管理体制，不但会为综合交通运输的发展形成障碍，同时也会因为交通建设具有的路径依赖特性，而给未来的行业与体制改革带来更大的成本。例如会导致巨大资源浪费甚至破坏、环境恶化、堵塞状况加剧、运输效率低下、供应链管理缺失、产业转型困难、社会矛盾在一定程度上激化、枢纽建设失去改正机会或大幅度增加难度、巨额债务风险激增等。特别是中心城市的枢纽体系、城轨网络、重要道路走廊包括绕城环线等核心基础设施与城市或城市群的空间形态、功能区分布、土地联合开发等的统筹考虑，一旦错失快速城市化与交通大规模建设有机结合的唯一机会，必将付出极其巨大的后期代价。

深圳、北京、上海、成都等大城市近年来已经相继建立了希望能够统管各种交通方式，并提高交通与城市发展协调效率的城市交通运输委员会等主管机构，在综合交通运输体制方面迈出了探索性步伐。但地方综合运输的行政效率仍然受到中央分部门管理体制的严重掣肘，多套法律法规、多套行政体系常常相互矛盾，协调整合的难度极大。能否尽快建立综合运输管理体制，是对我国行政体制能力的重大考验。人们不能保证有了综合性主管机构就可以解决一切问题，但该机构有和没有大不一样。国外经验表明，运输协调领域中的困难和博弈仍将长期存在，但综合体制将提供一个行业之间在相对合理规则基础上的博弈平台，可使社会交通运输资源的配置得以显著提高。

我国综合交通运输的体制机制改革在某种程度上已经被严重耽搁，社会经济为此付出了高昂的发展代价。综合运输此前已早有讨论，体制改革也曾有过尝试，现在必须弄清如何才能不再重复过去走走停停的怪圈，并实质性地推进综合运输体系的发展。综合运输管理体制的建立往往不容易，主要障碍就在于各部门不愿改变已有的利益格局，因此迈出决定性步伐需要政治决断。

二、尽快实现铁路政企分开，去除大部制障碍[①]

目前阻碍我国综合交通运输体制正常运转的，主要是铁道部仍旧维持着政企

① 在本书行将出版之际，2013 年 3 月 14 日第十二届全国人民代表大会第一次会议通过《关于国务院机构改革和职能转变方案的决定》，方案包括实行铁路政企分开，促进各种交通运输方式相互衔接，完善综合交通运输体系。将铁道部拟订铁路发展规划和政策的行政职责划入交通运输部，由交通运输部统筹规划铁路、公路、水路、民航发展，加快推进综合交通运输体系建设。组建国家铁路局，由交通运输部管理，承担铁道部的其他行政职责，负责拟订铁路技术标准，监督管理铁路安全生产、运输服务质量和铁路工程质量等。组建中国铁路总公司，承担铁道部的企业职责，负责经营铁路客货运输业务，负责铁路建设，承担铁路安全生产主体责任等。不再保留铁道部，同时要求继续深化铁路企业改革。

不分的体制，应尽快结束这种局面，分离出铁路行业的相关政府职能并将其合并到交通运输部。近年来，我国铁路债务规模膨胀之快和影响之大已超过人们愿意接受的程度，如不及时妥善处置，该行业每年所需要的外部救助就会让国家财政和金融系统难以承担。这是夸大政企不分体制具有“集中力量办大事”优势，推迟改革并违反基本建设和市场经济基本规律，结果走向反面同时付出重大代价的典型教训，它暴露出我们在政策制定与执行领域存在的体制机制问题。

我国综合交通体制改革严重滞后的不良后果之一就是这次铁路债务危机失控。近年铁路在规划和建设中的许多失误，恰是由于其游离于综合交通体制之外，单一方式利益至上并不断膨胀所导致的。结果必然是背离社会需求的方向，资源配置严重扭曲，综合交通体系的效率当然也难以保障。从这个角度来看，综合交通的大部制也必须坚定不移地推进，政企不分体制和缺少政策方向所造成的严重问题，必须果断地通过政企分开和明确政策方向去纠正。将铁路部门行政职能并入交通运输部，有利于在综合运输的体制下通过综合规划统筹考虑资源合理配置、统筹配置运力并提高运输效率，降低包括高铁的运营亏损，同时利用车购税、燃油税等收入统筹解决债务问题。也就是说，应该把铁路债务问题放在铁路改革以至综合交通体制改革的总盘子中一起解决。

需要建立有效的债务清偿和处理机构与机制。首先是不能在失控状态下继续大幅度增加恶性债务，然后尽可能相对平稳地通过各种可能途径逐渐消化掉已有债务。作为实施铁路政企分开方案的组成部分，应该分别成立铁路运输总公司和铁路建设与资产管理总公司。运营调度指挥权限由铁路运输总公司承担，确保整个路网的运输安全与稳定，然后再安排逐一解决重组企业的效率边界、公益性运输、引入社会资本、反垄断与市场秩序包括调度权的重新合理配置等问题，当然还包括地方政府在区域性铁路的责、权、利以及省部合资铁路的运营管理合理化问题等。铁路建设与资产管理总公司负责国铁系统相关基础设施的投融资与建设管理，同时也负责相关资产的管理和债务偿还。该公司需要接受包括降息、停息等减负办法的债务重组，但无权增加任何新的恶性债务。

三、建立统一的综合交通运输政策与规划体制

理顺了大交通部的机构设置之后，则应该对各部门的职能进行分类、整合、梳理，特别要突出关于综合交通体系法规、政策、规划、标准的制定以及建设和管理等职能。赵坚教授认为，在原来的计划经济体制下，交通运输领域的资源配置通过国家计划委员会统筹考虑，各部门的建设规模和建设投资通过指令性计划统一安排，在投资结构、通道资源利用、交通线网枢纽布局等方面能有较全面地

考虑国家交通运输战略目标的实施，分别设立的铁路、公路、水运、航空的主管部门只是国家统一计划的执行机构。

而到了市场经济体制下，资源配置不再通过国家统一计划来安排，实行大部门管理体制就具有某种内在的必然性。如果仍然分别设立铁路、公路水运、航空的政府行政部门，由于不同交通方式的国家行政主管具有拟订本行业规划、政策和标准的职能，又有不同的责任和利益指向，各种交通方式的国家行政主管部门必然倾向于为本交通方式争取资源，特别是通过规划，获取得到土地审批、信贷额度的前置条件。这样就难以形成符合整体利益的国家交通运输战略与政策，也没有实施国家交通运输政策的行政主体。在市场经济条件下，各种交通方式、各地区的建设和投资规模，在很大程度上取决于不同交通方式的主管部门和地方政府的资源获取能力。此时仍旧分别设立各种运输方式的行政主管部门，在综合交通的投资结构比例、通道资源利用、交通线网布局、交通枢纽与不同交通方式衔接、交通与城市土地利用城市规划等方面，就必然缺少具有权威性的政策与规划主体，也难以形成顺畅的协调机制。在市场经济条件下，建立交通运输的大部门管理体制成为一种必然选择。

2008 年交通运输部成立时为其规定的第一项职能就是，承担涉及综合运输体系的规划协调工作，会同有关部门组织编制综合运输体系规划，指导交通运输枢纽规划和管理。然而，交通运输部却恰恰一直未能履行这一应该是最重要的职能。主要原因在于同时还规定，外部的国家发改委负责研究提出交通运输发展战略、方针、政策，组织编制交通中长期规划和年度指导性计划，编制综合交通体系发展专项规划等；铁道部负责组织拟订铁路行业发展战略、政策，拟订铁路发展规划；住房和城乡建设部负责指导城市地铁、轨道交通的规划和建设，并负责指导和监督全国城市综合交通体系规划编制工作；而内部的国家民航局自己竟也独立负责提出民航行业发展战略和中长期规划，国家邮政局则负责拟订邮政行业的发展战略、规划、政策。在所有的主管机构都有权负责行业政策与规划，或交叉规划的前提下，交通运输部实际上没有能力协调编制综合交通体系的规划，只好将其连同综合交通的方针政策一起交给国家发改委，自己仍只负责原来交通部系统内的公路和水运的行业规划、政策。

2008 年交通大部制改革所造成的这种尴尬，给我们提供了深刻启示。一方面说明综合交通体制改革不能畏首畏尾，更不能半途而废，必须科学搭建体制框架，切实构建起具有责任能力的综合交通主管部门；另一方面也验证了不能再用行业规划拼盘汇总的办法去代替综合交通体系规划，也不能再用规划去代替综合交通政策。国家层面的综合交通政策和综合交通规划应该就是一套，新的交通大部制必须改变各个局部通过各自规划相互争权争利的问题，必须能够通过科学的顶层设计制定相应的综合交通政策、战略与规划，并进而切实指导各有关行业和地方交通的发展。

四、建立高效率的部门间合作与协调机制

综合交通运输的行政管理涉及社会经济生活的方方面面，除了几个交通运输行业之间的关系，也必然牵扯到诸多行政部门。即便下一步交通运输部覆盖了所有运输行业的行政管理，该部门与其他行政管理部门仍旧存在职责交叉，主要包括但不局限于：与国家发改委关于交通规划与国民经济和社会发展规划的衔接平衡，交通基础设施建设项目审批、相关运价或收费的管理协调等；与城乡建设部门关于城市道路、地铁、轨道交通等的规划管理，城市总体规划与城市综合交通体系规划关系的协调；与国土资源部在土地开发、利用规划、审批与监管方面的协调；与国家能源以及环境保护主管部门在能源供应、节能、环保领域的协调；与公安交管部门和安全监察部门关于道路交通安全和车辆管理以及重大事故调查方面的协调；与财税部门关于预算管理、税收以及交通专项资金拨付、使用、监管领域的协调；与国家货币政策及金融监管部门在交通建设信贷融资方面的协调；与工业和信息化部以及国家质检部门在交通工具及其他设备标准监管方面的协调；与对外经贸、口岸、边检等部门在国际运输—物流、货运代理等领域的协调；与海洋、渔政、公安边防等部门关于水上交通安全管理上的协调；以及与水利部门在内河水运领域的协调等。

近些年来，像治理公路运输超载、推动物流业发展这样一些事务，都曾动员多个以至十几个部委共同配合，说明综合交通运输的协调性要求是非常明显的。在一定程度上，显然仅仅靠合并几个交通运输行业主管部门并不足以解决所有问题，一些国家实现交通运输大部制以后继续在更大的范围实施大部制管理，进一步整合行政机构与资源，确实有其内在的合理之处，可在一定程度上提高行政效率。但是，任何国家都不可能做到把与交通运输有关的所有行政事务都整合到一个政府部门中去，综合交通部门再大职能再多，多个不同部门之间在必要领域的合作与协调也是不可避免的。

我国近期在综合交通运输体制的改革上只能限于几个直接的交通运输管理部门，更进一步的综合化还需要逐步创造条件，因此必须下大气力建立高效率的部门间合作与协调机制。例如，可以建立交通运输部、住房和城乡建设部、国土资源部及环境保护部等部门之间基于信息共享和政策对话的相关机制，组成联合工作小组或召开部际联合会议，实行跨部门的公务员轮岗或培训机制等，避免政出多门，责权不明，目标不统一等弊端，也有助于克服法律、组织、财务及工程技

术等方面的障碍。总之，必须在体制机制上确保综合交通运输领域的重大政策方针、法律法规、战略规划、规则标准等，能够切实满足综合性、连续性及协作性的要求。

五、建立分工合理、责任明确、规则有序的中央与地方关系

具体的交通管理与决策权向城市层面逐渐下移，同时与国家层面更集中关注制定交通政策与长远战略，是各国交通行政体制变革的共同趋势。原因是大多数交通运输行为都涉及居民和企业的切身利益，属于与具体时空结合更加紧密的地方性公共事务；但交通运输又与国家层面的财政金融、资源环境、区域发展以至全球化战略密切相关，需要中央政府的政策干预。既不能用全国的交通利益代替特定地方的交通利益，也不能让特定地方的交通利益过度膨胀以致损害全国利益。

这也是我国交通运输管理体制改革要解决的关键问题之一。目前我国的交通行政体制没有很好地区分各不同层面的交通公共利益，一方面仍旧遵循传统"下级服从上级"、"局部服从全局"的原则；另一方面由于中央和地方事权、财权的规范关系不健全，结果缺失国家政策的指导性，地方突破中央约束的情况也每每出现。国家发改委在转轨过程中难以改变试图以微观项目审批手段来完成宏观调控任务的模式，显然已不适应改革开放以来中央与地方利益关系与格局的改变。此外，城市化进程加快及城市群的发展已经对交通发展与管理提出了新的要求，相关行政体制机制建设的滞后也将会带来长期不利影响。必须找到顺应这些变化的合理路径，交通大部制相应机制的建立有可能提供一次宝贵机会。

在交通行政领域理顺央地关系的关键，是理顺分层行政主体，并建立分工合理、责任明确、规则有序的制度。一方面，国家层面的政策与规划必须更加注重长远战略目标与原则的确立，并严格相应的程序与评估标准，通过各种政策手段引导实施和规范，改变以项目汇总为主的交通规划思路。另一方面，应该让城市和城市群政府在更大程度上进入决策体系，与国家、部门和省级政府共同发挥作用，项目层面的实体规划要向城市下移。要明确城市政府作为综合交通枢纽规划、投资、建设和管理的责任主体，与相关部门协调解决综合交通枢纽建设和运行中的相关问题。在保证国家行政功能上下对应的条件下，要允许城市政府探索设置不同形式的交通管理机构，因为综合交通与城建、市政、土地、环境、公安等部门的协调越到城市层面越具体，所需要的部门间协调也越直接。在充分体现综合性、协调性与连续性的现代交通行政体制机制上，城市和城市群政府可以而且有必要比国家层面先走一步。总之，要努力做到交通政策与管理领域既不缺失必要的"顶层设计"，也能符合"因地制宜"的要求。

六、加强法制建设，促进责任行政，引入社会治理

大部制改革事关政府体制机制的创新和权力利益的调整，并且由于受计划经济和部门立法的影响，我国相当程度上存在一个部门一套法律体系，大部制改革后，有关执法主体、诉讼管辖和法律适用可能会出现一定的问题。故应当切实加强行相关法律法规体系建设，推进行政组织设置、职能定位和机制运行的法治化，从制度层面去解决政府部门存在的职能交叉、职能分散、责任不清、推诿扯皮等现象。

交通运输领域的大部制改革有机融合了不同运输方式的管理机构，实现各种运输方式的统一管理，在客观上也造成了权力的集中，因此也需要建立与权力集中程度相匹配的监督机制，对权力进行合理的制约。一般而言，利益的划分取决于决策，利益的实现取决于执行，利益的矫正取决于监督。在当前交通运输管理体制下，各相关部门的决策权、执行权、监管权配置不合理，由此造成部门利益凌驾于公共利益之上，进而导致公共政策的变形和扭曲，如运输结构不合理、资源缺乏综合利用、客货运输不便捷等问题，甚至导致权力部门化、部门利益化、利益集团化。因此，应着力推动决策科学化民主化、执行专门化、监管独立化，探索建立决策权、执行权、监督权既相互制约又相互协调的运行机制。

有效的大部门体制的前提是“有限政府”。在交通行政领域，我们也必须从过去主要关注“有效行政”转变到更加关注“责任行政”，即从过度片面强调政府集中力量办大事的所谓“有效率”，转变到行政权责对等，并通过依法行政、严格问责和公众监督实现对政府权力的约束。要使得我们综合运输政策的制定与执行能体现公共利益，也能同时体现规范性和可操作性，避免由于政府角色错位造成“部门权力化”、“权力利益化”甚至“利益法律化”的局面。在此机制中引入公共政策程序和社会治理是非常重要的。

随着交通领域发展与改革的情况越来越复杂，与之相伴随的各种问题并不能简单地借助政府的力量或单纯地凭借市场来解决，政府加市场的模式也并不一定能形成社会所需要的互补，政府与市场同时失灵甚至叠加双方的失灵效应，反而会带来更严重的问题。因此，我们主张引入社会治理，以政府—市场—社会共同发挥作用的合作模式来解决市场失灵与政府失灵，用更多公众参与和社会治理的方式去监督甚至取代政府所不必要的社会与经济干预，用权利制约权力，以最大限度地降低政府失灵和犯错误的可能性。

温家宝总理在 2012 年的政府工作报告中提出：只有进一步转变政府职能，才能理顺政府与市场的关系；只有推进财税体制改革，才能理顺中央与地方及地

方各级政府间财政分配关系；只有深化土地、户籍、公共服务改革，才能理顺城市与农村的关系；只有推进社会事业、收入分配等改革，才能理顺经济与社会发展的关系，有效保障社会公平正义；只有推进依法行政和社会管理创新，才能理顺政府与公民和社会组织的关系，建设服务、责任、法治、廉洁政府。这些涵盖了我国经济社会改革的核心内容，同样也是交通运输领域体制机制理改革的方向。

第二十二章

综合交通运输政策

第一节　运输政策的概念与作用

一、运输政策概念

（一）运输政策概念

学术界对政策定义的概括具有代表性的有以下三种表述：（1）政策是国家、政党为实现一定历史时期的任务和目标而规定的行动依据和准则；（2）政策是党和政府用以规范、引导有关机关团体和个人行动的准则或指南；（3）政策是某一团体组织，为欲达到其自身的种种目的时，就若干可能采取的方法中择一而决定之方法。综上所述，我们认为政策是指国家或国际组织为实现一定历史时期的任务和目标而制定的约束人们行为的行动依据和行为准则，其通常以具有强制性的规章、制度、法令、条例、政府文件等形式出现，起着调整或修正单纯依靠市场调控条件下出现过高或过低的经济发展偏差的作用。

运输政策是指交通运输领域里的政策，是指国家针对交通运输发展所制定的一系列行为谋略。就本质而言，凡是反映政府发展交通运输的方针性和实践性举措，都属于广义的运输政策。从界域范畴来看，既包括交通运输自身层面的相关政策，也包括经济、社会、资源、环境等涉及交通运输的大领域范围的相关政策。从载体形式来看，既包括政府部门下发的关于交通运输发展的通知、决定、办法以及主要领导的讲话、报告等，也包括涉及交通运输发展的各类战略、规划乃至相关法律法规等。从政策制定主体来看，既包括中央政府和地方政府，也包括中央和地方政府中的综合部门和交通运输行业部门等。

运输政策本身具有一定的层次性，既有国家的宏观产业政策，也有具体项目实施的政策。因此可将运输政策划分为涉及具体项目、规划的支持性运输政策和涉及发展战略、原则的协调性运输政策，而由于不同项目、不同运输方式之间的经济技术特性和利益出发点的不同，只有从国家层面制定综合运输政策，才能更加有效地配置运输资源。所以本书研究的综合运输政策指的是一种在更高层次上起指导和协调各运输方式发展战略作用的运输政策。

（二）运输政策与运输法律的关系

严格地讲，运输法律是由立法机关提出的旨在规范运输行为，明确何种运输行为受法律保护、何种运输行为受法律制裁等一些正式的法律条文；而运输政策则强调作为政府组织和引导运输业的作用，通常有比较明确的目标。运输法律比运输政策更条例化、固定化，而运输政策比运输法律具有一定的灵活性。对于一个法制化国家，政策的合法性是根本的政治要求，因此运输政策首先在内容上不能与国家的法律（如宪法等）相抵触，其次还表现在程序上要严格守法。只有这样，运输政策才能得到社会普遍确认，才能成为各运输业者与消费者普遍遵守、执行的基本规则和指导准则。

运输政策与运输法规是同一起源。运输政策是运输法律的重要依据，运输政策是方向性的、总体性的，要想使运输业者的行为发生相应改变以适应运输政策的目标，就必须将运输政策的目标具体化。在法制化程度较高的国家，如美国，几乎所有的运输政策都是通过法律的形式来体现或者是在法律的框架范围内制定的，即运输法律和法规是运输政策的具体体现，是实施运输政策的最有效形式，用运输法律的形式规定一些重要运输政策目标，有利于保证它的权威性和稳定性。另外，为了实施政府的有关运输政策，各国政府往往会制定较多的规定、规章、规则来补充国家有关的运输法律并使其细则化，运输法规也可以被视为实施运输政策的工具。

二、运输政策的作用

政府提供的运输政策作为运输领域的一项制度安排，通过为各种运输方式、运输业者及运输业的消费者、投资者提供明确的游戏规则，可以节省相关的信息成本、降低各种风险、降低交易费用等，激励运输业的潜在效率得到最大限度的发挥。具体来说，运输政策主要具有以下作用：

（1）导向作用。运输政策对一个国家运输业发展的方向有引导作用，具有超前性、规范性等特点。运输政策可以为运输业发展提出明确的目标，确立方向，为实现政策目标规定行为规范和行为准则。另外，运输政策还为许多具有运输决策权的行政管理机构、立法机构、国家领导人以及各级法院提供指导方针。

（2）激励作用。运输政策的激励功能，主要体现在对各种运输方式（利益集团）发展的影响上。例如当运输业发展到一定程度时，资源和环境等问题日益受到重视，内部化外部成本或收益的一些运输政策，就可以通过限制负外部性较强运输方式的发展，激励环境友好型运输方式的大力发展，最终达到改善运输结构的目标。

（3）再分配作用。运输政策的再分配功能是指对社会福利和经济利益在人们之间或地区之间进行重新分配的功能。如提高运输安全、降低污染方面的政策，可以提高公众出行的安全性并改善人们的生活环境，而运输业者则需要在提高安全和降低污染等方面加强投资，从而对社会福利和经济利益在运输业者与公众之间进行重新分配；而促进边远地区、贫困落后地区运输业发展的政策，则是对社会福利和经济利益在不同地区之间进行重新分配。

（4）提高运输效率、降低运输成本。由于各种运输方式技术经济特性的不同，各自最优的运输范围也不同，国家通过制定促进综合运输发展的运输政策可以加强各种运输方式的衔接，从而使一体化、无缝隙运输成为可能。在货运方面，可以降低货物在整个运输体系中的周转时间和运输成本，在客运方面则可以增强人们出行的便捷性。

第二节　综合运输政策演变的趋势

在运输业发展的不同阶段，社会经济对交通运输相关问题的重视以及重视程度都有所不同，运输业的具体状况不仅决定了运输政策所要解读的运输问题，同时也成为运输政策制定的限制条件。运输业的发展直接对运输政策转变产生了需要，根据运输政策所要解决问题和实现目标的不同，相应运输政策的制定程序和实施形式也存在一定的变化。具体来说，不同国家或地区的运输政策会在什么时候发生什么样的变迁，运输政策的实施是否能达到预想的目标等，都需要更多地考虑影响运输政策制定及实施过程，进而影响运输政策发展方向的因素。总体来看，世界各地运输政策内容全局化、思路前瞻化、手段综合化、程序规范化的趋势十分明显。表 22－1 以美国、英国、中国台湾地区作为典型对当前世界运输政策发展趋势进行了总结归纳。

表 22－1　　美国、英国、中国台湾地区运输政策的发展变化

国家（地区）及年代		内容	程序	形式
美国	20 世纪 40 年代至 90 年代初	全面建设州际高速公路，努力发展各运输方式，放松运输业管制	1967 年成立运输部，联邦政府根据经济发展需要提出各种运输方式的发展与管制改革议案，国会分别立法	运输法律：《运输法》、《联邦资助公路法》、《联邦机场法》、《斯塔格斯铁路法》等
	1991～2008 年	强调多式联运，重视运输质量提高、技术应用及环境保护	联邦政府在充分研究的基础上向国会提出将燃油税的使用范围扩大到公路以外的领域，鼓励多式联运和城市公共交通，国会举行听证会后讨论表决	运输法律：《多式地面运输效率法》、《21 世纪运输衡平法》等
	2008 年至今	强调运输投资合理性和有效性，完善综合运输系统	国家运输政策项目组等专家组织或机构通过调研、研讨及论证提出综合性运输政策建议和方案（非强制性政策）	研究咨询报告：《关于未来运输的报告》、《国家运输方案》等
英国	20 世纪 50 年代至 90 年代末	交通基础设施建设（特别是道路建设）私有化、竞争，等	运输部针对交通需求急剧增加的情况提出改善议案，相关利益集团对政府进行游说，由于环境保护团体以及公众意见影响力较小，导致交通政策偏向于道路建设派	政策白皮书：1966 年运输政策白皮书、《英国 2000～2010 年交通运输发展战略：10 年运输规划》
	21 世纪初至今	重视交通需求管理及改善公共交通，强调运输与环境、土地规划相协调	综合运输委员会将交通使用者、私营部门、当局及其他相关部门团结起来，为政府出谋划策，交通部统筹全部各方意见，出台综合性政策	政策白皮书和运输发展规划：《英国交通运输业的未来》、《更加绿色的未来》等

续表

国家（地区）及年代		内容	程序	形式
中国台湾地区	20 世纪 50 年代至 90 年代初	大力改善交通基础设施不足问题	基于跟进和维持经济发展的政策，中国台湾地区政府提出一系列建设计划，其中包括运输发展计划	运输规划、建设项目：《台湾地区整体规划报告》、“十四项建设计划”等
	1995 ~ 2002 年	加强运输管理及系统间转运与联运，重视运输安全	交通部成立专案小组讨论形成草案，委托运输学会开展专家座谈会以及举办全地区运输会议，形成运输政策	政策白皮书：1995 年《运输政策白皮书》
	2002 年至今	满足民众需要，有效利用资源，重视运输均衡发展、资源消耗和环境污染	运输、邮政、电信等部门联合成立作业小组，同步编制交通政策白皮书。交通部提出运输政策草案，再举行集产、学、官、民等代表的交通会议，纳入各方意见后形成综合运输政策	政策白皮书：2002 年《交通政策白皮书：运输》

一、美国的运输研究与咨询报告

1991 年，美国通过《多式地面运输效率法》（ISTEA），开始将燃油税的使用范围扩大到公路以外的领域，鼓励多式联运和城市公共交通，标志着该国运输政策领域的一次重大调整。美国后来又通过《21 世纪运输衡平法》等一系列法律，延续该政策的执行。2008 年，美国参众两院分别收到了“美国国家地面运输政策与收入研究委员会”提交的《关于未来运输的报告》（以下简称《报告》）。这份报告总结了前一阶段美国运输政策出现的投资不足与绩效难以识别、运输政策与其他政策存在冲突以及政策程序繁琐和政治化等问题，分析了建设一个便捷、安全、高效的运输系统对于提高国际竞争力、提高公众机动性、支持国土安全、保障能源利用等的重要性，预测了运输系统未来客货运输需求及其关键影响因素，测算了长期投资的资金需求与融资渠道，提出了优化投资决策程序、提高投资决策效率的建议。

2009 年，美国国家运输政策研究小组提交了《国家运输政策方案》（以下简称《方案》），该小组成员包括运输政策领域的专家和官员，也包括在之前运输政策制定过程中参与较少的使用者，而该方案的结论也是在结合政治、商业、公众等各个利益集团不同意见基础之上形成的。《方案》指出美国国家运输政策已经失去了方向和清晰的目标，这对于建立繁荣、安全、环保和公平的社会环境是一个巨大威胁，为此国家运输政策小组建议进行大胆的综合改革，并主张美国的运输政策需要更加注重效果，要有一系列明确的目标以及政策实施效果的可评估性。《方案》赞同前述《报告》中关于促进美国交通运输发展，建立更加适应未来可持续发展等结论，也强调了建立一个经得住投资收益成本分析及基于绩效结果的系统，以及完善政府投资运输业的合理化和方案优选的主张。虽然这两次的《报告》和《方案》只是作为运输政策研究咨询报告出现，尚未成为运输政策立法，但各方普遍认为它们将对美国未来的运输政策制定产生重要影响。

二、英国《交通运输业的未来》

1998 年 7 月，英国工党政府公布《交通新政——为了每一个人的利益》，重点突出一体化运输和交通运输可持续发展的重要性，为英国交通描绘了一个一体化和可持续的发展前景。其战略目标包括：充分发挥各运输方式的技术经济特性，构建全国范围内的一体化交通运输系统；优先发展公共交通；重视环境保护和运输安全；增加地方的交通决策权，实现政策制定全民参与等。这份报告是针对过去运输市场私营化和放松管制等政策占据主导地位，而公共运输以及环境保护等运输政策不受重视后做出的深刻反思，提出了未来可持续运输系统的建设方向。

2000 年 7 月，英国运输部颁布了《英国 2000～2010 年交通运输发展战略：10 年运输规划》，这份规划是在《交通新政》政策框架下，为长期内交通运输的可持续发展而制定的较为具体的战略方针。其内容主要包括：计划 10 年内投资 1 800 亿英镑来解决运输投资不足问题，其中涉及 80 多个重点计划项目；改善交通基础设施，利用新技术建设现代化、高效率和少污染的运输系统；在保障运输系统机动性、畅通性的同时，提高运输安全质量和社会生活质量；实行运输一体化新方案，加强多式联运等。该规划标志着英国过去几十年对交通只有间断性投资和短期计划行为的结束。

2004 年 7 月，一份由英国综合运输委员会组织协调交通使用者、私营部门、政府交通当局及其他相关部门，并得到国会认可的运输政策白皮书《英国交通运输业的未来》出台。白皮书从政策层面对英国交通运输业的现状进行了总结，并提出了未来 30 年的发展战略及规划思路，即围绕“长时期持续投资”、“提高运输管理质量”、“提前做好运输规划”3 个关键主题制定，目标是要在满足运输需求和提高生活质量之间取得平衡。《交通运输业的未来》是在前述《10 年运输规划》基础之上发展和改进而来的，但相比较而言，新政策更加重视长期和全局性的政策方针，而不仅仅是关注特定的交通建设项目。

三、中国台湾地区运输政策白皮书

中国台湾地区交通运输机构于 1995 年公布了其第一部《运输政策白皮书》，综合分析了台湾地区交通运输现存的主要问题，并阐述了今后运输发展与管理的政策设想。对于当局受到“运输部门缺乏政策”的批评，白皮书解释说，过去也有政策，但从形式上主要散见于各种有关法规、运输规划和建设项目中，未曾做过系统的整合和公布；从运输政策内容上，运输建设投资一直采取“以需求刺激供给”的方式，缺乏整体性、均衡性与前瞻性的政策规划。中国台湾地区政府制定运输政策白皮书的目的，就是要通过公布一套完整而有重点的运输政策，使中国台湾地区的运输发展具有综合性、一致性和持续性。

鉴于自 1995 年以来经济社会已发生了巨大变化，为使运输系统的发展更为有效和稳健，中国台湾地区政府于 2002 年推出了第二部运输政策白皮书，即《交通政策白皮书：运输》。这次，交通当局采取同步编订并汇集成套的做法，将运输、邮政、电信、气象、观光等各部门的施政方针整合于共同的理念架构之下，合成“交通政策白皮书”，全面展现综合交通政策方针。新版运输政策白皮书在旧版的基础上根据实际情况的变化，在运输政策的内容和主要要素方面进行了相应的改变，特别是将环境、能源与科技单独列出，并增加运输资讯一项分别构成独立单元进行分析。

运输政策白皮书的起草与公布，使中国台湾地区交通运输业的发展与管理改革有了一个比较明确、全面和长短期结合的政策体系，使运输业者、管理当局和社会大众各方面都有了可供执行遵守和监督批评的原则框架。这些年来，中国台湾地区在交通方面基本依据这两套运输政策白皮书的要求与规定进行相应的规划、建设及方针调整，推动了各项策略与短、中期措施的落实，已经收到了一定成效。

第三节　我国运输政策领域存在的问题

运输政策是社会公共机构对全社会运输活动的公开介入和干预，具体包括有关运输的法律、法规、规划、计划、措施，以及政府对全社会运输活动的直接指导等。运输政策具有公共物品的属性，完善的运输政策体系既可以减少或降低运输的外部不经济，也可以促进运输事业的发展。因此，完善我国的运输政策体系，引导资源优化配置，并从制度或政策上保证运输基础设施的建设是我国政府长期面临的问题。

一、我国现行运输政策的结构体系

我国现行运输政策的基本形式主要有两类：一类是有关运输的各种法律、法规；另一类是有关运输的各种“意见”、“通知”、“规划”等行政类政策。

（一）法律类运输政策

《中华人民共和国铁路法》是我国铁路运输方面的主要立法，此外与铁路相关的法规或规则主要有《铁路货物运输管理规则》和《铁路集装箱运输管理规则》等。《中华人民共和国公路法》是我国公路运输方面的主要立法，在《公路法》之外，我国还制定了《高速公路交通管理办法》、《汽车货物运输规则》等有关公路运输方面的法规或规则。目前我国还没有水路运输方面的正式法律，现行的《中华人民共和国水路运输管理条例》是我国最权威的有关水路运输管理的行政法规，而与水路运输相关的行政法规还有：《中华人民共和国航道管理条例》、《中华人民共和国海上交通安全法》等。《中华人民共和国民用航空法》是我国民用航空事业的基本法律，为了弥补该法的一些不足，我国又先后制定并施行了《中国民用航空货物国内运输规则》和《中国民用航空货物国际运输规则》等。

除上述法律、法规外，对运输活动同样具有调整作用的法律、法规还有：《石油天然气管道保护条例》、《中华人民共和国土地管理法》、《中华人民共和国城市规划法》、《中华人民共和国环境保护法》、《中华人民共和国水污染防治法》、《中华人民共和国海洋环境保护法》和《外商投资国际货物运输代理企业管理规定》等。这些法律、法规分别对管道运输、邮政运输、运输设施与网点的建设与布局、运输设备与工具的环境污染和运输产业的对外开放等进行了法律规范，因此也是间接的法律类运输政策。

（二）行政类运输政策

除法律、法规外，政府部门有关运输方面的一些“意见”、“通知”也是很重要的运输政策。近几年我国政府部门针对运输领域而颁布的行政类运输政策主要有：《中共中央关于制定“十二五”规划的建议》，指出要按照适度超前原则，统筹各种运输方式发展，构建便捷、安全、高效的综合运输体系；《国民经济和社会发展第十二个五年规划纲要》指出从完善区际交通网络，建设城际快速网络，优先发展公共交通和提高运输服务水平四个方面统筹各种运输方式发展。此外，还有发改委编制的《中长期综合交通网规划》、《“十二五”综合交通运输体系规划》；交通运输部编制的《交通运输“十二五”发展规划》、《交通运输部关于推进综合交通运输体系建设的指导意见》；铁道部下发的《关于加快转变铁路发展方式——确立国家铁路运输企业市场主体地位的改革推进方案》的通知；民航总局发布的《国内投资民用航空的规定》、《中国民用航空发展第十二个五年规划》；地方政府及其他行业部门颁布的一些行政性法律法规等。

二、目前存在的主要问题

结合我国国情和运输政策的发展现状，可以看到运输政策对我国交通运输行业发展的指导作用越来越强，但从交通运输阶段性转变时期所需运输政策的制定与实施角度来看，我国运输政策领域目前还存在很多问题，主要表现在以下几个方面。

（一）运输政策制定缺少合理的程序

政策本应是在深入研究，充分探讨和大量共识之下制定的，并通过立法或其他正式形式颁布实施。但我国运输政策的制定在很大程度上并没有法理可依，运输政策的制定程序、政策目标、策略措施等没有用正式的形式固定下来。多数运输政策仅仅存在于运输部门的各种规划之中，有时甚至是领导的讲话或研讨会之中，这些运输政策的法律层级低，其权威性和实用性自然受到限制。甚至有时会出现由于领导人改变或者是领导人观点改变而引起的运输政策变更，反映了我国运输政策制定的规范性不足，运输政策的一贯性和权威性较差。

运输政策的公共政策属性决定了其应该使大多数群体的利益得到保护，所以在运输政策制定过程中应充分重视各利益集团的诉求。但是当前运输政策在制定时并没有做到充分的听证和论证工作，没有表现出应有的公正性和科学性。往往是各运输主管部门在符合部门利益的运输政策制定完成后，象征性对外征求意见，而政策实质并不会发生重大变化。例如在高铁大规模建设之初，很多专家学者表示中国当前并不需要太多建设成本高昂的高铁，需要的更多是建设成本低且能迅速满足我国货运能力需求的货运专线，而同时群众对铁道部减少普通客运列车运行的决定也提出强烈不满。但铁道部在对外征求意见之后，仍执行了大规模建设高铁，大量减少普通客运列车运行的决定。

（二）运输政策不完整、不综合

经过多年改革，我国运输业形成了铁道部、交通运输部以及石化行业分别管理各种交通方式的管理体制，使运输业缺乏一个更高层次上的综合统筹，各运输方式运输政策的出台都是从本部门利益出发，难以得到充分的协调和衔接。交通运输部作为公路、水运和民航的主管部门，已经制定了一些运输政策，但这些运输政策并不涉及铁路和管道，所以谈不上是综合运输政策，在实际工作中交通运输部仍不具备综合运输政策制定主体的地位。当前作为协调各运输主管部门，统筹交通运输与国民经济协调发展的机构，发改委并不掌握交通运输建设的资金，且其对各部门并没有行政上的隶属关系，自然也就不具有综合运输政策制定主体的地位。

国民经济“十二五”规划中指出：要按照适度超前原则，统筹各种运输方式发展，初步形成安全高效的综合交通运输体系。虽然其为我国交通运输的发展指明了方向，但还算不上一个完整和具体的运输政策。由于当前我国并没有一个部门可以在实际工作中承担起综合运输政策制定主体的地位，所以我们的运输政策仍是停留在分方式、分部门制定的基础之上，如铁路、公路、民航等运输方式都编有自己的“十二五”发展规划，国土、城建等部门也分别有自己的“十二五”规划，这些规划在编制时虽有部门间简单的沟通协调，但每个规划都是行业规划，并不能起到统筹综合的效果，综合性运输政策缺失。

（三）运输政策与运输规划关系需进一步理顺

多年来，为了促进交通运输快速发展，作为支持性政策的运输规划在我国运输政策领域逐渐占据主要地位，“交通网”规划、“十二五”规划等层出不穷，而涉及综合交通运输发展战略并起协调和引导性运输政策则基本看不到。我们应认识到目前所有应由政策解决的问题都由规划来解决的情况是很不正常的，规划虽然重要，但只是实现政策目标的一个手段，并不能实现政策的全部职能。我国的交通运输已经到了需要转变发展方式的阶段，那些简单提高运输能力的运输规划应逐步让位于可以指导运输业集约发展的协调性政策。但21世纪以来，运输规划仍在快速增加，中央和地方各运输主管部门分别制定规划，发改委忙于审批规划，规划制定的原则和方向却始终没有得到明确，导致规划跟着项目走，根据投资需要调整和改编规划等问题不断。

（四）综合运输政策缺乏有力的执行机制

当前我国各运输主管部门（除管道外）都拥有专门的国家财政专项资金，

交通部有燃油税、车购税，铁道部有铁路建设基金等，而协调各运输方式发展的发改委却并不掌握任何运输专项资金。由于项目跟着资金走，各运输主管部门必然在最大限度内将资金用于本部门的规划建设之中，发改委在编制和实施综合运输政策以及审批项目时与资金的关联度较低，导致其对政策和项目的控制力度不高，综合运输政策可执行性较低。此外，由于中央和地方分权不明确以及两者考虑问题的角度不同，中央希望地方加大投资，地方希望中央增加拨款，中央偏好编制详细规划来控制地方项目建设，地方厌恶中央插手地方规划，最终是中央有详规无资金，地方有资金无动力，导致运输政策难以在地方得到很好落实。此外，在我国交通运输领域过分注重行政性政策而轻经济性政策，导致政策原则性强，可操作性差，也是综合运输政策难以实施的重要原因。

（五）政策执行后的评估机制缺失

一个完整的政策过程，除了科学合理的政策条款和有效的执行外，还需对政策实施以后的效果进行评判，据此对政策进行不断修正和完善。政策后评估，就是对相关政策实施以后的效果进行评价，是不断改进和提高政策的公信力和执行力的重要环节。

政策的制定和执行都是基于特定的环境、认识以及预期等，随着实际情况的改变，政策也要随之调整，只有这样才能保证政策的合理性。虽然当前我国运输政策制定和实施领域存在部分政策随着实际改变而改变的情况，但总体上我国运输政策还是表现出明显的滚动性不足，主要原因在于：（1）运输政策制定的水平较低，规划的制定没有创新性和灵活性。（2）政策执行后的评估机制缺失，导致运输政策执行的监督力度较低，政策实施效果和实际情况的总结反馈不够，政策制定者在一种对实际情况并不充分了解的情况下自然难以对现有政策做出及时的调整。

第四节　对我国运输政策研究与制定的建议

随着我国市场经济的逐步完善，未来交通运输业的健康发展将更多地依赖于运输政策的调节引导。因此，对我国现行运输政策的内容、制定和实施的机制进行重新安排设计，形成一套系统完整的交通运输政策流程，对于指导我国整个综合交通体系的发展，不仅意义重大而且十分迫切。

一、综合运输政策的主要内容

基于欧美等国运输政策变迁的经验与教训，可以看到，当前我国仍处于扩大运输能力的运输政策阶段。但我国目前面临的又是一个特殊的发展阶段，既需要加快发展、加紧进行结构调整，同时又面临着资源和环境的压力，这一阶段集中了许多棘手的问题。中国当前和今后的运输政策既要大力提高运输供给能力，又要调整运输结构，同时还要兼顾可持续发展的需要。

（一）运输设施建设政策

（1）交通网络建设政策：目前应坚持适度超前，继续保持交通运输基础设施建设适度规模和速度，确保国家扩大内需的重点在建和续建项目顺利建成并发挥效益，完善国家综合交通运输基础设施网络。

（2）运输装备技术政策：用现代科技和信息技术改造、提升基础设施和运输装备，适应经济社会发展和人民群众对交通运输安全性、快捷性和多样化、个性化需求。

（3）区域交通发展政策：统筹区域交通运输发展，大力推动中西部地区、农村地区的交通基础设施建设，改善这些地区的交通出行条件，实现交通运输公共服务的均等化。

（4）运输结构政策：实现运输方式间均衡发展，公路、民航建设力度较大，交通状况得到明显改善，但铁路运能与运量的矛盾仍然存在。不同等级运输方式的发展也不均衡，高速铁路、公路建设应让位于普通铁路和公路。

（5）运输通道建设政策：为了很好地满足生产、流通和居民出行的需求，以及解决能源资源压力问题，必须将有限的资金投入到承担大宗运量的主要骨干线路建设上，促进综合运输通道的形成。

（6）城市交通建设政策：努力实现城市内部与外部交通基础设施衔接；加强城市交通规划与城市总体规划衔接；促进城市公共交通体系建设，确立优先发展城市公共交通特别是城市轨道交通的城市交通发展战略。

（二）运输市场化政策

（1）市场主体建立政策：大力推进运输业市场化，实现铁路政企分开，确立铁路局的市场主体地位；加快国有运输企业建立现代企业制度的步伐；保证市场化程度不同运输方式间运输企业的平等竞争。

（2）市场结构政策：改善运输市场结构，充分发挥市场机制作用，通过运输企业间的竞争以达到市场集中的目的；通过区域协调机制和相关政策，打破地域等方面的隔离，鼓励企业跨行业、跨地区、跨所有制进行并购、重组，推动规模企业的形成。

（3）市场监管政策：加强交通建设市场监管，完善招投标等建设市场管理机制；加快建立运输市场诚信体系，制定运输企业从业资格标准；加强运输市场公平竞争管理，严格禁止不正当竞争行为及垄断行为。

（4）运输价格政策：建立运价与物价联动机制，以市场形成价格为主，促使运价适应市场变动；制定多层次运价体系，如实行季节性浮动运价政策，区域性差别运价政策以及城市交通高峰时段特殊票价政策等；保证垄断和公共交通领域运输价格合理。

（5）税收政策：规范运输行业税收管理，促进运输企业公平税收负担。建立完整的运输税收体系，通过税收实现交通运输外部成本和收益的内部化以及税收从公路向铁路与水运的税收财政转移支付，提高运输行业效率。

（6）投融资政策：通过借贷、合资、建设—经营—转让（BOT）等方式吸引和鼓励各方参与运输基础设施的建设，积极促进投资主体多元化。创新筹资模式提高筹资效率，充分利用股票、资产证券化等金融创新工具，实现交通专项资金和通行费收入等现金流变现。

（三）运输一体化政策

（1）客运场站建设政策：加快推进综合客运枢纽建设，加快建设适应客流特点、便于交通组织、利于城市发展的现代化综合客运枢纽。合理确定综合客运枢纽的功能、规模和标准，注重一体化换乘系统和以公共交通为主导的集疏运系统建设。

（2）货运场站建设政策：加强货运枢纽及集疏运体系建设，大力推进高等级公路与港口、铁路货运枢纽、民航机场、大型物流园区等的衔接，积极促进铁路、管道与主要港口以及煤炭、原油、集装箱等专业化港区的衔接。

（3）城市交通衔接政策：实现城际交通与城市交通的顺畅衔接和能力匹配，注重相关基础设施和服务功能的配套建设；加强城市交通与城际交通在管理、标准等方面的衔接和协调，推进运输服务一体化。

（4）运输组织政策：优化运输组织管理，积极推进多式联运，发展现代物流。优化组织结构，鼓励客货运输企业向集约化、规模化方向发展。推进信息技术应用，促进货物运输市场的电子化、网络化，加快现代客运信息系统建设。

（5）运输标准政策：设定行业标准，统一技术规范，积极引进、吸收国外先进标准，加快标准规范的更新。积极促进各交通方式标准的统一，特别是各企业信息系统的相互衔接和配套，更好实现方式间的衔接工作。

（四）运输可持续发展政策

（1）运输方式发展政策：调整运输结构，在合理满足运输需求的条件下，大力发展水运、管道、铁路等资源节约型和环境友好型运输方式。同一种运输方式内部，在符合经济社会效益的情况下，加快提升路网结构。

（2）交通能源政策：大力研发应用资源节约与循环利用技术，加强运输工具节能技术的研发和应用。鼓励使用清洁能源，发展交通循环经济。

（3）交通环境政策：制定严格的能耗和排放标准，淘汰落后运输工具，推动运输工具向大型化、专业化、清洁化方向发展。确立交通需求管理策略，征收机动车使用费、交通拥挤费以及交通污染费等。

（4）交通土地政策：限制公路运输超比例用地、促进各种运输方式有序发展。充分利用城市立体空间，高效使用土地资源。明确节约使用土地原则，严格项目用地审查。大力推广节地技术，优化工程建设方案，高效利用线位资源，提高土地资源综合利用效率。

（5）交通线位资源利用政策：集约利用通道资源，协调促进干线建设，促进桥隧线位资源共享加强公路与轨道交通的通道资源共享。集约利用港口岸线资源，保障港口岸线资源合理利用。鼓励通过提高等级、改进工艺等方式，提高老港区岸线资源利用效率。

（6）TOD 发展政策：通过城市 TOD 策略的实施，实现公共交通与土地开发相互配合，交通引导城市发展，实现节约城市土地资源、节约能源和保护环境的可持续城市发展战略。

（7）消费方式引导政策：建立资源节约、环境保护的激励机制，大力推动节能减排工作。加强社会引导，提倡资源节约、环境友好的出行方式，鼓励选择公交出行和使用节能环保型交通运输工具。

（五）运输安全政策及其他政策

（1）运输安全监管政策：完善运输安全监管法规，建立健全运输安全监管体系。加强安全监管，实现独立安全检查，提高运输安全水平。严肃安全检查和强制性设备报废制度。严格危险货物运输从业人员资格管理，危险货物运输车辆管理等。

（2）交通基础设施安全政策：提高交通运输设施安全水平，加强交通基础设施建设安全监督管理，安全设施必须与主体工程同时设计、施工和投产使用。

继续推进公路、铁路等安保工程建设和技术改造。将识别、查找危险源或安全隐患制度化，发现问题并及时采取有效的预防、整改措施。

（3）交通安全事故应对政策：加强专业救助装备和队伍建设，完善交通突发事件应急体系，提高应对突发事件的能力。加强各层面、各部门应急预案的有效衔接。有针对性地开展预案演练，促进相关单位协调配合和落实责任。

（4）交通科技政策：加大交通科技的扶植和引导政策，着力推进科技创新。加强运输领域信息化建设，推动建立智能交通系统，努力搭建公共服务信息平台。大力推进行业重大关键技术研发，加强先进适用技术研发应用，等等。

（5）交通人才建设政策：提高运输从业人员素质，深入实施“人才强交”战略，加强交通运输系统干部职工队伍、执法队伍和人才队伍建设。创造优秀人才脱颖而出的良好环境，把更多的优秀人才集聚到交通运输行业。

（6）政府管理政策：增加社会管理力度，提高政府行政管理水平，加大监督和综合执法力度，建立健全安全生产、节能减排、环境保护等的目标责任制等。

（7）交通债务处理政策：妥善处理交通债务，加强对各类交通融资平台公司的监管。地方人民政府要全面清理和偿还各类交通建设形成的历史债务。通过降低当前利息，展期还本等方式对铁路债务进行重组。

二、综合运输政策的制定与实施机制

目前，经济较发达国家和地区都已相继制定并实施以白皮书为形式并有相关法律支撑的正式运输政策，这也成为综合运输发展阶段政府体制与机制领域的重要特征之一，对综合运输体系的发展及与社会经济和资源环境的一体化匹配进程都发挥了极其重要的作用。我国也已经到了用正式的运输政策制定程序代替或减少该领域政策制定和实施过程中过多随意性的时候，应在借鉴欧美发达国家先进经验的同时，结合我国实际情况，建立和完善我国综合运输政策的制定与实施机制。

（一）综合运输政策制定机制

（1）明确运输政策制定的几项原则。即要把运输的充足性视作国家运输政策的主要目标；坚持把市场作为社会运输资源配置的主要手段；坚持运输业的公共投资和鼓励政策；国家层面的顶层设计；利用法制手段规范运输政策；等等。

（2）明确我国综合运输政策的制定主体。确立新组建的交通运输部制定交通行业内综合运输政策的主体地位，拟定交通运输业的发展战略、方针政策和法规并监督执行，承担综合运输体系的规划协调工作，会同有关部门组织编制综合运输体系规划，指导交通运输枢纽规划和管理。

(3) 建立运输政策制定部门横向协调机制，即部际联席制度。我国运输政策的制定主要依赖于各运输主管部门及与运输有关的环境、土地等主管部门，必须在各部门之间建立良好的协调机制才能防止各部门仅从本部门利益出发，而导致综合运输政策无法出台。交通主管部门制定运输政策时涉及国土、环境等问题应请相关部门参与，其他部门在制定政策时涉及交通运输问题也要请运输部门参加。

(4) 建立政策与资金挂钩制度。政策背后没有资金安排的权利，那么政策的可执行力在很大程度上就会被削弱，各行业部门或者地方政府便没有动力去按照国家综合运输政策来安排部门或者地方的发展。当前欧美等国家和地区制定的运输政策或者是运输法律在某种意义上说就是“分钱”的政策或者法律，用资金去引导和激励各部门以及地方政府。

(5) 以白皮书形式发布综合运输政策。目前经济较发达国家和地区都已相继制定并实施以白皮书为形式并有相关法律支撑的正式运输政策，对综合运输体系的合理发展及与社会经济和资源环境的一体化匹配进程进行指导。我国已经到了用正式的运输政策制定程序代替或减少该领域政策制定和实施过程中过多随意性的时候，应该借鉴发达国家制定运输政策的规范程序，即从国家层面定期研究、编制并公布综合性运输政策白皮书，同时辅以相应交通运输法规和相关规划。

(6) 政策制定前期实施充分研究调查的制度。通过对交通运输进行广泛、综合、整体的调查以及深入的研究，明确特定时间和地点的交通流特点，为交通运输政策的制定，实施措施的落实提供科学的依据。

(7) 制定专家研讨会和政策听证会制度。设立主要由专家学者组成的国家运输政策咨询委员会或者是建立专家研讨会制度，帮助中央政府和立法机构在运输政策的制定领域提供咨询意见或者帮助把关，以及在政策形成之前还要进行多次听证会，全面听取各利益集团的要求，努力实现我国综合交通运输政策的权威性、规范性以及科学性。

(二) 综合运输政策执行机制

(1) 建立政策宣传及信息反馈机制。综合运输政策白皮书制定完成后，通过宣传使每一个运输政策的执行者及时了解和掌握政策。信息反馈机制对运输政策的实施也具有重要意义，政策制定者需要对政策执行及政策效果有充分的了解，对实际情况的发展有充分的认识，这样才能保证运输政策的制定符合实际情况，并随着实际情况的改变而滚动发展。

（2）综合运输政策执行部门横向协调机制。综合运输政策执行阶段也会涉及除交通之外的国土、规划以及资源等部门之间的协调问题，如某交通枢纽的规划建设，需要在国土划拨、环境评价等完成之后才能实施，如果各部门之间没有很好地协调沟通，导致某一环节出现中断，可能会导致这一交通枢纽建设延期等一系列问题。

（3）建立综合运输政策实施部门纵向协调机制。中央制定运输政策白皮书以全国为整体构建综合运输体系，政策内容具有原则性和指导性，但是不可能十分具体。各地方政府和各运输主管部门需要依据运输政策白皮书，结合本部门实际或本地区实际来对运输政策进行“再制定”，所以必须在中央和地方、中央和各部门之间形成有效的协调机制以处理好各方之间的博弈，避免政策实施不畅和不完全。

（4）建立政策实施后评价机制。运输政策本质是保证运输业发展所要达到目标的实现，只有对政策实施效果以及实施过程中实际情况的变化进行规范的监测评价，才能保证政策的科学制定和有效执行，否则运输政策制定和实施将缺乏约束性，运输政策的调整也会出现很大困难。政策实施后评价包括部门内部评价和外部评价，其中我们要特别注重外部评价和第三方评估，同时强调利益相关者的参与，保证评价结果的公正合理。

第二十三章

交通运输规划

第一节 交通规划的概念及其演进

一、交通规划的概念

关于交通规划的定义，拉迪·夏普（Lady Sharp，1970）提出“交通规划是在土地利用和经济规划约束下的、包括交通战略规划和交通战术规划的整体规划过程”；梅耶（Meyer，1971）提出“交通规划是为了支持经济发展目标而寻求交通投资的最优质量、最优供应时间和最优配置的行为”；戴维·贝利斯（David Bayliss，1995）提出“交通规划是一种平衡通达性及交通运输的环境成本、社会成本和私人成本的机制，能够引导政策发展和激发社会优势项目的建设”；邵春福（2004）则将交通规划定义为“有计划地引导交通的一系列行动，即规划者如何提示各种目标又如何将所提示的目标付诸实施的方法”。但多数中外学者对交通规划的认识更多还是将其看成是一种对交通运输问题的技术性解决方案，而忽视规划在资源配置方面的本质性作用。其实，哈耶克（Hayek）1945 年就提出过“规划是关于我们可利用资源的各种相关决策的合成”，莫尔（Moor）在 1971 年也提出了规划是公共资源的配置和分配的观点。

我们认为，从若干角度分别进行观察才能比较全面地认识交通规划。例如从规划应该实现的社会目的和功能来看，交通规划是要在空间位置和资源、环境等约束条件下，通过技术、财力及制度等手段，实现交通资源在时间、空间和物性三个方面的优化整合，以相对节约的方式满足社会经济在人与货物空间位移方面的需求。从形式和内容来看，交通规划应该包括背景分析、问题认识、目标确定、方案提出、项目落实、投资数量及来源确保等要件。从程序上来看，交通规划是包括研究、编制、评价、审批、执行、监督等程序的完整过程。从分类上来看，交通规划应分为长、中、短期规划，或综合规划、专业规划和专项规划，也可分为上位规划和下位规划等。然而以上的分析仍然不够完整，对包括交通规划在内的公共规划，还有另外几个重要的观察视角。

从本质特征上来看，规划是资源的一种特定配置方式。只要有政府存在，就会有税收和公共资源的分配职能，而政府财政支出的方式也不一样，例如可分为“经常性支出”和“投资性支出”，而后者一般就特别需要通过规划的方式去确定社会的未来消费。或者说，政府可以通过规划手段使财政支出实现一定的政策目标。当然，实现公共规划目标在有些情况下也会涉及社会的其他资源，例如通过公共投资引导私人投资和市场行为。但显然，规划这种资源配置方式既与市场配置方式不同，也与政府的经常性支出方式不同。

从所起的作用来看，规划应该是知识与行为的纽带。规划方案的拟订需要借助专业规划机构和人员的知识，这方面的专业技能也已经变得越来越深奥了，但是规划方案并不就等于规划。规划是为了配置资源，规划方案如果不被实施就起不到配置资源的作用。因此，规划的功效高低要看其配置资源的效率如何。交通规划方面的专业技能，必须通过规划程序和制度，才有可能变成支持社会经济高效率运转的交通基础设施。

从运作过程来看，规划实际是有关各方获取资源的博弈工具。与其他资源一样，可用于交通的各种资源也是紧缺的，于是交通规划在各国都成为有关各方获取资源的博弈工具。任何政府机构都是相关利益群体的代表，不同地方之间、不同部门之间争夺资源的情况，也一定会反映到不同运输方式之间争夺资源，交通运输部门在整体上又要与其他部门争夺资源。因此，下级规划的预算总额超过上级规划所能够分配的资源数量是惯常现象，这正需要建立规划制度，以便能从更高层级的社会理性平衡各方面的要求，提高资源配置效率。

从社会进步的方向来看，规划则是资源配置制度的完善过程。交通规划活动应该是早已有之，但现代意义上的交通规划制度却是非常晚近的事情。运输业的发展逐渐从无序变为有序，规划博弈的规则越来越健全，规划所涉及的各方利益群体的意愿能够更加充分地得到体现，社会理性能够逐渐通过规划得到实现，规划作为公共资源配置方式的效率也应该变得越来越高。

二、交通规划的演进

公共规划可分为早期规划和现代规划，城市规划和交通规划是公共规划的两个典型领域。无论城市规划还是交通规划都已经有上千年历史，但现代城市规划和现代交通规划却都是在工业化以后才形成的。除了规划方法与技术含量上的差别，现代规划与早期规划的主要区别是力图更多平衡市场力量的作用，并需要建立正式的规划制度。因此，现代规划是在原有早期规划要处理的矛盾关系之外，凸显平衡市场力量的作用，以及建立正式规划制度的规划发展阶段。

尽管从中国先秦时期和古罗马时期开始，中外就都开始了有一定早期规划的官方道路和运河设施等交通建设活动，而且任何大型古代交通建设也必然要按照一定的相应设计方案进行，但应该说，人类在很长时期内只是在相对粗放的交通规划技术和体制下，以一事一议且经常是要由最高统治者拍板决定的情况下进行交通建设的。西方国家工业革命开始以后一系列大规模运河建设高潮、铁路建设高潮、现代公路网建设以及大型港口和机场建设等，都向早期交通规划发起了重大挑战，原有的交通规划技术和制度完全无法应对新时期的交通建设，这使得所有的国家都只能在十分仓促的状态下进行交通建设。大规模的交通建设对各国工业化、城市化和运输化产生了重要推动作用，但规划制度的不完善也给各国带来了交通建设中的大量问题。例如由于重复建设严重，西方国家当年过分建设的铁路网后来又被大量拆除、公路和汽车运输无限制发展造成严重的交通和环境问题、大城市交通拥堵现象日益严重，以及分方式规划导致构建完整运输链条的难度，等等。

极大数量公共资源的投入压力、交通基础设施建设不可逆的特点、不同运输方式一体化的必要性、交通拥堵顽症的严重性、运输业对社会经济运行效率以及对社会经济可持续发展的影响，还包括近年公私合作建设方式引入等，都从提高资源配置效率方面对交通规划提出了要求。先是众多规划技术的出现和完善被用于解决问题，于是相关的交通流统计与调查、交通规划模型、计算机分析技术、项目评价方法等在20世纪60年代以后相继得到了长足发展。但是，资源配置问题毕竟不是只靠技术手段就可以解决的，在尝试了大量规划技术手段的改进却未得到预想的规划效率以后，各国更多地转向从完善制度的思路去提高交通规划的效率。西方国家近年来纷纷通过制定相关法律、修订规划程序、完善规划实施与资源分配规则等，逐渐建立起了现代交通规划制度。

西方国家目前交通规划领域的主要共同趋势包括：重视综合运输体制的建立和综合运输政策的制定与导向、重视立法机构和法律在规划领域的作用、严格规范规划程序并确认责任主体、上位规划更加关注规划战略目标的确定和对规划的科学评价、针对具体问题的解决方案与项目则更多放在下位规划或专项规划中、注重相关利益群体特别是公众参与规划过程等。

公共规划主要服务于公众利益并实施公共资源的配置，因此规划的委托人、决策人和执行者分别是社会公众、代议机构和各级政府的行政首脑与相关部门。由于纳税公众同时也是规划实施后果的受益者或承担者，与作为规划方案制订者和执行者的政府不可避免地存在着由于信息不对称和道德风险可能引起的委托代理问题，因此需要更加精心设计合理完善的规划制度，以便提高公共资源配置的效率。我们可以把从各种私人领域的规划到公共规划看做是存在着一个规划制度的谱系，越到公共规划一端就越需要制度的完善，包括正式程序的建立、相关主体的委托关系与责任划分、严格的监督与问责制度等。规划制度要解决的首先是配置公共资源的权力制衡规则问题，这与通过市场建立平等的权利秩序至少具有同样等级的难度和挑战性。不同国家和地区在建立现代交通规划制度的过程中也相继形成了各自的特点。

根据对国内外长期实践经验的总结，交通规划等公共规划能够有效配置资源的条件包括：(1) 建立责任主体明确、规划程序严密、评价方法科学、执行监督到位的规划制度，特别是规划主体和规划的相关委托人、决策人、执行人、监督人应责任分明。(2) 战略性规划层级与实体性规划层级的合理分工，上层规划应该主要关注战略方向与目标的确定，而具体项目及其技术性细节则应在下层规划中落实。上层规划不应该代替下层规划确定细节。(3) 规划程序必须合理设计，长期规划与短期计划的关系是长期指导短期，规划方案与建设项目的关系是规划指导项目。(4) 各层级规划都应该有相应的财政预算，以保证规划内容能够得以实施，特别是短期实施规划必须确保资金来源和财务上的可行性。(5) 各利益相关群体的有效参与，从规划主要体现当权者的意志转变为有关利益各方协商决定。总之，社会公共物质资源的配置效率，在很大程度上取决于相关政治资源配置包括各级机构权力配置结构的状态。

第二节　目前我国交通规划中存在的问题

一、转变发展方式催促规划体制改革

交通规划在我国一直是受重视的，表现在国家的历来五年规划（计划）以

及年度计划中都包括了交通建设的内容，近年来又分别制定了各种运输方式按部门和综合运输网的中长期发展规划，还包括各省、各大城市甚至有关城市群的交通规划，一些先进的规划工具和手段也得到使用。最近十来年运输基础设施建设步伐明显加快应该说包括了相关规划所起的作用。但从总体来看，我国的交通规划制度仍然相对落后，难以适应运输业在现代市场经济中可持续发展的要求。

目前，在交通规划领域存在的主要问题包括：相应的国家运输政策缺位，综合运输管理体制也尚待建立并尽快正常运转；目前比较多的还是把交通规划看做是规划方案的形成过程，没有更多从资源合理配置的规则建立角度考虑规划制度和规划程序的完善；交通规划中项目主导或项目优先的观念和做法仍旧十分严重，规划中战略目标和步骤的研究与确立相对缺位；未能摆脱传统体制下片面认为规划的层级越高效力就越高的思维方式，不能使各个层级的规划参与主体合理分工，造成责任主体频繁变更，决策、执行与监督职能混淆的弊端；近年越来越多制定的中长期规划缺少与短期建设计划的制度衔接，结果在很大程度上造成相关部门争相开工项目建设，合理的建设程序和建设时序被打乱；城市交通规划在一定程度上与各运输部门的规划相分离；很多交通规划都没有相应的财政预算安排或约束，难以有效发挥资源优化配置的功效；立法机构和相关法律在交通规划中还没有发挥应有的作用。虽然我们一直强调规划的重要性，但规划缺少权威性和严肃性的局面仍未能得到根本改观。

在基础设施领域，市场机制受到政府公共资源配置体制制约，因此必须完善公共规划制度，以促进资源配置效率的提高。即便是市场经济和基础设施都已经很发达的西方国家，在这个领域也依然十分努力地进行着规划制度建设，不敢掉以轻心。伴随着工业化与城市化的加速，中国运输化的加快发展似乎获得了一个相对于发达国家可以在相对早期的建设中就获得规划指导的优势，并因此可以避免盲目建设和浪费的可能性。但要真正使运输业做到合理有效的发展，显然还需要建立并完善交通规划制度，否则交通建设的浪费或代价仍会十分巨大。我国目前面临着运输化阶段转换时期多类问题同时出现、市场的盲目性增加、资源与环境约束加速收紧，以及政策选择空间变小等诸多挑战，这些都使得规划必须发挥更大作用。

温家宝总理在“世界经济论坛2011年年会”（夏季达沃斯论坛）上表示，中国将继续深化改革开放，坚决破除体制机制障碍，进一步增强可持续发展动力。要坚持和完善基本经济制度，加快财税金融、要素价格、垄断行业等重要领域改革；坚持依法治国，从制度上改变权力过分集中而又得不到制约的状况，保障人民的民主权利和合法权益。包括交通规划在内的各级公共规划，既是国家基本经济制度的重要组成部分，也是亟须尽快从制度上改变权力过分集中而又得不到制约的状况，并实现人民民主权利的核心领域。

二、规划与政策的关系亟须调整

是从建设项目的立项出发去搞规划，还是从政策目标与长远战略思考出发去确定建设项目，是完全不同的规划理念和制度。从政策、规划及项目的关系来看，在合理的规划程序下，应该是先有运输政策，再进行规划，最后确定具体建设项目；在不重视运输政策的情况下，往往会把规划放在前面，再对规划中确定的项目制定一些支持政策；最不好的情况则是项目优先，规划和政策都为项目让路和服务。规划制度在很大程度上决定着以上程序，也决定了规划的效率与结果。

现在的做法往往是在交通规划方案最后列出若干“政策”，但实际上那些只能算是相关规划方案实施的保证措施，并不是政策研究含义上的政策。按照政策学的观点，政策是广义的规划，而规划是狭义的政策。政策宣言一般只是相对宽泛的方向性宣示，可以不规定如何实施，也可以没有严格的时空范围与限制；而规划则一定是有严格的时空范围并以具体实施为指向的。为解决政策宣言与规划的衔接问题，西方国家在实践中强调了起到概念或原理设计作用的公共“战略规划”，通过战略目标和战略步骤的确定，将相对宽泛的政策宣言与具体落实的规划得以较好地衔接，而战略规划也成为规划程序本身的一个首要步骤。在通过战略规划确定战略目标和步骤之后，就要通过对指定区域运输通道和枢纽的交通区位分析进行布局规划，然后是包括技术选型、等级和标准确定的具体线路与站场设施项目的发展规划，最后才是根据实际需求变化和实施条件确定相关项目具体建设时序的建设规划，将战略规划一步步落实。

目前我国的交通规划大多更加关注具体建设项目，甚至跳过战略规划和布局规划，直接把发展规划与建设规划合并在一起，以相关项目尽快获批和开始建设为规划的最终目标。实际上，相关政策和战略目标的确定都非常重要，忽视这两种前期程序的交通规划一定会引起规划目标和宏观指导思想的缺失，并导致交通建设中短期化行为处于主导地位，常常造成有害的结果。没有正确的顶层规划，下层规划和建设进程越快，越有可能变成负面影响过大的“建设性破坏”。目前存在的政策缺失同时规划过度的状况应该尽快改变。

规划程序还涉及长期规划与短期执行计划的关系。相对于着眼执行的短期计划，长期规划的可实施性往往难以确保，这中间除了人们预见能力的局限，还包括原有长期规划由于相关政府机构或行政长官更替在价值取向上的差别而导致得不到继承的问题。这种问题在各国都是存在的，于是各种利益群体也就更加关注能够实现项目建设的短期实施计划。也正因为如此，规划制度一定要规定长期规划的修订程序，和短期执行计划必须以长期规划为依据的制度，以确保规划的连续性。用长期规划取代短期规划，或把长期规划混同于短期执行计划的做法都是不妥的。特别是把长期规划简单直接地作为建设项目的审批依据，力争在最短时期内就完成长期规划目标的做法，实际上已经造成了长期规划的作用被取消，是规划体系缺乏整体性的表现。

三、规划与财政预算的关系必须整顿

交通运输从总体上应该是一个主要由各级政府财政支持建设的领域，也是一个离不开金融系统给予资金融通的领域，但运输业同时也必须是能够做到财务良性与可持续的领域（不排除必须和有限的财政补贴）。运输业能否保持财务良性不但决定自身的正常发展与运营，也对能否实现正常的金融秩序、有效的政府职能、平稳快速的经济发展以及安定的社会生活产生着重要影响。近年国际上频繁发生大面积严重财政金融危机所提供的教训，也非常需要引起我们的深思并引以为戒。因此，在制度设计上必须对此给以充分重视。

政府履行职能所提供的公共物品按耗用时限的不同，可分为当期被消耗掉的消费性公共物品，和使用时间较长的资本性公共物品；政府筹集资金的方式也可分为当期从居民无偿征收的税费和需要跨期偿还的举借债务。适度规模的债务，有利于加快交通建设并满足社会经济发展的需要，但交通债务也存在风险。如果交通债务超过了合理规模，不但造成相关交通企业或行业的财务状况持续恶化，而且引起金融系统出现大量不良贷款，并使得政府财政补贴难以为继，就会影响到经济的健康持续增长。因此，必须重视交通债务的适度规模，并将其作为交通运输业可持续发展的一项重要原则。

以政府提供公共物品的性质作为判别交通债务合理规模的基本标准包括：作为当期建设多期使用的资本性公共物品，交通建设债务的总量与结构应该以政府所能够承担的公共举债基本原则去约束，其偿债负担不应超过交通设施建成后的运营收入以及政府财力所能够偿还的数额；交通设施运营期间的亏损补贴性质上属于当期的消费性公共物品，应以税费为资金来源而不应通过公共举债解决。超出偿付能力的交通建设债务、用于补贴运营期亏损的债务和“借钱还息”所形成的新债务，都属于不良交通债务。

我国各级财政对交通建设的预算内资金投入一直不足，最近一段时期以来甚至形成以少量政府资金撬动大量债务性融资的交通建设投融资模式，并累积起相当程度的交通债务风险。例如，“十一五”期间每年中央预算内交通投资再加上应对国际金融危机中央增加的交通建设投资，只占同期交通建设投资总额的约1/7。部门和地方政府虽然也增加了交通建设投资，但由于财力限制其中真正出自财政拨款的数量很有限，于是在交通大发展的“十一五”期间，建设资金的相当大部分竟与财政预算无关，而以债务的形式取自金融市场。

铁道部近些年主要依靠举债进行建设，致使其2011年的债务余额已超过2.4万亿元，且仍在迅速增加，还本付息额压力越来越大，而且随着近年一批客运专线的建成并投入运营，铁路运营也已经进入亏损幅度越来越大且短期难以扭转的严重局面。若任其发展，我国铁路将会很快蜕变为一个在财务上失去自生能力的行业，形成既无内源性资金基础，也缺乏市场融资信用，必须依靠大量外部救助才能避免资金链断裂的严重局面，并成为银行—金融系统和中央财政长期难以摆脱的巨大包袱。铁路债务形势在短时期内变得如此严峻，一些省、区和城市的公路及市政建设债务风险也正在逐步暴露出来，都在验证现行交通规划体制的明显缺陷。

运输业发展是长期任务，对交通投资的需求也是长期的，特别是随着运输发展阶段的转换，今后城市交通和枢纽建设的任务更重，交通资金缺口将长期存在，面对的困难也将更多。因此，那种只需咬紧牙关大干几年就可完成投资任务，并可从此坐享其成的思想是错误的，必须从过去主要关注投资的传统粗放型交通建设，转变到更加注重资源优化与整合的新思路。况且，相对于大规模交通建设而言，项目建成之后的长期运营才是更大的考验，不但大量维护和更新工作继续需要资金，而且规模失控、设计失范、技术超标等建设决策失误造成的长期能力过剩、经营严重亏损等后果也都会在运营期充分暴露出来。

在交通设施多年建设取得巨大成效同时风险迅速累计的情况下，有必要从政策、规划和投融资体制层面上有意识地使交通发展的规模与节奏逐步恢复到有序的常规状态，绝不能让以少量政府资金撬动大量债务性融资的交通建设投融资模式无限制地蔓延下去。对交通债务的治理成效，在某种程度上将成为政府适应现代经济和现代交通体系所要求的行政能力的具体体现，要将治理交通债务问题作为改变经济增长方式、深入贯彻科学发展观和接受执政能力考验的重要内容。

四、交通建设过度超前应该纠正

中国科学院课题组在于2010年10月向有关部门提交的一份《关于避免我国交通建设过度超前的建议》中，对我国当时交通建设大干快上的态势表示了深切忧虑。根据该课题组负责人陆大道的表述，由于以往几十年交通运输赶不上社会经济发展的要求而导致“欠账”，因此交通运输部门规划一直实行的是“适度超前”的基本理念。问题是在大发展到一定规模后，就要认真思考是不是要或者应该保持什么程度的“适度超前”。过去几年国家主管部门和各地区的中长期规划，有些是涉及长远的，但在近年来的实施过程中，许多工程都大大提前了，一些地区和行业的领导人出于多种考虑，持续不断地超前大规模建设交通运输工程。

根据该课题组的分析，最近5年来修建的一些高速公路客运量远远不足，中西部地区相当一部分高速公路在“晒太阳”，但全国规划的高速公路总里程却要达到惊人的18万公里左右。高速公路建设已经过度扩张甚至失控了。各地的港口都高调标榜要成为沿海地区的枢纽港、国际商港、国际枢纽大港，多家都要当“东亚或东北亚航运中心”。陆大道指出，世界上没有哪个国家干过类似我们的“县县通高速（公路）”、“条条三百五（指350公路时速高速铁路）”这种违背交通系统发展规律和跨越社会发展阶段的事情。

作为国家规划专家委员会委员的陆大道痛陈了目前交通规划领域的问题。由于地方发展交通的巨大积极性，常迫使中央规划去适应地方的规划。一些地方的交通规划是换一任领导就可能重新规划一次，结果就是使规划变得既缺乏科学性，也失去了规划应有的严肃性。另外，由于现行管理权限的局限，导致各种运输方式各自为政，有关综合部门也很难协调。现在各部门是把自己搞的“大规划”、“大目标”拿到发改委进行综合平衡。但是，各种运输方式都有管理机构和实力强大的规划设计机关，各部门和各行业之间存在利益之争，所以部门的方案往往是决定性的。各地区修路的钱大部分是自己筹的，决策权很大，而从地区的当前利益考虑，也不认真地对有关部门在本地区建设的项目进行区域协调。

交通建设没有全盘的总体协调，各地方和部门的目标没有统一协调，大家的积极性是充分调动起来了，但后果是到处都大规模上马自己的项目，总体规模大大增加，交通结构失衡。陆大道根据各种条件判断，目前我国的交通建设已经超前，认为根据国情实际交通投资占GDP的比重规模应该控制在3%～4%。他主张综合协调部门要勇于说“不”。

应该说，陆大道等人的观点具有一定代表性。各西方发达国家自工业化以来都曾有过数轮交通设施建设的热潮，对促进经济增长起到重要作用，但建设中的教训也很深刻。运输业的亏损和财务恶化一度成为相当普遍的突出问题，大量运河、铁路被废弃或拆除，以致一些国家必须通过法律将维护运输业财务良性化确定为重要政策目标。各国后来进行的运输业改革，共同问题之一也都是运输业的亏损和补贴已经到了国家财政难以支撑的地步。交通建设过度超前给运输业和国民经济造成的代价都太大，这方面的教训值得认真吸取。而且，依靠综合协调部门如发改委在项目审批程序中说“不”的做法，本身也存在着体制问题。

第三节 推进交通规划方法与体制的完善

一、综合交通规划方法的完善

（一）已有的综合交通规划方法

综合交通规划在我国近年已经得到越来越多的关注，但综合交通规划的编制方法对规划编制和研究单位来说仍旧是一个新课题。图 23－1 是近些年国内在综合交通规划编制中尝试过的几种模式的简要示意图。由于原来分方式的交通规划主要是根据需求预测提出相关时期内项目建设的规划方案，以便扩大运输能力满足未来的需求，因此对交通运输整个体系的综合考虑很少（见图 23－1 中原分方式规划）。早期各级综合交通规划模式（即综合规划模式一）只是将原来分别编制的分方式交通规划合并在一起，每种运输方式仍旧是分别依据自己的需求预测去确定建设项目。显然，这只不过是各分方式规划的叠加，并不能真正体现综合交通的理念，也无法通过综合交通规划去协调和优化各分方式的规划，很难让人们认可。

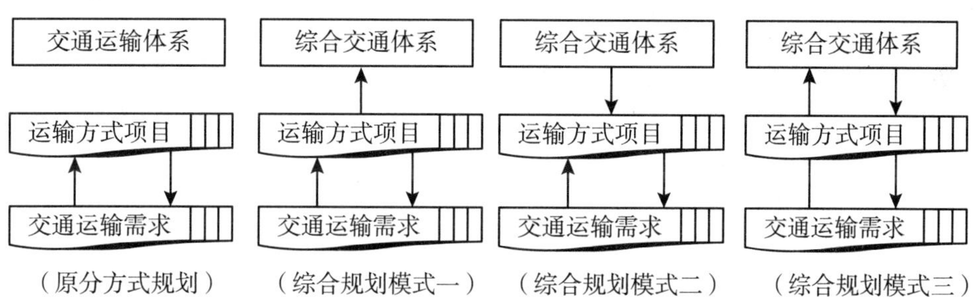

图 23－1 近年国内不同综合交通规划方法的尝试

为了纠正模式一存在的问题，人们开始尝试自上而下的综合交通规划编制办法，于是又有了模式二和模式三。模式二是先确定相应综合交通体系的发展目标，然后再落实到不同运输方式上，但各种运输方式仍旧是各自用项目去满足预测的运量。该模式的主要问题是，综合运输体系的发展目标与分方式的规划并不能顺利对接，因为规划中的项目方案实际上仍旧是分方式规划中建设项目的汇总，结果使综合规划的理念难以真正落实。综合规划模式三则从原来的分方式预测运量改为先预测总体运输需求，然后再结合综合运输体系的发展目标落实各种运输方式的具体建设项目。该模式存在的问题是仍以需求预测为基础的项目导向规划思路，既无法保证未来总需求数字的准确性，也不可能通过行政手段强行分配各种运输方式的承担比重，于是也只能在综合发展目标下面罗列出一干项目方案。

这三种模式存在的问题在近几年各级政府组织研究的综合交通规划中分别有很多体现，甚至导致各级规划机构和规划人员对综合交通规划能否编制成功产生很大困惑。我们认为，这些问题产生的原因在于人们在试图引入新的综合交通理念的同时，规划方法和内容仍旧拘泥在旧框架中。事实证明，综合交通规划不仅需要理念上的改变，也同时需要在规划方法和主要规划内容上进行新的探索，也就是说，综合交通规划不可能在原来传统规划以需求预测为基础、以分方式建设项目方案为导向的方法基础上顺利编制。

（二）突出综合交通体系形态描述的规划思路

根据这样的思考，我们尝试提出一种增加对综合交通体系形态进行描述的综合交通规划思路（见图 23－2）。这种规划思路把社会经济对未来交通运输的总需求与未来资源、环境的约束进行综合考虑（但并不强求精准的运量预测结果），在此基础上提出未来综合交通运输系统发展的方向与目标，然后对未来期间综合交通运输体系应该具有的形态特征进行详细描述，再通过能够实现体系形态特性的各种运输方式支持和其他相关措施，去满足资源、环境条件约束下的全社会交通运输需求。综合交通运输体系的发展方向与目标以及综合交通运输体系的形态特征是综合交通规划的核心内容，它们共同决定了在约束条件下满足未来社会经济交通运输需求的过程中，对各种运输方式提出何种时空规模分布和质量上的要求，也在很大程度上提出了对其他相关配套措施的要求。

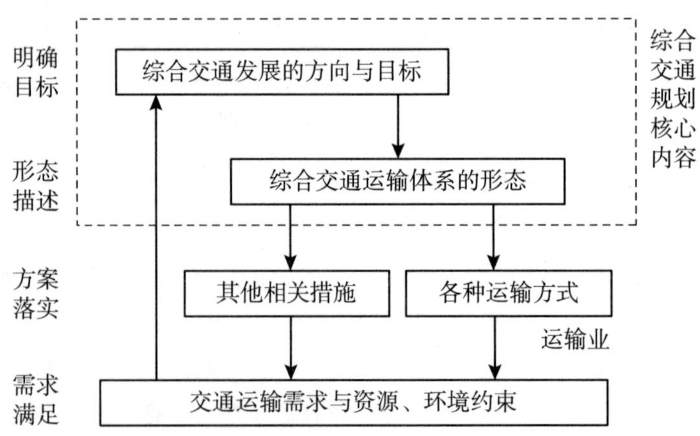

图 23－2　突出综合交通体系形态描述的规划编制思路

综合交通运输体系的形态是综合交通运输体系在一定技术和社会经济条件下的分层次表现形式。对综合交通运输体系形态，特别是其中基本交通网络、通道与枢纽的特征及其与经济结构、城市化进程以及资源环境约束之间关系的系统描述，在综合交通规划中不可或缺且是最主要的规划内容。明确并充分研究综合交通规划的核心内容，才能对规划中相关建设项目和其他相关措施的落实具有现实的指导意义。

此前综合规划模式中还存在的一个根本性问题是，各种运输方式加总以后的范围并不能覆盖交通运输的总需求，这使得此前规划模式的内容存在严重缺项。非常明显地，社会生活中人与货物位移的实现有很多是在五种现代运输方式以外由各种传统或非传统方式，如人们步行和自己使用各种机动或非机动交通工具出行自我完成的；很多交通基础设施如城市道路设施并不归属于任何运输业的经营或管理主体；有很多提供交通运输所必需的产品与服务的部门机构，即便不算运输设备制造，也还有车辆修理、加油站等很多也都不属于运输业；与交通运输密切相关的土地、能源与环境政策，以及 TOD 和城市交通需求管理等思路的实现等，显然不是交通运输部门靠自己可以决定或实现得了的；现代物流体系和“物联网”的构建以及旅行社、订票系统等的发展，也超出了传统运输业的边界；等等。因此，由各种现代运输方式集合而成的所谓“运输业”，与社会经济中的交通运输体系并不是同一个概念，前者一般来说只不过是后者中的一个主要部分，即相对更具行业组织化的运输服务供给方，但并不是交通运输体系的全部。

综合交通规划应该针对整个交通运输体系，而不仅仅针对已有各种运输行业供给方进行规划，应该能从整个社会经济发展包括其空间结构变化和资源环境的约束条件出发，同时考虑需求管理和所有服务供给包括自我服务以及各其他相关领域的交通运输实现问题。例如，现代物流就是经济全球化目前阶段对货物运输提出的全新要求，显然已经大大超出传统货运业的概念与范围。从这个意义上来看，运输的行业规划不能代替对交通运输体系的规划，简单的分方式规划汇总更不能取代综合交通规划应有的内容。因此，综合交通规划必须跳出以分方式运输需求预测为基础、以项目建设为主要内容的传统规划模式，从更广的视角分析并把握未来综合交通运输体系的发展，更好地满足社会经济的交通运输需求，也必须探索新的规划方法和规划内容。

以交通运输体系主要形态的功能特征描述，代替传统分方式交通规划中的数量预测和项目列举作为规划核心内容，是综合交通规划在方法上的重大改变。我们已经在第十一章利用表 11 - 1 中对综合交通运输体系形态进行了分类，包括交通线网形态、通道形态、客运枢纽形态、货运枢纽形态、大宗货运形态、多式联运形态、现代物流形态、城市交通形态、城市群交通形态、企业组织形态、交通信息化程度、平均送达速度、环境影响程度、资源利用程度、区位耦合水平和政府管理水平16大类。应根据具体的规划对象、规划内容和规划要求对相关体系形态类别进行选取和研究描述，满足实现综合交通所要求促进的衔接和一体化，以及应该体现的综合性、连续性和协作性。

二、综合交通规划体制的完善

（一）建立合理有效的公共规划委托—代理关系

交通规划在我国运输业的发展中起着非常重要的作用，但近来相关领域也表现出越来越多的问题，这些都在提醒我们对于交通规划仍需要重新认识并重构体系。我国交通规划问题的根源主要发生在资源配置的委托—代理链条上，各级代理人由于终极委托人缺位而失去真正应有的责任感，也得不到严格监督，而不同层级政府一致的赶超型战略思维，也造成规划体系中只存在加快建设的动力却缺少内在限制功能。我国交通规划体制的改革应该包括以下几项内容：

第一，中央政府的规划体制应该尽快从汇总项目为主的方案制定模式，转变到战略目标确定和方向引导的模式上。目前国家级别的规划范围过大，且一直管到具体项目，实际上顶层战略规划不可能管好细节。

第二，国家战略规划的制定和批准要与综合性运输政策的制定及相关立法结合。目前我国交通领域的政策、规划、决策、执行和监督职能基本上都是交给行政部门，而立法机构在事关资源配置方面的委托、决策与监督职能太弱。各级交通规划作为专项规划都不需要经过人大批准，因此在规划体制中缺少直接向民众负责的内在机制，造成委托与监督链条存在根本性缺陷。需要改变这种情况，让人大参与相应交通规划的审定，并在立法机构中设立相应的交通专业委员会或小组。

第三，规划程序和约束必须完善。上下级规划和长短期规划的关系都要理顺，特别是短期执行规划必须服从于长期规划，有效制止规划为项目服务并为项目让路的不正常状态。财政预算和资源、环境对规划的约束要收紧，特别是严格的规划预算制度一定要建立起来，让规划制度具备内生出限制和制约的功能。

第四，健全规划的公众参与制度并建立完善的规划决策、实施和预算执行问责制度。一定要切实健全各种有效的公众参与制度，并通过建立面向公众和立法机构的问责制度，真正健全社会交通资源配置的委托—代理链条。

市场是通过价格均衡机制发挥作用，而规划则是通过权力制衡形成作用机制，因此政府机构权力的制衡关系必然成为规划研究的重点对象与核心切入点，规划体制也是政府改革的最重要内容之一。通过规划体制改革，提高行政效率，才能使政府职能与市场配置资源的基础性作用更好地结合。交通建设的科学决策、民主决策水平取决于交通规划制度的完善程度，我们应该把握交通运输大部制对于理顺交通规划体制的良好契机，努力形成横向综合、纵向贯通的交通运输管理体制，不断改善规划效能，提高其配置资源的效率，引导运输业健康有序地持续性发展。

（二）健全严格的规划建设程序和规划—预算制度

目前在我国，包括交通规划在内的各类规划基本上还是被当做表达政府想做什么的工具，但这已经是应该被现代公共规划所纠正的观念。实际上现代公共规划最重要的功能，就是要把政府管好，也就是说，通过科学合理的规划程序与制度，既要让政府积极地做事情，以争取社会福利的最大化，又要对其施以必要的约束，以避免权力过大的政府做错事。

政府显然不可能想做什么就做什么，规划就是把要做的事分出轻重缓急，特别是要更多地关注各种约束条件，其中财政预算就是最重要的规划约束条件。有人在评论境外竞选时有些政客只热衷于用所谓“政见”打动选民，而缺少真正为民众做事的诚意时说，关键应该是能够把政见变成政策，把政策变成规划，再把规划变成预算。这其实正说出了政见、政策、规划与预算的关系，要做的事最终还是要落实到财政预算上。但从项目规划与财政预算的关系来看，无论是缺少预算资金以支持规划实现的情况，还是大批资金可以不经过财政预算且公共建设缺乏必要控制手段的情况，规划都比较尴尬。在前一种情况下，显然规划的项目由于没有财政的支持而无法实现；而在后一种情况下，规划很多时候会失去了对实现目标的控制。规划内容包括了实现规划目标的时序安排，规划目标在过短时间内被过快超过，往往也是规划失效的表现，说明某些动员社会资源的力量可能在某种程度上已超过规划所能控制的范围。如果这种突破引起资源配置和其他如经济过热或环境破坏等严重不利后果，社会当然也要为此付出代价。

在我国，各级政府一直是投资冲动引致经济过热的主体，近年我国各行业部门和地方政府呈现出加快建设基础设施的热情和极强的资源动员能力，在多种交通设施的快速发展中发挥了重要作用。显然应该而且继续发挥地方政府的作用，但基础设施建设既可以作为扩大内需的宏观调控手段，也必须警惕其作为“双刃剑”的另一面在经济过热中可能暴露的副作用。因此，规划除了一般所要求的平衡市场力量的作用，还必须包括约束各级政府的功能。没有约束的政府借助没有约束的规划所犯下的错误，其对社会的损害也必将是成数倍放大的。近年铁路规划与铁路建设中出现问题的教训必须认真吸取。

目前交通建设对金融体系的依赖程度已经越来越大，但必须避免超过合理界限的情况。现在的问题一方面是预算对规划的约束太软，我们有太多规划与财政预算不挂钩，规划方案只考虑增长速度和技术水平的提高；另一方面，则是银行对政府项目过于青睐，把基础设施项目当做可长期收息的优质贷款对象，争相大规模超额度贷款，甚至办理能充当资本金的所谓“软贷款”，造成政府信用严重透支。此外，近年投资体制改革的新规定恰恰未能对属于规划领域的政府投资进行规范，致使大量本应受控的政府投资又被轻易变通为放松控制的企业投资。缺少约束的规划体制为经济过热起了推波助澜的作用，也在一定程度上扰乱了正常的金融秩序和信用体系。规划不能保证把所有涉及未来多年的事都做对，但却必须努力尽量不犯太大的错误，特别是不造成难以纠正的大麻烦。

（三）完善适应城市化发展阶段的交通管理体制

我国的城市交通规划概念形成于20世纪80年代，是由城市规划中的城市道路系统规划演化而成。经过近30年的发展，城市交通规划初步形成了包括城市交通体系规划、城市交通专业规划和城市建设项目交通影响评价等在内的编制体系。城市交通规划曾长期无法可依、责任主体不明确的状况，2007年颁布的《中华人民共和国城乡规划法》才规定了城市总体规划中应当包括综合交通体系的内容。为落实上述城乡规划法，住房和城乡建设部于2010年发布了《城市综合交通体系规划编制办法》及其导则，进一步明确城市综合交通体系规划编制的目的、原则、主要内容、技术要点及编制程序，以便在城市总体规划中加强土地使用与交通系统的统筹规划。规定城市综合交通体系规划应当与城市总体规划同步编制，相互反馈与协调，并与区域规划、土地利用规划等相衔接。至此，城市综合交通体系规划及各类专项规划已开始成为我国城市规划的重要组成部分。

《城市综合交通体系规划编制办法》虽然规定了城市综合交通体系规划是“统筹城市交通各子系统关系、支撑城市经济与社会发展的战略性规划，是编制城市交通单项规划、客货运协调组织规划、近期交通规划、局部地区交通改善规划等专业规划的依据”，也规定了城市综合交通体系规划的管理部门和其规划期限应与城市总规相一致，似乎意味着城市综合交通体系规划属于中长期规划，但并未对规划期限的时间长度做出明确规定，也未对其与短期建设计划的关系做出明确规定。此外，城市交通管理领域仍然存在着城市综合交通体系规划的责任部门规划局与交通局、国土局以及发改委等相关部门权属关系的矛盾。

交通运输行政体制的改革，除了需要在横的方向上实现多部门综合，还必须实现纵方向上的权责贯通。交通问题涉及面广，与交通发展项目相关的规划、审批、征地、投融资、建设、运营、补贴、市场与安全监管以及各类政策制定，等等。在传统体制下，通常不是一个主管部门靠自己就能够有效决策、执行并承担责任的。问题在于决策和实施过程被人为分割为多个由不同主体分别行使权力或负责的阶段，政出多门、多家主导、甚至多家争权争利，但最后却都不愿或不能负责，造成行政的低效率。各地经常出现本应由主管部门承担的工作，却由于该部门无力而为，只好由更高级别行政首长亲自挂帅，建立临时性办事机构去处理。这其实正是现有管理体制存在诸多行政权力钳制，靠正常程序无法高效率运转的例证，既然血脉不通，就只好借助于超常规的方式运作，靠外力打通。这种常被看做能够打破常规办成大事的体制，恰恰反映了存在体制上诸多内在的不合理，协调成本极高。

随着城市化进程的加快，大都市和城市群的交通规划问题已经变得越来越重要。交通规划是运输业合理发展的龙头，而目前交通规划体制上存在的最大问题是这一领域资源配置的委托—代理链条存在缺环，无法确定哪个部门及其行政首长应该最终对规划负责。这是造成规划在我国名义上地位很高很重要，但其权威性和可实施性实际上较差的根本原因。新的综合运输体制应该与新的交通规划体制相伴而生，要尽快克服旧规划低效率的弊端，并通过规划责任制度确立责任一以贯之的规划主体。

新的综合运输管理体制必须有利于形成所有交通运输有关事务归口管理的高效率行政体制，最大限度地减少行政部门之间的职能交叉和重叠，从各项交通运输政策、法规和规划的制定，重大决策和相关项目的投融资建设，到保证运输市场秩序、安全规则、推进技术进步、多式联运及综合物流等所有相关职能都能够做到权责一致，贯通到底。这中间的有些矛盾和冲突如果不能很好治理，就会演变成影响运输业合理发展，甚至影响城市化的合理进程、土地资源的合理利用以及化解能源环境压力的关键因素。很多国家在更大领域内整合或优化行政体制，包括成立更综合性的国土、交通与城乡建设部门的做法，也为我们提供了解决问题的参考思路。当然，综合运输体制的顺利推进，需要更有深度的理性认识和达成广泛的思想共识。

第四节　美国大都市规划组织的借鉴

一、大都市区规划组织出现的背景

进入20世纪以后，美国的城市化过程加快，人口集中、地域连片、经济比重畸高的大都会已成为趋势，都市特别是大都市覆盖的地域迅速冲破了地方性市镇、郡县甚至州的行政边界。例如，纽约大都市区到20世纪60年代已包括纽约市域范围的5个区、周边纽约州的其他5个郡、新泽西州的9个郡和康涅狄格州的6个相关城市化连片地区，总面积17 405平方千米。

大都市所具有的产业集聚、人口居住和土地利用等特征，自然提出对城市形态、基础设施、公共服务、环境保护和交通活动的内在一体化要求，而第二次世界大战以后美国城市郊区化也逐渐引致城市无节制蔓延，并伴随着日益严重的交通拥堵、噪声和污染等一系列大城市问题。由于绝大多数美国大都市区都包含多个不同市镇、郡县以至州的辖区，却并不存在与大都市地域层级相称的政府，结果分散分割的行政边界在很大程度上必然阻碍区域内的必要合作与共同发展。另外，交通建设的重点也逐渐从地区之间的线路与通道领域转移到城市与枢纽方面，由于城市交通建设在土地、时间、环境、搬迁、遗迹保护和公众意愿等方面的制约条件相对严格，所需要解决的投资数量、工程技术、体制合作、长期预见等问题的难度都大幅度提升，导致每一个大都市区的交通规划都应该由所在地区的相关利益群体通过合理协商决定，以便形成能够代表大多数成员共同长远利益的解决方案。

于是一些类似政府联合会（Council of Governments）性质的组织开始出现，试图打破原有的市镇、郡县以至州的行政边界，对整个大都市区域进行系统规划并解决那些日益尖锐的问题。第一次大都市区域的跨州合作尝试发生在纽约。共享哈德逊河口1 500平方英里滨水码头区的纽约州和新泽西州于1917年成立了一个双州委员会，以协调相关港口出现的费率争端等问题，双方在1921年达成港口协议，划出共同港口区并合资成立了纽约港务局①。该港务局有效利用其收取的设施使用费以及在公开市场上发行债券所募集的资金，用于交通基础设施的建设和运营，在没有增加两州纳税人负担的情况下，改善了整个港口区的交通状况。

二、大都市区规划组织的确立及发展

第二次世界大战以后，美国在实施由联邦资金主导的全国高速公路规划中，遇到很多高速公路建设与沿途大都市关系处理的问题，其复杂程度远远高于高速公路在城市之间的路段。因此一些区域性政府间合作机构开始出现，并希望由自己直接代表相应的大都市区域，参与到能够取得大笔联邦资金的交通

① 该港务局后来正式更名为纽约和新泽西港务局（Port Authority of New York and New Jersey）。

规划事务中，联邦政府则对此做出了积极响应。20 世纪 60 年代初，肯尼迪政府认识到交通建设对大都市的合理发展具有重要影响，因此建议只有当大都市区已经开始积极从事整个地区的总体规划时，联邦政府才应对该地区的交通项目提供经济支持。

该建议很快在 1962 年的《联邦资助公路法》中得到体现，并首次以法律形式对交通规划的程序和组织安排提出要求。该法要求开展大都市区交通规划，这样就把规划范围定义在区域层次而不是原来各个分立的市镇，并规定只有开展了大都市区域规划，地方政府才能获得联邦政府对该区域交通项目的资金支持，甚至还规定交通建设资金的 1.5% 要专门用于开展规划及相关的研究性工作。此外，该法要求大都市区交通规划中，有关机构必需秉承综合性、合作性和连续性（comprehensive，cooperative & continuing，即“3C”）的规划原则，以克服过去各种交通方式单独规划，且交通规划与土地利用、经济发展及环境保护脱节，各政府机构缺少合作协调机制，以及由于政府换届导致长期规划所必需的连续性被忽视等问题。“3C”原则对后来美国的交通规划产生了长远影响。于是，在众多建设项目推动、联邦财政支持以及迫切的实际需要等多方因素的作用下，各类大都市区域规划组织纷纷建立起来。

此后陆续颁布的联邦法令更加明确并强调了大都市区域交通规划。例如，1964 年的《联邦援助公路法》规定，为符合“3C”原则与流程的城市公共交通建设提供拨款最高比例可达总费用的 2/3；1965 年的《住宅和城建法》要求相应部门为区域性机构的资料收集和规划提供资金；1966 年的《示范城市与大都市区域发展法》指定由区域性机构负责审查地方政府对约 40 种联邦拨款和贷款的申请。1973 年的《联邦资助公路法》则正式将人口超过 5 万的都市地区政府联合会、区域规划委员会等约 200 个各类区域性合作规划组织统一归类为“大都市区规划组织”（Metropolitan Planning Orgnization，MPO），并继续规定相应比例的联邦援助资金按照都市化地区人口在各个州之间进行分配，以保证 MPO 开展综合性的交通规划工作。

1975 年，联邦公路局和都市公共交通局共同颁布了《联合公路/公交规划条例》，用以规范所有与城市交通规划有关的工作。条例要求 MPO 在制定规划时必须遵守相应的程序，而获得联邦援助资金的前提条件则是提交都市化地区与交通规划活动相关的三种重要文件。这三种文件包括长期的大都市交通规划（即 MTP）、中期的大都市交通改进计划（即 MTIP）和年度的统一规划执行方案（UPWP），还规定了这三种文件之间严格的相互依存关系。1980 年，修改后的《联合公路/公交规划条例》仍然要求各大都市区域提交这三种文件。

1991 年《多式地面运输效率法》（ISTEA）的出台，标志着美国联邦的交通资助政策从主要针对公路建设转向综合性一体化交通，因此有更多资金可以使用在各种非道路的公共交通设施领域。MPO 的地位、“3C”规划原则以及长期 MTP、中期 MTIP 和年度 UPWP 三种文件在 ISTEA 中都得到进一步强调。首先，扩大了 MPO 在项目筛选中的权限，可直接决定区域内大部分资金的使用方式，并且要求州运输部官员和地方代表在 MPO 的框架下就项目优先权和决策等事宜进行讨论。其次，在编制 MTP 时从过去侧重形成项目方案，转为更强调“3C”原则的落实，特别是鼓励发展多式联运。再其次，要求 MTIP 必须配套相对应的财政规划，以确保规划的实施。最后，则是更加强调公众参与的重要性和广泛性。其后分别于 1998 年和 2005 年通过的 TEA－21 和 SAFETEA－LU 延续了相关政策。截至 2005 年，全美 MPO 数量已达 385 个。

三、大都市区规划组织的职能与运作方式

作为大都市区规划组织的 MPO 具有六项核心职能。第一，为区域内与交通系统相关的公共机构和私人团体提供一个协商平台，为有效率的规划决策创建一个公平的环境。第二，提供评价规划方案的技术支持，以便按照区域交通的复杂程度、约束条件和现实可行性来进行判别。第三，编制并定期修订长期的都市区交通规划 MTP。主要目标是确认未来 20 年以上的区域交通运输需求，并通过每 5 年一次的修订预测未来的交通发展趋势同时提出长期交通战略和投资的重点，以保证系统的高效运转和区内居民生活品质的改善。第四，编制符合都市区长期交通规划并符合财务预算条件的中期交通改进计划 MTIP。要确定未来 6 年中能够确保投资的所有项目，包括技术设计方案、资金预算和明确的来源。MTIP 每两年修订一次，以准确反映联邦资助项目在时间安排、投资额以及资金来源等方面发生的变化。第五，根据都市区的长期交通规划和中期改进计划编制每个年度的统一规划执行方案 UPWP，确保在执行方案中的规划项目能够顺利建成，同时要确保所有下年度预期开工项目的相关空气质量影响严格符合国家标准。第六，在行使以上五项核心职能中都尽力争取实现普通公众和所有受到规划影响的团体广泛参与。

根据美国交通规划的法定程序，国会制定政策并通过联邦交通立法，决定交通规划的方针、原则与程序，并决定未来时期内联邦交通资金的数额及分配方式，联邦运输部则是联邦政策与立法的执行机构。各州要制定并向联邦运输部上报州的长期交通规划和中期改进计划，同时要接受州内各都市区 MPO 上报的都市区交通规划、中期改进计划和年度规划实施方案并负责汇总。各 MPO 负责的大都市区长期交通规划（MTP）、中期改进计划（MTIP）和年度执行方案（UP-

WP）三个主要工作文件之间分别存在目标、指导、细化及执行的对应关系。例如，对规划中的建设项目预算有严格规定：没有分别在长期规划和中期改进计划中经过论证过的项目不可能进入年度执行方案，不可能得到建设资助，而没有可靠财务保障的项目也难以进入长期规划和中期改进计划。地方交通规划特别是短期实施规划，除了要尽量满足联邦资助的申请标准，还必须获得当地纳税人的批准或认可。严格的规划责任和资源分配制度在程序上保证了规划预算制度的严肃性。

不同都市区的 MPO 组织构成有差异，有的规模较大，机构与人员众多，也有一些小型都市区人口刚符合获得联邦资助的要求，于是只设立了人数较少的 MPO 机构。负责审议并投票决定是否通过 MTP、MTIP、UPWP、预算及其他重要规划文件的核心决策机构——政策委员会是 MPO 的最高决策主体，其成员一般包括当地行政官员、交通公团的代表、州运输、环保部门官员以及无投票权的联邦机构官员等。无论内部机构和工作方式如何设置，任何 MPO 都要完成法律所要求的程序，使所在都市区交通规划的 3C 原则和程序得到贯彻。

四、大都市区规划组织的作用

大都市区规划组织是美国城市化、运输化进程与原有州、郡县及市镇行政体制产生矛盾，因而在行政组织上进行必要调整的反映。城市化对美国的社会经济形态产生了深远影响，联邦政府则希望形成有针对性的政策，包括规定总人口达到 5 万以上的城市化地区就可进入非乡村序列，有权利自主决定与城市未来形态更好结合的交通发展进程，可直接享受联邦对都市区的资助待遇，而不必像农村和城市间的交通问题那样须交由州政府统一解决。但政策也要求城市化地区自己必须能够主动规划未来。MPO 的实质是通过建立政府机构之间的协商决策机制，解决城市交通规划这类需要跨行政区划和部门职能边界，并需要综合战略性视角及协调能力的问题。它是美国自治制度在交通规划所需要的综合性、合作性与连续性原则上得到的体现，也是联邦政府力图有效引导与影响地方交通发展的一种途径。

经过数 10 年的不断演变，MPO 已成为针对大都市区域长远交通规划具有实质性资金分配权的政府间协作机构。这些年也有不少地区根据需要设立了其他领域的政府间组织，但至今都未能获得像 MPO 那样的地位，这使得 MPO 成为美国区域性机构中唯一被法律明确要求必须在全国范围内所有都市区都要发挥作用的类别。在联邦政府的政策引导和资金杠杆作用下，MPO 为各都市区域合作提供了一个相对有效的平台，通过都市区内各相关条块政府机构的制度化磋商与共同决策，以及确保畅通的利益集团与公众参与渠道，能够更好地了解和把握地方需求，进而合理地整合联邦、州和地方政府的资金，提高资源的配置效率。于是，通过特定的组织机构、决策程序和工作文件，确保“3C”原则顺利实现，就成为美国交通规划体制中一个突出的特色。

第二十四章

运输业的监管体制与机制

第一节 交通运输监管概述

一、监管的概念

一般来说，监管（Regulation）又称管制、规制等，是政府相关机构为控制自然垄断企业的价格、销售和生产决策等，依据法律授权而做出的一类政府行为，是为了克服市场失灵，维护良好的经济绩效。

监管机构应拥有的权力主要包括：第一，准立法权。从理论上来讲，监管机构不是立法机构，不具有立法权，但由于自然垄断行业比如交通运输产业技术经济复杂多变，具有较强的专业性，立法机关往往缺乏特定领域的专业技术知识，难以适应具体监管立法的需要；此外，法律条文通常比较原则、抽象，不能直接应用于监管对象，需要在基本监管法律（如《铁路法》、《电力法》等）的基础上制定较为具体的监管法规。因此，立法机构应将基于基本监管法律的监管法规立法权授予监管机构。第二，行政权。监管机构负责处理大量的具体业务，裁决具体的争议，运用抽象的规则于具体事件，这就是监管机构的行政权。例如，监管机构可批准某些行为，禁止某些行为，追究某些违法行为等。第三，准司法权。即监管机构对其监管的对象是否违反法律，有裁决的权力。至少有以下原因被认为监管机构拥有准司法权是合理的：一是法院不具备对交通运输产业复杂多变的监管所需要的知识、经验与检测设施等物质条件，而监管机构在这方面具有绝对优势。二是监管机构对其监管对象实行事前、事中和事后全过程监管，而法院在通常情况下，只实行事后司法监管。三是监管机构比法院能更好地维护广大消费者的利益。

监管一般分为经济监管和社会监管。经济监管是指在自然垄断和存在信息不对称的领域，主要为了防止发生资源配置低效率和确保利用者的公平利用，政府机关用法律权限，通过许可和认可等手段，对企业的进入和退出、价格、服务的数量和质量、投资、财务会计等有关行为加以监管。

总结大多数市场经济国家的经验，政府的经济监管政策主要包括准入监管和价格监管。准入监管是指在自然垄断产业中，允许特定一家企业或极少数几家公司加入，或者从防止过度竞争的观点出发，由监管机关视整个产业的供求平衡情况来限制新企业的加入。准入监管是直接监管政策中最主要的内容之一，其根本目的是限制过度进入，保障社会总成本的最小化和资源配置的高效率。价格监管主要指在受监管产业中，政府监管部门从资源有效配置和产品或服务的公平供给出发，对产业价格体系和价格水平进行的监管。价格监管与实现资源配置效率的经济再生有着直接联系，而且也与维持原有企业生存和健全经营有着直接联系，它是政府监管的最重要的内容。

社会监管的直接目的比较复杂，它既涉及环境保护、公众健康、安全等领域，又包括政府对文化、教育和居民生活水平的考虑。因此，社会监管有着如下的特点：(1) 社会性监管的对象较为广泛，大多针对具体的行为。(2) 社会性监管的手段也较为广泛，它既包括对某些行为的直接禁止或限制，又包括对市场准入、产品或服务质量、特定生产经营行为、生产设备和产量等方面的一系列以所谓标准、资格等形式出现的限制性规定。另外，许多社会监管还设有特定的审查或检验制度。(3) 在同样进行立法的前提下，社会监管的政府行政机构设置通常采取的是职能部门的形式，即针对某类特定的行为，政府通常设有专门的社会监管机构。(4) 社会监管的依据大多涉及经济方面的因素，但也有一小部分涉及政府对一些非经济问题的考虑，如国家安全、意识形态以及文化教育等。其中，针对交通运输产业的社会监管主要包括：安全监管、环境监管和质量监管。

二、监管相关理论

近年来，与政府监管相关的理论主要包括以下三种。

（一）公共利益理论

公共利益理论是20世纪30年代美国广泛实施的政府监管改革的理论基础。政府监管是为了抑制市场的不完全性缺陷，以维护公众的利益，即在存在公共物品、外部性、自然垄断、不完全竞争、不确定性、信息不对称等市场失灵的自然垄断行业中，为了纠正市场失灵的缺陷，保护社会公众利益，由政府对这些自然垄断行业中的微观经济主体行为进行直接干预，从而达到保护社会公众利益的目的。这即是政府管制的“公共利益理论”。

（二）监管俘获理论

伴随着政府监管的发展，施蒂格勒在20世纪40年代就对政府监管能提高社会福利的效果提出质疑。他认为监管通常是自然垄断产业争取来的，而且其设计和实施都主要是为了使该产业获得更大利益。他的观点使监管理论有了重大突破，并对美国后来放松监管的政策产生了直接影响，随之产生了监管俘虏理论。该理论认为政府监管是为了满足产业对市场利益的需要而产生的，监管机构最终会被自然垄断产业所控制，无论如何设计监管方案，监管机构对某一自然垄断产业的监管实际是被这个自然垄断产业所“俘获”，意味着监管提高了自然垄断产业利润而不是社会福利。

（三）放松监管理论

由于在实践中出现了越来越多的政府监管失灵现象，从20世纪50年代开始，西方发达国家反对政府监管的呼声日益高涨。在社会各界的呼声下，西方国家开始改革政府监管制度。20世纪70年代以来，发达国家政府治理出现了放松监管的发展趋势。支持放松政府监管的理论主要有政府失灵理论和可竞争市场理论。

政府失灵理论认为个人对公共物品的需求得不到很好满足，自然垄断产业在提供公共物品时总是趋向于浪费和滥用资源，致使公共支出成本规模过大或者低效率，政策效果往往是削弱了而不是改善了社会福利现象。由此，布坎南提出了政府失灵理论，即认为政府同样存在难以克服的缺陷。

可竞争市场理论认为，只要取消人为的进入和退出壁垒，同时依靠科技进步和技术发展尽量消除沉淀成本，就可以在自然垄断行业形成可竞争市场。在一个进入和退出完全自由的市场中，不可能存在超额利润。因为如果有超额利润的话，潜在竞争者就会迅速进入。潜在竞争压力的存在，将迫使现存企业只能遵循可维持定价原则和保持高效率的生产组织。从可竞争市场理论来看，政府监管政策与其说是重视市场结构，不如说是更应该重视是否存在充分的潜在竞争压力。

三、交通运输业监管的必要性

交通运输产业属于基础设施产业，历史上它们在绝大多数国家都由政府直接投资或通过国有化政策，形成法定的垄断性产业结构。交通运输产业具有区别于其他产业的经济特性。其中有三大经济特性尤为显著，即公共产品特性、外部经济特性、规模经济特性。

（一）外部经济特性

交通运输产业的外部性一般包括正外部性和负外部性两个方面。负外部性主要体现在污染生态破坏、交通拥挤和交通事故等方面。正外部性更多地体现为交通运输基础设施的公共物品性质，包括消费的增加和生活水平的提高；收入效应和增加就业机会；拉动经济增长，优化产业结构；节约交通运输时间价值和运输成本；促进劳动力市场的发展和居住生活质量的提高；促进地区间的商品流通；开发边远落后地区；等等。比如公路、港口等交通运输基础设施及运输服务同时具有正、负外部性，其中负外部性集中表现在对可持续发展的影响。交通运输基础设施的正外部性作用不仅体现在运输方面，而且具有区域经济“增长极”的功能，会使周边土地、房产升值，并促进相关产业发展，同时又很难向非设施使用者索取回报以阻止其效果外溢。公路、港口等基础设施可以对过往的车辆、船舶收费，却无法对公路和港口给区域经济的带动作用收费。上述交通运输外部性现象是世界各国交通运输外部性的共同特征，而各个国家交通运输产业的外部性又具有特殊表现。

（二）公共物品特性

从我国的经济实践来看，大部分交通运输基础设施和运输服务属于准公共物品。交通运输产业中具有公共物品性质的主要有农村、县乡公路、内河航道、港口基础设施。高等级公路及营运性码头具有部分商品的性质。因此，应对交通运输基础设施的经济特征进行区分，并制定不同的政策。

（三）规模经济特性

交通运输基础设施一般具有网络特征和大量的沉没成本，规模经济显著，具有一定的自然垄断特征。在一定条件下，由一家公司建设和运营比由多家公司建设和运营成本更低，更有效率，因而政府往往对其进行较多干预。

综上所述，交通运输产业具有外部经济性、公共物品特征、规模经济等经济特性。由于交通运输产业具有以上性质，该产业通常被认为是自然垄断产业。鉴于此，交通运输产业受到政府部门的严格监管。交通运输产业改革与发展的前提就是要识别交通运输产业要素的经济特性，然后针对不同特性采取相应的政府监管措施。

四、交通运输监管的发展趋势

随着监管理论的发展以及实践的进展，严格监管交通运输产业的观点和举措受到了质疑和挑战。根据可竞争性理论，潜在竞争会促使交通运输企业采取有效的市场运作方式。为了提高交通运输产业的竞争力，对其放松经济监管，加强社会监管势在必行。许多国家对交通运输产业进行了监管改革。

（一）放松交通运输业经济监管的趋势

由于交通运输产业具有自然垄断产业的特殊性，长期以来，传统的政府监管理论认为，交通运输产业应该由政府垄断经营。但理论与实践都证明，政府垄断经营往往使企业缺乏竞争活力，从而使交通运输产业处于低效率运行状况。20世纪70年代以来，经济发达国家在政府监管经济学的理论研究方面有了较快的发展，提出了许多新的政府监管理论与方法，特别强调在自然垄断产业重视运用市场竞争机制，以提高经济效率。在实践上表现为，在80年代以来，经济发达国家对交通运输、电信、电力、煤气和自来水供应等自然垄断产业纷纷实行了重大的政府监管体制改革，积极引进和不断强化市场竞争机制的力量，以提高自然垄断产业的运行效率，从而形成了一股世界范围的政府监管体制改革浪潮。

尽管世界各国在交通运输产业政府监管体制改革的时间、具体改革内容等方面存在较大差异，但其改革的实质内容就是放松政府监管，实行开放与竞争政策，即通过改革原有政府垄断经营的监管体制，实行政企分离，使交通运输产业的经营企业成为自负盈亏的竞争主体，在此基础上，开放交通运输产业市场，允许国内外新企业进入，强化市场竞争力量对经济效率的刺激作用，从而使弱肉强食、优胜劣汰的竞争规律成为一种普遍规律。而且，这种竞争逐渐跨越国界，形成了国际化竞争的势态。

因此，如何增强交通运输产业与国外企业的竞争能力，这已成为中国所面临的一个重要问题。对此，中国应顺应世界发展潮流，对交通运输产业实行以放松经济监管为主要导向的政府监管体制改革。

（二）加强交通运输业社会监管的趋势

交通运输产业具有很强的外部经济性，既表现为正外部性，也表现为负外部性，其中负外部性的突出表现就是环境与安全。社会监管作为解决和控制负外部性的主要监管方式，近年来在世界主要国家和地区都有加强的趋势。

从西方发达国家交通运输体系的演变看，在基本完成综合交通运输规划和能力建设之后，政府对交通运输的监管逐步从建设管理为主转入以建立公平、竞争的市场秩序为主；在市场基本实现自由化之后，管理转入以交通运输的安全监管、环境监管、质量监管为主。随着社会经济的发展，从总体上来说，中国对交通运输产业的社会监管需求呈现出不断增长的趋势。加强社会监管力度，是交通运输产业发展的内在需求。

五、我国交通运输监管的主要问题

目前，我国交通运输业监管的主要问题有以下几个方面。

第一，监管立法滞后。从中国改革实践来看，中国垄断性产业的监管改革沿袭了一种先改革后立法的传统，监管法律体系严重滞后。同时，当前的监管立法属原则立法，对监管的目标、监管机构的职责权限表述过于简单，缺乏可操作性。例如中国没有很专业化的关于交通运输产业的监管法律规则，而美国针对不同交通运输方式都有专门的监管法律规则。通过对比，可以发现监管法规建设滞后、立法不足、法律法规体系不全使得政府监管行为往往无法可依或依据不足。

第二，“以批代管”现象依然存在。虽然近年来，国务院全面推行行政审批制度改革，行政审批事项过多过滥的状况明显改善。但行政审批领域仍然存在不少问题，“重审批轻监管”、“以批代管”的现象依然存在。一方面，以审批代监管的方法，将市场准入门槛设得很高，进入程序复杂，难度极大，阻碍了行业的发展。另一方面，不重视过程中监管，一旦企业进入，就不再对其进行监管。这就造成了事前门槛太高，而事中、事后无人监管的尴尬局面。

第三，政府部门和监管机构合一，行政垄断严重。在中国，作为与传统计划经济体制相适应的一项制度安排，在某些垄断性产业多采用国有企业的治理方式，因而形成了政企不分、政资不分的运营模式。在垄断性产业中不仅规模经济效率没有得到发挥，而且普遍存在机构臃肿、人浮于事、工作效率低、企业成本费用膨胀等问题，盈利能力低下和亏损成为被监管产业的通病。

第四，监管机构职能交叉，责权关系不清。在实践中，垄断性产业不但受到不同层次政府部门的控制，而且还会受到同一层次的政府部门的控制，垄断性产业的双重或多重领导造成了政府行政职能的普遍错位或缺位。加之一直推行一元化领导体制，使各级政府机关与政府机关工作人员养成了依赖思想，不敢承担责任，不敢独立做出决定。

第五，监督监管者的外部监督机制不健全，缺乏健全的审计监督制度。在现实中，无论是法院还是法官都没有独立。众所周知，中国法院的财权、人权、物权都受同级政府的约束，法院在这种态势下要想独立行使审判权，监督行政权力的运作，肯定难以尽如人意。

第六，反垄断监管力度不够。垄断阻碍了行业内市场的竞争过程，压制了行业创新，反垄断势在必行。可是我国针对垄断行业的监管力度不够，监管没有效果。比如在经济监管中，针对垄断行业的路网、路权的使用问题，就不能做到无歧视开放。由于监管不力，某些机场，总是优先安排自己航空公司的航班，对其他航空公司不能做到公平开放，影响了公平竞争，阻碍了航空业发展。

第二节　交通运输业监管的模式

一、三种监管机构基本模式比较

根据监管机构独立性的大小以及监管机构与行政系统的权力关系，大体上可将监管机构设置划分为三种基本模式。一是独立的监管机构；二是在政府相关部门下设立相对独立的监管机构；三是由政府部门直接承担基础领域监管职能，即政府部门与监管机构合一的监管模式。

（一）独立监管机构

独立监管机构模式通常包括两层含义：其一是指监管机构与被监管对象之间的独立性；其二是指监管机构与其他政府机构之间的独立性。可以认为独立监管机构意味着监管机构的执行职能与政府其他机构的政策制定职能的分离，实现独立监管，使监管机构的决定不受其他政府机构的不当影响；监管机构与作为其监管对象的企业之间的分离，实现政企分开，从而保证监管的独立性。总之，独立监管机构最大的特点是其独立性。独立性是监管机构的核心要素，其主要体现在：第一，法律授权独立。第二，人事独立。监管机构的组织安排由法定程序组成，任何人无权任意变更。第三，职权独立。法律赋予监管机构依法独立行使其职权的权力，以保证监管机构决策的客观和中立性。第四，经费来源独立，独立监管机构一般有完全的经费来源。

独立监管机构模式以美国最为典型，因此以美国为例，分析独立监管机构模式。

1. 美国独立监管机构的具体特征

第一，监管机构的独立性很强。美国各级公用事业监管委员会习惯被人们称为“独立”监管机构，其独立性表现在四个方面：（1）委员会成员的任期是固定的，并且是缺额补选的；（2）委员会中的多数成员不得来自于同一个政党；（3）不得随意解除委员成员的职务；（4）委员会本身的运作程序减弱了行政控制的力度，委员会一般按照公开听证的结果记录做出决定，在一定程度上排除了来自行政高层干预的可能性。

第二，监管机构具有混合权力。美国的各级监管委员会习惯被认定是一种介乎司法、立法和行政之间的独特机构，具有准立法和准司法的混合性质。在进行费率、服务或者安全标准的监管时，监管委员会扮演的是行政机构的角色。在举行听证、收集有关事实和进行裁决时，它又履行着类似法院的功能并且配备有“行政法官”等专门人员。不仅如此，监管委员会还可以决定搜集证据并且采用它认为需要采用的规则来起诉和处罚违规的企业，即建立起一种类似法庭的机制使特殊权力得以实施。

2. 美国独立监管机构的优点

第一，独立监管机构的创立和运作有利于缩短过于冗长的立法、司法程序，提高监管效率。

第二，独立监管机构所实行的委员会制度有别于一般的行政监管机构。没有采用行政首长负责制，其内部决策的形成更有赖于委员们之间的互相磋商而非简单的命令与服从。

第三，独立监管机构体现了专业、灵活化管理的特点。由于独立监管机构的人力资源配置中的各方面的专业化人士的多元化配置，不同的知识信息可以进行直接的汇合和交流，在一定程度上保证了监管政策的连续性、监管手段的应用性和监管程序的灵活性。

3. 美国独立监管机构的缺点

从美国垄断性产业监管机构所拥有的职权来看，存在过于集中的问题。其拥有的权力使得监管机构始终成为企业致力要俘获的对象。因此，施蒂格勒针对监管机构提出的“监管俘获”和“企业保护主义”等观点并非空穴来风或者危言耸听。

随着放松监管运动的兴起和发展，美国独立监管机构的经济监管权力受到了很大的削弱，如公用事业特许权竞争等激励性监管体制的建立，使得监管机构的控制焦点由以往的限制市场进入转向鼓励竞争性进入，最高限价模式和比较价格等模式进一步削弱了监管机构的价格权限。换言之，随着市场竞争原则更多地引入政府监管过程或者监管行为更多地进入模拟可竞争市场，美国独立监管机构的经济控制功能在不断地萎缩，这有助于降低企业的利益预期，也减少了监管机构被俘获的可能性。

（二）政府部门下相对独立的监管机构

由于企业相对于政府来说拥有信息优势，而政府则处于信息劣势，政府要获得关于企业选择的信息是不完全的，且成本高昂。因此，政府为提高监管效率往往采取分权的方式在政府部门下设立相对独立的监管机构。

政府部门下相对独立的监管机构是指承担政府监管职能，但隶属于现存的部或其他行政部门的监管机构。政府部门下相对独立的监管机构存在于行政系统内，不能完全摆脱部长或最高行政首长的影响，但法律赋予他们很大的独立权力，在一定的范围内可以单独地决定监管决策，部长和政府首脑对他们的控制不能像对其他行政部门那样广泛和严格。主要表现在：第一，该机构既是产业主管部门，同时又是相对独立的监管机构。监管机构的职责和权力一般来自该国法律，但监管机构大多隶属于主管部门，因此这是一种监管机构相对独立的体制。第二，管理权力由主管部门与监管机构分割。最常见的情况如电信主管部门制定电信政策，监管机构负责执行政策、处理电信监管具体事宜。双方权力划分的情况在各个国家相差很大，有的国家主管部门还负责颁发许可证、分配频率等。监管机构只是负责执行政策、监督市场和提出建议。

政府部门下设立相对独立的监管机构模式以英国最为典型，因此以英国为例，分析这种监管机构模式。英国典型的政府部门下相对独立的监管机构是其电信监管办公室。其电信监管办公室“OFTEL”设在贸易工业部下，由负责该产业的国务大臣委任一名总监担任政府监管办公室主任。如根据1984年《电信法》的有关规定，英国贸工大臣委任一名专家为电信总监，担任电信监管办公室主任。在整个政府监管运行过程中，垄断性产业各产业监管机构与负责该产业的相关部门各自发挥着重要作用。电信监管办公室拥有广泛而集中的监管权力，其主要职责有：根据英国电信业主管部门贸易产业部的授权颁发电信经营许可证；有义务公开修改许可证的依据和内容；协调电信运营商之间的关系；处理用户申诉，保护电信消费者的利益；对不正当竞争行为进行调查和处理；公布电信产业的运营状况和相关信息；向贸易产业部提出政策建议。

电信监管办公室享有较高的独立性和裁量权，但在人事权利上受贸易产业部的制约，其主席由贸易产业部部长任命，任期 5 年。贸易产业部制定的电信产业政策对 OFTEL 电信业务的监管有一定的影响，所以，英国的电信监管办公室是一个相对独立的电信监管机构。电信监管办公室每年需向英国议会汇报工作，接受议会对电信监管办公室的审查和监督，英国议会不会直接干涉电信监管办公室的监管活动。电信监管办公室对核心成员素质的要求很高，核心成员多为经济学家、法律专家和电信产业的高级工程师。其中电信经营许可证由贸易工业部负责接受申请和颁发，电信产业的发展和管理政策，如网间互联、普遍服务、市场对外开放等也由贸易工业部负责制定。由此可看出，这种模式的一个基本特征就是监管权力在监管机构与政府相关部门之间存在着一定的分割。

（三）政府部门和监管机构合一的监管机构

在政府部门和监管机构合一的模式中，不区分宏观政策部门和监管机构，而由传统行政部门统一行使宏观政策制定职能和监管职能。政府部门和监管机构合一模式一般出现在公用事业仍属于国家独占经营或国有股份仍占主要地位的国家，或正处于转型时期的国家，较为典型的国家为中国、日本及韩国等。这些国家往往采取传统行政部门统一行使所有者、经营者、政策制定者和监管多重职能的管理模式。即使在实行市场化改革后，在转轨时期，这种监管模式仍然没有改变。

日本模式属于政府部门和监管机构合一模式的典型代表。因此以日本为例，分析这种监管机构模式。日本监管政策的权力主要集中于各政府内阁部门，保持集中型的监管权威，它们不与独立的监管机构分享权力。日本在第二次世界大战以后，美国占领当局按照美国的模式在日本创立了 5 个独立的监管委员会，当美国占领当局被取消后，这 5 个部门的独立性被中央部门收回。邮政省接收了广播监管机构，大藏省（MOF）接管了日本证券与交易委员会，公平交易委员会（FTC）成为唯一的幸存者，但也被通产省及其他的部门所控制。日本监管模式主要特点表现为：

第一，政府部门与监管机构合一的监管模式中监管机构独立性较低，政管合一。

第二，政府部门与监管机构合一的监管模式使政府保持行政的自由处理权。日本监管改革最显著的特征是扩张性再监管，内阁官员都急于保护自己部门的管理权威，阻止管辖权被其他部门侵犯。管辖权边界的混淆不可避免将导致各部门管辖权行使上的冲突。

第三，日本政府部门与监管机构合一的监管模式正在向独立的监管机构模式转变。在日本，电力产业和电信产业等垄断性产业监管机构职权范围在逐步扩大，其受政府其他部门的影响也在减少，即由非独立监管向英国的相对独立监管机构模式转换。如日本在2001年年初将邮政省并入总务省，并在总务省下设立电信监管机构，并于2001年4月成立了“电信事务纷争处理委员会”，该组织独立于政府部门，专门处理电信公司之间有关互联问题的争端。这可以看做是走向独立监管机构的一个信号。

二、我国交通运输业监管模式选择

鉴于我国监管立法和执法环境方面的限制，适宜采用交通运输部内设立类似于相对独立监管机构的监管模式。因为长期以来中国已经形成了作为监管机构的主管部门与企业之间政企不分甚至政企一体化的体制，要打破现有政府主管部门与企业之间千丝万缕的联系和利害关系比较困难，因此监管机构应相对独立于原来各产业主管部门。

其相对独立性主要体现在两个方面：(1) 在政策制定方面，实行政监分离。由交通运输部的规划政策部门负责制定交通运输政策，而监管任务的执行则交由专门的监管部门来负责；(2) 实施专业化监管。针对不同的交通运输方式设立不同的监管部门，使监管的专业性更强一些。但是由于中国的国情，各个交通运输方式的监管部门不能独立于交通运输部之外，应划归交通运输部内。

同时，该监管机构应具有以下特点：第一，监管机构除了应具有监管职能外，还应有检查监督、协调指导、组织培训的职能。第二，监管机构在人员编制、福利待遇上要与被监管对象脱钩，保持独立监管地位，加强监管强度，保证国家的有关法规在各地得到执行。第三，监管机构主要通过抽查的方式，发现该地区存在的普遍问题，并负有收集信息、及时反映情况，在所在地区组织相关培训，提高监管水平的职能。第四，实现监管人员专业化。监管人员应当是所监管对象领域中的专业人员，要懂技术并能胜任监管工作。对技术复杂行业要进行专业化分工监管。例如对铁路运输的安全监管，可按信号与列车控制、轨道与线路基础设施、机车车辆等专业进行分专业监管。

实行独立外部监管以后，监管的强度和公正程度能够加强，但要解决如何保证监管人员的技术素质的问题。从事监管的国家公务员可考虑从在企业从事过相关技术工作的人员中录用，经过相关培训后上岗；也可从相关专业的大学生研究生中录用，经过到企业实习和培训后上岗。随着技术进步，各交通方式的监管人员都要进行继续培训，提高技术业务素质，以适应监管工作的要求。

总而言之，中国交通运输产业监管机构模式设计应结合中国具体交通运输产业特征，考虑在交通运输部下设置相对独立的专业化的监管机构。该机构依据法律授权，严格依法办事，对该交通运输产业行使监管职能，监管规则统一，程序透明。此外，该机构既属于交通运输产业主管部门，同时又是相对独立的监管机构。监管机构的职责和权力来自法律规定；该机构设在相关政府部门之下，需要对政府相关部门负责。

第三节　综合交通体制下的经济监管

一、交通运输经济监管现状

我国交通运输业还没有形成自己的监管体系：第一，铁路还没有真正实现政企分离，缺乏有效的政府监管机制和高效率的企业经营机制；第二，在法制建设方面比较薄弱，政府监管缺乏有效的法律制度支持，在政府监管执法方面存在相当大的主观任意性；第三，政府监管的目标导向不明确，表现为在市场结构重组和进入监管方面缺乏明确的政策目标；第四，监管价格的制定与调整还是采取传统的按成本定价的方法，直接干预价格水平，监管价格不能有效地发挥刺激企业生产效率、促进社会分配效率和维护企业发展潜力的作用。

随着市场经济以及政府职能的发展和完善，交通运输产业的生产经营活动将在市场的引导下进行，政府要减少对经济活动的直接干预，适当保持与经济主体的距离，转变经济监管模式并逐步完善。

二、实施激励性监管模式

由于现存经济监管方式在实践中产生了一些问题，如企业内部无效率的产生、监管关联费用的增加等。为了解决这些问题，西方国家在自然垄断产业的监管实践中，采用了多种多样的激励性监管形式，一般可分为两类：一是给予企业剩余支配权和更多报酬，诱导其提高效率的直接监管形式，如价格上限监管、社会契约制度（成本调整合同）；二是施以竞争刺激，促使其提高效率的间接监管形式，如特许投标制度、区域间竞争监管。激励性监管割断了被监管企业的产品价格与其成本的直接联系，通过合同奖惩和剩余索取权的刺激，以及潜在进入者与区域间同类型企业的竞争，减轻了监管机构与被监管企业之间信息不对称的程度，促使企业降低成本、提高效率，从根本上克服了传统报酬率监管的缺陷。

在我国交通运输产业的监管改革中，积极借鉴其他国家在放松监管时的成熟经验，在价格、质量、进入与退出等方面充分引入激励性监管模式，降低交通运输产业的定价水平，提高受监管企业生产效率的同时改进分配效率。激励性监管主要采用价格上限监管，而不是对企业的生产经营成本或报酬率进行监管。

价格上限监管的含义，就是对被监管企业多种产品的平均价格设定一个上限，即在一般物价上涨率中扣除预先设定的该产业生产率上升率，在此范围内允许价格上涨。价格上限监管是传统报酬率监管的替代方式，它赋予企业的剩余索取权，能够有效地激励企业降低成本，提高生产效率和经营效率。价格上限监管不需要详细评估企业的固定资产、生产能力、技术革新、销售额等变化情况，不需要直接控制个别产品（服务）的价格水平，有利于减少监管所需的信息，降低了监管成本。

要完善相关立法的建设，使依法监督成为价格监管的核心。此外，还应加强公众和运输服务利益相关者对价格的监督，将真实的市场供求情况及价格认可程度传达到主管部门，保护公共利益。

三、建立市场准入制度

由于我国交通运输业较高的进入与退出壁垒，致使行业内部不能形成有效的竞争格局，而且垄断企业因为有政府的庇护，逐渐丧失竞争意识，导致成本过高甚至产生亏损。因此政府应引入竞争机制，在一定程度上打破行业垄断格局，降低行业准入门槛，从而促进公平的市场竞争格局的形成。

（1）政府应放宽行业准入条件。在行业准入条件上，不能以人为意志为基础，简单地控制企业数量，而应该根据运输产业的技术、安全等要求，并结合我国交通运输产业的实际条件，设定一定的准入标准，达到这一标准则允许参与竞争，从而在实际上形成后来者对原有企业的竞争压力，以迫使其降低运营成本，提高竞争意识，从而促进全行业的管理革新和技术进步，提高生产效率。

（2）在准入程序方面，应尽量简化行政审批流程。以既定的法律法规和相关标准为基础，对进入者进行资格审核，而非通过各种行政监管机构，通过行政权力的介入对进入者设定壁垒，从而保证开放公平的审批程序，避免权利寻租和政府俘获现象的发生，最大限度地保护公共利益及市场竞争机制的有效运行。

（3）建立信息披露制度。政府应将涉及交通运输产业的相关信息及时披露和公开，并使信息的公开制度化、经常化，为各竞争主体创造一个公平的信息环境，避免出现不同的竞争主体在竞争过程中处于信息不对称的状态中，让各竞争主体在一个公平的舞台上进行平等竞争。

(4) 建立公开的招标和资格审查制度。政府应严格贯彻《中华人民共和国招标投标法》，保证符合条件的企业，无论是国企、民企还是外资企业，都能平等地参与竞标，并保证在整个招标过程中的公开透明，用制度的力量把各种不正当的交易、寻租和腐败现象的发生降低到最低限度。

最后需要强调的是，政府在放宽市场准入条件的同时，要对入围企业进行严格的资格审查，如在自然垄断特征比较强的交通运输领域，政府应允许特定一家或几家公司进入该行业，防止该领域的过度竞争，以充分发挥规模经济效益和优势，确保该领域产品与服务供给的数量和质量，保证交通运输产业的安全、稳定和可持续发展。

第四节　综合交通体制下的社会监管

一、交通运输社会监管现状

随着政府逐渐放松交通运输领域经济监管的趋势，政府职能转向社会管理和公共服务，意味着政府应该加强交通运输产业社会监管力度。

自改革开放以来，我国交通部门实行了一系列改革措施，促进了交通运输业的持续、快速发展，取得了令人瞩目的成就。随着交通运输基础设施的不断改善和交通运输发展政策的实施，交通运输业整体水平已得到显著提高，但与此同时，交通安全、环境污染等问题也日益突出。交通安全事故不断增加，交通运输环境污染问题日益严重，交通运输社会监管问题日益突出。例如监管部门职能交叉、权责划分不清，中国目前的交通管理部门有交通运输部、铁道部，以及目前隶属于交通运输部的民航局等，负责交通安全管理的还有公安部。诸多部门共同管理虽然考虑到了根据交通运输各行业的特点进行差别管理的需要，但同时给交通运输整体规制的一致性和协调性带来了很多问题。再比如立法程序相当不规范，监管规则制定无序可循等诸多问题。

我国交通运输在经历了20余年的成功改革之后，基本上满足了国民的物质需求。我国交通运输已从原来以解决“走得了”的目标转向解决“走得好、走得快”上，未来的目标应该是在加强交通运输社会性监管力度，在运输安全、服务质量、减少环境污染等细节上下工夫。

二、加强交通运输安全监管

针对交通运输领域，加强社会性监管力度，首先就应加强其安全监管。如何在综合交通运输体系的建设和发展中，协调、有效地保障人身安全、财产安全和环境安全，必然是综合交通运输体系建设工作中的永恒主题。

（1）继续推进大部制改革，建立统一管理的监管模式。中国综合交通体系的建立要求一个强而有力的监管机构统筹各种运输方式的规划、管理和监督。国外的经验表明，交通运输业的科学发展需要通过合理的规划将不同的运输方式组成一个有机的整体，各种运输方式取长补短，才更有利于发挥交通运输业的整体效能。

（2）明确相关机构的责、权、利，解决交通安全监管中的职能交叉现象。目前中国交通安全监管中还存在着规制部门职责不清、职能交叉的情况。参考国外先进经验，监管方式应逐步转变为全国交通由交通部门负责统一管理。交通部门同时承担着交通安全管理的主要责任，而公安部门继续作为道路交通安全的执法主体行使相应职能。

（3）对涉及交通运输安全的法律、行政法规，从法律体系和法律关系上进行相应的调整。在综合交通运输体系下，以运输方式分类的法律体系框架应当进行分析、梳理、比较和进行必要的协调、整合，对目前已经施行的涉及交通运输的法律、行政法规进钓评估和分析，找出问题所在，并将问题进行梳理、归纳和分类，按照综合交通运输体系建设和发展的理念和要求，提出解决问题的意见，供今后修改相关法律、行政法规以及制定新的法律、行政法规时参考，从而为综合交通运输体系的建设和发展提供良好的法律保障。

（4）加强对交通运输各相关参与者的监管。运输活动的参与者主要可以分为两类：一是提供运输服务的企业；二是参与运输的个人，主要指驾驶员与行人。为了提高安全监管的效果，对运输活动的相关参与者的规制也是必不可少的。

三、加强交通运输环境监管

交通运输业的环境规制也面临同样问题，环境监管的力度、内容、手段等难以赶上交通运输业快速发展的需要，存在一些亟待解决的问题。当前在中国面临构建“资源节约型、环境友好型社会”的大背景下，对交通运输业的环境监管应给予更高度的关注。

第一，确保环境监管机构的独立性、权威性。

首先，要通过立法确立并提高环境监管机构的法律地位，赋予其合法性和稳定性，便于其独立行使职权。其次，通过立法赋予环境监管机构相应的执行权，提高其执法力度。最后，通过立法协调环境监管机构之间的关系，建立有效的部门间协调机制。由于环境问题具有复杂性，特别是交通运输业的环境问题涉及公路、铁路、水运等各个方面，牵涉多个部门，且具有跨地区流动的特性，因此，需要协调行业内各个环境管理部门之间的关系。通过立法规定各个环境管理部门的权限、职责范围，并促使职权向环境监管机构环保局集中，避免出现“监管重叠”和“监管真空”现象。

第二，在容易产生环境问题的领域加强和细化环境标准建设。

我国的环境立法原则性条款多，细化的、具有可操作性的条款少，在环境标准建设上表现尤为明显。环境标准在环境监管中具有重要作用，要加强和细化环境标准体系的建设。首先，提高标准的法律地位，使其真正成为具有强制约束力的法律规范。其次，标准的制定要通过合理性认证，由权威专家结合我国经济发展水平、行业状况、环境承载能力等对标准进行严格审核，确保标准的科学性、合理性。再其次，在环境标准的制定环节要特别关注一些容易产生环境问题的领域，以及缺乏标准支撑的领域。例如，在机动车等道路移动污染源治理方面推出一套合理、可行的标准，减少尾气排放污染。最后，在执行环节上，要建立起相应的制度保证标准得到有效执行，建立相应的监督审查制度，确保标准执行环节的公正、合法。

第三，在监管手段的选取上侧重于经济性手段。

目前，基于市场的经济性环境监管手段被越来越多的国家所应用，并取得了良好的效果。我国应结合自身交通运输业发展的实际情况和需要，在监管手段的选取上更多侧重于通过税费调节、市场产权交易等经济性手段进行调节，避免过多行政性手段的使用所带来的种种弊端，并通过行政立法确保经济性手段的使用具有长期稳定性。例如，对城市中心区域的车辆实行限行或采取高收费制度，以削弱交通拥挤对大气环境造成的不良影响；通过减免税收，对相关企业提供研发支持等手段，鼓励节能环保车的生产和使用。同时，要保证这些法律、规章、制度在较长一段时间内得以贯彻实施。

第四，通过加强引导，提高公众的环境参与意识。

首先，通过相关法律建设，赋予公众一定的监督权，使其能够参与到交通项目建设的前期规划、污染治理等监管过程中，对环境监管机构进行监督；同时，建立相应的援助机构来帮助公众行使其监督权。其次，通过宣传教育等方式，提高公众的环保意识。例如，提倡公众多乘坐公共交通工具，减少私家车的购买，以减少尾气排放对大气的污染。最后，鼓励非政府环保组织在环境保护领域发挥积极作用，通过立法及相应制度设计解决其在注册、资金筹集等方面的困难，保障其活动的顺利开展，帮助这些组织在环境保护中发挥自己的作用。

四、加强交通运输质量监管

相比社会性监管中的环境监管和安全监管这两项监管，质量监管无论是在国外还是在国内都处于发展相对滞后的状态，特别是对服务业的质量监管。

近年来，随着公路、民航等新兴运输方式的迅猛发展，各种运输方式之间的替代和演化不断深入，运输能力的发展虽然已经基本上满足国民经济发展的“量”的需求，但对其所提出的“质”的要求仍难以适应。可尝试从以下几个途径入手，改善中国交通运输服务质量监管，提高政府监管的效率。

第一，发展综合交通运输体系作为提高服务质量的物质基础。

交通运输服务是依托于网络、设施、运输工具等实体之上的一种服务，均衡合理、衔接畅通的交通运输网络是实现优质服务的物质基础。提高交通运输服务质量首先要发展和完善综合交通运输体系。具体表现为：一是构筑区域快速交通系统，加强区域内的紧密联系，如城际快速轨道交通；二是统一规划，建设综合交通运输枢纽，提高区域综合交通运输系统的效率。

第二，将科技进步作为提高服务质量的技术保障。

科技进步在交通运输中的表现：一是改进交通基础设施和交通运输工具，创造更加迅速快捷的交通运输条件。例如，高速公路、快速铁路、大型船舶、飞机的发明。二是改变交通运输的运营管理条件，进而提高管理效率。例如，运用先进的电子信息技术（包括传感器信息采集技术、信息传输技术、通信电视、广播、GPS 等技术）将人（包括驾驶者和管理者）、运输工具、运输线路有机地结合起来成为一个运行有序的智能化的系统，这样将极大地提高运输效率，保障运输安全性和可靠性，提高运输服务质量。

第三，完善制度，发挥交通运输服务人员的主观能动性。

服务人员是交通运输服务中最活跃的生产要素。在交通运输服务中充分调动服务人员的主观能动性是提高服务质量的关键一环。要让服务人员以高度的责任心、十足的工作热情投入到工作之中，前提是要在用工、薪酬、奖惩激励等制度设计方面做到科学、合理。以此来激发交通运输服务人员的主观能动性。毋庸讳言，中国的交通运输服务人员队伍建设目前还没有达到这样一种理想的状态，尚需不断地制度改革来推进和完善。

第二十五章

综合运输体制下的信息共享

政府在信息收集、信息整理分析及信息提供方面的职能，在我国被长期忽视。信息是重要的国家资产，而信息又分散在广大个人、企业、各类社会经济组织、各级政府部门手中，信息的收集处理与提供具有公共产品的性质，需要由政府提供，这是市场经济条件下政府应当提供的基础服务。优化资源配置首先要获得相关信息，首先要知道把资源配置到哪里才能更有效率。目前信息缺失、信息孤岛现象普遍，不利于政府各部门政策协调，不利于社会公众参与决策过程，弱化了政府的决策基础，降低了决策效率。提供全面准确的交通运输信息是政府制定政策、法规、规划、监管的基础，是不同政府部门协调规划、政策的前提，是政府引导市场的重要手段，是社会公众参与政府决策过程的必要条件，也是约束政府行为减少腐败的重要保证。

第一节　交通运输信息的作用

拥有全面准确的信息是企业和政府进行科学决策的前提，缺乏全面准确的信息将降低决策质量，降低资源配置效率。信息直接影响资源的配置效率。

一、信息在资源配置中的作用

资源是由人或经济组织来进行配置的，资源本身没有意识，资源不能自行进行配置，资源配置是人的经济活动。人要进行资源配置首先要获得相关信息，首先要知道把资源配置到哪里才能更优、更有效率。资源配置是一个动态过程，是时时刻刻进行的不间断过程，而不是每年进行一次初始配置就可以保持最优状态的。经济学教科书中的帕累托最优状态是不存在的。因为环境在不断地变化，人们的需求和供给也在不断变化，这就需要对资源配置不断地进行调整以适应变化。经济过程，或者说市场过程，是资源配置进行不间断调整的过程，或者说是对环境变化信息作出反应的过程。

经济环境变化可以分为三种类型。第一类是产业结构的变化，表现为新的产业出现和一些传统产业的衰落。这可能是由技术进步导致的，新技术、新产品的出现，要求更多的资源、资金配置到新的产业部门，而一些资源从传统产业部门转移出来。例如，铁路和汽车运输代替了传统的马车和运河运输，与此相伴随的是出现了铁路装备制造业和汽车工业，大量的资源配置到这些产业中。

第二类是现有市场上已有各种产品和服务因收入水平、季节因素、政府政策、交通运输条件等因素变化，导致的需求和供给变化。例如，气候变化导致的酷暑会增加空调的需求，出现用电高峰，增加对电煤的需求，还会导致铁路煤炭运输的紧张局面，需要对资源配置进行一系列调整。

第三类是经济运行过程中各种随机因素导致的变化，这种变化出现得更为频繁，需要随时对资源配置进行调整。例如，在生产领域，煤炭生产过程中采煤机械出现故障，铁路运输过程中因天气或货主原因导致的列车行车次序改变。这些因素会破坏连续的生产过程，需要企业对生产运输过程进行实时的监测控制，及时做出反应处理。又如，在消费领域存在大量随机因素导致的消费者行为变化，如消费者对某种保健食品或特效药品突发的购买热情。这要求企业随时注意市场的变化，并迅速采取应对措施。

人们应对上述这些变化的行为就是对资源配置的改进，这是一个连续动态的过程。而对这些变化作出反应，首先要了解有关变化的信息。准确把握第一类变化信息，并作出迅速反应的企业是那些具有创新精神的公司。准确把握第二类、第三类变化信息的企业能够抓住商业机会获得利润。不了解环境变化信息的企业注定在激烈的市场竞争中被淘汰。不了解变化的信息，就如同丧失视力的行人，必定会在陌生的城市迷失方向。获取相关信息是优化资源配置的前提条件。

二、信息的性质

信息是一种重要的经济资源，但是信息又具有与其他资源不同的一些性质，信息的这些性质决定了政府应当承担的信息服务职能。

（一）重要性

在进行资源配置的决策时，相关信息具有第一重要性。是否掌握相关信息决定了各种资源能否得到最优配置，即使是最宝贵、最稀缺的资源，也可能因为不掌握该资源的信息而不能发挥应有的作用。因而信息是比其他所有资源更宝贵、更稀缺的资源，信息决定了所有其他资源的使用价值，因而在决策时具有第一重要性。

孙子兵法说："知己知彼，百战不殆；不知彼而知己，一胜一负；不知彼，不知己，每战必殆。"这里讲的"知"就是掌握相关信息。孙子强调了解对方和自己信息的重要性，了解相关信息直接决定了战争的胜负。这不仅适用于军事同样适用于经济。

（二）时效性

信息具有很强的时效性，信息的价值会快速贬值，这是信息区别于其他资源的主要特性。资源配置是根据市场环境变化信息进行不间断调整的动态过程，资源配置的决策是依据反映当时情况的信息，陈旧过时的信息不能成为相关决策的依据，而只具有史料价值。

（三）分散性

与资源配置决策有关的信息都是关于具体时间、具体地点、具体行业的信息。这些信息从未以集中的形式存在，而是分散在不同的个人、企业、各级各类政府部门手中。例如，某些地区电力供应紧张的状况首先被电网和发电厂感觉到，用电负荷增加，而电厂出力已到临界状态；其次被煤炭运输企业感觉到，电煤运输的需求大幅度增加。这些电力需求信息和电煤运输需求的信息随后才能汇总到有关政府管理部门。仅了解电力需求和煤炭运输需求信息还是非常不够的，更重要的是供给方面的信息，这涉及电网企业的输送能力、电厂的发电能力，铁路的货运能力、公路的运输能力等信息，企业更清楚自己的生产能力是否已充分利用，扩大生产能力的最佳途径是什么，扩大生产能力需要多少投入，而这些信息都分散在不同的企业。

这些分散的信息不会自动进行传播，而信息的获取和收集是有成本的，有些信息的获取成本非常高。例如，有些信息涉及企业商业秘密，要有相应的保密条款和法律规定才能获取这些信息。

（四）难以交易性

相当多信息是难以交易的产品，很难通过市场交易对信息进行买卖。信息的卖方不能事前告诉买方信息产品的内容，因为买方能够记住信息的内容而不再付钱。另外，如果买方不知道信息的内容，就不愿意购买，因为这些信息可能是他们已经知道的没有购买价值的信息，可能是错误的信息，可能是不全面的调查结果。这是信息缺乏产权导致的信息质量标准问题。于是，信息的卖方不透露信息以便保护自己的利益，信息的买方也无法评估信息的价值。信息也不能像其他商品那样，首先由卖方提供一个样品给买方。信息是易于满足的产品，提供一点有价值的信息就会使买方满足，而不想购买。

（五）公共物品属性

信息还具有某些公共物品的属性。把信息提供给其他人并不会减少信息供给者对信息的使用，在这个意义上信息具有公共物品的性质。由于信息的分散性，信息的发现、收集、整理是有成本的，由于市场不能解决信息的交易、传播问题，政府应当承担起信息的收集、储存、分析和发布等职能，这是市场经济条件下政府应当提供的基本服务，是服务型政府的基本职责。

三、政府的信息服务职能

在市场经济条件下，政府提供基本的经济信息服务不仅是政府的基本职责，更重要的，提供经济信息是政府引导市场活动、引导企业和个人决策的重要工具。在计划经济环境中，资源配置由中央计划安排，企业和个人没有决策自主权，权力的高度集中同时要求信息高度集中，信息的流向是自下而上，企业只是按照政府计划进行生产活动的车间，政府作为资源配置的主体发出指令，提供信息服务的职能不是计划经济体制的内在要求。

但是在市场经济环境中，个人和企业是进行资源配置的主体，资源配置决策需要各种经济信息，而不仅仅是价格信息。这时，拥有全面、可信、准确的信息对各种经济主体做出合理的决策具有重要意义。在现实经济中完全信息是不可能的，不同的经济主体就是根据自己掌握的特定时间、特定地点的信息做决策，如果能够参考政府提供的更全面的信息，则有可能提高资源配置效率。

由于信息收集存在非常高的成本，且信息具有公共物品的性质，因此收集、分析、发布信息的职能需要由政府来承担。政府提供的信息服务至少有助于减少信息不完全、不准确的程度，有助于经济主体做出更合理的资源配置决策。这不仅是政府提供的公共服务，而且是政府引导市场的重要工具。例如，美国的机票价格是航空公司自主决定的，政府不能干预，但美国交通部航空管理局每个季度都要公布各航空公司的机票平均价格，以及乘客对各航空公司服务满意程度的评价，这种信息服务实际上提供了各航空公司进行比较竞争的平台，那些价格高于平均价格水平且服务满意程度差的航空公司的市场份额会受到影响，通过这种信息服务可以引导乘客和航空公司的市场行为。

第二节 我国交通运输信息的状况与问题

目前我国政府在提供信息服务方面的职能没有得到应有的注意，政府提供信息服务的职能没有明确的法律规定，各交通方式之间没有信息交流信息孤岛现象普遍，统计部门隶属于各个交通方式行政主管部门，统计工作组织不健全，提供的信息产品极为匮乏，信息提供方式单一。这不仅不利于通过信息提供引导市场活动，而且不利于各交通行政主管部门之间在规划、政策法规制定方面的相互协调。

一、缺少政府提供信息服务的法律规定

虽然我国在2007年公布了《中华人民共和国政府信息公开条例》，但该条例“所称政府信息，是指行政机关在履行职责过程中制作或者获取的，以一定形式记录、保存的信息”。政府信息主要是指政策法规信息和政府行使职能的信息，而不是政府收集的经济信息。另外，2010年4月29日修订通过的《中华人民共和国保守国家秘密法》又规定：“中央国家机关、省级机关及其授权的机关、单位可以确定绝密级、机密级和秘密级国家秘密。”在实际工作中，交通运输行业的主管政府部门都把本部门的一般统计信息定为“秘密”级。交通运输部、铁道部的统计资料汇编都作为政府部门的内部资料，对外保密。在铁道部与高等院校有隶属关系时期，每年的铁路统计资料汇编还对高校开放，作为研究资

料。在高校与铁道部脱离隶属关系后，原铁路高校都无法看到统计资料汇编，更不用说由铁道部提供信息服务了。交通运输部也存在同样的问题。

在实际工作中，由于缺乏明确的政府进行信息公开和信息服务的法律规定，还出现了过度保密的问题。按照政府信息公开条例的要求，大部分政府信息属于应当公开的范围，利用网络进行信息公开是现代社会发布信息的最重要途径，但目前一些规定妨碍政府实行信息公开，导致了对大量不应保密的政府信息实行保密，因噎废食，降低了信息在优化资源配置中的作用。交通运输信息不仅是交通运输业各主管部门的决策的基础，而且是协调各交通运输主管部门决策的重要工具，还是引导不同市场主体经济活动的重要手段，同时也是促使社会团体研究机构参与研究、实行民主决策的基本条件。我国需要制定相应的法律法规进一步推动交通运输领域及其他领域的信息公开。

二、投入不足，信息产品匮乏

目前在信息的收集、处理、分析上普遍存在重视不够，投入不足的问题。交通运输主管部门提供的统计信息主要依靠本行业企业上报数据，以及下一级行政机构提供的数据，很少通过抽样调查统计分析把握整体经济运行状况，更没有对统计信息进行深入的分析，公开发表相关的研究报告。

交通运输部的全国交通运输统计资料汇编一般仅分 7 个部分反映我国公路、水路交通运输业发展状况的信息，即公路运输、水路运输、城市客运、港口吞吐量、交通固定资产投资、劳动工资、交通运输科技。铁道部的全国铁路统计资料汇编仅统计铁路客货运输生产指标、铁路线路和运输设备数量、劳动工资、财务指标。交通运输部和铁道部提供的统计信息内容主要是部门内部生产经营状况的统计，这些统计信息的服务对象是本部门领导机关，只是具有情况汇报的功能。在统计信息中缺乏能够反映交通运输业与国民经济关系、反映交通运输服务状况的指标，缺乏反映交通运输业劳动生产率的指标，没有反映旅客出行服务状况和变化趋势的指标，没有反映影响全球竞争与运输有关的各种因素的指标，如主要合作伙伴的运输商品和服务的相对价格及变化趋势。

目前统计资料提供的信息内容不仅与服务型政府应当提供的服务相去甚远，而且不能满足交通运输业自身的需要。例如，我国交通运输结构不合理问题中最主要的问题之一是，公路承担了大量应当由铁路承担的煤炭运输和原材料运输，但主管部门对公路运输煤炭的状况都缺乏全面准确地把握，不能提供各省、市之间煤炭运量、运输距离，以及各种交通方式所占比例的基本信息，这直接影响了交通资源配置决策和交通规划的科学性。

三、信息"孤岛"现象普遍

交通运输部和铁道部各有自己的规划和统计部门，自成体系互不通气，职能部门之间缺乏信息交流。交通运输部2008年在全国范围内进行了新中国成立以来最大规模的公路水路运输量专项调查。交通运输部高度重视这次专项调查，并与国家统计局为专项调查联合下发文件，该专项调查领导小组的组长是交通运输部副部长，各省市专项调查领导小组的组长均由交通运输厅副厅长担任。为进行该专项调查，交通运输部进行了1年多的准备和培训。但该专项调查仅限于交通运输部管理的公路、水路，没有包括航空运输，更没有包括铁路运输，因而是不全面的。即便如此，该专项调查也提供了非常重要的信息。

根据抽样调查推算，2008年全国共完成跨省煤炭货运量接近20亿吨，其中公路完成的跨省运输煤炭量达6.4亿吨。从产煤大省山西、内蒙古和陕西的煤炭出省运输情况看，公路运输所占比重分别约为28%、40%和75%。数据显示，我国交通运输结构已经严重不合理，我国正在把宝贵的石油资源用于煤炭运输，需要采取有力措施迅速扭转。但这些数据只零散地出现在交通运输部2009年出版的《专项调查资料汇编》中，这些数据没有在网络上发布，因而大大限制了这些调查数据的广泛传播，更没有对调查资料进一步的分析报告和决策建议，因此在国家层面并没有引起高度重视。而铁道部和国家发改委对此都有一定认识但却没有数据支持，甚至根本就没有注意到交通运输部组织这次专项调查，更没有把这种认识体现在"十二五"规划的制定上，信息在资源配置中的重要作用在政府部门还没有得到充分重视。

四、各种运输方式运输量数据统计口径不一致

运输量（包括运量和周转量）是铁路、公路、水路、航空和管道五种运输方式作为衡量运输工作量的统计指标。在我们进行各省市交通规划和研究工作中，最基础的工作之一就是首先要搞清楚该地区的全社会客货运输量。由于目前交通统计的口径是从全国角度设计的，是从运输工具完成的全运输量的角度进行统计的，即各省市或地区客货运输量相加可以得出全国的总数，但是许多运输工具是跨区域流动和运营的，其承担运输量的范围与注册或统计的行政区域范围不完全相一致。同时，各省统计年鉴反映的基本上是各省市各种运输方式的客货发送量，并不包括到达量及通过量，因此对于一个省市或某一区域来说，统计上运输量与该区域交通基础设施承担的实际运输量不是同一个概念，也不是该区域全

社会实际的客货运输总量。而在进行交通规划、运输量预测以及交通基础设施承载强度和适应情况分析时，所需要的数据是该区域交通基础设施承担的全部运输量。

按照目前的统计方法统计出的各省市运输量，会对交通规划工作中的预测和交通项目决策造成很大影响。由于缺乏区域完整的数据，仅以统计的数据作为基础分析问题，往往造成预测数值与实际情况差别巨大。经常会出现以下问题：根据统计显示的少数几条具体线路的运输量相加就大于全部总量，无法为规划等提供可靠的依据，数据几乎成为摆设，路网整体规划缺少可靠的数据支撑；在具体到每一条线路要规划建设时，必须每次花费很大的经费进行相关范围的调查或典型调查，不仅工作量大、影响项目进度，而且造成许多不必要的浪费；各种运输方式统计的口径不一样，以统计数据计算的运输结构与网络承担的实际情况存在较大差别。有些省市区域内客货车总车公里数在不断快速增长，但统计显示的运输量基本不增长或仅少量增长，与实际运行情况极为不符合（如北京市公路货物运输），如果以此为依据进行项目规划和建设，将会导致基础设施供给能力严重不足和滞后。由于数据缺陷造成问题反映的失真，很容易造成决策失误。

五、各种运输方式运输量数据统计方法不一致

各种运输方式运输量数据的统计方法也不尽相同，准确率也不一样。铁路、民航、管道的运输量以及港口的吞吐量主要是依托报表制度获取数据，准确率较高，而公路和水运运输量数据是根据抽样调查进行推算得出，业内专家普遍认为与实际相差很大。

公路运输量的统计方法是抽样调查，但依据抽样调查数据的统计准确性值得怀疑，统计公布的公路运输量是通过对运输车辆进行抽样调查，并根据一定的计算公式乘以本省市注册车辆数推算而得。由于运输的车辆有营业性的、非营业性的，属于众多不同的企业和个人，因所属性质、经营方式、运输组织管理等不同，在运输市场供给大于需求的情况下，车辆完成的年运输量也有很大的不同。因此，抽样调查方法设计的科学与否，以及在计算过程中确定不同类型的权重，都会对最后的推算结果产生重大影响。

水路运输量的统计范围和抽样调查方法对准确性也影响较大。统计公布的水运运输量数据依据报表制度和抽样调查推算取得，对于大型运输企业采用报表制度，对于中小经营业户采用抽样调查方式取得基础数据，然后按一定的计算公式进行推算。水路与公路一样面临着样本数量规模、调查对象构成以及在计算过程

中确定不同类型的权重等问题，直接影响着推算结果的准确性。此外，执行报表制度的企业数量和覆盖范围也会影响到最终运输量的准确性。

第三节　综合交通体制下的信息产品与共享机制

提供信息服务是服务型政府的基本职能，在市场经济条件下政府提供信息服务不仅是政府各部门制定和协调政策的基础，而且是引导资源合理配置的重要手段。在综合交通管理体制下，提供信息服务应当成为交通运输主管部门主要职能之一。

一、交通运输信息产品

在综合交通管理体制下，政府应当提供的信息应当是综合的、全面的、服务社会公众的、及时的、准确的，并有分析研究报告。综合是指交通运输信息不应按目前的方式，由不同交通方式整理各自的统计资料汇编，各种交通方式的设施、运量情况要整合在一起，以便于比较分析。全面是指交通运输信息要全面反映交通运输业的现状及其与国民经济的关系，而不仅是各交通运输方式完成工作量和资产存量现状的汇总。可增加反映交通运输与经济增长关系的指标、交通运输与能源及环境关系的指标、交通运输业劳动生产率指标，通过抽样调查提供反映家庭出行行为的指标、市内通勤和城际旅行的支出及旅行时间的指标等。服务社会公众是指政府提供的交通运输信息要服务于全社会，满足社会不同群体对相关信息的需求。例如，交通运输业能源消耗信息和有害气体排放信息不仅对交通运输业本身，而且对其他政府部门和社会团体都有重要价值，家庭出行行为、旅行支出和旅行时间等指标对预测居民消费发展趋势和消费结构变化具有重要意义，但这些指标从来没有进入交通运输业主管部门的统计。及时是指要及时发布有关交通运输业的统计信息，不仅要及时发布年度信息，还要有季度信息报告。准确是指发布的信息应当是准确的。对信息统计要有统计标准、流程，统计部门要有独立性，上级主管部门不能干预统计部门的工作。统计部门不仅要提供统计信息，要有一定的研究力量或委托研究单位，也要提供分析报告，更好地发挥信息引导资源配置的作用。

根据国外的经验，具体来说，我国交通统计部门应该提供以下各方面的统计信息。

（1）运输部门的生产率。劳动生产率是最基本最普通的生产率度量办法，也是劳动产量与单位工作量的比率或者产出与雇员的数量及工作的时间的比率。劳动生产率可以度量我国国民经济的发展水平，运输部门的劳动生产率指标可以用来衡量运输部门的生产是否有效率。中国统计部门应该提供交通运输的劳动生产率数据，包括对各种运输方式的运输劳动生产率增长情况的对比，以及对各年度运输劳动生产率增长情况的对比。多因素生产率和劳动生产率这两个指标完全不同，劳动生产率把劳动的产出与投入联系在一起，而多因素生产率考虑的是产出的变化与一系列投入变化之间的联系，是一种更为全面的指标。提供铁路行业的运输多因素生产率数据时，可以采用收入部分对输入增长率的加权法来计算运输多因素生产率。

（2）交通流。交通流对于运输部门分析我国目前的交通状况是很重要的指标，交通流直接衡量了我国旅客和货物对于各种运输方式的需求量。乘客旅行量是通过估算每种运输方式每位乘客旅行的公里数来度量的。我国统计部门可以提供旅客周转量数据，如大型飞机和城间货车的旅客周转量由车票销售情况和旅行程度来估计，还有公路交通的旅客周转量，以及其他数据包括各种运输方式旅客周转量的比例、各年度各种运输方式旅客周转量的变化等。货物运输量是以吨公里来度量的，数据应该包括各年度国内各种运输方式的货运吨公里数的变化，以及国内运输吨公里所占的比例等。除了货运量和客运量外，我国统计相关部门还可以提供货运和客运的地理分布和运输方式的分布，包括卡车货流、铁路货流、国内水运货流等，以便预测交通拥堵区域并设法予以缓解。

（3）旅行时间。旅行时间是一项很重要的统计指标，它可以用来衡量我国各种交通运输方式的运输情况。我国交通统计局可以提供预定的城际旅行时间数据，包括航空运输、铁路运输、汽车运输城市对平均送达时间的变化。有研究表明，预定的乘行时间的改变程度随着旅行方式的不同而有所差异，但每种旅行方式中至少有一半的城际间直通服务的预定乘行时间有所延长。统计部门可以对城际互通的运营结果按照其运输频率加权，来定量分析运行时间在市场中的改变程度。导致运行时间的改变因素有很多，如换乘时间、铁路路线的改变、中途邮件快件包裹的处理等。需要说明的是，对于城间的航空，可以只统计直航。由于陆地上许多交通运输方式可以在中途城市停留，因此可以选择直通铁路或巴士，不管是否在中途站停留。如果火车或巴士无法实现直达，则采用单一的最快速的直通时间表作为基础来进行分析。随着城市规模的扩大，出行时间有恶化的趋势，统计部门可以提供各城市的出行时间指数。出行时间指数是指高峰出行时间与交通畅通出行时间的比值，表示高峰出行平均比畅通出行时间额外多出的时间。航空部门还可以提供我国航空运输准点状况，并分析飞机延误的原因。铁路客运公司可以提供火车准点状况以及铁路延误情况，并分析了铁路延误的原因。

（4）车辆重量。汽车重量是指空车重量加上平均汽车载荷。统计部门可以提供以重量划分的汽车数量，包括轻型汽车、中型汽车、次重型汽车和重型汽车。设计公路时要确定路的寿命是以期望交通量和载荷为基础的，由于交通量是由各种不同重量不同轴型的车辆组成，可以统计城市和农村公路上各种类型的车辆载荷所占的比例等数据，为规划部门提供测量车辆载荷的数据。此外还可以提供我国水运船只的平均运力数据，来分析我国商业船的运输能力，以及我国铁路货运情况、我国货车平均载货量以及有选择货物货车的平均载货量等数据。

（5）家庭出行行为。通过家庭出行行为可以看出我国旅客对于各种交通运输方式的需求情况，同时可以得出我国旅客更倾向于哪种交通运输方式。我国统计部门可以提供旅客日出行里程和旅客日出行次数等数据反映我国旅客日出行量，还可以提供按出行目的来划分的各种出行的平均里程和各种出行占总出行次数的百分比，以及按出行方式来划分的各种出行方式占出行总次数的比例和各种出行方式所占出行总人公里数的比例。此外还可以提供我国家庭拥有私家车的情况以及按家庭类型划分的无车家庭的比例。有研究表明城市居民家庭比农村居民家庭拥有车的可能性低，单人家庭比多人口家庭拥有车的可能性低，租房家庭比有房家庭拥有车的可能性低，收入低的家庭比收入高的家庭拥有车的可能性低等结论。

（6）市内通勤和区域城际旅行的支出。市内通勤和城际旅行支出反映了我国旅客愿意花在交通上的费用，从而可以得出我国交通运输状况和对交通运输的需求。我国交通统计部门可以通过消费者消费问卷调查的形式提供我国家庭平均交通费用数据，包括购车费用、其他车辆费用、汽油和其他油类费用以及其他交通费用数据。还可以提供车辆行驶每公里的平均费用，包括固定费用（如折旧费用、保险费用、税收、驾照费用）和不定费用（如油费、保养费、轮胎费用）。全国铁路客运公司可以提供全国铁路客运公司每人公里的平均收入，可以得出城际间乘火车的费用，还可以提供一级城际间公共汽车的平均票价，可以得出城际间乘客车出行的费用。相关协会可以提供财政年度每人公里的平均运输费用，以及各种运输车辆（包括公共汽车、重轨、市郊列车、轻轨）的平均运输费用。交通统计部门还可以根据商业部、人口普查部提供的数据，得出不同收入人群的通勤费用，包括我国各个收入水平组的年通勤费用占个人总收入的份额，以及各个收入水平组使用不同交通方式的通勤费用分别占个人总收入的份额。

为了解决特殊的折扣机票给统计乘机出行所付票价的变化带来的困难，美国运输统计局、劳动统计局开发了起讫点调查票价指数系统，该系统可以比较不同城市间机票价格的差异和国际航班的价格。运输统计局对每一季度乘客起讫点的调查为起讫点调查票价指数提供了数据，通过对乘客的调查，运输统计局收集了10%的航班线路作为抽样实例，每个实例的调查都包括机票价格、机场和航空运输公司及单一乘客或团体乘客飞行线路的详细情况。这里我国可以借鉴美国的经验。

（7）公共交通的可用性及可服务乘客数。交通统计部门可以提供不同交通工具（包括公共汽车、重轨、通勤列车、轻轨）的乘客－公里数数据，以及各种类型的公共交通（包括公共汽车、重轨、通勤列车、轻轨）的乘客人数。

（8）车辆和运输设施的维护频率。车辆和运输设施的维护频率可以反映我国各种交通运输方式的运行情况和各种运输设施的养护和维护状况。统计部门可以提供商用机动车修理情况，包括各年度路旁货车检测数量和各年度被检测车辆中停止使用进行修理的车辆数据。还可以提供公路的养护和维修情况，包括按养护类型划分的由政府资助进行的公路养护工程公里数，和各投资方用在公路养护方面的支出。相关协会还可以提供铁路基础设施和设备修理的情况，包括我国铁路系统铁轨安装与更换情况、枕木安装与更换情况和新的或改造的机车与货车情况。此外还可以提供运输车辆可靠性情况，包括各年度公共交通运输方式（包括公共汽车、轻轨、应召车、通勤轨道、重轨）的服务中断情况。由于自然灾难、意外事件、人工争端、恐怖活动、安全措施破坏和其他不可预见的事件都会导致运输服务的间接中断，统计部门还应该分析各种运输服务延误的原因所占的比例。

（9）事故。事故在交通运输中是一个重要的指标，用来衡量我国交通运输的基本情况、各种运输方式的安全性和可靠性。交通统计部门可以提供各种运输方式的事故伤亡率，各种车辆类型的事故伤亡率。相关部门可以联合提供因交通事故引起的死亡和潜在生命损失年数，因机动车辆和其他交通事故引起的潜在生命损失年数数据。还可以提供各种交通运输方式驾驶者的伤亡率，包括按年龄和性别划分的与车辆有关的轻伤害和严重伤害，以及按拥有车辆类型划分的与车辆有关的严重伤害的数据。此外还可以提供车辆碰撞造成的经济影响情况，包括由于车辆碰撞造成的经济损失的百分比（包括合法费用、工作场所费用、急救部门、市场生产率、财产损失赔偿金、医疗费用、旅行延误、家庭生产率、保险经营各占的比例）以及车辆碰撞的支付费用来源（包括政府、保险公司、个人）等。

（10）对人和环境造成的间接损失。各种交通运输方式都会对人和环境造成不同程度的间接损失，这个指标反映了各种交通运输方式对人和环境造成的负面影响。环保部门可以提供不同运输方式所产生的污染气体排放情况，不同运输方式的氮氧化物排放情况。这些主要气体的排放数据可以被广泛地用在运输对环境方面影响的分析中。环保局的统计部门可以按年提供我国温室气体排放资料，包括不同运输方式的二氧化碳排放量、不同车型的二氧化碳排放情况等。此外联合其他相关部门还可以提供危险性材料事故与伤害情况，包括不同运输方式的危险材料事故数量、不同运输方式的危险材料伤害数量。

（11）交通系统的状况。各相关部门可以联合提供运输资产的相关情况，包括各种方式的运输资产（包括公路和街道、消费车辆、内部运输资产、铁路运输资产、航空、卡车和仓库、管道、水运、运输服务、公共交通）。我国近些年的道路环境有所改善，统计部门可以提供城市和乡村的道路环境状况，包括城市和乡村地区环境较差的道路（按功能等级分为国家公路、收费路、次要干道、其他主要干道、其他高速公路）所占的百分比。还可以提供我国桥梁情况数据，包括整个公路网中结构缺陷性桥梁和功能缺陷桥梁的总体数量和所占百分比。运输工具的使用年限因运输方式和车辆类型而不同，因此统计部门需要提供公路和公共交通车辆的使用年限情况，包括轿车和卡车的平均使用年限，城市公共交通工具的平均使用年限，以及铁路车辆、飞机、海运船队的使用年限情况，包括我国铁路机车和车辆的平均使用年限，不同类型的船只的使用年限、我国商业飞机及主要航空公司飞机的平均使用年限等。

（12）影响全球竞争与运输有关的各种因素。商品贸易差额能间接度量我国在全球范围内运输商品方面的竞争，并通过和其他主要贸易伙伴在这些商品的生产、供应、运输方面的比较显示出我国的竞争地位。我国统计部门可以提供我国在运输商品方面的国际贸易情况，包括贸易总额、进口额、出口额以及我国运输的商品方面的贸易差额。此外还可以提供我国在运输服务方面的国际贸易情况，包括贸易总额、进口额、出口额以及我国在运输服务方面的贸易差额。

（13）运输与经济增长。统计部门可以提供我国运输方面最终需求的价值以及其在GDP中的比重，不同类型运输方式的最终需求的比重（包括个人消费、政府购买、国内私人投资的总数、净出口）。运输服务有两个主要的组成部分，即营运服务和内部运输服务。营运服务是公司为酬金提供的服务，内部运输服务是非运输公司为它们自己提供的服务。统计部门可以提供我国运输服务的相关状况，包括营运服务对我国GDP的增值及其在GDP中的比重，以及不同运输方式（包括货车运输和仓库费、空运、运输服务、公共交通、铁路运输、水运、管道运输）的营运增值的比重。

（14）政府在交通运输上的财政收支。政府运输财政包括政府运输税收、政府运输支出、政府运输投资。有关部门应该提供各级政府运输方面的税收，以及各种运输方式（包括公路运输、铁路运输、空运、水运、管道运输）在各级政府运输方面的税收，以及各级政府用自己的资金在各种交通运输方面的支出比重。政府运输投资总额包括基础设施和运输工具，统计部门可以提供政府投资运输基础设施和车辆的总额，以及政府投资各种运输方式的基础设施的总额。

（15）运输部门能源消耗。统计部门可以提供各运输部门能源使用情况，还可以提供有关运输能源价格的相关情况，包括运输燃油价格、机动车燃油价格与人均车公里比较、喷气机燃油价格与人均飞机公里比较。此外还可以提供运输能源效率的相关数据，包括乘客公里能源消耗和能源效率，货物吨公里能源消耗和能源效率。

二、交通运输信息共享机制

第一，需要进一步完善信息公开制度，应该采取禁令除外式的信息公开机制，规定好哪几类信息是不能公开的，其余信息则都可以公开，如有外国政府只规定九类信息是不能公开的。而我国目前采取的“穷举式”的信息公开机制势必会导致信息产品匮乏，从而无法很好地服务于政府和市场。此外，各部门下属的统计部门不应自己规定哪些信息不能公开，应该有相应合理的审批程序，保证信息公开制度能够顺利实施。

第二，鉴于我国目前存在严重的信息孤岛现象，如铁道部的统计中心隶属于铁道部，交通运输部的统计中心隶属于交通运输部，各部门之间的信息无法得到合理利用和有效共享，因此完善政府信息提供机制的任务刻不容缓，我们应该在大部门体制下建立一个综合各种交通运输方式的信息统计分析部门，作为为政府和市场提供信息的主体，提供有效、综合、全面的交通运输信息产品，使其更好地服务于政府和市场，解决各种交通运输方式之间的信息“孤岛”问题。

第三，在信息化时代，政府交通运输统计信息的方式应当多样化，除了传统的统计公报、年度报告之外，特别应该利用互联网的信息提供方式。互联网在政府信息公开中具有不同于其他媒体的特点：首先，互联网的信息受众多。据有关资料显示，截至2011年底，我国网民规模已突破5亿人，形成了一个庞大的群体。网民人数众多、覆盖面广、层次各异，通过互联网发布的政府信息将有比较广泛的受众，各政府机构、企业经营者、大学和研究机构、新闻媒体、一般公众都可以通过互联网来及时了解相关的政府信息，这是互联网在政府信息公开中发挥作用的基本特点之一。其次，互联网的互动效应强。与传统的报纸、广播、电视、新闻发布会等单向传播信息的媒体和介质相比，互联网的新闻、论坛、博客等服务栏目中，对于政府在互联网上公开的信息，企业经营者、研究机构、一般公众等都可以参与其中，针对政府提供的信息，发表自己的观点，提出一些意见和建议，政府方面则进行相应的反馈，并根据公众提出的意见及时进行修正，进行充分的讨论，互动性极强。最后，互联网的传播方便快捷。与广播、电视相比，互联网的传播速度是惊人的。政府把 1 个信息甚至 1 万个信息发布到全世界只要点一下鼠标。同时它也有数据记忆功能，使用者如企业的经营者、研究机构和一般公众都可以通过简便的搜索，便可在数据库中找到政府公开的相关信息。在网上查信息比到图书馆方便多了，快多了。与报纸、杂志相比，它不但具有传播速度快的优点，而且找寻信息更加方便。因此，在传播途径的方便快捷方面，互联网具有其他媒体无可比拟的优势。

第四，应该多鼓励社会性的信息服务机构，如国外交通运输行业，除政府外还有很多协会提供交通运输信息产品，协会不仅从行业搜集相关信息，同时也会利用政府公布的信息进行分析和研究，既为政府服务，也为行业服务。我国的交通运输信息共享机制的建立应该秉承基于为政府服务和更多地为市场服务的原则推进，而社会性的信息服务机构则进一步完善了交通运输信息的共享机制。

此外，我国存在不必要的过度保密，不利于资源的优化配置，实际上也对自己造成了损害。在这方面迫切需要立法，使信息提供和提供方式更加透明，从而使信息在资源配置中发挥应有的作用，增加整体经济的竞争力。

第二十六章

公益性运输的提供机制

第一节 公益性运输概述

公益性是相对经营性或私利性的一个概念。公益性是指出于公共整体利益的考虑，一个主体的行为（服务或产品）使公共集体获得利益，自身没有获得相应的完全补偿。公益性运输则是交通运输活动公益性的表现形式，也是综合交通运输体系中需要不断予以完善解决的重要问题。

一、公益性运输内涵界定

（一）公益性内涵的界定

有些学者将公共物品与公益性混淆了，因此有必要先把公共物品与公益性之间的关系作一下说明。公共物品是一种具有非竞争性和非排他性双重性质的物品，其判定条件更多的是客观标准；而公益性主要体现的外部性概念，是成本补偿问题，可以完全通过市场补偿成本和投资，就具有100%的营利性；必须通过政府补贴才能补偿成本和投资，就带有了公益性。公益性的多少或程度可以人为确定，不同政策指向会导致公益性水平的变化。例如，世界各地城市轨道交通的公益性程度表现就不同，北京市近年由于强调支持公共交通的政策，降低票价增加补贴，致使北京城市轨道交通的公益性程度明显左移（见图 26－1）。中国香港特区地铁成功实行“谨慎的商业原则”，成为全球范围内少数能够自负盈亏且回收投资的经营主体，但其仍需要政府给予土地开发政策，说明也不能做到百分之百的营利性。

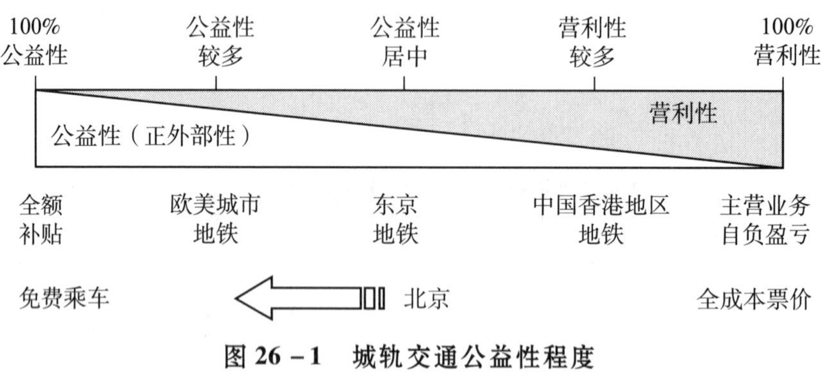

图 26－1　城轨交通公益性程度

（二）交通运输业的公益性属性

交通运输业是提供人或物空间位移的行业的统称，在现代经济和社会生活中是一种基础设施产业，同时具有很强的外部性，表现出全社会拥有、全社会使用的公益性。王庆云曾从以下两方面阐述过交通运输业的公益属性。

1. 交通运输业属于社会基础产业

交通运输业是国民经济的基础产业，其基础性表现在：工农业生产、人民生活、国防建设和社会生活对交通运输业具有普遍需求性。交通运输业是其他生产部门正常运转、协调发展的前提，是社会再生产得以延续的不可缺少的基本环节。世界银行在 1994 年《世界发展报告》中，把交通运输设施定义为经济基础设施，认为以道路、铁路、航道或各种客货运输枢纽为主题的基础设施与载运工具一起所构成的交通运输体系，是支撑一国经济、决定该国经济生活力水平的前提，是国家最主要的基础产业。交通运输业还具有军事战略性。交通运输基础设施在平时虽以民用为主，但同时也是军事力量部署与国防物资调配的重要依托，而一旦发生战争，则更是军力集结与军需补给的重要保障，因此交通基础设施是国防力量的重要组成部分，在军事上具有重要的战略意义。

2. 交通运输业具有显著外部性

交通运输业是具有显著外部性的部门。交通运输业的外部性既包括正外部性和负外部性。正外部性主要体现为交通基础设施的公共物品性质，包括消费增加和生活水平的提高拉动经济增长，优化产业结构，促进地区间商品和生产要素流动，节约运输时间和运输成本等。负的外部性主要包括交通运输带来的环境污染、交通拥挤和交通事故等。

根据交通运输业的公益性属性可以看出，交通运输业是基础性行业，与人们的日常生活息息相关；同时对国防及物资调配也发挥着重要的作用。因此，交通运输业的产品和服务具有公用性和公益性，其产品和服务为整个社会或某一区域的所有成员共同使用，故通常被赋予一些公益特性，去承担一定的社会公益义务。它对社会利益是长期的，所以交通运输企业不仅要讲究经济效益，而且要注重社会效益。

（三）公益性运输的定位

公用事业是指提供某种基本的公共服务并且受到政府管制的行业，从公用事业范围来看，包括电力、天然气等能源供给，电信、邮政等通信服务，各种交通服务以及城市的给排水等行业，也包括公共卫生事业。公用事业的普遍服务是指国家为了维护全体公民的基本权益，缩小贫富差距，通过制定法律和政策，使得全体公民无论收入高低，无论居住在本国的任何地方，包括农村地区、边远地区或其他高成本地区等，都能以普遍可以接受的价格，获得某种能够满足基本生活需求和发展的服务。由于交通行业提供的产品，客货位移服务的对象是全体公民，并且由公益性运输提供的服务一般都是以低于成本价格或者免费提供给广大居民，因此可以将交通服务中的公益性运输定位在公用事业的普遍服务范围内。

二、公益性运输的表现形式及效应

（一）公益性运输的表现形式

根据运输的目的及功能的不同，可以把公益性运输分为地区开发导向型、民族政策导向型、国防安全导向型、抢险救灾导向型、支持农业导向型、其他功能导向型等几种形式（见表 26－1）。

表 26－1　　公益性运输的表现形式

表现形式	功能或目的
地区开发导向型	可分为经济开发和资源开发两种类型，促进线路所经过地区土地、资源能源的开发，带动地区经济的发展，如京九线、青藏铁路、青藏公路、格拉输油管道等均体现了地区开发功能。
民族政策导向型	可以加强民族团结，带动西部地区经济的发展，如青藏铁路、川藏公路及新疆地区支线机场的建设，很好地体现了民族政策的功能。

续表

表现形式	功能或目的
国防安全导向型	为军需物资的运输提供保障，加强边疆地区与内地的联系，巩固国家边防，维护国家的整体利益，如青藏铁路、滇藏公路、拉萨等边远机场等均具有重要的国防战略意义。
抢险救灾导向型	为受伤人员的快速转移、救灾物资的及时送达提供保障，目的是最大限度地降低灾难造成的人员伤亡及经济损失，如玉树机场等发挥了重要的作用。
支持农业导向型	农村公路为农业生产及广大农民的权益提供了巨大保障，铁路承担的支农物资，如农药、化肥及大宗谷物等的运输也在一定程度上支持了农业的发展。
其他功能导向型	铁路承担学生、残疾人、军人等优惠运输，城市公交、地铁的优惠票价，公交专用道，免费使用自行车等都在不同层面体现了公益性运输的其他功能。

根据运输业内部分工与特点的不同，公益性运输可分为交通基础设施的公益性和交通运营的公益性。由于交通基础设施投资规模庞大，成本特性对网络经济要求高，资金周转期长甚至难以收回，因此私人部门一般较少涉及，需要由政府财政投资建设，这就导致基础设施建设具有很强的公益性。交通运营的公益性则是指交通运输企业根据政府要求，以低于经济成本的收费水平向社会提供相关交通运输服务，如公共客运交通系统的低票价、支农或救灾物资的低运费等。

根据受益主体的不同，公益性运输可以分为国家层面的公益性运输和地方层面的公益性运输。有些公益性运输体现了国家层面的公共利益，如国土开发、民族政策、学生优惠、抢险救灾及国防特殊物资运输、农村公路无偿使用等，这些运输活动理应由国家承担起相应的责任。有些公益性运输主要解决某一区域内的交通问题，如城市公交、地铁、轻轨、公共自行车的租赁、快速公交系统（BRT）的设置等，因此相应的公益性运输则主要应由地方政府来承担相应的责任。

（二）公益性运输的效应

公益性运输会带来以下效应：第一，公益性运输带动经济发展。经过贫困地区的交通基础设施对贫困地区的经济起飞起到基础性推动作用。铁路可促进沿线的经济发展和资源开发，是这些地区经济持续发展的重要保障；可促进与经济发达地区的资金、技术、人才及观念的交流和管理体制的变革，对沿线的经济发展有深远的影响。同时，贫困地区沿线国土及资源的开发，经济的发展，反过来也会促进发达地区消费市场的开拓，人才、资金和技术的输出，对发达地区经济的持续发展创造有利条件。第二，公益性运输推动城市化进程。城市是人口和各类经济活动大量聚集的地区，城市化过程是经济持续良性增长的推动力量，大都市与城市群在发展中必须通过提供优良的交通基础设施和服务，解决大量人口与经济活动聚集所带来的时空矛盾，满足城市化过程的效率要求。第三，公益性运输为突发事件的解决提供有力保障。为国防、军事等目的修建的铁路具有为解决突发事件而需要短期内提供大量人员和物资装备的运输能力，更具有重大政治意义。在历年的各类洪涝、地震等灾害的救助中，铁路、公路和航空运输均发挥了重要的作用。第四，公益性运输有助于社会和谐。不同社会人群的经济支付能力有差异，也体现在交通运输需求领域，而如果一些社会人群基本性的交通需要由于支付能力限制得不到满足，就可能转变成为社会问题。因此，采用公益性运输手段为普通民众提供相应交通运输服务，就成为各国政府的基本职责之一。

在我国，公益性运输问题已经开始受到重视，但仍然存在着以下一些问题：一是公益性运输作为政府责任尚未清楚确认，不少公益性运输仍是通过政企不分的体制加以处理。二是不少公益性运输的财政补贴缺少可靠的资金来源，随着补贴数量不断增加，将会带来财务不可持续问题。三是对公益性运输的补贴方式与效率缺少必要的研究，手段往往过于简单，耗费大，却难以起到激励性作用，致使公益性运输效率较低。四是公益性运输的处理或治理缺乏相应的法律法规，很多问题仅是通过行政公文或首长干预的方式加以解决，缺少规范性。

第二节　政府主导下的公益性运输

一、公益性运输中的政府责任

运输业的网络形态既是运输活动得以进行的基础和保证，同时也是运输活动本身的存在和表现形式，运输业网络形态的分层也为分析公益性运输的主体关系提供了基本框架。基于对公益性运输特点的认识，我们在一般运输业网络形态的基础上对公益性运输进行分析。

首先，从公益性运输所提供的物品属性的角度来看，运输的公益性越强，其营利性越弱，完全由市场机制提供私人物品的难度就越大，运输产品与服务便更多地依赖于政府主导的公共提供机制。政府掌握着社会公共资源，拥有分配社会资源的权威，有义务通过合理配置公共资源，承担起提供公益性运输的责任。作为公共机构，政府要明确公益性运输的本质与范围、权力与责任界限，定价与补贴等，并通过直接投资、财政补贴及税收减免等财政与税收政策在公益性运输中发挥主导作用。因此，在运输业网络形态分层中政府层面格外重要。在运输业网络形态的四个基本层级中，政府层面的分析，特别是政府在公益性运输中的权力、义务、责任成为研究的重点。

其次，尽管公益性运输欠缺盈利性，但仍具有商业营收性质。尽管政府要承担公益性运输的责任，居于主导地位并承担最终责任是绝对必要的，但随着对政府作用与界限认识的深化，已经有很多具有商业营收性质的原政府职能被交由相应的企业及其他类型组织承担。在政府主导的公益性运输中，运输企业在公益性运输中的地位、作用、权利、义务、责任如何，政府与企业在公益性运输发展中各自应该发挥什么作用，其作用范围的界限及相互关系如何等在这里成为不可回避的重要问题。公益性运输网络形态分层中，企业及组织层及其与政府层的相互关系必须得到特别关注。在政府与企业及组织层之间，如何才能构建起有效的委托—代理关系，形成公益性运输提供领域的有效激励约束机制是政府与企业及组织层间关系的核心。

最后，由于公益性运输的特点，其实际及潜在服务对象并不仅仅是市场机制下单纯的消费者。正如有学者指出：如果市民对公共服务和产品不满意的话，应该有权抱怨，不仅是作为消费者个体，而且是作为积极的政治人[①]。在公益性运输领域，实际及潜在服务对象甚至其他利益相关主体不仅可以基于普通消费者的契约权利，更可以基于公民享有的基本政治权利和社会权利，要求政府及政府授权的提供公益性运输的企业承担相应责任。在一般运输的网络形态分层中，实际及潜在服务对象并没有纳入到网络基本层级中，而是作为与网络形态发生关系的外部环境之一，从而仅重点关注其与经营层级发生的联系。但在公益性运输中，即使实际或潜在服务对象仍作为网络形态分层的外部环境发生作用，其作用也远远超越单纯消费者与经营层的联系，更多的是基于政治权利和社会权利参与政府层面及企业层面的互动，作为政府与市场外的第三种力量共同形成公益性运输的公共治理模式。

因此，在公益性运输分析中我们不仅应强调政府的主导地位、政府与企业的委托—代理关系，也需要关注公益性运输中服务对象及其他相关利益主体参与形成的以政府为主导的多主体间相互竞争、相互依赖的公共治理模式。

① ［德］魏伯乐等主编：《私有化的局限》，上海人民出版社 2006 年版。

二、公益性运输中的政企关系

要进行公益性运输中政企关系的探讨，有必要简单回顾在具有营收性质的公共物品提供领域政府作用的变化。从19世纪开始到20世纪中叶，政府开始承担范围日益扩大的公共提供义务，主要包括医疗卫生、基础教育等公共事业以及高速公路、机场、港口、电信和邮政服务、供水与蓄水、排污与灌溉系统等基础设施的提供与维护。第二次世界大战后，政府在公共服务提供领域进一步确立了主导地位。各国普遍呈现出政府在社会公平和重大经济决策中拥有核心权力，政府或公共部门相对于私人部门来说保持着主导地位。到了20世纪70年代末，世界上绝大多数政府都通过国有经济形式广泛承担起了提供具有营收性质的公共物品提供义务。但从20世纪70年代后，情况发生了一些变化，由于财政的限制以及对政府效率的关注，政府开始在具有营收性质的公共服务提供领域与私人部门进行各种形式的公私合作。公私合作的表现形式多样，但其核心在于政府进行公共服务提供领域的权力与责任转授。也就是说，随着对政府作用与界限认识的深化，政府财政压力的增大以及对政府效率的不满，越来越多具有营收性质的公共职能被交由私人部门完成。为了保持弹性且有效的控制，政府往往会通过立法或公契约授权将部分准政府职能剥离给特定企业，从而创设出公共服务提供领域的特殊企业。这一特殊企业往往具有公私部门的混合特征，以保持公共政策与商业运营之间的平衡。

公益性运输中，政府不仅是发展公益性运输的主导者，也是责任的最终承担者。换言之，政府应该完全保持对公益性运输的定义和监管。作为公权力主体，政府在公益性运输中作用最核心的问题在于政府如何承担其作为政治主体的公共责任与经济责任。这种复合性责任在英文中以“accountability”来表达。经济责任相对比较清晰，且有悠久的历史沿革，而公共责任的含义较为模糊。有学者将公共责任总结为三层含义：第一，在行为实施之前，公共责任是一种高度的职责感和义务感，行为主体在行使权力之前就明确行使权力所追求的公共目标；第二，在行为实施过程中，公共责任表现为主动述职或自觉接受监督，受外界评判机构的控制并向其汇报、解释、说明原因、反映情况、承担义务和提供账目；第三，在行为实施之后，公共责任是一种评判并对不当行为承担责任撤销或纠正错误的行为和决策，惩罚造成失误的决策者和错误行为的执行者，并对所造成的损失进行赔偿。

当政府通过立法或公契约将具有营收性质的公益性运输职能从纯粹的政府机构剥离，而授权相应企业承担时，为了使相关企业能够合法提供公益性运输产品，政府必须运用公权力对其授权，相关权利包括特许经营、垄断权利、信用保证、向投资者支付可预期的回报、破产例外、征用权、收费权、税收减免、直接补贴、信息披露及其他管制的豁免等。获得政府授权的企业构成从事公益性运输活动的特殊企业。特殊企业获得的权力虽然都直接体现为经济特权，但同时也是政治权力的延伸。更重要的是，这种政治权力的延伸在某些情况下甚至要求企业合法地以政治主体的身份行事，并基于政治身份承担对公众之责任，构成权力与责任的统一。这也是政府与特殊企业在公益性运输中所形成的委托代理关系的核心。尽管特殊企业并不是政府机构，但由于其可能在一定范围内行使公权力，公众即要求其承担相应的政治责任，体现在公众针对该类组织的行为方式类似于其对待政府的方式，公众对该类组织的要求也类似于针对政府的标准。比如，对该类组织信息公开、程序正当的要求，要求该类组织负责人以引咎辞职承担责任的方式等。权力与责任的统一是权力转授存在的前提。

因此，公益性运输领域政府对特殊企业的构建或选择是十分重要的问题。公益性运输在不同国家、不同地区、不同时期及不同运输方式上的表现形式是有差异性的。比如，各种运输方式中，铁路在公益性运输领域发挥的作用通常要大于航空运输；在偏远地区，公路道路运输具有相当程度的公益性，需要政府提供各种资源支持，而在大都市，城市轨道交通较城市道路交通具有更强的公益性。由于公益性运输的资源约束条件和财务可持续性方面的多样性和动态发展特征，很难一概而论去界定公益性运输中特殊企业的具体职能和作用。比如，如果只是需要由运输企业在既有铁路线路上以优惠价格甚至免费承担特殊群体（如军队、学生等）的运输，则特殊企业承担的任务只是相对单纯的运营服务、确保运输安全和提高运营效率。如果公益性运输涉及促进偏远地区发展的新线建设，则政府需要把该线路和沿途站点的规划、设计、投融资以及建设管理等职责移交给负责的企业，特殊企业的职能就必须由职能相对单纯的运营向前移。如果涉及运输网络规划、建设与运营的综合任务，如一个城市的轨道交通系统，特别是在城轨系统迅速扩张并成网阶段，城轨在城市交通体系中地位的确定、城轨网络的总体规划、建设标准和车型的选定、资源的整合与共享、换乘站点设计与建设的综合统筹、投融资管理、建设管理、系统调试、安全保障、运营效率、互联互通、甚至包括与其他交通方式的衔接等方方面面的工作量极其庞大复杂，协调难度也极大。政府要想完全依靠自身力量承担或指挥多个处于分散状态的专业化企业去完成，就非常困难了，因此亟须寻找或构建一个能够承担起整个行业领域综合性职能，且尽心尽责、高效有力的特殊企业主体作为政府的最主要代理人。因此，在具有营收性质的公益性运输领域，政府在构建或选择的特殊企业时，对特殊企业具体的权责转授程度与范围以及资源配置规模与方式会有所不同，但都要遵循权力与责任统一、职能与资源统一的基本原则。

三、公益性运输的治理模式

在那些特别信仰市场作用的人们看来，政府失灵是一种正常情况，而市场失灵是例外和偶然。每当发生政府失灵，他们便要求进一步发挥市场的作用，而不是限制它。而那些相信政府具有理性并体现公共利益的人们，则把市场失灵视为不可避免，而政府失灵即使不是反常，也只是偶然事件。政府通过立法或公契约构建特殊企业，并与特殊企业建立权力与责任统一为基础的委托—代理关系，体现了在公益性运输领域中政府与市场作用的界限与融合，是以政府加市场的方式解决问题。但是，随着重要且复杂的经济及社会新情况的出现，与之相伴随的各种问题并不能简单地借助自上而下的国家力量或凭借市场的无为而治来解决。即使是政府加市场的模式也并不一定能形成社会所需要的互补，政府与市场同时失灵甚至叠加双方的失灵效应，反而带来更严重的问题。因此，现在越来越多的人开始主张以政府—市场—社会共同发挥作用的公共治理机制来解决市场失灵与政府失灵，用更多公众参与和社会自治的方式来最大限度地降低犯错误的可能性。具体到公益性运输领域中，由于服务对象不仅基于消费者身份享有契约权利，更基于公民身份享有基本政治权利和社会权利，政府和市场关系的二元分析框架很难有效地反映这一权力和利益诉求，强调政府—市场—社会多主体参与的公共治理模式更显重要。

公共治理理论的要点在于：第一，公共治理包括出自政府但又不局限于政府的一套社会公共机构和行为者。治理理论的要点之一是强调政府并不一定是唯一的权力中心，要根据情况将部分公权力进行转授，包括将相当部分的准公共物品乃至相关决策由企业采取公私合作方式进行。第二，公共治理理论明确指出在为社会和经济问题寻求解答的过程中存在着界线和责任方面的模糊之处，人们在某些情况下会不清楚有关的事务到底由谁负责。因此，权力与责任的明确与统一至关重要。第三，治理理论明确肯定涉及集体行为的各个社会公共机构之间存在着权力依赖。所谓权力依赖指的是：（1）治理集体行动的组织必须依靠其他组织；（2）为求达到目的，各个组织必须交换资源、谈判共同的目标；（3）交换的结果不仅取决于各个参与者的资源，而且也取决于游戏规则以及进行交换的环境。作为一种互动过程的治理涉及种种形式的伙伴关系，尤其重要的是作为主导者与职能单位的关系，是指一方（主导者）授权或雇佣另一方或以承包方式使之承担某种任务所形成的关系。第四，公共治理理论认为，办好事情的能力并不在于政府直接下命令或运用其权威，而在于可以动用新的工具或技术来控制和指引。

治理理论中关于权力转授、责任转移、公共机构间的权力依赖以及政府作用的观点对公益性运输发展都有积极的借鉴意义。可以说，公益性运输网络形态分层中各层级之间的关系是以政府为主导的多主体间相互竞争、相互依赖的治理机制的具体体现。公益性运输服务的表现形式是多样的，既包括针对某些类别的旅客，提供其负担得起的价格的客运服务（如学生、军人和铁路职工）；以低于边际成本的运价提供农业物质（包括化肥和农药）和救灾物资运输服务；也可以为某些特殊目的（如促进偏远地区发展）新建和（或）运营不具备盈利能力的铁路、公路或新航线；甚至是规划、投资和运营特定的具有公益性的运输网络。公益性运输中，至少涉及以下几类主体：政府机构、运输企业、服务对象（特定旅客与托运人）、利益相关者（如农民、灾区、低收入家庭等）。第一类主体政府机构负有提供公益性运输的责任和义务，主要包括确定公益性运输范围，制定政策，确定对相应主体的授权方式、定价与补贴模式、有关技术规范与服务标准等。第二类运输企业主体。由于可能参与到不同类型和不同环节的公益性运输活动中，运输企业与政府的关系、其参与公益性运输的程度与角色都会有较大差异。企业有可能表现为商事公司的法律形态，也可能是具有公共机构特征的特殊法人。但无论如何，政府都要通过公契约对企业授权并界定责任与义务，甚至要通过立法构建有别于一般商事公司的企业主体，作为公益性运输中的特殊企业，从而使公共提供领域的委托—代理关系更权威。第三类主体是公益性运输的服务对象。这些消费者常被简化为一个集合体，但实际上其需求与偏好并不相同且具有动态性，其从公益性运输中获益的途径和程度并不相同，因此对公益性运输的利益诉求具有差异性。第四类主体为利益相关者。由于公益性运输需要政府财政补贴、政策支持甚至直接投资，需要投入大量公共资源，并可能造成环境（视觉、噪声）等方面的影响，除了直接服务对象之外，还有大量的利益相关者需要表达自身的利益诉求。这四类主体相互之间在公益性运输网络层级中形成了复杂的权力与责任、权利与义务、法律与契约关系，从而形成以政府主体与其他各主体间的权力与责任关系为核心的公共治理机制。

第三节　企业在公益性运输中的地位与作用

一、公益性运输中特殊企业的构建途径

在比较成熟的市场经济国家，政府往往通过立法创设与公契约授权两种方式

来构建公益性运输中的特殊企业。在立法创设模式下，政府通过单独立法设立特殊企业。单独立法决定了特殊企业治理的基本框架，其法律地位、设立目的、资金来源、运营规则、机构设置、权力分配等基本问题以及涉及特殊企业的重要变化都要通过立法形式予以确定，包括其法律地位的改变及其法律生命的终结。在立法创设模式下，特殊企业由单独立法被赋予垄断势力，享有衍生于政治权力的经济特权，同时承担类似于政府机构的政治责任，对立法机构及公众负责。立法创设的特殊企业往往依赖政府投入全部或大部分公共资源。而在公契约授权的模式下，政府往往是与特定企业签订相关公私合作契约，由特定企业按照政府设定的技术与服务标准参与公益性运输的投资、建设或运营，并按照契约规定取得财政补贴或其他优惠待遇。

一般来说，如果一个国家、地区或城市政府所面临的资源约束较少，可以大量投资建设公益性运输线路、道路及航线并提供运营补贴以维持公益性收费水平的运营，则政府多倾向于立法创设特殊企业并通过投入公共资源以实现公共政策与商业运营的平衡。如果政府所面临的资源约束较多，则政府更倾向于与私人部门合作，通过公私合作契约授予特定企业特许经营权等特殊权力并给予各种财税政策支持，以获取更多的市场资源。要指出的是，随着社会经济的发展和运输需求的变化，公益性运输的范围、方式也在动态发展的过程中。无论通过立法创设还是契约授权而产生，公益性运输中的特殊企业都在很大程度上分享了政府机构的权力，控制着公益性运输的建设与运营资源。如果在公益性运输的发展中政府不能有效构建起特殊企业，则很难在公共政策与商业运营之间实现平衡，并进而在公益性运输的发展中有效承担自身的责任。

二、立法构建公益性运输中的特殊企业

立法创设模式是指政府通过单独立法设立从事公益性运输的特殊企业。在立法创设模式下，特殊企业由单独立法被赋予垄断势力，享有衍生于政治权力的经济特权，同时承担类似于政府机构的政治责任，对立法机构及公众负责。通过立法创设的特殊企业不同于传统意义上的企业，而是公企业。

公企业是为达成特定公共目标，按照政治程序通过单独立法设立和运营的特殊企业形式。单独立法设立的公企业是集公共性和企业性于一身的特殊法人，其公共性体现在“所有的公共性——资本所有权全部或部分归政府所有；主体的公共性——这种所有权的最终主体是国民所有；目的的公共性——建立公企业的目的是提高国民的生活水平和社会福利；作用的公共性——公企业提供的商品和服务是用于为国民服务的；规制的公共性——公企业受到代表国民的国家权力机

构和主管行政机构及其所制定的法规、政策的规制”五个方面，而公企业的企业性主要是体现在经营自主性和企业内部效率性（大岛雄国，1969）①。在公企业中，国家不仅具有出资人身份，享有因投资而形成的产权，更通过公企业单独立法被赋予超越出资人的身份，通过行使公权使公企业成为政府干预经济的政策工具。

公企业是为达成特定公共目标而设立，公企业单独立法通常对国家与公企业的特殊关系予以明确规定以促进特定公共目标的实现。一方面，公企业得到国家公权的支持与强化，享有各种经济特权。这些经济特权包括垄断地位、信用担保、向投资者支付可预期的回报、破产例外、征用权、收费权、税收减免、直接补贴、信息披露的豁免等。另一方面，天下没有免费的午餐，同样为促进公共目标的达成，公企业单独立法往往对公企业所享有的私权进行更多限制。公企业在采购、预算、资产管理、产品定价、人力资源管理、提供商品和服务的范围都受到较为严苛的控制。如有些公企业预算管理要接受国家财政审计的审核、人员聘任解聘要比照公务员的规定执行、即使亏损也要按照政府定价或限价来提供公共产品、不能随意退出经营或进入破产清算以保证公共物品的持续提供，等等。由于每个特定公企业的权力、权利、义务及责任均由政府通过单独立法个别界定，政府可以在遵循政治程序的前提下，根据面临的政治经济形势、公企业所处行业及其设立时所承载的特定公共目标来确立特定公企业中政府与企业的关系。

可以说，在比较成熟的市场经济国家，公企业已经成为政府在具有营收性质的公共提供领域实现特定公共目标的组织性治理工具。尽管政府在公益性运输领域通过立法创设公企业是一种很好的政府与企业的关系形成路径，但这一过程面临着诸多资源约束。一方面，立法创设公企业，无论是公益性运输的前期建设还是后期运营，其大部分资源都依赖着政府的投入，这对政府来说是一个沉重的财政负担。所以在政府考虑是不是要通过立法创设公企业的时候，就需要结合自身的财政收入和预算约束。如果一个政府所面临的资源约束比较少，能够大量投资运输基础设施并且确保其在公益性收费水平上运营，政府应该是比较倾向立法创设公企业并通过投入公共资源来实现公共政策与商业运营的平衡。另一方面，是否能通过单独立法创设公企业也取决于一国或一个地区的立法资源和法制意识。比较成熟的市场经济国家，公企业的设立经过立法机构的批准，是以法律形式对政府经济职能的具体化作出的承认或调整，而不是政府的行政权力能够单独决定的。在我国，不断深化立法权与行政权关系的认识并加大立法资源投入，是以立法途径创设公企业从而构建公益性运输领域的特殊企业的前提。

① 转引自文明：《日本“公企业”理论一瞥》，载于《外国经济与管理》1998 年第 7 期，第 8 ~ 11 页。

三、通过公契约构建公益性运输中的特殊企业

从契约主体来看，公契约是指契约一方当事人为政府机构，另一方当事人为私人部门的契约。随着政府开始在具有营收性质的公共提供领域与私人部门进行各种形式的公私合作，公契约成为确定公私部门权力、责任及权利与义务的基本形式。在公益性运输领域，公契约是政府为了承担向社会提供公益性运输的责任而与私人部门签订的授权私人部门按照政府确定的标准、范围和条件向社会提供公益性运输服务的契约。公契约中要详细约定双方在特定公益性运输中的权力和责任，其核心要旨在于：政府机构通过公契约将提供公益性运输的具体职能交由私人部门完成，根据私人部门承担的具体职能赋予其收费权、垄断经营权、财政补贴、税收减免等一系列财税与政策支持，从而构建起权责统一的公益性运输企业；同时政府机构保持在公益性运输范围、服务标准和价格等方面的定义和监管，以确保承担起提供公益性运输的最终责任。

根据私人部门在公益性运输中承担具体职能和责任的不同，公益性运输领域的公契约的具体表现形式是多样的并可以根据情况进行合理变形，如服务协议、运营维护协议、租赁协议、特许经营协议、BOT（建设—运营—移交）及BOOT（建设—运营—拥有—移交）等。根据政府与企业权利义务的差异，我们可以将公益性运输领域的公契约大致分为几种不同的类型。有些公益性运输任务是由于特定事件引发或具有阶段性特点，且往往可以利用已有的营利性运输基础设施及设备来完成，如抢险救灾物资运输或季节性农资运输等。政府可以将此特定公益性运输任务交由一般性运输企业完成，并按照公益性运输任务的质和量给予相应经济补偿。在这种情况下，公契约只需要确定特定公益性运输任务的标准与范围及相应补偿。如果公益性运输任务的时空特点决定必须利用独立于营利性运输的基础设施或设备来完成，但该公益性运输的基础设施已建成或政府有资源投入相应基础设施的建设，公契约主要体现为运营维护协议或租赁协议等形式。在运营维护协议或租赁协议等形式的公契约中，由政府承担投资建设和运营公益性运输的财务风险，运输企业只依据其所提供的服务获得相应报酬，其主要目的在于通过引入私人部门提高公益性运输的运营效率和服务质量而不在于引入市场资源。如果公益性运输的时空特点需要单独的基础设施和设备而政府没有能力投资建设，需要将部分甚至全部投资和运营财务风险转移给私人部门，公契约主要体现为政府特许经营协议及有关变形，主要目的在于解决政府发展公益性运输面临的资源约束兼顾运营效率的提高。政府特许经营是指在某些社会公共提供领域，由政府根据有关法律、法规的规定，通过市场竞争机制选择公用事业投资者或者经

营者，并授权其在一定期限和范围内经营某种公用事业产品或者提供某项服务的制度。BOT 及 BOOT 等模式的核心就在于特许经营。

通过这种公契约模式构建公益性运输企业，政府机构在获取市场资源的同时可以从提供公益性运输的具体事务中解脱出来，成为真正意义上的外部监管者，从而更好地承担公益性运输的最终责任。但是，与单独立法创设公企业进行公共提供相比，政府机构通过与私人部门之间签订公契约来寻求公共提供的替代性解决方案较多地依赖于市场资源的投入。政府虽然仍处于主导地位，但在公共政策与商业运营的平衡中，面临更复杂的局面和更多样化的选择，必须在较强资源约束条件下与私人部门达成既获得市场力量响应又满足多主体公共治理模式诉求的权力与责任转授，这确实是一个挑战。同时，公契约作为契约的一种特殊形式，同样面临契约主体的有限理性，外部环境不确定性以及信息不对称与不完全性等问题，这进一步加大了缔结稳定公契约的难度。虽然存在着上述困难和挑战，但是从各国实践来看，通过公契约来加速公共提供领域的公私合作已经广泛应用，公益性运输领域也不例外。

第四节　公益性运输的提供与治理

一、公益性运输的提供与治理原则

欧盟 2004 年的一份白皮书中对公益性服务责任（public service obligations）有以下阐述：公益性服务必须遵从透明性、非歧视性、受核查等原则。为保证透明性原则，要成立有相的公共机构，该机构负有的责任包括：一是明确公益性服务的本质；二是明确该服务活动应承担的责任和涉及的领域；三是要承担服务的定价责任；四是明确任何与承担责任相关的权利的性质；五是明确补贴的金额以及任何要修订的条款；六是明确承担该责任的期限。非歧视原则即公益性服务活动的主体可以通过进行公开进行招标选择其承担主体。接受核查原则指为保证公众的合法权益要把措施标准化，以便于实施监管。公益性运输作为一种公益性服务，也需要遵从以上原则。我们要针对公益性运输的属性，结合国内外成功经验，坚持政府在其中的主导地位并明确其应该承担的责任，同时提高公益性运输的服务效率与公平性，要建立相应的法律法规和运行机制，并做到各项补贴政策和资金使用的公开性、透明性。

二、有效率公益性运输的机制构建

（一）基础设施分类建设

有必要对基础设施进行分类，引入竞争机制并进而提高基础设施的建设与运营效率。根据基础设施纯公益性、公益性较强营利性较弱、公益性较弱营利性较强、纯营利性四种不同属性（见表 26－2），可分别采取政府为主、政府与市场合作以及市场方式为主的建设模式。

表 26－2　　交通基础设施分类

属性	建设方式	举例
纯公益性	由国家出资建设	青藏铁路、农村公路等
公益性较强，营利性较弱	国家出资大部分，其余由市场融资	北京地铁、通勤铁路等
公益性较弱，营利性较强	可采用 PPP 模式出资建设或政府特许经营方式建设	港铁、高速公路
纯营利性	由私人部门出资建设	如一些铁路支线

（二）构建公契约和特许经营制度

要根据企业主体在公益性运输中承担具体职能和责任的不同，尽快完善服务协议、运营维护协议、租赁协议、特许经营协议等公契约制度，更好地解决我国的公益性运输问题。尤其是特许经营权授予的相关制度应该尽快建立。政府通过特许经营协议授予企业特许权，由企业投资、建设及运营政府监管的公共基础设施项目。企业在获得政府许可的经营权后，承担有关设施的修建、更新改造及经营责任。企业承担投融资任务并通过运营收费回收成本并赢得利润，并在特许合同期满后将设施交还政府有关部门。

（三）构建公益性运输中的特殊法人企业

西方市场经济国家普遍采用单独立法设立特殊法人企业从事公益性运输事业。例如，日本 1956 年通过法律并成立了日本道路公团作为国家干线收费高速道路的建设、管理经营者，其业务活动的基本原则，包括经营目标、经营范围等，都是通过立法确定的，在发展计划、资金预算、收费标准等方面须由国家批准和监督执行，公团的建设资金绝大部分来源于政府的投融资资金。在道路设施建设领域发挥重要作用之后，该公司于2005年实现民营化，拆分为东日本、中日本和西日本三个高速公路股份有限公司，公团原有资产和债务由与新公司及新设立的独立行政法人“日本高速公路保有·债务偿还机构”继承。20世纪70年代，为应对铁路客运严重亏损和私营铁路放弃服务的局面，美国、加拿大两国分别成立特殊法人公企业——美国全国铁路客运公司（Amtrak）和加拿大铁路客运公司（VIA），接管了各自的长途铁路客运业务并一直延续至今。美国旧金山金门大桥从1937年建成，大桥管理公团依靠过桥费收入到1977年全部还清工程贷款本息后，经选民和地方议会批准继续收费，并将公团职能从负责大桥的养护、安全扩展到相关公交服务及轮渡的运营。公企业制度应该引起我们的重视和借鉴。

（四）构建有效的补贴机制

政府财政补贴对于公益性运输是必不可少的，但需要构建起有效的公益性运输补贴机制。在完善激励性补贴机制方面，可将公益性运输补贴分为对生产者的总额补贴、对生产者的要素补贴、对消费者的总额补贴和对消费者的要素补贴等多种类型，根据各类补贴形式在不同运输市场结构下的优缺点与适用条件加以采用，尽量提高补贴效率。在选择公益性运输经营者方面，可以引入竞争机制，并把竞争延伸到“为市场而竞争”，尽量降低补贴水平。也可以采用外部效益内部化的办法，把诸如城轨交通促使沿线土地升值通过允许投资经营方将交通与土地联合开发的方式，减少其对政府财政补贴的依赖。日本铁路和中国香港地铁在这方面的经验也很值得借鉴。

（五）成立公益性运输服务基金

可考虑成立普遍服务基金作为公益性运输的相应资金保障。中国邮政已拟向快递企业征收普遍服务基金，电信业也有类似向电信运营商征收普遍服务基金的意向，这对于处理公益性运输问题有所借鉴。可考虑在一定条件下把铁路建设基金转为铁路公益性运输服务基金的来源，进而解决铁路承担的公益性运输，公路方面也可考虑将车购税或燃油税的一部分作为公路普遍服务基金。公益性运输服务基金成立后，应对基金的收支采用公开透明原则，以便于社会的监督与监管。

（六）完善相应的法律法规体系

为保障公益性运输的有效供给，必须完善相关的法律法规体系。为保障公企业的成立和正常运转，应构建特殊法人法等类似法律，如日本有《日本道路公团法》，美国有《铁路客运法》；对公共交通行业的补贴，需要在相关法律明确补贴对象及补贴金额等，进而保障补贴资金的公开透明，便于广大公众监督；对于市场上赋予特许经营的企业，也要有相关的特许经营法对市场准入的标准、企业的准入标准等都应做出明确规定。

（七）提高公众的参与度

目前我国运输政策的制定与执行一般作为服务对象的公众甚少参与，而公益性运输是服务于广大公众的，因此在制定规划、定价等策略时，要尽可能考虑到公众的意见，鼓励其参与政策的制定与执行。美国旧金山金门大桥从大桥的施工、运营、定价以及是否继续收费等政策的制定过程中，都有广大选民的普遍参与、质询与监督，效果也很好。为改善我国的公益性运输，也应该提高公众的参与度。

三、在交通运输领域引入民间资本

从国际背景来看，自20世纪70年代以来，西方国家开始对政府提供基础设施的必要性、可行性、效率性进行反思，认为需要重构政府和市场界面，实现从建设型政府向监管型政府、从管理型政府向服务型政府的转变，把基础设施政府供给和政府生产区分开来，构建特殊经营制度，充分发挥民间投融资机制，更好地发挥市场机制在基础设施供给中的主导作用，也更好地发挥了社会公众在基础设施供给中的社会参与作用。西方世界自此出现了大规模的民营化现象，英国、美国、法国、德国、日本等国家和地区，在交通等基础设施领域引入社会资本，不仅满足了社会经济发展对基础设施日益增长的需要，而且也大大提升了经济效率。相关民营化趋势持续至今，而且逐步向世界上其他国家（地区）扩展。

交通基础设施最基本的特征是为社会提供公共服务，提供交通基础设施是政府的重要经济职能。但是，单纯依靠政府投资，交通基础设施供给往往不能满足社会经济快速发展的需要。随着特许经营制度的出现和公共事业管理方式的转变，政府以外的社会资本越来越多地进入到交通基础建设领域。构建特许经营制度，吸纳社会资本，引入市场竞争机制，提高运输资源配置效率，是西方发达资本国家的普遍经验。

我国自改革开放以来，民营经济从进入国民经济非核心的竞争性领域开始，开始逐步进入国有企业的固有领域，包括稀缺资源、金融服务、交通基础设施等领域。数据显示，目前我国国经济增量的70%～80%来自民营经济，民营企业纳税占我国税收总额近60%，个别地方超过90%。但在国内基础设施投资上，民间资本还在观望，一些已经进入公路和铁路领域的投资者，在投资收益不明朗的情况下，甚至开始萌生退意。

2005 年，国务院发布《关于鼓励支持和引导个体私营等非公有制经济发展的若干意见》（即“旧 36 条”）。规定“允许非公有资本进入垄断行业和领域。加快垄断行业改革，在电力、电信、铁路、民航、石油等行业和领域，进一步引入市场竞争机制。对其中的自然垄断业务，积极推进投资主体多元化，非公有资本可以参股等方式进入；对其他业务，非公有资本可以独资、合资、合作、项目融资等方式进入”。但由于种种原因，该意见并未落实到位。

2010 年，为进一步鼓励社会资本进入基础设施和社会公用事业等领域，弥补“旧 36 条”的不足，国务院再次发布了《国务院关于鼓励和引导民间投资健康发展的若干意见》（即“新 36 条”）。规定“鼓励民间资本参与交通运输建设。鼓励民间资本以独资、控股、参股等方式投资建设公路、水运、港口码头、民用机场、通用航空设施等项目。抓紧研究制订铁路体制改革方案，引入市场竞争，推进投资主体多元化，鼓励民间资本参与铁路干线、铁路支线、铁路轮渡以及站场设施的建设，允许民间资本参股建设煤运通道、客运专线、城际轨道交通等项目。探索建立铁路产业投资基金，积极支持铁路企业加快股改上市，拓宽民间资本进入铁路建设领域的渠道和途径”。与“旧 36 条”相比，“新 36 条”进一步放宽了民间资本进入交通基础设施领域的方式和条件，各交通主管部门也分别制定了实施细则，希望为民间资本进入交通领域奠定更具有操作性的制度规范。

交通领域对于民间投资事实上仍旧存在着“玻璃门”和“弹簧门”的现象，需要认真采取措施，在以下几方面满足民间资本参与交通建设的基本要求和条件。第一，通过顶层设计机制为民间资本发展提供一个长期、稳定和可预期的政策环境；第二，抑制国家资本，特别是政府资本的盈利性冲动，保障民间资本享有充分的发展空间和基本经济权力；第三，政府必须承担公益性运输的政治责任和财政责任，保证民间资本的合理预期回报，增加民间资本投资诱因；第四，深化土地市场、金融市场改革，为民间资本创造公平的市场环境；第五，完善司法体系，为民间资本提供充分的法律救济。

第二十七章

结 束 语

一、本书的学术成果

在研究方法方面，本书成果注重研究范式的提升、研究视角的创新及经济时空解读的基础性和深入性。我们强调综合交通运输的研究范式已经从最早的工程学与技术科学主导，经过一般经济学与管理学主导，正在向以经济时空分析、公共管理和系统论等学科主导转变。笔者认为原来的研究范式或者过于偏重预测模型、工程手段和政府干预视角，或者虽然能够重视增加以市场手段进行需求管理并解决外部性等问题，但仍缺少经济时空视角的思考，且无法应对政府与市场双重失效问题。而本书提出的新范式则从交通与社会经济协调关系出发并注重制度建设，强调衔接性、一体化、准时性和枢纽作用等是综合交通运输的核心问题，在政策方面张主市场—政府—社会三者共同的合作模式。强调从本质属性和属性范畴的偶对角度、从综合交通运输形成的原因、从阶段转换以及从政策含义的多重角度去深入解释综合交通运输及其体系的概念。

时空关系和时空结构是社会经济研究不可忽视的重要内容，但有关学科过去对时间的研究大多脱离空间基础，对空间的研究也忽视时间因素，缺少统一的经济时空观和分析方法。本书试图把经济时空的整体作为观察对象，特别强调时间视角的切入，并把交通—物流时间价值作为经济时空分析的核心影响变量，突破了过去在时空间分析结合部上的弱点。作者分别提出避免损失视角的时间价值、时间距离与位移链条、等距离曲线、时间及其价值的非匀质性以及满足时空关系要求的企业基本功能等分析思路，既形成了新的经济时空分析框架，也更深入地解读了交通运输与社会经济时空结构的关系。

关于综合交通运输及其体系的认知，本书成果形成了一系列创新性解释，认为：(1) 从本质属性上来看，综合交通运输是交通运输系统内各组成部分之间，以及交通运输系统与其外部环境之间形成一体化协调发展的状态。(2) 从形成原因和阶段转换上来看，综合运输是运输业伴随社会经济发展到一定阶段以后随内在要求改变而发生的变化，是由于工业化、城市化和运输化三个进程共同作用，同时受到全球化推动与信息化支持，并在社会目标及资源环境约束条件下，运输业通过市场、政府、社会三者协调关系所形成的一种阶段性发展形态，以满足社会经济中生产方式、生活方式时空关系及时空结构转变与改善的要求。(3) 从运输业内部结构来看，综合运输是将本来互为独立的几种运输方式，通过相关操作对各自内在优势特性进行组合，协调运作形成衔接流畅、目的明确的高效运输体系。(4) 从经济时空关系来看，综合交通运输体系必须更多考虑资源在节约时间与合理利用时空上的配置效率，并与物流业、旅游业等一起满足社会经济在时空结构改善方面的要求。(5) 从政策含义上看，综合运输是运输业发展出现重大阶段性转换所提出的要求，是贯彻科学发展观和转变经济增长方式在交通运输领域最重要的体现。

本书成果强调要在深入进行运输业网络形态变化分析的基础上，再提出对综合交通运输体系进行建构的思路。认为运输业网络形态是指运输业网络在一定技术和社会经济条件下的表现形式，除了实体物理形态的网络和传输对象及其载体在网络中运行的规则，运输业网络中还包括相关经营主体的组织结构，以及发挥着重要影响的政府政策与管理体制。综合交通运输是社会经济在工业化和城市化较高级阶段对运输业提出、而运输业通过相关网络形态改善所能够提供的 JIT 服务状态。为了能够提供高水平的 JIT 服务，运输业网络形态的相关层次内部和各个层次之间都必须做出调整。我们分别针对运输通道、综合枢纽、多式联运、运输组织、标准化、现代物流及旅游业与综合交通的关系、交通运输公平性、交通与土地联合开发，以及综合交通运输体制机制、运输政策、交通规划、安全与市场监管、信息共享、公益性服务等重要机制提出了构建思路。

工业化、城市化与运输化三者共同进程的表现，就是经济社会的生产方式、生活方式及运输网络形态的转变过程，而其结合全球化、信息化、资源环境及以人为本所共同在运输体系和时空形态方面所提出的要求，就是综合交通运输。从运输业网络形态的时空表现来看，除了一直强调的基础设施层、运营及服务层、企业及组织层和政策及体制层四个层面所分别对应的实体形态、功能形态、组织形态和体制形态以外，本书还讨论了包括由运输业衍生出或整合进的物流业和旅游业的整个体系，以及通过网络的运行速率与节奏体现出来的运动形态。

项目研究始终强调在深化认知的基础上对综合交通运输体系进行建构，因此保证了最终成果的相对系统性和完整性，不但认知层面视界广达深入，而且在现实体系建构层面也尽可能落到实处并具有可操作性。我们希望本书成果可作为学术界、运输业界、决策机构及公众对综合交通运输体系形成理性共识的部分重要基础，有效地促进社会各界共同加快推进建设我国综合交通运输体系。实际上，关于经济发展的运输化过程有一定阶段性，综合运输是运输业伴随社会经济发展到一定阶段以后所提出的内在要求，我国综合运输体制机制改革时机已经十分紧迫并应该尽早实施的建议，就是项目团队最早提出，本课题立项后又在 2008 年“两会”决定组建交通运输部之前发表多篇文章呼吁过的。我们高兴地看到，项目有关成果已越来越多地得到各级主管部门、业界和学术同行的认可与高度评价，被国内外学术界频繁引用，有些则已开始在政策制定和企业经营管理中得到应用，影响力日益扩大。

二、需要继续深入研究的问题

综合运输是运输业发展出现重大阶段性转换所提出的现实要求，必须改变传统的运输发展观念和运输业发展政策，其中包括需要反思过去一向以片面增加供给为主导的传统交通发展模式与政策研究。过去那些“只要是交通建设就都对经济发展有利”和“基础设施建设不存在重复建设问题”的认识、规划建设主要专注线路设施和单一方式发展，以及重视建设但忽视养护维修等倾向，已经明显越来越不符合目前我国经济发展的实际情况与要求。理论和实践都已经告诉我们，综合交通运输是贯彻科学发展观和转变经济增长方式在交通运输领域最重要的体现。

传统交通运输发展模式存在着抢占资源和严重浪费的弊端，不同交通方式一旦有条件，例如原来由于能力严重不足抑制社会需求和经济发展的状况得以解脱，就很快会以急速自我膨胀但却脱离社会需求为显著特点表现出来。运输业超理性过度投资的倾向除了自身大量负债导致财务上的不可维持性，也将使社会经济为此付出巨大代价，并极可能对社会经济的良性发展形成损害。我国运输业发展中表现出来的新情况和新问题已在强烈呼唤相关的体制、政策及研究方法进行及时调整。

强调社会需求的分析与管理以及运输业发展的约束条件，就要更加关注交通运输体系的功能，关注其中的衔接性和一体化问题，关注交通运输资源的特性与优化配置要求，关注相关资源环境的可持续利用，而不能再去单纯追求运输设施设备在数量、规模与技术标准上的不断提升。从这个角度来看，在有效衔接这样的意义上讨论综合交通运输问题，比只一味地想要人为安排好运输方式之间的合理比例，或是把所有与交通运输有关的东西都放进综合交通的概念里去更有价值。强调有效衔接意义上综合交通运输的原因，是希望在认识理念和政策落实上都能够切实抓住综合交通运输的核心内容，避免既难以从理论上说清到底什么是综合交通，在现实政策中也难以真正落实的局面。

综合交通运输是趋势性的东西，是社会经济的内在要求，各种运输方式都必须调整自己以便去适应这种趋势，否则就会被边缘化甚至被淘汰。从这个意义上来说，综合交通运输对所有的运输方式、所有的运输企业，对机场、车站以及每一个城市都提出了挑战。但综合交通运输首先提出的最大挑战，是各级政府特别是中央政府面对现代交通运输的政策与行政能力的挑战，它们有责任及时表现出应对重大阶段性转换所要求的体制与机制调整能力。

综合交通运输首先是一种社会经济需求，在体制机制正常的状态下，各类主体通过政策及市场的导向应该能够构建起相应的综合交通运输体系，并实现有效供给。反之，如果有效的综合交通运输供给未能达成，则一定是体系构建所需要的体制机制存在着障碍。因此，综合交通运输的实现，首先和最重要的就是通过政府体制机制的改革，去除实现综合交通运输体系的主要障碍。体制机制无法适应的后果包括：巨大资源浪费甚至破坏、环境恶化、堵塞状况加剧、运输效率低下、供应链管理缺失、产业转型困难、社会矛盾激化、枢纽建设失去改正机会或大幅度增加难度、巨额债务风险激增。特别是中心城市的枢纽体系、城轨网络、重要道路走廊包括绕城环线等核心基础设施与城市或城市群的空间形态、功能区分布、土地联合开发等的统筹考虑，一旦错失快速城市化与交通大规模建设有机结合的唯一机会，必将付出极其巨大的后期代价。

所有交通运输主体在阶段转换中都需要进行调整与转型，但如果政府特别是中央政府不率先调整与转型好自己，就会大大延缓其他主体的调整与转型，因为缺少必要的方向性引导，必要的规则建立不起来，也难以获得必要的行政能力。市场与政府关系的处理，在交通运输领域比在其他领域表现得更加必要，任何发达市场经济国家都保持着政府对交通运输的干预，但现代交通运输对政府所要求的是高水平、高效率、负责任和精细化的管理，特别是必须处理好政府、市场和社会三者之间的关系。

关于“综合体制改革是否已到必要的时机”的问题，不同的研究思路会给出不同的回答。就交通谈交通的研究思路一般会告诉我们方式分立体制更有利于各种运输方式发展，综合体制应该在各种方式都得到充足发展之后再实行，目前发展仍是首要问题，因此综合体制并非应该马上实行的。但如果从综合运输是工业化、城市化和运输化三个进程共同作用的结果，同时从必须满足全球化进程和资源环境约束条件要求的视角来看，综合体制就已经是非常紧迫的事情了。因为工业化、全球化要求的是多式联运基础上的准时制供应链管理，传统分方式独立发展无法满足要求；大都市化和城市群要求的是高效率的综合城市交通，特别是城市轨道交通，以及 TOD 土地联合开发并引导城市形态，传统体制却要在大家都买了小轿车以后再去审批城轨；运输化阶段性要求运输建设从主要关注线路转向共用通道和综合枢纽，而传统体制却无法适应新的要求；资源环境约束要求转变运输业发展模式，传统体制机制却是典型抢占资源、浪费资源、破坏环境的模式。

在长期忽视运输业发展并造成运输滞后的局面以后，我国自 20 世纪 90 年代后期起出现了一个运输业的“跨越式”发展，并得以使运输设施与运输量的规模迅速进入发展中期阶段，而发展所对应的运输问题也相应地从早期问题转变为具有更多的复杂性。但由于运输管理体制与机制未能及时转换，交通运输领域的矛盾和问题也变得越来越突出。因此，我们目前所处的状况就是必须尽快从不重视制度建设的路径转变到重视解决体制机制的路径上来，通过改革尽快“逃离”问题区，否则社会经济将为此付出过大的代价。

综合交通运输是相对复杂的事务，而推进综合交通运输的核心问题，实际上是使政府的体制、机制以及政策、行政能力能够满足现代交通运输体系所要求的水平。事实也已经告诉我们，实现综合交通运输最大的阻力其实就来自政府。一个例子是 2008 年 3 月“两会”决定实施大部制，成立综合性的交通运输部，但最应该合并进去的铁道部竟在最后一刻能够置身事外，继续保持其政企合一的不合理体制，而合并到交通运输部中的民航主管机构则也借机离心离德，这些使得该次大部制改革的效果大打折扣，也严重地延迟了我国综合交通运输体系的推进进程。各种运输方式部门分立的体制弊端已经暴露无遗，显然已经大大干扰了在交通运输领域贯彻科学发展观和转变经济增长方式的部署，但要想改变这种状况即便在今天仍需要付出极大的能力。推进综合交通运输的难度就摆在那里，需要继续深入研究相关问题的要求也就是必然的了。让人充满信心的是，有本书及与本项目相关的其他成果和各种研究基础，我们已经做好了必要的准备。

三、关于运输经济学作用的思考

从项目研究过程和成果的形成过程中，我们深切感受到运输经济学科发展的重要性。运输问题的重要性和复杂性使得运输业成为一个能够应用几乎所有经济学基本理论与方法的极好领域，也是严格检验与完善这些基本理论与方法的极好场所。从古典经济学开始运输问题就一直受到关注，那些与运输有关的经济学现象往往总能够启发或诱导经济学代表人物提出重要的经济学思想或理论，或者成为解释重要思想或理论的著名案例，运输领域是从事经济学研究的一块“宝地”。但运输经济学在很长一段时间里似乎与主流经济学没有很好地融合在一起。其原因在于：一方面运输经济问题确实有很强的行业特点，运输经济学家在建立该领域的学科体系或进行经济分析时似乎更像行业技术专家，较少使用通用的经济学方法和语言，而一般经济学家也难以在短时期内从总体上把握住整个运输经济学的脉络，因此学科之间的沟通比较困难。另一方面，过去一般经济学是以新古典理论作为基本框架，但这种分析框架需要一系列非常严格的假设前提，例如完全竞争、交易成本为零、信息完全对称等，相比一般工商业，这些假设在交通运输领域更加不适用，因此经济学一直没有为运输经济学提供一个适当的分析框架和基础以建立起自己合理的理论体系。可喜的是这两种情况都已经出现显著变化，运输经济学家开始比较自觉和熟练地运用经济学的通用分析方法，特别是经济学微观领域的几乎所有最新进展也都为运输经济研究提供了相对比较理想的理论工具。

在运输经济研究中我们认识到，一般经济学的最新前沿和发展不能随意直接平移或套用，因为每一个领域都存在适用经济学一般原理的技术约束和体制约束，交通运输业也不例外。尽管经济学提供了很好的分析手段，然而需要分析的对象在这里是以实体网络作为基础的运输业，网络特性使得交通运输业的经济分析与一般工商业有很大不同。即使是已经十分成熟的一些经济学分析方法，也已经证明必须在网络特性这一特定坐标系中重新考虑其针对性和适用性。而通过认识运输业的特殊性去检验和发展已有的一般经济学理论，这对经济学本身的进步也具有重要意义。

自改革开放以来，我国运输业的发展与改革都取得了重大成就，运输经济学的学科体系也发生了根本性变化。以作为国家级重点学科并以运输经济研究为主要特色的北京交通大学产业经济学科为例，学科研究重点从20世纪80年代改革开放初期的主要从微观视角分析行业内的运价、成本、计划、统计、财务等行业经营管理问题，逐渐扩大到90年代更多从宏观及历史角度探讨运输业发展与国民经济的关系问题，2000年前后又发展到更自觉地使用经济学最新成果，研究包括运输经济活动中的各种资源、组织、契约与产权结构等问题，再到目前开始自觉重建学科研究范式，并深入探究经济时空关系。按照简单的说法是，运输经济学的研究重点从最早单纯关注运输中的经济问题，发展到研究经济中的运输问题，再进一步发展到研究运输中的经济学问题，如今又开始关注经济学中的运输问题。学科研究范围也从原来只分别关注单个运输方式转变到研究综合运输体系，又进一步拓展到物流、旅游及其他相关经济时空领域。学科团队围绕运输业发展与体制改革中的重大课题，以及学科本身发展中的重大理论问题深入研究探索，在运输经济学科体系的重构、综合交通体制改革、交通规划理论与方法、运输与物流企业组织、运输市场结构、运输业投融资体制等方面取得了重要进展。运输经济学正在成为应用现代经济学理论和方法，对市场经济中的各种运输活动进行综合性和系统化解释的重要研究领域，形成了能够及时甚至超前开展有关政策研究和提出政策建议的成熟学科。

运输经济学正在经历一个阶段性的重要转变。这种阶段性转变的重要性，不仅由于运输经济学在国家、区域与城市社会经济活动中的重要性越来越明显，不仅在于该学科具备了把从社会经济实践中发现的重大政策问题和从学术理论探讨中提炼的基本科学问题进行有机结合的能力，也不仅在于该学科开始自觉重视哲学及系统论等认识科学的指导，更是由于我们正面临着学科范式重建的重要任务。运输经济学必须完成自身基础理论框架的构建，使对网络性供求关系和资源时空属性的关注成为其有别于其他经济学科的主要特点。有必要说明的是，我们恰恰是在项目研究期间进一步完善了运输经济学的两个基础性分析框架，即产品—资源—网络经济分析框架和运输业网络形态的分层分析框架，借此探讨如何建立区别于其他行业基本技术经济特征的经济学坐标系和如何刻画并解释具有网络形态的研究对象，并进一步提出深入研究学科领域基本科学问题的意义与方法。我们以经济学的视角、研究方法、解释构架和政策基准，提供了一个系统性和实用性很强的运输经济学研究套路，绝大多数运输经济问题都可以归结到其中进行分析。

研究团队还特别主张从发现和定义问题出发，通过对关键命题的论证，经过严格的逻辑与历史推演得到正确的解释性结论和政策建议。在本项目研究中，团队紧扣“什么是综合交通运输”、“为什么会有综合交通运输”以及“如何实现综合交通运输”三个核心问题展开研究。在难以一下子就弄清该“如何做”的时候，就及时回到“是什么”和“为什么”的基本问题上去。在构建综合运输体制机制方面则进一步深化提出“综合体制改革是否已经到了十分必要的时机”、“综合体制到底应该综合什么”、“建立综合体制首要追求的目标是什么”以及“综合体制改革最大的阻力在哪里”等问题。针对这些问题所进行的深入研究促使我们找寻最合理及最可信的解释和解决方案。本书成果的研究过程使我们相信运输经济学在更加合理的学科范式引导下，将会更好地发现和解释更多深层次的科学问题，也能为现实运输业的发展与改革提供更多理论准备和支持。

交通运输发展方向从片面增加供给向关注需求与约束条件转变，意味着以工程和技术为主导的交通政策研究也需要进行重大调整。我们主张重视经济学和其他人文社会科学在交通运输政策制定与研究中的作用，力图对长期以来主导着运输领域研究的其他工程性、技术性更强的学科方法提供必要的补充，并修正一些已经出现的偏差。在教育部的哲学社会科学研究重大课题攻关项目中设立“中国综合交通运输体系研究”课题，以及本项目陆续形成的诸多成果都说明，以经济学为代表的人文社会科学应该而且能够在交通运输研究中发挥重要作用。当然，政策研究中原有主导学科的改变或调整是一个缓慢的过程，经济学等学科在交通运输研究中更多发挥作用的进程，取决于这些学科所能表现出的参与能力、解释能力和影响能力。还必须说明，我们在项目研究中学习、借鉴或整合了经济学其他领域以及系统科学、地理学、公共管理学等其他学科的很多优秀成果。我们乐于看到各种人文社会科学在交通运输规划与政策研究中地位的提升，当然也深知其中的难度，并愿意继续做出不懈努力。

各章参考文献

第一章参考文献

[1] 张德孝:《船舶概论》,化学工业出版社 2010 年版。

[2] 吴芳:《铁路运输设备》,中国铁道出版社 2007 年版。

[3] 雷·惠特福德著,唐长红等译:《民用客机发展演变》,航空工业出版社 2010 年版。

[4] 杨茅甄主编:《集装箱运输实务》(第二版),高等教育出版社 2007 年版。

[5] 黄志刚、荣朝和:《国外城市大型客运交通枢纽的发展趋势与原因》,载于《交通运输系统工程与信息》2007 年第 2 期。

[6] European Logistics Association etc: Study on Freight Integrators—The 2003 Final Report.

[7] 梁晓杰、尚文豪:《美国的交通行政管理体制》,载于《综合运输》2008 年第 9 期。

[8] 王先进、杨雪英:《国外交通行政管理体制》,人民交通出版社 2008 年版。

[9] 王晓芳、欧国立:《运输政策变迁的阶段与类型分析》,载于《综合运输》2006 年第 7 期。

[10] 荣朝和:《关于我国尽快实行综合运输管理体制的思考》,载于《中国软科学》2005 年第 2 期。

[11] 荣朝和:《德国柏林中央车站的建设理念与启示》,载于《综合运输》2007 年第 3 期。

[12] 邱丽丽、顾保南:《国外典型综合交通枢纽布局设计实例剖析》,载于《城市轨道交通》2006 年第 3 期。

[13] 秦灿灿、徐循初:《法兰克福机场的空铁联运》,载于《交通与运输》2005 年第 12 期。

［14］林漫亚：《荷兰的综合交通运输》，载于《改革与开放》2010 年第 8 期。

［15］赵坚：《城市交通具有塑造城市形态的功能》，载于《城市问题》2008 年第 5 期。

第二章参考文献

［1］Athanasios Ziliaskopoulos，Whitney Wardell：An intermodal optimum path algorithm for multimodal networks with dynamic arc travel times and switching delays，*European Journal of Operational Research*，2002. 125：pp. 486 –502.

［2］Frank Southworth，Bruce E. Peterson：Intermodal and international freight network modeling，*Transportation Research Part C*，2000. 8：pp. 147 –166.

［3］Maurizio Bielli，Azedine Boulmakoul，Hicham Mouncif：Object modeling and path computation for multimodal travel systems，*European Journal of Operational Research*，2006. 175：pp. 1705 –1730.

［4］Ekki D. Kreutzberger：Distance and time in intermodal goods transport networks in Europe：A generic approach，*Transportation Research Part A*，2000. 42：pp. 973 –993.

［5］Manish Verma，Vedat Verter：A lead-time based approach for planning rail-truck intermodal transportation of dangerous goods，*European Journal of Operational Research*，2010. 202：pp. 696 –706.

［6］Pierre Arnold，Dominique Peeters，Isabelle Thomas：Modelling a rail/road intermodal transportation system，*Transportation Research Part E*，2004. 40：pp. 255 –270.

［7］Siriklјpanichkul Ackchai，Van Dam Koen H，Ferreira Luis，Lukszo Zofia：Optimizing the Location of Intermodal Freight Hubs：An Overview of the Agent Based Modelling Approach，*JOURNAL OF TRANSPORTATION SYSTEMS ENGINEERING AND INFORMATION TECHNOLOGY*，2007. 7（4）：pp. 71 –81.

［8］Yasanur Kayikci：A conceptual model for intermodal freight logistics centre location decisions，*Procedia Social and Behavioral Sciences*，2010. 2：pp. 6297 –6311.

［9］Rafay Ishfaq，Charles R. Sox：Intermodal logistics：The interplay of financial，operational and service issues，*Transportation Research Part E*，2010. 46：pp. 926 –949.

［10］Rafay Ishfaq，Charles R. Sox：Hub location-allocation in intermodal logistic networks, *European Journal of Operational Research*, 2011. 210: pp. 213 –230.

[11] Jean-Claude Thill, Hyunwoo Lim: Intermodal containerized shipping in foreign trade and regional accessibility advantages, *Journal of Transport Geography*, 2010. 18: pp. 530 –547.

[12] Y. M. Bontekoning, C. Macharis, J. J. Trip: Is a new applied transportation research field emerging? —A review of intermodal rail-truck freight transport literature, Transportation Research Part A, 2004. 38: pp. 1 –34.

[13] Eugene Durr, G. A. Giannopoulos: SITS: a system for uniform intermodal freight transport information exchange, *International Journal of Transport Management*, 2003. 1: pp. 175 –186.

[14] Jan-Willem Grotenhuis, Bart W. Wiegmans, Piet Rietveld: The desired quality of integrated multimodal travel information in public transport: Customer needs for time and effort savings, *Transport Policy*, 2007. 14: pp. 27 –38.

[15] Caspar G. Chorus, Eric J. E. Molin, Theo A. Arentze, Serge P. Hoogendoorn, Harry J. P. Timmermans, Bert Van Wee: Validation of a multimodal travel simulator with travel information provision, *Transportation Research Part C*, 2007. 15: pp. 191 –207.

[16] Mariagrazia Dotoli, Maria P. Fanti, Agostino M. Mangini, GabriellaStecco, Walter U kovich: The impact of ICT on intermodal transportation systems: A modelling approach by Petri nets, *Control Engineering Practice*, 2010. 18: pp. 893 –903.

[17] Alejandro Escudero, Raluca Raicu, Jesús Munuzuri, María del Carmen Delgado: Dynamic optimisation of urban intermodal freight transport with random transit times, flexible tasks and time windows, *Procedia Social and Behavioral Sciences*, 2010. 2: pp. 6109 –6117.

[18] Alejandro Escudero, Jesús Munuzuri, Carlos Arango, Luis Onieva: A satellite navigation system to improve the management of intermodal drayage, *Advanced Engineering Informatics*, 2011. 2.

[19] Andrea E. Rizzoli, Nicoletta Fornara, Luca Maria Gambardella: A simulation tool for combined rail/road transport in intermodal terminals, *Mathematics and Computers in Simulation*, 2002. 59: pp. 57 –71.

[20] Paul Corry, Erhan Kozan: An assignment model for dynamic load planning of intermodal trains, *Computers & Operations Research*, 2006. 33: pp. 1 –17.

[21] Robert B. Noland: Transport Planning and Environmental Assessment: Implications of Induced Travel Effects, *International Journal of Sustainable Transporta-*

tion, 2007. 1: pp. 1 –28.

[22] Moshe Givoni, David Banister: Airline and railway integration, *Transport Policy*, 2006. 13: pp. 386 –397.

[23] Caroline Rodier: EQUITY ANALYSIS OF LAND USE AND TRANSPORT PLANS USING AN INTEGRATED SPATIAL MODEL, MTI Report 09 –08, 2010.

[24] Athena Roumboutsos, Seraphim Kapros: A game theory approach to urban public transport integration policy, *Transport Policy*, 2008. 15: pp. 209 –215.

[25] Tomasz Zaborowski: Model of Integrated Transport and Land Use Policy Objectives-Comparison of Hannover and Bristol Regions' Policies, *International Journal of Human and Social Sciences*, 2006. 1: pp. 160 –166.

[26] W. -J. Van Schijndel, J. Dinwoodie: Congestion and multimodal transport: a survey of cargo transport operators in the Netherlands, *Transport Policy*, 2000. 7: pp. 231 –241.

[27] Constantinos Abacoumkin, Athanasios Ballis: Development of an expert system for the evaluation of conventional and innovative technologies in the intermodal transport area, *European Journal of Operational Research*, 2004. 152: pp. 410 –419.

[28] Milan Janic: Modelling the full costs of an intermodal and road freight transport network, *Transportation Research Part D*, 2007. 12: pp. 33 –44.

[29] Milan Janic: An assessment of the performance of the European long intermodal freight trains (LIFTS), *Transportation Research Part A*, 2008. 42: pp. 1326 –1339.

[30] Nam Seok Kim, Bert Van Wee: The relative importance of factors that influence the break-even distance of intermodal freight transport systems, Journal of Transport Geography (2011), doi: 10. 1016/j. jtrangeo. 2010. 11. 001.

[31] David Bayliss: Integrated Transport and the Development Process, 1998: pp. 38 –51.

[32] Guido Gentile, Natale Papola, Luca Persia: Advanced pricing and rationing policies for large scale multimodal networks, *Transportation Research Part A*, 2005. 39: pp. 612 –631.

[33] Dimitrios Tsamboulas, Huub Vrenken, Anna-Maria Lekka: Assessment of a transport policy potential for intermodal mode shift on a European scale, *Transportation Research Part A*, 2007. 41: pp. 715 –733.

[34] Fsun Ülengin, Suleönsel, Y. –Ilker Topcu, Emel Aktas, özgÜrKabak: An integrated transportation decision support system for transportation policy decisions:

The case of Turkey, *Transportation Research Part A*, 2007. 41: pp. 80 – 97.

[35] Illia Racunica, Laura Wynter: Optimal location of intermodal freight hubs, *Transportation Research Part B*, 2005. 39: pp. 453 – 477.

[36] Chun-Hsiung Liao, Po-Hsing Tseng, Chin-Shan Lu: Comparing carbon dioxide emissions of trucking and intermodal container transport in Taiwan, *Transportation Research Part D*, 2009. 14: pp. 493 – 496.

[37] Cathy Macharis, Ellen Van Hoeck, Ethem Pekin, Tom van Lier: A decision analysis framework for intermodal transport: Comparing fuel price increases and the internalisation of external costs, *Transportation Research Part A*, 2010. 44: pp. 550 – 561.

[38] Milan Janic: Assessing some social and environmental effects of transforming an airport into a real multimodal transport node, *Transportation Research Part D*, 2011. 16: pp. 137 – 149.

[39] Angela Hull: Integrated transport planning in the UK: From concept to reality, *Journal of Transport Geography*, 2005. 13: pp. 318 – 328.

[40] Anthony D. May, Charlotte Kelly, Simon Shepherd: The principles of integration in urban transport strategies, *Transport Policy*, 2006. 13: pp. 319 – 327.

[41] 王德荣:《逐步调整运输结构，建立综合运输体系》，载于《中国科技论坛》1986 年第 2 期。

[42] 杨洪年:《发展我国的综合运输体系》，载于《技术经济》1991 年第 2 期。

[43] 高家驹、杨洪年:《综合运输概论》，中国铁道出版社 1993 年版。

[44] 宋瑞:《现代化综合交通体系浅谈》，载于《前线》2007 年第 12 期，第 63 ~ 64 页。

[45] 贺竹磬、孙林岩:《联合运输研究综述》，载于《长安大学学报》（社会科学版）2006 年第 8 卷第 4 期。

[46] 杨远舟、毛保华等:《我国现代综合交通运输体系框架分析》，载于《物流技术》2010 年第 7 期。

[47] 罗仁坚:《关于综合运输体系及相关词汇的辨析》，载于《综合运输》2010 年第 9 期。

[48] 李宏:《对我国综合交通体系发展的思考》，载于《综合运输》2005 年第 3 期。

[49] 石钦文、徐利民、胡思继:《可持续发展综合交通运输系统规划理论研究》，载于《综合运输》2006 年第 6 期。

[50] 陆化普：《基于 TOD 的城市综合交通规划及其研究课题》，载于《中国科学基金》2005 年第 4 期。

[51] 马强：《对综合交通规划的几点思考》，载于《宏观经济管理》2006 年第 1 期。

[52] 张康敏、刘晓青：《综合运输需求预测方法的概述》，载于《综合运输》2006 年第 4 期。

[53] 吴才锐、过秀成等：《国外综合交通需求理论经验借鉴》，载于《道路交通与安全》2009 年第 9 卷第 2 期。

[54] 王庆云：《进一步发展和完善综合运输体系》，载于《综合运输》2002 年第 9 期。

[55] 毛保华：《2009 年中国综合交通体系发展趋势研究》，载于《交通运输系统工程与信息》2010 年第 10 卷第 2 期。

[56] 张国伍：《论交通运输系统规划、协调与发展》，载于《交通运输系统工程与信息》2005 年第 5 卷第 1 期。

[57] 傅志寰：《我国综合交通运输体系发展战略的探讨》，中国工程院第 32 场工程科技论坛——中国综合交通运输发展战略，2004 年。

[58] 张国强：《中国交通运输发展理论研究综述》，载于《交通运输系统工程与信息》2007 年第 7 卷第 4 期。

[59] 王庆云：综合交通网规划中的系统工程思想及实践，《交通运输系统工程与信息》2008 年第 8 卷第 1 期。

[60] 曾明华、李夏苗：《多层次多模式综合交通网络设计研究》，载于《交通运输系统工程与信息》2010 年第 10 卷第 2 期。

[61] 吴群琪、孙启鹏：《综合运输规划理论的基点》，载于《交通运输工程学报》2006 年第 6 卷第 3 期。

[62] 江波、陈森发：《综合交通运输体系中子系统间协调分析》，载于《综合运输》2007 年第 6 期。

[63] 伍旭、胡思继等：《交通运输与经济协调发展评价的研究》，载于《北京交通大学学报》（社会科学版）2005 年第 4 卷第 2 期。

[64] 刘旷：《基于 DEA 的综合交通运输方式协调发展评价》，载于《生产力研究》2007 年第 20 期。

[65] 熊崇俊、宁宣熙：《我国综合交通与社会经济协调发展的评价》，载于《决策参考》2007 年第 2 期。

[66] 游鹏飞、牟瑞芳：《综合交通运输体系安全评价模型的建立》，载于《铁道运输与经济》2009 年第 31 卷第 10 期。

[67] 盖宇仙、颉栋栋等:《混合型 TOPSIS 法在城市综合交通枢纽换乘评价中的应用》,载于《铁道运输与经济》2010 年第 32 卷第 6 期。

[68] 戚静:《组合评价法在综合交通枢纽客运站布局评价中的应用》,载于《铁道运输与经济》2010 年第 32 卷第 8 期。

[69] 陈汝龙:《综合运输系统工程》,山东科学技术出版社 1989 年版。

[70] 荣朝和:《企业的中间层理论以及中间层组织在运输市场中的作用》,载于《北京交通大学学报》(社科版)2006 年第 3 期。

[71] 张国伍:《综合交通枢纽的虚拟组织协同管理模式研究》,载于《系统工程》2000 年第 18 卷第 4 期。

[72] 张秀缓、张国伍等:《综合交通枢纽虚拟企业化组织协商模式》,载于《系统工程理论方法应用》2001 年第 3 期。

[73] 姜帆:《综合交通枢纽组织管理的模式分析》,载于《系统工程》2002 年第 20 卷第 4 期。

第三章参考文献

[1] 北京交通大学课题组:《中国综合交通发展战略研究分报告三;我国综合交通发展战略背景研究》,2011 年 3 月。

[2] 熊焰:《发展绿色交通推动低碳转型》,载于《交通建设与管理》2010 年第 4 期。

[3] 30 年成就报告之十二:《交通运输业实现了多种运输方式的跨越式发展》;国家统计局网站。

[4] 北京交通大学:《中国综合交通发展战略研究分报告二;我国综合交通发展现状分析与评价》;2011 年 3 月。

[5] 肖义勇:《我国交通运输业发展状况统计分析》,上海海事大学(硕士论文),2001 年。

[6] 邓志高:《我国交通运输业发展现状分析》,载于《经济研究参考》2000 年第 4 期。

[7] 刘恩华、柳东威:《谈交通拥堵与汽车产业发展》,载于《汽车工业研究》2011 年第 5 期。

[8] 北京交通大学课题组:《中国综合交通发展战略研究——总报告》,2011 年 3 月。

[9] 历次《中华人民共和国国民经济和社会发展五年规划纲要》。

第四章参考文献

[1] 管楚度:《交通区位论及其应用》,人民交通出版社 2000 年版。

[2] 管楚度：《新视域运输经济学》，人民交通出版社 2002 年版。

[3] 管楚度：《交通区位分析范型例说》，人民交通出版社 2006 年版。

[4] 管楚度、丁琪琳：《综合运输体系重释及其规划设计思路另构》，载于《运输经济与物流评论》2010 年第 1 期。

[5] 颜飞、罗永刚：《区域经济学理论范式的演进与应用拓展》，载于《财经问题研究》2008 年第 8 期。

[6] 荣朝和、谭克虎：《综合运输：到了从制度层面根本解决问题的时刻》，载于《综合运输》2008 年第 1 期。

[7] 荣朝和等编著：《综合交通运输的体制与研究方法》，经济科学出版社 2010 年版。

[8] 李玉涛、荣朝和：《重视需求视角的综合交通运输政策研究》，载于《综合运输》2010 年第 8 期。

[9] 托马斯·库恩著，李宝恒、纪树立译：《科学革命的结构》，上海科技出版社 1980 年版。

[10] 荣朝和：《关于综合交通运输的重新认识》，载于《综合运输》2011 年第 12 期。

第五章参考文献

[1] 钱德勒著，重武译：《看得见的手——美国企业的管理革命》，商务印书馆 1997 年版。

[2] 钱德勒著，张逸人等译：《企业规模经济与范围经济：工业资本主义的原动力》，中国社会科学出版社 1999 年版。

[3] 彼得·迪肯著，刘卫东等译：《全球性转变——重塑 21 世纪的全球经济地理》，商务印书馆 2007 年版。

[4] 陈佳贵等：《中国工业化进程报告》，社会科学文献出版社 2008 年版。

[5] 荣朝和：《论运输化》，中国社会科学出版社 1993 年版。

[6] 荣朝和：《运输发展理论的近期进展》，载于《中国铁道科学》2001 年第 3 期。

第六章参考文献

[1] Krugman：*Development*, *Geography*, *and Economic Theory*, MIT Press, 1995.

[2] Krugman：Increasing Returns and Economic Geography. *Journal of Political Economy*, 1991 (99).

[3] Fujita: *Urban Economic Theory: Land Use and City Size*, New York: Cambridge University Press, 1990.

[4] 荣朝和:《论运输化》, 中国社会科学出版社 1993 年版。

[5] 高珮义:《中外城市化比较研究》, 南开大学出版社 1992 年版。

[6] 杨小凯、张永生:《新兴古典经济学和超边际分析》, 中国人民大学出版社 2000 年版。

[7] 孟祥林:《城市化进程研究——时空背景下城市、城市群的发展及其影响因素的经济学分析》, 2004 年。

[8] [美] 保罗·贝洛克:《城市与经济发展》, 江西人民出版社 1991 年版。

[9] [英] K.J. 巴顿:《城市经济学——理论与政策》, 商务印馆 1984 年版。

[10] 赵坚:《城市交通及其塑造城市形态的功能——以北京市为例》, 载于《城市问题》2008 年第 5 期。

第七章参考文献

[1] 加里·贝克尔著, 王业宇等译:《人类行为的经济分析》(中译本), 格致出版社 2008 年版。

[2] 保罗·克鲁格曼著, 张兆杰译:《地理和贸易》, 北京大学出版社、中国人民大学出版社 2000 年版。

[3] Stalk, George Jr. (1988): Time-The Next Source of Competitive Advantage. *Harvard Business Review*, August.

[4] G. L. 克拉克等主编, 刘卫东等译:《牛津经济地理学手册》, 商务印书馆 2005 年版。

[5] Behrens, Kristian, Carl Gaigné & Jacques-Francois Thisse (2009): Industry Location and Welfare When Transport Costs are Endogenous. *Journal of Urban Economics*, 65 (2009): 195 - 208.

[6] Kahneman, D. & Tversky, A. Prospect Theory: An Analysis of Decision under Risk. *Econometrica*, 1979, 47 (2): 263 - 297.

[7] 门田安弘著, 王瑞珠等译:《新丰田生产方式》(第二版), 河北大学出版社 2006 年版。

[8] 荣朝和:《交通—物流时间价值及其在经济时空分析中的作用》, 载于《经济研究》2011 年第 8 期。

第八章参考文献

[1] 国家信息中心、中国信息协会:《中国信息年鉴》,《中国信息年鉴》

期刊社，2010 年。

[2] 周宏仁：《中国信息化进程》，人民出版社 2009 年版。

[3] 曼纽尔·卡斯特著，夏铸九、王志弘等译：《网络社会的崛起》，社会科学文献出版社 2001 年版。

[4] 林毅夫、董先安：《信息化、经济增长与社会转型》，国家信息化领导小组，2003 年。

[5] 周宏仁：《工业化还没有完成，搞什么信息化?》，载于《信息系统工程》2009 年第 4 期。

[6] 王世豪：《浅谈信息化对社会经济的影响》，载于《当代经济》2008 年第 3 期。

[7] 张树京：《试论中国铁路运输信息化》，载于《铁道学报》1997 年第 3 期。

[8] 刘军民：《信息技术在交通运输中的应用》，载于《综合运输》2001 年第 9 期。

[9] 崔月凯：《浅谈我国智能交通系统的发展现状与未来发展》，载于《科技信息》2010 年第 3 期。

[10] 周俊华、罗本成等：《欧洲推进内河航运综合信息服务标准化及其对我国的启示》，载于《水运管理》2009 年第 5 期。

[11] 罗本成、麦克、蔡丽娟：《推进内河航运综合信息服务建设的思考》，载于《中国水运》2009 年第 9 期。

[12] 胡荣山：《世界内河航运发展经验及借鉴》，载于《中国水运报》2010 年 9 月 25 日。

[13] 赵刚：《信息技术对港口发展的影响》，载于《中国港口》2001 年第 1 期。

[14] 董雷、刘凯：《信息化进程与现代物流发展》，载于《中国流通经济》2006 年第 5 期。

[15] 于健南、钟小玲：《信息技术与物流业的发展——从物流定义谈起》，载于《科技管理研究》2004 年第 5 期。

[16] 耿波：《信息技术在我国物流业应用现状探析》，载于《管理探索》2008 年第 8 期。

[17] 郭成：《物流信息技术应用现状及趋势》，载于《中国储运》2007 年第 3 期。

[18] 张卫钢、戴明、刘军：《中国城市交通信息系统体系结构的研究》，载于《公路工程与运输》2004 年第 5 期。

第九章参考文献

［1］李艳：《城市交通可持续发展及资源模式研究》，长安大学学位论文，2002 年。

［2］李连成：《交通运输土地利用现状及政策研究》，研究报告，2008 年。

［3］李连成：《我国交通用地需求预测及对策建议》，载于《综合运输》2009 年第 11 期。

［4］IEA：*Energy Statistic and Balances*，International Energy Agency，2004.

［5］黄民、张建平：《国外交通运输发展战略及启示》，中国经济出版社 2007 年版。

［6］周新军：《交通运输业能耗现状及未来走势分析》，载于《中外能源》2010 年第 7 期。

［7］余霞：《交通运输发展与环境保护探析》，载于《中国西部科技》，2009 年 8 月，第 32 期。

［8］郭廷杰：《日本的交通运输节能减排情况简介》，载于《节能》2010 年第 2 期。

［9］刘彦平：《欧盟交通运输政策及其启示》，载于《亚太经济》2005 年第 5 期。

［10］林晓言、李红昌、高薇薇：《中国交通运输外部性制度分析及内部化政策》，载于《数量经济技术经济研究》2003 年第 9 期。

［11］熊焰：《发展绿色交通　推动低碳转型》，载于《交通建设与管理》2010 年第 4 期。

［12］诸大建、臧漫丹、朱远：《C 模式：中国发展循环经济的战略选择》，载于《中国人口、资源与环境》2005 年第 15 卷第 5 期。

［13］刘维林：《“十二五”时期我国综合交通运输体系发展方式转型思考》，载于《港口经济》2010 年第 12 期。

［14］崔凤安：《可持续发展的资源节约型交通运输模式选择》，载于《时代经贸》2006 年第 4 期。

［15］张国强、王庆云、张宁：《可持续发展与中国交通运输》，载于《综合运输》2005 年第 1 期。

第十章参考文献

［1］荣朝和：《关于运输经济研究基础性分析框架的思考》，载于《北京交通大学学报》（社会科学版）2009 年第 2 期。

[2] 俞吾金:《本体论研究的复兴和趋势》,载于《浙江学刊》2002 年第 1 期。

[3] 托马斯·库恩著,金吾伦、胡新和译:《科学革命的结构》,北京大学出版社 2003 年版。

[4] 管楚度:《新视域运输经济学》,人民交通出版社 2002 年版。

[5] 荣朝和:《论运输企业提供完整运输产品的重要性——兼论铁路企业重组的方向》,载于《铁道财会》2001 年第 8 期。

[6] 荣朝和:《重视基于交通运输资源的运输经济分析》,载于《北京交通大学学报》(社科版) 2006 年第 4 期。

[7] 荣朝和:《关于运输业规模经济和范围经济问题的探讨》,载于《中国铁道科学》2001 年第 4 期。

[8] 匡旭娟:《演化视角下的快递业网络形态研究》,北京交通大学博士论文,2008 年。

第十一章参考文献

[1] 荣朝和:《关于运输经济研究基础性分析框架的思考》,载于《北京交通大学学报(社会科学版)》2009 年第 2 期。

[2] 管楚度、丁琪琳:《综合运输体系重释及其规划设计思路另构》,载于《运输经济与物流评论》2010 年第 1 期。

[3] 国家质检总局、国家标准委:国家标准《零售业态分类》 (GB/T 18106—2004)。

[4] 周忠兴:《业态选择与核心能力》,载于《销售与市场》1999 年第 10 期。

[5] 奚秋生:《我国商业业态发展现状综述》,载于《江苏商论》2003 年第 9 期。

[6] 荣朝和:《必须研究通道形态变化及铁路分类建设的新问题》,载于《综合运输》2009 年第 8 期。

[7] [美] A. D. 钱德勒著,重武译:《看得见的手——美国企业的管理革命》,商务印书馆 1997 年版。

[8] 王南湜:《社会时空问题的再考察》,载于《社会科学战线》2009 年第 3 期。

[9] 荣朝和:《推进综合交通规划的方法创新》,载于《综合运输》2010 年第 1 期。

[10] 金懋:《运输的生产理论研究》,北京交通大学博士论文,2010 年。

第十二章参考文献

[1] 黄承锋、宾雪峰:《试论运输通道的概念》,载于《重庆交通学院学报》(社科版) 2001年第4期。

[2] 张文尝:《运输通道系统分析》,载于《交通运输系统工程与信息》2001年第2期 。

[3] 曹小曙、阎小培:《20世纪走廊及交通运输走廊研究进展》,载于《城市规划》2003年第1期。

[4] 王建伟:《空间运输联系与运输通道系统合理配置研究》,长安大学学位论文,2004年。

[5] 交通部规划研究院:《国家高速公路网规划》研究报告,2004年9月。

[6] 铁道部:《中长期铁路网规划》,2004年。

[7] 铁道部:《中长期铁路网规划(2008年调整)》,2008年。

[8] 国家发改委:《综合交通网中长期发展规划》,2007年。

[9] 国家发改委:《"十二五"综合交通运输体系规划(送审稿)》,2011年。

[10] 交通运输部:《关于印发交通运输部关于推进综合运输体系建设的指导意见的通知》,2011年。

[11] 荣朝和等:《关于通道规划及京沪通道资源优化配置的思考》,载于《交通运输系统工程与信息》2007年第3期。

[12] 课题组:《京沪通道交通资源优化配置研究总报告》,国家发改委基础产业司,2009年。

第十三章参考文献

[1] 管楚度:《交通区位论及其应用》,人民交通出版社2000年版。

[2] 陆化普:《综合交通枢纽规划——基础理论与温州的规划实践》,人民交通出版社2001年版。

[3] 陆锡明:《大都市一体化交通》,上海科技大学出版社2003年版。

[4] 胡思继:《综合运输工程学》,清华大学出版社、北京交通大学出版社2005年版。

[5] 荣朝和:《重视基于交通运输资源的运输经济分析》,载于《北京交通大学学报》(社会科学版) 2006年第4期。

[6] 荣朝和:《论运输经济学的基础性分析框架》,载于《北京交通大学学报》(社会科学版) 2009年第2期。

[7] 吕慎:《大城市客运交通枢纽规划理论与方法研究》,东南大学博士学

位论文，2004 年。

[8] 黄志刚：《大型铁路客站对交通资源的整合作用》，北京交通大学博士论文，2009 年。

第十四章参考文献

[1] 王杨堃：《现代多式联运的发展及其经济组织》，北京交通大学博士论文，2010 年。

[2] UN/ECE, ECMT, and EC: *TERMINOLOGY ON COMBINED TRANSPORT*, 2001.

[3] Panayides, P. M: Economic organization of intermodal transport, *Transport Reviews*, 2002. 22 (4): pp. 401 - 414.

[4] Alt, R., P. W. Forster and J. L. King: The Great Reversal: Information and Transportation Infrastructure in the Intermodal Vision, in National Conference on Intermodal Transportation Research Framework. 1997, Transportation Research Board: Washington, DC.

[5] Szyliowicz, J. S.: INTERMODALISM: THE CHALLENGE AND THE PROMISE. 2001.

[6] Yevdokimov, Y. V.: Measuring economic benefits of intermodal transportation. *Transportation Law Journal*, 2000. 27 (3): pp. 439 - 452.

[7] Muller, G.: *Intermodal Freight Transportation*. Washington, DC. Eno Transportation Foundation and Intermodal Association of North America. 1999.

[8] 莱文森著，姜文波等译：《集装箱改变世界》，机械工业出版社 2008 年版。

[9] 托马斯·弗里德曼：《世界是平的：21 世纪简史》，湖南科学技术出版社 2008 年版。

[10] 王庆功：《货物联合运输》，中国铁道出版社 2004 年版。

[11] 杨清波：《集装箱铁路多式联运箱型及办理站》，中国铁道出版社 2008 年版。

第十五章参考文献

[1] 王杨堃：《现代多式联运的发展及其经济组织》，北京交通大学博士论文，2010 年。

[2] European Logistics Association (ELA) etc: *Study on Freight Integrators-The* 2003 *Final Report*, at: http://europa. eu. int/comm/transport/intermodality.

[3] Woxenius, J. and F. Barthel: The Organization of the European Intermodal

Road/Rail Freight Transport Industry, in International congress on Freight Transport Automation and Multimodality 2002: Delft.

[4] Zhang, A., et al.: Intermodal alliance and rivalry of transport chains: The air cargo market, *Transportation Research Part E*, 2007.43: pp. 234 - 246.

[5] Panayides, P. M.: Economic organization of intermodal transport, *Transport Reviews*, 2002.22 (4): pp. 401 - 414.

[6] 丹尼尔·F. 斯帕尔伯著,张军译:《市场的微观结构——中间层组织与厂商理论》,中国人民大学出版社2002年版。

[7] 荣朝和:《企业的中间层理论以及中间层组织在运输市场中的作用》,载于《北京交通大学学报》(社科版)2006年第3期。

[8] 荣朝和:《从中铁快运看运输市场微观结构变化与中间层组织的作用》,载于《产业经济评论》2006年第2期(第5卷第2辑)。

[9] 王杨堃、荣朝和:《多式联运经济组织的演变及其启示》,载于《综合运输》2007年第9期。

[10] 宋德玺、荣朝和:《乌鲁木齐铁路局开展运输精益生产的意义与启示》,载于《铁道经济研究》2007年第3期。

[11] 荣朝和:《试论精益生产对提高铁路运输效率的作用》,载于《铁道学报》2008年第4期。

第十六章参考文献

[1] 中国标准化协会:《中国标准化通典》,中国大百科全书出版社2003年版。

[2] 国家标准化管理委员会:GB/T 20000.1—2002《标准化工作指南 第1部分:标准化和相关活动的通用词汇》。

[3] 国家标准化管理委员会:GB 1589—2004《道路车辆外廓尺寸、轴荷及质量限值》。

[4] 荣朝和、魏际刚、胡斌:《集装箱多式联运与综合物流:形成机理及组织协调》,中国铁道出版社2001年版。

[5] 袁加林:《集装箱多式联运标准化及其经济动因分析》,北京交通大学硕士学位论文,2010年。

[6] 杨清波:《集装箱铁路多式联运箱形及办理站》,中国铁道出版社2008年版。

[7] 王令朝:《铁路集装箱运输新技术应用及其标准化研究》,载于《铁道技术监督》2007年第2期。

[8] 樊宏:《托盘标准化与物流托盘化》,载于《中国物流与采购》2005年

第 15 期。

[9] 张春亮：《物流标准化现状及其对策研究》，载于《科技咨询导报》2007 年第 2 期。

[10] 国际标准化组织网站：http：//www.iso.org/iso/home.html。

[11] 中国集装箱行业协会网站：http：//www.chinaccia.com。

[12] 全国集装箱标准化技术委员会网站：http：//www.tc6.com.cn。

第十七章参考文献

[1] 索海尔·乔德利等：《物流理论演化的历史考证与最新发展》，载于《北京交通大学学报》（社会科学版）2010 年第 1 期。

[2] 丁俊发：《中国物流》，中国物资出版社 2002 年版。

[3] 陆江：《抓住机遇　开拓创新　团结奋斗　努力为推进我国现代物流产业的发展服务》，载于《中国物资流通》2001 年第 7 期。

[4] 何明珂：《物流系统论》，高等教育出版社 2004 年版。

[5] 王佐：《物流管理新概念》（上），载于《中国物流与采购》2006 年第 15 期。

[6] 徐寿波：《大物流论》，载于《中国流通经济》2005 年第 5 期。

[7] 田宇、朱道立：《精益物流》，载于《物流技术》1999 年第 6 期。

[8] 汤银英等：《国内外物流理论研究述评》，载于《商业时代》2006 年第 11 期。

[9] 徐寿波：《关于物流的科学分类问题》，载于《北京交通大学学报》（社会科学版）2002 年第 2 期。

[10] 徐寿波：《关于物流的科学分类问题（续）》，载于《北京交通大学学报》（社会科学版）2005 年第 4 期。

[11] 朱昊：《物流的分类及其涵义》，载于《交通与运输》2001 年第 1 期。

[12] 杜木恒：《现代物流的经济学分析》，载于《现代财经——天津财经学院学报》2002 年第 5 期。

[13] 杨传杰：《物流：时空资源与时空价值》，载于《研究报告》，2002 年。

[14] 周扬明：《精益物流效益与时空经济相关性研究》，载于《中国流通经济》2011 年第 3 期。

[15] 荣朝和：《交通—物流时间价值及其在经济时空分析中的作用》，载于《经济研究》2011 年第 8 期。

[16] 柳成旼、甘绮翠等：《全球一体化供应链：中国观察》，IBM 商业价值研究院，2008 年。

［17］丁俊发：《农产品物流与冷链物流的价值取向》，载于《中国流通经济》2010 年第 1 期。

［18］王会云等：《冷链物流发展现状及对策研究》，载于《中国储运》2011 年第 11 期。

第十八章参考文献

［1］谢彦君：《基础旅游学》，中国旅游出版社 2004 年版。

［2］李天元：《旅游学》，高等教育出版社 2006 年版。

［3］马勇：《旅游学概论》，高等教育出版社 1997 年版。

［4］申葆嘉：《旅游学原理》，学林出版社 1999 年版。

［5］刘伟：《旅游学》，广东旅游出版社 1999 年版。

［6］国家发展和改革委员会综合运输所：《中国交通运输改革之路》，中国铁道出版社 2009 年版。

［7］余青、樊欣等：《国外风景道的理论与实践》，载于《旅游学刊》2006 年第 5 期。

［8］余青、莫雯静：《公路网发展中要高度重视风景道建设》，载于《综合运输》2011 年第 1 期。

［9］余青、宋悦、林盛兰：《美国国家风景道评估体系研究》，载于《中国园林》2009 年第 7 期。

［10］余青、吴必虎等：《风景道研究与规划实践综述》，载于《地理研究》2007 年第 6 期。

［11］吴必虎、李咪咪：《小兴安岭风景道旅游景观评价》，载于《地理学报》2001 年第 2 期。

［12］余青等：《风景道的规划与设计：以鄂尔多斯风景道为例》，载于《旅游学刊》2007 年第 10 期。

［13］杨斌：《重庆市广阳岛风景道路设计创意》，载于《城市道桥与防洪》2004 年第 3 期。

［14］魏遐等：《基于景观评价的高速公路风景道旅游规划》，载于《经济地理》2007 年第 1 期。

［15］张文、范文捷：《城市中的绿色通道及其功能》，载于《国外城市规划》2000 年第 3 期。

［16］李团胜、王萍：《绿道及其生态学意义》，载于《生态学杂志》2001 年第 6 期。

第十九章参考文献

[1] 谢雨蓉、陆华：《社会弱势群体面临的交通公平问题及对策》，载于《综合运输》2008年第9期。

[2] 王怀相：《公平运输的定义与评价思路》，载于《综合运输》2006年第5期。

[3] 周咏红：《东西部合作对西部发展的作用研究》，对外经济贸易大学学位论文，2009年。

[4] 费志荣：《西部地区综合运输通道布局理论和实证研究》，北京工业大学学位论文，2008年。

[5] 毕京建：《农村公路交通安全分析与对策研究》，长安大学学位论文，2008年。

[6] 赵震：《北京市道路交通安全现状分析及控制策略研究》，载于《中国安全科学学》2010年第12期。

[7] 叶森森：《不可或缺的交通信息服务》，载于《北京观察》2008年第10期。

[8] 苏鑫、路峰：《建设和谐社会无障碍交通环境的对策研究》，载于《交通标准化》2007年第8期。

第二十章参考文献

[1] 徐丰、牛继强：《区域交通与土地利用耦合关系研究》，载于《山西师范大学学报》（自然科学版）2008年第4期。

[2] Cervero R: *The transit metropolis: a global inquiry*. Washington, D. C.: Island Press, 1998.

[3] Bernick M, Cervero R.: *Transit Villages for the 21th Century*. New York: McGraw – Hill, 1997.

[4] 马强：《走向"精明增长"：从"小汽车城市"到"公共交通城市"》，中国建筑工业出版社2007年版。

[5] Landis J, Cervero R, Hall P.: Transit joint development in the USA: an inventory and policy assessment. *Environment and Planning C: Government and Policy*. 1991, 9: 431 – 452.

[6] Cervero R, Ferrell C, Murphy S.: *Transit – Oriented Development and Joint Development in the United States: A Literature Review*. Transit Cooperative Research Program, 2002.

[7] Cervero R, Hall P, Landis J.: *Transit Joint Development and Evaluation of Recent Experience and an Assessment of Future Potential*, Washington, D. C.: Urban Mass Transit Administration, U. S. Department of Transportation, 1991.

[8] Keefer L.: *Profit Implications of Joint Development: Three Institutional Approaches.* Washington, D. C.: Urban Mass Transit Administration, U. S. Department of Transportation, 1984.

[9] 陈运来、骆汉宾:《城市轨道交通与土地利用联合开发规划探讨》,载于《华中科技大学学报》(城市科学版) 2005 年第 2 期。

[10] 骆汉宾、聂规划:《城市轨道交通与房地产联合开发研究》,载于《武汉理工大学学报》(信息与管理工程版) 2006 年第 1 期。

[11] 林茂德:《城市轨道交通与周边物业的一体化开发模式》,载于《都市快轨交通》2009 年第 6 期。

[12] 姚影、欧国立:《基于外部性理论的城市轨道交通与房地产联合开发政策分析》,载于《北京交通大学学报》(社会科学版) 2008 年第 4 期。

[13] 刘金玲、梁青槐、邓文斌:《城市轨道交通与土地利用联合开发的筹资途径》,载于《北京交通大学学报》(社会科学版) 2004 年第 2 期。

[14] 杨丽明、梁青槐、原思成:《城市轨道交通沿线物业开发模式研究》,载于《北京交通大学学报》(社会科学版) 2007 年第 3 期。

[15] 熊睿智:《我国城市轨道交通与房地产的联合开发策略研究》,华中科技大学学位论文,2006 年。

[16] 美国城市土地协会:《联合开发——房地产开发与交通的结合》,中国建筑工业出版社 2003 年版。

[17] 盛来芳、荣朝和:《香港地铁与九广铁路合并案及启示》,载于《综合运输》2009 年第 6 期。

[18] 郑明远:《轨道交通时代的城市开发》,中国铁道出版社 2006 年版。

[19] 李沫萱、张佳仪:《北京地铁 4 号线的产权关系及其经营模式分析》,载于《北京交通大学学报》(社会科学版) 2010 年第 2 期。

[20] 孙洁:《公私合作 (PPP) 模式及应用: 以北京地铁 4 号线为例》,载于《陕西发展与改革》2011 年第 1 期。

第二十一章参考文献

[1] 荣朝和:《关于我国尽快实行综合运输管理体制的思考》,载于《中国软科学》2005 年第 2 期。

[2] 荣朝和:《运输业管理体制的改革方向是横向综合、纵向贯通》,载于

《财经》2008 年第 5 期。

[3] 黄敏:《深圳市交通运输管理体制的综合化改革》，载于《综合交通运输的体制与研究方法》2010 年第 10 期。

[4] 石亚军、施正文:《探索推行大部制改革的几点思考》，载于《中国行政管理》2008 年第 2 期。

[5] Chris Booth, Tim Richardson: Placing the public in integrated transport planning, *Transport Policy*, 2001. 8: pp. 141 - 149.

[6] Dominic Stead: Institutional aspects of integrating transport, environment and health policies, *Transport Policy*, 2008. 15: pp. 139 - 148.

[7]《国外综合交通发展战略综述和启示》，载于《中国综合交通发展战略研究》分报告一，2011 年。

[8] 王先进、杨雪英:《国外交通行政管理体制》，人民交通出版社 2008 年版。

[9] 保罗·阿莫斯、理查德·布洛克: 铁路行业管理体制的三大支柱，《中国交通专题》2011 年第 2 期。

[10] 谢庆奎、燕继荣、赵成根:《中国政府体制分析》，中国广播电视出版社 2002 年版。

[11] 美国运输部网站: http: //www. dot. gov/, 2011 年 10 月。

[12] 英国交通运输部网站: http: //www. dft. gov. uk/, 2011 年 10 月。

[13] 日本国土交通省网站: http: //www. mlit. go. jp/en/index. html, 2011 年 10 月。

[14] 梁鹤年:《公众(市民)参与: 北美的经验与教训》，载于《城市规划》1999 年第 5 期。

[15] 吴茜、韩忠勇:《国外城市规划管理中“公众参与”的经验与启示》，载于《江西行政学院学报》2001 年第 1 期。

[16] 刘静:《城市交通规划中的公众参与机制分析》，北京交通大学硕士论文，2009 年。

[17] 荣朝和、武剑红:《我国铁路债务危机处置与加快铁路改革的思路》，载于《综合运输》2012 年第 1 期。

[18] 温家宝:《第十一届全国人民代表大会第五次会议政府工作报告》，2012 年 3 月 5 日。

第二十二章参考文献

[1] 梁启超:《戊戌政变记》，中华书局 1954 年版。

[2] 季令：《交通运输政策》，中国铁道出版社2003年版。

[3] Akaha Tsuneo: *International Handbook of Transportation policy*, New York, Greenwood Press, 1990.

[4] National Surface Transportation Policy and Revenue Study Commission: Transportation for Tomorrow; 2007.

[5] National Transportation policy project; Performance Driven: A New Vision for U. S. Transportation Policy.

[6] Kenneth J. Button and Roger Stough: *Transport Policy*; Edward Elgar Pub; 1998.

[7] 荣朝和：《关于台湾1995年〈运输政策白皮书〉简介》，载于《综合运输》1998年第3期。

[8] 荣朝和：《欧盟一体化进程中的运输政策》，载于《欧洲》2001年第3期。

[9] 王晓芳：《运输政策变迁的制度分析》，经济科学出版社2011年版。

[10] 王庆云：《交通运输发展理论与实践》，中国科学技术出版社2006年版。

[11] 交通运输部：《关于推进综合交通运输体系建设的指导意见》，2011年。

[12] 铁道部：《关于加快转变铁路发展方式，确立国家铁路运输企业市场主体地位的改革推进方案》，2011年。

[13] 李晔、张红军：《美国交通发展政策评析与借鉴》，载于《国外城市规划》2005年第3期。

[14] 交通运输部：《资源节约型、环境友好型公路水运交通发展政策》，2009年。

[15] 李盛霖在2011年全国交通运输工作会议讲话《加快转变交通运输发展方式　开创“十二五”交通运输科学发展新局面》，2010年12月29日。

第二十三章参考文献

[1] 陆化普：《交通规划理论与方法》，清华大学出版社1998年版。

[2] 王炜：《城市交通规划理论及其应用》，东南大学出版社1998年版。

[3] 毛保华等：《交通规划模型及其应用》，中国铁道出版社1999年版。

[4] 刘灿齐：《现代交通规划学》，人民交通出版社2001年版。

[5] 陆锡明：《综合交通规划》，同济大学出版社2003年版。

[6] 邵春福：《交通规划原理》，铁道出版社2004年版。

[7] 荣朝和等：《交通规划的综合框架与方法》（王庆云主编：《交通运输

发展理论与实践》，第六部分），中国科学技术出版社 2006 年版。

[8] 程楠：《经济学视角的交通规划制度研究》，北京交通大学博士论文，2008 年。

[9] 国务院：《国务院关于加强国民经济和社会发展规划编制工作的若干意见》，2005 年。

[10] 国家发改委：《国家级专项规划管理暂行办法》，2007 年。

[11]《中华人民共和国城乡规划法》，2007 年。

[12] 住房和城乡建设部：《城市综合交通体系规划编制办法》，2010 年。

[13] 张军等：《中国为什么拥有了良好的基础设施?》，载于《经济研究》2007 年第 3 期。

[14] 中国科学院：《关于避免我国交通建设过度超前的建议》，2010 年 9 月 28 日。

[15] 陆大道：《综合协调部门要勇于说“不”》，载于《中国改革》2011 年第 9 期。

[16] 荣朝和：《经济学视角的交通规划解读》，载于《运输经济与物流评论》2010 年第 1 期。

[17] 程楠、荣朝和、盛来芳：《美国交通规划体制中的大都市区规划组织》，载于《国际城市规划》2011 年第 5 期。

第二十四章参考文献

[1] 王俊豪：《中国政府管制体制改革研究》，经济科学出版社 1999 年版。

[2] 植草益：微观规制经济学（中译本），中国发展出版社 1992 年版。

[3] 丹尼尔 · F. 史普博：《管制与市场》，上海三联书店 1999 年版。

[4] Stigler, George J: The Theory of Economic Regulation, *Bell Journal of Economics*, 1971.2 (1).

[5] Gile H. Burgess: *The Economics of Regulation and Antitrust*, Porland State University, 1995.

[6] 余晖：《中国基础设施产业政府监管体制改革总体框架》，中国社会科学院，2001 年。

[7] 王俊豪：《政府管制经济学导论》，商务印书馆 2001 年版。

[8] 张红凤：《西方规制经济学的变迁》，经济科学出版社 2005 年版。

[9] 王俊豪、肖兴志、唐要家：《中国垄断性产业监管机构的设立与运行机制》，商务印书馆 2008 年版。

[10] 王燕、白雪洁：《中国交通运输产业的政府规制改革》，经济管理出版

社 2010 年版。

第二十五章参考文献

[1] 中华人民共和国交通运输部：《2009 年全国交通运输统计资料汇编》。

[2] 铁道部统计中心：《2008 年铁路简明统计资料》，中国铁道出版社 2010 年版。

[3] Bureau of Transportation statistics: *Transportation Statistics Annual Report*, U. S. Department of Transportation, 2007.

[4] 美国交通运输部网站：http://www. dot. gov/open/。

[5] Hayek Freidrich: The Use of Knowledge in Society, *American Economic Review*, XXXV, No. 4, September 1945, 519 -530.

[6] Martin Fransman (1998): Information, knowledge, vision and theories of the firm, *Technology*, *organization*, *and competitiveness*, edit by Teece.

第二十六章参考文献

[1] 王庆云：《交通运输发展理论与实践》，中国科学技术出版社 2006 年版。

[2] 黄民：《铁路公益性的产生原因及识别方法》，北京交通大学博士论文，2005 年。

[3] 李津京：《权力视角下的公企业与国有经济治理研究》，经济科学出版社 2011 年版。

[4] 朱伽林、周国光：《发达国家采用特许经营制度发展收费公路的经验借鉴》，载于《公路交通科技》2010 年第 4 期。

[5] 刘拥成：《加拿大和美国铁路的公益性运输》，载于《中国铁路》2006 年第 12 期。

[6] 林家彬：《日本的特殊法人改革——日本道路公团的案例解析》，载于《经济社会体制比较》2008 年第 3 期。

[7] 石友服：《日本收费高速公路的建设及管理体制》，载于《中外公路》2004 年第 1 期。

[8] 李荣建：《建立政府特许经营制度初探——以南宁市为例》，载于《沿海企业与科技》2008 年第 12 期。

[9] 伍国权：《农村公路管养体制改革的探索与启示》，载于《交通企业管理》2009 年第 10 期。

[10] 黄晓东：《社会资本与政府治理》，社会科学文献出版社 2011 年版。

[11] 鲍伯·杰索普:《治理的兴起及其失败的风险:以经济发展为例的论述》,载于《国际社会科学杂志(中文版)》1999年第1期。

[12] 格里·斯托克:《作为理论的治理:五个论点》,载于《国际社会科学杂志》(中文版),1999年第1期。

后　记

近年来，国内综合交通运输体制改革已引起普遍关注，国际上也有很多新的进展情况，各方面对综合交通运输研究的呼声和期待都很高，教育部为此专门设立题为“中国综合交通运输体系研究”的哲学社会科学重大攻关项目。北京交通大学项目团队长期关注运输经济理论与政策领域的问题，此前已经积累了大量综合交通运输相关基础理论与政策实践的研究成果，这次又历时4年多时间的不懈努力，较好地完成了预期的研究计划。据不完全统计，项目团队研究期间共在国内外相关学术期刊发表论文70篇；组织了多次国际和全国性的学术会议，也参与了多次国内外综合交通运输及物流学术会议，有18篇论文入选会议论文集，并多次受邀在大会做主题发言；与研究计划有关的13名博士生和22硕士生毕业，还有2名博士后出站；团队成员曾有多次出访考察和国际交流。研究团队出版了10部项目标注的专著与文集，包括谭克虎2008年《美国铁路业管制研究》、李忠奎2009年《公路货运市场结构演变的制度分析》、荣朝和等2009年《探究铁路经济问题》第二辑、金雪涛2010年《城市交通的负外部性治理》、荣朝和等2010年《综合交通运输的体制与研究方法》、李京津2011年《权力视角下的公企业与国有经济治理研究》、王晓芳2011年《运输政策变迁的制度分析》、黄志刚2011年《论大型铁路客站的交通区位性能》、佟琼2011年《综合交通运输体系的公平性与和谐性研究》和荣朝和等2012年《出租车业的竞争、契约与组织》等。

综合交通运输体系研究涉及国家重要战略领域的理论、政策与体制问题，挑战性很大。项目团队在研究中形成了多方面的成果，包括提出综合运输是一个内部结构和外部影响十分复杂的体系，但其核心内容是运输方式之间的衔接和一体化；提出我国综合运输问题的特殊性在于初步运输化阶段的补课与运输化新阶段的新任务交织在一起，需要尽早跳出传统思路的桎梏，转变发展方式；提出综合运输问题已经到了应该从基本理念和根本制度层面去解决的时刻，有必要下决心尽早解决相关体制问题。项目团队提出综合运输体系的顺利推进，需要更有深度的理性认识和达成广泛的思想共识；需要从运输业发展不同阶段解释综合运输的原因，正确判断我国目前运输业发展的阶段及其特点；需要对综合运输体系的全面认识，进而实现系统内部各层次之间以及系统与各种外部环境之间的一体化关系协调；需要突出交通运输资源角度的分析视角，特别强调资源的整合与优化；也需要从理论上论证建立综合性运输管理部门、从行政组织上确保综合交通运输体系实现的必要性，并形成以一体化为主导的未来交通运输管理体制与机制等。

项目团队有关综合交通运输的理论分析与认识、对尽快推进综合交通管理体制包括大部制的主张、对深化综合交通运输政策研究的呼吁、关于交通建设债务巨大风险的警示、对综合交通规划方法与体制的改进意见、对近年来铁路大规模超标准高铁建设的批评、对尽快实现铁路政企分开与体制改革的建议、对交通建设债务严重风险的警示等，都相继引起了中央决策机构和社会各界的关注。首席专家和项目组成员近年来密集参与了包括"十二五"全国综合交通规划在内的国家、相关部门以及多个地方省市交通规划的研究、制定或评审工作，参与了多项关于综合交通体制和机制的高层咨询与研究活动，相关创新性成果不断被国家政策所吸收。

本书是项目研究团队数年来的共同成果。团队成员既包括合作研究与研讨的北京交通大学经济管理学院的教师，也包括直接参加书稿编写的在读博士生和硕士生，以及已经毕业但在读期间参与课题研究，并将自己的学位论文共同融入课题成果的毕业博士生和硕士生。其中教师包括赵坚、欧国立、林晓言、张秋生、汝宜红、余青、谭克虎、张梅青、李红昌、李津京、佟琼、王雅璨、吴昊、周耀东、陈佩虹、任英等；博士后包括颜飞和王旭科；研究生包括金雪涛、帅晓姗、匡旭娟、杨涛、李晨阳、姚影、程楠、黄志刚、王晓芳、王杨堃、杨秋宝、金懋、马俊、盛来芳、王晓荣、高旭涛、杨承新、李连成、李玉涛、倪城玲、王大鹏、贾袆、王然、张一帆、梁凤琳、左璐、柳晓霞、王乐、郭卉、何莉华、赵嘉、李洁、段清亮、张宗刚、袁加林、李平、李寒、陶洪、张金花、陈海沐、韩舒怡、柳杨、王军等；一些本科生同学也通过参加相关科研活动为本课题的成果做出了贡献。此外，长沙理工大学的管楚度和丁琪琳、中南大学的吴金明、中科院地理与资源研究所的张雷、北京工业大学的宗刚、国务院发展研究中心的魏际刚、铁道部经济规划研究院的余岩、中国铁道科学研究院的杨磊、交通运输部科学研究院的李忠奎和南开大学的董艳华等在项目研究中与我们一直保持着合作关系。

在本书中，笔者从分析运输业发展的历史进程、世界交通运输领域发生的主要变化以及我国运输业发展与改革目前面临的主要问题入手，通过建立包括经济时空分析、公共管理和系统论等学科的分析框架，深入探讨了综合交通运输及其体系的本质与演变趋势，并在深化认知和广泛国际对比的基础上提出了包括基础设施、运营及服务、企业及组织和政策及体制四个层面的综合交通运输体系建构思路。

本书结构共分为四篇。(1) 综述与问题篇。主要内容包括：交通运输发展的主要历程、已有综合运输研究综述和我国交通运输发展的现状与问题等。(2) 认识框架篇。主要内容包括：综合交通运输及其体系的概念与认识、工业化与综合交通运输的关系、城市化与综合交通运输的关系、综合交通运输的时空意义、信息化对综合交通运输的影响、运输业发展中的资源环境约束以及运输经济学的基础性分析框架等。(3) 体系形态篇。主要内容包括：对综合交通运输体系形态的认识、运输通道分析、综合枢纽、多式联运、运输组织、一体化交通运输中的标准化、物流业与综合交通运输的关系、旅游业与综合交通运输的关系、综合交通运输体现的社会公平以及综合交通运输与土地联合开发等。(4) 体制和机制篇。主要内容包括：综合交通运输管理体制、综合政策的研究与制定、综合交通运输规划、运输业的监管体制与机制、综合体制下的信息共享以及运输领域中的公益性问题与企业主体。

本书作者分工如下：全书设计、策划、统稿荣朝和；序言荣朝和；第一章张勇、郭文帅、王晓荣；第二章郭文帅；第三章张勇；第四章荣朝和；第五章荣朝和；第六章王晓荣；第七章荣朝和；第八章高旭涛；第九章盛来芳；第十章荣朝和；第十一章荣朝和；第十二章高旭涛；第十三章王晓荣；第十四章王杨堃、荣朝和；第十五章荣朝和、王杨堃；第十六章荣朝和、袁加林；第十七章高旭涛；第十八章王旭科、余青；第十九章佟琼；第二十章盛来芳；第二十一章荣朝和、郭文帅；第二十二章张勇；第二十三章荣朝和；第二十四章赵坚；第二十五章赵坚；第二十六章李津京、张改平；第二十七章荣朝和。

作者在书中充分论证了项目成果的观点与结论，即综合交通运输是由于工业化、城市化和运输化三个进程共同作用，同时受到全球化推动与信息化支持，并在社会目标及资源环境约束条件下，运输业所形成的一种阶段性发展形态，以及为了能够向社会经济提供高水平的JIT服务，交通运输体系形态的基础设施、运营及服务、企业及组织和政策及体制各个层次都必须进行相应的调整与建构。由于国家和各地方层面的综合交通体制与机制改革都正在推进之中，项目成果既有必要继续扩大其影响范围和影响速度，有关理论与政策思路也必须接受发展与改革实践的严格检验。但更加有必要的，则是必须继续紧密结合交通运输领域发展与改革的实践深入进行研究，进一步加深对综合交通运输及其体系的认识程度。

需要指出的是，构成本书内容的研究成果在2012年4月上报结题材料时就已经形成，而在本书出版之时，中国共产党十八大之后，2012 年年底中央经济工作会议关于提高经济增长质量和效益，以及积极稳妥推进城镇化的重要方针已经提出。我们高兴地看到，本书所持的主要观点与中央精神是一致的。提高城镇化质量，构建科学合理的城市格局和城市群布局，与区域经济发展和产业布局紧密衔接，与资源环境承载能力相适应，把生态文明理念和原则全面融入城镇化全过程，综合交通运输都必须在其中发挥基础性的重大作用。因此，很多问题更需要借此不断深化研究。我们愿意继续努力，也希望相关成果能够与国家交通发展的重大战略方针更好地结合起来。

感谢北京交通大学和经济管理学院在研究工作中为项目团队所提供的所有支持条件。感谢所有国内外、境内外调研、考察单位的友善接待和尽心帮助。感谢所有参考文献的作者，包括已列出和未及列出的，包括其观点我们赞同、部分赞同或并不赞同的。也感谢项目结题鉴定专家对成果修改的建议。

课题组首席专家：荣朝和

2013 年 1 月 19 日

教育部哲学社會科学研究重大課題攻關項目
成果出版列表

书 名	首席专家
《马克思主义基础理论若干重大问题研究》	陈先达
《马克思主义理论学科体系建构与建设研究》	张雷声
《马克思主义整体性研究》	逄锦聚
《改革开放以来马克思主义在中国的发展》	顾钰民
《当代中国人精神生活研究》	童世骏
《弘扬与培育民族精神研究》	杨叔子
《当代科学哲学的发展趋势》	郭贵春
《面向知识表示与推理的自然语言逻辑》	鞠实儿
《当代宗教冲突与对话研究》	张志刚
《马克思主义文艺理论中国化研究》	朱立元
《历史题材文学创作重大问题研究》	童庆炳
《现代中西高校公共艺术教育比较研究》	曾繁仁
《西方文论中国化与中国文论建设》	王一川
《楚地出土戰國簡册［十四種］》	陳　偉
《近代中国的知识与制度转型》	桑　兵
《中国水资源的经济学思考》	伍新林
《京津冀都市圈的崛起与中国经济发展》	周立群
《金融市场全球化下的中国监管体系研究》	曹凤岐
《中国市场经济发展研究》	刘　伟
《全球经济调整中的中国经济增长与宏观调控体系研究》	黄　达
《中国特大都市圈与世界制造业中心研究》	李廉水
《中国产业竞争力研究》	赵彦云
《东北老工业基地资源型城市发展接续产业问题研究》	宋冬林
《转型时期消费需求升级与产业发展研究》	臧旭恒
《中国金融国际化中的风险防范与金融安全研究》	刘锡良
《中国民营经济制度创新与发展》	李维安
《中国现代服务经济理论与发展战略研究》	陈　宪
《中国转型期的社会风险及公共危机管理研究》	丁烈云
《人文社会科学研究成果评价体系研究》	刘大椿

书　名	首席专家
《中国工业化、城镇化进程中的农村土地问题研究》	曲福田
《东北老工业基地改造与振兴研究》	程　伟
《全面建设小康社会进程中的我国就业发展战略研究》	曾湘泉
《自主创新战略与国际竞争力研究》	吴贵生
《转轨经济中的反行政性垄断与促进竞争政策研究》	于良春
《面向公共服务的电子政务管理体系研究》	孙宝文
《产权理论比较与中国产权制度变革》	黄少安
《中国加入区域经济一体化研究》	黄卫平
《金融体制改革和货币问题研究》	王广谦
《人民币均衡汇率问题研究》	姜波克
《我国土地制度与社会经济协调发展研究》	黄祖辉
《南水北调工程与中部地区经济社会可持续发展研究》	杨云彦
《产业集聚与区域经济协调发展研究》	王　珺
《我国民法典体系问题研究》	王利明
《中国司法制度的基础理论问题研究》	陈光中
《多元化纠纷解决机制与和谐社会的构建》	范　愉
《中国和平发展的重大国际法律问题研究》	曾令良
《中国法制现代化的理论与实践》	徐显明
《农村土地问题立法研究》	陈小君
《知识产权制度变革与发展研究》	吴汉东
《生活质量的指标构建与现状评价》	周长城
《中国公民人文素质研究》	石亚军
《城市化进程中的重大社会问题及其对策研究》	李　强
《中国农村与农民问题前沿研究》	徐　勇
《西部开发中的人口流动与族际交往研究》	马　戎
《现代农业发展战略研究》	周应恒
《综合交通运输体系研究——认知与建构》	荣朝和
《中国边疆治理研究》	周　平
《中国大众媒介的传播效果与公信力研究》	喻国明
《媒介素养：理念、认知、参与》	陆　晔
《创新型国家的知识信息服务体系研究》	胡昌平
《数字信息资源规划、管理与利用研究》	马费成

书　名	首席专家
《新闻传媒发展与建构和谐社会关系研究》	罗以澄
《数字传播技术与媒体产业发展研究》	黄升民
《教育投入、资源配置与人力资本收益》	闵维方
《创新人才与教育创新研究》	林崇德
《中国农村教育发展指标体系研究》	袁桂林
《高校思想政治理论课程建设研究》	顾海良
《网络思想政治教育研究》	张再兴
《高校招生考试制度改革研究》	刘海峰
《基础教育改革与中国教育学理论重建研究》	叶　澜
《公共财政框架下公共教育财政制度研究》	王善迈
《农民工子女问题研究》	袁振国
《当代大学生诚信制度建设及加强大学生思想政治工作研究》	黄蓉生
《处境不利儿童的心理发展现状与教育对策研究》	申继亮
《学习过程与机制研究》	莫　雷
《WTO 主要成员贸易政策体系与对策研究》	张汉林
《中国和平发展的国际环境分析》	叶自成
*《中国抗战在世界反法西斯战争中的历史地位》	胡德坤
*《中部崛起过程中的新型工业化研究》	陈晓红
*《中国政治文明与宪法建设》	谢庆奎
*《地方政府改革与深化行政管理体制改革研究》	沈荣华
*《中国能源安全若干法律与政府问题研究》	黄　进
*《我国地方法制建设理论与实践研究》	葛洪义
*《我国资源、环境、人口与经济承载能力研究》	邱　东
*《中国独生子女问题研究》	风笑天
*《边疆多民族地区构建社会主义和谐社会研究》	张先亮
*《非传统安全合作与中俄关系》	冯绍雷
*《中国的中亚区域经济与能源合作战略研究》	安尼瓦尔·阿木提
*《冷战时期美国重大外交政策研究》	沈志华
……	

*为即将出版图书